中華古籍保護計劃
ZHONG HUA GU JI BAO HU JI HUA CHENG GUO
·成 果·

國家哲學社會科學基金重大項目《國外所藏漢籍善本叢刊》
唐仲英基金會資助項目《國外所藏漢籍善本叢刊》階段性成果
國家古籍整理出版專項經費資助項目

海外中華古籍書志書目叢刊

英國國家圖書館藏中文古籍目錄【上冊】

廖可斌　王惠明　高虹飛　林旭文　編著

國家圖書館出版社

圖書在版編目(CIP)數據

英國國家圖書館藏中文古籍目録:全二册/廖可斌等編著. —北京:國家圖書館出版社,2020.12
(海外中華古籍書志書目叢刊)
ISBN 978-7-5013-7190-7

I.①英… II.①廖… III.①古籍—中文圖書—圖書館目録—英國 IV.①Z838

中國版本圖書館 CIP 數據核字(2020)第 268780 號

書　　名	英國國家圖書館藏中文古籍目録(全二册)
著　　者	廖可斌　王惠明　高虹飛　林旭文　編著
責任編輯	趙　嫄　景　晶　潘肖薔
責任校對	霍　瑋

出版發行	國家圖書館出版社(北京市西城區文津街7號　100034)
	(原書目文獻出版社 北京圖書館出版社)
	010－66114536　63802249　nlcpress@nlc.cn(郵購)
網　　址	http://www.nlcpress.com
排　　版	京荷(北京)科技有限公司
印　　裝	北京金康利印刷有限公司
版次印次	2020 年 12 月第 1 版　2020 年 12 月第 1 次印刷

開　　本	787×1092　1/16
印　　張	66.25
字　　數	1000 千字
書　　號	ISBN 978－7－5013－7190－7
定　　價	600.00 圓

版權所有　侵權必究
本書如有印裝質量問題,請與讀者服務部(010-66126156)聯繫調換。

古籍回歸故里　功德澤被千秋（代序）

"史在他邦，文歸海外"，這是鄭振鐸先生面對中華古籍流失海外時的慨嘆。流傳海外的珍貴典籍，無論是文化交流、贈送、交換、販售，還是被掠奪、偷運，抑或是遭非法交易、走私等，都因其具備極高的文物價值和文獻價值，而爲海外所看重。因此，其中多珍善版本，甚而還有不少是孤本秘笈。據估算，海外中文古籍收藏數量超過三百萬册件，北美、歐洲、亞洲等許多大型圖書館、博物館和私人機構、寺廟等都收藏有中文古籍。甲骨、竹木簡、敦煌西域遺書、宋元明清善本、拓本輿圖和中國少數民族古籍等，在海外都有珍稀孤罕的藏品。

中華文化綿延五千年，是全世界唯一没有中斷的古老文明，其重要載體就是留存於世的浩瀚典籍。存藏於海外的典籍，同樣是中華燦爛輝煌文化的重要見證，是厘清中華文明發展脉絡不可或缺的組成部分。要促成中華民族最重要的智慧成果歸於完璧、傳承中華文化優秀成果，就必須高度重視海外古籍回歸工作。

一九四九年以來，黨中央、國務院始終高度重視海外中華古籍的回歸與保護工作。一九八一年中共中央在《關於整理我國古籍的指示》中，明確指出"通過各種辦法争取弄回來，或者複製回來，同時要有系統地翻印一批珍本、善本"。二〇〇七年，國務院辦公廳頒布《關於進一步加强古籍保護工作的意見》，指出要"加强與國際文化組織和海外圖書館、博物館的合作，對海外收藏的中華古籍進行登記、建檔"。同年"中華古籍保護計劃"正式啓動，中國國家圖書館加掛"國家古籍保護中心"牌子，負責牽頭與海外藏書機構合作，制訂計劃，有步驟地開展海外古籍調查工作，摸清各國藏書情況，建立《國家珍貴古籍名録》（海外卷）。二〇一一年文化部頒布《關於進一步加强古籍保護工作的通知》，指出"要繼續積極開展國際合作，調查中華古籍在世界各地的存藏情況，促進海外中華古籍以數字化方式回歸"。

按照黨中央、國務院的要求,半個世紀以來,海外中華古籍的回歸工作一直在不斷推進,并取得了一系列的重要成果。一九五五年和一九六五年,在周恩來總理親切關懷和支持下,中國國家圖書館兩度從香港購藏陳清華舊藏珍籍;二〇〇四年,又實現了第三批陳清華海外遺珍的回歸。二〇一〇年,在國際學者和學術機構的幫助下,中國國家圖書館在館網上建立了海外中文古籍專題網站,發布了"哈佛燕京圖書館藏中文善本特藏資源庫"。二〇一三年,北京大學中國古文獻研究中心團隊所承擔的《日本宫内廳書陵部所藏宋元本漢籍叢刊》由上海古籍出版社出版;二〇一三年五月、二〇一四年七月,國家圖書館出版社分別影印出版了《哈佛燕京圖書館藏〈永樂大典〉》《普林斯頓大學東亞圖書館藏〈永樂大典〉》;二〇一四年日本大倉汲古館藏書整體入藏北京大學圖書館。這些不同形式的海外古籍回歸,均有利於學術研究,促進了中外文化交流。但總體説來,這些僅係海外古籍中的極少部分,絶大多數仍沉眠於海外藏書機構或藏家手中,國人無緣得見。

在海外中華古籍實物回歸、數字化回歸、影印出版等幾種方式中,采取以影印出版的方式永久保存承載華夏文明的中華古籍特藏,是古籍再生性保護的重要手段,是繼絶存真、保存典籍的有效方式,也是傳本揚學、惠及士林的最佳方式,它不僅有利於珍本文獻原件的保存和保護,更有利於文獻的利用和學術研究,而且也有效地解決了古籍保護與利用之間的矛盾。與實物回歸相比較,影印出版的方式更爲快捷,規模也更大。

爲進一步做好海外中華古籍的回歸工作,二〇一四年國家古籍保護中心(中國國家圖書館)彙集相關領域專家、國外出版機構、出版工作者等多方力量,在已有工作的基礎上,整合資源、有序推進,策劃啓動了"海外中華古籍書志書目叢刊""海外中華古籍珍本叢刊"兩大海外中華古籍回歸項目。"海外中華古籍書志書目叢刊"編纂出版海外圖書館、博物館、書店等單位或個人所藏中華古籍新編書目、歷史目錄、專題書目、研究書志書目、藏書志、圖錄等;"海外中華古籍珍本叢刊"則以影印的方式,按專題或收藏機構系統整理出版海外圖書館或個人存藏的善本文獻、書籍檔案,對具有典型性、文物性、資料性和藝術性的古籍則采用仿真影印的形式出版;希望通過"海外中華古籍書志書目叢刊""海外中華古籍珍本叢刊"的持續出版,促進海外古籍的影印回歸。

"海外中華古籍書志書目叢刊""海外中華古籍珍本叢刊"編纂出版項目

作爲"中華古籍保護計劃"的一部分,它的實施對保存保護中華傳統典籍、推進海外散藏文獻爲學界利用、促進學術研究深入開展均具有重要意義,也必將極大促進中外文化交流的實質性拓展。

是爲序。

國家古籍保護中心(中國國家圖書館)

二〇一五年三月

前　言

一、編纂《英國國家圖書館藏中文古籍目録》的意義

中國改革開放四十多年來，經濟、科技等快速發展，社會和文化事業也日益繁盛，國家高度重視對中華民族優秀傳統文化的保護和傳承。人們越來越清楚地認識到，中華民族的優秀傳統文化，是我們這個民族的靈魂和根基。而我們的祖先留下的衆多典籍文獻，則是中華民族優秀傳統文化的主要載體。要保護和傳承中華民族的優秀傳統文化，必須做好中國古代典籍文獻的保護和傳承。而做好這一工作的前提，是摸清中國古代典籍文獻的家底。因此，國家有關部門和機構，在相繼組織編纂《中國古籍善本書目》《中國古籍總目》之後，又啓動了全國古籍普查，以及海外所藏中國古籍調查摸底工作，力圖全面摸清國内、國外存藏中國古籍的整體情況。這是保護和傳承中華民族優秀傳統文化的一項基礎工程，無疑具有重大意義。

千百年來，因爲種種原因，通過種種途徑，許多中國古籍流播到其他國家和地區，現存藏於國外衆多公立、私立機構和個人收藏者之手，其中不乏國内罕見甚至失傳的珍稀古籍。這些流播到國外的中國古籍，是存世中國古籍的重要組成部分。對這些古籍進行全面調查，是摸清存世中國古籍整體情況不可或缺的一個重要方面。而從事這一工作，不可能像國内古籍普查那樣，從上到下全面發動，整體推進，祇能從一家一家收藏機構做起。

英國國家圖書館（British Library）是世界最知名的圖書館之一，也是國外收藏中國古籍的重鎮，其所藏中國古籍的數量和品質都非常可觀。此前該館曾編製多種所藏中文古籍目録，但有的截止時間較早，有的是某一類型古籍的目録，收録都不全。有些條目著録的信息或不完整，或有訛誤。而且，這些目録的編寫體例是爲英語讀者設計的，有較多拼音或外文介紹解釋性内容，不太適合中文讀者。

因此,現在編纂一部收録書目相對完整、分類比較清晰、著録項較齊備、著録信息較準確、著録體例較統一、適合中文讀者的《英國國家圖書館藏中文古籍目録》,并予以正式出版,很有必要。其意義大致有三個方面:一是配合中國國家古籍保護中心開展的海外所藏中國古籍調查摸底工作,弄清楚英國國家圖書館收藏有哪些中國古籍,爲全面摸清海外收藏中國古籍的整體情况盡一份力;二是以書籍的流播和存藏爲綫索,展現歷史上中外文化交流特别是中英文化交流的一個側面;三是爲中國、英國和世界其他地方從事中國古代歷史文化研究的學者,提供一個比較方便查閱的目録,便於查找有關資料。

二、英國國家圖書館收藏中文古籍情况

英國國家圖書館成立於1973年,是從英國國家博物館(British Museum)獨立出來的,主要由英國國家博物館圖書館的幾個部門以及其他收藏機構和圖書館組成,并整合了1961年建立的國家科技借閱圖書館(National Lending Library for Science and Technology)和1885年建立的專利辦公室圖書館(Patent Office Library)。1982-1983年,國家聲音檔案館(National Sound Archive)和印度事務部圖書館(India Office Library and Records)的收藏加入。1997年,英國國家圖書館在倫敦尤斯頓路(Euston Road)96號一處舊鐵路貨場新建的館址正式開放。

英國國家圖書館現爲世界最大的圖書館之一,共藏有1.7億件藏品,包括1350萬件圖書,31萬件手寫本,6000萬件專利,400萬件地圖,26萬件期刊,700萬件聲音檔案等。現在藏品以每年300萬件的速度增加。每年接待來自英國和世界各地的160萬訪問者,包括40萬讀者。

英國國家圖書館所藏中文古籍,主要來自英國國家博物館原來的收藏。英國國家博物館始建於1753年,最初主要收藏古物、錢幣、徽章、繪畫作品、人種志、自然歷史標本、印本書和手寫本等。從誕生之日起,它就開始收藏中國物品,包括中國書籍,主要來自建館之初接受的幾家藏品(Founding Collections),如羅伯特·布魯斯·科頓爵士(Sir Robert Bruce Cotton,1571-1631)的收藏、第一代牛津伯爵羅伯特·哈利(Robert Harley,1661-1724)和第二代牛津伯爵愛德華·哈利(Edward Harley,1689-1741)的"哈利收藏"(Harleian Collection)、漢斯·斯隆爵士(Sir Hans Sloane,1660-1753)的收藏等。這些藏品都包含了中國的文獻,有的是手寫本,有的是印刷本,有的則

兩者兼而有之。除此之外，英國國家博物館1807年入藏的"蘭斯頓遺贈"（Lansdowne Bequests）中也有中文書。

科頓的收藏品中，僅有一件很小的中文寫本，内含醫學處方和犯罪故事，應爲明代文獻，現在英國國家圖書館的"寫本目録"中的編號爲"Cotton Titus D. XVII"。"寫本目録"中編號爲"Harley 344 - 347"和"Harley 7324"的藏品都來自"哈利收藏"，前者是一本明清貿易文獻集彙，包含厦門茶商的廣告，以及兩本各種商品（如糖、茶葉、傢具、金箔、絲棉織品等）買進賣出的記録簿；後者是一種《千字文》。"寫本目録"中編號爲"Lansdowne 809"和"Lansdowne 1241"的藏品都來自'蘭斯頓遺贈'，前者是一本《漢英詞典》，後者是一份《摹繪康熙皇輿全覽圖》。

斯隆收藏的中國物品品類豐富，有竹帽、耳挖、貝殼、中草藥、植物圖、寫本和印本書籍等。他本人是位愛爾蘭醫生，所以對中國醫學書比較感興趣。他的大部分中國藏品，都於18世紀早期由詹姆士·古寧漢姆（James Cunningham）從中國的厦門和舟山送來。古寧漢姆是一個蘇格蘭醫生，也是一位植物收藏者。在1702年2月3日從舟山寫給斯隆的信中，古寧漢姆提到自己送給斯隆一本中國曆書和一本用帶有象形意味的文字寫的中文書，後者可能是指現編目爲15344.c.6的一本帶插圖的啓蒙讀物。在1702年2月12日的信中，他又提到送給斯隆幾本中文宗教書及一本描繪普陀山的中文書，後者應該是指《南海勝境普陀山志》①。

斯隆中國藏品中的另一部分則來自托馬斯·海德（Thomas Hyde，1636 - 1703），後者曾是查理二世、詹姆士二世和威廉三世的東方語言翻譯和秘書，1665年被任命爲牛津大學博德利圖書館（Bodleian Library）館長。與海德有關的中國物品一部分通過老皇家圖書館（Old Royal Library）進入英國國家博物館（老皇家圖書館於1757年轉歸英國國家博物館），一部分通過斯隆的購買而進入英國國家博物館。

英國國家博物館寫本部最初的目録上，僅有3件是斯隆藏品裏的中國物品。路易斯·奥古斯丁·普雷沃斯特（Louis Augustin Prévost）於1854年出版的《英國國家博物館藏中文寫本目録》（*Catalogue of Chinese Manuscripts in*

---

① （英）吴芳思《英國國家圖書館的中文書籍》，見《中國書籍的藝術》，倫敦大學出版，2005年，第221頁。(Frances Wood. Chinese Books in the British Library. *The Art of the Book in China*, University of London. 2005. P221.)

the British Museum)上有 6 件,以及一件蒙古文手稿。如今目錄清單上有 7 件。但還有一些斯隆從海德東方收藏中購買的相關物品被列入總寫本目錄,保存在西方寫本部①。斯隆藏品中的中文印刷書應該多於寫本書,它們都被編入印刷書目中了。

  英國國家博物館所收藏的中國文獻,并不是英國最早收藏的中國藏品。17 世紀初,博德利圖書館就收藏了中國的書籍。雖然當時沒有人能夠閱讀并給它們編目,但它們一般以捐獻者的名字著錄,所以現在還能確定被收藏的時間。而英國國家博物館建館初的藏品中的中文刻本,往往淹沒在其他普通藏品中,以致喪失了原有入藏信息。1756 年,通過了一項規定,給圖書蓋上表明收藏者的印章。儘管如此,還是會出現錯誤,尤其是有些書入藏很久後纔蓋章,所以現在僅憑這些圖章來判斷收藏時間,不完全可靠。而且,早期入藏英國國家博物館的中文印本書也未進行編目。從一樁中文書籍的買賣中可看出當時中文書籍不受重視的情況。1781 年,有人要賣 5 本中文書(24 冊),叫價 30 鎊,但被博物館拒絕了,原因是當時博物館收藏中文書的唯一用途,是把它們當作標本來展示,而博物館已經有足夠的中文書可作此用了②。

  進入 19 世紀,通過不斷地購買和接受捐贈,英國國家博物館的中文藏書迅速增加。其中有幾次特別重要的捐贈和購買:1825 年 12 月約瑟夫·富勒·赫爾(Joseph Fowler Hull)在印度去世,他收藏的"梵文、中文和其他東方語言印本和寫本"被捐贈給英國國家博物館,使印本部的書籍增加了大約 600 冊,語言涉及梵語、印度語、孟加拉語、印度斯坦語、希伯來語、阿拉伯語、波斯語、亞美利亞語、叙利亞語、衣索比亞語、漢語等;1843 年 12 月,英國王室將在 1842 年鴉片戰爭中獲得的 5 箱中國書籍贈予博物館。1843 年,英國國家博物館收到一份法國書商莫里尼(M. Molini)提供的中文書單,安東尼·帕尼澤爵士(Sir Anthony Panizzi)請求董事會出資 3721 法郎購買這 1186 冊書。1843 年 7 月 5 日董事會的報告記錄:博物館當時大約擁有 300 冊中文書,帕尼澤認爲,如果董事會同意購買這批書,那麼博物館的中文藏書將更

---

  ① (英國)吳芳思《英國國家圖書館中文收藏珍品》,見吳芳思編《中國研究》,英國國家圖書館出版,1988 年,第 98 頁。(Frances Wood. Curiosities of the British Library Chinese Collection. *Chinese Studies*, edited by Frances Wood, the British Library. 1988. P98.)
  ② (英國)吳芳思《英國國家圖書館的中文書籍》,第 219 - 220 頁。

加體面,可以與巴黎、維也納、柏林各大圖書館的大量中文藏書相比。即使仍然遜色,也不再會像現在這樣沒面子。董事會同意出資購買了這批中文書,祇是由於書單遺失,如今已不知道莫里尼藏品的書名。柳存仁所著《倫敦所見中國小説書目》(*Chinese Popular Fiction in Two London Libraries*,香港:龍門書店,1967)列舉了幾種稀見的小説,如《全像華光天王南游志傳》(1571)、《全像觀音出身南游記傳》(1571),都蓋有1844年入藏的日期印,表明它們可能是莫里尼藏品的一部分①。

1846年,英國國家博物館迎來了又一次捐贈:英國外交部購買了西方派到中國的第一位基督新教傳教士、編撰第一部《華英字典》的羅伯特·馬禮遜(Robert Morrison,1782 – 1834)之子、曾任香港總督中文秘書的約翰·羅伯特·馬禮遜(John Robert Morrison,1814 – 1843)所藏多達11500册的中文圖書(包括大量印刷地圖和手繪地圖),由外交大臣亞伯丁勛爵(Lord Aberdeen)存放於英國國家博物館(老馬禮遜的收藏則現藏於倫敦大學亞非學院圖書館)。

英國國家博物館還從法國將軍孟斗班(Montauban)手中購得了乾隆皇帝親筆抄寫的《治國論》的複件,孟斗班是1860年焚毁圓明園的活躍分子。該寫本用黃色絲綢精心包裹,放置在紅色雕漆木盒中。

1877年,駐北京的英國大使館工作人員和一位書商,與一位所謂的清朝王子經過好幾年的討價還價,爲英國國家博物館購買了一套《古今圖書集成》,價格從2000鎊壓到了1500鎊②。

"戈登文書"(Gordon Papers)是英國國家博物館的又一項重要中文收藏品。查爾斯·喬治·戈登(Charles George Gordon)1833年出生於英國伍爾維奇一個蘇格蘭軍人世家,1860年第二次鴉片戰爭期間,隨英國遠征軍入侵中國,停戰後留在中國。1860年,美國人弗雷德里克·湯森德·華爾(Frederick Townsend Ward)等在上海組織洋槍隊,後改稱"常勝軍",幫助清朝政府鎮壓太平天國運動。1862年華爾在慈溪被擊斃,繼任者白齊文(Henry Andrea Burgevine)因得罪清朝政府被撤職,戈登於1863年3月被任命爲"常勝軍"指揮官,協助清軍攻克蘇州等地,被清朝政府賞黃馬褂和頂戴花翎,并授予提督銜。英國政府也晉升他爲中校,并授予巴兹勛爵。1864年5

---

① (英)吳芳思《英國國家圖書館中文收藏珍品》,第100 – 102頁。
② (英)吳芳思《英國國家圖書館中文收藏珍品》,第102 – 103頁。

月,"常勝軍"解散,戈登回到英國,後兩度出任蘇丹總督,晋升少將,1885年1月在喀土穆被穆罕默德·艾赫邁迪(Muhammad Ahmad)領導的起義軍殺死。戈登因爲在中國和蘇丹的經歷,被稱爲"中國的戈登"和"喀土穆的戈登"。"戈登文書"於1881年和1887年分兩次由其家族入藏英國國家博物館,有70個左右編號,包含約200件文書,其中有李鴻章等清朝政府官員寫給他的信、恭親王給他的禮單,也有太平天國官員寫給他的信,反映出戈登及當時的歐美人與清朝和太平天國的複雜關係。此外還有戈登收集的一些太平天國文書。這些都是研究太平天國的重要資料。

1900年"義和團運動"爆發,"八國聯軍"攻入北京。收藏在翰林院的《永樂大典》在戰亂中遭到焚毁和掠奪,流散世界各地。後來英國國家博物館陸續有所收藏。1973年英國國家圖書館成立後,於1988年還收藏了1册。現共收藏24册,内含49卷,接近現知英國所藏《永樂大典》總數(51册)的一半[①]。

奥雷爾·斯坦因爵士(Sir Aurel Stein,1862 – 1943)於1900 – 1901年、1906 – 1908年、1913 – 1916年、1930 – 1931年四次前往中國西北和中亞地區探險考古,從敦煌藏經洞獲取了大約7000件相對完整的文書和同樣數量的文書殘片;從戈壁沙漠中的漢代軍事要塞遺址獲得了約5000支竹木簡牘文書;另外還獲得了大量絲織品、壁畫和藏文、梵文、于闐文、龜兹文語種文書。這些收集品分别藏於英國國家博物館、印度事務部圖書館(藏文、梵文等語種文獻)和印度德里的中亞古物博物館(主要是壁畫)。英國國家圖書館1973年成立後,藏於英國國家博物館的斯坦因收集品再次劃分:一些繪畫(包括少量壁畫)和其他藝術品留在英國國家博物館,大部分印本、寫本和簡牘歸英國國家圖書館。這些簡牘基本上是東漢時期的管理文書。印本和寫本文獻則主要是佛經,其中有刻印於868年的《金剛經》。它是目前所知世界上最早的保存完整且注明時間的印刷品(或曰"書"),是斯坦因第二次中亞探險考古時從敦煌千佛洞獲取并帶回的[②]。此外,也有一部分是6 – 10世

[①] (英)何大偉(David Helliwell)《英國圖書館所藏〈永樂大典〉》,見中國國家圖書館編《〈永樂大典〉編纂600周年國際研討會論文集》,北京:北京圖書館出版社,2003年,第264 – 306頁。

[②] (英)吴芳思《英國國家圖書館的中文藏書》,英國國家圖書館出版,第6 – 7頁。(Frances Wood. Chinese Language Collections in the British Library. The British Library. P6 – 7)。

紀敦煌等地的政府管理文書和社會文書。

英國國家圖書館所藏杭州雷峰塔（又稱黃妃塔、西關磚塔等）出土的《一切如來心秘密全身舍利寶篋印陀羅尼經》木刻經卷，署"天下兵馬大元帥吳越王錢俶造此經八萬四千卷舍入西關磚塔永充供養乙亥八月日記"，"乙亥"指宋太祖開寶八年（975）。吳芳思博士（Dr. Frances Wood）因此認爲這是存世很早的印刷品，是該館特別重要的藏品之一①。按：1924年9月25日杭州雷峰塔轟然倒塌，民眾發現一些空心塔磚中藏有印本《一切如來心秘密全身舍利寶篋印陀羅尼經》，遂一擁而上哄搶。據估計當時出土的經卷在千卷以上，因特別珍貴，索求者多，市面上一卷經卷售價達2000銀圓以上，遂有許多仿製品出現。我看到的英國國家圖書館藏《杭州西關黃妃塔藏經》（"韋氏音標卡片目錄"和"早期中文印本目錄"的索書號都是Or. 58. b），有"乙丑（1925）上巳古杭葉舟（葉爲銘）題"，實爲1928年仿製品。如果吳芳思博士所指的就是這一件，則它不能算是珍貴藏品，本目錄也不予收錄。

1904－1912年間，駐山東青州的英國傳教士庫壽齡（Samuel Couling）和駐山東濰縣的美國傳教士方法斂博士（Dr. Frank Herring Chalfant）在山東分別購買了四批河南安陽出土的甲骨卜辭，第一批轉讓給了蘇格蘭皇家博物館（Royal Scottish Museum），即現在的蘇格蘭國家博物館（National Museum of Scotland）；第二批轉讓給了美國卡內基博物館（Carnegie Museum）；第三批於1911年由庫壽齡轉讓給了英國國家博物館；第四批轉讓給了美國菲爾德自然歷史博物館（Field Museum of Natural History）。上述甲骨合稱"庫方收藏"（Couling-Chalfant Collection）。轉讓給英國國家博物館的一批是品質最好的。1973年英國國家圖書館成立，"庫方收藏"第三批甲骨中除編號爲1989的一支雕花鹿角留在英國國家博物館外，其餘甲骨均歸英國國家圖書館②。英國國家圖書館網站對該館歷史的介紹，一開頭即寫道："從3000年前的中國甲骨文，到今天的報紙，我們的收藏跨越了漫長的時間。（From 3,000-year-old Chinese oracle bones to today's newspapers, our collection spans the sands of time）"③可見該館將這些中國甲骨視爲其較古老的藏品之一，頗爲重視。

---

① （英國）吳芳思《英國國家圖書館的中文藏書》，第7頁。
② 郅曉娜《〈庫方二氏藏甲骨卜辭〉的材料來源》，見宋鎮豪主編《甲骨文與殷商史》（新5輯），上海：上海古籍出版社，2015年，第298－317頁。
③ 網址：https://www.bl.uk/about-us/our-story/history-of-the-british-library。

1982年，英國印度事務部圖書館加入英國國家圖書館。前者創建於1801年，原是英國東印度公司爲保存該公司和其他人士所獲得的東方印本書和寫本設立的。1858年，隨着公司的權力和財産移交給政府，該館也轉歸新設立的印度事務部管理。1947年印度和巴基斯坦獨立後，該館又歸聯邦對外關係部管轄。它既是對公衆開放的專業圖書館，也是爲政府處理印度事務提供參考資料的官方機構。1982年該館劃歸英國國家圖書館參考部管理，1991年與英國國家圖書館東方部（Oriental Collection）合并爲東方與印度部（Oriental & India Office Collections），但在藏品和管理上仍與原東方部有所區別。20世紀初魯道夫·霍恩雷（A. F. Rudolf Hoernle）得自新疆的收集品，和斯坦因三次中亞考察所獲得的文獻資料中與印度有關的梵文、于闐文、藏文、吐火羅文等語種的寫本主要收藏在這裏。據不完全統計，有梵文寫本數千號，藏文卷子約3500號，龜兹文殘片300號，于闐文卷子數百件，漢文卷子136號，蒙古文卷子9件。在一些藏文和于闐文卷子的背後，抄録有漢文文獻①。除此之外，原印度事務部圖書館還藏有幾百種中文書，大部分是晚明和清朝印的佛教類書籍。還有一些帶有"中國色彩"的歐洲語種的文獻，包括陪同馬嘎爾尼使團去中國的人所繪的素描草圖、東印度公司的記録、印度事務部所收藏的關於早期貿易及稍晚中亞和其他中國邊疆地區政治事務的文獻②。

　　英國國家圖書館東方部還收藏了約650種當代中文期刊，大部分是根據地方出版法從新加坡、馬來西亞和中國香港獲得的。東方部原藏的當代中文報紙很少，但根據與倫敦大學亞非學院的協議，東方部存藏了大量原由該學院購置的來自中國的報紙。這些報刊中特別值得注意的是《京報》，英國國家圖書館收藏的這份報紙，應該是複印件，來自英國外交部，從1812年至1910年，多數年份收藏完整，較爲珍貴。又如索書號爲15235.cc.46的《華差報與廣州鈔報》（Chinese Courier and Canton Gazette），未見於我國古籍收藏單位著録，僅英國國家圖書館和美國皮博迪—埃塞克斯博物館（Peabody Es-

---

① 榮新江《英倫印度事務部圖書館藏敦煌西域文獻紀略》，《敦煌學輯刊》1995年第2期。
② （英國）吳芳思《英國國家圖書館的中文藏書》，第4頁。

sex Museum）所屬的菲利浦斯圖書館（Phillips Library）有部分收藏①。

英國國家圖書館共收藏中文古地圖200餘幅（册），其中有100餘幅是清朝嘉慶至道光初年江蘇、浙江、福建、廣東諸省編繪的軍事營汛圖，上面還蓋有當地各級官府的滿漢文紅印。它們分别收藏於地圖部（Maps Department）、亞非與印度部（Asian and African Collections and India Office Records and Library）和寫本部（Department of Manuscripts）②。

現在英國國家圖書館的亞非部廣泛收藏來自中國大陸和香港、臺灣地區及新加坡的人文和社會科學領域的中文書。自然科學和技術領域的書，則由科學部（Science Collections）收藏。用外文撰寫的關於中國的書籍，由相關部門負責收藏，但工具書和由中文翻譯的書仍由亞非部收藏。報刊的收藏分工大致相同。亞非部負責收集與中國歷史文化有關的報刊，科學部則收集科技類中文期刊。通過館際交流獲得的出版物縮微膠片於1975年被轉交給了亞非部③。

據英國國家圖書館亞非部東亞組（East Asia Collection）負責人薩拉·切蘇拉（Sara Chiesura）介紹，目前英國國家圖書館亞非部、寫本部所藏中文文獻約13萬件（items）④，這是該館所藏中文古籍的主體部分，但并不是其所藏中文古籍的全部。據她介紹，當初英國國家圖書館從英國國家博物館獨立出來時，對有些藏品的屬性，認知判斷上可能產生分歧。有的應該是書籍，但被認爲是文物，就留在博物館了。有的可能應屬文物，但因爲有文字，又劃歸到圖書館中。如斯坦因從敦煌獲得的印刷品，印本《金剛經》和其他19種印刷品（大部分是單頁）歸於英國國家圖書館；但數量更多的同類印刷品，畫有觀音像，有的爲彩色，就留在了英國國家博物館的亞洲部（Department of Asia）。陸續劃歸英國國家圖書館的中文書籍，絶大部分劃歸了亞非部，但也有少量書籍被劃歸寫本部、地圖部、音樂部、集郵部、科學部（藏有遠東語言的專利

---

① 黄時鑒《1832年在澳門魚市上出售的一首詩歌》，見曲金良《海洋俗文學：現代學術史上的空點》，曲金良、朱建君編著《海洋文化研究》（2000年卷，總第2卷），北京：海洋出版社，2000年，第16－20頁。

② 李孝聰《地圖與檔案》，見北京市檔案館編《檔案與北京史國際學術討論會論文集》（上），北京：中國檔案出版社，2003年，第170－182頁。

③ （英國）吴芳思《英國國家圖書館的中文藏書》，第4－5頁。

④ 由於書籍的套、種、部、册、卷、件概念比較複雜，這裏用"件"（items）的概念，指具有一定獨立性的文獻形態。

文獻和其他科學文獻）。

　　在英國國家圖書館所藏中文文獻中，最珍貴的自然是484件甲骨卜辭、約5000支簡牘、約7000件敦煌文書和約7000件敦煌文書殘卷、約900種寫本（含200餘種地圖）、6500餘種1911年前的印本書，以及《京報》等早期重要報刊。

　　在約900種寫本中，特別重要的是《永樂大典》、"戈登文書"，以及清代乾隆皇帝下江南的檔案、關於苗族和其他一些少數民族的檔案、關於中國西南邊疆地區和中亞的文獻、關於東印度公司在中國和東南亞地區進行貿易的文獻等。200餘種地圖則生動展現了不同歷史時期人們對中國地理和世界地理的認知，中西方地理學及地圖學知識的交流，以及中西方地圖繪製觀念和技術的演進。

　　英國國家圖書館共藏有唐宋時期的印刷品35種左右[①]，主要是佛經、佛像，包括868年刻印的《金剛經》等，還有分別刻印於850年、877年、882年的"具注曆日"，這些都在斯坦因獲取的敦煌文書之內。非佛教文獻刊刻較早的有宋杜大珪編《新刊名臣碑傳琬琰之集》，20冊，107卷，有南宋光宗紹熙五年（1194）杜大珪序，有清末目錄學家周星詒題詞，斷大多數爲宋刻，十分之三爲抄配[②]。英國國家圖書館所藏元代印刷品約5種，也主要是佛經和其他佛教文獻。明代的印刷品約230種，除佛教、道教類文獻仍占較大比例外，刊刻較早的其他類文獻有成化元年（1465）刊《貞觀政要》、成化十二年（1476）刊《續資治通鑑綱目》、弘治十三年（1500）刊《國語》等（均不排除爲後來翻刻本）。較早的通俗文學刊本則有隆慶五年（1571）刊《全像華光天王南游志傳》《全像觀音出身南游記傳》，萬曆元年（1573）刊《新刻出像音注呂蒙正破窑記》、萬曆二十五年（1597）刊《西洋記》、萬曆三十年（1602）刊《全像北游記玄帝出身傳》、萬曆三十八年（1610）左右刊《元本出相南琵琶記》、萬曆四十三年（1615）刊《元人雜劇百種》、萬曆四十六年（1618）刊《楊家將演義》等。

---

　　① 此處根據英國國家圖書館《早期中文印本目録》（打印稿）統計。
　　② 關於《新刊名臣碑傳琬琰之集》的版本問題，參見沈津《宋刻本〈新刊名臣碑傳琬琰之集〉版本質疑》，沈津《書海揚舲録》，桂林：廣西師範大學出版社，2016年，第163－170頁。

当然,英國國家圖書館所收藏的印本中文古籍,絕大多數是清朝的刻本,而且基本上是乾隆以後的刻本。這些古籍中,數量較多、給人留下較深印象的是如下幾類文獻:外國傳教士和漢學家所翻譯的《周易》《老子》《論語》《史記》等中國經典、所撰寫的研究中國的論著;傳教士和漢學家較早編寫的漢語與英、法、德、俄、拉丁等語種字典、詞典;基督教傳教文獻(用官話和粤語、寧波話、閩南話、客家話等各種地方方言翻譯的《聖經》和其他基督教書籍);衆多的地方志;中醫藥書;文人別集等。

英國國家圖書館所藏中文古籍中,有些來歷比較特殊。如刊於元大德九年(1305)的《箋注唐賢絶句三體詩法》,上面有日文注釋,可能是先流傳到日本,再進入英國國家圖書館的。又如英國國家圖書館藏有元代劉仁初編《三場文選》8卷、《文選對策》8卷,均爲朝鮮刻本。前者刻於明景泰五年(1454),後者刻於明嘉靖二十七年(1548)。國內未見流傳。國外目前所知,除英國國家圖書館外,日本內閣文庫藏有一部,黄仁生《日本現藏稀見元明文集考證與提要》(長沙:岳麓書社,2004年)著録,又日本國會圖書館與蓬左文庫亦有收藏,但皆爲殘本。遠在英倫的中文古籍,顯示了東北亞中、日、韓三國之間文化交流的軌跡。

三、英國國家圖書館所藏中文古籍編目情况

(一)《英國國家博物館藏中文寫本目録》(*Catalogue of Chinese Manuscripts in the British Museum*)

英國國家博物館和後來的英國國家圖書館比較注重區分寫本文獻與印本文獻,特別重視寫本文獻,往往單獨編目,獨立於一般書籍的目録。英國國家博物館收藏的中文書,約一個世紀無人問津。直到1854年,纔有普雷沃斯特編纂了《英國國家博物館藏中文寫本目録》,著録寫本198種。這個目録著録的書目,後來羅伯特·肯納威·道格拉斯(Robert kennaway Douglas)所編目録都收録了。其中有些比較重要的書目,也被收進了後來印本書的卡片目録。這個寫本目録現在乃保存在亞非部的收藏中,索書號爲 Or. 11623。

(二)寫本目録

英國國家圖書館另有一個相對較全的館藏漢文寫本目録,供館內使用,讀者可以向中文組申請查閱。該目録按寫本目録格式著録,信息比較簡單。共有795個條目,扣除其中重複的條目、不屬於1911年以前的中文古籍者

(如與中國基本無關的日本和韓國的古籍)、1911 年以後的漢文寫本(如 20 世紀或 21 世紀一些人士留贈的書法作品等),共 94 條,實含 1911 年以前中文古籍 701 種。

(三)《早期中文印本目錄》(*Early Chinese Imprints, by Date*)

該目錄僅有打印稿,著錄書目 339 條,實包含手寫本和刻印本。其中有一些書目重複,剔除圖書館編號、書名、出版年月完全重複的條目,剩 320 條。經與韋氏音標卡片目錄(詳見下文介紹)比對,重出者 197 條,餘 123 條。

這個目錄雖曰"按時間順序編"(by date),實際上未完全按照刊刻年份排列,年份前後錯雜的情況不少。它祇列出"編號、漢字書名、拼音書名、出版年份"四項信息,不列作者、出版者信息。作者、出版者信息要通過另外的渠道查找、補齊。已列出的幾項信息,如中文書名、出版年份,也不一定準確,需要根據另外的渠道獲取信息來核對。相當一部分(約占七分之一)的條目甚至連漢字書名也沒有,祇有拼音書名。因西人對漢字讀音不熟悉,這些拼音書名又不一定拼寫準確,要猜出準確書名,頗費功夫。如明代王肯堂的《六科證治準繩》、陳仁錫的《潛確居類書》,都沒有漢字書名,祇有拼音書名,分別錯拼爲"You ke zheng zi zhun sheng"和"Qian jue lei shu"。另外還有一些錯誤,如"杭州西關黃妃塔藏經"之"西關"誤作"鹵關"等。

(四)《英國國家博物館圖書館藏中文刻本、寫本、繪本目錄》(*Catalogue of Chinese Printed Books, Manuscripts and Drawings in the Library of the British Museum*)

(五)《英國國家博物館藏中文刻本、寫本目錄續編》(*Supplementary Catalogue of Chinese Books and Manuscripts in the British Museum*)

以上兩個目錄都是英國學者道格拉斯所編,《英國國家博物館圖書館藏中文刻本、寫本、繪本目錄》於 1877 年在倫敦出版,《英國國家博物館藏中文刻本、寫本目錄續編》於 1903 年在倫敦出版。這兩個目錄現在都保存在亞非部藏書中,索書號分別爲 11925. dd. 9 和 11925. dd. 10。在亞非部閱覽室的開放書架上也各有一份,供讀者參閱。

道格拉斯出生於英格蘭德文郡,1858 年來華,先後在廣州、北京、天津、大沽領事館供職,1864 年返英後任職於英國國家博物館,後爲 1892 年成立的東方寫本與印本部主任,直至 1907 年退休。曾主持采入雍正銅活字本《古今圖書集成》,接收王韜捐贈的 200 餘種典籍,以及搜求太平天國與義和團文獻等。而其主要貢獻之一,即是編纂了1877年的《目錄》及1903年的《續編》。前者著録了1877年以前英國國家博物館所藏的中文古籍;後者著録了1877－1903年間入藏英國國家博物館的中文古籍,包括歐內斯特·梅森·薩道義爵士(Sir Ernest Mason Satcw)捐贈的中國、韓國、日本刊刻的中文書、"戈登文書",以及西方著作的中譯本等。

道格拉斯所編的兩個目録同時收録寫本和刻本。1877年的《目録》中,"刻本目録"的主體部分(Catalogue)收2832種,"新近所獲刻本目録"(Titles of Works Recently Added to the Collection)收264種;"寫本目録"(Manuscripts)的主體部分收117種,"新獲寫本目録"(Newly Acquired Manuscripts)收11種。因此這個目録共收刻本3096種,寫本128種,合計3224種(含叢書子目993種),約2萬卷。1903年的《續編》著録中文古籍目録1859種(含叢書子目139種)。兩個目録共著録中文古籍5083種(含叢書子目1132種)。兩個目録著録的一些重要寫本,又以卡片形式呈現,這些卡片後來被混入印刷書的卡片目録中。

道格拉斯所編的兩個目録非常重要,堪稱英國國家博物館(英國國家圖書館)收藏中文古籍歷史的里程碑。從目録著録情況可以看出,道格拉斯工作態度非常認真。他應該是翻閱了每一種文獻,包括大型叢書中的每一種書籍,將相關信息分門別類記録下來。如《皇清經解》共1400卷,他將其中每一種著作按作者、書名分別著録於"刻本目録"中。經本書編者重新一一恢復歸於《皇清經解》總目之下,發現祇有卷1280－1298劉逢禄的幾種著作和卷1371－1400嚴傑輯《經義叢鈔》漏記,其他均一一相符①。人們一般以這兩個目録的編纂和出版爲界,將該館收藏中文書籍的歷史分成前後兩個階段。中國學者已將這兩個目録編譯出版②。

但這兩個目録也存在一些不足,約有如下數端:

1. 收録書目不全。這兩個目録僅呈現英國國家博物館1903年以前收藏

---

① 按上述劉逢禄諸書和嚴傑輯《經義叢鈔》,皆出現在道格拉斯《英國國家博物館圖書館藏中文刻本、寫本和繪本目録》的"新近所獲刻本目録"部分中。應該是當時這幾冊書從《皇清經解》中散落出來,道格拉斯誤把它們當作單行之書予以著録。

② (英國)道格拉斯編《1877年版大英博物館館藏中文刻本、寫本、繪本目録》,重慶:西南師範大學出版社、北京:人民出版社,2010年;張西平主編《歐洲藏漢籍目録叢編》(全六冊),第1冊收入道格拉斯編《英國國家博物館圖書館藏中文刻本、寫本、繪本目録》和《英國國家博物館藏中文刻本、寫本目録續編》,廣州:廣東人民出版社,2020年。

中文古籍的情況，未能反映 1903 年以後收藏中文古籍的情況。

2．内部結構複雜。兩個目録未能合爲一體。前一個目録中，包含了刻本目録、新近所獲刻本目録、寫本目録、新獲寫本目録四塊，缺乏整體性，利用不太方便；這兩個目録共收叢書 100 種，有 35 種著録了子目，另外 65 種則未著録子目，著録體例不統一。

3．沒有分類，不便於查閲，也不便於瞭解英國國家圖書館所藏各類中文文獻的具體情況。英國圖書館早期所編中文書目，有的沒有分類，如艾約瑟編《博德利圖書館藏中文典籍目録》，僅將所收録的文獻簡單地編號排列，四部混編；有的藉鑒中國的做法，采用四部或五部分類法；也有用現代學科分類法的。道格拉斯目録僅按關鍵詞首字母排序，而不分類。

4．這兩個目録采用關鍵詞首字母排序法，具體方法是："本目録中的圖書按作者名的首字母順序進行編排；若書名或書中任何位置未出現作者名，圖書則按書名中的人名或國家進行編排；若書名中未出現人名或國家，圖書則按書名主題詞或關鍵字進行編排。"①例如，對於《文史通義》，即取作者"章學誠"；對於《浙江鄉試硃卷》《浙江鄉試同年齒録》，則取地名"浙江"；而對於《織圖》《增補尺牘達衷》，則分别取關鍵字"織"和"尺"。對於一些關鍵字不止一個的著作，編排時還會采取互見的方式。如《困學紀聞》爲宋代王應麟著、清代何焯（字屺瞻）箋釋，故關鍵字兼取"何屺瞻"與"王應麟"，并在排列靠前的"何屺瞻"條下注明"參見王應麟條"。這樣，就出現了作者（含著者、編者、注釋者、作序者等）、書名、書名主題詞或關鍵字混編的局面，一種書可能在條目中出現三次以上。道格拉斯對書名主題詞或關鍵字擇取又比較隨意，標準不統一。如書法字體集《舞劍集》，署"（明）何景哲仿輯"，道格拉斯取"哲仿"二字爲關鍵詞，又把"哲"字誤認爲"晢"。清温儀鳳《江湖尺牘分韵撮要合集》，道格拉斯取"伍端石"三字爲關鍵詞；清潘永因《宋稗類鈔》，道格拉斯取"兄大生"三字爲關鍵詞，大約都是因爲書中合署名或序跋評中出現過這樣的字眼，這種編排方式令人眼花繚亂。道格拉斯考慮到，"即便圖書中出現作者名，讀者更易記住書名，而非作者名，因此，本目録開發了另一套檢索系統，即通過書名檢索圖書"，故在每個目録的後面都附了"書名索引"（Index of Titles），作爲輔助檢索的手段。這個"書名索引"彌補了一些

---

① （英國）道格拉斯編《1877 年版大英博物館館藏中文刻本、寫本、繪本目録》前言。

兩個目錄本身編排方式帶來的缺陷,但查閱者使用這兩個目錄還是不夠方便①。

道格拉斯1877年的《目錄》首先采用關鍵詞首字母法,其後1903年的《續編》以及克勞福德圖書館《中文印本及寫本目錄》也都采用了這一形式。道格拉斯認爲馬禮遜字典的"正字法"(漢字讀音)是中國學者中最廣爲人知的,對歐洲讀者來說也最適合,因此他采用這種漢字讀音排序。然而,這種漢字讀音,既不同於後來較爲流行的韋氏音標讀音,也不同於現在通行的漢語拼音讀音。對現在的中文讀者來說,顯得很陌生,使用頗不方便。如在漢語普通話中讀音相同的字,在這個系統中却讀音很不相同,如"江"讀"keang","蔣"却讀"tseang";"許"讀"heu","徐"却讀"seu"。在漢語普通話中讀音很不相同的字,在這個系統中讀音却相同。如"張""常"都讀"chang";"陳""沈""真"都讀"chin"等。現代查閱者尤其是中國查閱者對此不太習慣。

主要針對這種排列方式,英國漢學家翟林奈(Lionel Giles)評價道格拉斯目錄爲"不成熟的學術研究的標志"②。

5.這兩個目錄著錄的信息内容存在一些缺陷,主要體現在如下幾個方面:

著錄信息不全。祇著錄作者、書名、卷數、出版年代四項信息,未著錄出版者(出版地)信息。出版年代項祇著錄公元紀年,未著錄中國年號紀年。

將書的序言日期、原刻時間當作刊刻時間。這兩個目錄於每部典籍之後均注明年代,但其所著錄的年代,有些是經考證得出的刊刻年代,有些則祇是根據書前序言等而得出的成書年代,二者混淆,很容易對使用者造成誤導。有人正是由於不明此點,而認爲此書著錄的"宋、元版的有7部,明版書籍有109部,而清代乾隆六十年(1795)以前的刻本,居然高達1100部之多。7部

---

① (英國)道格拉斯編《1877年版大英博物館館藏中文刻本、寫本、繪本目錄》,這個中國版本的編者爲該目錄編了音序索引和筆畫索引,但兩個索引還是跟原書一樣,書名、作者名、關鍵字混編。

② "我發現,道格拉斯對普雷沃斯特的目錄的忽略令人震驚。因爲後者實際上比更大規模的道格拉斯目錄更有用,它的編排方式非常簡單,并提供了出處。翟林奈批評道格拉斯目錄爲'不成熟的學術研究的標志',這一批評曾被蒂姆·巴雷特所引用。"(I find Douglas' omission rather shocking for Prevost's Catalogue is, today actually more useful than his larger printed work because it is arranged very simply and offers the provenance. Giles' remark on Douglas' Catalogue, "a monument of immature scholarship" was quoted by Tim Barrett.)(英國)吴芳思《英國國家圖書館的中文書籍》,第225頁。

宋元版古籍中,北宋的《春秋詳解》和《資治通鑑》,南宋的《禮經會元》《大戴禮記》和《書經詳解》這五種書,在中國國家圖書館和國內其他公立機構均無收藏"①。實際上,其所收錄的《春秋詳解》爲明末吳韓起編,《資治通鑑》爲元代胡三省注本,均無緣得至北宋;《禮經會元》爲清代陸隴其點定本,《大戴禮記》爲明末沈泰閱,《書經詳解》亦爲吳韓起編,也不得定爲南宋刻。這一誤解在很大程度上,即是由於其年代著錄不規範造成的。又如《資治通鑑》,道格拉斯目錄著錄出版年份爲 1067 年,亦即北宋治平四年,這實際是卷前《御製資治通鑑序》所題的年代,并非刊刻時間。此類失誤,在早期漢籍目錄中比較常見②。

書名和作者的著錄存在不少訛誤。《1877 年版大英博物館館藏中文刻本、寫本、繪本目錄》的中國編者已糾正了比較顯而易見的 29 處,如"陳傅良"誤作"陳傳良"之類③,但道格拉斯目錄的訛誤遠不止此。這裏再略舉數例:

將作序者、評點者、出版者誤爲作者。如《諸史品節》作者爲明代陳深,誤錄爲"王元馭(錫爵)";《誠齋雜記》作者爲元代林坤,因有周達觀序,而誤錄爲"周達觀"。

不能辨析作者署名中的郡望、籍貫、姓名、字號,誤錄作者姓名。如宋代林希逸著有《老子鬳齋口義》《列子鬳齋口義》《莊子鬳齋口義》,而誤錄爲"林希";元代釋惟則號天如,住錫蘇州獅子林,著《浄土或問》,署"獅子林天如惟則禪師",而誤錄爲"林天如";元代虞集字伯生,誤錄爲"虞集伯";明代瞿佑字宗吉,著《剪燈新話》,而誤作"瞿佑宗";《成語考》作者明代丘濬諡文莊,誤錄爲"丘文";明代吳興凌稚隆著《史記短長説》,而誤爲"吳興凌";明代海陽盛端明著《玉華子》,而誤作"陽盛公";明代孫高亮字懷石,著《于公太保演義傳》,誤錄爲"高亮懷";明代武林(杭州)楊廷筠著《代疑編》,誤錄爲"林楊廷";晚明烏程潘基慶著《老莊郭注會解》,誤錄爲"程潘基";清代胥斌字倚平,編《文選集腋》,誤錄爲"斌倚平";清代褚人穫字學稼,著《堅瓠

---

① 余義林《"漢籍之路"上的行者》,《光明日報》2013 年 9 月 13 日 13 版。
② 謝輝《英國圖書館所編漢籍目錄初探》,《新世紀圖書館》2015 年第 2 期,第 75 - 79 頁。
③ (英國)道格拉斯《1877 年版大英博物館館藏中文刻本、寫本、繪本目錄》附錄三,第 148 頁。

集》,誤録爲"穫學稼";清代吳臺字位三,著《百繪詩箋》,誤録爲"吳臺位";清代吳縣人葉桂著《葉氏醫效秘傳》,誤録爲"吳葉桂";清代鈕樹玉著《段氏説文注訂》,署"吴樹玉鈕氏",誤録爲"吳樹玉";清代陽湖惲敬著《大雲山房文稿》,誤録爲"陽湖惲";清代龍啓瑞、黄本驥著《字學舉隅》,龍啓瑞之父龍光甸作序,署"臨桂龍光甸識",而誤録此書作者爲"桂龍光"。

不能辨别作者名或書名中的漢字字形而致誤。如東漢應劭著《風俗通》,誤録爲"蠱劭";三國魏劉劭著《人物志》,誤録爲"劉邵";晋代嵇含著《南方草木狀》,誤録爲"稽含";唐代道教祖師吕嵒,多處誤録爲"吕品";唐代羅虬作《比紅兒詩》,而誤作"羅亂";宋代張洎著《賈氏談録》,而誤爲"張白";宋代何薳著《春渚紀聞》,誤録爲"何還";明代嵇世臣有《嵇川南稿》,而誤爲"稽世臣";清代鍾謙鈞纂《古經解彙函》,而誤爲"鍾謙鈞";清代瓜爾佳巴尼琿編纂《清漢文海》,誤録爲"爪爾佳巴尼琿";清代陸貽穀等輯《本朝試賦新硎》,誤録爲"新研";"謄黄敕命告示賞格"誤作"騰黄";清代范端昂著《粵中見聞》,錯爲"范端昴";清代黄鈞宰《金壺七墨》誤作《金壺弋墨》;清代黄鶴齡《痧證全生》誤作《痰證全生》;日本刻本《梵網經》誤作《梵綱經》。

因其他疏忽而致誤,如東漢班固誤爲"球固";唐代張讀著《宣室志》而誤爲"張謂";唐代皇甫枚著《三水小牘》而誤爲"皇甫枝";唐代釋慧然輯《鎮州臨濟慧照禪師語録》,錯爲"惠然";五代王定保著《摭言》而誤作"王保定";《朱子家禮》誤爲《朱字家禮》;宋代康與之著《昨夢録》而誤爲"康譽之";明代著名書畫家董其昌,錯成"華其昌";凌曙著《公羊禮説》而誤爲"凌暑";雅爾哈善主持纂修《蘇州府志》而誤爲"爾哈善";《述學》作者汪中誤爲"注中";《五經題解集要》作者"范顯名"誤作"范題名";清代游藝著、日本刻本《天經或問》誤作《天經或問天》;法國漢學家儒蓮《蠶桑輯要》(法譯本,譯自《欽定授時通考》的"桑蠶篇"及《天工開物·乃服》的論桑蠶部分)錯成《要輯蠶桑》;《乙未鄉墨》誤爲《乙末鄉墨》;《湖南闈墨》誤爲《胡南闈墨》;《幼學雜字》誤爲《幼學雜子》;戲曲《五郎救弟》誤爲《五即救弟》;小説《飛跎全傳》誤作《飛蛇全傳》。

(六)《增修中國書目》(*Chinese Accessions*)

翟林奈編於1931年,著録了1903-1930年英國國家博物館收藏的約3000部中文書籍,編爲分類索引(Subject Index)1册、書名索引(Title Index)2册(書名、作者加注漢字),僅有打印稿,供館内使用。

（七）《英國國家博物館藏敦煌漢文寫本注記目錄》（*Descriptive Catalogue of the Chinese Manuscripts from Tunhuang in the British Museum*）

斯坦因所獲敦煌文獻，是該館所藏中文文獻的標誌性藏品，也是敦煌文獻的重要組成部分，歷來受到國內外學者的高度關注。斯坦因所獲敦煌藏經洞寫卷都在 Or. 8210 號下。1957 年，英國博物館理事會（the Trustees of the British Museum）出版了翟林奈所編《英國國家博物館藏敦煌漢文寫本注記目錄》，收錄了 Or. 8210/S. 1 – Or. 8210/S. 6980 號的較完整的漢文寫卷、Or. 8212/1 – Or. 8212/1195 號中的部分漢文文書、Or. 8210/P. 1 – Or. 8210/P. 19 號的印刷品，總計列爲 8102 個條目。其中 Or. 8210/S. 1 – Or. 8210/S. 6794 號是佛教文本，Or. 8210/S. 6795 – Or. 8210/S. 7092 號是道教文本，Or. 8210/S. 7053 – Or. 8210/S. 7054 號是摩尼教文本，Or. 8210/S. 7054A – Or. 8210/S. 8082C 號是世俗文本，Or. 8210/S. 8083 – Or. 8210/S. 8102 號是印刷文書。這個目錄包含書名目錄和主題詞目錄，還有中文書名索引和梵文書名索引。因這個目錄設置了新的編號，因此還包含了一個從斯坦因編號到翟林奈編號的轉換表。翟林奈退休後，接手管理這批敦煌文獻的格林斯泰德（E. D. G. Grinstead）編製了一個與這個目錄配套的書名索引《英國國家博物館藏敦煌漢文寫本注記目錄題名索引》（*Title Index to the Descriptive Catalogue of the Chinese Manuscripts from Tunhuang in the British Museum*，London，1963），將翟林奈目錄中收錄的題名全部彙集起來，按拉丁字母順序重新排列（未錄中文書名），并指出相關文獻在《大正藏》和《道藏》中的收錄情況，標出翟林奈目錄中的編號，有些還給出斯坦因編號。這個索引與翟林奈目錄可相互補充，配合使用。

在中國國內，關於斯坦因所獲敦煌文獻的編目，有劉銘恕編《斯坦因劫經錄》和王重民主編《敦煌遺書總目索引》，均由商務印書館 1962 年出版。後者 1983 年有重印補訂本，其中英國館藏目錄部分即取自劉銘恕《斯坦因劫經錄》。臺灣學者黃永武有《敦煌遺書總目索引之補正》；又編有《敦煌遺書最新目錄》，由臺灣新文豐出版公司 1986 年出版，其中英國館藏部分取材與《敦煌遺書總目索引》相同，而有所補正。1993 年，臺北福記圖書公司出版香港學者金榮華主編《倫敦藏敦煌漢文卷子目錄提要》。2000 年，中華書局出版施萍婷編、邰惠莉助編《敦煌遺書總目索引新編》，體例仍沿襲《敦煌遺書總目索引》，英國館藏部分仍主要取材《斯坦因劫經錄》，但全書有許多訂正補充。

翟林奈目録、劉銘恕目録及王重民目録、施萍婷目録所收,均止於 Or. 8210/S.1 - Or.8210/S.6980。黄永武目録、金榮華目録所收則爲 Or.8210/ S.1 - Or.8210/S.7599 的卷子,詔出了翟林奈目録和劉銘恕目録等。1994 年,榮新江編《英國圖書館藏敦煌漢文非佛教文獻殘卷目録》由臺北新文豐 出版公司出版,所收爲 Or.8210/S.6981 - Or.8210/S.13624 的殘卷,使斯坦 因所獲敦煌文獻中非佛教文獻的目録基本得到完整呈現。

英國國家圖書館聯合全世界的敦煌文獻收藏單位和研究機構,發起組織 了"國際敦煌項目"(International Dunhuang Project),英文簡稱爲"IDP",將中 國、英國、法國、俄羅斯等國家收藏的敦煌文物、文獻及相關研究論著,都予以 編目、數字化,納入該計劃,已取得一定進展,查詢網址爲 http://idp.bl.uk/。

(八)《印度事務部圖書館藏敦煌藏文寫本目録》(*Catalogue of the Tibetan Manuscripts from Tun-Huang in the India Office Library*)

斯坦因收集品中,寫本中的梵文和藏文寫本主要藏於印度事務部圖書 館。1962 年,比利時佛學家瓦雷·普散(Louis de la Vallée Poussin)編纂的 《印度事務部圖書館藏敦煌藏文寫本目録》由牛津大學出版社出版。書後附 有日本漢學家榎一雄(K. Enoki)所編漢文寫本目録,著録了 136 件寫在藏文 或于闐文卷子背面的漢文文獻,分 8 類:佛經(名稱可考者),佛經(未比定 者),佛教文獻和文書,道教文獻,世俗文書,雜文,藏文或婆羅謎文音譯漢文 文獻,藏、漢文字音譯梵文經典[①]。

除瓦雷·普散和榎一雄所編目録及附録外,英國漢學家岑馬士(James Summers)還編有《印度事務部圖書館藏中、日、滿文典籍解題目録》(*Descriptive Catalogue of the Chinese, Japanese, and Manchu Books in the Library of the India Office*, London, 1872),該目録按羅馬字母排列,著録典籍 170 部,其中尤 以佛教典籍最爲豐富。印度事務部圖書館所藏主要中文書,都收進了這個 目録。

與印度事務部圖書館所藏寫本文獻相關的還有兩個目録:英國漢學家畢 爾(Samuel Beal)的《印度事務部圖書館藏佛教書籍目録大綱》[*Outline of a Catalogue of the Buddhist(Chinese)Books in the Library of the India Office*, c, 1875],這是一個對佛經的描寫性目録,而非記録圖書版本的目録;翟理斯

[①] 榮新江《英倫印度事務部圖書館藏敦煌西域文獻紀略》,《敦煌學輯刊》1995 年第 2 期。

（Herbert Allen Giles）的《印度事務部圖書館所藏皇家學會中文書目錄》（*Catalogue of Chinese Books in the Royal Society Collection at the Library of the India Office*, 1899），該目錄收錄了 29 種書。

該館所藏佛教木刻版畫已被編目，卡片收入印度事務部圖書館目錄卡片。它們的書名、作者名、主題目錄卡片也同時納入了中文拼音目錄卡片中。

（九）《大英圖書館藏敦煌漢簡》

斯坦因從甘肅和附近地區獲得的簡牘，大部分被收入法國漢學家沙畹（Édouard Chavannes）、法國漢學家馬伯樂（Henri Maspero）所編目錄。

沙畹的目錄題爲《奧雷爾·斯坦因在東突厥斯坦沙漠中所獲漢文文書》（*Les Documents Chinois Découverts par Aurel Stein dans les Sables du Turkestan Oriental*, Oxford, 1913），主要收錄斯坦因第一次中亞探險（1900－1901）所獲文獻，同時也收入了斯坦因第二次中亞探險（1906－1908）所獲文獻（1－719 號）。沙畹目錄所收錄物品在英國國家博物館的編號是 Or. 8211。這個目錄主要按年代排列，二級分類按地點排列。

馬伯樂的目錄是《斯坦因第三次中亞考古所獲漢文文獻》（*Les Documents Chinois de la Troisième Expédition de Sir Aurel Stein en Asie Centrale*, London, 1953），專門收錄斯坦因第三次中亞探險（1913－1915）所獲文獻。這個目錄按地點排列，共收錄編號爲 Or. 8212/200－Or. 8212/855 的 607 個條目。

關於斯坦因所獲簡牘的專門目錄，有日本學者大庭脩所編《大英圖書館藏敦煌漢簡》（京都：同朋舍，1990 年）。另有汪濤、胡平生、吳芳思編《英國國家圖書館藏斯坦因所獲未刊漢文簡牘》（上海：上海辭書出版社，2007 年）。後者所收的一批殘簡，主要是 1906－1908 年斯坦因第二次中亞探險時在甘肅長城烽燧遺址發現采集的，也有少量的樓蘭出土的魏晉簡混雜其中。

關於斯坦因所獲各種語言的文書和簡牘、木刻版畫、壁畫等，還有歐洲、中國、日本學者編的各種目錄。

（十）英國國家圖書館所藏甲骨卜辭（The British Library Collection of Oracle Bones）

如前所述，英國國家圖書館現藏有"庫方收藏"中的部分甲骨，另外可能還先後通過其他渠道獲取了少量甲骨（可能有僞刻）。方法斂摹、白瑞華（Roswell Sessoms Britton）校《庫方二氏藏甲骨卜辭》（上海：商務印書館 1935

年石印本、1936年重印本)第2號部分摹寫著録了"庫方收藏"中編號爲1506－1989的484個甲骨卜辭。嚴一萍編《方法斂摹甲骨卜辭三種》(臺北:藝文印書館,1966年),《甲骨文研究資料彙編》第18册(北京:北京圖書館出版社,2008年),李學勤、齊文心、艾蘭編《英國所藏甲骨集》(北京:中華書局,1985年)中"大英圖書館"部分,均照録方法斂摹、白瑞華校《庫方二氏藏甲骨卜辭》第2號部分,故都衹收484個甲骨。英國國家圖書館製作了《大英圖書館甲骨收藏》光碟(*The British Library Collection of Oracle Bones*)(1、2),收録了編號1506－1988和編號2017共484個甲骨的圖版1021幅(一般每個甲骨正反兩幅圖版,有的3幅圖版)。因編號爲1989的雕花鹿角已被留在英國國家博物館,所以英國國家圖書館在製作這個光碟時,另外選擇了刻辭比較豐富、比較清晰的編號爲2017的甲骨,予以掃描,加入進來,所以總數仍是484個[①]。

(十一)《歐洲圖書館所藏中文報刊提要》(*A Bibliography of Chinese Newspapers and Periodicals in European Libraries*, Cambridge, 1975)

該目録由劍橋大學當代中國研究所(Contemporary China Institute)編,包含英國國家圖書館所藏中文報刊。爲了方便保存,英國國家圖書館已將它所收藏的系列中文報紙製成縮微膠捲。帶有縮微膠捲序號的書名卡片,已歸入拼音目録的卡片裏。

(十二)《歐洲收藏部分中文古地圖叙録》

李孝聰教授自1991年起,先後走訪了歐洲的荷蘭、瑞典、丹麥、德國、奥地利、法國、比利時、英國、意大利、梵蒂岡的主要圖書館和博物館,查閲了上千幅地圖,編著《歐洲收藏部分中文古地圖叙録》(北京:國際文化出版公司,1996年),收録歐洲所藏中文古地圖300幅(册),分爲世界圖、外國圖、山脉圖、河流圖、海岸圖、交通圖、城市圖、歷史地圖、星圖、中國全圖/連省合圖/綜合地圖集、中國地區圖等類。其中有200餘幅(册)地圖來自英國的圖書館、博物館,而收藏於英國國家圖書館的有190餘幅(册)。《叙録》大致反映了英國國家圖書館收藏中文古地圖的情况。當然,該《叙録》屬於選録。據悉,英國國家圖書館目前正在進行一項所藏地圖的查驗,已發現一些未編入《叙録》的中文古地圖。

---

① 見英國國家圖書館《大英圖書館甲骨收藏》光碟。也可在英國國家圖書館網頁上查閲,網址:https://www.bl.uk/collection-guides/chinese-oracle-bones。

(十三)《英國各圖書館所藏中國地方志總目錄》(*Union List of Chinese Local Histories in British Libraries*)

1979年,英國倫敦大學東方與非洲研究院出版安德魯·莫頓(Andrew Morton)編纂的《英國各圖書館所藏中國地方志總目錄》,收録英國國家圖書館參考部、劍橋大學圖書館、達勒姆大學圖書館、愛丁堡大學圖書館、利兹大學博拉斯頓圖書館、牛津大學圖書館東方部、倫敦大學圖書館東方與非洲研究院等處所藏的中國地方志共2516種。

(十四)《英國國家圖書館藏中文書韋氏音標卡片目録》(*BL Chinese Wade Giles to* 1966)

關於英國國家圖書館的中文藏書目録,學術界一直比較關注的是道格拉斯的兩個目録。其實該館還有兩個比較通用的中文書目録,一是"韋氏音標卡片目録",二是"漢語拼音卡片目録"。

"韋氏音標卡片目録"收録1966年以前所獲得的中文書籍,以卡片形式著録,包含作者目録、書名目録、分類目録,分别按"作者""書名"和"分類"的韋氏音標讀音字母順序排列。這套韋氏音標目録卡片後來被製成縮微膠片,2014年被掃描成電子文檔,2016年上網,全球讀者均可查閲①。

以其中的"書名目録"爲依據製成的電子文檔,共分成129個文件,每個文件中一般有40個左右的膠片,最多的第83號文件内有76個膠片,最少的第84號文件内祇有1個膠片。129個文件總共含有4821個膠片。

每個膠片内一般掃描了4張書目卡片,也有的祇有1-2張書目卡片。129個文件、4821個膠片,總共包含17726個書目卡片。一張書目卡片一般祇著録1個書目,但有些書目卡片著録了幾種書目,最多的達10種。因此,這個"書名目録"著録的中文書目約在2萬條左右。其中1911年以前的中文古籍條目有5000種左右,剔除重複,實含1911年以前的中文古籍約4654種,主要是印本,但也包含了部分寫本、報紙、期刊、地圖、拓印本等。

毫無疑問,這個韋氏音標卡片目録,包含了英國國家圖書館所藏中文書的主體部分,也包含了該館所藏中文古籍的主體部分,因此它對我們瞭解該館所藏中文書(包括中文古籍)非常重要。但這個目録也存在諸多不足:

一是僅以卡片、膠片和卡片圖片電子文檔的形式存在,没有出版紙質版,

---

① 網址:https://data.bl.uk/aas_cardcatalogues/aascc6.html。

未按通行的主題分類體系分類,不能比較直觀地反映英國國家圖書館所藏各類中文書(包括古籍)的分布情況,查閲也不太方便。

二是内部存在諸多交叉重複。有的目録卡片多次出現,如15406.a.5《平江圖》、15406.a.75《太白全圖》、15201.b.14《四書人物備考》均出現兩次;15210.c.11《毛詩名物圖説》出現三次。有些不同的書共用一個編號,如15529.a.6號下有4種書,3種彼此有關聯,但爲不同的書:《欽定續纂外藩蒙古回部王公傳》,12卷,12册;《欽定續纂外藩蒙古回部王公表》,12卷,12册;《滿語版欽定續纂外藩蒙古回部王公表》,12卷,12册。另一種爲太平天國文獻,含幼天王詔書7件,干王洪仁玕諠諭2件,干王洪仁玕、忠王李秀成諠諭1件。這一組太平天國文獻與上述三套清朝宫廷文獻同用一個編號,顯然不妥。

"戈登文書"的編號交叉重複的情況較爲突出。它們分別主要編爲Or.2338A、Or.2338B、Or.3534A、Or.3534B四個號中,但Or.2338又單獨自成系列。所有Or.2338編號下的文獻,有些在Or.2338A中,有些在Or.2338B中,順序却互相交錯,如Or.2338(11)、Or.2338(12)、Or.2338(15)、Or.2338(16)、Or.2338(20)、Or.2338(21)、Or.2338(27)、Or.2338(28)、Or.2338(33)、Or.2338(34)等在Or.2338B中,而Or.2338(29)、Or.2338(30)、Or.2338(35)、Or.2338(36)等又在Or.2338A中。另外有些Or.2338下的文獻,如Or.2338(1)－Or.2338(10)、Or.2338(13)、Or.2338(14)、Or.2338(17)、Or.2338(18)、Or.2338(19)、Or.2338(31)、Or.2338(32)等,又既不在Or.2338A中,也不在Or.2338B中,而是單獨存在。

順便指出,與編目上存在的這種現象相似,對個別書籍的裝訂不是很恰當。如將Or.12918、Or.12953、Or.12954三個號的文獻合訂爲一本,其中Or.12954是太平天國干王洪仁玕庚申十年(1860)致大進黄第信札封套,Or.12953是咸豐三年至一一年(1853－1861)衆人致英國醫生合信的書信數十件,Or.12918則是兩廣總督鄧廷楨、廣東巡撫怡良道光十八年(1838)十月三十日所發禁止鴉片的告示。三件文獻内容、時間不同,裝訂在一起顯然不合適。

三是著録的信息不全。該目録著録英國國家圖書館上架編號、書名、作者、出版地(出版者)、出版時間、卷次等幾項信息,但空缺項較多。許多書目祇有外文和韋氏音標拼音,連漢字的書名和作者名也没有。有不少書的作者項，祇是重複書名中的內容，如《瓊宮五帝內思上法》，作者項著錄"瓊宮"，而歷代題唐玉真公主撰；《百家姓考略》作者項著錄"百家姓"，而應爲明王相；《易義析解》作者項著錄"易經"，而應爲清薛詮；《尚書後案》作者項著錄"書經"，而應爲清王鳴盛；《禪門日誦》作者項著錄"禪門"，而應爲明釋德清等。大部分書目都不著錄出版者（出版地）。出版時間祇著錄公曆年份。

四是著錄信息存在一些問題。分爲幾種情況：

因爲中西方編目模式不同，著錄信息的重點不同，該目錄沒有明確區分作者、作序者、評點者、彙編者、刊刻者。如索書號爲 15348.a.20 的《胭脂牡丹》，作者項著錄爲王德寬，然王氏實爲作序者，據序言可知作者當爲清代韓鄂不；索書號爲 15271.b.3、Or. Micr. 78/3、Or. Micr. 77/4 的《域外叢書》《重修將樂縣志》《龍岩縣志》，作者項分別著錄爲王鎏、楊四知、葉邦榮，實際上他們都是作序者，據考證，諸書作者分別爲清代王蘊香、明代黃仕禎和湯相。

將原刻者當成刻者。明清時期，書的雕版是一種財產，可在不同書坊之間轉讓。一家書坊獲得別家書坊的雕版重刻，一般會削去雕版上前一家書坊的痕跡，但有時也不削，或削之未盡。人們看到這種標記，容易誤認爲是前家書坊所刻。有時候一家書坊刻一種書，可能收集幾家書坊的相關雕版，於是這種書上就有了幾家書坊的標記，要確定此次刊刻者并非易事。出版者項著錄的一些信息，如二酉山房、抱經堂等，實爲書籍的收藏、閱讀、校勘者，并非出版者。

將作序跋時間、原刻牌記顯示時間當成正式刊刻或翻刻時間。這種情況相當普遍。卡片目錄已著錄明確出版年份者，絶大多數都是來自古籍的牌記或首尾序跋末題，而這些時間并不一定是真正的刊刻時間。如索書號爲 15348.a.21 的《新增尺牘稱呼合解》，其出版時間著錄爲 1886 年。考之原書，可知著錄者當是依據牌記"光緒丙戌年校正重刊"著錄。然該牌記後，復有"光緒甲午年第九次校正排印"字樣，故其出版時間當著錄爲 1894 年。

因不瞭解相關歷史知識而致誤。如 15299.e.1，即著名的顏真卿《爭座位帖》，編目者不知道此爲顏真卿的作品，從文中挑出"僕射"二字爲作者名，又不認識"僕射"二字，著錄作"漢射"。或因不能辨認漢字字形等原因而致誤。如索書號爲 15313.a.3 的《菽園著書》的作者邱煒蒦，誤錄爲"邱煒莀"；索書號爲 15323.d.3 的《玉堂才調集》，編者爲于朋舉，誤錄爲"于册舉"；索書號爲 15320.e.37 的《國朝二十四家文鈔》，編者爲徐斐然，而誤錄爲"徐悲然";索書號爲 15229. a. 26 的《策學纂要》,作者著録爲戴明、黃卷,然"戴明"當爲"戴朋";索書號爲 15305. a. 15 的《菊部群英》、Or. Micr. 94/2 的《萬泉縣志》,作者項分别著録爲小游仙苍、畢宿壽,通過考證,可知"苍"當爲"客"(小游仙客即王小鉄),"壽"當爲"燾"。

五是收録不全。僅就中文古籍部分而言,過去人們一般都認爲,普雷沃斯特《英國國家博物館藏中文寫本目録》已被收入道格拉斯的兩個目録;道格拉斯兩個目録著録的中文古籍,已全部轉録入韋氏音標目録卡片①;作爲後出者,它覆蓋了道格拉斯的兩個中文文獻目録,因此是英國國家圖書館所藏中文書特别是中文古籍相對最全的目録。

實際情况并非如此。經過我們比對,不僅道格拉斯兩個目録中著録的部分叢書的子目(1127 條)韋氏音標卡片目録没有收入,而且道格拉斯兩個目録著録的一些獨立的古籍,韋氏音標卡片目録也未收入。我們彙總韋氏音標卡片目録、漢語拼音目録、寫本目録、早期印本目録、《歐洲收藏部分中文古地圖叙録》等後,所獲中文古籍目録約爲 5883 條。經與道格拉斯兩個目録比對,後者中尚有 2693 條(含書目 1566 條、叢書子目 1127 條)前者并未收入。因此,這個韋氏音標卡片目録也談不上完整。它像道格拉斯兩個目録一樣,也不能承擔完整反映英國國家圖書館所藏中文書特别是中文古籍的任務。過去人們主要依靠這個韋氏音標卡片目録,來瞭解英國國家圖書館所藏中文古籍的情况,現在看來這是很不够的。

(十五)《英國國家圖書館藏中文書漢語拼音卡片目録》(*BL Chinese P. BKS*)

收録該館 1966-1993 年獲得的中文書籍(其中有的是 1966 年以前印刷的書籍),以卡片形式著録,包含作者、書名、分類目録,均按現在通行的漢語拼音排序。2014 年,英國國家圖書館將其中的"作者目録"與"書名目録"製成縮微膠片,復予以掃描,2016 年上網,全球讀者均可查閲②。

以這個漢語拼音卡片目録的"書名目録"爲例。它共含 109 個文件;每個

---

① (英)吳芳思:"韋氏音標目録和拼音目録分别包含作者目録和書名目録,作者目録和書名目録取代了較早的道格拉斯目録,後者的條目已經被整合進韋氏音標目録。"(《英國國家圖書館的中文藏書》,第 11 頁。)(Frances Wood:"Both catalogues have separate author and title files. The author and title catalogues supersede the earlier printed catalogues by R. K. Douglas whose entries have been incorporated into the Wade-Giles sequence.")

② 網址:http://data.bl.uk/aas_cardcatalogues/aascc5.html。

文件含2-40張膠片(大多數爲40張膠片),共含4067張膠片;每張膠片含1-4個書目(大多數爲4個書目),共有15140個書目。扣除少量重複書目,大約有15000個書目。

這個漢語拼音卡片目錄所收書目,有些與韋氏音標卡片目錄中的書目重複,如這個拼音目錄第41個文件中所收Or.13346《1841年1月26日戰鬥中虎門地形及英軍位置圖》,在韋氏音標卡片目錄中已有。

這些書大部分是從中國大陸收藏的,也有部分是從中國臺灣、香港等地區收藏的。學科包括政治、法律、經濟、軍事、科學、技術、哲學、歷史、文學、語言、藝術、宗教、教育等。

這個漢語拼音卡片目錄,收的是1966年以後入藏的書籍,自然主要是現代書。但也收藏了部分中文古籍,主要是1911年以後重印的古籍,特別是1950-1970年臺灣重印的中文古籍。如第1個文件中,就收錄有1912年以後重印的明代馮應京《皇明經世實用編》及清代《欽定禮部則例》、《欽定工部則例》、永瑢《歷代職官表》、吕維祺《四譯館則》等。

這個目錄中祇有少量1911年以前寫、印的中文古籍。如第1個文件中就收錄了15223.d.58《咨議局章程及選舉章程》,2冊,1909年出版等。經查點,這個目錄共收錄1911年以前的古籍書目204條,其中有14條書目重複。如第2個文件中的15258.b.25《御製耕織圖》,第48個文件中重出;第7個文件中的Or.Micr.928-933《國朝京省分郡人物考》,第37個文件中重出等。扣除重複,實際上收錄1911年以前中文古籍書目190條。

(十六)臺北漢學研究中心《中文古籍聯合目錄》

1998年,臺北漢學研究中心以臺灣地區古籍書目爲基礎,建設"臺灣地區善本古籍聯合目錄",彙整中國大陸地區、日本、歐洲、北美等地區收藏中文古籍量居前的圖書館資源庫。2012年,將"臺灣地區善本古籍聯合目錄"改名爲"中文古籍聯合目錄",整合進該館的"古籍與特藏文獻資源"網①。2012-2015年,有22家圖書館參與,包括英國國家圖書館。截至2019年,參與單位已達83家,共收入中文古籍書目75萬條。截至2020年10月15日,該網站顯示所著錄英國國家圖書館藏中文古籍書目已達5267條。每個書目下分别著錄"正題名、拼音題名、作者、出版地、現藏地、所藏圖書館編

---

① 網址:http://rbook.ncl.edu.tw。

號,資料來源"等信息,每項信息下又有相關的比較詳細的信息,查閱比較方便。這個目録不僅僅是彙總書目,還做了一定的考證修訂工作。"韋氏音標卡片目録"和道格拉斯兩個目録中的一些訛誤,它已予以糾正。如道格拉斯目録中,明武林(杭州)楊廷筠著《代疑編》誤録爲"林楊廷",清胥斌(字倚平)編《文選集腋》誤録爲"斌倚平",清吴縣人葉桂著《醫效秘傳》誤録爲"吴葉桂"等,這個目録已糾正爲"楊廷筠""胥斌""葉桂"。

但這個目録但仍存在一些不足。一是收録仍然不全;二是僅以網絡形式顯示,方便查詢,但不便於全面直觀地展現每家圖書館所藏中文古籍的整體面貌;三是有些著録信息仍有待校正,"韋氏音標卡片目録"和道格拉斯兩個目録中的許多信息缺項和訛誤,它仍然沿襲未改。如《百家姓考略》作者爲明王相,《禪門日誦》作者爲明釋德清,《尚書後案》作者爲清王鳴盛,"韋氏音標卡片目録"原闕,本目録依然闕如。《國朝二十四家文鈔》作者爲清徐斐然,《玉堂才調集》輯者爲清于朋舉,《策學纂要》作者爲清戴朋、黄卷,《萬泉縣志》作者爲清畢宿燾,"韋氏音標卡片目録"分别誤作"徐悲然""于册舉""戴明""畢宿壽",這個目録均沿襲其誤,甚至誤上加誤,分别作"徐悲然""王册舉""戴明""畢宥壽"。《于公太保演義傳》作者孫高亮字懷石,道格拉斯目録誤録爲"高亮懷",這個目録也沿襲未改。另如陳蘭彬著、富文齋刊《生地獄圖説》,作者誤録爲"富文齋";《詩品詩課鈔》(《司空圖詩品詩一百首》)作者爲浙江蕭山人鍾寳,誤録爲"蕭山鍾";范顯名編《五經題解集要》及佚名編《五經擬題類典》《五經文集》,作者項均録爲"五經鴻裁"。

關於英國國家圖書館所藏中文古籍,除上述比較大型的目録外,還有不少專題性的目録,如劉半農《太平天國有趣文件十六種》、柳存仁《倫敦所見中國小説書目提要》、李致忠《英倫閲書記》、崔藴華《歐洲藏中國明清至民國俗曲唱本研究——以英、德、法爲中心》等,可供專門研究者參考。

(十七)英國國家圖書館網站[①]

英國國家圖書館網站上有該舘多數收藏品的目録,分主目録(Search the Main Catalogue)、檔案和寫本目録(Archives and Manuscripts)、聲音和影像目録(Sound and Moving Image)、1950年後英國和愛爾蘭出版的書籍報刊目録(British National Bibliliography)。每個條目下著録的信息非常詳細。中文寫本

---

① 網址:http://www.bl.uk。

古籍大多被收入"檔案和寫本目錄",但并非全部收入。與外國人有關的中文印刷古籍,如外國人用中文寫的書和外國人將中文翻譯成外文的書,及現代中文書,相當大部分被收入"主目錄",但也非全部收入。已收入"主目錄""檔案和寫本目錄"的書目,通過書名、索書號等,即可檢索到關於該書目比較詳細的信息,但其中個別信息著錄有誤。至於中文印刷古籍,則基本上還沒有收入"主目錄"。查閱者祇能通過卡片目錄等途徑,知道某種中文印刷古籍的索書號,然後進入英國國家圖書館網站,通過"查閱主目錄"(Search the main Catalogue),進入"查閱其他條目"(Request other items),選擇"亞洲、太平洋及非洲收藏"(Asia, Pacific & Africa Collections),纔能借閱該書。因此,英國國家圖書館網站上的目錄,可用於瞭解該館所藏中文寫本古籍、與外國人有關的關於中文的古籍及現代中文書,但對瞭解作爲該館所藏中文古籍的主體部分的中文印刷古籍,則幫助有限。

　　總體而言,包括道格拉斯編的兩個目錄在內,英國國家圖書館已編各種館藏中文書目,像西方漢學家較早編纂的其他中文書目一樣,都是爲適應外國讀者需要而編的,體例自然與中國人編纂和習慣使用的書目有所不同。如它們往往特別重視寫本,將寫本與刻本分別著錄;用馬禮遜字典"正字法"或韋氏音標拼寫漢字,并據以排序;書名項、作者項、主題項統一編排;不注明出版者和出版地;有較多翻譯、介紹、解釋性內容(這些對漢語讀者是完全不需要的);比較注意編製索引等。從外國編者和讀者的角度考慮,這樣處理是可以理解的。

四、本書目的編纂過程和編纂方法

　　2010年6月,中國古代戲劇家湯顯祖曾任知縣的浙江省遂昌縣,欲與英國戲劇家莎士比亞的故鄉斯特拉福德鎮聯絡,共同紀念同於1616年去世的中英兩位偉大戲劇家。我和遂昌縣的幾位官員及浙江大學徐永明教授共同訪問英國,承蒙時在倫敦大學亞非學院任教的陳贇沅教授熱情接待,得知英國國家圖書館所藏中文古籍尚未有一個比較完整的目錄。回國以後,我向全國高等院校古籍整理研究工作委員會主任、北京大學中文系教授安平秋先生彙報,他當時作爲首席專家承擔了一項國家哲學社會科學基金重大課題《國外所藏漢籍善本叢刊》,這個項目同時得到美國唐仲英基金會的資助,擬全面調查中國以外世界各地收藏中國古籍的情況,予以鑒定、統計、分類、編目,并選擇稀見重要書目和版本予以整理,影印出版。該課題組已對日本、韓國、美國等地收藏中國古籍的情況作了調查,并整理出版了《日本宮內廳書陵部藏宋元版漢籍選刊》等大型文獻,當時正擬對歐洲各國收藏中國古籍的情況展開調查。英國國家圖書館作爲歐洲收藏中國古籍的重鎮,是課題組希望瞭解的重點。安平秋教授當即囑我與英國方面聯繫,我遂寫郵件給英國國家圖書館東方部中文組負責人、北京大學校友吳芳思博士,希望得到她的幫助,她給予了積極回應。

2013年初,吳芳思博士請圖書館有關部門發出邀請,當年3月,受安平秋教授委派,楊忠教授、盧偉副研究員和我前往英國國家圖書館,調查該館收藏中文古籍的情況。在吳芳思博士的大力幫助下,我們在該館中文組讀書一星期,主要是按英國國家圖書館藏"早期中文印本目錄",調閲了百餘種重要圖書。此後,又經吳芳思博士引薦,與該館東方部負責人見面會談,徵得對方同意我們編纂出版中文版的該館所藏中文古籍目録。

三人回國不久,適逢時任國家圖書館出版社副社長的殷夢霞編審來訪,她介紹中國國家圖書館(國家古籍保護中心)也啓動了一個項目,擬調查世界各地收藏中國古籍的情況,先編纂出版各收藏單位所藏中國古籍的書目,由國家圖書館所轄的國家圖書館出版社出版。她表示願意將我們擬編的書目納入這一出版計劃,我遂與她一起大致商定了編纂體例。北京大學中文系古文獻專業畢業研究生王惠明受我邀請,將"韋氏音標卡片目録"縮微膠片通過識讀機轉爲PDF文檔,切割成書目卡片,從約2萬種中文書目中,遴選出1911年以前的中文古籍約4654種,將之翻譯、分類、輸入爲WORD文檔,形成最初的工作書目。

本書目爲什麽要以"韋氏音標卡片目録"作爲製作工作書目的基礎呢?一是當時我們祇見到"韋氏音標卡片目録"和"漢語拼音卡片目録"膠片,祇能以它們爲基礎。二是與"漢語拼音卡片目録"相比,"韋氏音標卡片目録"收録的中文古籍更多,體現了英國國家圖書館收藏的中文古籍(特別是印本古籍)的主體;與道格拉斯的兩個目録相比,後者祇著録作者、書名、卷數,不著録出版地點和出版時間,其1877年的《目録》連圖書館索書號也没有,著録信息不全。"韋氏音標卡片目録"則皆著録圖書館索書號,可爲訪書提供方便。部分書目還著録了出版地和出版時間,著録信息相對豐富。

但"韋氏音標卡片目録"存在着各條書目下著録信息不全、著録信息有誤、著録體例不統一等問題。我和高虹飛博士參考各種圖書目録和網上圖書信息，對工作目録著録的信息進行補充、校改。國家圖書館包菊香研究員、國家圖書館出版社霍瑋女士也受邀參與了這一工作。

然而有很多信息必須手檢目驗原書纔能確定。爲此，我和林旭文博士、高虹飛博士一行三人2020年初前往英國國家圖書館查書，去倫敦出差的北京大學張岩博士也參與了此項工作。我們共借閱了約800種書籍，補充了書目中缺少的大量重要信息，如書名、作者、出版地、出版時間、卷次頁碼等，基本達到了預定目標。

此後數月我們一直蝸居斗室，整理目録書稿。高虹飛繼續校改、補充"韋氏音標卡片目録"所收書目的有關信息，我主要做了如下工作：

一是在英國國家圖書館查閱中文古籍時，發現有些混置於同一個總編號下的不同文獻，有不同的細分編號，應該分别著録，爲此共增列條目約68條；同時，通過在英國國家圖書館網站搜索相關外國漢學家著作信息，補録"韋氏音標卡片目録"等未著録的他們撰寫、編纂的有關中國的論著、與中文有關的字（詞）典及翻譯成外文的中文古籍等約255種。以上兩項共增列條目約323條。

二是將"早期中文印本目録"中的339條書目，與工作書目相比對，排除了約216個自相重複或互相重出的書目，補録約123條書目。

三是將反映該館1966年以後收藏中文書籍情況的"漢語拼音卡片目録"所含15140種中文書目全部排查一遍，從中遴選"韋氏音標卡片目録""早期中文印本目録"中未收的1911年以前的古籍約190種，補録進工作書目。

四是將英國國家圖書館"寫本目録"的701個左右古籍書目與工作書目比對，其中167種已收入該館所藏漢籍的"韋氏音標卡片目録"和"漢語拼音卡片目録"，故補録了534條書目。

五是將上述已録書目中的地圖部分，與李孝聰《叙録》著録的英國國家圖書館所藏地圖部分進行比對，補録了53個地圖條目（其中6種是地圖集，含地圖集子目67條），并據以補充了另外部分地圖的部分信息。補録的這些地圖大部分是收藏在該館地圖部的地圖。由此本目録"地圖屬"著録條目達到234條。

六是據崔藴華《歐洲藏中國明清至民國俗曲唱本研究——以英、德、法爲中心》,補錄英國國家圖書館藏明清俗曲唱本6種①。

　　七是將上述已錄書目5883條、地圖集子目67條,與道格拉斯兩個目錄所收3951條書目、1127條叢書子目進行比對,補錄前述各書目未收錄的書目1566條、叢書子目1127條,書目達到7449條,另有地圖集子目67條、叢書子目1127條,總數達8643條。

　　至此英國國家圖書館所藏中文古籍的書目(甲骨、簡牘、絕大部分敦煌文獻除外)應已經基本齊備。我在比對、彙錄書目的同時,進行補充、校改信息的工作。其中補充、校改信息的工作量,要遠大於比對、彙錄書目的工作量。有時考訂一種書的作者或出版者等信息,簡直相當於研究一個小型課題,要花費大量時間。林旭文博士在比對、彙錄書目和補充、校改信息的過程中繼續給予了大力幫助。

　　歸納起來,我們前後共做了如下幾方面的工作:

　　1. 彙總:將"韋氏音標卡片目錄"、"漢語拼音卡片目錄"、"早期中文印本目錄"、"寫本目錄"、道格拉斯兩個目錄、李孝聰《叙錄》等目錄中所收錄的中文古籍書目,以及在英國國家圖書館查書、在該館網站搜索時發現應分列、應補錄的書目全部遴選出來,彙集在一起。

　　2. 去重:在彙總的同時,相互比對,刪去重複的書目,包括各個目錄內部自相重複的條目(一書數個編號,或同編號、同書而反覆出現),和幾個目錄之間相互重複的條目。

　　3. 分類:基本按照中國古籍的四部分類法,將英國國家圖書館藏中文古籍分成經、史、子、集四部,下分50個類、91個屬(含不分屬的38個類、分屬的12個類下53個屬)。按照部、類、屬和著錄順序,將有關書目調整到適當的位置,以反映英國國家圖書館所藏各類中文古籍的情況,也便於讀者分門別類查找相關書籍。

　　4. 補缺:原有各個目錄著錄的信息,包括書名、作者名、出版者和出版地、出版時間、卷次頁碼等,缺項較多。我們通過查閱、核對有關書目,儘可能利用綫上電子資源,如藉助《四庫全書》系列叢書、"中華古籍資源庫"等影印叢書、古籍數據庫提供的書影,利用讀秀、中國知網等數據庫,通過"全國古籍普查登記基本數據庫""學苑汲古:高校古文獻資源庫"等平臺,查詢各大藏

---

① 崔蘊華《歐洲藏中國明清至民國俗曲唱本研究——以英、德、法爲中心》,北京:中國社會科學出版社,2020年。

所的古籍著録，以及到英國國家圖書館核對原書、進入英國國家圖書館網站檢索核查等方式，儘可能查找，補充信息達數千處。

5. 正誤：原有各個目録中每個書目下著録的信息，如書名、作者名、出版者和出版地、出版時間、卷次頁碼等，訛誤較多，我們也利用各種書目和綫上電子資源，以及目驗原書等方式進行核查，糾正約 2000 處。

6. 統例：原來各種目録著録體例不統一。即使同一個目録之内著録體例也不完全一致。作者有的署姓名，有的署字號；有的注明身份（如和尚、牧師）、職銜（如將軍、博士）、民族，有的不注明；外國作者或翻譯者的外文姓名，有的姓在前名在後，有的名在前姓在後，有的全寫，有的簡寫，又基本不注明所屬國家；出版地有的書坊名在前，地址在後，有的地址在前，書坊名在後；出版時間一般未注明中國年號紀年；卷次頁碼信息著録的概念、順序也不統一。本目録按照比較通行的書目體例著録，如外國作者所著書，或以外文爲主的書，則同時著録中文書名和外文書名；中國作者一律注明朝代，著録姓名；外國作者、翻譯者一律注明國别，同時著録中文名和外文名，外文名一律名在前姓在後；出版信息項一般先列出版者（書坊），再列地址；卷次頁碼等按册數、卷數（頁數）、尺寸的順序著録，儘可能達到統一。

五、説明與致謝

我們的目的，是爲讀者提供一個收録書目比較齊全、能比較全面反映英國國家圖書館所藏中文古籍的整體情況、著録信息相對完整、體例比較完善、方便讀者查閱使用的英國國家圖書館所藏中文古籍目録。但這個目的可能没有、甚至可能根本無法完全達到。

首先是收録可能不全。如前所述，英國國家圖書館從英國國家博物館獨立出來時，絕大部分書籍（包括中文書籍）劃歸了英國國家圖書館，但有個别仍留在了英國國家博物館。劃歸英國國家圖書館的中文書籍，又需要再次區分，絕大部分劃歸了東方部（亞非部），但也有少量書籍被劃歸寫本部、印度部、地圖部、音樂部、集郵部、科技咨詢和信息服務部等部門。如果要完整把握英國國家圖書館所藏中文古籍的情況，還應該對英國國家圖書館上述部門的藏品進行全面的調查。但這工作量極大。另外，英國國家圖書館現在仍在繼續收藏中文書和漢學書籍，其中不排除會收藏個别中文古籍。它的中文古籍收藏實際上仍處於動態變化之中，因此本目録著録的條目就不可能做到完全齊備。

其次是已收録的書目著録的信息還存在一些缺項或不完備之處。特別是出版者和出版地信息，由於前面所説的出版者問題的複雜性，一本書或由不同書坊先後刊刻，確定真正的出版者并非易事。要補足每種書的各項信息，必須一一親驗原書，仔細核查考證，纔能解决問題，這一點現在很難做到。

三是歸類可能有不當之處。有些書本來就很難歸類；有些書我們并不瞭解具體內容，判斷可能失誤。

四是著録的信息也肯定還存在一些訛誤。可能沿襲原有説法，以訛傳訛，誤把作序者、評點者、彙編者、刊刻者當成作者；可能把寫作時間、作序跋時間、原刻時間當作刊刻（翻刻）時間。這些問題，也祇有一一目驗原書，有些問題還必須進行專題研究，纔能得到比較圓滿的解决，這一點現在也很難做到。

本目録存在的上述問題，有些是因爲客觀條件限制造成的，有些則是編者因自身水平有限，時間倉促，轉録、校對不够細心造成的。凡此均請讀者批評見諒。

這個不大的項目，前後已經10年，現在終於大致完成。在此我首先要感謝安平秋教授的充分信任、大力支持和精心指導。他承擔的國家哲學社會科學基金重大項目和美國唐仲英基金會項目，提供了兩批人員去英國國家圖書館查書和在北京大學圖書館將書目膠片轉换成PDF文檔的全部費用。還要感謝楊忠教授和盧偉副研究員一道前往英國國家圖書館查書。

感謝國家哲學社會科學基金和美國唐仲英基金會對本項目的大力支持。感謝國家古籍整理出版專項經費資助本書出版。

特別感謝英國國家圖書館吳芳思博士。她不僅爲我們前往查書予以幫助，還提供了她自己關於英國國家圖書館所藏中文書籍的幾篇文章。這些文章通過查閲各種歷史文獻的相關記載、各種書目和所藏書籍上的信息，追溯英國國家圖書館早期中文書收藏的來源和經過。本書前言中關於該館收藏中文書籍情况的部分，即主要根據吳芳思博士的這幾篇文章編譯。

衷心感謝英國國家圖書館薩拉女士、謝函霖女士（Han-Lin Hsieh）和郝麗蓮女士（Emma Harrison）。當本項目進展到必須去英國查驗書籍時，經國家圖書館出版社殷夢霞總編輯、趙源編輯介紹，我與英國國家圖書館亞非部中文組謝函霖女士聯繫，希望得到她的幫助，謝女士慨然應允，請中文組負責人薩拉女士發出邀請。在辦理簽證的過程中，謝女士不厭其煩，爲我們提供方便。我們到達圖書館後，薩拉女士偕謝函霖女士、郝麗蓮女士與我們面談，介紹情況，并贈送《大英圖書館甲骨收藏》光碟。在我們查書期間，謝函霖女士還不斷來詢問有什麼問題，耐心予以指導，幫助我們與負責借閱的工作人員及時溝通。可以説，没有吴芳思博士、薩拉女士、謝函霖女士、郝麗蓮女士和英國國家圖書館其他諸位朋友的寶貴幫助，編纂這本目録是根本不可能的。

非常感謝國家圖書館出版社殷夢霞總編輯，她一開始就對本項目給予積極支持，然後一直耐心等待和鼓勵，她的熱心和寬容讓人心中充滿暖意。責任編輯趙嫄女士工作細心周到，認真負責，爲本書目付出了大量精力，體現出一位優秀編輯令人欽佩的優良品格。她們的熱心支持和幫助，是本項目得以推進和完成的重要動力。

最後我要向本書合作者王惠明先生、高虹飛博士、林旭文博士，參與校核工作的包菊香研究員、霍瑋女士、張岩博士，參與責編的國家圖書館出版社景晶編輯、潘肖薔編輯表達誠摯的謝意！王惠明先生遴選、轉録"韋氏音標卡片目録"，這是一項非常煩瑣的工作。他克服種種困難，完成了這一任務，爲形成工作書目打下了基礎。高虹飛博士在補充、校改"韋氏音標卡片目録"的信息方面做出了重要貢獻。林旭文博士不辭辛苦，爲比對、彙録書目和補充、校改信息提供了寶貴幫助。

我們在英國查書期間，每天清晨進館，中午一般就在館内食堂吃點東西。有些書的有關信息開卷即得，不免讓人感到欣喜。但有不少書的有關信息，需要翻閲全書、反復搜尋、細心判斷纔能確定。有些文獻需要丈量尺寸，圖書館對古籍保護有嚴格規定，我們必須小心翼翼，花費很長時間纔能完成。等到完成一天的查閲任務走出圖書館時，往往已是暮色蒼茫。晚上回到旅館，還要整理已查閲到的信息，并在網上預定次日借閲書目，幾乎精疲力盡。當時覺得非常辛苦，現在回想起來，倒成了一段難忘的工作經歷。尤其進而一想，要是我們安排稍晚一點去英國查書，因爲新冠疫情，我們很可能就無法成行，這個項目就不知道什麼時候纔能完成了。這項工作似乎冥冥中受到某種護佑，我們又不免爲此感到慶幸。

廖可斌

2020 年 10 月 15 日於燕園

凡　例

1. 本目錄收錄英國國家圖書館所藏1911年（含）以前的中文古籍。1912年（含）以後出版的中文書籍，概不收錄。

2. 本目錄收錄的古籍，包括刻本、手寫（繪）本、拓印本、地圖、縮微膠片、報紙、期刊。

本目錄不僅收錄相關古籍的中國境內版本，也收錄日本、朝鮮等地的域外版本。

英國國家圖書館所藏甲骨文已有摹本出版，并有光碟。本目錄祇收甲骨文總條目，不收分片甲骨文條目。

英國國家圖書館藏斯坦因所獲簡牘，已有專門目錄，本目錄不收。

英國國家圖書館藏斯坦因所獲敦煌文書，已有專門目錄，本目錄不收。但少量敦煌文書，已被編入英國國家圖書館寫本目錄、早期中文印本目錄等其他目錄，本目錄予以收錄。

3. 英國國家圖書館所藏中文書籍，屬於"東方收藏"（Oriental Collection），實際上是一個漢學書籍收藏。該館歷年所編中文書目，也實際上是所藏漢學書目。除中文書外，還包含了部分"由中文翻譯成外文的書"和"外國人寫的關於中國的外文書"。這兩類書中都有一些漢字，但嚴格地說屬於外文書。爲繼承英國國家圖書館歷來所編中文書目的傳統做法，反映該館所藏所謂中文書籍的實際情況，并爲研究中外文化交流史等提供重要信息，本書目擬采用廣義的"漢籍"概念，將這兩類書目也收入。

4. 本目錄共收錄書目7449條。道格拉斯所編《英國國家博物館圖書館藏中文刻本、寫本、繪本目錄》和《英國國家博物館藏中文刻本、寫本目錄續編》共收錄叢書約99種，他擇取其中34種叢書的子目約1127條，將其分散，按作者和書名首字母排列，與其他書目并列著錄。本目錄將這些子目重新歸於所屬叢書條目之下著錄。至於道格拉斯兩個目錄未列出的其他叢書的子目，因英國國家圖書館所收藏的這些叢書中有些并不完整，故本目錄不予補出。李孝聰《歐洲收藏部分中文古地圖叙錄》著錄英國國家圖書館所藏中文古地圖190種，其中6種是地圖集，含地圖集子目67條，本目錄亦在相關地圖集條目下著錄這些地圖集子目。故本目錄共著錄叢書子目和地圖集子目1194條。

5. 鑒於英國國家圖書館所藏中文古籍，基本上仍保持經、史、子、集四部格局，故本書目以《四庫全書》四部分類法爲基礎進行分類和排列，以展現英國國家圖書館所收藏中文古籍的整體面貌，并便於讀者使用。

但《四庫全書》四部分類法的"類""屬"稍顯煩瑣；有些"部""類""屬"之間存在交叉；19世紀以後新的學科門類出現，有些書籍難以歸入《四庫全書》的四部分類法。因此本書目根據英國國家圖書館所藏中文古籍的實際情況，參照《中國古籍善本書目》《中國古籍總目》的做法，對《四庫全書》四部分類法中"類"和"屬"的設置和劃分略作調整：删省、合并了一些類、屬，分開、增設了一些類、屬，改變了一些古籍的歸屬。如：

"經部"中取消"樂類"，凡樂學文獻均入子部"藝術類"。

"史部"中增設"太平天國類"。因英國國家圖書館收藏的太平天國文獻比較豐富，也比較重要，是該館所藏中文文獻的一個特色。

"史部·地理類"增設"地圖屬"，因英國國家圖書館收藏的中文地圖比較豐富，也是該館所藏中文文獻的一個特色。

"史部·政書類"之"典禮屬"中的八股文等科舉考試文體的別集和總集，分別歸入"集部"之"別集類"和"總集類"。

"史部·目錄類"下祇收經籍目錄，另設"金石類"收錄金石文獻（因其中很多并非金石目錄）。

"子部·術數類"中不設"陰陽五行屬"。

"子部·譜錄類"之"草木鳥獸蟲魚屬"，分爲"植物屬""動物屬"。

"子部·雜家類"之"雜學屬""雜考屬""雜説屬""雜品屬""雜纂屬""雜編屬"等，合并爲"雜學屬"；增設"報刊屬"。因近代以來報刊興起，地位越來越重要。英國國家圖書館收藏的中文報刊比較多，也是該館收藏中文文獻的一個特色。

"子部·小説家類"祇錄文言筆記小説，凡白話虚構性小説作品歸入"集部·小説類"。

"子部"增設"基督教類"和"伊斯蘭教類"。

"集部"中增設"小説類",并分成"歷史小説屬""傳奇小説屬""公案小説屬""神魔小説屬""世情小説屬""才子佳人小説屬""外國人所作所譯小説屬"。

6. 每屬之内,同一主題文獻相對集中,如"經部·易類"先列本經,次列相關注解類著作。"史部·地理類"之"都會郡縣屬",大致按省集中;"政書類"之"邦計屬",大致按錢幣、理財、鹽法、貿易、海關、救灾、撫恤等主題集中。"子部·藝術類"之"書畫屬"先列有關畫的文獻,次列有關書法的文獻;"佛教類"先列佛經,次列律、論及佛教歷史文獻等;"基督教類"先列《舊約》文獻、《新約》文獻,再列基督教其他文獻等。

同一主題文獻中,一般大致按撰寫時間排序,有的(如歷史小説)則按内容所涉時間先後排序;同一作者的著作相對集中,同一種著作的各種版本相對集中。每一主題文獻先列漢語本,再列雙語、多語或外語本。

7. 本書目以書名爲綱,先列本目録總序號,然後依次著録書名、作者(譯者)、出版者(出版地)、出版時間、卷次頁碼尺寸、英國國家圖書館原索書號,共六項信息。每項信息有則著録,無則從略,不標"作者(譯者)不詳""出版者(出版地)不詳""出版時間不詳""卷次頁碼尺寸不詳""册數不詳"之類字眼,以求簡省。

本書目著録書名,一般保持原用字體。其他説明文字,則用通行繁體字。

8. 中國作者(譯者)項一般著録本名;祇知筆名不知本名的,則著録筆名;同時有作者和譯者的,先著録作者,再著録譯者。作者(譯者)姓名前加圓括號注明朝代。

外國作者(譯者)姓名,先列中文譯名,再列外文原名。外國人姓名的中文譯名,儘可能采用其自取中文名或約定俗成的中文譯名,如 John Fryer 稱"傅蘭雅"之類;没有自取中文名和無約定俗成中文譯名者,則按讀音譯爲中文名。各種目録中,外文原名署名方式多種多樣,本目録統一爲先名後姓格式。外國作者(譯者)姓名前加圓括號注明國别。

9. 出版者(出版地)項,先列出版者(書坊、書局等),次列出版地。

10. 出版時間祇能確定大致年份的,前面加"約"字;有疑問的,後面加問號。

11. 本書目一般儘可能注明每種書的函數、册數、卷數。有些文獻(主要是寫本)注明頁數,有些文獻(主要是繪畫、地圖)注明尺寸。

12. 中文書翻譯成外文的書,及用外文寫的關於中國的書,其書名、作者(譯者)名、出版者(出版地)三項信息,均先著錄中文信息,再著錄外文信息。因這兩類書如果不保留相關外文信息,有些書的本來信息就不清楚了。至於這兩類書的出版時間、卷次頁碼尺寸兩項信息,因中文和外文基本一致,一望而知,因此祇著錄中文信息,不著錄外文信息,以免重複。

13. 英國國家圖書館目錄卡片及相關書目上,除索書號、書名、作者、出版時間等信息外,還有一些面向非中文讀者的外文翻譯信息,包括對書名、內容、作者的翻譯、介紹。對中文讀者來說,這些外文翻譯信息基本上不需要;且這些外文翻譯信息形式多樣,有的用外語,有的用馬禮遜注音字母,有的用韋氏音標拼音,有的用漢語拼音,還有一些訛誤,與改正後的中文信息不對應。因此本目錄刪去這些外文翻譯信息,以求簡潔明瞭。唯個別書目有些特殊情況,則在該書目信息末尾予以說明。

14. 本目錄後附書名筆畫索引和作者(譯者)筆畫索引,在書名、作者(譯者)索引條目後注明對應的序號以便讀者使用。

目 録

上 册

古籍回歸故里　功德澤被千秋（代序）…………………………… 1
前　言 …………………………………………………………………… 1
凡　例 …………………………………………………………………… 1

經　部 …………………………………………………………………… 1
　易　類 ………………………………………………………………… 1
　書　類 ………………………………………………………………… 7
　詩　類 ………………………………………………………………… 11
　禮　類 ………………………………………………………………… 16
　　周禮屬 …………………………………………………………… 16
　　儀禮屬 …………………………………………………………… 18
　　禮記屬 …………………………………………………………… 19
　　三禮總義屬 ……………………………………………………… 22
　春秋類 ………………………………………………………………… 23
　孝經類 ………………………………………………………………… 28
　五經總義類 …………………………………………………………… 29
　四書類 ………………………………………………………………… 32
　小學類 ………………………………………………………………… 47
　　字書屬 …………………………………………………………… 47
　　韵書屬 …………………………………………………………… 55
　　語言屬 …………………………………………………………… 62

史　部 ... 112

正史類 ... 112
編年類 ... 115
紀事本末類 ... 120
別史類 ... 121
雜史類 ... 123
詔令奏議類 ... 148
詔令屬 ... 148
奏議屬 ... 154
傳記類 ... 156
史鈔類 ... 167
載記類 ... 171
太平天國類 ... 174
時令類 ... 189
地理類 ... 189
總志屬 ... 189
都會郡縣屬 ... 194
河渠屬 ... 228
山川屬 ... 230
邊防屬 ... 233
古迹屬 ... 234
雜記屬 ... 235
游記屬 ... 240
外紀屬 ... 242
地學屬 ... 248
地圖屬 ... 252
職官類 ... 280
官制屬 ... 280
官箴屬 ... 285
政書類 ... 286
通制屬 ... 286
典禮屬 ... 289

邦計屬	296
軍政屬	310
法令屬	315
考工屬	326
目錄類	335
金石類	344
史評類	353

子部
儒家類	355
墨家類	368
兵家類	368
法家類	377
農家類	378
醫家類	381
天文算法類	401
天文星象屬	401
推步日曆屬	405
算書屬	411
術數類	418
占候屬	418
相宅相墓屬	419
占卜屬	421
命書相書屬	423
雜技術屬	424
藝術類	425
書畫屬	425
篆刻屬	443
琴譜屬	444
雜藝屬	445
譜錄類	447
器物屬	447
食譜屬	451

植物屬 …………………………………………………………… 451
　　　動物屬 …………………………………………………………… 453
　　雜家類 ……………………………………………………………… 455
　　　雜學屬 …………………………………………………………… 455
　　　報刊屬 …………………………………………………………… 471

下　冊

　　叢書類 ……………………………………………………………… 479
　　類書類 ……………………………………………………………… 507
　　小説家類 …………………………………………………………… 518
　　釋家類 ……………………………………………………………… 528
　　道家類 ……………………………………………………………… 567
　　基督教類 …………………………………………………………… 596
　　伊斯蘭教類 ………………………………………………………… 670
集　部 ………………………………………………………………… 672
　　楚辭類 ……………………………………………………………… 672
　　別集類 ……………………………………………………………… 673
　　總集類 ……………………………………………………………… 716
　　詩文評類 …………………………………………………………… 748
　　詞曲類 ……………………………………………………………… 752
　　小説類 ……………………………………………………………… 768
　　　歷史小説屬 ……………………………………………………… 768
　　　傳奇小説屬 ……………………………………………………… 777
　　　公案小説屬 ……………………………………………………… 779
　　　神魔小説屬 ……………………………………………………… 781
　　　世情小説屬 ……………………………………………………… 785
　　　才子佳人小説屬 ………………………………………………… 793
　　　外國人所作所譯小説屬 ………………………………………… 799
書名筆畫字頭索引 ……………………………………………………… 807
書名筆畫索引 …………………………………………………………… 827
作者（譯者）筆畫字頭索引 …………………………………………… 941
作者（譯者）筆畫索引 ………………………………………………… 951

經 部

易 類

0001
周易
（三國魏）王弼
手抄本；日本
明正德五年（1510）
　　　　　　　　15211.a.1

0002
周易
日本抄本？
明正德五年（1510）
　　　　　　　　Or.9859

0003
周易
（三國魏）王弼
活字印刷；日本
明萬曆三十三年（1605）
6卷
　　　　　　　　15211.a.2

0004
周易
（三國魏）王弼
活字印刷；日本
明萬曆三十三年（1605）
6卷
　　　　　　　　15211.a.3

0005
周易
（三國魏）王弼
活字印刷；日本
明萬曆三十三年（1605）
10卷
　　　　　　　　15211.a.4

0006
監本周易
怡蓮堂
18世紀
4卷
　　　　　　　　15212.b.3

0007
三味堂新鐫易經正文
寧波？
約清嘉慶五年（1800）
2卷
　　　　　　　　15212.b.1

0008
易經
約清嘉慶二十五年（1820）
僅存卷1
　　　　　　　　15212.b.23

0009
周易
崇文書局：湖北

清同治七年(1868)
4卷,3頁,40頁

15212.e.5

0010
周易略例
(三國魏)王弼
清嘉慶五年(1800)?

0011
關氏易傳
(北朝魏)關朗
清嘉慶五年(1800)?

0012
李氏易傳
(唐)李鼎祚
清乾隆二十一年(1756)
17卷,又1卷

15212.c.3

0013
周易口義
(宋)胡瑗説、(宋)倪天隱述
白石山房
清康熙二十六年(1687)(據序)
12卷

15212.d.6

0014
郭氏傳家易説
(宋)郭雍
北京
清乾隆四十年(1775)
11卷

15212.c.2

0015
易經大全會解
(宋)朱熹
崇道堂
清康熙二十年(1681)

0016
新輯易經集解
(宋)朱熹
辨志堂
清康熙二十五年(1686)

0017
周易本義
(宋)朱熹
清康熙三十九年(1700)?
4卷

15212.a.14

0018
周易本義
(宋)朱熹
18世紀
4卷

15215.d.4

0019
周易
有康熙九年(1670)"朱氏經書啓"字
18世紀
4卷

15212.a.14

0020
芥子園重訂監本易經
(宋)朱熹
南京

經　部

清嘉慶二十三年(1818)
4卷
15212.b.6

0021
復齋易説
(宋)趙彥肅
通志堂
清康熙十五年(1676)
1冊,6卷
15212.b.17

0022
遺德堂詳訂易經集注
17世紀?
2卷
15212.b.10(1)

0023
周易傳義大全
(明)胡廣等
24卷
15211.b.2

0024
易經蒙引
(明)蔡清
18世紀
2冊,12卷
15212.c.12

0025
易經來注
(明)來知德
春輝堂
清康熙二十七年(1688)
16卷
15212.b.8

0026
易經來注圖解
(明)來知德
朝爽堂刊,啓元堂發兌
18世紀
2冊,16卷
15212.b.7

0027
易經兒説
(明)蘇濬
清康熙二十六年(1687)
4卷,缺書名頁
15212.c.5

0028
吳因之易説
(明)吳默
約清康熙三十九年(1700)
6卷,4部分
15212.b.16

0029
古易彙編
(明)李本固
明萬曆四十年(1612)(據序)
17卷
15212.c.4

0030
周易正解
(明)郝敬
明萬曆四十三年(1615)
2冊,20卷
15212.d.7

0031
易經講意去疑

（明）舒弘諤撰、（明）蔣先庚增補
綉谷映旭齋
明崇禎四年（1631）（據序）
11卷
15212.b.9

0032
鄭氏易譜
（明）鄭旒
清乾隆十八年（1753）
12卷
15212.e.4

0033
增補易經備旨真本
本立堂
清康熙四十六年（1707）
4部分
15212.b.15

0034
周易圖説述
（清）王弘撰
清康熙二十六年（1687）
4卷
15212.d.4

0035
周易廣義
（清）潘元懋
清康熙十一年（1672）
5部分
15212.d.5

0036
周易義傳合訂
（清）張道緒

18世紀
存卷3－4、7－8、11－12
15212.d.10

0037
周易傳義附録卷一（《四庫全書》本）
清乾隆内府抄本
18世紀
1册,92頁
Or.13991

0038
易義析解
（清）薛詮
書穫堂
清康熙五十一年（1712）
2册：上經、下經合爲1册,上繋、下繋、説卦、雜卦合爲1册
15212.b.22

0039
周易折中
（清）李光地
清康熙五十四年（1715）
12册,22卷
15266.a.1

0040
御撰周易折中（《欽定七經》本）
（清）李光地等
清康熙五十四年（1715）（據序）
2册,22卷
15212.d.2

0041
易盪
（清）方鯤

清康熙五十七年(1718)
2卷
　　　　　　　　　　15212.b.19

0042
周易輯說存正
(清)楊方達
清乾隆十五年(1750)
12卷
　　　　　　　　　　15212.d.3

0043
御纂周易述義
(清)高宗弘曆
清乾隆二十年(1755)
10卷,僅存卷5-7
　　　　　　　　　　15212.d.11

0044
易原
(清)趙振芳、(清)徐在漢
清乾隆二十九年(1764)
45頁,77頁,120頁
　　　　　　　　　　15212.b.20

0045
易或
(清)徐在漢
清乾隆三十九年(1774)
2冊,10卷
　　　　　　　　　　15212.c.1

0046
易經讀本
廣州
清乾隆四十年(1775)
3卷

0047
周易增訂旁訓
(清)吳郡張氏重校
文畚堂:廣州
清乾隆五十年至道光八年(1785-1828)
1冊,3卷
　　　　　　　　　　15212.b.5

0048
經言拾遺
(清)徐文靖
志寧堂
約清嘉慶五年(1800)
14卷
　　　　　　　　　　15223.c.11

0049
周易揭要
懷古堂
約清嘉慶五年(1800)
2冊
　　　　　　　　　　15212.d.12-13

0050
日講易經解義
約清嘉慶五年(1800)
18卷
　　　　　　　　　　15212.c.7

0051
周易讀本
清嘉慶十一年(1806)
4卷

0052
易經恒解

(清)劉沅
豫誠堂
清嘉慶二十五年(1820)
5卷
15212.c.14

0053
周易遵述
(清)蔣本
信芳閣
清道光十年(1830)
2部分
15201.c.19

0054
漢儒易義鍼度
(清)朱昌壽
清道光二十三年(1843)
4卷
15225.a.19

0055
周易審義
(清)張惠言
清咸豐七年(1857)
4卷
15212.d.14

0056
周易象義集成
(清)陳洪冠
群玉書屋
清咸豐八年(1858)
1冊,3部分
15225.a.20

0057
易經真詮
掃葉山房:蘇州
清同治八年(1869)
1冊,4卷
15212.c.13

0058
易經:復原、翻譯與注釋(法譯本)
Le Yih-King: Texte Primitif Rétabli, Traduit et Commenté
(比利時)何賴思譯
CHARLES DE HARLEZ (translator)
法耶茲:布魯塞爾
F. Hayez: Bruxelles
清光緒十五年(1889)
Ac.985/7

0059
易經闡釋(摘自《比利時皇家學院公報》)(法譯本)
L'Interprétation du Yi-King: La Version Mandchoue et Ma Traduction (Extrait des *Bulletins de l'Académie Royale de Belgique*)
(比利時)何賴思譯
CHARLES DE HARLEZ (translator)
布魯塞爾
Bruxelles
清光緒二十二年(1896)
33頁
11098.b.21

0060
易經(英譯本)
The Yih-King. A New Translation from the Original Chinese

（比利時）何賴思譯
CHARLES DE HARLEZ (translator)
東方大學學院：沃金
Oriental University Institute: Woking
清光緒二十三年（1897）
68 頁

11098.b.20

書　　類

0061
尚書
明萬曆三十八年（1610）
13 卷

15215.d.1

0062
袖珍書經
亦政堂：鎮江
清乾隆十五年（1750）
6 卷，僅存卷 1－2

15215.a.1

0063
書經正文
清同治九年（1870）？
4 卷

15202.a.13

0064
尚書注疏
（唐）孔穎達
汲古閣
約清咸豐十年（1860）
4 册，20 卷

15215.a.6

0065
書經詳解
（宋）胡安國著、（明）吳韓起編
原書署宋嘉定二年（1209）
3 卷

0066
書經
（宋）蔡沈
有宋嘉定二年（1209）序，或爲明刻本
6 卷

15215.d.3

0067
書經集傳
（宋）蔡沈
明嘉靖年間（1522－1566）？
6 卷，合訂爲 1 册

Or.59.a.3

0068
奎壁書經
（宋）蔡沈
南京
清乾隆四十五年（1780）
6 卷

15215.b.8

0069
監本書經（《書集傳》）
（宋）蔡沈
致和堂
清乾隆五十五年（1790）
6 卷

15215.a.5

0070
芥子園重訂監本書經

(宋)蔡沈
芥子園:南京
清乾隆五十五年(1790)
6卷

0071
書經集傳
(宋)蔡沈
清嘉慶五年(1800)?
6卷
15215.a.15

0072
書經體注
(宋)蔡沈
聚錦堂
清道光二十年(1840)?
6卷
15211.a.5

0073
書經體注
(宋)蔡沈
漁古山房
清道光二十年(1840)?
6卷
15212.c.16

0074
書經體注
(宋)蔡沈
清道光二十七年(1847)
6卷
15215.b.16

0075
書經體注

(宋)蔡沈
學源堂
19世紀
6卷,存5卷
15215.c.7

0076
書經
(宋)蔡沈
崇文書局:湖北
清同治七年(1868)
6部分
15225.e.4

0077
書經大全
(明)胡廣等輯
明萬曆三十三年(1605)
10卷
15215.c.10

0078
書傳大全
(明)胡廣等輯
朝鮮
明泰昌元年(1620)?
10卷
15215.e.10

0079
古本官板書經大全
(明)胡廣等輯、(明)申時行校正、(明)馮夢禎參閱
清康熙三十九年(1700)?
10卷
有傅聖澤(JEAN FRANCOIS FOUCQUET)手寫注釋。

經　部　　　9

0080
書經大全
(明)胡廣等輯、(明)徐汧訂
吳門粲花堂:蘇州
18 世紀
10 卷,又 1 卷
　　　　　　　　　15215.c.12

0081
書經詳解
明天啓元年(1621)
2 部分
　　　　　　　　　15215.a.4

0082
日講書經解義
(清)庫勒納等
清康熙十九年(1680)
13 卷

0083
洪範說
(清)李光地
清康熙四十七年(1708)

0084
尚書七篇解義
(清)李光地
清康熙四十九年(1710)?
2 卷

0085
欽定書經傳說彙纂
(清)張廷玉
清雍正八年(1730)

0086
尚書後案
(清)王鳴盛
禮堂
清乾隆四十七年(1782)
30 卷
　　　　　　　　　15215.b.14

0087
友益齋書經瑯環體注
杭州?
清乾隆五十四年(1789)
6 卷
　　　　　　　　　15215.b.10

0088
古文尚書考
清乾隆五十七年(1792)
　　　　　　　　　15199.a.9

0089
尚書離句
(清)錢在培
18 世紀
6 卷
　　　　　　　　　15215.c.8

0090
書經揭要
(清)周蕙田
約清嘉慶五年(1800)
6 卷
　　　　　　　　　15215.a.2

0091
書經
(清)汪昉

約清嘉慶五年(1800)
各部分分別標頁碼
15225.a.14

0092
書經精義
(清)黃淦
尊德堂:杭州?
清嘉慶九年(1804)
4卷,存卷1-2
15215.b.9

0093
書經讀本
清嘉慶五年(1800)?
4卷

0094
尚書讀本
清嘉慶五年(1800)?
4卷

0095
尚書讀本
清嘉慶十一年(1806)
4卷

0096
書經旁訓讀本
清嘉慶二十三年(1818)
4卷

0097
書經讀本
清嘉慶二十五年(1820)?

0098
銅板書經補注備旨
(清)汪鈞手訂、(清)馬大猷手輯
會文堂
清道光二年(1822)
6卷
15215.c.1

0099
書經恆解
(清)劉沅
清道光二十年(1840)?
6卷
15215.b.17

0100
禹貢論
(宋)程大昌
通志堂
2冊
15202.e.20/2

0101
禹貢指南
(宋)毛晃
清乾隆三十八年(1773)
4卷,缺書名頁及部分序言
15271.a.1

0102
禹貢譜
(清)王澍
清光緒十三年(1887)
4冊,2部分;26厘米
15202.e.20/20

0103
禹貢川澤攷
（清）桂文燦
清光緒二十二年（1896）
2 冊；26 厘米

15202.e.20/15

0104
禹貢九州今地攷
（清）曾廉
2 冊

15202.c.20/11

0105
書經（中英對照）
The Shoo King, or, the Historical Classic: Being the Most Ancient Authentic Record of the Annals of the Chinese Empire
（英國）麥都思譯
WALTER HENRY MEDHURST (translator)
墨海書館：上海
Mission Press: Shanghae
清道光二十六年（1846）
16 頁，413 頁

11099.f.23

0106
書經（《中國經典》第 3 卷）（中英對照）
Shoo King, the Book of Historical Documents (*The Chinese Classics* Vol. 3)
（英國）理雅各譯
JAMES LEGGE (translator)
連卡佛公司：香港；特呂布納出版公司：倫敦
Lane Crawford & Co.: Hong Kong; Trübner & Co.: London

清同治四年（1865）
2 部分，12 頁，208 頁，735 頁

11099.g.9

0107
書經（法文、拉丁文兩種譯文，附中文原文）
Chou King
（法國）顧賽芬譯
F. SÉRAPHIN COUVREUR (translator)
天主教會印刷所：河間府
Imprimerie de la Mission Catholique: Ho-kien-fou
清光緒二十三年（1897）
464 頁

15235.a.212/1

0108
《書經》以前時代及中國神話之研究（法文）
Recherches sur les Tems Antérieurs à Ceux Dont Parle le Chou-King, et sur la Mythologie Chinoise
（法國）馬若瑟
JOSEPH HENRI DE PRÉMARE
清乾隆三十五年（1770）

詩　類

0109
詩經
（西漢）毛萇
活字印刷；日本
明泰昌元年（1620）？
20 卷

15324.d.1

0110
詩經正文
明崇禎四年(1631)
15212.b.10(2)

0111
詩經正文
17世紀
4卷
15212.b.10(3)

0112
詩經正文
17世紀?
5卷,末頁具插圖
15210.b.8

0113
詩傳
(春秋)端木賜
清乾隆五十五年(1790)?

0114
詩說
(西漢)申培
清乾隆五十五年(1790)?

0115
古魯詩(《秘書二十八種》本)
(西漢)申培
清嘉慶十三年(1808)

0116
韓詩外傳
(西漢)韓嬰
清嘉慶二十五年(1820)?
10卷

0117
毛詩注疏
(東漢)鄭玄
清嘉慶二十年(1815)

0118
詩傳大全
(宋)朱熹
朝鮮
清順治七年(1650)?
存卷1-5
15201.c.18

0119
旁訓詩經體注衍義
(宋)朱熹
清康熙二十六年(1687)

0120
詩經增訂旁訓
(宋)朱熹
清嘉慶五年(1800)?
4卷,僅存卷4

0121
詩經說約集解
(宋)朱熹
辨志堂
清康熙二十七年(1688)

0122
詩經
(宋)朱熹集傳
18世紀
8部分
15212.d.18

0123
詩經
(宋)朱熹集傳
聚錦堂
18世紀晚期
8卷
　　　　　　　　15210.b.6

0124
詩經
(宋)朱熹集傳
崇文書局:湖北
清同治七年(1868)
8卷
　　　　　　　　15210.c.17

0125
詩經衍義體注大全合參
(宋)朱熹
清康熙二十八年(1689)?
8卷

0126
詩經體注
(宋)朱熹
聚錦堂
清康熙五十年(1711)

0127
詩經讀本
(宋)朱熹
清乾隆五十年(1785)

0128
詩經讀本
(宋)朱熹
清嘉慶二十一年(1816)
4卷

0129
詩經讀本
(宋)朱熹
清嘉慶二十五年(1820)
5卷

0130
詩經讀本
(宋)朱熹
清嘉慶二十五年(1820)?
4卷

0131
詩經揭要
(宋)朱熹
18世紀
4卷
　　　　　　　　15210.c.15

0132
魁本詩經
(宋)朱熹
清康熙三十九年(1700)?
5卷
　　　　　　　　15210.b.8

0133
監本詩經
(宋)朱熹
芥子園:南京
清乾隆五十五年(1790)
8卷
　　　　　　　　15210.a.12

0134
監本詩經便蒙正文
聚珍堂
18世紀
僅存卷1第1–32頁
15210.a.8

0135
絜齋毛詩經筵講義
(宋)袁燮
杭州?
約清嘉慶五年(1800)
4卷
15210.c.13

0136
毛詩讀本
清嘉慶五年(1800)?
4卷

0137
毛詩讀本
清嘉慶十一年(1806)
5卷

0138
詩經大全
(明)胡廣等
菊仙書屋:蘇州
18世紀
20卷,又1卷
15210.c.8

0139
讀風臆評
(明)戴君恩
明萬曆四十八年(1620)

60頁
15326.b.4(2)

0140
欽定詩經傳説彙纂
(清)王鴻緒等
清雍正五年(1727)
20册,21卷
15266.a.2

0141
御案詩經備旨
(清)鄒聖脈
18世紀
卷5–8
15210.c.4

0142
詩所
(清)李光地
清康熙五十七年(1718)
8卷

0143
漁古山房詩經體注
(清)高朝瓔
清康熙五十年(1711)
8卷
15324.b.7

0144
增補詩經體注衍義合参
(清)沈李龍
老會賢堂
18世紀
8卷
15210.c.2

0145
增補詩經體注衍義合參
(清)沈李龍
清道光二十七年(1847)
8 卷
　　　　　　　　　15215.c.15

0146
詩經恆解
(清)劉沅
豫誠堂
清嘉慶十年(1805)
6 卷
　　　　　　　　　15215.b.15

0147
嚴氏詩緝補義
(清)劉燦
劉氏墨莊：鎮海
清嘉慶十六年(1811)
8 卷
　　　　　　　　　15210.c.10

0148
御纂詩義折中
(清)高宗弘曆
約清嘉慶二十五年(1820)
20 卷
　　　　　　　　　15212.e.2

0149
詩序廣義
(清)姜炳璋
尊行堂
清嘉慶二十年(1815)
2 冊, 24 卷
　　　　　　　　　15210.a.7

0150
毛詩名物圖説
(清)徐鼎
清乾隆三十六年(1771)
9 卷
　　　　　　　　　15210.c.11

0151
毛詩品物圖攷
(日本)岡元鳳
上海
清光緒十二年(1886)
7 卷
　　　　　　　　　15225.a.11

0152
詩經(滿語譯本)
清乾隆三十三年(1768)
8 卷
　　　　　　　　　15210.c.9

0153
詩經(《中國經典》第 4 卷)(中英對照)
The She-King (*The Chinese Classics* Vol.4)
(英國)理雅各譯
JAMES LEGGE (translator)
連卡佛公司：香港；特呂布納出版公司：倫敦
Lane Crawford & Co. : Hong Kong;
Trübner & Co. : London
清同治十年(1871)
12 頁, 182 頁, 785 頁
　　　　　　　　　11099.g.9

0154
詩經(英譯本)
The Book of Chinese Poetry: Being the

Collection of Ballads, Sagas, Hymns, and Other Pieces Known as the Shih Ching or Classic of Poetry
（英國）阿連壁譯
CLEMENT FRANCIS ROMILLY ALLEN (translator)
基根・保羅出版公司：倫敦
Kegan Paul & Co. : London
清光緒十七年（1891）
40 頁,528 頁

11099.c.4

0155
詩經（德譯本）
Das Kanonische Liederbuch der Chinesen
（德國）史陶思譯
VICTOR FRIEDRICH VON STRAUSS (translator)
海德堡
Heidelberg
清光緒六年（1880）
528 頁

11100.d.3

0156
詩經（法文、拉丁文兩種譯文,附中文原文）
Cheu King
（法國）顧賽芬譯
F. SÉRAPHIN COUVREUR (translator)
天主教會印刷所：河間府
Imprimerie de la Mission Catholique : Ho-kien-fou
清光緒二十二年（1896）
32 頁,556 頁

15235.a.212/2

禮　類

周禮屬

0157
周禮
（東漢）鄭玄注
崇文書局：湖北
清同治七年（1868）
1 冊,12 卷

15220.b.7

0158
周禮注疏
（東漢）鄭玄注、（唐）賈公彥疏
明崇禎十二年（1639）

15219.c.4

0159
周禮注疏
（東漢）鄭玄注、（唐）賈公彥疏
汲古閣：常熟
17 世紀
21 卷

15219.c.5

0160
周禮注疏刪翼
（明）王志長
明崇禎十二年（1639）
3 冊,30 卷

15219.b.5

經　　部　　　　　　　　17

0161
周禮注疏刪翼
(明)王志長
書業堂:蘇州
清乾隆五十七年(1792)
2冊,30卷
　　　　　　　　15219.c.6

0162
陸稼書先生手訂禮經會元讀本
(清)陸隴其
清康熙二十九年(1690)
4卷
　　　　　　　　15220.b.6

0163
周禮節訓
(清)黃叔琳原本、(清)姚培謙重訂、
(清)王永祺參閱
墨池書屋
清乾隆四十八年(1783)
6卷
　　　　　　　　15217.a.3

0164
周禮輯義
(清)姜兆錫
姜兆錫寅清樓:丹陽
清雍正九年(1731)
1冊,12卷
　　　　　　　　15219.c.3

0165
欽定周官義疏
清乾隆十九年(1754)
48卷
　　　　　　　　15219.c.9

0166
周禮疑義舉要
(清)江永
清乾隆五十五年(1790)?
7卷,存卷1-4
　　　　　　　　15219.c.8

0167
周官精義
(清)連斗山
清嘉慶元年(1796)
僅存卷10-12
　　　　　　　　15219.c.11

0168
周禮(節錄)
抄本
清嘉慶五年(1800)?
108頁

0169
周官說約
(清)劉方璿
聰訓堂
清嘉慶十七年(1812)
6卷
　　　　　　　　15219.d.1

0170
周禮旁訓精華
(清)陳龍標編輯、(清)紀昀鑒定
同經堂
清嘉慶十九年(1814)
6卷
　　　　　　　　15219.c.7

0171
周禮精華
(清)陳龍標
清道光六年(1826)
6卷

15220.b.5

0172
周禮貫珠
(清)胡必相
文林堂
清道光元年(1821)
2卷

15251.d.5

0173
周官祿田考
(清)沈彤
果堂
清乾隆十六年(1751)
3卷

15219.c.10

0174
學宮圖考
(清)寇宗
琉璃廠:北京
清同治十二年(1873)
各部分分別標頁碼

15301.b.4

儀禮屬

0175
儀禮
(東漢)鄭玄注
崇文書局:湖北
清同治七年(1868)
17卷

15220.b.2

0176
儀禮注疏
(東漢)鄭玄注、(唐)賈公彥疏
汲古閣:常熟
18世紀
2冊,17卷

15219.b.2

0177
欽定儀禮義疏
清乾隆十九年(1754)?
48卷

15219.b.3 & c.1

0178
儀禮章句
(清)吳廷華
東壁書莊
清乾隆二十二年(1757)
存卷1-5

15219.c.2

0179
儀禮章句易讀
(清)馬駉
山陰縣
清乾隆三十八年(1773)
17卷

15217.a.9

0180
儀禮圖

經　部

（清）張惠言
楚北崇文書局
清同治九年（1870）
6 卷
　　　　　　　　　15219.a.2

0181
慎終錄
（清）朱軾
清道光二十九年（1849）
2 卷
　　　　　　　　　15217.a.13

0182
儀禮（法譯本）
Cérémonial de la Chine Antique
（比利時）何賴思譯
CHARLES DE HARLEZ（translator）
巴黎
Paris
清光緒十六年（1890）
16 頁,408 頁
　　　　　　　　　11099.d.38

禮記屬

0183
禮記
（東漢）鄭玄注
活字印刷；日本
明泰昌元年（1620）？
20 卷
　　　　　　　　　15217.b.7

0184
大戴禮記

清康熙五十四年（1715）？
　　　　　　　　　15316.e.2

0185
禮記注疏
（東漢）鄭玄注、（唐）孔穎達疏
汲古閣
18 世紀
2 冊,28 卷
　　　　　　　　　15217.d.3

0186
欽定禮記義疏
（東漢）鄭玄等
清乾隆十九年（1754）？
9 冊,82 卷
　　　　　　　　　15266.a.3

0187
禮記義疏
（東漢）鄭玄等
約清嘉慶五年（1800）
12 冊,82 卷
　　　　　　　　　15217.c.1

0188
禮記集說
（元）陳澔
芥子園
元至治二年（1322）？
　　　　　　　　　15217.e.4

0189
禮記集說大全
（元）陳澔
朝鮮
清康熙三十九年（1700）？

缺卷 1-6
15220.c.1

0190
禮記集說
(元)陳澔
清道光三十年(1850)?
10 卷
15217.b.11

0191
禮記集說
(元)陳澔
崇文書局:湖北
清同治七年(1868)
2 冊,10 卷
15217.e.7

0192
重鐫禮記體注集說
(元)陳澔
清嘉慶二十五年(1820)?
4 卷
15217.d.5

0193
監本禮記
(元)陳澔
三味堂
清康熙三十七年(1698)
2 冊,30 卷
15217.a.2

0194
重訂監本禮記
(元)陳澔
芥子園:南京

清乾隆五十五年(1790)
10 卷

0195
監本禮記
(元)陳澔
清乾隆五十七年(1792)
10 卷

0196
監本禮記
(元)陳澔
清嘉慶元年(1796)
10 卷

0197
禮記正文
清同治九年(1870)?
15202.a.12

0198
全文禮記疏意體注
(明)陳郊、(明)秦繼宗
筆花齋
明崇禎五年(1632)
2 冊,28 卷
15217.d.2

0199
全本禮記體注
(清)范紫登原定、(清)徐瑄補輯
百尺樓
清乾隆三十一年(1766)
2 冊,10 卷
15217.b.5

經　部　21

0200
全本禮記體注
(清)范紫登原定、(清)徐瑄補輯
百尺樓
清乾隆三十一年(1766)
2冊,10卷,缺卷1
　　　　　　　　　　15217.b.6

0201
禮記體注大全合參
(清)范紫登原定、(清)周旦林輯
清康熙五十年(1711)
4卷

0202
禮記體注大全
(清)范紫登輯
清康熙五十二年(1713)
4卷

0203
禮記心典傳本
(清)胡瑤光
綸錫堂(牌記頁題"贈言麗正堂藏板")
清康熙三十二年(1693)
3卷
　　　　　　　　　　15217.e.3

0204
禮記備旨全文
(清)鄒聖脈
清乾隆二十九年(1764)
1套,6本
　　　　　　　　　　15217.a.11

0205
禮記省度
(清)彭頤
清康熙十一年(1672)
4卷
　　　　　　　　　　15217.b.7

0206
新增加批全本禮記省度合纂
(清)彭頤
綠蔭堂
約清嘉慶五年(1800)
4卷
　　　　　　　　　　15217.d.6

0207
滿漢禮記
清乾隆四十八年(1783)
30卷

0208
禮記揭要
清乾隆五十四年(1789)
6卷
　　　　　　　　　　15217.e.5

0209
禮記讀本
清乾隆五十五年(1790)?
6卷

0210
禮記讀本
清嘉慶五年(1800)?
6卷
　　　　　　　　　　15217.a.7

0211
禮記讀本

清嘉慶十四年(1809)
10卷

15217.a.12

0212
禮記讀本
清道光八年(1828)
6卷

0213
禮記增訂旁訓
清嘉慶五年(1800)?
6卷,僅存卷3

0214
禮記恒解
(清)劉沅
豫誠堂
清道光八年(1828)
2冊,49卷

15217.b.10

0215
檀弓
抄本
清道光十年(1830)?
2卷,24頁

0216
禮記抄
抄本
清道光二十六年(1846)前
1冊

Add.16331

0217
禮記索引

稿本
清宣統三年(1911)前
1冊

Or.13899

0218
禮記(法文、拉丁文兩種譯文,附中文原文)
Li Ki, ou, Mémoires sur les Bienséances et les Cérémonies
(法國)顧賽芬譯
F. SÉRAPHIN COUVREUR (translator)
天主教會印刷所:河間府
Imprimerie de la Mission Catholique: Ho-kien-fou
清光緒二十五年(1899)
2冊

11098.e.14

三禮總義屬

0219
三禮圖
(後周)聶崇義
18世紀
存卷5-12

15219.d.2

0220
三禮通釋
(清)林昌彝
廣州
清同治二年(1863)
9冊,280卷

15220.a.1

0221
禮書
（宋）陳祥道
約明萬曆二十八年（1600）
6冊，150卷
15220.b.1

0222
五禮通考
（清）秦蕙田
清乾隆二十九年（1764）？
存卷 27－56、63－69、71－81、85－116、120－150、157－189、193－213、215－216、225－230、234－249、254－262
15219.d.3

0223
日用儀節要宗
蕭定世
18世紀
4卷
15229.a.13

0224
重訂齊家寶要
（清）張文嘉
杭州
約清嘉慶五年（1800）
2卷
15229.a.10

0225
林氏家規摘要　林氏祭典議約（銅版）
清道光五年（1825）
22頁，21頁
15305.a.5

0226
女論語
（唐）宋若莘
清光緒十三年（1887）
10頁
15229.c.11

0227
女四書箋注
（清）王相
清光緒三年（1877）
4部分
15229.c.54（1）

0228
中華儀注（《漢學雜纂》第25號）（法文）
Quelques Mots sur la Politesse Chinoise (*Variétés Sinologiques*. No. 25)
（清）龔柴著、（法國）柏永年譯
P. F. COURTOIS（translator）
天主教會土山灣孤兒院印刷所：上海
Imprimerie de la Mission Catholique à l'Orphelinat de T'ou-sé-wé: Chang-hai
清光緒三十二年（1906）
119頁
15235.c.25

春秋類

0229
春秋
清乾隆十五年（1750）？
2冊，30卷
15215.a.14

0230
重訂監本春秋
芥子園
清乾隆五十五年(1790)

0231
春秋
清道光三十年(1850)？
30 卷
      15212.a.13

0232
春秋公羊傳
(東漢)何休解詁
崇文書局：湖北
清同治七年(1868)
2 冊
      15211.a.6 –7

0233
春秋公羊傳注疏
(東漢)何休注、(唐)徐彥疏
汲古閣
明崇禎七年(1634)
28 卷
      15212.a.1

0234
春秋穀梁注疏
(晉)范甯注、(唐)楊士勛疏
約清嘉慶五年(1800)
20 卷
      15212.a.11

0235
春秋穀梁經傳補注
(清)鍾文烝

鍾氏信美室：上海？
清光緒二年(1876)
25 卷
      15520.a.2

0236
春秋經傳集解
(晉)杜預
雕版印刷；朝鮮
明泰昌元年(1620)？
30 卷
      16015.c.3

0237
春秋經傳集解
(晉)杜預
清乾隆四十五年(1780)？
30 卷,存卷 2 –3、7 –23、26 –30
      15210.e.7

0238
春秋左傳
(晉)杜預注
崇文書局：湖北
清同治七年(1868)
2 冊,30 卷
      15212.e.6

0239
春秋左傳
羅郎也公司印刷：香港
Noronha & Co. printed：Hong Kong
清光緒二十年(1894)
40 頁
      11110.a.19

經　　部

0240
春秋左傳杜林合注
（晋）杜預、（宋）林堯叟注釋、（唐）陸德明音義
約清嘉慶五年（1800）
2冊，50卷
　　　　　　　　　15212.ə.2

0241
左傳杜林合注
（晋）杜預、（宋）林堯叟注釋、（唐）陸德明音義
務本堂
約清嘉慶十五年（1810）
2冊，50卷
　　　　　　　　　15212.a.3

0242
春秋左傳杜林全解
（晋）杜預、（宋）林堯叟注釋、（唐）陸德明音義
清嘉慶二十五年（1820）
2冊，50卷
　　　　　　　　　15212.əa.2

0243
左繡
（晋）杜預原本、（宋）林堯叟附注、（唐）陸德明音釋、（清）馮李驊增訂
文英堂
清康熙五十九年（1720）（據序）
2冊，30卷
　　　　　　　　　15212.ə.3

0244
春秋胡氏傳
（宋）胡安國注

雕版印刷；朝鮮
明泰昌元年（1620）？
30卷
　　　　　　　　　16015.c.4

0245
春秋詳解
（宋）胡安國著、（明）吳韓起編
宋徽宗崇寧二年（1103）
2卷

0246
春秋綱目左傳句解
（宋）朱申注、（清）韓菼重訂
善成堂
19世紀
6卷
　　　　　　　　　15212.d.15

0247
批點春秋左傳綱目句解
（宋）朱申注釋、（清）韓菼較訂
文英堂
約清嘉慶五年（1800）
6卷
　　　　　　　　　15212.b.24

0248
春秋大全
（明）胡廣等
明天啓五年（1625）
30卷，又2卷（前具附錄）
　　　　　　　　　15212.a.9

0249
春秋指掌
（清）儲欣、（清）蔣景祁

天藜閣
清康熙二十七年(1688)
2卷,又30卷,又2卷
15210.e.5

0250
春秋左傳解要
(清)韓菼
清嘉慶二十二年(1817)
8卷

0251
增補詳注批點春秋左傳
(清)韓菼
清嘉慶二十二年(1817)
8卷
15212.a.10

0252
春秋傳說彙纂
(清)王掞等
清康熙六十年(1721)
20冊,38卷
15266.c.1

0253
欽定春秋傳說彙纂
(清)王掞等
清康熙六十年(1721)(據序)
3冊,38卷
15210.e.15

0254
春秋讀本
(清)吳郡張氏重校
匠門書屋(芸生堂)
18世紀

4卷
15210.d.4

0255
春秋讀本　春秋增訂旁訓
(清)吳郡張氏重校
吳郡映雪草堂:蘇州;匠門書屋
清嘉慶二十三年(1818)
4卷
15210.d.5

0256
春秋正文
清同治九年(1870)?
16202.a.11

0257
春秋分國左傳
(清)盧元昌
清乾隆二十六年(1761)
2冊
15212.a.4

0258
讀左補義
(清)姜炳璋
清乾隆三十七年(1772)?
2冊,存卷14-50
15210.e.6

0259
左傳選
(清)儲欣
清乾隆三十一年(1766)
15296.a.4

0260
公穀選
（清）儲欣
清乾隆三十一年（1766）

0261
春秋三傳通經合纂
（明）周統
約清嘉慶五年（1800）
僅存卷 10－12

15210.e.1

0262
春秋三傳揭要
18 世紀
6 卷

15212.a.2

0263
御案春秋四傳讀本
戀德堂
約清乾隆五十五年（1790）
4 卷

15212.a.5

0264
春秋體注大全合參
（清）周旦林
清康熙五十年（1711）
4 卷

0265
《左傳》索引
稿本
清光緒二十六年（1900）前
2 冊

Or.13968

0266
春秋地理考實
（清）江永
抄本
清道光五年（1825）後
1 冊,4 卷

Or.4470

0267
春秋注
（俄國）羅拉斯圖列夫
聖彼得堡
St. Petersburg
清光緒二年（1876）
252 頁,圖表 1

15235.cc.73

0268
春秋　左傳（《中國經典》第 5 卷）（中英對照）
The Ch'un-Ts'ëw, with the Tso Chuen (*The Chinese Classics* Vol. 5)
（英國）理雅各譯
JAMES LEGGE（translator）
連卡佛公司：香港；特呂布納出版公司：倫敦
Lane Crawford & Co.：Hong Kong；Trübner & Co.：London
清同治十一年（1872）
2 部分,10 頁,147 頁,933 頁

11099.g.9

0269
左傳選（英文選譯本）
Selections from Tso Chün and Ku Man, Translated for the Use of Queen's College, HongKong

香港
清光緒二十年(1894)
40頁

11100.a.21

0270
左傳故事:武姜和她的兩個兒子——莊公、共叔段(德文)
Fürstin Chiang und Ihre Beiden Söhne. Eine Erzählung aus dem Tso-chuan
(德國)阿爾布雷希特‧格拉夫‧馮‧德‧舒倫堡
ALBRECHT GRAF VON DER SCHULENBURG
布里爾出版社:萊頓
E. J. Brill: Leyden
清光緒二十一年(1895)
48頁

11098.b.33

孝經類

0271
孝經注疏
(唐)玄宗李隆基等
汲古閣
明崇禎二年(1629)?
9卷

15229.a.2

0272
孝經注解
(唐)玄宗李隆基等
求是軒
清道光二十七年(1847)
6頁,22頁,5頁

15229.b.39

0273
孝經
(唐)玄宗李隆基注
湖北
清同治五年(1866)
3頁,2頁,16頁

15229.c.40

0274
古文孝經
活字印刷;日本
明萬曆二十七年(1599)

15210.e.11

0275
古文孝經
活字印刷;日本
明萬曆三十八年(1610)?

15229.c.41

0276
古文孝經孔氏傳
日本
清嘉慶五年(1800)
30頁,40頁

15229.b.28

0277
孝經
朝鮮
清康熙三十九年(1700)?
1卷軸

15229.c.42

經　部　　　29

0278
孝經衍義
約清嘉慶五年(1800)
2册,卷35－72
　　　　　　　　　15229.a.4

0279
孝經注
(清)李光地注
清嘉慶六年(1801)

0280
孝經(滿語、漢語)
　　　　　　　　　15229.a.3

0281
忠孝經讀本
(清)王相
清嘉慶五年(1800)？
3頁,15頁,1頁,2頁,4頁,15頁
　　　　　　　　　15225.a.23

0282
女孝經圖
(明)仇英
彩繪本
明嘉靖二十五年(1546)
1幅
　　　　　　　　　Add.17344

五經總義類

0283
魏三體石經遺字考
(清)孫星衍

五松書屋：南京
清嘉慶十一年(1806)
24頁
　　　　　　　　　15229.c.35/1

0284
五經正文
清同治九年(1870)
4部分(殘本)
　　　　　　　　　15201.a.15

0285
五經讀本
清乾隆五十一年至嘉慶十一年(1786－1806)
2册,5種書
　　　　　　　　　15210.a.2

0286
五經讀
(明)陳際泰
清康熙三十五年(1696)(據序)
4卷(《易》《書》《詩》《禮》各1卷),缺《春秋讀》
　　　　　　　　　15225.a.6

0287
五經體注大全──易經體注大全(又題"范紫登先生鑒定崇道堂易經大全會解")
(清)來爾繩
老會賢堂
清康熙二十年(1681)
4卷
　　　　　　　　　15212.b.12

0288
五經旁訓辨體合訂
(清)徐立綱輯
循陔堂
清乾隆五十四年(1789)
12冊,21卷;29.4厘米×23.1厘米
15212.d.8

0289
五經類編
(清)周世樟
穀詒堂
清雍正三年(1725)(據序)
28卷
15223.b.2

0290
五經類編節要
抄本
清道光二十六年(1846)前
1冊
Add.16337

0291
五經揭要
(清)許寶善輯
清乾隆五十三年至五十九年(1788－1794)
2冊,25卷
15220.d.2

0292
五經句解
環翠山房
清嘉慶二十二年(1817)
2冊,5種書
15210.a.3

0293
五經鴻裁
(清)薛時雨輯
雙鳳家塾
清同治十二年(1873)
20卷(五經各4卷)
15319.c.21

0294
五經典林
(清)何松
清光緒元年(1875)
3冊,54卷
15225.a.17

0295
摹刻宋版六經圖
(宋)楊甲
南京
明萬曆四十三年(1615)？
1冊,6部分
15201.d.3

0296
六經圖
(宋)楊甲
明萬曆四十三年(1615)
15201.d.4

0297
六經圖定本
(清)王晹
向山堂
清乾隆五年(1740)
1冊,6種書
15223.c.1

經　部

0298
欽定篆文六經四書
同文書局：上海
清光緒九年(1883)
10 冊
　　　　　　　　　15220.d.3

0299
九經補注
清雍正元年(1723)
　　　　　　　　　15199.a.10

0300
九經圖
(清)楊魁植
清同治十年(1871)
2 冊,7 部分
　　　　　　　　　15210.e.14

0301
十三經注疏
四友堂
清嘉慶十八年(1813)
13 部分
　　　　　　　　　15199.a.1

0302
重栞宋本十三經注疏附校勘記
(清)阮元等
南昌府
清道光六年(1826)
29 冊
　　　　　　　　　15220.c.2

0303
十三經策案
(清)王謨

書業堂
清嘉慶十三年(1808)
2 冊,22 卷
　　　　　　　　　15225.a.1

0304
經典釋文
(唐)陸德明
通志堂
清康熙十九年(1680)
30 卷,存卷 1－14
　　　　　　　　　15223.c.4

0305
經典釋文考證
(唐)陸德明、(清)盧文弨
抱經堂
清乾隆五十六年(1791)
3 冊,30 卷,又 2 卷
　　　　　　　　　15223.c.5－6

0306
通藝錄
(清)程瑤田
清嘉慶八年(1803)
17 部分
　　　　　　　　　15316.d.2

0307
經集
18 世紀
2 部分(或爲殘本)
　　　　　　　　　15225.a.10

0308
經義含孳
(清)陳善

清嘉慶十五年(1810)
存 4 – 7 頁, 100 頁, 手寫 27 頁
15225. a. 3

0309
經傳釋詞
(清)王引之
清嘉慶二十四年(1819)
10 卷
15223. c. 9

0310
經義圖說
(清)吳寶謨
清嘉慶二十四年(1819)
2 册, 8 卷
15225. a. 5

0311
通介堂經說
(清)徐灝
藝芳齋:廣州
清咸豐四年(1854)
12 卷
15223. c. 3

0312
群經平議
(清)俞樾
清同治十年(1871)
11 册, 35 卷
15200. f. 3

0313
經藝榷
(清)陳繼聰
清同治十二年(1873)

5 部分
15319. a. 13

0314
經學不厭精
(德國)花之安
ERNST FABER
美華書館:上海
清光緒二十二年至二十四年(1896 – 1898)
2 卷
15225. b. 3

0315
中國經典(第 2 版)(中文、英文)
The Chinese Classics: with a Translation, Critical and Exegetical Notes, Prolegomena, and Copious Indexes (second edition)
(英國)理雅各譯
JAMES LEGGE (translator)
克拉倫登出版社:牛津
Clarendon Press: Oxford
清光緒十九年(1893)、二十一年(1895)
1 – 2 册
11098. a. 1

四書類

0316
銅板四書發注
(宋)朱熹
學源堂
清雍正元年(1723)

經　部

0317
銅板四書監本
（宋）朱熹注
清嘉慶十九年（1814）
4 部分
　　　　　　　　　　15202．b．1

0318
監本四書
（明）顏茂猷較正
義豐堂
清乾隆五年（1740）
10 頁,19 頁,34 頁,42 頁,63 頁,84 頁
　　　　　　　　　　15202．b．9

0319
四書正文
清乾隆十五年（1750）？
存《論語》和《孟子》第 1 部分
　　　　　　　　　　15202．b．16

0320
四書正文
（明）顏茂猷較正、（清）陳廓寰
第一册,四書全,醉經樓;第二册,四書全,福文堂;第三册,四書全,醉經樓;第四册,《論語》、《孟子》,裹如堂;第五册,《大學》、《中庸》、《孟子》上,五雲樓、福文堂:佛山
清嘉慶二十一年至二十五年（1816－1820）
　　　　　　　　　　15201．a．1－4

0321
四書正文
清嘉慶二十三年（1818）？
　　　　　　　　　　15202．b．15

0322
四書正文
清同治九年（1870）？
　　　　　　　　　　15202．a．14

0323
四子書
（宋）朱熹
玉山樓（順德霞石何氏藏板）
清道光七年（1827）
2 册
　　　　　　　　　　15201．b．2

0324
論語　孟子　學　庸
（宋）朱熹注
崇文書局:漢口
清同治七年（1868）
3 册
　　　　　　　　　　15202．d．19－21

0325
四書章句集注
（宋）朱熹
三樂齋
清康熙六十一年（1722）？
僅存卷 7、10
　　　　　　　　　　15201．b．12

0326
四書集注
（宋）朱熹
金陵書局:南京
清同治十一年（1872）
1 册,4 部分
　　　　　　　　　　15201．a．7

0327
梅莊考訂四書真本
文翠堂
清康熙五十七年(1718)
1函,4冊
　　　　　　　　　15201.b.13

0328
四書蒙引
(明)蔡清
約清嘉慶五年(1800)
存卷9-15
　　　　　　　　　15202.c.6

0329
張閣老四書直解原本
(明)張居正
清乾隆三十一年(1766)
2冊
　　　　　　　　　15201.b.1

0330
張閣老原本四書直解
(明)張居正
集古堂
18世紀
3冊,26卷
　　　　　　　　　15201.a.5

0331
酌雅齋四書合講
(清)翁復
文瑞堂
18世紀
2部分
　　　　　　　　　15202.b.8/1

0332
銅板四書闡注
(清)浦泰
崇文堂
清嘉慶二十年(1815)
1冊,6部分
　　　　　　　　　15202.a.6

0333
學源堂銅板四書發注
(清)朱奇生
18世紀
4部分
　　　　　　　　　15202.a.8

0334
會文堂四書集注
約清嘉慶二十五年(1820)
4部分
　　　　　　　　　15202.a.7

0335
新增四書補注附考備旨
五雲樓
清道光九年(1829)
2冊,6卷
　　　　　　　　　15202.a.4

0336
四書襯
(清)駱培
泰和堂
清同治二年(1863)
1冊,4部分
　　　　　　　　　15202.b.19

經　部

0337
四書集注衷義
18 世紀
僅存卷 13 – 15
　　　　　　　15202.d.17

0338
四書朱子異同條辨
(清)李沛霖
清康熙四十四年(1705)
8 冊,缺《大學》(第 2 種)
　　　　　　　15202.e.1

0339
四書朱子本義彙參
(清)王步青輯
王步青序署:竹里草堂
清乾隆十年(1745)(據序)
8 冊,43 卷
　　　　　　　15204.b.1

0340
四書全注
約清道光三十年(1850)
158 頁,128 頁,23 頁
　　　　　　　15201.a.9

0341
四書全注
約清道光三十年(1850)
158 頁,128 頁,23 頁
　　　　　　　15201.a.10

0342
四書全注
約清道光三十年(1850)
158 頁,128 頁,23 頁
　　　　　　　15201.a.11

0343
四書全注
約清道光三十年(1850)
158 頁,128 頁,23 頁
　　　　　　　15201.a.12

0344
四書全注
約清道光三十年(1850)
158 頁,128 頁,23 頁
　　　　　　　15201.a.13

0345
銅板四書遵注合講
(清)翁復彙閱
酌雅齋藏板,永安堂發兌
清嘉慶十年(1805)
2 冊,19 卷
　　　　　　　15202.c.8

0346
銅板四書遵注合講
(清)翁復彙閱
振賢堂(酌雅齋藏板)
清嘉慶二十五年(1820)
1 冊,4 部分
　　　　　　　15201.c.21

0347
四書合講
(清)浦惺塵
初月樓
清同治四年(1865)
4 部分;9.5 厘米
　　　　　　　15202.b.20

0348
四書考輯要

(清)陳宏謀
培遠堂
清乾隆三十六年(1771)
20卷,存卷1-17
15202.c.5

0349
四書離句集注
(清)楊立先
聚錦、綉堂
清嘉慶二十三年(1818)
2冊,12卷
15202.a.1

0350
四書便抄
經義堂
清乾隆五十九年(1794)
2冊,缺《孟子》
15202.c.12

0351
四書便蒙
清光緒四年(1878)
存第1-2部分(《大學》和《中庸》)
15201.a.8

0352
四書題管見
(清)峭闌氏
漁村小樓藏板,鎔經書屋刻本
清嘉慶十四年(1809)
2卷
15202.c.17

0353
四書典腋

(清)松軒主人
綺雲書屋
清嘉慶二十三年(1818)
18卷
15202.c.18

0354
四書味根錄
粲花吟館論語書社印
清咸豐十年(1860)
2部分
15201.a.6

0355
四書偶談
(清)戚學標
清乾隆五十四年(1789)
2部分

0356
四書偶談、續編
(清)戚學標
約清乾隆五十五年(1790)
3部分
15202.b.13-14

0357
四書讀本辨義
(清)劉慶觀
大文堂(青藜閣)
約清嘉慶二十五年(1820)
1冊,4部分
15202.e.14

0358
四書講義續困勉錄
(清)陸隴其

經　部　　　　　　　　　　37

清乾隆十二年（1747）？
6卷
　　　　　　　　15202.c.29

0359
四書題鏡
（清）汪鯉翔
修文堂
清乾隆三十年（1765）
16卷，缺卷1、7
　　　　　　　　15202.d.4

0360
四書題鏡
（清）汪鯉翔
清乾隆四十年（1775）

0361
四書題鏡
（清）汪鯉翔
清嘉慶二十六年（1821）
　　　　　　　　15202.d.6

0362
四書摭餘說
（清）曹之升
來鹿堂
清道光十二年（1832）
4部分
　　　　　　　　15202.b.18

0363
駁呂留良四書講義
（清）朱軾等
清雍正九年（1731）
1函，6冊，8卷
　　　　　　　　15202.e.2

0364
四書類典賦
（清）甘紱
經業堂
清乾隆四十二年（1777）
2冊，24卷
　　　　　　　　15202.a.9

0365
四書典制辨正
（清）毛奇齡
友竹堂
約清嘉慶五年（1800）
4卷（首7頁，31頁，34頁，35頁，21頁，補遺9頁）
　　　　　　　　15202.c.7

0366
四書典制類聯音注
（清）閻其淵
清嘉慶四年（1799）
33卷，缺卷25、30-33
　　　　　　　　15202.b.5

0367
四書典制類聯音注
（清）閻其淵
清嘉慶五年（1800）
33卷，僅存卷31-33
　　　　　　　　15202.c.3

0368
四書串珠類聯合編刊集
約清嘉慶五年（1800）
4冊，僅存第3冊
　　　　　　　　15202.c.15

0369
四書不二字音義撮要
香港
清光緒二十三年(1897)
65 頁
　　　　　　　　　15344.a.11

0370
四書古人典林
(清)江永
集道堂:蘇州
清乾隆三十九年(1774)
12 卷
　　　　　　　　　15202.b.11

0371
四書古人典林
(清)江永
清嘉慶七年(1802)
12 卷
　　　　　　　　　15348.b.4

0372
四書典林
(清)江永
清乾隆六十年(1795)

0373
四書典林毂
(清)江永
約清嘉慶二十五年(1820)
20 卷,存卷 1－14
　　　　　　　　　15202.d.3

0374
四書人物備考
(明)薛應旂
綠蔭堂
約清乾隆十五年(1750)
48 卷
　　　　　　　　　15202.d.7

0375
四書人物備考
(明)薛應旂
翰苑樓
約清嘉慶五年(1800)
10 卷
　　　　　　　　　15201.b.14

0376
增補四書人物備考
(明)鍾惺增訂、(明)黃澍參訂
18 世紀
存卷 4－7、11、21－22
　　　　　　　　　15202.d.8

0377
四書人物左國群玉類纂
(清)楊德成
清嘉慶二十三年(1818)
8 卷
　　　　　　　　　15202.b.6

0378
增補四書左國輯要
(清)高其名、(清)鄭師成
汲古堂
清乾隆五十四年(1789)
4 卷(前 2 卷 81 頁,第 3 卷 84 頁,第 4 卷 91 頁)
　　　　　　　　　15202.c.4

經　部　　39

0379
增補四書左國輯要
（清）高其名、（清）鄭師成
清嘉慶十一年（1806）
4 卷
　　　　　　　　　　15202.b.7

0380
瑞芝閣天崇名文枕中秘
（清）張鳳翼
清乾隆五十五年（1790）

0381
四書釋地
（清）閻若璩
18 世紀
4 卷
　　　　　　　　　　15202.e.4

0382
增訂四書釋地補注
（清）閻若璩原本、（清）樊廷枚較補
敬藝堂
清嘉慶二十一年（1816）
2 部分（《四書釋地補》《四書釋地三續補》2 冊合訂爲 1 本）
　　　　　　　　　　15202.e.5

0383
圖畫四書白話解
彪蒙書屋：上海
清光緒三十一年（1905）
10 卷，缺《孟子》
　　　　　　　　　　15202.b.16

0384
圖畫四書白話解
彪蒙書屋：上海
清光緒三十二年（1906）
2 冊
　　　　　　　　　　15201.b.16

0385
四書（英譯本）
The Chinese Classical Work Commonly Called the Four Books
（英國）柯大衛譯
DAVID COLLIE（translator）
傳道出版社：馬六甲
Mission Press：Malacca
清道光八年（1828）
2 部分
　　　　　　　　　　11100.b.1

0386
四書（法文、拉丁文兩種譯文，附中文原文）
Les Quatre Livres
（法國）顧賽芬譯
F. SÉRAPHIN COUVREUR（translator）
天主教會印刷所：河間府
Imprimerie de la Mission Catholique：Ho-kien-fou
清光緒二十一年（1895）
7 頁，748 頁
　　　　　　　　　　11098.c.19

0387
四書（法譯本）
Seu Chou, ou, les Quatre Livres
香港
Hong Kong
清光緒二十二年（1896）
379 頁
　　　　　　　　　　11099.b.34

0388
中西四書（英譯本）
The Four Books, or, the Chinese Classics in English
L. Y. T.
文裕堂：香港
Man Yu Tong：Hong Kong
清光緒二十四年（1898）
2 頁,617 頁
11098. a. 29

0389
中國智慧（《大學》、《論語》1 – 6 章）（中文、拉丁文對照）
Sapientia Sinica
（葡萄牙）郭納爵、（意大利）殷鐸澤譯
IGNATIUS DA COSTA & PROSPERO INTORCETTA（translators）
江西建昌府
清康熙元年（1662）
14 頁,76 頁
c. 24. b. 2

0390
中國哲學家孔子（《大學》《中庸》《論語》）（拉丁文譯本）
Confucius Sinarum Philosophus
（比利時）柏應理、（意大利）殷鐸澤、（奧地利）恩理格、（比利時）魯日滿譯
PHILIPPE COUPLET, PROSPERO INTORCETTA, CRISTIANI HERDTRICH & FRANCISCI ROUGEMONT（translators）
阿普德·丹尼爾·霍特梅爾公司：巴黎
Apud Danielem Horthemels：Paris
清康熙二十六年（1687）
4 部分,1 幅圖
28. g. 10

0391
中華帝國六經（《大學》《中庸》《論語》《孟子》《孝經》《小學》）（拉丁文譯本）
Sinensis Imperii Libri Classici Sex
（比利時）衛方濟譯
FRANCOIS NOËL（translator）
卡門尼基公司：布拉格
J. J. Kamenicky：Pragæ
清康熙五十年（1711）
279. c. 29

0392
論語
9 世紀?
23 厘米×9 厘米
S. 7002

0393
論語·八佾第五
9 世紀?
S. 7003

0394
論語
（三國魏）何晏
雕版印刷；日本
明洪武元年（1368）
10 卷
15202. d. 20

0395
論語
（三國魏）何晏
雕版印刷；日本
10 卷
15202. d. 21

經　部　　41

0396
論語
(三國魏)何晏
雕版印刷;日本
明弘治十二年(1499)
10 卷
　　　　　　　　15202.c.23

0397
論語
(三國魏)何晏
雕版印刷;日本
明嘉靖十二年(1533)
10 卷
　　　　　　　　15202.c.21

0398
論語
(三國魏)何晏
活字印刷;日本
明萬曆三十八年(1610)?
10 卷
　　　　　　　　15202.c.10

0399
論語
(三國魏)何晏
雕版印刷;日本
清順治七年(1650)?
10 卷
　　　　　　　　15202.c.22

0400
論語
拓本
清道光三十年(1850)?
1 冊經折裝,7 頁
　　　　　　　　15534.a.8

0401
論語
(宋)朱熹
清同治九年(1870)?
10 卷
　　　　　　　　15103.b.14

0402
論語集注
(宋)朱熹
雕版印刷;日本
清順治七年(1650)?
10 卷
　　　　　　　　15201.c.11

0403
論語集注
(宋)朱熹
約清嘉慶五年(1800)
10 卷
　　　　　　　　15202.e.10

0404
論語集注本義彙纂
(宋)朱熹
約清嘉慶五年(1800)
2 冊,20 卷(殘本)
　　　　　　　　15202.d.9

0405
論語注疏大全合纂
(明)張溥纂
明崇禎九年(1636)
2 冊,存卷 1-2、5-20
　　　　　　　　15202.e.8

0406
讀論語札記

(清)李光地
清康熙五十九年(1720)

0407
原板二論啓幼引端
(清)劉藎侯手輯
振賢堂
清嘉慶元年(1796)
4卷,存3卷(34頁,42頁,44頁)
15202.c.11

0408
正平本論語札解
(三國魏)何晏集解
雕版印刷;日本
清嘉慶十八年(1813)
10卷
15201.c.12

0409
論語(英譯本)
The Analects
稿本
18-19世紀
1冊
Add.7044

0410
論語(英譯本)
The Works of Confucius
(英國)馬士曼譯
JOSHUA MARSHMAN (translator)
傳道出版社:塞蘭坡
Mission Press: Serampore
清嘉慶十四年(1809)
4頁,4頁,39頁,725頁,17頁
11100.f.16

0411
論語　大學　中庸(《中國經典》第1卷)(中英對照)
Confucian Analects, the Great Learning, the Doctrine of the Mean (*The Chinese Classics* Vol.1)
(英國)理雅各譯
JAMES LEGGE (translator)
連卡佛公司:香港;特呂布納出版公司:倫敦
Lane Crawford & Co.: Hong Kong; Trübner & Co.: London
清祺祥元年(1861)
14頁,135頁,376頁
11099.g.9

0412
論語(英譯本)
The Lun Yü: Being Utterances of Kung Tzǔ, Known to the Western World as Confucius
(英國)威妥瑪譯
THOAMS FRANCIS WADE (translator)
倫敦
London
清同治八年(1869)
142頁
11098.c.13

0413
論語(英譯本)
The Discourses and Sayings of Confucius
(清)辜鴻銘譯
別發書局:上海
Kelly & Walsh: Shanghai
清光緒二十四年(1898)
10頁,182頁;24厘米
11094.c.19

0414
論語（英譯本）
Sayings of K'ung the Master
（英國）艾倫·厄普沃德譯
ALLEN UPWARD（translator）
東方出版社：倫敦
The Orient Press：London
清光緒三十年（1904）
50頁；16厘米

14003.a.3

0415
論語（英譯本）
The Sayings of Confucius: a New Translation of the Greater Part of the Confucian Analects
（英國）翟林奈譯
LIONEL GILES（translator）
約翰·穆萊出版社：倫敦
John Murray：London
清光緒三十三年（1907）
132頁

14003.a.17

0416
論語（英譯本）
The Sayings of Confucius
（英國）賴發洛譯
LEONARD A. LYALL（translator）
朗文出版社：倫敦
Longman：London
清宣統元年（1909）
13頁，126頁；23厘米

15234.b.15

0417
論語（英譯本）
The Analects of Confucius
（英國）蘇慧廉譯
WILLIAM EDWARD SOOTHILL（translator）
橫濱
Yokohama
清宣統二年（1910）
5頁，1028頁，1幅地圖；19厘米

11094.a.30

0418
論語（俄譯本）
Изреченія Конфуція, учениковъ его и другихъ лицъ
（俄國）柏百福譯
PAVEL STEPANOVICH POPOV（translator）
聖彼得堡
С.-Петербургъ
清宣統二年（1910）
10頁，126頁，4頁

14005.f.33

0419
蘇老泉批評孟子真本
（宋）蘇洵
慎詒堂
清嘉慶八年（1803）
1冊，2部分

15202.d.14

0420
校補蘇氏硃批孟子
（宋）蘇洵批注、（清）趙大浣增補
芸居樓
清同治四年（1865）
2冊

15201.b.15

0421
孟子集注
（宋）朱熹注
雕版印刷；日本
明萬曆二十八年（1600）？
7 卷
　　　　　　　　　　15323.d.27

0422
孟子集注
（宋）朱熹注
香雨齋
清道光三年（1823）
7 卷
　　　　　　　　　　15202.d.10

0423
孟子
（宋）朱熹注
菜根香舘（順德霞石何氏家塾讀本）
清道光七年（1827）（據跋）
7 卷
　　　　　　　　　　15201.b.2

0424
孟子要略
（宋）朱熹
清道光二十九年（1849）
5 卷
　　　　　　　　　　15202.e.15

0425
孟子
（宋）朱熹注
清同治九年（1870）？
7 卷
　　　　　　　　　　15201.c.16

0426
讀孟子札記
（清）李光地
清康熙五十九年（1720）

0427
孟子（《中國經典》第 2 卷）（中英對照）
The Works of Mencius (*The Chinese Classics* Vol. 2)
（英國）理雅各譯
JAMES LEGGE (translator)
連卡佛公司：香港；特呂布納出版公司：倫敦
Lane Crawford & Co. : Hong Kong; Trübner & Co. : London
清祺祥元年（1861）
8 頁，126 頁，497 頁
　　　　　　　　　　11099.g.9

0428
孟子（英譯本）
Mencius
（戰國）孟軻著、（英國）丹拿譯
F. STORRS TURNER (translator)
譯者抄本；倫敦
Author's copy. London
清光緒三十三年（1907）
15 頁
　　　　　　　　　　11094.c.32(1)

0429
中國哲學家孟子（俄譯本）
Китайскій Философъ Мэнъ-Цзы
（戰國）孟軻著、（俄國）柏百福譯
PAVEL STEPANOVICH POPOV (translator)
聖彼得堡

经　部

C. – Петербургъ
清光緒三十年(1904)
5頁,262頁
　　　　　　　　　　14005.f.18

0430
一種以倫理為基礎的國家學説或中國哲學家孟子的思想(《孟子》德譯本)
Eine Staatslehre auf Ethischer Grundlage, oder Lehrbegriff des Chinesischen Philosophen Mencius, aus dem Urtexte Übersetzt, in Systematische Ordnung Gebracht und mit Anmerkungen und Einleitungen Versehen von Ernst Faber
(戰國)孟軻著、(德國)花之安譯
ERNST FABER (translator)
埃伯費爾德
Elberfeld
清光緒三年(1877)
7頁,273頁
　　　　　　　　　　11100.d.7

0431
孟子的思想:基於道德哲學的政治經濟學(《孟子》英譯本,據花之安德譯本《一種以倫理為基礎的國家學説或中國哲學家孟子的思想》轉譯)
The Mind of Mencius, or Political Economy Founded upon Moral Philosophy: a Systematic Digest of the Doctrines of the Chinese Philosopher Mencius
(戰國)孟軻著、(德國)花之安(德文翻譯)、胡金生(英文翻譯)
ERNST FABER (German translator), ARTHUR BLOCKEY HUTCHINSON (English translator)
特呂布納出版公司:倫敦
Trübner & Co.: London
清光緒八年(1882)
16頁,291頁
　　　　　　　　　　2318.f.6

0432
大學章句
(宋)朱熹
雕版印刷;日本
明萬曆三十八年(1610)?
　　　　　　　　　　15202.c.24

0433
大學
(宋)朱熹
日本
清康熙三十九年(1700)?
6頁,30頁
　　　　　　　　　　15201.b.3

0434
大學衍義
(宋)真德秀
芸香堂
清道光十七年(1837)
43卷
　　　　　　　　　　15223.e.2

0435
大學衍義補
(明)丘濬
芸香堂
清道光十七年(1837)
6冊,160卷
　　　　　　　　　　15223.d.1

0436
大學衍解
明萬曆二十八年(1600)
15500.f.3

0437
大學綱目決疑章
(明)釋德清
南京?
清光緒十年(1884)
14頁,49頁
15202.e.3

0438
大學諺解
明萬曆二十八年(1600)?
15202.c.20

0439
大學通旨
活字印刷;朝鮮
清順治七年(1650)?
15202.c.25

0440
大學
清嘉慶五年(1800)?
11頁
15202.e.7

0441
大學古本說
(清)李光地
清康熙五十九年(1720)

0442
中庸章句
(宋)朱熹
雕版印刷;日本
明泰昌元年(1620)?
15202.c.26

0443
中庸指南
活字印刷;朝鮮
清順治七年(1650)?
15202.c.25(2)

0444
中庸直指
(明)釋德清
清嘉慶二十五年(1820)?

0445
中庸
(清)李光地
清道光二十年(1840)?
22頁
15201.c.20

0446
中庸章段
(清)李光地
清康熙五十九年(1720)

0447
中庸餘論
(清)李光地
清康熙五十九年(1720)

0448
中庸章句本義彙纂
敦復堂
約清嘉慶五年(1800)

經　部　　　　　　　　　　47

存卷 4 – 5
15215.e.9

0449
中國政治道德學説(《中庸》)(中文、拉丁文對照)
Sinarum Scientia Politico-moralis. Chūm Yum. Medium Constanter Tenendum
(意大利)殷鐸澤譯注
PROSPERO INTORCETTA (translator & annotator)
巴黎
Parisiis
清康熙十一年(1672)
24 頁;36 厘米
787.l.48(8)

小學類

字書屬

0450
甲骨文 484 片
甲骨
商朝(前 1300 – 前 1050)
484 片
Or.7694

0451
甲骨文轉錄
Or.7694(1b)

0452
殷商貞卜文字攷
(清)羅振玉
清宣統二年(1910)
32 頁
15348.c.10

0453
説文
(東漢)許慎
明天啓七年(1627)
15342.e.1

0454
許氏説文
(東漢)許慎著、(宋)徐鉉等較訂
古吳麟瑞堂:蘇州;世裕堂重梓
明天啓七年(1627)
12 卷
15342.e.2

0455
仿北宋小字本説文解字
(東漢)許慎
藤花榭
清嘉慶十二年(1807)
15 卷
15342.e.3

0456
説文真本
(東漢)許慎
據汲古閣本印
7 册,15 卷
15347.d.2

0457
説文解字徐氏繫傳
(東漢)許慎、(宋)徐鍇

清光緒元年(1875)[重刊清道光十九年(1839)本]
40卷,3卷校勘記
15346.d.4

0458
說文廣義
(明)王夫之
南京
清同治四年(1865)
3卷
15344.c.3

0459
說文五翼
(清)王煦
淮澤堂
清嘉慶十三年(1808)
8卷
15342.e.4

0460
說文字原韻表
(清)胡重
月香書屋
清嘉慶十六年(1811)
2部分
15341.c.6

0461
說文韻譜校
(清)王筠
清光緒十六年(1890)
5卷
15342.d.6

0462
說文通訓定聲
(清)朱駿聲
臨嘯閣
約清道光三十年(1850)
4冊,18卷及增補
15344.c.4

0463
段氏說文注訂
(清)鈕樹玉
碧螺山館:蘇州
清同治五年(1866)
8卷
15342.b.4

0464
說文新附攷
(清)鈕樹玉
碧螺山館:蘇州
清同治七年(1868)
6卷及增補
15342.b.3

0465
苗氏說文四種
(清)苗夔
祁氏漢磚亭:壽陽
清道光二十一年至咸豐元年(1841-1851)
2冊,4部分
15346.c.2

0466
說文校議
(清)姚文田、(清)嚴可均
清同治十三年(1874)

經　　部　　　　　　　　49

1套,6本
15347.d.5

0467
説文提要
(清)陳建侯
崇文書局:湖北
清光緒元年(1875)
1頁,4頁,45頁;27厘米
15347.e.13

0468
説文古籀補
(清)吳大澂
清光緒十二年(1886)
93頁,5頁,35頁
15342.a.4

0469
説文逸字辯證
(清)鄭珍
清光緒十八年(1892)
1册,2卷
15347.e.9

0470
六書故
(宋)戴侗
清乾隆四十九年(1784)
2册,33卷
15342.e.7

0471
六書正譌
(元)周伯琦
17世紀
5卷
15342.e.6

0472
六書精蘊
(明)魏校
明嘉靖十九年(1540)
6卷
15342.e.9

0473
六書通
(明)閔齊伋
清乾隆六十年(1795)
10卷
15342.d.4

0474
六書通
(明)閔齊伋
清光緒四年(1878)
10卷
15342.e.12

0475
六書會原
(清)潘肇豐
清嘉慶六年(1801)
2卷
15342.e.5

0476
六書分類
(清)傅世垚
清乾隆五十五年(1790)
12卷
15342.e.10

0477
大廣益會玉篇

(南朝梁)顧野王
日本
明萬曆二十九年(1601)
30卷
15348.c.3

0478
大廣益會玉篇
(南朝梁)顧野王
活字印刷;朝鮮
明泰昌元年(1620)?
30卷
15344.e.19

0479
宋本玉篇
(南朝梁)顧野王
澤存堂
清康熙五十三年(1714)
3篇,30卷
15344.e.10

0480
仿宋槧重刊古本玉篇
(南朝梁)顧野王
東山精舍:邵州
清道光三十年(1850)
3部分,30卷
15347.d.7

0481
全韻玉篇(漢語、朝鮮語)
朝鮮
明萬曆二十八年(1600)?
2卷

0482
字彙
(明)梅膺祚
明萬曆四十三年(1615)
15344.b.1

0483
字彙
(明)梅膺祚
18世紀
存3部分
15344.c.11

0484
玉堂字彙
(明)梅膺祚
18世紀
4部分
15344.d.5

0485
玉堂字彙
(明)梅膺祚
清嘉慶十二年(1807)
4部分
15344.d.7

0486
關西字彙
(明)梅膺祚
文雅堂
18世紀
8頁,5頁,19頁,15頁,42頁
15344.a.5

0487
懸金字彙

經　　部　　　　　　　　51

(明)梅膺祚
清康熙二十九年(1690)
2 冊,2 卷,12 卷
　　　　　　　　15344.b.2

0488
增補懸金字彙
(明)梅膺祚
清乾隆五十一年(1786)
2 冊
　　　　　　　　15344.a.1

0489
增補字彙
(明)梅膺祚
18 世紀
2 冊
　　　　　　　　15344.a.2

0490
抄本字彙
(明)梅膺祚
抄本
清光緒元年(1875)前
1 冊
　　　　　　　　Or.7405

0491
抄本字彙
(明)梅膺祚
抄本
清光緒元年(1875)前
僅存第 1-2、4 冊
　　　　　　　　Or.7406

0492
正字通

(明)張自烈
清畏堂
清康熙十二年(1673)
4 冊,12 部分
　　　　　　　　15342.c.3

0493
正字通
(明)張自烈
清畏堂
清康熙十二年(1673)
4 冊,12 部分
　　　　　　　　15342.d.3

0494
正字通
(明)張自烈
清畏堂
清康熙二十四年(1685)
4 冊,12 部分
　　　　　　　　15342.d.2

0495
正字通
(明)張自烈
清畏堂
清雍正十二年(1734)
　　　　　　　　15342.d.1

0496
班馬字類
(宋)婁機
清乾隆五十二年(1787)
2 部分
　　　　　　　　15344.b.12

0497
漢隸字源
(宋)婁機
清宣統二年(1910)？
6 部分
15342.a.10

0498
隸韻
(宋)劉球撰、(清)翁方綱考證
清嘉慶十五年(1810)
10 卷,2 卷
15344.c.2

0499
隸辨
(清)顧靄吉
漁古山房
清同治十二年(1873)
8 卷
15344.c.1

0500
隸法彙纂
(清)項懷述
小西山房
清乾隆四十五年(1780)(據序)
10 卷
15344.b.11

0501
古文奇字
(明)朱謀㙔
謝兆申抄本
明萬曆三十九年(1611)
1 册,63 頁
Or.2282

0502
古文奇字
(明)朱謀㙔
明萬曆四十年(1612)
12 卷
15344.e.6

0503
草字彙
(清)石梁
清乾隆五十一年(1786)
12 部分
15014.f.4

0504
草字彙(法文)
Dictionnaire des Formes Cursives des Caractères Chinois
(法國)米約
STANISLAS MILLOT
巴黎
Paris
清宣統元年(1909)
202 頁;40 厘米
11094.e.21

0505
篆字彙
(清)佟世男
多山堂
清康熙三十年(1691)
12 部分
15344.b.3

0506
篆字彙
(清)佟世男

多山堂
清康熙三十年(1691)
12 部分
　　　　　　　　　15344.b.4

0507
篆字彙
(清)佟世男
多山堂
清康熙三十年(1691)
12 部分
　　　　　　　　　15344.b.5

0508
活字 12 個
1 盒,12 個
　　　　　　　　　Or.14312

0509
藝文備覽
(清)沙木
清嘉慶十一年(1806)
12 部分
　　　　　　　　　15341.b.2

0510
漢隸源流統略歌　篆法偏旁點畫辯
(明)陳紀、(元)應在
清道光三十年(1850)？
2 部分
　　　　　　　　　15342.b.5

0511
問奇典注
(清)唐英
雄楚樓:武昌
清嘉慶二十三年(1818)

6 卷
　　　　　　　　　15342.b.12

0512
字學舉隅
(清)龍啓瑞、(清)黃本驥
琉璃廠書坊:北京
清同治十一年(1872)
24 頁,16 頁,6 頁
　　　　　　　　　15342.b.6

0513
字學舉隅
(清)龍啓瑞、(清)黃本驥
清光緒七年(1881)
　　　　　　　　　15229.b.29

0514
漢字練習冊
抄本
清宣統元年(1909)前
1 冊
　　　　　　　　　Or.7374

0515
日本神字考(中譯本)
(日本)園田弘編、(清)沈文熒譯
抄本
清宣統三年(1911)前
1 冊
　　　　　　　　　Or.8668

0516
字部新法(中英對照)
Explanation of the Use of the Sub-radical
美華書館:上海
American Presbyterian Mission Press：

Shanghai
清光緒二十九年(1903)
17 頁;16 厘米
11099.a.36

0517
字部緝解(英文)
(美國)羅孝全
ISSACHAR JACOB ROBERTS
澳門書院:澳門
Macao
清道光二十年(1840)
19 頁
15344.c.24

0518
字典標目(英文)
A Guide to the Dictionary: An Essay Exhibiting the 214 Radicals of the Chinese Written Language
(英國)詹納
THOMAS JENNER
私人印刷:羅切斯特
Privately printed: Rochester
清光緒三十年(1904)
153 頁;26 厘米
11098.d.29(1)

0519
字典標目(第2版)(英文)
A Guide to the Dictionary: An Essay Exhibiting the 214 Radicals of the Chinese Written Language (second edition)
(英國)詹納
THOMAS JENNER
魯扎克公司:倫敦;萊頓印刷
Luzac & Co.: London; Leyden printed
清光緒三十三年(1907)
11 頁,122 頁
V 1878

0520
漢字書法簡介(法文)
Notice sur l'Ecriture Chinoise et les Principales Phases de Son Histoire
(法國)羅斯奈
L. LÉON DE ROSNY
本傑明・杜普拉特和梅松納夫出版社:巴黎
Benjamin Duprat, Maisonneuve et Cie.: Paris
清咸豐四年(1854)
80 頁
15235.a.220

0521
早期中國文字考(《卡内基博物館館刊》第4卷第1號)(英文)
Early Chinese Writing (*Memoirs of the Carnegie Museum* Vol. IV. No. 1.)
(美國)方法斂
FRANK HERRING CHALFANT
卡内基學院理事會:匹茲堡
The Board of Trustees of the Carnegie Institute: Pittsburgh
清光緒三十二年(1906)
35 頁,附 50 頁
15234.e.2

0522
漢字的演化(英文)
The Evolution of Chinese Writing
喬治・歐文
GEORGE OWEN

賀拉斯・哈特印刷：牛津
Horace Hart：Oxford
清宣統二年(1910)
32 頁；19 厘米
　　　　　　　　　11100.b.38

韵書屬

0523
廣韻
(宋)陳彭年等
明弘治十三年(1500)？
5 卷
　　　　　　　　　15341.d.8

0524
廣韻
(宋)陳彭年等
清康熙六年(1667)
1 冊,5 卷
　　　　　　　　　15346.b.16

0525
張氏重刊宋本廣韻
(宋)陳彭年等
澤存堂
清康熙四十三年(1704)(據跋)
5 卷
　　　　　　　　　15344.e.1

0526
大宋重修廣韻
(宋)陳彭年等
清雍正十三年(1735)
5 卷
　　　　　　　　　15344.b.5

0527
大宋重修廣韻
(宋)陳彭年等
東山精舍：邵州
清道光三十年(1850)
5 卷
　　　　　　　　　15347.d.6

0528
重刊改併五音集韻
(金)韓道昭
明正德十年(1515)
15 卷
　　　　　　　　　15348.d.1

0529
重刊改併五音類聚四聲篇
(金)韓道昭
明嘉靖三十八年(1559)
15 卷
　　　　　　　　　15348.d.2

0530
蒙古字韻
抄本
元至大元年(1308)
2 冊,2 卷
　　　　　　　　　Or.6972

0531
洪武正韻
(明)樂韶鳳
肅府：北京
約明嘉靖二十九年(1550)
1 函,5 冊
　　　　　　　　　15342.b.14

0532
正韻通
（明）呂維祺
南京
明崇禎七年（1634）
30 卷
15346.e.2

0533
新鐫正韻訓蒙增廣
文秀堂
約清嘉慶五年（1800）
19 頁
15344.a.10

0534
五車韻府
（明）陳藎謨纂、（清）胡邵瑛輯
慎思堂
清康熙四十七年（1708）
10 卷,2 卷,2 卷
15346.d.2

0535
改訂增廣五車韻府
金約瑟
清光緒二十五年（1899）
5 頁,438 頁;17 厘米×10 厘米
11102.a.12

0536
韻法橫圖直圖
（明）梅膺祚
清乾隆十五年（1750）？
2 部分
15344.e.12/1

0537
韻法橫圖直圖
（明）梅膺祚
清道光二十年（1840）？
2 部分
15344.e.12/2

0538
戚林八音合訂（《戚參將八音字義便覽》4 卷、《太史林碧山先生珠玉同聲》4 卷）
（明）戚繼光（或爲陳第）、（清）林文英
賦梅堂：福州
清道光二十一年（1841）
8 卷
15346.a.5

0539
縹緗對類大全
（明）屠隆訂正
聚錦堂
18 世紀
2 册,20 卷
15346.b.19

0540
渡江書
抄本
清道光二十年（1840）？
4 册合訂
Or.7427

0541
顧氏音學五書
（清）顧炎武
清康熙六年（1667）
2 册
15229.b.33

經　部　　57

0542
顧氏音學五書
（清）顧炎武
符山堂：淮安
清康熙六年（1667）
2 冊
　　　　　　　　　15319.a.3

0543
御定奎章全韻
朝鮮
清乾隆十五年（1750）？
2 卷
　　　　　　　　　15113.e.4

0544
漢魏音
（清）洪亮吉
清乾隆五十年（1785）
4 卷

0545
李氏音鑑
（清）李汝珍
清同治七年（1868）
6 卷
　　　　　　　　　15348.b.8

0546
聲韻攷
（清）戴震
北京
清乾隆五十四年（1789）
4 卷；29 厘米
　　　　　　　　　15348.f.9/2

0547
古韻標準
（清）江永
北京
清乾隆五十四年（1789）
3 冊；29 厘米
　　　　　　　　　15348.f.9/3

0548
四聲切韻表
（清）江永
北京
清乾隆五十四年（1789）
2 冊，1 頁，19 頁，55 頁；29 厘米
　　　　　　　　　15348.f.9/1

0549
古今韻略
（清）邵長蘅
清康熙三十五年（1696）
5 卷
　　　　　　　　　15348.c.8

0550
古韻溯原
（清）安念祖、（清）華湛恩
親仁堂
清道光十九年（1839）
8 卷
　　　　　　　　　15344.e.5

0551
韻目表
（清）錢恂
陳恭超：南京？
清光緒七年（1881）
31 頁
　　　　　　　　　15321.c.12

0552
六書韻徵
（清）安吉
清道光十八年（1838）
16卷

15344.e.9

0553
新增五方元音全書
（清）樊騰鳳
清道光十五年（1835）
2卷

15346.b.22

0554
五方元音
（清）樊騰鳳
約清道光三十年（1850）
2卷（12套頁碼）

15346.b.20

0555
增補五方元音
（清）樊騰鳳
掃葉山房：上海
約清咸豐十年（1860）
2頁,3頁,13頁,62頁,64頁

15346.b.24

0556
剔弊元音新編
（清）樊騰鳳
步雲閣
清咸豐元年（1851）
3卷

15346.b.23

0557
字類標韻
（清）華綱
清道光二十一年（1841）
6卷

15346.a.12

0558
字類標韻
（清）華綱
抄本
清道光二十四年（1844）？
1冊

Or.7457

0559
重訂字類標韻
（清）華綱原本、（清）何承錕重訂
職思堂
清乾隆五十八年（1793）
6卷

15346.b.3

0560
諧聲品字箋
（清）虞德升
清康熙二十六年（1687）
3冊

15342.c.1

0561
廣金石韻府
（清）林尚葵
兩套雕版印刷
約清康熙三十九年（1700）
1函,6冊

15347.d.12

經　部　　　　59

0562
官語詳編
（清）袁一州
清雍正七年（1729）
5頁,26頁
　　　　　　　　　　15344.c.8

0563
正音撮要
（清）高靜亭
約清道光十年（1830）
卷4
　　　　　　　　　　15344.a.3

0564
正音咀華
（清）莎彝尊
清咸豐三年（1853）
2卷
　　　　　　　　　　15342.b.16

0565
同音字彙
清乾隆三十九年（1774）
93頁
　　　　　　　　　　15341.d.6

0566
江湖尺牘分韻撮要合集
（清）溫儀鳳
富桂堂：廣州
清乾隆三十七年（1772）
4卷
　　　　　　　　　　15348.a.10

0567
江湖尺牘分韻撮要合集
（清）溫儀鳳
清嘉慶八年（1803）
4卷

0568
江湖尺牘分韻撮要合集
（清）溫儀鳳
福文堂：佛山
清道光十三年（1833）
4卷
　　　　　　　　　　15348.a.12

0569
分韻撮要
（清）溫儀鳳
五雲樓
2卷
　　　　　　　　　　15346.a.4

0570
佩文韻篆
（清）張家慶
澤經堂
清嘉慶二年（1797）
6卷
　　　　　　　　　　15346.e.4

0571
佩文詩韻
約清嘉慶五年（1800）
5卷
　　　　　　　　　　15346.a.7

0572
佩文詩韻釋要
（清）周兆基
約清嘉慶五年（1800）

5 卷
15346.a.9

0573
詩韻類錦
(清)郭化霖
靈蘭堂
清咸豐二年(1852)
12 卷
15346.a.22

0574
欽定同文韻統
(清)允祿等
清乾隆十五年(1750)
6 卷
15354.a.5

0575
詩韻合璧
(清)湯文潞
清光緒元年(1875)
5 卷
15346.a.18

0576
校補詩韻合璧
(清)湯文潞
淞隱閣:上海
清光緒四年(1878)
5 卷及增補
15348.c.4

0577
增注雅俗通十五音
(清)謝秀嵐
文林堂:福州?

清嘉慶二十三年(1818)
8 卷
15346.a.10

0578
增補雅俗通十五音
(清)謝秀嵐
清嘉慶二十五年(1820)
6 卷
15346.a.15

0579
彙集雅俗通十五音
(清)謝秀嵐
清祺祥元年(1861)
8 卷
15346.a.27

0580
彙集雅俗通十五音
(清)謝秀嵐
清祺祥元年(1861)
8 卷
15344.d.8

0581
經韻集字析解(十三經附錄)
(清)彭良敞
天津
清道光二年(1822)
34 頁
15225.e.1

0582
韻字鑑
(清)翟雲升
藻文堂

清道光二十二年(1842)
4卷
15342.a.8

0583
韻府萃音
(清)龍柏
醒愚閣:蘇州
清嘉慶十五年(1810)
2冊,12部分
15348.b.2

0584
四聲纂句
(清)王鑒
清道光三十年(1850)?
4頁,30頁,3頁
15346.d.6

0585
初學檢韻
(清)姚文登
蘇州
清嘉慶七年(1802)
1冊,12部分、4部分
15346.a.3

0586
欽定清漢對音字式
清乾隆三十七年(1772)
15354.a.7

0587
北京方言語音字彙(英文)
Syllabary for the Transcription of Chinese Sounds in the Dialect of Peking Modified for Literary Purposes
(德國)夏德
FRIEDRICH HIRTH
卡内基學院:華盛頓
The Carnegie Institution: Washington
清光緒三十三年(1907)
Ac.1866

0588
南京土白字音表
Syllabar des Nanking-Dialectes, oder der Correcten Aussprache Sammt Vocabular, zum Studium der Hochchinesischen Umgangssprache
(奧地利)瞿乃德
FRANZ KÜHNERT
維也納
Wien
清光緒二十四年(1898)
7頁,472頁
11098.a.12

0589
上海話字音表(英文)
Shanghai Syllabary Arranged in Phonetic Order
(美國)薛思培
JOHN ALFRED SILSBY
美華書館:上海
American Presbyterian Mission Press: Shanghai
清光緒二十三年(1897)
11099.c.45

0590
上海話字音表(第2版)(英文)
Shanghai Syllabary Arranged in Phonetic Order (second edition)

(美國)薛思培
JOHN ALFRED SILSBY
上海
Shanghai
清光緒二十六年(1900)
8頁,42頁
　　　　　　　　　　11100.e.15

0591
上海方言發音(英文)
Pronunciation of Shanghai Syllables
上海方言會
SHANGHAI VERNACULAR SOCIETY
美華書館:上海
American Presbyterian Mission Press: Shanghai
清光緒二十七年(1901)
7頁,563頁;24厘米
　　　　　　　　　　11094.c.18

0592
澳門方言與粵語發音比較字音表(英文)
The Höng Shán, or Macao Dialect: A Comparative Syllabary of the Höng shán and Cantonese Pronunciations
(美國)波乃耶
JAMES DYER BALL
《中國郵報》:香港
China Mail: Hong Kong
清光緒二十三年(1897)
31頁
　　　　　　　　　　11098.a.32

0593
順德方言與粵語發音比較字音表(英文)
The Shun-Tak Dialect: A Comparative Syllabary of the Shun-tak and Cantonese Pronunciations
(美國)波乃耶
JAMES DYER BALL
《中國郵報》:香港
China Mail: Hong Kong
清光緒二十七年(1901)
34頁,15頁;25厘米×17厘米
　　　　　　　　　　11095.b.10

0594
客家話字音表(英文)
A Hakka Syllabary
(英國)紀多納
DONALD MACIVER
美華書館:上海
American Presbyterian Mission Press: Shanghai
清宣統元年(1909)
2頁,184頁,4頁;14厘米
　　　　　　　　　　11099.a.35

語言屬

0595
爾雅
(晋)郭璞注
雕版印刷;日本
清道光九年(1829)
3卷
　　　　　　　　　　15344.e.18

0596
爾雅
(晋)郭璞注、(唐)陸德明音義

經　部　　　　　　　　　63

清同治七年(1868)
3 卷
　　　　　　　15344.e.6

0597
爾雅注疏
(晋)郭璞注、(宋)邢昺疏
三樂齋
清乾隆十年(1745)
11 卷
　　　　　　　15318.c.5

0598
爾雅注疏
(晋)郭璞注、(宋)邢昺疏
清乾隆四十三年(1778)
11 卷

0599
爾雅音圖
(晋)郭璞
清嘉慶七年(1802)
3 卷
　　　　　　　15344.e.1

0600
爾雅蒙求
(清)李拔式
清嘉慶三年(1798)
2 卷
　　　　　　　15346.b.2

0601
小爾雅
題(秦)孔鮒
清嘉慶五年(1800)?
　　　　　　　15346.b.6(3)

0602
小爾雅疏
題(秦)孔鮒著、(清)王煦疏
鑿翠山莊
清嘉慶二年(1797)
8 卷
　　　　　　　15346.a.6

0603
博雅
(三國魏)張揖
清乾隆十五年(1750)?
10 卷

0604
讀雅筆記
(清)李雱
清嘉慶九年(1804)
3 卷

0605
拾雅
(清)夏味堂
清嘉慶二十五年(1820)
20 卷
　　　　　　　15346.b.25

0606
新爾雅
(清)汪榮寶、(清)葉瀾
清光緒三十二年(1906)
176 頁
　　　　　　　15348.c.11

0607
方言
(西漢)揚雄

清乾隆十五年(1750)?
13卷
       15346.b.18

0608
方言
(西漢)揚雄
清嘉慶五年(1800)?
13卷

0609
方言注
(晋)郭璞
清乾隆四十四年(1779)
13卷
       15346.d.5

0610
釋名
(東漢)劉熙
清乾隆十五年(1750)?
4卷

0611
釋名
(東漢)劉熙
清嘉慶五年(1800)?
4卷

0612
康熙字典
(清)張玉書、(清)陳廷敬等
清康熙五十五年(1716)(據序)
4冊,32本
9個版本。
       15341.a.1

0613
康熙字典(修訂版)
(清)張玉書、(清)陳廷敬等
清道光七年(1827)
2冊(不全:一冊第1-8部分;另一冊第15-20部分);28厘米
       15347.e.79

0614
康熙字典
(清)張玉書、(清)陳廷敬等
同文書局:上海
清光緒十八年(1892)
12部分,增補2部分
       15013.j.6

0615
康熙字典
(清)張玉書、(清)陳廷敬等
19世紀
6冊
       15341.e

0616
康熙字典撮要
The Concise Kanghsi Dictionary
(英國)湛約翰
JOHN CHALMERS
倫敦教會印刷處:廣州
London Mission Press: Canton
清光緒四年(1878)
12頁,16頁,500頁;25厘米
       15341.d.2

0617
字典攷證
(清)王引之等

經　部

清光緒二年(1876)
1套,6本
　　　　　　　　15341.c.5

0618
經籍纂詁並補遺
(清)阮元
琅嬛仙館:揚州
清嘉慶十七年(1812)
12冊,106卷
　　　　　　　　15347.a.1

0619
官話彙解
(清)蔡奭
清乾隆五十九年(1794)(據序)
3卷
　　　　　　　　15344.d.1

0620
漢語字典
抄本
約清道光二十年(1840)
存第1-2、6冊
　　　　　　　　Or.13558

0621
智燈難字
藜照樓
17頁,15頁
　　　　　　　　15346.b.11

0622
增訂世事元龍通考雜字
(清)王相注訂
致遠堂:南京
清康熙年間(1662-1722)

僅存第1冊,含1-4卷;22厘米
　　　　　　　　15022.e.26

0623
新增萬寶元龍通考
(清)徐三省
清乾隆十五年(1750)?
3部分
　　　　　　　　15024.c.5

0624
繡刻圖像雜字全書
翰聚堂
17世紀
10頁
　　　　　　　　15344.c.6

0625
繡刻圖像雜字全書
翰聚堂
18世紀
10頁
　　　　　　　　15251.e.4/2

0626
鰲頭大雜字
約清康熙三十九年(1700)
存卷2-3及起始部分12頁
　　　　　　　　15344.c.5

0627
東園雜字大全
清乾隆九年(1744)?
27頁
　　　　　　　　15344.c.9

0628
玉堂雜字
清乾隆十五年(1750)？
3卷,缺卷1
　　　　　　　　15344.c.5

0629
幼學雜字
約清嘉慶五年(1800)
40頁
　　　　　　　　15344.d.2

0630
寶賢堂新刻校正日用雜字
寶賢堂:廣州？
約清嘉慶二十五年(1820)
16頁
　　　　　　　　15344.c.20

0631
雜字
寫本
清道光二年(1822)
1冊
　　　　　　　　Add.16353

0632
增補便覽日用雜字
清同治五年(1866)
31頁,10頁,11頁
　　　　　　　　15346.a.2

0633
小兒論(滿語、朝鮮語)
清乾隆四十五年(1780)
　　　　　　　　15354.d.7

0634
童蒙先習
首爾
清光緒十六年(1890)？
34頁
　　　　　　　　15260.b.4

0635
養蒙針度
(清)潘子聲
18世紀
2卷,存卷2
　　　　　　　　15202.c.13

0636
漢字識字課本
抄本
19世紀
1冊
　　　　　　　　Or.16810

0637
鉛字拼法集全
(美國)狄就烈
JULIA BROWN MATEER
美華書館:上海
清同治十二年(1873)
2頁,3頁,77頁
　　　　　　　　15344.c.19

0638
作印集字
(英國)臺約爾
SAMUEL DYER
英華書院:馬六甲
清道光十四年(1834)
8頁,24頁
　　　　　　　　15344.c.23

經 部

0639
雙千字文
（美國）丁韙良
WILLIAM ALEXANDER PARSONS MARTIN
北京？
清同治九年（1870）？
15118.c.1

0640
雙千字文
（美國）丁韙良
WILLIAM ALEXANDER PARSONS MARTIN
北京
清同治九年（1870）？
15118.c.36

0641
大清全書
（清）沈啓亮編
清康熙二十二年（1683）？
14卷
15354.a.1

0642
大清全書
（清）沈啓亮編
清康熙二十二年（1683）？
14卷
15354.a.2

0643
清文典要
（清）秋芳堂主人
清乾隆三年（1738）
4卷
15354.c.2

0644
音漢清文鑑
清雍正十三年（1735）
20卷
15354.e.5

0645
音漢清文鑑
清雍正十三年（1735）
20卷
15354.e.6

0646
清文鑑
清雍正十三年（1735）
20卷
15354.c.8

0647
清文鑑
清乾隆五年（1740）？
20卷，存卷6－20
15354.c.9

0648
御制增訂清文鑑
清乾隆三十六年（1771）
47卷，補編4卷
15354.a.6

0649
御制四體清文鑑（滿語、藏語、蒙古語、漢語）
清乾隆五十五年（1790）？
32卷，附錄4卷，僅存卷1－6、31－32及附錄4卷
15353.a.2

0650
御制五體清文鑑(滿語、藏語、蒙古語、東土耳其語、漢語)
清乾隆五十五年(1790)？
32卷,附錄4卷
15353.a.1

0651
御制五體清文鑑
內府寫本
清雍正十三年至乾隆六十年(1735－1795)
6冊,32卷,補編4卷
Or.8147

0652
清文彙書
(清)李延基
清乾隆十六年(1751)
12卷
15354.b.4

0653
清文彙書
(清)李延基
清乾隆十六年(1751)
12卷
15354.c.1

0654
清文指要
清乾隆五十四年(1789)
3卷,2卷
15354.e.3

0655
清文指要
清嘉慶十四年(1809)
15354.e.4

0656
清文補彙
(清)宜興
清嘉慶七年(1802)
2冊,8卷
15354.a.3

0657
清文補彙
(清)宜興
清嘉慶七年(1802)
2冊,8卷
15354.a.4

0658
清漢文海
(清)瓜爾佳巴尼琿
清道光元年(1821)
40卷
15354.b.2

0659
清漢文海
(清)瓜爾佳巴尼琿
清道光元年(1821)
40卷
15354.b.3

0660
滿漢分類詞典
抄本
清乾隆三十八年至宣統三年(1773－1911)
9部分合訂爲1冊,184頁
Or.11261

經　部

0661
滿漢繙譯一百話條（後本）
抄本
清宣統三年（1911）前
1冊，34頁
　　　　　　　　　Or. 13898

0662
滿蒙漢合璧總綱
寫本
清宣統三年（1911）前
10部分（8卷及附錄2部分）
　　　　　　　　　Or. 13209

0663
三合便覽（滿語、蒙古語、漢語）
（清）敬齋輯、（清）富俊等補
清乾隆四十五年（1780）
　　　　　　　　　15354. c. 3

0664
三合便覽（滿語、蒙古語、漢語）
（清）敬齋輯、（清）富俊等補
清乾隆五十七年（1792）
　　　　　　　　　15354. e. 1

0665
蒙文晰義
（清）賽尚阿
清道光二十八年（1848）
4卷
　　　　　　　　　15348. c. 5

0666
傣漢雙語竹簡
清康熙四十七年（1708）？
1片
　　　　　　　　　Sloane 1403（E）

0667
傣漢雙語貝葉簡
清康熙五十四年（1715）？
1葉
　　　　　　　　　Sloane 1403（A）

0668
欽定西域同文志
（清）傅恒等奉敕撰
内府寫本
清乾隆二十八年（1763）？
1－5冊，24卷
　　　　　　　　　Or. 7358

0669
西天真實名經（梵文）
（明）回回舘、八百舘、高昌舘、百夷舘
抄本
清道光三十年（1850）？
1冊
　　　　　　　　　Or. 2894

0670
西天真實名經
（明）回回舘、八百舘、高昌舘、百夷舘
抄本
清道光三十年（1850）？
1冊
　　　　　　　　　Or. 16483

0671
西番譯語（藏語、漢語）
（明）四夷舘
清道光二十年（1840）？
103頁
　　　　　　　　　15344. d. 9

0672
西番譯語（藏語、漢語）

(明)四夷館
抄本
清光緒十七年(1891)
8冊合訂

         Or.4473

0673
華夷譯語(中文、6種外文)
(明)回回舘、八百舘、高昌舘、百夷舘
據約明萬曆二十三年(1595)本,用《大清律例》書紙印刷
6冊(有手寫附錄);26厘米

         15344.d.10

0674
回語千字文(漢語－維吾爾族語字典)
(清)史文光、(清)張成基
清光緒十六年(1890)?
33頁

         15347.d.4

0675
暹羅譯語(泰文)
(明)四夷館
約清嘉慶五年(1800)
83頁

         15346.b.27

0676
華夷通語(馬來文)
(清)林衡南
古友軒:新加坡
清光緒九年(1883)
112頁

         15346.b.30

0677
漢英字典(僅A－D)
稿本
17世紀
1冊,63頁

         Or.2284

0678
漢英詞典
抄本
18世紀
1冊

         Lansdowne 809

0679
袖珍漢英詞典
吳奇彩抄本
18世紀
1冊

         Add.6664

0680
漢英詞典
抄本
清宣統元年(1909)前
1冊

         Or.7428

0681
華英字典
English and Chinese Dictionary
(清)鄺其照
點石齋:上海
清光緒五年(1879)
334頁

         11099.a.40

經　部

0682
字典彙選集成
An English and Chinese Dictionary
（清）黃少瓊
文裕堂：香港
Man Yu Tong：Hong Kong
清光緒二十一年（1895）
6 頁,342 頁,295 頁
11098.a.8

0683
華英字典匯集（第3版）
An English and Chinese Dictionary, with English Meaning or Expression for Every English Word (third edition)
（清）譚達軒
香港
Hong Kong
清光緒二十三年（1897）
917 頁
11098.a.9

0684
達辭字典
The "Tah Ts'z" Anglo-Chinese Dictionary: An English and Chinese Dictionary Containing Numerous Sentences Illustrating the Application of English Words and Phrases
（清）莫文暢
文裕堂：香港
Man Yu Tong：Hong Kong
清光緒二十四年（1898）
2 冊
11098.a.25

0685
新增華英字典
A Dictionary of the English and Chinese Language
（清）馮鏡如
F. KINGSELL
文經書店：橫濱
Kingsell & Co.：Yokohama
清光緒二十五年（1899）
4 頁,1066 頁,79 頁
11098.d.17

0686
華英貿易字典（第3版）
Mercantile Dictionary (third edition)
（清）卓鳳翔
《循環日報》：香港
Tsun Wan Yat Po：Hong Kong
清光緒二十七年（1901）
3 頁,394 頁;22 厘米
11095.b.1

0687
漢英字典草稿
（英國）馬禮遜
ROBERT MORRISON
稿本
清嘉慶十五年（1810）？
1 冊,139 頁
Or.7455

0688
字典
A Dictionary of the Chinese Language (in three parts)
（英國）馬禮遜
ROBERT MORRISON

東印度公司出版社：澳門
The Honorable East India Company's Press：Macao
清嘉慶二十年至道光三年（1815－1823）
3部分,6卷;31厘米
12994.f.2

0689
五車韻府
A Dictionary of the Chinese Language
（英國）馬禮遜
ROBERT MORRISON
點石齋：上海
清光緒五年（1879）
200頁;21厘米
11100.c.39

0690
漢英字典
Chinese and English Dictionary, Containing All the Words in the Chinese Imperial Dictionary, Arranged according to the Radicals
（英國）麥都思
WALTER HENRY MEDHURST
帕拉巴坦出版社：巴達維亞
The Parapattan Press：Batavia
清道光二十二年至二十三年（1842－1843）
2冊
12910.b.14

0691
英漢字典
English and Chinese Dictionary
（英國）麥都思
WALTER HENRY MEDHURST
墨海書館：上海
Mission Press：Shanghae
清道光二十七年至二十八年（1847－1848）
2冊
12910.b.11

0692
英華字典
English and Chinese Dictionary, with the Punti and Mandarin Pronunciation
（德國）羅布存德
WILHELM LOBSCHEID
香港
Hong Kong
清同治五年至八年（1866－1869）
12911.s.3

0693
商務書館華英音韻字典集成
Commercial Press English and Chinese Pronouncing Dictionary
（德國）羅布存德
WILHELM LOBSCHEID
商務印書館：上海
Commercial Press：Shanghai
清光緒二十八年（1902）
3頁,1835頁,50頁;23厘米
11094.c.17

0694
二帙字典西譯比較（英文）
Erh-chǐh-tsze-těen-se-yǐn-pe-keáou：Being a Parallel Drawn between the Two Intended Chinese Dictionaries by the Rev. Robert Morrison and Antonio Montucci

（意大利）蒙突奇
ANTONIO MONTUCCI
T·卡德爾和 W·戴維斯：倫敦
T. Cadell and W. Davies：London
清嘉慶二十二年（1817）
174 頁；27 厘米
11095.c.27

0695
漢英韻府
A Syllabic Dictionary of the Chinese Language
（美國）衛三畏
SAMUEL WELLS WILLIAMS
美華書館：上海
American Presbyterian Mission Press：Shanghai
清同治十三年（1874）
84 頁，1252 頁
15234.e.1

0696
華英萬字典
A Chinese and English Dictionary
（意大利）波里特（書末署"布列地"）
P. POLETTI
新海關書信館：天津
約清光緒六年（1880）
199 頁，2 頁
15342.a.7

0697
華英萬字典（增訂本）
A Chinese and English Dictionary, Arranged According to Radicals and Subradicals（enlarged edition）
（意大利）波里特

P. POLETTI
美華書館：上海
American Presbyterian Mission Press：Shanghai
清光緒二十二年（1896）
106 頁，307 頁
11098.b.30

0698
華英萬字典
A Chinese and English Dictionary
（意大利）波里特
P. POLETTI
美華書館：上海
American Presbyterian Mission Press：Shanghai
清光緒三十三年（1907）
6 頁，406 頁；26 厘米
11098.a.37

0699
華英字典
A Chinese-English Dictionary
（英國）翟理斯
HERBERT ALLEN GILES
誇瑞奇古書店：倫敦；上海印刷
Bernard Quaritch：London；Shanghai printed
清光緒十八年（1892）
46 頁，1416 頁
W 2182

0700
袖珍字典
A Pocket Dictionary（Chinese-English）and Pekingese Syllabary
（美國）富善

CHAUNCEY GOODRICH
北京
Peking
清光緒十七年(1891)
6 頁,237 頁

12910.a.33

0701
袖珍字典(第4版)
A Pocket Dictionary (Chinese-English) and Pekingese Syllabary (fourth edition)
(美國)富善
CHAUNCEY GOODRICH
美華書館:上海
American Presbyterian Mission Press: Shanghai
清光緒三十年(1904)
7 頁,237 頁,70 頁;14 厘米

11095.a.15

0702
袖珍字典索引
Radical Index to Pocket Dictionary and Pekingese Syllabary
(美國)富善
CHAUNCEY GOODRICH
北堂印書館:北京
Pei-Táng Press: Peking
清光緒十九年(1893)
72 頁

12910.n.1

0703
漢英分解字典
An Analytical Chinese-English Dictionary
(英國)鮑康寧
FREDERICK WILLIAM BALLER
中國內地會、美華書館:上海
China Inland Mission and American Presbyterian Mission Press: Shanghai
清光緒二十六年(1900)
5 頁,637 頁;29 厘米×22 厘米

11092.f.27

0704
英華成語合璧字集
A Mandarin-Romanized Dictionary of Chinese
(加拿大)季理斐
DONALD MACGILLIVRAY
美華書館:上海
American Presbyterian Mission Press: Shanghai
清光緒三十一年(1905)
10 頁,975 頁;21 厘米

11094.d.11

0705
學生四千字袖珍字典(第4版)
The Student's Four Thousand 字 and General Pocket Dictionary (fourth edition)
(英國)蘇慧廉
WILLIAM EDWARD SOOTHILL
美華書館:上海
American Presbyterian Mission Press: Shanghai
清光緒三十年(1904)
35 頁,420 頁

11095.a.17

0706
學生四千字袖珍字典(第6版)
The Student's Four Thousand 字 and

General Pocket Dictionary（sixth edition）
（英國）蘇慧廉
WILLIAM EDWARD SOOTHILL
美華書館：上海
American Presbyterian Mission Press：Shanghai
清光緒三十四年（1908）
35 頁，428 頁
11095.a.16

0707
語學舉隅：官話習語口語辭典
A Dictionary of Colloquial Idioms in the Mandarin Dialect
（英國）翟理斯
HERBERT ALLEN GILES
望益紙館：上海
A. H. de Carvalho：Shanghai
清同治十二年（1873）
12910.f.3

0708
英漢口語詞典
A Dictionary from English to Colloquial Mandarin Chinese
（英國）司登得編、（德國）赫墨齡修訂
GEORGE CARTER STENT（compiler）, K. E. G. HEMELING（reviser）
中國海關總稅務司公署統計科：上海
Statistical Department of the Inspectorate General of Customs：Shanghai
清光緒三十一年（1905）
804 頁；23 厘米
11094.d.10

0709
英華袖珍北京口語詞典
English-Chinese Pocket Dictionary of Peking Colloquial
（英國）禧在明
WALTER CAINE HILLIER
美華書館：上海
American Presbyterian Mission Press：Shanghai
清宣統二年（1910）
8 頁，712 頁，3 頁；14 厘米
11092.a.9

0710
漢英上海方言字典
Shanghai Vernacular Chinese-English Dictionary
（美國）戴維斯、（美國）薛思培
D. H. DAVIS & JOHN ALFRED SILSBY
美華書館：上海
American Presbyterian Mission Press：Shanghai
清光緒二十六年（1900）
20 頁，188 頁
12910.c.38

0711
英華分韻撮要
A Tonic Dictionary of the Chinese Language in the Canton Dialect
（美國）衛三畏
SAMUEL WELLS WILLIAMS
《中國叢報》印刷：廣州
The Chinese Repository Printed：Canton
清咸豐六年（1856）
12910.b.13

0712
英粵字典（第1版）
An English and Cantonese Pocket-Dictionary, for the Use of Those Who Wish to Learn the Spoken Language of Canton Province (first edition)
（英國）湛約翰
JOHN CHALMERS
倫敦傳道會：香港
London Missionary Society's Press：Hong Kong
清咸豐九年（1859）
159 頁

12910.a.5

0713
英粵字典（第3版）
An English and Cantonese Pocket-Dictionary, for the Use of Those Who Wish to Learn the Spoken Language of Canton Province (third edition)
（英國）湛約翰
JOHN CHALMERS
倫敦傳道會：香港
London Missionary Society's Press：Hong Kong
清同治九年（1870）
4 頁,146 頁

12910.aaa.6

0714
英粵字典（第6版）
An English and Cantonese Pocket-Dictionary, for the Use of Those Who Wish to Learn the Spoken Language of Canton Province (sixth edition)
（英國）湛約翰
JOHN CHALMERS
別發書局：香港
Kelly & Walsh：Hong Kong
清光緒十七年（1891）
7 頁,296 頁

12910.aa.49

0715
英粵字典（第7版,增訂本）
An English and Cantonese Pocket-Dictionary, for the Use of Those Who Wish to Learn the Spoken Language of Canton Province (seventh edition, revised and enlarged)
（英國）湛約翰編、狄烈增訂
JOHN CHALMERS (compiler), THOMAS KIRKMAN DEALY (reviser)
別發書局：香港
Kelly & Walsh：Hong Kong
清光緒三十三年（1907）
11 頁,7 頁,822 頁

11095.d.28

0716
粵英字典
A Chinese-English Dictionary in the Cantonese Dialect
（德國）歐德理編、（德國）葉道勝增訂
ERNEST JOHN EITEL (compiler), IMMANUEL GOTTLIEB GENAEHR (reviser)
別發書局：香港
Kelly & Walsh：Hong Kong
清宣統二年至民國元年（1910－1912）
18 頁,1417 頁,47 頁;32 厘米

15014.e.6

經部

0717
福建方言字典
A Dictionary of the Hok-Këèn Dialect of the Chinese Language, according to the Reading and Colloquial Idioms
(英國)麥都思
WALTER HENRY MEDHURST
東印度公司出版社：澳門
The Honorable East India Company's Press: Macao
清道光十二年(1832)

620.i.24

0718
客家話字典
(德國)歐德理
ERNEST JOHN EITEL
稿本
清道光十八年至光緒三十四年(1838 – 1908)
4 冊

Or.8209

0719
客英詞典
An English-Chinese Dictionary in the Vernacular of the Hakka People in the Canton Province
(英國)紀多納
DONALD MACIVER
美華書館：上海
American Presbyterian Mission Press: Shanghai
清光緒三十一年(1905)
9 頁,1221 頁;24 厘米

11095.c.9

0720
翟理斯《華英字典》和衛三畏《漢英韻府》客家話索引
A Hakka Index to the Chinese-English Dictionary of Herbert A. Giles and to the Syllabic Dictionary of Chinese of S. Wells Williams
(英國)紀多納
DONALD MACIVER
美華書館：上海
American Presbyterian Mission Press: Shanghai
清光緒三十年(1904)
150 頁,6 頁;23 厘米

11095.c.10

0721
漢法詞典
稿本
18 世紀
1 冊

Add.6655

0722
漢法字彙簡編
Petit Dictionnaire Chinois-Français
德拜思
A. DEBESSE
天主教會土山灣孤兒院印刷所：上海
Imprimerie de la Mission Catholique à l'Orphelinat de T'ou-sé-wé: Chang-hai
清光緒二十七年(1901)
5 頁,580 頁;16 厘米

11099.a.26

0723
漢法字典

77

Dictionnaire Chinois-Francçais
（法國）顧賽芬
F. SÉRAPHIN COUVREUR
天主教會印刷所：河間府
Imprimerie de la Mission Catholique：Ho-kien-fou
清光緒三十年（1904）
12 頁，1080 頁
　　　　　　　　　　15013．I．6

0724
法漢小詞典
Petit Dictionnaire Français – Chinois
（法國）伽茲特魯
J. GAZTELU
外方傳教會印務局：香港
Imprimerie de la Société des Missions Étrangères：Hong Kong
清光緒二十六年（1900）
21 頁，656 頁；14 厘米
　　　　　　　　　　11095．a．18

0725
法漢常談
Dictionnaire Francais-Chinois, Contenant les Expressions les Plus Usitées de la Langue Mandarine
（法國）顧賽芬
F. SÉRAPHIN COUVREUR
天主教會印刷所：河間府
Imprimerie de la Mission Catholique：Ho-kien-fou
清光緒十年（1884）
19 頁，1007 頁；25 厘米
　　　　　　　　　　11102．d．2

0726
漢語古文詞典（法文）
Dictionnaire Classique de la Langue Chinoise
（法國）顧賽芬
F. SÉRAPHIN COUVREUR
天主教會印刷所：河間府
Imprimerie de la Mission Catholique：Ho-kien-fou
清光緒三十年（1904）
12 頁，1080 頁；32 厘米
　　　　　　　　　　15014．e．3

0727
法粵字典
Dictionnaire Français-Cantonnais
（法國）何類思
MARIE-LOUIS FELIX AUBAZAC
外方傳教會印務局：香港
Imprimerie de la Société des Missions Étrangères：Hong Kong
清光緒二十八年（1902）
11 頁，333 頁，12 頁
　　　　　　　　　　11094．c．26

0728
法粵字典
Dictionnaire Français-Cantonnais
（法國）何類思
MARIE-LOUIS FELIX AUBAZAC
外方傳教會印務局：香港
Imprimerie de la Société des Missions Étrangères：Hong Kong
清宣統元年（1909）
27 頁，469 頁，10 頁；26 厘米 × 19 厘米
　　　　　　　　　　15234．a．14

0729
客法詞典
Dictionnaire Chinois-Français Dialecte Hac-ka
(法國)賴嘉祿
CHARLES REY
外方傳教會印務局：香港
Imprimerie de la Société des Missions Étrangères：Hong Kong
清光緒二十七年(1901)
39頁,360頁,79頁;21厘米
11094.c.27

0730
葡漢字典
Diccionario Portuguez-China No Estilo Vulgar Mandarim e Classico Geral
(葡萄牙)江沙維
JOACHIMO AFFONSO GONÇALVES
澳門
Macao
清道光十一年(1831)
622.e.4

0731
漢葡字典
Diccionario China Portuguez
(葡萄牙)江沙維
JOACHIMO AFFONSO GONÇALVES
澳門
Macao
清道光十三年(1833)
2册
622.e.32-33

0732
諧聲品字箋(漢語－西班牙語字典)
Vocabulario Hai Xing Phin Tsu Tsien
(西班牙)安東尼奧·迪亞茲
ANTONIO DIAZ
稿本
清康熙四十三年(1704)
1册,358頁
在清虞德升《諧聲品字箋》基礎上改編。
Add.19257

0733
漢字西譯
Basilii a Glemona Dictionarium Sinico-Latinum
(意大利)葉尊孝編
BASILIO BROLLO(compiler)
抄本
清康熙四十三年(1704)前
1册
Add.25316

0734
漢字西譯
Basilii a Glemona Dictionarium Sinico-Latinum
(意大利)葉尊孝編
BASILIO BROLLO(compiler)
柯恒儒(HEINRICH JULIUS VON KLAPROTH)抄本
清嘉慶十八年(1813)
1册,422頁
Add.11709

0735
字音辯異(漢語－拉丁語字典)
稿本
17世紀
1册
Add.6654

0736
漢語－拉丁語－荷蘭語詞典
稿本
清順治八年（1651）前
1 冊
　　　　　　　　　　Sloane 2746

0737
漢語－拉丁語字典
稿本
清乾隆十五年（1750）？
1 冊
　　　　　　　　　　Or. 7371

0738
漢語－拉丁語字典
抄本
清乾隆十八年（1753）前
1 冊
　　　　　　　　　　Sloane 3960

0739
漢語－拉丁語字典
抄本
清光緒十八年（1892）前
2 冊
　　　　　　　　　Or. 4537－4538

0740
漢語－滿語－拉丁語－俄語－德語詞典
Vocabularium Sinico-Mantschuico-Ruthenum
（俄國）阿列克謝·列昂蒂夫
ALEXEI LEONTIEFF
寫本
清乾隆三十八年（1773）

1 冊
　　　　　　　　　　Add. 18104

0741
漢語－拉丁語－葡萄牙語－法語字典
寫本
清咸豐二年（1852）前
1 冊
　　　　　　　　　　Add. 19258

0742
滿語－俄語詞典
寫本
18 世紀下半葉
1 冊,740 頁
　　　　　　　　　　Or. 6842

0743
滿語－拉丁語詞典
Manchu-Latin Dictionary
約翰·哈登·新德利
JOHN HADDON HINDLEY
抄本
清嘉慶四年（1799）後
4 冊,253 頁,200 頁,133 頁,305 頁
　　　　　　　　　Add. 7046－7049

0744
拉漢字典
Dictionarium Latino-Sinicum
稿本
清咸豐十年（1860）前
2 冊
　　　　　　　Add. 23620－23621

0745
拉漢小詞典

Lexicon Manuale Latino-Sinicum Continens Omnia Vocabula Latina Utilia et Primitiva, etiam Scripturæ Sacræ
（葡萄牙）江沙維
JOACHIMO AFFONSO GONÇALVES
澳門
Macao
清道光十九年（1839）

11100.e.7

0746
辣丁中華合字典
Lexicon Magnum Latino-Sinicum
（葡萄牙）江沙維
JOACHIMO AFFONSO GONÇALVES
聖若瑟修院：澳門
Regali Collegio Sancti Joseph：Macao
清道光二十一年（1841）
4頁，779頁；31厘米

11098.d.3

0747
啵呢官的問答話
寫本
清宣統二年（1910）前
1卷

Or.6883

0748
大南國音字彙合解大法國音（越南語－法語字典）
Dictionnaire Annamite-Français（Langue Officielle et Langue Vulgaire）
（法國）讓·博內特
JEAN BONET
國家印刷局：巴黎
Imprimerie Nationale：Paris

清光緒二十五年（1899）
2冊

15235.f.24

0749
文書字數附合約
抄本
清道光二十四年（1844）？
1冊

Or.7407

0750
華英字錄
Analytic Index of Chinese Characters：A List of Chinese Words with the Concise Meaning in English
（意大利）波里特（卷首署"波列地"）
P. POLETTI
新海關書信館：天津
清光緒七年（1881）
53頁

15344.c.28

0751
認字新法常字雙千
The Analytical Reader：A Short Method for Learning to Read and Write Chinese
（美國）丁韙良
WILLIAM ALEXANDER PARSONS MARTIN
美華書館：上海
American Presbyterian Mission Press：Shanghai
清光緒二十三年（1897）
204頁

11098.a.14

0752
中文常用四千字錄
Four Thousand Most Frequent Characters According to Their Frequency
（德國）安保羅
PAUL KRANZ
美華書館：上海
American Presbyterian Mission Press：Shanghai
清光緒二十九年至三十年(1903－1904)
2冊,3頁,83頁,80頁
11094.e.8

0753
漢語字表（兩份）
Two Lists of Selected Characters Containing All in the Bible and 27 Other Books with Introductory Remarks
（美國）姜別利
WILLIAM GAMBLE
美華書館：上海
American Presbyterian Mission Press：Shanghai
清同治四年(1865)
3頁,34頁,14頁
15346.a.1

0754
千字字表
One Thousand Useful Chinese Characters
（英國）禧在明
WALTER CAINE HILLIER
基根·保羅出版公司：倫敦
Kegan Paul & Co.：London
清光緒三十三年(1907)
55頁
012902.g.27(7)

0755
粵語字表（法文）
Liste des Caractéres les Plus Ususels de la Langue Cantonnaise
（法國）何類思
MARIE-LOUIS FELIX AUBAZAC
外方傳教會印務局：香港
Imprimerie de la Société des Missions Étrangères：Hong Kong
清宣統元年(1909)
46頁;22厘米×14厘米
15234.b.17

0756
漢字目錄（荷蘭語）
Catalogus Van Chinesche Matrijzen en Drukletters Krachtens Magtiging van Z. M. den Koning
（德國）霍夫曼
JOHANN JOSEPH HOFFMANN
阿姆斯特丹；萊頓
Amsterdam；Leiden
清咸豐十年(1860)
45頁;29厘米
11098.d.23

0757
漢語詞彙集
寫本
清宣統三年(1911)前
1冊
Or.7608

0758
昔時賢文
仰光
Rangoon

清光緒十六年(1890)
11098.b.10

0759
四言格物
(清)劉光照
清光緒二十八年(1902)
37 頁
15254.e.14

0760
四字文箋注(英譯本,據法譯本轉譯)
(中文、法文、英文對照)
Chinese Manual: Four Words Literature with Commentary or Explication
(英國)亨利・愛德華・約翰・斯坦利譯
HENRY EDWARD JOHN STANLEY (translator)
哈里森公司印刷:倫敦
Harrison & Sons printed: London
清咸豐四年(1854)
8 頁,75 頁
11094.e.25

0761
中文成語竅門
Hints on Chinese Idiom
(英國)詹姆斯・薩德勒
JAMES SADLER
華美書局:上海
Methodist Publishing House: Shanghai
清光緒三十年(1904)
44 頁
11099.a.21

0762
漢語中的諺語和俗語
Proverbs and Common Sayings from the Chinese
(美國)明恩溥
ARTHUR HENDERSON SMITH
美華書館:上海
American Presbyterian Mission Press: Shanghai
清光緒二十八年(1902)
8 頁,374 頁,29 頁
15234.b.4

0763
華英通用雜話卷上
Chinese and English Vocabulary (part first)
(英國)羅伯聃
ROBERT THOM
廣州
Canton
清道光二十三年(1843)
第 1 部分
11093.c.9

0764
華英通用雜話
Chinese and English Vocabulary
(英國)羅伯聃
ROBERT THOM
廣州
Canton
清道光二十三年(1843)
1 部分
15344.c.29

0765
英華韻府歷階
An English and Chinese Vocabulary in the Court Dialect
(美國)衛三畏
SAMUEL WELLS WILLIAMS
澳門
Macao
清道光二十四年(1844)
88頁,440頁

11100.c.2

0766
漢英合璧相連字彙
A Chinese and English Vocabulary in the Pekinese Dialect
(英國)司登得
GEORGE CARTER STENT
海關出版社:上海
The Customers Press: Shanghai
清同治十年(1871)
677頁

12910.bb.13

0767
漢英合璧相連字彙(第3版)
A Chinese and English Vocabulary in the Pekinese Dialect (third edition)
(英國)司登得編、(加拿大)季理斐修訂
GEORGE CARTER STENT (compiler), DONALD MACGILLIVRAY (reviser)
美華書館:上海
American Presbyterian Mission Press: Shanghai
清光緒二十四年(1898)
7頁,788頁

12910.s.21

0768
英華譯字則列類
抄本
清道光二十年(1840)?
1冊

Or.7593

0769
大英俗語抄本
抄本
約清道光三十年(1850)
1冊

Or.10886

0770
漢英詞彙和短句
抄本
清宣統元年(1909)前
1冊

Or.7451

0771
中國辭彙(英文)
Chinese Reader's Manual: A Handbook of Biographical, Historical, Mythological and General Literary Reference
(英國)梅輝立
WILLIAM FREDERICK MAYERS
美華書館:上海
American Presbyterian Mission Press: Shanghai
清同治十三年(1874)
24頁,440頁;21厘米

15234.b.21

0772
華英類語

Chinese and English Phrase Book and Dictionary
（清）鄭聰甫
湯姆森文具公司．：英屬哥倫比亞省溫哥華
Thomson Stationery Company Co．：Vancouver，B．C．
清光緒二十九年（1903）
391 頁；20 厘米×14 厘米
15234．b．14

0773
華英類語
A Chinese and English Phrase Book of the Technicalities of Commercial Correspondence
（清）卓鳳翔
《循環日報》：香港
Tsun Wan Yat Po：Hong Kong
清光緒三十年（1904）
6 頁，492 頁，127 頁
11095．c．41

0774
北京方言初級手冊
An Elementary Manual of the Pekinese Dialect, for the Use of Officers Preparing for the Preliminary Examination
查爾斯·梅雷韋瑟·杜卡特
CHARLES MEREWETHER DUCAT
仰光
Rangoon
清光緒二十四年（1898）
24 頁
11098．a．27

0775
上海方言習慣用語集（英文）
Collection of Phrases in the Shanghai Dialect, Systematically Arranged
（英國）麥高溫
JOHN MACGOWAN
上海
Shanghai
清同治元年（1862）
12910．f．7

0776
上海方言詞彙
A Vocabulary of the Shanghai Dialect
（英國）艾約瑟
JOSEPH EDKINS
上海
Shanghai
清同治八年（1869）
12910．d．8

0777
福建話詞彙和語法
18 世紀
1 冊
Add．25317

0778
粵語短語選（第 5 版）（中英）
Select Phrases in the Canton Dialect (fifth edtion)
（美國）嘉約翰
JOHN GLASGOW KERR
別發書局：香港
Kelly & Walsh：Hong Kong
清光緒二十七年（1901）
3 頁，66 頁
11100．c．24

0779
粵語詞彙速成
The Cantonese Made Easy Vocabulary
(美國)波乃耶
JAMES DYER BALL
別發書局:香港
Kelly & Walsh:Hong Kong
清光緒三十四年(1908)
10頁,294頁

11094.b.2

0780
廣東省土話字彙
Vocabulary of the Canton Dialect
(英國)馬禮遜
ROBERT MORRISON
東印度公司出版社:澳門
The Honorable East India Company's Press:Macao
清道光八年(1828)
1冊,3部分;22厘米

825.f.37

0781
粵語諺語
Cantonese Apothegms: Classified, Translated & Commented upon
史蒂文斯
H. J. STEVENS
怡盛刊印:廣州
E-Shing Printer:Canton
清光緒二十八年(1902)
2頁,155頁

11095.a.26

0782
紅毛通用番話(粵英)
璧經堂:廣州
清道光三十年(1850)?
8頁

15346.b.12

0783
英語集全(粵英對照)
(清)唐廷樞
緯經堂:廣州
清同治元年(1862)
1冊,6卷

15344.e.15

0784
英華仙尼華四雜字文(寧波方言)
A Manual for Youth and Students, or Chinese Vocabulary and Dialogues, Containing an Easy Introduction to the Chinese Language (Ningpo dialect)
(印度)仙尼華四
PILLAY STREENEVASSA
寧郡東壁齋刻,定海舟山南門外太保廟內刊
清道光二十六年(1846)

11100.e.16

0785
汕頭白話英華對照詞典
English-Chinese Vocabulary of the Vernacular, or, Spoken Language of Swatow
(英國)卓威廉
WILLIAM DUFFUS
英華書局:汕頭
English Presbyterian Mission Press:Swatow
清光緒九年(1883)
302頁

12910.dd.17

0786
英漢常用語手册和詞彙(雲南方言)
Anglo-Chinese Phrase-Book and Vocabulary (Yunnanese dialect)
本特利
C. W. BENTLEY
美國浸會書局:仰光
American Baptist Mission Press: Rangoon
清光緒二十七年(1901)
4 頁,74 頁
11095.a.28

0787
漢英專用名詞詞典
A Vocabulary of Proper Names, in Chinese and English of Places, Persons, Tribes and Sects
(英國)施維善
FREDERICK PORTER SMITH
美華書館:上海
American Presbyterian Mission Press: Shanghai
清同治九年(1870)
6 頁,68 頁,9 頁
11100.f.10

0788
英漢疾病詞彙
A Vocabulary of Diseases in English and Chinese
湯姆遜
J. C. T
怡盛刊印:廣州
E-Shing Printer: Canton
清光緒十三年(1887)
8 頁
11101.e.11

0789
英漢造船業術語詞典(附圖解)
Anglo-Chinese Glossary of Terms Used in Shipbuilding, Marine Engineering, Rigging
帕克
J. H. P. PARKER
上海
Shanghai
清光緒二十年(1894)
10 頁,197 頁,100 幅插圖;25 厘米
15234.c.12

0790
汽機中西名目表
Vocabulary of Terms Relating to the Steam Engine
(清)江南機器製造總局編譯
江南製造局:上海
Kiangnan Arsenal: Shanghai
清光緒十六年(1890)
58 頁;27 厘米×17 厘米
11101.e.10/1

0791
英漢術語詞典
Technical Terms English and Chinese
(美國)狄考文
CALVIN WILSON MATEER
美華書館:上海
American Presbyterian Mission Press: Shanghai
清光緒三十年(1904)
8 頁,503 頁,9 頁
11099.a.31

0792
郵政成語輯要（中英對照）
A Glossary of the Principal Chinese Expressions Occurring in Postal Documents
（荷蘭）費克森
JAN WILLEM HELENUS FERGUSON
中國海關總稅務司公署統計科：上海
Statistical Department of the Inspectorate General of Customs：Shanghai
清光緒三十二年（1906）
2頁，43頁；21厘米
　　　　　　　　　　　11095.a.22

0793
文件小字典（漢英）
A Vocabulary of the Text Book of Documentary Chinese
（德國）夏德
FRIEDRICH HIRTH
中國海關總稅務司公署統計科：上海
Statistical Department of the Inspectorate General of Customs：Shanghai
清光緒十四年（1888）
137頁
　　　　　　　　　　　12907.r.24

0794
漢法詞彙手冊
Lexique Chinois Français
（法國）伽茲特魯
J. GAZTELU
外方傳教會印務局：香港
Imprimerie de la Société des Missions Étrangères：Hong Kong
清光緒三十二年（1906）
110頁；14厘米
　　　　　　　　　　　11094.a.10

0795
漢葡詞彙
稿本
清乾隆五十年（1785）
1冊
　　　　　　　　　　　Add.13962

0796
英語－馬來語－漢語詞彙手冊
A Lexilogus of the English, Malay and Chinese Languages
（美國）諾斯
NORTH
英華書院印刷廠：馬六甲
Anglo-Chinese College Press：Malacca
清道光二十一年（1841）
111頁
　　　　　　　　　　　825.i.40

0797
海峽詞彙：英語、馬來語、福建話、漢語和泰米爾語
The Straits Vocabulary：English, Malay, Hokkien, Chinese and Tamil
美國教會出版社：新加坡
American Mission Press：Singapore
清光緒二十七年（1901）
46頁；12厘米
　　　　　　　　　　　11099.a.28

0798
三語詞彙（中文、馬來文、英文）
The Triglot Vocabulary (Chinese, Malay, English)
美國教會出版社：新加坡
American Mission Press：Singapore
清光緒二十七年（1901）

8頁,144頁;17厘米
11095.a.29

0799
假名引節用集
寫本
清道光三年至九年(1823-1829)
7冊
Or.3002-3003

0800
朝鮮板類合
清順治七年(1650)？
15344.e.20

0801
韓語常用詞手冊
Corean Words and Phrases. A Handbook and Pocket Dictionary for Visitors to Corea and New Arrivals in the Country
約翰·W·霍奇
JOHN W. HODGE
首爾
清光緒二十三年(1897)
5頁,145頁
11099.c.39

0802
緬甸譯語上(緬甸語、中文)
稿本
17世紀
1冊,46頁(不全)
Add.11710

0803
佛教詞彙：梵文、中文(摘自《通報》)
Vocabulaire Bouddhique Sanscrit-Chinois
(Extrait du T'oung-Pao)
(比利時)何賴思
CHARLES DE HARLEZ
萊頓
Leide
清光緒二十三年(1897)
66頁
11098.b.37

0804
詞典學(德文)
Lexicographische Beiträge
(奧地利)查赫
ERWIN VON ZACH
北京
Peking
清光緒二十八年至三十二年(1902-1906)
4部分
11095.c.24

0805
馬氏文通
(清)馬建忠
上海
清光緒三十二年(1906)
10卷
15348.c.12

0806
中國言法(附《大學》英文翻譯)(英文)
Elements of Chinese Grammar
(英國)馬士曼
JOSHUA MARSHMAN
傳道出版社：塞蘭坡
Mission Press：Serampore
清嘉慶十九年(1814)
W 1151

0807
通用漢言之法（英文）
A Grammar of the Chinese Language
（英國）馬禮遜
ROBERT MORRISON
傳道出版社：塞蘭坡
Mission Press：Serampore
清嘉慶二十年（1815）
6 頁, 280 頁；25 厘米
12906. g. 24

0808
漢語文法（英文）
Grammar of the Chinese Language
（德國）羅布存德
WILHELM LOBSCHEID
香港
Hong Kong
清同治三年（1864）
2 部分
11099. c. 41

0809
漢語文法（英文）
Grammar of the Chinese Language
（德國）羅布存德
WILHELM LOBSCHEID
香港
Hong Kong
清同治三年（1864）
2 部分
12910. bb. 8

0810
簡易中文：實用中文語法（英文）
Chinese Simplified：Being a Practical Grammar of the Chinese Language
特里
E. G. TERRY
納塔爾
Ngotshe, Natal
清光緒三十一年（1905）
65 頁
11095. b. 16

0811
漢語語法基礎知識及練習（德文）
Anfangsgründe der Chinesischen Grammatik mit Übungsstuücken
（德國）甲柏連孜
GEORGE VON DER GABELENTZ
T・O・魏格爾：萊比錫；維也納印刷
T. O. Weigel：Leipzig；Wien printed
清光緒九年（1883）
8 頁, 150 頁
11102. b. 12

0812
漢字文法（葡萄牙語）
Arte China Constante de Alphabeto e Grammatica, Comprehendendo Modelos das Differentes Composicçoens
（葡萄牙）江沙維
JOACHIMO AFFONSO GONÇALVES
澳門
Macao
清道光九年（1829）
622. f. 31

0813
萬濟國神父的《華語官話語法》（法文）
La Grammaire Chinoise Du Père Francisco Varo
（法國）考狄

M. HENRI CORDIER
梅松納夫和查爾斯·雷克勒克出版社：巴黎；萊頓印刷
Maisonneuve et Charles Leclerc: Paris; Leide printed
清光緒十三年(1887)
11 頁;23 厘米
11095.d.42(1)

0814
滿語文法(英文)
A Manchu Grammar with Analysed Texts
(德國)穆麟德
PAUL GEORG VON MÖLLENDORFF
美華書館：上海
American Presbyterian Mission Press: Shanghai
清光緒十八年(1892)
5 頁,52 頁
V 4323

0815
滿語語法(拉丁文、滿語)
Grammatica Tartarico-Latina
約翰·哈登·新德利
JOHN HADDON HINDLEY
抄本
清嘉慶四年(1799)後
1 冊,167 頁
Add.7045

0816
蒙古語語法與詞匯(柯爾克孜族方言)
Grammaire et Vocabulaire de la Langue Mongole, Dialecte des Khalkhas
(意大利)韋大列、(意大利)德·瑟西
GUIDO AMEDEO VITALE & DE SERCEY

北京
清光緒二十三年(1897)
8 頁,68 頁
11099.b.15

0817
文法初階(第 2 版)
Chinese and English Grammar for Beginners: Being an Introduction to Allen and Cornwell's English School Grammar (second edition)
(英國)亞歷山大·艾倫、詹姆斯·康韋爾著,(清)郭贊生譯
ALEXANDER ALLEN & JAMES CORNWELL (authors)
香港
清光緒二十一年(1895)
254 頁
11099.a.17

0818
漢語官話口語語法(第 2 版)(英文)
A Grammar of the Chinese Colloquial Language Commonly Called the Mandarin Dialect (second edition)
(英國)艾約瑟
JOSEPH EDKINS
美華書館：上海
American Presbyterian Mission Press: Shanghai
清同治三年(1864)
V 4279

0819
上海口語語法(第 2 版)(英文)
A Grammar of Colloquial Chinese, as Exhibited in the Shanghai Dialect (second

edition)
(英國)艾約瑟
JOSEPH EDKINS
美華書館：上海
American Presbyterian Mission Press：Shanghai
清同治七年(1868)

12910.d.7

0820
英國文語凡例傳(英文)
A Grammer of the English Language, for the Use of the Anglo-Chinese College
(英國)馬禮遜
ROBERT MORRISON
東印度公司出版社：澳門
The Honorable East India Company's Press：Macao
清道光三年(1823)
97頁；22厘米

11098.d.30(1)

0821
英文舉隅(中譯本)
English Grammar
(美國)喀爾氏著、(清)汪鳳藻譯
SIMON KERL (author)
同文館：北京
清光緒五年(1879)
54頁

15344.d.13

0822
英文文法譯述(第2版)
An English Grammar for Chinese Students, with Concurrent Explanation in Chinese (second edition)
(清)陸敬科
香港
清光緒二十二年(1896)
6頁,141頁

11099.b.17

0823
英文文法譯述(第3版)
An English Grammar for Chinese Students, with Concurrent Explanation in Chinese (third edition)
(清)陸敬科
香港
清光緒二十四年(1898)
6頁,141頁

11099.b.18

0824
英文文法譯述(第8版)
An English Grammar for Chinese Students, with Concurrent Explanation in Chinese (eighth edition)
(清)陸敬科
聚珍書樓：香港
Tsui Chan：Hong Kong
清光緒三十三年(1907)
6頁,141頁

11100.b.34

0825
法國話規(中譯本)
Grammaire Francçaise
(法國)弗朗索瓦·約瑟夫·米歇爾·諾爾、(法國)查爾斯·皮埃爾·查普薩爾著,(法國)司默靈譯
FRANÇOIS JOSEPH MICHEL NOËL & CHARLES PIERRE CHAPSAL (authors),

ANTOINE EVERARD SMORRENBERG
(translator)
京師同文舘:北京
清同治三年(1864)
12910.b.5

0826
辣丁字文
Grammatica Latina ad Usum Sinensium Juvenum
(葡萄牙)江沙維
JOACHIMO AFFONSO GONÇALVES
聖若瑟修院:澳門
Regali Collegio Sancti Joseph:Macao
清道光八年(1828)
230 頁;16 厘米
11092.a.31

0827
華學進境(中文、意大利文)
Saggio di un Corso di Lingua Cinese
(清)郭棟臣
GIUSEPPE MARIA KUO
那不勒斯
Napoli
清同治八年(1869)
11099.d.33

0828
漢話初階
(德國)穆麟德校刊
PAUL GEORG VON MÖLLENDORFF
(collator)
上海?
約清光緒元年(1875)
21 頁
15346.a.26

0829
發蒙益慧錄
(美國)哈巴禮理
LILY HAPPER
上海?
清光緒七年(1881)
1 册,3 部分
15344.d.14

0830
華音啓蒙
(朝鮮)李應憲
清光緒九年(1883)?
2 册
15260.b.1

0831
公餘瑣談
(法國)穆意索
MOUILLESAUX DE BERNIERES
澳門
清光緒十六年(1890)
23 頁,56 頁;31 厘米
15235.cc.151

0832
中國文選
Китайскіе Тексты
(俄國)柏百福編
PAVEL STEPANOVICH POPOV (compiler)
聖彼得堡
С.-Петербургъ
清光緒二十九年(1903)、三十一年(1905)
64 頁,64 頁
14005.f.12

0833
續中國文選
(俄國)柏百福編
PAVEL STEPANOVICH POPOV (compiler)
聖彼得堡大學堂東方科：聖彼得堡；北京《順天時報》印刷科印刷
С. - Петербургъ; Printed by *Shun-Tien-Shih-Pao* Printing Office
清宣統三年(1911)
1冊,100頁
15326.d.12

0834
漢語札記(拉丁文)
Notitia Linguae Sinicae
(法國)馬若瑟
JOSEPH HENRI DE PRÉMARE
稿本
18世紀
存3-322頁(原爲四開本2冊)
Add.11707

0835
漢語札記(拉丁文)
Notitia Linguae Sinicae
(法國)馬若瑟
JOSEPH HENRI DE PRÉMARE
儒蓮(Stanislaus Julien)抄本：抄錄Add.11707前言和第2部分
1冊,489頁
Add.11708

0836
漢語札記(拉丁文)
Notitia Linguae Sinicae
(法國)馬若瑟
JOSEPH HENRI DE PRÉMARE
英華書院：馬六甲
Anglo-Chinese College: Malacca
清道光十一年(1831)
622.I.27

0837
漢語札記(拉丁文)
Notitia Linguae Sinicae
(法國)馬若瑟
JOSEPH HENRI DE PRÉMARE
外方傳教會印務局：香港
Imprimerie de la Société des Missions Étrangères: Hong Kong
清光緒十九年(1893)
255頁
12910.b.47

0838
漢語札記(英譯本)
The Notitia Linguae Sinicae
(法國)馬若瑟著、(美國)裨雅各譯
JOSEPH HENRI DE PRÉMARE (author), J. G. BRIDGMAN (translator)
《中國叢報》印刷：廣州
The Chinese Repository Printed: Canton
清道光二十七年(1847)
存35頁,26-328頁;21厘米
11100.c.36

0839
漢文總書(英文)
The Encyclopedia of the Chinese Language
(法國)加略利
J. M. CALLERY
福曼·狄多兄弟公司：倫敦
Firmin Didot Frères: London

經部

0840
智環啓蒙塾課初步（中英對照）
Graduated Reading: Comprising a Circle of Knowledge in 200 Lessons
（英國）查爾斯・貝克著、（英國）理雅各譯
CHARLES BAKER（author），JAMES LEGGE（translator）
英華書院：香港
Anglo-Chinese College: Hong Kong
清咸豐六年（1856）
35 頁
11099. c. 6

0841
智環啓蒙塾課初步（中英對照）
Graduated Reading: Comprising a Circle of Knowledge in 200 Lessons
（英國）查爾斯・貝克著、（英國）理雅各譯
CHARLES BAKER（author），JAMES LEGGE（translator）
英華書院：香港
Anglo-Chinese College: Hong Kong
清咸豐六年（1856）
35 頁
11099. c. 42

0842
智環啓蒙塾課初步（中英對照）
Graduated Reading: Comprising a Circle of Knowledge in 200 Lessons
（英國）查爾斯・貝克著、（英國）理雅各譯

清道光二十二年（1842）
15 頁，40 頁（殘本）
15344. c. 25

CHARLES BAKER（author），JAMES LEGGE（translator）
上海
清同治十二年（1873）
15229. a. 34

0843
智環啓蒙塾課初步（中英對照）
Graduated Reading: Comprising a Circle of Knowledge in 200 Lessons
（英國）查爾斯・貝克著、（英國）理雅各譯
CHARLES BAKER（author），JAMES LEGGE（translator）
香港
清光緒二十一年（1895）
8 頁，102 頁
11098. a. 34

0844
漢語教程：用於授課或自學（德文）
Chinesische Sprachlehre: Zum Gebrauche bei Vorlesungen und zur Selbstunterweisung
（德國）碩特
WILHELM SCHOTT
柏林
Berlin
清咸豐七年（1857）
169 頁
11092. f. 4

0845
尋津錄（英文）
The Hsin Ching Lu, or, Book of Experiments: Being the First of a Series of Con-

95

tributions to the Study of Chinese
（英國）威妥瑪
THOAMS FRANCIS WADE
《中國郵報》：香港
China Mail：Hong Kong
清咸豐九年（1859）
2 冊

11094. e. 24

0846
登瀛篇（英文）
（英國）威妥瑪
THOAMS FRANCIS WADE
上海
Shanghai
清咸豐十年（1860）
2 頁,48 頁

15229. b. 19

0847
語言自邇集（英文）
Yü-yen Tzu-erh Chi：A Progressive Course Designed to Assist the Student of Colloquial Chinese as Spoken in the Capital and the Metropolitan Department
（英國）威妥瑪
THOAMS FRANCIS WADE
特呂布納出版公司：倫敦
Trübner & Co. ：London
清同治六年（1867）
2 冊

12910. k. 22

0848
語言自邇集（第 2 版）（英文）
Yü-yen Tzu-erh Chi：A Progressive Course Designed to Assist the Student of Colloquial Chinese as Spoken in the Capital and the Metropolitan Department（second edition）
（英國）威妥瑪
THOAMS FRANCIS WADE
中國海關總稅務司公署統計科：上海
Statistical Department of the Inspectorate General of Customs：Shanghai
清光緒十二年（1886）
3 冊

12907. g. 21

0849
漢字學習入門（英文）
Introduction to the Study of the Chinese Characters
（英國）艾約瑟
JOSEPH EDKINS
倫敦；赫特福德印刷
London；Hertford printed
清光緒二年（1876）

V 4290

0850
漢語入門（第 1 – 6、9 – 12 卷）（漢法）
Rudiments de Parler Chinois（Vol. 1-6, 9-12）
（法國）戴遂良
LÉON WIEGER
天主教會印刷所：河間府
Imprimerie de la Mission Catholique：Ho-kien-fou
清光緒二十年至三十三年（1894 – 1907）
第 1 卷：1513 頁（第 2 版）；第 2 卷：894 頁；第 3 卷第 2 部分：879 頁；第 4 卷：968 頁（第 1 版），547 頁（第 2 版）；第

5-6卷:2册(第1版),785页(第3版);第9卷:554页;第10-11卷:2173页;第12卷:4部分(第1版),854页(第2版)

11092.d.1

0851
漢語入門(第10-11卷)(漢法)
Rudiments de Parler Chinois (Vol. 10 – 11)
(法國)戴遂良
LÉON WIEGER
天主教會印刷所:河間府
Imprimerie de la Mission Catholique: Ho-kien-fou
清光緒三十一年(1905)
3冊,2173頁

15234.d.15

0852
無師初學英文字
General Romanization of the Mandarin Dialect. A Primer for Schools and Self-instruction
(美國)李滿
CHARLES LEAMAN
美華書館:上海
清光緒二十三年(1897)
100頁

11094.c.6

0853
無師初學英文字
General Romanization of the Mandarin Dialect. A Primer for Schools and Self-instruction
(美國)李滿
CHARLES LEAMAN
美華書館:上海
清光緒二十三年(1897)
100頁

11098.a.13

0854
如何寫中文(英文)
How to Write Chinese
(美國)波乃耶
JAMES DYER BALL
別發書局:香港等
Kelly & Walsh: Hong Kong, etc.
清光緒三十一年(1905)
2頁,26頁,76頁,14頁,19頁,5頁;25厘米×16厘米

11098.b.43

0855
華語易學(英文)
Chinese Made Easy
(美國)俾攞拿、(清)馮悅茂
WALTER BROOKS BROUNER
麥克米倫公司:紐約;萊頓印刷
Macmillan Co.: New York; Leiden printed
清光緒三十年(1904)
14頁,351頁;26厘米×18厘米

11094.d.6

0856
士民通用語錄(中英對照)
Conversations of Educated Men
(美國)馬林、(清)金湘儒
W. E. MACKLIN
美華書館:上海
American Presbyterian Mission Press:

Shanghai
清光緒二十四年(1898)
72 頁

15121.a.59

0857
新關文件錄(英文)
Text Book of Documentary Chinese, with a Vocabulary, for the Special Use of the Chinese Customs Service
(德國)夏德
FRIEDRICH HIRTH
中國海關總稅務司公署統計科:上海
Statistical Department of the Inspectorate General of Customs: Shanghai
清光緒十一年(1885)
2 冊

11100.f.7

0858
新關文件錄(第2版)(英文)
Text Book of Modern Documentary Chinese, for the Special Use of the Chinese Customs Service (second edition)
(德國)夏德著、(英國)鄧羅增訂
FRIEDRICH HIRTH (author), CHARLES HENRY BREWITT TAYLOR (reviser)
中國海關總稅務司公署統計科:上海
Statistical Department of the Inspectorate General of Customs: Shanghai
清宣統元年(1909)、二年(1910)
2 冊;28 厘米

11095.e.20

0859
文件字句入門(英文)
Notes on the Chinese Documentary Style

(德國)夏德
FRIEDRICH HIRTH
別發書局:上海
Kelly & Walsh: Shanghai
清光緒十四年(1888)
6 頁,2 頁,150 頁,4 頁;22 厘米

11099.d.18

0860
文學書官話
(美國)高第丕、(清)張儒珍
TARLETON PERRY CRAWFORD
登州府
清同治八年(1869)
53 頁

15344.d.3

0861
官話類編(英文)
A Course of Mandarin Lessons, Based on Idiom
(美國)狄考文
CALVIN WILSON MATEER
美華書館:上海
American Presbyterian Mission Press: Shanghai
清光緒十八年(1892)
49 頁,714 頁

12910.g.32

0862
官話學習實用指南(德文)
Praktische Anleitung zur Erlernung der Hochchinesischen Sprache
(德國)穆麟德
PAUL GEORG VON MÖLLENDORFF
美華書館:上海

American Presbyterian Mission Press：Shanghai
清光緒六年(1880)
2 部分

T 6877

0863
官話學習實用指南(第2版)(德文)
Praktische Anleitung zur Erlernung der Hochchinesischen Sprache (2 auflage)
(德國)穆麟德
PAUL GEORG VON MÖLLENDORFF
別發書局：上海
Kelly & Walsh：Shanghai
清光緒十七年(1891)
7 頁,178 頁;22 厘米

T 7032

0864
官話學習實用指南(第3版)(德文)
Praktische Anleitung zur Erlernung der Hochchinesischen Sprache (dritte auflage)
(德國)穆麟德
PAUL GEORG VON MÖLLENDORFF
別發書局：上海
Kelly & Walsh：Shanghai
清光緒二十六年(1900)
188 頁

12910.s.27

0865
官話指南(法譯本)
Koan Hoa Tche Nan. Boussole du Langage Mandarin
(日本)吳啓太、(日本)鄭永邦著,(法國)布舍譯
HENRI BOUCHER (translator)

天主教會土山灣孤兒院印刷所：上海
Imprimerie de la Mission Catholique à l'Orphelinat de T'ou- sé-wé；Chang-hai
清光緒十三年(1887)
2 冊

11099.f.9

0866
官話指南(英譯本)
The Guide to the Kuan Hua
(日本)吳啓太、(日本)鄭永邦著,(英國)金璋譯
LIONEL CHARLES HOPKINS (translator)
別發書局：上海
Kelly & Walsh：Shanghai
清光緒十五年(1889)
2 頁,221 頁

11098.b.8

0867
官話萃珍
A Character Study in Mandarin Colloquial
(美國)富善
CHAUNCEY GOODRICH
美華書館：上海
清光緒二十四年(1898)
263 頁

15348.c.6

0868
漢語口語手冊
抄本
清光緒九年(1883)前
1 冊

Or.11712

0869
漢語口語漸進教程（英文）
Progressive Lessons in the Chinese Spoken Language, with List of Common Words and Phrases and an Appendix
（英國）艾約瑟
JOSEPH EDKINS
上海
Shanghai
清同治元年（1862）
12910．b．9

0870
日常口頭話
Dialogues Chinois à l'Usage de l'École Spéciale des Langues Orientales Vivantes
（法國）儒蓮
STANISLAS JULIEN
巴黎
Paris
清同治二年（1863）
11100．e．9

0871
中國官話口語研究（法文）
Premiéres Études de la Langue Mandarine Parlée
（法國）古爾丁
F. GOURDIN
香港
Hong Kong
清光緒二十二年（1896）
291 頁
11095．a．1

0872
中國官話口語實用筆記（法文）
Notes Pratiques sur la Langue Mandarine Parlée
N. G.
外方傳教會印務局：香港
Imprimerie de la Société des Missions Étrangères：Hong Kong
清宣統三年（1911）
96 頁,3 頁;22 厘米
11094．c．35

0873
英漢雙語學生學習助手（英文、中文）
The English and Chinese Student's Assistant
（英國）柯大衛、（清）SHAOU TIH
DAVID COLLIE
傳道出版社：馬六甲
Mission Press：Malacca
清道光六年（1826）
4 頁,102 頁;23 厘米×15 厘米
11098．d．30（2）

0874
華英進階（英文）
English and Chinese Readers (from Primer to Fifth Reader)
（清）商務印書館譯
商務印書館：上海
Commercial Press：Shanghai
清光緒二十六年（1900）
6 部分
11094．c．3

0875
漢英對話、問答與例句
Chinese Dialogues, Questions and Familiar Sentences, Literally Rendered into

English
（英國）麥都思
WALTER HENRY MEDHURST
上海
Shanghae
清道光二十四年（1844）
825.f.10

0876
華英文義津逮（英文）
The Chinese Language and How to Learn It：A Manual for Beginners
（英國）禧在明
WALTER CAINE HILLIER
基根・保羅出版公司：倫敦
Kegan Paul & Co.：London
清光緒三十三年（1907）、宣統元年（1909）
2 冊；23 厘米
15234.b.18

0877
華英文義津逮（第2版）（英文）
The Chinese Language and How to Learn It：A Manual for Beginners（second edition）
（英國）禧在明
WALTER CAINE HILLIER
基根・保羅出版公司：倫敦
Kegan Paul & Co.：London
清宣統二年（1910）
15234.d.4

0878
英華合璧（英文）
A Mandarin Primer
（英國）鮑康寧
FREDERICK WILLIAM BALLER
中國內地會、美華書館：上海
China Inland Mission and American Presbyterian Mission Press：Shanghai
清宣統三年（1911）
30 頁，282 頁；26 厘米×15 厘米
11098.c.22

0879
新增華英尺牘（第3版）（英文）
The Chinese and English Letter Writer（third edition）
（清）郭贊生
文裕堂：香港
Man Yu Tong：Hong Kong
清光緒十九年（1893）
125 頁
11099.c.37

0880
通商須知（英文）
Useful Manual for the Use of Traders in China
（清）郭贊生
文裕堂：香港
Man Yu Tong：Hong Kong
清光緒二十一年（1895）
3 部分，14 頁，442 頁，814 頁，125 頁
11098.c.8

0881
華英通語問答
English Conversation
（清）卓鳳翔
香港
清光緒三十二年（1906）
8 頁，320 頁；21 厘米
11100.c.22

0882
華英應酬撮要
(清)卓鳳翔
香港
清光緒二十五年(1899)
      11100.a.31

0883
華英應酬撮要
(清)卓鳳翔
香港
清光緒三十二年(1906)
8頁,208頁,18頁;23厘米
      11094.c.1

0884
南京官話(英文)
The Nanking Kuan Hua
(德國)赫墨齡
K. E. G. HEMELING
奧托·哈拉索威茲:萊比錫
Otto Harrassowitz: Leipzig
清光緒三十三年(1907)
7頁,105頁,2頁;23厘米
      11095.d.34

0885
南京官話(德文)
Die Nanking Kuanhua
(德國)赫墨齡
K. E. G. HEMELING
哥廷根
Göttingen
清光緒三十三年(1907)
107頁,3頁
      15235.a.443

0886
粵語速成(第3版)(英文)
Cantonese Made Easy (third edition)
(美國)波乃耶
JAMES DYER BALL
別發書局:新加坡等
Kelly & Walsh: Singapore, etc.
清光緒三十年(1904)
2部分
      11095.e.3

0887
如何說粵語(英文)
How to Speak Cantonese: Fifty Conversations in Cantonese Colloquial, with the Chinese Character, Free and Literal English Translations, and Romanised Spelling
(美國)波乃耶
JAMES DYER BALL
別發書局:香港
Kelly & Walsh: Hong Kong
清光緒三十年(1904)
10頁,229頁
      11095.e.4

0888
初學粵音切要(粵語)
英華書院:香港;倫敦傳道會印刷
清咸豐五年(1855)
31頁,1頁
      15342.b.9

0889
廣州方言撮要(英文)
Chinese Chrestomathy in the Canton Dialect

(美國)裨治文
ELIJAH COLEMAN BRIDGMAN
衛三畏：澳門
S. Wells Williams；Macao
清道光二十一年(1841)
36頁,698頁；27厘米×20厘米
15234.a.21

0890
英粵對話
Dialogues in English and the Canton Dialect of China
廣州
Canton
清道光三十年(1850)
11098.b.29

0891
中國事物問答(英粵)
Questions and Answers on Things of Chinese
廣州
清道光三十年(1850)
22頁；31厘米×22厘米
11093.c.7

0892
粵音指南
文裕堂：香港
Man Yu Tong；Hong Kong
清光緒二十一年(1895)
4卷
15341.d.4

0893
客家俗話破學(客家話)
First Lessons in Reading and Writing the Hakka Colloquial
福音會
EVANGELICAL MISSIONARY SOCIETY
巴塞爾
Basel
清同治八年(1869)
60頁
15118.b.4

0894
符騰堡地區漢語客家話口語小册子(客家話)
Das Württembergische Confirmationsbüchlein in der Umgangssprache der Hakka-Chinese
舒爾策印刷廠：巴塞爾
Buchdruckerei von C. Schultze；Basel
清光緒元年(1875)

0895
福建方言(英文)
The Hokkien Vernacular
(英國)賀爾
GEORGE THOMPSON HARE
政府印務署：新加坡
Government Printing Office；Singapore
清光緒二十三年(1897)、三十年(1904)
2册；31厘米
11094.e.10

0896
杭州土話字語
(英國)埃爾溫
G. A. ELWIN
基督教知識促進會：倫敦
Society for Promoting Christian Knowledge；London

清光緒二年(1876)
21 頁

15229.b.23

0897
杭州土話初學
Hangchow Primer
基督教知識協會:倫敦
Christian Knowledge Society: London
清光緒二年(1876)
34 頁

11098.a.31

0898
寧波土話初學
(美國)藍亨利
HENRY VAN V. RANKIN
美華書館:上海
清光緒九年(1883)
26 頁

15229.b.22

0899
台州土話初學
(英國)路惠理
WILLIAM RUDLAND
台州府
清光緒六年(1880)
62 頁

15229.b.24

0900
上海土音字寫法
(美國)高第丕
TARLETON PERRY CRAWFORD
上海
清咸豐九年(1859)

20 頁,2 頁

15346.b.14

0901
西蜀方言
Western Mandarin, or, the Spoken Language of Western China
(英國)鍾秀芝
ADAM GRAINGER
美華書館:上海
清光緒二十六年(1900)
6 頁,803 頁

11094.c.2

0902
盲文初級讀本(廈門方言)
Embossed Primer for the Chinese Blind (Amoy dialect)
(英國)施大闢
DAVID SMITH
臺灣
清光緒十一年(1885)?
11 頁

15234.b.2

0903
盲文讀本(第2版)(廈門方言)
An Embossed Reading for Blind Readers of the Amoy-Chinese Vernacular (second edition)
英華書局:臺灣臺南府
清光緒二十二年(1896)
11 頁

11092.b.42

0904
清文啓蒙

經　部

0904
(清)舞格
三槐堂
清雍正八年(1730)
4 卷

15354.c.4

0905
清文啓蒙
(清)舞格
清雍正八年(1730)
4 卷

15354.c.5

0906
清文啓蒙
(清)舞格
清乾隆十五年(1750)?
4 卷

15354.c.6

0907
清文啓蒙
(清)舞格
清乾隆十五年(1750)?
4 卷,存卷1-2

15354.c.7

0908
滿語教程:語法、文選、詞彙(法文)
Manuel de la Langue Mandchoue: Grammaire, Anthologie & Lexique
(比利時)何賴思
CHARLES DE HARLEZ
巴黎
Paris
清光緒十年(1884)
232 頁

12910.t 6

0909
新增華英通語
香港
Hong Kong
清光緒十九年(1893)
2 册

11098.a.11

0910
訓蒙指南(第1版)(英文)
A Guide to Knowledge (first edition)
(英國)阿爾弗雷德·J·梅
ALFRED J. MAY
香港
Hong Kong
清光緒二十三年(1897)
54 頁

11098.b.34

0911
訓蒙指南(英文)
A Guide to Knowledge
(英國)阿爾弗雷德·J·梅
ALFRED J. MAY
香港
Hong Kong
清光緒二十四年(1898)
54 頁

11098.a.28

0912
訓蒙指南(第6版)(英文)
A Guide to Knowledge (sixth edition)
(英國)阿爾弗雷德·J·梅
ALFRED J. MAY
聚珍書樓:香港
Tsui Chan: Hong Kong

清光緒二十九年(1903)
54 頁

11095.d.24

0913
訓蒙指南(第9版)(英文)
A Guide to Knowledge (ninth edition)
(英國)阿爾弗雷德·J·梅
ALFRED J. MAY
香港
Hong Kong
清光緒三十二年(1906)
54 頁

11095.d.25

0914
訓蒙指南(第11版)(英文)
A Guide to Knowledge (eleventh edition)
(英國)阿爾弗雷德·J·梅
ALFRED J. MAY
香港
Hong Kong
清宣統元年(1909)
54 頁

2011.a.102

0915
訓蒙指南(第12版)(英文)
A Guide to Knowledge (twelfth edition)
(英國)阿爾弗雷德·J·梅
ALFRED J. MAY
香港
Hong Kong
清宣統二年(1910)
54 頁

11095.d.41

0916
英文音韻考(英文)
English Simplified for Chinese Beginners
(清)莫禮智
香港
Hong Kong
清光緒二十三年(1897)
2 部分

11099.a.18

0917
英語自學(英文)
English Self-taught for Chinese
(清)羅星樓
香港
Hong Kong
清光緒二十二年(1896)
181 頁

11098.b.18

0918
英語自學(第2版)(英文)
English Self-taught for Chinese (second edition)
(清)羅星樓
聚珍書樓:香港
Tsui Chan: Hong Kong
清光緒二十四年(1898)
304 頁

11098.a.26

0919
英語自學(第4版)(英文)
English Self-taught for Chinese (fourth edition)
(清)羅星樓
聚珍書樓:香港

經　部

0920
英語自學(第5版)(英文)
English Self-taught for Chinese (fifth edition)
(清)羅星樓
聚珍書樓:香港
Tsui Chan: Hong Kong
清光緒二十九年(1903)
304 頁
　　　　　　　　11095.a.7(6)

0920
英語自學(第5版)(英文)
English Self-taught for Chinese (fifth edition)
(清)羅星樓
聚珍書樓:香港
Tsui Chan: Hong Kong
清光緒三十年(1904)
304 頁
　　　　　　　　11095.d.11

0921
英語自學(第6版)(英文)
English Self-taught for Chinese (sixth edition)
(清)羅星樓
聚珍書樓:香港
Tsui Chan: Hong Kong
清光緒三十一年(1905)
304 頁
　　　　　　　　11095.d.17

0922
英語自學(第7版)(英文)
English Self-taught for Chinese (seventh edition)
(清)羅星樓
聚珍書樓:香港
Tsui Chan: Hong Kong
清光緒三十三年(1907)
304 頁
　　　　　　　　11095.d.29

0923
英語自學(第8版)(英文)
English Self-taught for Chinese (eighth edition)
(清)羅星樓
聚珍書樓:香港
Tsui Chan: Hong Kong
清宣統三年(1911)
304 頁
　　　　　　　　11095.d.45

0924
司梳淺譯(中英對照)
A Free Translation of the Royal Readers
(清)羅星樓
聚珍書樓:香港
Tsui Chan: Hong Kong
清光緒二十六年(1900)
8 頁,142 頁
　　　　　　　　11099.c.43

0925
司梳淺譯(第2版)(中英對照)
A Free Translation of the Royal Readers (second edition)
(清)羅星樓
聚珍書樓:香港
Tsui Chan: Hong Kong
清光緒三十三年(1907)
8 頁,42 頁
　　　　　　　　11100.c.34

0926
英語進階(英文)
天主堂印書館:上海
Catholic Mission Press: Shanghai
清光緒二十二年(1896)

24 頁;24 厘米
11095.c.16

0927
英語必讀
(清)黃履卿
香港
清光緒二十五年(1899)
170 頁
11095.a.3

0928
英語指南(中英對照)
(清)黃履卿輯譯
香港
Hong Kong
清光緒二十五年(1899)
344 頁;18 厘米
11094.c.13

0929
英語分類(第1版)
A Step in English Tongue for Chinese (first edition)
(清)鄧次權
聚珍書樓:香港
Tsui Chan: Hong Kong
清光緒二十八年(1902)
8 頁,317 頁
11095.b.19

0930
英語分類(第2版)
A Step in English Tongue for Chinese (second edition)
(清)鄧次權
聚珍書樓:香港
Tsui Chan: Hong Kong
清光緒三十年(1904)
8 頁,346 頁
11095.d.7

0931
英語分類(第3版)
A Step in English Tongue for Chinese (third edition)
(清)鄧次權
聚珍書樓:香港
Tsui Chan: Hong Kong
清光緒三十一年(1905)
8 頁,357 頁
11099.d.41

0932
英語分類(第4版)
A Step in English Tongue for Chinese (fourth edition)
(清)鄧次權
香港
Hong Kong
清宣統元年(1909)
8 頁,359 頁
11095.a.31

0933
英語啞聲字母歌訣(英文)
阿爾弗雷德·J·梅
ALFRED J. MAY
香港
Hong Kong
清光緒二十八年(1902)
7 頁
15259.g.26

0934
唐字音英語
English Made Easy
(清)莫文暢
錦福書坊:香港
清光緒三十年(1904)
8頁,309頁
　　　　　　　　　　11095.d.13

0935
英諺
Translation of Idiom Extracted from "Hints on the Study of English"
(清)馮漢
香港
Hong Kong
清光緒三十年(1904)
6頁,57頁;22厘米
　　　　　　　　　　11095.d.12

0936
音注法語捷徑(法漢)
Guide Français-Chinois Complet et Détaillé
(清)譚培森
《循環日報》:香港
Tsun Wan Yat Po: Hong Kong
清光緒三十二年(1906)
129頁
　　　　　　　　　　11094.c.22

0937
北方官話:法英漢會話指南
Langue Mandarine du Nord: Guide de la Conversation Françcais-Anglais-Chinois Contenant un Vocabulaire et des Dialogues Familiers
(法國)顧賽芬
F. SÉRAPHIN COUVREUR
天主教會印刷所:河間府
Imprimerie de la Mission Catholique: Ho-kien-fou
清光緒十八年(1892)
10頁,222頁
　　　　　　　　　　11098.a.20

0938
法語讀音　法語入門(法文)
Méthode Graduée de Langue Francaise à l'Usage des Élèves Chinois
(英國)F·T·D
外方傳教會印務局:香港
Imprimerie de la Société des Missions Étrangères: Hong Kong
清光緒二十七年(1901)
2部分;19厘米
　　　　　　　　　　11094.a.21

0939
法漢對話手冊(法粵)
Manuel de Conversation Franco-Chinoise, Dialecte Cantonnais
(法國)塔朗迪耶
I. LE TALLANDIER
香港
清光緒三十三年(1907)
12頁,94頁
　　　　　　　　　　11100.b.37

0940
滿漢俄會話手冊

Manual of Conversation: Manchu, Chinese and Russian
稿本
清道光七年(1827)前
1册,56頁

Or. 8854

0941
漢語的演化(《北京東方學會雜志》第2卷,第1號)
The Evolution of the Chinese Language (*Journal of the Peking Oriental Society*, Vol. 2, No. 1)
(英國)艾約瑟
JOSEPH EDKINS
北堂印書館:北京
Pei-Táng Press: Peking
清光緒十三年(1887)

15234. d. 3(2/1)

0942
從漢語的演變看人類語言的起源和發展(英文)
The Evolution of the Chinese Language as Exemplifying the Origin and Growth of Human Speech
(英國)艾約瑟
JOSEPH EDKINS
特呂布納出版公司:倫敦
Trübner & Co. : London
清光緒十四年(1888)
95 頁

T 50619

0943
中國在語言學的位置(英文)
China's Place in Philology: An Attempt to Show that the Languages of Europe and Asia Have a Common Origin
(英國)艾約瑟
JOSEPH EDKINS
特呂布納出版公司:倫敦;赫特福德印刷
Trübner & Co. : London; Hertford printed
清同治十年(1871)
23 頁,403 頁

12910. r. 13

0944
中國轉錄外來語音方法的奧秘(英文)
The Secret of the Chinese Method of Transcribing Foreign Sounds
(荷蘭)施古德
GUSTAAF SCHLEGEL
布里爾出版社:萊頓
E. J. Brill: Leyden
清光緒二十六年(1900)
9 頁,103 頁

11095. c. 4

0945
中國方言的分類(法文)
Classification des Dialectes Chinois
(德國)穆麟德
PAUL GEORG VON MÖLLENDORFF
寧波
Ning-po
清光緒二十五年(1899)
34 頁

12902. h. 27(2)

0946
中國的語言文字(德文)
Die Chinesische Sprache in Wort und Schrift
(德國)夏德
FRIEDRICH HIRTH

O・哈拉索維茨出版社：萊比錫
O. Harrassowitz：Leipzig
清光緒二十八年(1902)
22 頁

11094.c.20

史　部

正史類

0947
史記
（西漢）司馬遷
明崇禎十三年（1640）
15286.a.4

0948
史記
（西漢）司馬遷
同仁堂
清嘉慶十一年（1806）
4冊，130卷
15286.a.3

0949
王本史記
（西漢）司馬遷
王氏：蘇州
清道光三十年（1850）？
6冊，70卷
15297.c.12

0950
史記選
（清）儲欣
清乾隆三十一年（1766）

0951
史記（法譯本）
Les Mémoires Historiques de Se-Ma Ts'een
（西漢）司馬遷著、（法國）沙畹譯注
ÉDOUARD CHAVANNES（translator & annotator）
歐內斯特・勒魯出版社：巴黎
Ernest Leroux：Paris
清光緒二十一年至三十一年（1895－1905）
5冊
11102.a.11

0952
封禪書等（《北京東方學會雜志》第3卷，第1、2、3號）（法文）
Le Traité sur les Scarifices Fong et Chan de Se Ma T'sien. etc. (*Journal of the Peking Oriental Society*, Vol.3, No.1.2.3)
（西漢）司馬遷等著、（法國）沙畹等譯
ÉDOUARD CHAVANNES, etc.（translators）
北堂印書館：北京
Pei-Táng Press：Peking
清光緒十六年（1890）、十八年（1892）、十九年（1893）
15234.d.3（3/1）

0953
前漢書

(東漢)班固
明崇禎五年(1632)
　　　　　　　　　15286.b.2

0954
前漢書
(東漢)班固
明崇禎十五年(1642)
存卷1-20
　　　　　　　　　15286.b.1

0955
前漢書
(東漢)班固
清道光三十年(1850)?
79卷
　　　　　　　　　15296.c.1

0956
漢書西域傳補注(《大興徐氏三種》本)
(清)徐松
清道光九年(1829)
2卷
　　　　　　　　　15270.d.5/1

0957
後漢書
(南朝宋)范曄
汲古閣
明崇禎十六年(1643)
2冊,90卷
　　　　　　　　　15286.b.3

0958
舊唐書
(五代)劉昫
清同治十一年(1872)

200卷
　　　　　　　　　15291.c.1

0959
舊五代史
(宋)薛居正
掃葉山房
清嘉慶元年(1796)
2冊,150卷
　　　　　　　　　15284.a.1/2

0960
宋史
(元)脫脫
浙江書局:杭州
清光緒元年(1875)
14冊,496卷
　　　　　　　　　15287.a.1

0961
遼史(附《遼金元三史語解》)
(元)托克托(脫脫)等
清道光四年(1824)
3冊,115卷,又10卷
　　　　　　　　　15286.c.4

0962
遼史拾遺
(清)厲鶚
振綺堂:杭州
清道光元年(1821)
24卷
　　　　　　　　　15286.c.5

0963
遼史拾遺
(清)厲鶚

愛日軒:杭州
清道光元年(1821)、二年(1822)
24卷,2張表

15286.e.5

0964
金史
(元)托克托(脫脫)等
清道光四年(1824)
135卷,附錄12卷

0965
金史(法譯本)
Histoire de l'Empire de Kin, ou, Empire d'Or
(元)脫脫等著、(比利時)何賴思譯
CHARLES DE HARLEZ (translator)
魯汶
Louvain
清光緒十三年(1887)
16頁,288頁

11100.e.2

0966
元史
(明)宋濂
清道光四年(1824)
210卷,附錄24卷

0967
元史藝文志、氏族表
(清)錢大昕
南京
清同治九年(1870)?
3冊,4卷,3卷

15280.a.2

0968
明史
(清)張廷玉等
18世紀
僅存卷84-85

15284.e.2

0969
大清太宗文皇帝本紀
(清)國史館
內府寫本
清宣統三年(1911)前
2冊,2卷

Or.6786

0970
十七史附宋遼金元
(西漢)司馬遷等
汲古閣
清本
45冊

15284.a.1/1

0971
廿一史
(西漢)司馬遷等
17世紀
39卷

15286.a.4

0972
二十四史
(西漢)司馬遷等
清同治八年至光緒四年(1869-1878)
80函

15278.a.1

編年類

0973
竹書紀年
18 世紀
2 卷
　　　　　　　　15296.a.11

0974
竹書紀年集注
（清）陳詩
清嘉慶六年（1801）
1 冊，2 卷
　　　　　　　　15296.a.12

0975
竹書紀年統箋
（清）徐文靖
清光緒二年（1876）
1 冊，12 卷
　　　　　　　　15292.c.4

0976
資治通鑑（附《釋文辨誤》）
（宋）司馬光著、（元）胡三省注
南京
明萬曆四十四年（1616）
294 卷及《釋文辨誤》
　　　　　　　　15292.d

0977
文公先生資治通鑑綱目
（宋）朱熹
宋淳祐十年（1250）
59 卷，存卷 54－56
　　　　　　　　Or.59.a.5

0978
通鑑綱目（附《續資治通鑑綱目》《續資治通鑑綱目發明》）
（宋）朱熹、（明）商輅、（明）周禮
明崇禎三年（1630）（據序）
19 冊，首 19 頁，59 卷，缺卷 42
　　　　　　　　15290.a

0979
通鑑綱目
（宋）朱熹
明崇禎三年（1630）
　　　　　　　　15290.c

0980
通鑑綱目
（宋）朱熹
同人堂
清嘉慶十三年（1808）
5 冊，3 部分（25 卷、59 卷、11 卷）
　　　　　　　　15288.d.1

0981
中國通史（《通鑑綱目》法譯本）
Histoire Générale de la Chine, ou, Annales de Cet Empire
（法國）馮秉正譯
JOSEPH DE MAILLAC (translator)
皮爾斯和克魯西耶：巴黎
Pierres & Clousier: Paris
清乾隆四十二年至五十年（1777－1785）
4 冊；20 厘米
　　　　　　　　146.c.15－18

0982
通鑑纂要
(明)李東陽
清光緒二十三年(1897)
8 冊,92 卷
　　　　　　　　　15256.e.3

0983
通鑑直解
(明)張居正
明崇禎四年(1631)
3 冊,28 卷,又 16 卷
　　　　　　　　　15288.e.1

0984
歷史資治綱鑑
(明)袁黃
清乾隆十一年(1746)
4 冊,39 卷,又 20 卷
　　　　　　　　　15351.f.1

0985
資治通鑑補正
(明)嚴衍、(明)談允厚
益智書會:上海
清光緒二十八年(1902)
48 冊,294 卷
　　　　　　　　　15286.e.8

0986
綱鑑正史約
(明)顧錫疇
培遠堂
清乾隆二年(1737)
2 冊,36 卷
　　　　　　　　　15288.e.2

0987
綱鑑甲子圖
清康熙四十四年(1705)?
1 折葉;109 厘米×56 厘米
　　　　　　　　　15292.b.4

0988
續資治通鑑綱目
(明)商輅
明成化十二年(1476)
4 冊,27 卷
　　　　　　　　　15280.e.1

0989
御撰資治通鑑明紀綱目
(清)張廷玉等
清乾隆十一年(1746)
20 卷
　　　　　　　　　15288.a.4

0990
御撰資治通鑑綱目三編
(清)張廷玉等
清光緒八年(1882)
20 卷
　　　　　　　　　15292.c.12

0991
資治通鑑綱目三編
(清)張廷玉等
約清光緒十年(1884)
4 冊,20 卷
　　　　　　　　　15422.a.1/1

0992
綱鑑易知錄
(清)吳乘權

南山堂
清康熙五十年(1711)
7册,92卷,又15卷
　　　　　　　　　15288.b.1

0993
綱鑑易知錄
(清)吳乘權
清康熙五十年(1711)
92卷
　　　　　　　　　15288.a.5

0994
綱鑑易知錄
(清)吳乘權
清康熙五十年(1711)
107卷
　　　　　　　　　15288.b.2

0995
唐鑑
(宋)范祖禹
朝鮮
明萬曆二十八年(1600)?
24卷
　　　　　　　　　15288.e.4

0996
宋鑑節要
(明)張光啓
明嘉靖三十八年(1559)
7卷
　　　　　　　　　15288.e.5

0997
宋元通鑑
(明)薛應旂
明天啓六年(1626)
3册,157卷
　　　　　　　　　15286.d.2

0998
小腆紀年附考
(清)徐鼒
12册,20卷
　　　　　　　　　15292.f.9

0999
東華錄
(清)蔣良騏
清乾隆三十年(1765)
2册,32卷
　　　　　　　　　15297.b.2

1000
東華錄
(清)蔣良騏
抄本
清道光二十六年(1846)前
5册合訂,存卷7-16
　　　　　　　　　Add.16349

1001
皇清開國方略
(清)阿桂
清乾隆五十一年(1786)
4册,32卷(殘本)
　　　　　　　　　15298.e.2

1002
大清太宗文皇帝實錄
(清)范文程等
內府寫本
1函,6册,卷43-48;45厘米
　　　　　　　　　Or.12450

1003
大清宣宗成皇帝實錄
（清）穆彰阿等
內府寫本
約清咸豐十年（1860）
存 20 冊,108 卷
　　　　　　　　　　Or. 11626

1004
大清穆宗毅皇帝實錄
內府寫本
清光緒元年至三十四年（1875－1908）
僅存卷 327－330
　　　　　　　　　　Or. 6413

1005
光緒政要
（清）沈桐生
南洋官書局：上海
清宣統元年（1909）
4 函,30 冊
　　　　　　　　　　15224.a.48

1006
御定歷代紀事年表
（清）王之樞
清康熙五十四年（1715）
10 冊,100 卷
　　　　　　　　　　15291.e.1

1007
歷代帝王年表
（清）齊召南編、（清）阮福續編
小琅嬛仙館
清道光四年（1824）
1 函,4 冊
　　　　　　　　　　15280.a.6

1008
歷代帝王紀要
（清）王大煇
清乾隆二年（1737）
2 卷
　　　　　　　　　　15296.a.10

1009
歷代帝王統紀之圖
約清道光二十年（1840）
1 葉
　　　　　　　　　　19999.u.8

1010
史姓韻編
（清）汪輝祖
清同治九年（1870）
64 卷
　　　　　　　　　　15399.b.3

1011
歷代二十四史統紀全表
（清）段長基
小酉山房
清嘉慶二十二年（1817）
4 冊,25 卷
　　　　　　　　　　15282.e.1－3

1012
歷代沿革表
（清）段長基
清嘉慶二十二年（1817）
3 卷

1013
歷代帝王像
彩繪本

史　部

清雍正十三年至嘉慶元年（1735－1796）
1册,86幅;19.4厘米×32.2厘米
Or. 2231

1014
御定三元甲子萬年書
琉璃廠:北京
清道光十三年(1833)
105頁
15297. b. 12

1015
鑑撮蒙求
(清)曹維藩
燃藜書屋藏板,六書齋刻
清嘉慶二十年(1815)
1頁,1頁,2頁,42頁
15297. b. 13

1016
東西史記和合
(英國)麥都思
WALTER HENRY MEDHURST
英華書院:馬六甲
清道光九年(1829)
37頁
15296. a. 25

1017
中國綱鑑撮要
(美國)畢腓力
美華書館:上海
清光緒三十年(1904)
3卷
15287. b. 3

1018
萬國通鑑
(美國)謝衛樓
D. Z. SHEFFIELD
上海
清光緒八年(1882)
4卷,含地圖和英漢索引
15292. c. 11

1019
萬國通鑑
(美國)謝衛樓
D. Z. SHEFFIELD
上海
清光緒八年(1882)
4卷,含地圖和英漢索引
15296. b. 15

1020
四裔編年表(中譯本)
The Book of Dates
(英國)博那著、(美國)林樂知口譯、(清)嚴良勳筆述
BOHN (author), YOUNG JOHN ALLEN (interpreter)
江南製造局:上海
清同治十三年(1874)
1册,4部分
15298. a. 42

1021
四裔編年表(中譯本)
The Book of Dates
(英國)博那著、(美國)林樂知口譯、(清)嚴良勳筆述
BOHN (author), YOUNG JOHN ALLEN (interpreter)

江南製造局：上海
清同治十三年（1874）
1冊,4部分
15298.c.23

1022
歐亞紀元合表（法文）
Synchronismes Chinois Chronologie Complète et Concordance
（清）張璜
MATHIAS TCHANGH
天主教會土山灣孤兒院印刷所：上海
Imprimerie de la Mission Catholique à l'Orphelinat de T'ou-sé-wé：Chang-hai
清光緒三十一年（1905）
84頁,530頁
11098.e.12

1023
中國歷代紀年表（從周王朝至清王朝）（英文）
Chronological Tables of the Chinese Dynasties (From the Chow Dynasty to the Ching Dynasty)
（清）王佐廷
THEODORE WONG
上海印刷公司：上海
The Shanghai Printing Co.：Shanghai
清光緒二十八年（1902）
3頁,103頁
11092.b.22

1024
中國歷史紀年表（西文）
Tabula Chronologica Historiae Sinicae Connexa Cum Cyclo Qui Vulgo Kia Tse Dictur
（法國）傅聖澤
JEAN FRANCOIS FOUCQUET
羅馬
Rome
清雍正七年（1729）
1葉
19999.u.5

1025
中國歷史編年手冊（英文）
Chronological Handbook of the History of China
（德國）花之安著、（德國）安保羅編
ERNST FABER（author）, PAUL KRANZ（editor）
德國同善會：上海
General Evangelical Protestant Missionary Society of Germany：Shanghai
清光緒二十八年（1902）
16頁,250頁,45頁；23厘米
11093.d.9

紀事本末類

1026
通鑑紀事本末
（宋）袁樞
重印本；日本
42卷
15298.d.2

1027
西夏紀事本末
（清）張鑒
清咸豐十年（1860）？

史　部

4 册, 2 卷, 又 36 卷
15287.6.5

1028
歷朝紀事本末
(清)丁立鈞
清光緒二十五年(1899)
10 册, 56 本
15287.c.11

別史類

1029
汲冢周書
(晋)孔晁注
清嘉慶五年(1800)?
10 卷

1030
續後漢書
(宋)蕭常
上海
清道光二十一年至二十二年(1841-1842)
42 卷, 又 6 卷
15316.c.2/1

1031
續後漢書附劄記
(元)郝經
上海
清道光二十一年(1841)
90 卷, 又 4 卷, 又 1 卷
15316.c.2/2

1032
東萊先生東漢詳節
(宋)呂祖謙
宋淳祐十年(1250)?
30 卷, 僅存卷 1-9
Or.59.a.2

1033
晋書詳節
(宋)呂祖謙
朝鮮刻本
清康熙三十九年(1700)?
30 卷
15292.c.8

1034
華陽國志
(晋)常璩
清嘉慶五年(1800)?

1035
弘簡錄
(明)邵經邦
清康熙二十五年(1686)
254 卷
15286.e.1

1036
尚史
(清)李鍇
悅道樓
清乾隆三十八年(1773)
4 册, 70 卷
15297.c.7

1037
宋遼金元別史

（清）席世臣
清乾隆六十年至嘉慶二年(1795－1797)
9 冊

15284.a.1/3

1038
明史稿
（清）王鴻緒
約清乾隆十五年(1750)
12 冊,310 卷

15284.a.1/4

1039
中興別記
（清）李濱
清宣統二年(1910)
61 卷

Or. Micr. 741

1040
中華帝國及其所屬韃靼地區的地理、歷史、編年紀政治及博物（法文）
Description Géographique, Historique, Chronologique et Physique de l'Empire de la Chine et de la Tartarie Chinoise
（法國）杜赫德
JEAN BAPTISTE DU HALDE
巴黎
Paris
清雍正十三年(1735)
4 冊

453.h.16－19

1041
中華帝國（法文）
L'Empire Chinois
（法國）古伯察
ÉVARISTE RÉGIS HUC
戴高梅兄弟書店：巴黎
Librairie De Gaume Fréres：Paris
清咸豐七年(1857)
2 冊,2 頁,463 頁;18 厘米

11092.a.15

1042
吳國史（《漢學雜纂》第 10 號）（法文）
Histoire du Royaume de Ou, 1122－473 av. J.－C. (*Variétés Sinologiques*. No. 10)
（法國）彭亞伯
ALBERT TSCHEPE
天主教會土山灣孤兒院印刷所：上海
Imprimerie de la Mission Catholique à l'Orphelinat de T'ou-sé-wé：Chang-hai
清光緒二十二年(1896)
2 頁,17 頁,175 頁,有地圖

15235.c.10

1043
周史（《漢學雜纂》第 22 號）（法文）
Histoire du Royaume de Tch'ou, 1122－223 av. J.－C. (*Variétés Sinologiques*. No. 22)
（法國）彭亞伯
ALBERT TSCHEPE
天主教會土山灣孤兒院印刷所：上海
Imprimerie de la Mission Catholique à l'Orphelinat de T'ou-sé-wé：Chang-hai
清光緒二十九年(1903)
2 頁,402 頁,1 幅地圖

15235.c.22

1044
秦史（《漢學雜纂》第 27 號）（法文）

Histoire du Royaume de Ts'in, 777－207 av J.－C. (*Variétés Sinologiques*. No. 27)
(法國)彭亞伯
ALBERT TSCHEPE
天主教會土山灣孤兒院印刷所：上海
Imprimerie de la Mission Catholique à l'Orphelinat de T'ou-sé-wé：Chang-hai
清宣統元年(1909)
2頁,2頁,18頁,388頁,2頁,1幅地圖
15235.c.27

1045
晋國史(《漢學雜纂》第30號)(法文)
Histoire du Royaume de Tsin, 1106－452 (*Variétés Sinologiques*. No. 30)
(法國)彭亞伯
ALBERT TSCHEPE
天主教會土山灣孤兒院印刷所：上海
Imprimerie de la Mission Catholique à l'Orphelinat de T'ou-sé-wé：Chang-hai
清宣統二年(1910)
22頁,437頁
15235.c.30

1046
韓國史(《漢學雜纂》第31號)(法文)
Histoire du Royaume de Han, 423－225 (*Variétés Sinologiques*. No. 31)
(法國)彭亞伯
ALBERT TSCHEPE
天主教會土山灣孤兒院印刷所：上海
Imprimerie de la Mission Catholique à l'Orphelinat de T'ou-sé-wé：Chang-hai
清宣統二年(1910)
9頁,164頁
15235.c.31

雜史類

1047
路史
(宋)羅泌
清康熙三十九年(1700)?
47卷

1048
戰國策
(西漢)劉向整理、(元)吳師道校注
清嘉慶二十五年(1820)?
1冊,10卷
15285.a.5

1049
剡川姚氏本戰國策
(西漢)劉向整理、(宋)姚宏注、(清)黃丕烈札記
清嘉慶八年(1803)
2冊
15286.b.6

1050
戰國策札記
(清)黃丕烈
清嘉慶八年(1803)
3卷
15286.b.5

1051
戰國策選
(清)儲欣
清乾隆三十一年(1766)?
缺第1部分

1052
國語
(三國吳)韋昭注、(宋)宋庠音釋
明弘治十三年(1500)?
1套,8本
15296.e.7

1053
國語注解
(三國吳)韋昭注、(宋)宋庠音釋
明萬曆二十八年(1600)?
21卷
15296.b.17

1054
天聖明道本國語
(三國吳)韋昭注、(清)黃丕烈札記、
(清)汪遠孫考異
清同治八年(1869)
21卷,又4卷
15296.e.6

1055
國語選
(清)儲欣
約清乾隆三十一年(1766)

1056
重訂國語國策合注
(三國吳)韋昭、(宋)鮑彪
經綸堂
清同治九年(1870)
21卷,存第1部分
15334.d.16

1057
國語國策詳注
(明)陳仁錫、(明)鍾惺
清雍正二年(1724)
21卷,又12卷
15297.b.21

1058
國語(法譯本)
Discours des Royaumes
(春秋)左丘明著、(比利時)何賴思譯
CHARLES DE HARLEZ (translator)
清光緒十九年至二十年(1893-1894)
2部分
Ac.8808

1059
國語(法譯本)
Discours des Royaumes
(春秋)左丘明著、(比利時)何賴思譯
CHARLES DE HARLEZ (translator)
魯汶
Louvain
清光緒二十一年(1895)
存第2部分
11100.e.32

1060
外史
(東漢)黃憲
清嘉慶五年(1800)?
8卷

1061
英雄記鈔
(三國魏)王粲
清乾隆十五年(1750)?

1062
貞觀政要
(唐)吳競
明成化元年(1465)
10卷
　　　　　　　15297.d.1

1063
貞觀政要
(唐)吳競
活字印刷；日本
明萬曆二十八年(1600)
10卷
　　　　　　　15297.c.8

1064
貞觀政要
(唐)吳競
活字印刷；日本
明天啓三年(1623)
10卷
　　　　　　　15297.c.9

1065
敦煌文獻：唐代府縣文書
寫本
唐大曆三年(768)
　　　　　　　Or.6405

1066
敦煌文獻：唐代文書
寫本
　　　　　　　Or.6406

1067
敦煌文獻：唐代官方文書
寫本
唐貞元二年(786)
　　　　　　　Or.6407

1068
敦煌文獻：唐代文書殘片4片
寫本
　　　　　　　Or.6408

1069
敦煌文獻：唐代文書殘片5片
寫本
　　　　　　　Or.6409

1070
竊憤錄一卷、續錄一卷　阿計替傳一卷
(宋)辛棄疾
抄本
清道光二十六年(1846)前
1冊
　　　　　　　Add.16348

1071
歷代序略
(明)黃溥
雕版印刷；日本
明嘉靖三十三年(1554)
　　　　　　　15275.a.20

1072
萬曆野獲編
(明)沈德符
扶荔山房：廣州
清道光七年(1827)
6冊,30卷,補遺4卷
　　　　　　　15331.e.1

1073
五雜俎
(明)謝肇淛
約明萬曆三十八年(1610)
Or.59.aa.14

1074
革除遺事節本
(明)黃佐
廣州
清道光十一年(1831)
6卷
15297.b.4

1075
三江戰事錄
(明)顧苓
清光緒十年(1884)
1頁,440頁
15290.b.4

1076
綏寇紀略、補遺
(清)吳偉業
照曠閣
清嘉慶十年(1805)
12卷,僅存卷9-10,增補3卷
15296.a.27-28

1077
二申野錄
(清)孫之騄
吟香館
清同治六年(1867)
8卷
15296.b.6

1078
馬氏繹史
(清)馬驌
清康熙九年(1670)(據序)
6冊,160卷
15282.e.4

1079
三字鑑勘本
(清)萬青銓
芋栗園
清道光二十九年(1849)
6頁,40頁
15202.c.28

1080
南雄珠璣巷來歷故事(附《蘇妃新文》)
明文堂
清道光三十年(1850)?
15327.d.13

1081
海東逸史
(清)翁洲老民
1冊,18卷;24厘米
15291.e.28

1082
寧波會館規條
北京寧波會館
清乾隆六十年(1795)
15頁
15298.c.2

1083
親征平定朔漠方略(滿語)
抄本

清康熙四十八年(1709)
3册,存16卷
Or.6788

1084
靖逆記
(清)盛大士
清道光元年(1821)
6卷
15297.b.5

1085
惠獻貝子功績錄
(清)黃任、(清)陳繩
清乾隆六年(1741)
6卷
15303.b.4

1086
十全記
(清)高宗弘曆
寫本
清乾隆五十七年(1792)
1册
Or.1234

1087
御製十全記一卷　御製十全老人之寶記一卷
(清)高宗弘曆
吳省蘭抄本
約清光緒二十六年(1900)
1册;12厘米×16厘米
Or.6702

1088
皇朝武功紀盛
(清)趙翼
敬事堂抄本
清道光十七年(1837)
1册,4卷
Add.16306

1089
平定教匪紀事
(清)勒保
抄本
清道光二十六年(1846)前
1册
Add.16307

1090
弔奠登記
寫本
清道光十五年(1835)？
1册
Add.16350

1091
撫吳公牘
(清)丁日昌
清光緒三年(1877)
50卷
Or.Micr.505

1092
聖武記
(清)魏源
古微堂
約清道光三十年(1850)
14卷
15296.b.9

1093
繪圖聖武記
(清)魏源
上海
清光緒二十二年(1896)
14 卷

    15285.a.1

1094
平閩記
(清)楊捷
世澤堂
清康熙年間(1662-1722)
2 冊,13 卷

    15296.b.1

1095
欽定廓爾喀紀略
(清)方略舘纂
清乾隆六十年(1795)?
4 套,58 卷

    15270.e.1

1096
欽定剿平三省邪匪方略正編
(清)慶桂等
清嘉慶十五年(1810)?
2 卷;32 厘米

    15529.a.7

1097
欽定平定回疆剿捦逆裔方略
(清)曹振鏞等
約清道光三十年(1850)?
6 冊,80 卷

    15259.e.4

1098
滇寇紀略
(清)鹿樵
抄本;北京
清光緒十七年(1891)前
1 冊,8 卷

    Or.4474

1099
熙朝新語
(清)余金
有金堂
清道光二年(1822)
16 卷

    15297.a.19

1100
張保仔投降新書
(清)袁永綸
廣州?
約清道光十年(1830)
2 卷

    15297.b.9

1101
靖海氛記
(清)袁永綸
廣州
清道光十年(1830)
2 卷

1102
靖海氛記
(清)袁永綸
上苑堂:廣州
清道光十七年(1837)
8 頁,2 頁,24 頁,25 頁,4 頁

    15297.b.8

史　部

1103
各府州清册
清道光二十年(1840)
　　　　　　　　　　15329.d.11

1104
清嘉慶十三年曾讀書、魏懷德、楊德覯三人致英國海軍上將度路利請求發還被扣貨銀的稟
(清)曾讀書、(清)魏懷德、(清)楊德覯
寫本
清嘉慶十三年(1808)
3件
　　　　　　　　　Add.46358 A,B,C

1105
稟批簿
寫本
清道光二十四年(1844)
1冊
　　　　　　　　　　　Or.7418

1106
諭札牌詳示約抄錄
抄本
清道光二十年(1840)？
1冊
　　　　　　　　　　　Or.7419

1107
稟帖
寫本
清道光二十年(1840)？
1卷
　　　　　　　　　　Add.16300

1108
英夷作亂
約清道光二十一年(1841)
1卷軸
　　　　　　　　　　Or.70.bbb.16

1109
咒西人語
寫本
清道光二十一年(1841)
3葉
　　　　　　　　Or.5896(Sheet 42)

1110
五款投降條款
Five Articles of Terms of Surrender
清道光二十年(1840)？
存7-8頁
　　　　　　　　　　　Or.3534 A

1111
伊里布致英國水師副將胞祖照會六通
寫本
清道光二十年至二十一年(1840-1841)
6件
　　　　　　　　　　　Or.2449

1112
京口副都統海齡上道光皇帝書一件 致英國全權代表璞鼎查信四封(漢語、滿語、英語)
(清)海齡
寫本
清道光二十二年至二十三年(1842-1843)
　　　　　　　　　　Add.22691

1113
陳國陞信札
(清)陳國陞
寫本
清道光二十二年(1842)
1 冊;15 厘米×25.5 厘米
　　　　　　　　　　Add. 14842

1114
中國官員與英國駐廣州和上海領事來往文書
抄本
清道光二十二年至二十三年(1842 – 1843)
2 冊合訂
　　　　　　　　　　Or. 7392

1115
文書封
清道光二十年(1840)、二十三年(1843)
　　　　　　　　　　15297. d. 7

1116
清欽差大臣耆英為馬禮遜之死向英國全權代表璞鼎查(Sir Henry Pottinger)表示哀悼的信
(清)耆英
寫本
清道光二十三年(1843)

1117
清欽差大臣耆英為確認收到七張地圖致英國全權代表璞鼎查(Sir Henry Pottinger)的信
(清)耆英
寫本
清道光二十三年(1843)

1118
清欽差大臣耆英致英國駐香港總督璞鼎查(Sir Henry Pottinger)確認收到其畫像的信
(清)耆英
寫本
清道光二十四年(1844)？

1119
清欽差大臣耆英致英國駐香港總督璞鼎查(Sir Henry Pottinger)的信(附耆英夫人畫像一幅)
(清)耆英
寫本
清道光二十四年(1844)？

1120
五口(廣州、福州、廈門、寧波、上海)條約(內含耆英等人發佈的一份公告及璞鼎查的一份公文)
(清)耆英、(英國)璞鼎查等
寫本
清道光二十三年(1843)
　　　　　　　　　　15241. e. 3

1121
1848 年 3 月關於請求閩縣釋放陳建的稟
寫本
清道光二十八年(1848)
1 件
　　　　　　　　　　Or. 7452

1122
李泰國所藏信札史料

史　部　　　　　　　　　　　　　　　131

寫本
清咸豐九年至同治二年(1859－1863)
1盒,含若干散頁
　　　　　　　　　　　Or.15251

1123
曾五等人信札
(清)曾五等
寫本
清宣統三年(1911)前
14葉
　　　　　　　　　　　Or.14379 B

1124
1849年中華帝國札記(英文)
Note on the Condition and Government of the Chinese Empire in 1849
(英國)威妥瑪
THOAMS FRANCIS WADE
香港
Hong Kong
清道光三十年(1850)
93頁
　　　　　　　　　　　11100.b.32

1125
鴉片速改文
(美國)崔理時
IRA TRACY
新加坡
清道光十五年(1835)
6頁
　　　　　　　　　15116.e.57/1－2

1126
戒酒論
寧波

清光緒二年(1876)
13頁
　　　　　　　　　　　15200.c.48

1127
吸食鴉片圖彙
彩繪本;廣州
清道光三十年(1850)?
1冊,24幅
　　　　　　　　　　　Or.7408

1128
勸解鴉片論
(美國)麥嘉締
DIVIE BETHUNE MCCARTEE
上海
清同治六年(1867)
7葉
　　　　　　　　　　　15116.e.64

1129
勸戒洋烟文
廣州
清道光三十年(1850)
　　　　　　　　　　　15351.c.1

1130
勸戒洋烟
(英國)施維善
FREDERICK POETER SMITH
漢口
清同治九年(1870)?
1頁
　　　　　　　　　　　15298.c.22

1131
戒烟醒世圖

(英國)李修善
DAVID HILL
聖教書局：漢口
清光緒九年(1883)
1頁,1頁,6頁,10頁
15200.b.21

1132
羅厚德堂敬堪(刊)(禁吸鴉片宣傳廣告)
雲梯閣：廣州
1葉;95厘米×43厘米
15200.b.48

1133
勸戒社彙選
(清)羊城勸戒社
廣州
清光緒二年(1876)
197頁,9頁,12頁,74頁,6頁,27頁
15239.b.20

1134
羊城勸戒社回覆(英譯本)
Reply of the K'euen Keae Shay
(清)羊城勸戒社著、(英國)湛約翰譯
JOHN CHALMERS (translator)
英華抵制鴉片貿易協會：倫敦
Anglo-Oriental Society for the Suppression of the Opium Trade：London
清光緒三年(1877)
16頁;22厘米
11093.f.13

1135
羊城勸戒社回覆(英譯本)
Reply of the K'euen Keae Shay
(清)羊城勸戒社著、(英國)湛約翰譯
JOHN CHALMERS (translator)
戴爾兄弟：倫敦
Dyer Brothers：London
清光緒三年(1877)
16頁;22厘米
11093.f.14

1136
鴉片史,或中國的罌粟(英文)
Opium：Historical Note, or the Poppy in China
(英國)艾約瑟
JOSEPH EDKINS
中國海關總稅務司公署統計科：上海
Statistical Department of the Inspectorate General of Customs：Shanghai
清光緒十五年(1889)
4頁,50頁,26頁;28厘米
Tr.686(d)

1137
鴉片史,或中國的罌粟(英文)
Opium：Historical Note, or the Poppy in China
(英國)艾約瑟
JOSEPH EDKINS
美華書館：上海
American Presbyterian Mission Press：Shanghai
清光緒二十四年(1898)

1138
咸豐十年九月初六和碩恭親王奕訢為尋找失散英兵事致大英欽命陸路大將軍克當照會
(清)奕訢

寫本
清咸豐十年（1860）
1 件經折裝, 1 封套
　　　　　　　　　　Or. 6597

1139
咸豐十年九月十五日和碩恭親王奕訢致大英欽命陸路大將軍克當酒席清單
（清）奕訢
寫本
清咸豐十年（1860）
1 件
　　　　　　　　　　Or. 6593

1140
多人致合信先生信（內夾奶媽王亞蓮契約、盧玉麟家信）
Correspondence and Other Papers
（英國）合信
BENJAMIN HOBSON
寫本
清祺祥元年（1861），所夾契約寫於清道光十三年（1833），家信寫於清咸豐七年（1857）
23 件, 62 頁（與 Or. 12918 和 Or. 12954 合訂）
　　　　　　　　　　Or. 12953

1141
臺灣本地人契約
寫本
1 冊
　　　　　　　　　　Or. 11350

1142
臺灣本地人契約
寫本
1 冊
　　　　　　　　　　Or. 11351

1143
總統兵馬大元帥新訂紀律拾條
清同治四年（1865）
17 頁
　　　　　　　　　　15239. e. 11

1144
天津大屠殺：1870 年 6 月 16 日至 9 月 10 日上海差報的報道（第 2 版）
The Tientsin Massacre, Being Documents Published in the Shanghai Evening Courier, from June 16th to Sept. 10th, 1870 (second edition)
望益紙館：上海
A. H. de Carvalho: Shanghai
清同治九年（1870）
19 頁, 129 頁
　　　　　　　　　　15234. a. 18

1145
淮軍平撚記
（清）周世澄
申報館：上海
清光緒三年（1877）
12 卷
　　　　　　　　　　15297. b. 18

1146
曾侯日記
（清）曾紀澤
申報館：上海
清光緒七年（1881）
62 頁
　　　　　　　　　　15284. c. 15

1147
劉大將軍平倭百戰百勝圖說
(清)管斯駿
上海書局:上海
清光緒二十一年(1895)
1 函,4 冊
　　　　　　　　　15256.d.8

1148
劉大將軍平倭戰記初集
約清光緒二十二年(1896)
3 部分
　　　　　　　　　15296.b.23

1149
中日戰輯
(清)王炳耀
文裕堂:香港
Man Yu Tong: Hong Kong
清光緒二十一年(1895)
6 卷
　　　　　　　　　15296.b.14

1150
繪圖掃蕩倭寇紀要初集
清光緒二十一年(1895)?
第 1 部分
　　　　　　　　　15285.a.2

1151
歐洲東方交涉記(中譯本)
The Eastern Question
(英國)麥高爾著、(美國)林樂知口譯、(清)瞿昂來筆述
MACGUIRE (author), YOUNG JOHN ALLEN (interpreter)
江南製造局:上海
約清光緒六年(1880)
12 卷
　　　　　　　　　15296.a.30

1152
中東戰紀本末
History of the War between China and Japan
(美國)林樂知、(清)蔡爾康編譯
YOUNG JOHN ALLEN (compilers & translators)
廣學會:上海
清光緒二十二年(1896)
2 函,13 冊;20 厘米
　　　　　　　　　15293.f.4

1153
中日交通史(德文)
Japans Beziehungen zu China seit den Ältesten Zeiten bis zum Jahre 1600
(法國)彭亞伯
ALBERT TSCHEPE
兗州府
Jentschoufu
清光緒三十三年(1907)
8 頁,328 頁

1154
光緒二十五年發信件簿
寫本
清光緒二十五年(1899)
1 冊,50 頁
　　　　　　　　　Or.6847

1155
清內府文一件
寫本

清宣統三年(1911)前
1葉
　　　　　　Or.5896(Sheet 48)

1156
二辰丸
清光緒三十四年(1908)
71頁;20厘米
　　　　　　15292.b.6

1157
新政安行
(清)何啓、(清)胡禮垣
聚珍書樓:香港
Tsui Chan: Hong Kong
清光緒二十四年(1898)
2頁,41頁
　　　　　　15258.c.4

1158
新政真詮
(清)何啓、(清)胡禮垣
香港
清光緒二十六年(1900)
6部分
　　　　　　15298.a.53

1159
新政始基
(清)何啓、(清)胡禮垣
聚珍書樓:香港
Tsui Chan: Hong Kong
清光緒二十四年(1898)
4頁,45部分
　　　　　　15241.b.14

1160
康說書後
(清)何啓、(清)胡禮垣
中華印務總局:香港
清光緒二十四年(1898)
24頁
　　　　　　15314.d.6

1161
李鴻章七十壽宴相關資料(英文)
Celebration of the Seventieth Birthday of Li Hung-Chang
(清)李鴻章
天津
清光緒十八年(1892)
33頁
內有張之洞等人撰、鄧羅(C. H. BRE-WITT TAYLOR)翻譯的致辭,以及戈登堂的一系列圖片。
　　　　　　11094.c.41

1162
江楚會奏變法
(清)劉坤一、(清)張之洞
約清光緒二十八年(1902)
1册,3部分
　　　　　　15319.e.12

1163
澳大利亞維多利亞政府火烟車路規例告示
寫本
清光緒三年(1877)
1葉
　　　　　　Or.7410

1164
最新中國歷史教科書
(清)姚祖義
商務印書館:上海
清宣統二年(1910)
4 部分
　　　　　　　　15288.a.10

1165
晚清廣東百行人物畫
彩繪本
清光緒六年(1880)前
1 函,100 幅;38.5 厘米×48.2 厘米
　　　　　　　　Or.2262

1166
客民原出漢族論
香港
清光緒三十四年(1908)
21 頁
　　　　　　　　15275.a.24

1167
增福財神告白
(清)義和團
寫本
清光緒二十五年至二十七年(1899－1901)
1 葉
　　　　　　　Or.5896(Sheet 67)

1168
增福財神告白
(清)義和團
清光緒二十六年(1900)
1 葉;19.5 厘米×17 厘米
　　　　　　　Or.5896 MPC.11/2

1169
拳匪紀略
(清)僑析生
上洋書局:上海
清光緒二十九年(1903)
1 函,6 冊
　　　　　　　　15293.g.12

1170
中國近代史料集
清道光二十五年(1845)後
1 函
　　　　　　　Or.12752(1－45)

1171
廣東宗教筆記
稿本
約清同治九年(1870)
1 冊
　　　　　　　　Or.13208

1172
圖像合璧君臣故事句解
韓國刻本
明萬曆三十八年(1610)?
2 卷
　　　　　　　　15297.b.15

1173
窺豹雜存
(清)憂時居士
清光緒七年(1881)
2 頁,82 頁
　　　　　　　　15320.c.16

1174
改良婦孺淺史

(清)黃用端
清光緒二十九年(1903)
2頁,25頁
15258.e.36

1175
婦孺淺史
(清)黃用端
蒙學書局:廣州
清光緒三十一年(1905)
44頁
15280.e.76

1176
列國歲計政要(中譯本)
The Statesman's Year Book
(英國)麥丁富得力撰、(美國)林樂知口譯、(清)鄭昌棪筆述
FREDERICK MARTIN (author), YOUNG JOHN ALLEN (interpreter)
江南製造局:上海
清光緒元年(1875)
12卷
15233.d.7

1177
港英政府各色官方檔案(英文)
Miscellaneous Official Documents
港英政府
香港
Hong Kong
清光緒二十三年(1897)
Or. Micr. 2447/1

1178
北京之圍日記(英文)
Diary of the Siege of Peking
(英國)普爾
FRANCIS GARDEN POOLE
清光緒二十六年至二十七年(1900–1901)
2冊
Or. Micr. 399

1179
北京之困:中國對抗世界(英文)
The Siege in Pekin: China against the World
(美國)丁韙良
WILLIAM ALEXANDER PARSONS MARTIN
奧列芬特、安德森和費里爾:愛丁堡
Oliphant, Anderson & Ferrier: Edinburgh
清光緒二十六年(1900)
190頁
9055.bbb.36

1180
北京使館:國內起義與國際事件(英文)
The Peking Legations: A National Uprising and International Episode
(英國)羅伯特・赫德
ROBERT HART
別發書局:上海
Kelly & Walsh: Shanghai
清光緒二十六年(1900)
39頁;25厘米
11098.b.42

1181
1900年7月山西大屠殺敘述(英文)
Narrative of Massacres in Shansi, July

1900
（英國）法思遠
ROBERT COVENTRY FORSYTH
《字林西報》：上海
North China Daily News：Shanghai
清光緒二十六年（1900）
6 頁；22 厘米
11095.c.22

1182
庚子殉難錄（英文）
The China Martyrs of 1900：A Complete Roll of the Christian Heroes Martyred in China in 1900, with Narratives of Survivors
（英國）法思遠
ROBERT COVENTRY FORSYTH
聖教書會：倫敦
Religious Tract Society：London
清光緒三十年（1904）
12 頁，516 頁，具插圖
4767.eee.1

1183
中國的義和團（英文）
The Boxers in Manchuria
（英國）羅約翰
JOHN ROSS
北華捷報館：上海
North-China Herald Office：Shanghai
清光緒二十七年（1901）
18 頁
11095.c.20

1184
中國文明小史（中學歷史教科書）
（日本）田口卯吉著、（清）劉陶譯
TAGUCHI UKICHI（author）
廣智書局：上海
清光緒三十一年（1905）
121 頁
15280.e.74

1185
西比利亞鐵路考（中譯本）
（美國）勒芬邇著，（清）徐兆熊、（清）王建極、（清）朱煌譯
C. S. LEAVENWORTH（author）
南洋公學：上海
清光緒二十八年（1902）
1 卷，27 頁
15263.e.53

1186
異域錄（英譯本）
Narrative of the Chinese Embassy to the Khan of the Tourgouth Tartars in the Years 1712, 13, 14 & 15
（清）圖理琛著、（英國）斯當東譯
GEORGE THOMAS STAUNTON（translator）
倫敦
London
清道光元年（1821）
790.f.20

1187
北京傳教士關於中國歷史、科學、藝術、風俗、習慣見聞錄（法文）
Memoires Concernant l'Histoire, les Sciences, les Arts, les Moeurs, les Usages, et des Chinois par les Missionnaires de Pekin
（法國）錢德明、（法國）韓國英等
JEAN JOSEPH MARIE AMIOT, PIERRE

史　部

MARTIAL CIBOT, etc.
尼翁、特魯特爾和伍爾茨公司：巴黎
Nyon, Truettel et Wurtz: Paris
清乾隆四十一年至嘉慶十九年（1776－1814）
15 冊
　　　　　　　　　　　146.b.5－19

1188
中國歷史研究摘要（法文）
Fragments D'une Histoire des Études Chinoise
（法國）考狄
M. HENRI CORDIER
國家印刷局：巴黎
Imprimerie Nationale: Paris
清光緒二十一年（1895）
75 頁；32 厘米
　　　　　　　　　　　11098.d.25

1189
中國歷史（英文）
A History of China, from the Earliest Days Down to the Present
（英國）麥高溫
JOHN MACGOWAN
基根・保羅出版公司：倫敦
Kegan Paul & Co.: London
清光緒二十三年（1897）
9 頁，622 頁
　　　　　　　　　　　11098.b.38

1190
華南紀勝（英文）
Pictures of Southern China
（英國）麥高溫
JOHN MACGOWAN

聖教書會：倫敦
Religious Tract Society: London
清光緒二十三年（1897）
320 頁
　　　　　　　　　　　010057.ee.48

1191
周朝末年以前的中國古代史（英文）
The Ancient History of China to the End of the Chou Dynasty
（德國）夏德
FRIEDRICH HIRTH
哥倫比亞大學出版社：紐約
Columbia University Press: New York
清光緒三十四年（1908）
20 頁，383 頁
　　　　　　　　　　　T 3548

1192
大秦國全錄（英文）
China and the Roman Orient: Researches into Their Ancient and Medieval Relations as Represented in Old Chinese Records
（德國）夏德
FRIEDRICH HIRTH
喬治・夏德：萊比錫、慕尼黑；上海印刷
Georg Hirth: Leipsic & Munich; Shanghai printed
清光緒十一年（1885）
16 頁，329 頁
　　　　　　　　　　　11099.f.1

1193
西方游牧民族在中國古代歷史中的影響（1911 年柏林東方語言研討會報告）
（德文）

Das Eingreifen der Westlichen Nomaden in Chinas Älteste Geschichte
（法國）彭亞伯
P. ALBERT TSCHEPE
柏林
Berlin
清宣統三年（1911）
13 頁

15235.a.584

1194
古代中國的宗教信仰（德文）
Die Religion und der Cultus der Alten Chinesen
（德國）約翰·海因里希·普拉特
JOHANN HEINRICH PLATH
慕尼黑
München
清同治元年（1862）
2 册；26 厘米

11092.f.6

1195
滿族（德文）
Die Völker der Mand-Schurey
（德國）約翰·海因里希·普拉特
JOHANN HEINRICH PLATH
哥廷根
Göttingen
清道光十年至十一年（1830－1831）

ORW.1986.a.3757

1196
中國早期的宗教信仰（法文）
Les Croyances Religieuses des Premiers Chinois
（比利時）何賴思
CHARLES DE HARLEZ
清光緒十四年（1888）

Ac.985/4

1197
古代中國的宗教（英文）
Religions of Ancient China
（英國）翟理斯
HERBERT ALLEN GILES
清光緒三十一年（1905）
69 頁

T 37729

1198
中國的佛教（修訂版）（英文）
Chinese Buddhism: A Volume of Sketches, Historical, Descriptive and Critical (second edition, revised)
（英國）艾約瑟
JOSEPH EDKINS
特呂布納出版公司：倫敦
Trübner & Co.: London
清光緒十九年（1893）
33 頁，453 頁

2318.g.4

1199
中國的宗教（法譯本）
La Religion en Chine
（英國）艾約瑟著、（法國）德米盧譯
JOSEPH EDKINS（author）, L. DE MILLOUÉ（translator）
清光緒八年（1882）

1712.f.4

1200
中國人宗教狀況（英文）

The Religious Condition of the Chinese, with Observations on the Prospects of Christian Conversion among that People
（英國）艾約瑟
JOSEPH EDKINS
倫敦
London
清咸豐九年（1859）
4193.c.46

1201
中國宗教導論（英文）
Introduction to the Science of Chinese Religion: A Critique of Max Muüller and Other Authors
（德國）花之安
ERNST FABER
連卡佛公司：香港
Lane Crawford & Co.: Hong Kong
清光緒五年（1879）
12頁, 154頁
4376.cc.1

1202
中國宗教：歷史觀和批評觀（法文）
Les Religions de la Chine: Aperçu Historique et Critique
（比利時）何賴思
CHARLES DE HARLEZ
萊比錫
Leipzig
清光緒十七年（1891）
270頁
4504.f.21

1203
中國宗教：論雷維爾最新著作（摘自《文學與科學雜誌》）（法文）
La Religion en Chine: A Propos du Dernier Livre de M. A. Reville (Extrait du *Magasin Littéraire et Scientifique*)
（比利時）何賴思
CHARLES DE HARLEZ
萊利亞特、西費耶公司印刷：根特
Typographie S. Leliaert, A. Sifeer & Cie.: Gand
清光緒十五年（1889）
33頁；23厘米
11094.c.32（3）

1204
"神"之真義（英文）
On the True Meaning of the Word Shin, as Exhibited in the Quotations Adduced under that Word in the Chinese Imperial Thesaurus, Called the Pei-Wan-Yun-Foo, Translated by W. H. M.
（英國）麥都思
WALTER HENRY MEDHURST
墨海書館：上海
Mission Press: Shanghae
清道光二十九年（1849）
12910.b.15（1）

1205
中國大觀（英文）
A View of China for Philological Purposes Containing a Sketch of Chinese Chronology, Geography, Government, Religion and Customs
（英國）馬禮遜
ROBERT MORRISON
布萊克、帕伯里和艾倫公司：倫敦；澳門印刷

Black, Parbury and Allen: London; Macao printed
清嘉慶二十二年(1817)
6 頁,141 頁;27 厘米

11095.c.45

1206
中國:現狀與未來(英文)
China: Its State and Prospects, with Especial Reference to the Spread of the Gospel, Containing Allusions to the Antiquity, Extent, Population, Civilization, Literature and Religion of the Chinese
(英國)麥都思
WALTER HENRY MEDHURST
倫敦
London
清道光十八年(1838)
618 頁

571.g.10

1207
中國內陸掠影(英文)
A Glance at the Interior of China, Obtained during a Journey through the Silk and Green Tea Districts
(英國)麥都思
WALTER HENRY MEDHURST
墨海書館:上海
Mission Press: Shanghae
清道光二十九年(1849)
192 頁

10055.c.25

1208
中國內陸掠影(英文)
A Glance at the Interior of China, Obtained during a Journey through the Silk and Green Tea Countries
(英國)麥都思
WALTER HENRY MEDHURST
約翰·斯諾:倫敦
John Snow: London
清道光三十年(1850)

10056.c.6

1209
中國哲學史概要(英文)
Outlines of a History of Chinese Philosophy
(德國)歐德理
ERNEST JOHN EITEL
布里爾出版社:萊頓
E. J. Brill: Leide
清光緒四年(1878)
14 頁;25 厘米

11095.d.42(6)

1210
中國近代哲學流派(法文)
L'École Philosophique Moderne de la Chine
(比利時)何賴思
CHARLES DE HARLEZ
布魯塞爾
Bruxelles
清光緒十六年(1890)
195 頁

11100.f.11

1211
中國人:他們的教育、哲學和文字(英文)
The Chinese: Their Education, Philoso-

phy, and Letters
（美國）丁韙良
WILLIAM ALEXANDER PARSONS MARTIN
哈珀兄弟：紐約
Harper & Brothers: New York
清光緒七年（1881）
319 頁

10058.b.26

1212
中國人：他們的教育、哲學和文字（英文）
The Chinese: Their Education, Philosophy, and Letters
（美國）丁韙良
WILLIAM ALEXANDER PARSONS MARTIN
雷維爾公司：紐約
F. H. Revell Co.: New York
清光緒二十四年（1898）
319 頁

010057.ee.53

1213
中國人的歷史、哲學和宗教論文集（英文）
Essays on the History, Philosophy, and Religion of the Chinese
（美國）丁韙良
WILLIAM ALEXANDER PARSONS MARTIN
別發書局：上海
Kelly & Walsh: Shanghai
清光緒二十年（1894）
12 頁,427 頁

010057.ee.54

1214
中國覺醒（英文）
The Awakening of China
（美國）丁韙良
WILLIAM ALEXANDER PARSONS MARTIN
道布爾迪、佩奇公司：紐約
Doubleday, Page & Co.: New York
清光緒三十三年（1907）
16 頁,328 頁

10057.e.31

1215
花甲記憶：一位美國傳教士眼中的晚清帝國（英文）
A Cycle of Cathay, or, China, South and North: with Personal Reminiscences
（美國）丁韙良
WILLIAM ALEXANDER PARSONS MARTIN
奧列芬特、安德森和費里爾：愛丁堡
Oliphant, Anderson & Ferrier: Edinburgh
清光緒二十二年（1896）
464 頁

010056.g.7

1216
花甲記憶：一位美國傳教士眼中的晚清帝國（第3版）（英文）
A Cycle of Cathay, or, China, South and North: with Personal Reminiscences (third edition)
（美國）丁韙良
WILLIAM ALEXANDER PARSONS MARTIN
雷維爾公司：紐約
F. H. Revell Co.: New York

1217
中國知識(英文)
The Lore of Cathay, or the Intellect of China
(美國)丁韪良
WILLIAM ALEXANDER PARSONS MARTIN
奧列芬特、安德森和費里爾:愛丁堡
Oliphant, Anderson & Ferrier: Edinburgh
清光緒二十七年(1901)
472 頁

010057.f.46

清光緒二十六年(1900)
464 頁,具插圖;21 厘米

T 3546

1218
中國札記(英文)
Chinese Sketches
(英國)翟理斯
HERBERT ALLEN GILES
倫敦
London
清光緒元年(1875)

10055.ee.29

1219
中國和中國人(英文)
China and the Chinese
(英國)翟理斯
HERBERT ALLEN GILES
哥倫比亞大學出版社:紐約
Columbia University Press: New York
清光緒二十八年(1902)
9 頁,229 頁

2354.a.3

1220
從北京到長安、洛陽(德文)
Von Pekin nach Ch'ang-an und Loyang
(德國)佛爾克
ALFRED FORKE
清光緒二十四年(1898)

Ac.8816.b

1221
南京之行記述(英文)
Narrative of a Visit to Nanking
(英國)艾約瑟
JOSEPH EDKINS
清同治二年(1863)

4766.b.28

1222
從汕頭到廣州(英文)
From Swatow to Canton: Overland
(英國)翟理斯
HERBERT ALLEN GILES
特呂布納出版公司:倫敦;別發書局:上海
Trübner & Co.: London; Kelly & Walsh: Shanghai
清光緒三年(1877)
74 頁

010056.aa.5

1223
中國的建築(英文)
Chinese Architecture
(英國)艾約瑟
JOSEPH EDKINS
別發書局:上海
Kelly & Walsh: Shanghai
清光緒十六年(1890)

36 頁
7822.b.14

1224
中國人的服飾與風俗圖鑑（英文）
Picturesque Reprsentations of the Dress and Manners of the Chinese
（英國）威廉·亞歷山大
WILLIAM ALEXANDER
約翰·穆萊出版社：倫敦
John Murray：London
清嘉慶十九年（1814）
50 張彩色版畫，50 頁說明文字；26 厘米
7742.d 8

1225
中國人的服飾與風俗圖鑑（英文）
Picturesque Reprsentations of the Dress and Manners of the Chinese
（英國）威廉·亞歷山大
WILLIAM ALEXANDER
托馬斯·梅林出版社：倫敦
Thomas M'lean：London
約清道光十年（1830）
50 張彩色版畫，50 頁說明文字
15235.a.377

1226
中國的風俗習慣（英文）
Chineser Customs
（英國）莊延齡
EDWARD HARPER PARKER
別發書局：上海等
Kelly & Walsh：Shanghai, etc.
清光緒二十五年（1899）
48 頁；25 厘米
16000/1548

1227
中英商業往來札記（英文）
Miscellaneous Notices Relating to China, and Our Commercial Intercourse with that Country; including a Few Translations from the Chinese Language
（英國）斯當東
GEORGE THOMAS STAUNTON
約翰·穆萊出版社：倫敦
John Murray：London
清道光二年（1822）
2 部分
1424.h.20

1228
中國研究錄（英文）
Chinese Researches
（英國）偉烈亞力
ALEXANDER WYLIE
上海
Shanghai
清光緒二十三年（1897）
3 部分
11101.c.27

1229
中國人的家法（英文）
The Family Law of the Chinese
（德國）穆麟德
PAUL GEORG VON MÖLLENDORFF
上海
Shanghai
清光緒二十二年（1896）
60 頁
05319.eee.8

1230
中國弒嬰史考（法文）
L'Infanticide en Chine d'après les Documents Chinois
（比利時）何賴思
CHARLES DE HARLEZ
皮特斯印刷：魯汶
Typographie de Ch. Peeters：Louvain
清光緒十一年（1885）
24 頁，4 頁插圖；25 厘米

Tr.697（b）

1231
中國弒嬰史考（法文）
L'Infanticide en Chine d'après les Documents Chinois
（比利時）何賴思
CHARLES DE HARLEZ
魯汶
Louvain
清光緒十九年（1893）
46 頁

8277.e.45

1232
苗部落（英文）
The Miau tsi Tribes
（英國）艾約瑟
JOSEPH EDKINS
福州
Foochow
清同治九年（1870）？

10057.de.30

1233
秦漢封泥考（德文）
Die Inschriftenziegel aus der Ch'in und Han-Zeit
（德國）佛爾克
ALFRED FORKE
清光緒二十五年（1899）
具插圖

Ac.8816.b

1234
穆王與薩巴王后（德文）
Mu Wang und die Königin von Saba
（德國）佛爾克
ALFRED FORKE
清光緒三十年（1904）

Ac.8816.b

1235
普林尼《自然史》中與中國有關的典故等（《北京東方學會雜志》第 1 卷，第 1、2、3、4 號）
Allusion to China in Pliny's Natural History. etc. (*Journal of the Peking Oriental Society*, Vol.1, No.1.2.3.4)
（英國）艾約瑟等
JOSEPH EDKINS, etc.
北堂印書館：北京
Pei-Táng Press：Peking
清光緒十一年至十二年（1885－1886）
4 冊

15234.d.3(1/1)

1236
論衛匡國等三篇（《北京東方學會雜志》第 2 卷，第 2 號）（英文）
On Martino Martini. etc. (*Journal of the Peking Oriental Society*, Vol.2, No.2)
（德國）單維廉等
WILHELM SHRAMMEIER, etc.

北堂印書館：北京
Pei-Táng Press：Peking
清光緒十四年（1888）
15234．d．3（2/2）

1237
四篇論文（《北京東方學會雜誌》第 2 卷，第 3 號）
4 Papers (*Journal of the Peking Oriental Society*, Vol. 2, No. 3)
北堂印書館：北京
Pei-Táng Press：Peking
清光緒十四年（1888）
15234．d．3（2/3）

1238
對施古德教授的評價（德文）
Weitere Beiträge zur Richtigen Würdigung Prof. Schlegel's
（奧地利）查赫
ERWIN VON ZACH
北京
Peking
清光緒二十八年（1902）
15 頁
11095．c．25

1239
衙門與邸報（德文）
Yamen und Presse
（德國）佛爾克
ALFRED FORKE
柏林
Berlin
清宣統三年（1911）
2 冊；23 厘米
12907．t．21

1240
中國秘密會社（摘自《人種志雜誌》）（法文）
Les Sociétés Secrètes Chinoises (Extrait du *Revue d'Ethnographie*)
（法國）考狄
M. HENRI CORDIER
歐內斯特·勒魯出版社：巴黎
Ernest Leroux：Paris
清光緒十四年（1888）
21 頁；25 厘米
11095．d．42（3）

1241
法國人在遠東最初的兩處居留地：上海、寧波（法文）
Les Origines de Deux Établissements Français dans l'Extrême-Orient：Changhaï-Ning-po
（法國）考狄
M. HENRI CORDIER
巴黎
Paris
清光緒二十二年（1896）
39 頁，76 頁
15235．cc．35

1242
荷蘭人在中國（荷蘭語）
De Nederlanders in China
（荷蘭）威廉·彼得·格倫維爾
WILLEM PIETER GROENEVELDT
馬丁努斯·奈霍夫出版社：海牙
Martinus Nijhoff：'s-Gravenhage
清光緒二十四年（1898）
10 頁，598 頁，有多幅地圖；24 厘米
Ac．7519

1243
通文舘志
(朝鮮)金慶門
朝鮮
清乾隆四十三年(1778)
11卷,缺卷7–9
15287.d.1

1244
斯隆藏中文文獻三紙
抄本
清乾隆十八年(1753)
7葉
Sloane 4090

1245
塞繆爾·鮑恩(Samuel Bowen)物品清單(與澳門有關)
寫本
清乾隆二十四年至二十七年(1759–1762)
1冊
Add.4856

1246
沙畹信札(英文)
(法國)沙畹
ÉDOUARD CHAVANNES
寫本
清光緒二十六年至宣統二年(1900–1910)
25頁
Or.15748

1247
漢著英譯
清宣統三年(1911)前

5冊
Or.14585

詔令奏議類

詔令屬

1248
清康熙十四年十二月十四日常在夫妻敕命
寫本
清康熙十四年(1676)
1卷軸;30.7厘米×233.5厘米
Or.13972

1249
清康熙二十三年九月二十四日王定國夫婦誥命
寫本
清康熙二十三年(1684)
1卷軸;30.5厘米×429.6厘米
Or.11072

1250
清康熙六十一年十一月二十日江南江北亳州營守備仇連會夫婦誥命
寫本
清康熙六十一年(1722)
1幅;31.2厘米×365.1厘米
Or.5427

1251
乾隆十六年十一月二十五日德冷厄夫妻誥命

寫本
清乾隆十六年(1751)
1 卷軸;31.3 厘米×361.6 厘米
Or. 11394

1252
乾隆十六年十一月二十五日尤起盛父母誥命
寫本
清乾隆十六年(1751)
1 卷軸;31 厘米×365 厘米
Or. 13801

1253
翰林院檢討加三級德生本身妻室敕命
寫本
清乾隆五十五年(1790)
1 卷軸;31.7 厘米×260 厘米
Or. 13165

1254
嘉慶十一年十二月十二日候選員外郎李立德父母誥命(漢語、滿語)
寫本
清嘉慶十一年(1807)
1 卷軸;31.9 厘米×362.1 厘米
Or. 4574

1255
清嘉慶十四年熱河佐領海昇父母誥命
寫本
清嘉慶十四年(1809)
1 卷軸;31.8 厘米×351 厘米
Or. 13557

1256
道光三十年正月十六穆精阿夫妻誥命
寫本
清道光三十年(1850)
1 卷軸;31.8 厘米×351 厘米
Or. 11546

1257
清咸豐五年拾月貳拾日山西寧武府學教授王會極夫婦敕命稿
寫本
清咸豐五年(1855)
1 卷軸;31.6 厘米×232.5 厘米
Or. 13996

1258
同治十一年十二月二十五日張維楨父母誥命
寫本
清同治十一年(1873)
1 卷軸;31.2 厘米×245.8 厘米
Or. 11389

1259
清光緒五年敕命浙江巡撫譚鍾麟兼管兩浙鹽課
寫本
清光緒五年(1879)
1 卷軸;54.3 厘米×121 厘米
Or. 13554

1260
清代誥命稿
寫本
清宣統三年(1911)前
1 卷軸;34 厘米×453 厘米
Or. 13973

1261
聖諭廣訓
（清）聖祖玄燁
清雍正二年(1724)
47頁,缺末折頁
15229.a.18

1262
聖諭廣訓
（清）聖祖玄燁
紅黑雙色印刷
清嘉慶十五年(1810)
72頁
15229.b.40

1263
聖諭廣訓
（清）聖祖玄燁、（清）世宗胤禛
湖北？
清雍正二年(1724)
2冊;27厘米
15100.a.36

1264
聖諭廣訓
（清）聖祖玄燁、（清）世宗胤禛
清嘉慶五年(1800)？
15229.a.22

1265
聖諭廣訓
（清）聖祖玄燁、（清）世宗胤禛
清嘉慶十三年(1808)

1266
聖諭廣訓
（清）聖祖玄燁、（清）世宗胤禛
清嘉慶二十年(1815)
15229.a.25

1267
聖諭廣訓衍
（清）聖祖玄燁、（清）世宗胤禛著,（清）王又樸釋義
紅黑雙色印刷
約清乾隆十五年(1750)
1函,2冊
15229.d.7

1268
聖諭廣訓衍（英譯本）
The Sacred Edict, Containing Sixteen Maxims of the Emperor Kang-he, Amplified by His Son, the Emperor Yoong-ching, Together with a Paraphrase on the Whole, by a Mandarin
（清）聖祖玄燁、（清）世宗胤禛著,（清）王又樸釋義,（英國）米憐譯
WILLIAM MILNE (translator)
布萊克、金斯伯里、帕伯里和艾倫公司：倫敦
Black, Kingsbury, Parbury & Allen: London
清嘉慶二十二年(1817)
299頁;21厘米
10492.d.30(1)

1269
聖諭廣訓（法譯本）
Le Saint Édit
（清）聖祖玄燁、（清）世宗胤禛著,（法國）帛黎譯
ALPHONSE THÉOPHILE PIRY (translator)

中國海關總稅務司公署統計科：上海
Bureau des Statistiques Inspectorat General des Douanes：Shanghai
清光緒五年(1879)
19 頁, 317 頁
11098.c.18

1270
聖諭廣訓(法譯本)
Le Saint Édit
(清)聖祖玄燁、(清)世宗胤禛著,(法國)帛黎譯
ALPHONSE THÉOPHILE PIRY (translator)
中國海關總稅務司公署統計科：上海
Bureau des Statistiques Inspectorat General des Douanes：Shanghai
清光緒五年(1879)
19 頁, 317 頁
11098.c.3

1271
聖諭廣訓直解(中英對照)
The Sacred Edict, with a Translation of the Colloquial Rendering, Notes and Vocabulary
(英國)鮑康寧譯
FREDERICK WILLIAM BALLER (translator)
美華書館：上海
American Presbyterian Mission Press：Shanghai
清光緒十八年(1892)
2 冊
11098.b.15

1272
上諭
(清)聖祖玄燁
北京
清康熙十六年(1677)
2 頁
15303.d.7

1273
康熙五十九年十一月辛巳康熙上諭
抄本
清康熙五十九年(1720)後
1 冊
Or.7690

1274
上諭
(清)聖祖玄燁、(清)世宗胤禛
清雍正八年(1730)

1275
大清聖祖仁皇帝聖訓
(清)聖祖玄燁
約清道光三十年(1850)
2 冊, 存卷 1－14、43－60
15237.c.9

1276
尚節儉以惜財用聖諭
(清)聖祖玄燁
約清咸豐十年(1860)
7 頁
15229.a.9

1277
聖諭像解
(清)梁延年

點石齋:上海
清光緒五年(1879)
1冊,20卷

15229.a.39

1278
聖諭像解讚
清同治九年(1870)
2頁,72頁

15229.b.35

1279
大清世宗憲皇帝聖訓
(清)世宗胤禛
清乾隆五年(1740)?
卷25-27

Or.Micr.2332

1280
大清世宗憲皇帝聖訓
(清)世宗胤禛
內府寫本
清乾隆五年(1740)?
卷31-33,朱色絲質函套(第11號)

Or.6787

1281
清雍正七年六月初六關於禁止賭博的上諭
(清)世宗胤禛
王士俊刻朱印本
清雍正七年(1729)
1冊

Reg.16.B.XXI

1282
上諭
(清)世宗胤禛
約清乾隆六年(1741)
8卷

15236.d.2-10

1283
上諭內閣
(清)世宗胤禛
清雍正九年(1731)
2冊

15236.d.1

1284
上諭內閣
(清)世宗胤禛
清乾隆六年(1741)
各部分分別標頁碼

15236.c.8

1285
雍正上諭
(清)世宗胤禛
清乾隆六年(1741)?
1冊,各部分分別標頁碼

15233.d.9

1286
硃批諭旨(高其倬)
(清)世宗胤禛
清雍正十年(1732)?
卷3(殘本)

15300.b.18

1287
硃批諭旨(法敏至毛文銓)
(清)世宗胤禛
約清道光三十年(1850)

1 册,存 5 部分
15241.c.6

1288
乾隆上諭
(清)高宗弘曆
江南江西總督衙門敬謹膳黃
清乾隆十四年(1749)
1 葉;106.5 厘米×57.5 厘米
19999.u.6

1289
大清高宗純皇帝聖訓
(清)高宗弘曆
金屬活字印刷
約清咸豐十年(1860)
2 册,卷 64-65、68-69、70-77、172-173
15233.f.2

1290
大行皇帝遺詔
(清)仁宗顒琰
北京
清嘉慶二十五年(1820)
6 頁
15303.d.3

1291
大行皇帝遺詔
(清)仁宗顒琰
清嘉慶二十五年(1820)
2 葉;109 厘米×273 厘米,105 厘米×200 厘米
15406.a.33(1)&(2)

1292
大清宣宗成皇帝聖訓
(清)宣宗旻寧
金屬活字印刷
約清咸豐十年(1860)
第 2 函,卷 17-37
15237.c.8

1293
臺灣奏摺上諭
(清)達洪阿
寫本
清道光二十二年(1842)
1 册
Or.7390

1294
大清穆宗毅皇帝聖訓
(清)穆宗載淳
內府寫本
約清光緒六年(1880)
第 2 函,5 册,卷 6-10
Or.8636

1295
光緒皇帝為慈禧太后六十大壽所頒詔令(滿語)
(清)德宗載湉
寫本
清光緒二十年(1894)
2 葉;98.5 厘米×152 厘米,98.5 厘米×133 厘米
Or.3534 A(10-11)

1296
諭旨(光緒二十年秋、冬,7 月-12 月)
(清)德宗載湉

申報館：上海？
清光緒二十年（1894）
1冊，2部分（18頁，18頁）
15236.c.11

1297
光緒皇帝和慈禧太后1898年的上諭（法譯本）
Koang-Siu et T'se-Hi Décrets Impériaux 1898
（清）德宗載湉、（清）慈禧太后著，（西班牙）管宜穆譯
JÉRÔME TOBAR（translator）
東方出版社：上海
Imperimerie de la Press Orientale：Shanghai
清光緒二十六年（1900）
4頁，136頁；26厘米×20厘米
11098.d.28

1298
光緒皇帝改革詔令（1898）（英文）
The Emperor Kuang Hsü's Reform Decrees, 1898
（清）德宗載湉
北華捷報館：上海
North-China Herald Office：Shanghai
清光緒二十六年（1900）
61頁；24厘米×15厘米
11095.c.8

1299
中國詔令、奏議公文選譯（法文、拉丁文兩種譯文，附中文原文）
Choix de Documents, Lettres Officielles, Proclamations, Édits, Mémoriaux, Inscriptions

（法國）顧賽芬譯
F. SÉRAPHIN COUVREUR（translator）
天主教會印刷所：河間府
Imprimerie de la Mission Catholique：Ho-kien-fou
清光緒二十年（1894）
4頁，560頁
11098.a.19

奏議屬

1300
歷代名臣奏議
（明）張溥編
明崇禎八年（1635）
319卷
15316.a.2

1301
昭代經濟言
（明）陳子壯
粵雅堂：廣州
清道光三十年（1850）
6冊，14卷；26厘米
15314.c.8

1302
三省邊防備覽
（清）嚴如煜
清道光二年（1822）
14卷
15256.ddd.1

1303
湖北巡撫奏稿
寫本

史　部

清乾隆六十年(1795)前
1 件
　　　　　　　　　Add. 16299

1304
彭剛直公奏稿
(清)彭玉麟
清光緒十七年(1891)
6 冊
　　　　　　　　　15293. e. 22

1305
彭剛直公奏稿、詩稿
(清)彭玉麟
蘇州
清光緒十七年(1891)
8 冊;27 厘米
　　　　　　　　　15316. e. 150

1306
錢敏肅公奏疏
(清)錢鼎銘
清光緒六年(1880)
4 冊
　　　　　　　　　15293. e. 23

1307
韓大中丞奏議
(清)韓文綺
清道光三十年(1850)?
2 套,12 本
　　　　　　　　　15318. b. 7

1308
沈文肅公政書
(清)沈葆楨
清光緒六年(1880)

10 冊,7 卷
　　　　　　　　　15293. a. 16

1309
丁文誠公奏稿
(清)丁寶楨
南海羅氏:成都
清光緒二十二年(1896)
27 冊,26 卷,首 1 卷
　　　　　　　　　15316. e. 100

1310
曾文正公奏議
(清)曾國藩
蘇州
清同治十二年(1873)
10 卷,又 1 卷,補編 4 卷
　　　　　　　　　15241. c. 9

1311
曾文正公奏議補編
(清)曾國藩
清同治十二年(1873)
　　　　　　　　　15317. d. 11

1312
李文忠公奏議
(清)李鴻章
清光緒三十一年(1905)?
5 冊,20 卷
　　　　　　　　　15321. e. 17

1313
清末涉外奏議等
抄本
清光緒十四年(1888)?
24 厘米×27 厘米
　　　　　　　　　Or. 8120

傳記類

1314
孔聖考
寫本
清宣統三年(1911)前
1 冊
　　　　　　　　　Or. 7763

1315
文廟彙考
(清)蔣乙經、(清)龔繩正
清道光七年(1827)
10 卷
　　　　　　　　　15305. a. 4

1316
杏壇聖蹟
清乾隆十五年(1750)?
僅存 5 幅圖

1317
聖蹟之圖
明萬曆二十年(1592)
1 冊經折裝
　　　　　　　　　15268. b. 10?

1318
聖蹟全圖一卷
(清)于敏中
刻本
清嘉慶二十年(1815)前
1 卷,2 卷軸
　　　　　　　　　Or. 7360

1319
聖蹟圖
約清道光三十年(1850)
2 冊
　　　　　　　　　15201. b. 8

1320
山東聖蹟志
Heiligtümer des Konfuzianismus in K'ü-Fu und T'schou-Hien
(法國)彭亞伯
ALBERT TSCHEPE
兗州府
Jentschoufu
清光緒三十二年(1906)
8 頁,132 頁,具插圖
　　　　　　　　　D -07816. c. 71

1321
大成通志
(清)楊慶
清康熙八年(1669)?
2 冊,18 卷
　　　　　　　　　15225. e. 2

1322
忠武祠墓志
(清)虛白道人
清嘉慶八年(1803)
1 套,6 本
　　　　　　　　　15305. d. 6

1323
漢關侯事蹟彙編
(清)萬之蘅、(清)吳寶彝
約清乾隆四十五年(1780)
8 卷
　　　　　　　　　15303. c. 8

史　　部　　　　　　　　　　157

1324
大唐大慈恩寺三藏法師傳（法譯本）
Histoire de la Vie de Hiouen-Thsang et de Ses Voyages dans l'Inde, Depuis l'an 645
（唐）釋慧立著、（唐）釋彥悰箋、（法國）儒蓮譯
STANISLAS JULIEN (translator)
帝國印刷所：巴黎
L'Imprimerie Impériale：Paris
清咸豐三年（1853）
3 冊
　　　　　　　　　10055.dd.28

1325
宋范文正公言行錄
（清）崔廷璋
清光緒十三年（1887）
71 頁
　　　　　　　　　15303.a.7

1326
朱子年譜
（清）王懋竑
清乾隆十七年（1752）
4 卷
　　　　　　　　　15305.d.3

1327
海瑞圖繪
彩繪本
清宣統三年（1911）前
1 冊
　　　　　　　　　Or.16549

1328
吳三桂列傳
抄本
清道光二十六年（1846）前
1 卷
　　　　　　　　　Add.16297

1329
姚布政傳
（清）嚴允肇
約清嘉慶二十五年（1820）
11 頁
　　　　　　　　　15305.a.10

1330
曾文正公年譜
（清）黎庶昌編、（清）李瀚章審訂
申報館：上海
清光緒三年（1877）
12 卷
　　　　　　　　　15305.a.14

1331
鹿公行述（鹿丕宗行述）
（清）鹿傳霖等
清咸豐六年（1856）
64 頁
　　　　　　　　　15303.c.18

1332
伊壯潛公事實
（清）盛福
清同治五年（1866）
4 卷
　　　　　　　　　15303.a.5

1333
馮母陸太淑人傳
（清）朱淥

武林任九思刊:杭州
清道光十六年(1836)
4頁

15303.d.3

1334
皇清誥授中憲大夫晋授中議大夫顯考聽騸府君(馮汝霖)行述
(清)馮可鎔等
約清道光十七年(1837)
7頁

15529.a.12

1335
清光緒二十五年(1889)李厚祐之父訃告
印本
清光緒二十五年(1899)
1葉,1封套

Or.5896(Sheet 10)

1336
侯官林文忠公親筆析產書
印本
1葉,3封套

Or.5896(Sheet 30-31)

1337
合肥相國七十賜壽圖
(清)羅豐祿等
天津
清光緒十八年(1892)
24頁,14頁,附17頁

15305.b.15

1338
李鴻章訃告(致英國欽差大臣薩大人)
(清)李經方等
清光緒二十七年(1901)
1葉;620厘米×54厘米

Or.58.b

1339
丁松生先生遺像
(清)張濬萬
清光緒二十六年(1900)

M.P.C.21

1340
丁松生先生遺像
清拓本
1葉

Or.5896(Sheet 21)

1341
回憶錄:英國及海外聖經公會中國代理人偉烈亞力的生平與工作(摘自《大不列顛及愛爾蘭皇家亞洲學會會刊》第19卷)(英文)
The Life and Labours of Alexander Wylie, Agent of the British and Foreign Bible Society in China. A Memoir (From the *Journal of the Royal Asiatic Society of Great Britain and Ireland*, Vol. XIX, Part 3)
(法國)考狄
M. HENRI CORDIER
特呂布納出版公司:倫敦
Trübner & Co.:London
清光緒十三年(1887)
18頁

11095.d.42(2)

史　部　　　　　　　　　159

1342
聖賢像贊
(清)邱桐
諸葛雙忠祠:綿竹?
清嘉慶十四年(1809)
2 卷
　　　　　　　15303.c.17

1343
聖賢讚像圖
墨繪本
清光緒二十四年(1898)
1 卷
　　　　　　　Or.7422

1344
歷代名賢像傳
彩繪本
清宣統三年(1911)前
1 冊
　　　　　　　Or.15275

1345
歷代名賢列女氏姓譜
(清)蕭智漢
聽濤山房
清乾隆五十七年(1792)
18 冊,157 卷
　　　　　　　15301.a.1

1346
歷代賢儒景行錄
清咸豐十年(1860)
2 卷
　　　　　　　15305.a.17

1347
古聖賢像傳略
(清)顧沅
清道光十年(1830)
3 冊,16 卷
　　　　　　　15303.c.1

1348
名賢遺像
彩繪本
清嘉慶五年(1800)?
21 頁;30 厘米
　　　　　　　Or.12491

1349
五經古人典林
(清)何松
清光緒元年(1875)
6 卷
　　　　　　　15225.a.18

1350
學統
(清)熊賜履
下學堂
清康熙二十四年(1685)
2 冊,56 卷
　　　　　　　15303.c.4

1351
古列女傳
(西漢)劉向
明嘉靖三十年(1551)
　　　　　　　15303.b.6/4

1352
古列女傳

（西漢）劉向
清道光五年（1825）

1353
汪氏輯列女傳
（西漢）劉向撰、（明）汪道昆增輯
知不足齋
清乾隆四十四年（1779）
16卷，存卷1–14
　　　　　　　　　　15301.c.7

1354
汪氏輯列女傳
（西漢）劉向撰、（明）汪道昆增輯
知不足齋
清乾隆四十四年（1779）
2冊,16卷
　　　　　　　　　　15303.d.14

1355
列女傳
（西漢）劉向撰、（明）汪道昆增輯、（明）仇英繪圖
清乾隆四十四年（1779）
2冊,16卷
　　　　　　　　　　15291.a.18

1356
顧虎頭畫列女傳
（西漢）劉向撰、（晉）顧愷之畫
廣州
清道光五年（1825）
7卷
　　　　　　　　　　15303.c.2

1357
典故列女傳

18世紀
存卷2–4
　　　　　　　　　　15229.c.31

1358
典故古列女傳
清光緒九年（1883）
4卷
　　　　　　　　　　15229.c.54（2）

1359
人物志
（三國魏）劉劭
清乾隆十五年（1750）？
3卷

1360
群輔錄
（晉）陶潛
清乾隆十五年（1750）？

1361
蓮社高賢傳
清乾隆五十五年（1790）？

1362
高士傳
（晉）皇甫謐
明嘉靖十二年（1533）
　　　　　　　　　　15303.b.6（3）

1363
漢唐三傳
（明）黃魯曾輯
明嘉靖三十二年（1553）
1函,6冊
　　　　　　　　　　15303.b.6

史　部　　　　　　　　　　161

1364
新刊名臣碑傳琬琰之集
（宋）杜大珪
宋紹熙五年（1194）
20冊，107卷
　　　　　　　　　Or. 80. b. 15

1365
凌烟閣功臣圖像
（清）劉源
清康熙八年（1669）
　　　　　　　　　Or. 75. b. 10

1366
元朝名臣事略
（元）蘇天爵
北京
清乾隆三十九年（1774）
15卷
　　　　　　　　　15303. d. 5

1367
皇明獻實（抄本）
（明）袁袠
明抄本
40卷
按：另有明南溪書屋抄本，存1-5卷；明疊翠山房抄本，39卷，不知此本與之關係如何。
　　　　　　　　　Or. Micr. 1191

1368
國朝列卿記
（明）雷禮纂、（明）雷溁補次、（明）徐鑒校
明刻本
165卷
按：哈佛燕京圖書館藏有明萬曆初徐鑒校刻本，不知是否爲同一版本。
　　　　　　　　　Or. Micr. 923-927

1369
國朝京省分郡人物考
（明）過庭訓
明刻本
115卷，6個膠捲
按：國內有明天啓二年（1622）刻本，不知與之關係如何。
　　　　　　　　　Or. Micr. 928-933

1370
靖難功臣錄
（明）朱當㴐
1卷

1371
皇明名臣琬琰錄
（明）徐紘
明嘉靖四十年（1561）
54卷
　　　　　　　　　Or. Micr. 1194

1372
小腆紀傳
（清）徐鼒
南京
清光緒十三年（1887）
18冊
　　　　　　　　　15292. f. 10

1373
欽定名臣傳
清乾隆十五年（1750）？
2部分（48卷、32卷）

1374
欽定國史大臣列傳(滿語)
(清)國史館
寫本
約清乾隆三十年(1765)
僅第19函,第69-72卷
Or.6789

1375
欽定勝朝殉節諸臣錄
(清)國史館
清嘉慶二年(1797)
12卷
15303.b.8

1376
欽定國史忠義傳(滿語)
(清)國史館
寫本
18世紀
1冊(第41冊),15頁
Or.6790

1377
欽定國史忠義傳卷二十五
(清)國史館
寫本
清咸豐九年(1859)後
1冊,20頁
Or.6785

1378
欽定國史大臣列傳
(清)國史館
寫本
清光緒元年(1875)後
僅存卷121
Or.8635

1379
滿洲名臣傳　漢名臣傳
18世紀
6冊(滿洲),8冊(漢)
15305.e.1

1380
文獻徵存錄
(清)錢林
有嘉樹軒:杭州
清咸豐八年(1858)
2冊,10卷
15305.b.4

1381
國朝詩人徵略
(清)張維屏
清道光十年(1830)
3冊,60卷
15305.a.1

1382
鶴徵錄
(清)李集
清嘉慶二年(1797)
8卷
15305.b.2

1383
鶴徵後錄
(清)李集
清嘉慶十四年(1809)
12卷
15305.b.3

1384
國朝先正事略

史　部

(清)李元度
清同治八年(1869)
4套,24本,60卷
　　　　　　　　15303.e.2

1385
續先正事略
(清)朱孔彰
圖書集成印書局:上海
清光緒二十五年(1899)
1册,8卷
　　　　　　　　15305.a.20

1386
熙朝宰輔錄
(清)潘世恩
清道光十八年(1838)
2部分
　　　　　　　　15303.a.8

1387
貳臣傳(逆臣傳)
(清)國史館
清嘉慶五年(1800)?
2册
　　　　　　　　15305.d.8

1388
欽定續纂外藩蒙古回部王公傳
(清)國史館
12册,12卷
　　　　　　　　15529.a.6

1389
欽定續纂外藩蒙古回部王公表
(清)國史館
清道光二十九年(1849)

12册,12卷
　　　　　　　　15529.a.6

1390
滿語版欽定續纂外藩蒙古回部王公表
(清)國史館
12册,12卷
　　　　　　　　15529.a.6

1391
昭代名人尺牘小傳
(清)吳修
清道光六年(1826)
1册,24卷
　　　　　　　　15305.b.5

1392
無雙譜
(清)金古良
稿本?
18世紀
1册經折裝,40頁
　　　　　　　　Or.13148

1393
無雙譜
繪本
18世紀
1册
　　　　　　　　Egerton 934

1394
無雙譜
(清)金古良
清康熙二十九年(1690)(據卷首弁言末題)
1册
　　　　　　　　15305.b.16

1395
無雙譜
（清）金古良
約清嘉慶五年（1800）
42 頁
　　　　　　　　　　　15301.c.1

1396
歷代無雙譜
彩繪本
18－19 世紀
1 冊
　　　　　　　　　　　Or.9431

1397
碩輔寶鑑
膠捲，來源於明代抄本
20 卷
　　　　　　　　　Or. Micr.1208－9

1398
新增智囊補
（明）馮夢龍
約清嘉慶五年（1800）
28 卷
　　　　　　　　　　　15026.a.2

1399
新增智囊補
（明）馮夢龍
約清嘉慶五年（1800）
28 卷
　　　　　　　　　　　15026.a.3

1400
新增智囊補
（明）馮夢龍
約清嘉慶五年（1800）
28 卷
　　　　　　　　　　　15026.a.4

1401
圖繪寶鑑
（元）夏文彥
清道光二十年（1840）？
8 卷
　　　　　　　　　　　15258.d.15

1402
高臣圖（144 位中國歷史人物畫像）（朝鮮文獻）
繪本
清嘉慶五年至光緒二十六年（1800－1900）
2 冊合訂，75 頁；27 厘米×20.5 厘米
　　　　　　　　　　　Or.11515

1403
歷代名人畫譜附讚
射堂
彩繪本，有"孝友堂""容甫"印章
19 世紀
1 冊經折裝，共 12 幅
　　　　　　　　　　　Or.11516

1404
歷代畫家姓氏便覽六卷首一卷
（清）馮津
抄本
清道光六年（1826）後
6 冊
　　　　　　　　　　　Or.11711

史　部　　　　　　　　165

1405
掖垣人鑒
(明)蕭彥等
約明萬曆二十年(1592)
17卷
　　　　　　　　Or. Micr. 1195

1406
續藏書
(明)李贄
稽古齋
明萬曆三十七年(1609)
2冊,27卷
　　　　　　　　15303.b.9

1407
續藏書
(明)李贄
清乾隆十五年(1750)?
27卷

1408
藏書世紀列傳
(明)李贄
明天啓元年(1621)
4套,24本
　　　　　　　　15301.c.9

1409
狀元圖考
(明)顧鼎臣
約清康熙二十四年(1685)
2冊,6卷
　　　　　　　　15301.b.2

1410
碧血錄

(清)莊仲方
同文書局:上海
清光緒八年(1882)
5卷
　　　　　　　　15305.d.7

1411
疇人傳
(清)阮元
琅嬛仙館:揚州
清嘉慶四年(1799)
46卷
　　　　　　　　15303.c.9

1412
古品節錄
(清)松筠
清嘉慶四年(1799)
6卷
　　　　　　　　15305.d.5

1413
年華錄
(清)全祖望
約清嘉慶二十年(1815)
4卷
　　　　　　　　15303.c.3

1414
百美新詠圖傳
(清)顏希源
集腋軒
清嘉慶十年(1805)
各部分分別標頁碼
　　　　　　　　15321.d.8

1415
增訂畫徵錄
(清)張庚
清光緒六年(1880)？
5卷
            15303.e.3

1416
墨林今話
(清)蔣寶齡
清咸豐二年(1852)
6冊
            15300.e.26

1417
菊部羣英
(清)王小鉄
清同治十二年(1873)
65頁
            15305.a.15

1418
甬上族望表
(清)全祖望
清嘉慶十九年(1814)
1冊,2卷
            15303.b.2

1419
江原常氏士女志
(清)張佳允
約清嘉慶五年(1800)

1420
吳郡名賢圖傳贊
(清)顧沅
清道光九年(1829)

2冊,20卷
            15303.b.14

1421
豫章十代文獻略
(清)王謨
清乾隆五十三年(1788)
3冊,50卷
            15305.c.2

1422
廣州人物傳
(明)黃佐
廣州
清道光十一年(1831)
24卷
            15271.c.3

1423
廣東名人故事
富桂堂:廣州
約清道光三十年(1850)
19頁
            15271.c.4

1424
休寧流塘詹氏家傳
(清)王槐敬
寫本
清乾隆三十九年(1774)
1冊
            Or.7411

1425
[鄞縣]續修王氏宗譜
稿本
清乾隆四十七年(1782)

3 卷,148 幅;30 厘米×42.5 厘米
有清陳鴻聲序。
Add. 16281

1426
瓜颩縣長
抄本
清道光二十年(1840)?
1 册
Add. 16352

1427
許氏世譜
清光緒三十年(1904)
2 本
15312.c.3

1428
敏求軒述記
(清)陳世箴
清道光二十八年(1848)
1 册,16 卷
15331.b.7

1429
如夢錄
(清)常茂徠修訂
寫夢庵
清咸豐二年(1852)
10 部分,首 4 頁,55 頁
15291.e.32

1430
中國傳記:慈安皇太后、李鴻章、曾國藩、彭玉麟(法譯本)
Biographies Chinoises: L'Imperatrice Douairiere Ts'eu-ngan, Li Hong-tchang, Tseng Kouo-fan, P'eng Yu-lin
(法國)杜安譯
G. DOUIN (translator)
清宣統元年(1909)、二年(1910)
15235.b.1

1431
古今姓氏族譜(英文)
A Chinese Biographical Dictionary
(英國)翟理斯
HERBERT ALLEN GILES
誇瑞奇古書店:倫敦;別發書局:上海;布里爾印刷:萊頓
Bernard Quaritch: London; Kelly & Walsh: Shanghai; Printed by E. J. Brill: Leyden
清光緒二十四年(1898)
12 頁,1022 頁;25 厘米
OIK 920.051

史鈔類

1432
史記菁華錄
(清)姚祖恩
扶荔山房
清道光四年(1824)
6 卷
15286.a.6

1433
史記菁華錄
(清)姚祖恩
扶荔山房
清道光四年(1824)
6 卷
15296.b.7

1434
史記奇鈔
(明)陳仁錫
約清康熙三十九年(1700)
僅存卷6
　　　　　　　　15296.a.26

1435
史通削繁
(唐)劉知幾撰、(清)紀昀刪定
清道光十三年(1833)
4卷
　　　　　　　　15280.a.4

1436
通鑑摯要
(清)姚培謙、(清)張景星
清乾隆二十五年(1760)
4冊
　　　　　　　　15290.b.3

1437
通鑑綱目摯要
(清)姚培謙、(清)張景星
寶寧堂
清嘉慶二十三年(1818)
3冊,27卷
　　　　　　　　15290.b.2

1438
綱鑑摯要
(清)姚培謙、(清)張景星
琉璃廠:北京
清道光三十年(1850)
4冊,4部分
　　　　　　　　15291.a.1

1439
鑑史輯要
(清)諸葛汝楫
通州
清光緒三十二年(1906)
10頁,372頁
　　　　　　　　15288.a.8

1440
鑑撮
(清)曠敏本
清道光二十年(1840)?
4卷
　　　　　　　　15288.a.7

1441
鑑撮
(清)曠敏本
清咸豐十年(1860)
4卷及增補
　　　　　　　　15291.a.10

1442
鑑撮
(清)曠敏本
清同治九年(1870)?
卷1-3
　　　　　　　　15296.a.32

1443
鑑略妥注
(明)李廷機
清道光十二年(1832)
2冊,5卷;25厘米
　　　　　　　　15280.e.11

史　部

1444
增補鑑略
（明）李廷機
清同治三年（1864）
2卷，又2卷
　　　　　　　　　15291.c.4

1445
御批歷代通鑑輯覽
（清）傅恒等
清乾隆三十三年（1768）
120卷
宮廷複本，鈐"圓明園"印。
　　　　　　　　　15290.e.3

1446
御批歷代通鑑輯覽
（清）傅恒等
清乾隆三十六年（1771）
116卷
宮廷複本，鈐"圓明園"印。
　　　　　　　　　15528.a.3

1447
二十一史緯
（清）陳允錫
輔仁堂：泉州？
清同治九年（1870）
15冊，330卷
　　　　　　　　　15292 a

1448
二十一史精義
（清）王南珍
瓣香堂
清乾隆二十八年（1763）
21卷
　　　　　　　　　15284.e.3

1449
廿一史約編
（清）鄭元慶
石經樓
清康熙三十六年（1697）
各部分分別標頁碼
　　　　　　　　　15286.a.1

1450
廿一史約編
（清）鄭元慶
清嘉慶二十一年（1816）？
8冊
　　　　　　　　　15287.b.1

1451
十七史蒙求
（宋）王令
大文堂
清道光二十八年（1848）
2部分
　　　　　　　　　15291.a.8

1452
十九史略通考
（元）曾先之
朝鮮
明萬曆十年（1582）
8卷
　　　　　　　　　15292.b.1

1453
十九史略通考
（元）曾先之
活字印刷；日本
明萬曆四十四年（1616）
8卷
　　　　　　　　　15292.c.9

1454
十九史略諺解（漢語、韓語）
（元）曾先之
朝鮮
清嘉慶九年（1804）
4卷
　　　　　　　　15292.c.10

1455
古今歷代標題注釋十九史略通考
（元）曾先之
朝鮮
明萬曆二十八年（1600）？
8卷
　　　　　　　　15292.e.3

1456
南北史捃華
（清）周嘉猷
約清道光二十年（1840）
8卷
　　　　　　　　15291.a.5

1457
元史類編
（清）邵遠平
18世紀
2冊，42卷
　　　　　　　　15288.a.1

1458
歷代蒙求
（元）陳櫟
清雍正十一年（1733）
10頁
　　　　　　　　15229.b.31/3

1459
標題徐狀元補注蒙求
（唐）李瀚
日本
明萬曆二十四年（1596）
3卷
　　　　　　　　15229.d.5

1460
稽古錄
（宋）司馬光
約清乾隆十五年（1750）
1冊，20卷
　　　　　　　　15288.a.7

1461
皇宋事實類苑
（宋）江少虞
明天啟元年（1621）
78卷
　　　　　　　　15288.e.3

1462
史學提要
（宋）黃繼善
清雍正十一年（1733）
66頁
　　　　　　　　15229.b.31/4

1463
史學提要補
（清）左輝春
清道光二十五年（1845）
卷6

1464
諸史品節

(明)陳深
明萬曆二十一年(1593)(據序)
2冊,40卷
　　　　　　　　　　15296.a.1

1465
讀史快編
(明)趙維寰
明天啓四年(1624)(據序)
3冊,60卷
　　　　　　　　　　15292.e.2

1466
閱史約書
(明)王光魯
5卷

1467
御製全史詩
(清)仁宗顒琰撰、(清)張師誠注
18世紀
存卷53－54、57－64
　　　　　　　　　　15323.b.14

1468
史筌
(清)楊銘柱
清道光二十六年(1846)
5卷,缺卷4－5
　　　　　　　　　　15286.c.8

1469
史要聚選
(朝鮮)權以生
雕版印刷;朝鮮
清順治七年(1650)?
9卷
　　　　　　　　　　15305.b.10

載記類

1470
越絕書
(東漢)袁康、(東漢)吳平
明嘉靖三十一年(1552)?
　　　　　　　　　　15296.a.20(1)

1471
越絕書
(東漢)袁康、(東漢)吳平
明嘉靖三十一年(1552)?
　　　　　　　　　　15296.a.21

1472
吳越春秋
(東漢)趙曄
清乾隆五十六年(1791)?
6卷
　　　　　　　　　　15296.a.18/1

1473
十六國春秋
(北朝魏)崔鴻
清嘉慶十五年(1810)?

1474
十國春秋
(清)吳任臣
小石山房
18世紀
3冊,116卷
　　　　　　　　　　15292.c.6

1475
南唐書
(宋)馬令
種石山房
清嘉慶十八年(1813)
2 冊
                15286.c.2-3

1476
高昌館來文
(明)四夷館編
清道光三十年(1850)?
30 頁
                Mon.114

1477
南詔野史
(明)倪輅
雲南書局:雲南府
清光緒六年(1880)
2 卷
按:此書題"(明)楊慎",據方國瑜考證,屬於偽託。
                15292.b.3

1478
南詔野史
(明)倪輅
巴黎
Paris
清光緒三十年(1904)
3 頁,294 頁
                14003.i.58

1479
皇清職貢圖
(清)傅恒等
清乾隆十六年(1751)
9 卷
                15236.e.8

1480
皇清職貢圖
(清)傅恒等
清乾隆四十五年(1780)?
9 卷
                15226..e.6

1481
欽定滿洲源流考
(清)阿桂等
約清嘉慶五年(1800)
20 卷
                15297.b.1

1482
欽定蒙古源流
(清)陸錫熊等校訂
抄本
約清道光三十年(1850)
1 函,8 冊
                Or.6973

1483
蒙古各部提綱略抄
抄本
清宣統三年(1911)前
2 冊
                Or.13560

1484
蒙古遊牧記
(清)張穆
清同治六年(1867)

史　部

16 卷
　　　　　　　　　　　15275.a.16

1485
東閣散錄(朝鮮文獻)
寫本
17世紀前期
1 冊, 4 卷
　　　　　　　　　　　Or. 7387

1486
東史會綱
清康熙三十九年(1700)?
12 卷
　　　　　　　　　　　15287.c 1

1487
東史綱目
(朝鮮)安鼎福
寫本
清乾隆四十三年至宣統元年間(1778 –
1909)
3 函, 20 冊
　　　　　　　　　　　Or. 6998

1488
東史綱要
(朝鮮)倉洞?
首爾?
清光緒十年(1884)
9 卷
　　　　　　　　　　　15291.a.15

1489
大東紀年(朝鮮李朝 1392 – 1910)
美華書館:上海
清光緒二十九年(1903)

2 冊, 5 卷
　　　　　　　　　　　15291.a.17

1490
大南國史演歌
金玉樓:廣州
清同治十三年(1874)
64 頁
　　　　　　　　　　　15292.b.7

1491
南清日俄戰日記
(清)謝聖安
《南華早報》:香港
清光緒三十二年(1906)
86 頁
　　　　　　　　　　　15291.a.11

1492
安南志略
(越南)黎崱
抄本
清道光二十六年(1846)前
7 冊, 20 卷
　　　　　　　　　　　Add. 16283

1493
大南皇朝悲孺郡公芳續錄
(越南)阮嘉吉
NGUYÉN-GIA-CÁT
納匝肋靜院:香港
清光緒二十三年(1897)
1 冊, 不分卷, 11 頁
　　　　　　　　　　　15292.b.5

1494
古時如氏亞國歷代略傳

(英國)馬禮遜
ROBERT MORRISON
清嘉慶二十年(1815)?

1495
西突厥史料(法文)
Documents sur les Tou-Kiue (Turcs) Occidentaux
(法國)沙畹
ÉDOUARD CHAVANNES
美州和東方書店：巴黎
Librairie d'Amérique et d'Orient：Paris
清光緒二十六年(1900)
378頁,附錄110頁,1幅地圖;29厘米×21厘米
11099.g.29

太平天國類

1496
頒行詔書
(清)楊秀清、(清)蕭朝貴
南京
清咸豐二年(1852)
1頁,10頁
15298.b.26

1497
頒行詔書
(清)楊秀清、(清)蕭朝貴
南京
清咸豐三年(1853)
10頁
15297.d.24

1498
天父下凡詔書
(清)楊秀清
南京
清咸豐二年(1852)
1頁,14頁
15298.b.13

1499
天父下凡詔書
(清)楊秀清
南京
清咸豐二年(1852)
16頁
Or.8207 A1

1500
天命詔旨書
(清)洪秀全等
南京
清咸豐二年(1852)
14頁
15298.b.19

1501
天命詔旨書
(清)洪秀全等
南京
清咸豐二年(1852)
14頁
Or.8207 I

1502
御製千字詔
(清)洪秀全
清咸豐四年(1854),末尾朱印爲清咸豐八年(1858)

史　部

14 頁
15297.d.21

1503
抄各詔
（清）洪秀全等
清咸豐十年至祺祥元年（1860－1861）
15297.a.21

1504
幼主詔書
南京
清咸豐五年（1855）
5 頁
15297.d.27

1505
天王詔書
南京
清祺祥元年（1861）？
15297.d.20（1）

1506
救世真聖幼主詔書
南京
清祺祥元年（1861）
15297.d.20（2）

1507
天王詔旨 5 件
（清）洪秀全
南京
清祺祥元年（1861）
15297.d.20（4）

1508
太平天國東王楊秀清、西王蕭朝貴誥諭
一張
（清）楊秀清、（清）蕭朝貴
廣西
清咸豐三年（1853）
100 厘米×153 厘米
15406.a.4

1509
天兄聖旨
南京
清咸豐九年（1859）？
3 冊；25 厘米
15293.e.29

1510
太平禮制
南京
清咸豐二年（1852）
7 頁
Or.8207 H

1511
太平禮制
（清）洪秀全
南京
清咸豐二年（1852）
7 頁
15298.b.17

1512
天朝田畝制度
南京
清咸豐三年（1853）
8 頁
15297.d.25

1513
欽定士階條例
（清）洪仁玕
南京
清咸豐三年（1853）
33頁，缺第17－18頁
　　　　　　　　　15297.d.29

1514
太平詔書
南京
清咸豐二年（1852）
19頁
　　　　　　　　　Or.8207 A2

1515
天條書
南京
清咸豐二年（1852）
12頁
　　　　　　　　　Or.8207 A3

1516
天條書
（清）洪秀全、（清）馮雲山
南京
清咸豐三年（1853）
12頁
　　　　　　　　　15298.b.49

1517
天條書
（清）洪秀全、（清）馮雲山
南京
清咸豐三年（1853）
9頁
　　　　　　　　　15298.b.31

1518
太平條規
南京
清咸豐二年（1852）
5頁
　　　　　　　　　Or.8207 A4

1519
太平條規
南京
清咸豐二年（1852）
5頁
　　　　　　　　　15298.b.24

1520
太平天國條規
南京
清祺祥元年（1861）
　　　　　　　　　15297.d.20(3)

1521
太平詔書二種　太平條規　天條書
太平天國准頒行詔書　太平禮制　天
父下凡詔書　天命詔旨書　三字經
太平天國癸好三年新曆　太平救世歌
　幼學詩等
（清）洪秀全等
南京
清咸豐二年至三年（1852－1853）
1册，12種
　　　　　　　　　15298.b.23

1522
天父上帝言題皇詔
南京
清咸豐三年（1853）
1頁，5頁
　　　　　　　　　15298.b.37

1523
武略
(清)洪秀全刪定
南京
清咸豐五年(1855)
15頁,11頁,6頁
　　　　　　　　15297.d.22

1524
行軍總要
(清)楊秀清
南京
清咸豐五年(1855)
2頁,26頁
　　　　　　　　15297.d.30

1525
太平軍目
(清)馮雲山
南京
清咸豐二年(1852)
1頁,34頁
　　　　　　　　15298.b.28

1526
創世傳注釋
(美國)憐為仁譯注
WILLIAM DEAN (translator & annotator)
清咸豐元年(1851)
244頁
　　　　　　　　15116.b.7

1527
創世傳
南京
清咸豐三年(1853)
卷1(第1-28章)
　　　　　　　　15116.b.9

1528
欽定舊遺詔聖書(僅《創世記》《出埃及記》《利未記》《申命記》《約書亞記》)
南京
清咸豐三年(1853)
6卷
　　　　　　　　15117.e.20

1529
欽定前遺詔聖書
南京
清咸豐三年(1853)
8卷,缺卷3《約翰福音》
　　　　　　　　15117.e.19

1530
舊遺詔聖書(僅《創世記》《出埃及記》)(中譯本)
清咸豐三年(1853)
2卷
　　　　　　　　15116.b.8

1531
新遺詔聖書
南京
清咸豐三年(1853)
47頁
　　　　　　　　15116.c.23

1532
太平天國辛開元年新刻幼學詩
(清)洪秀全監督
南京
清咸豐元年(1851)?

14 頁
　　　　　　　　　　Or. 8207 J1

1533
幼學詩
（清）洪秀全監督
南京
清咸豐二年（1852）
14 頁
　　　　　　　　　　15298. b. 33

1534
太平天國《三字經》
（清）洪秀全監督、（清）盧賢拔等著
南京
清咸豐三年（1853）？
6 頁
　　　　　　　　　　Or. 8207 M

1535
太平天國《三字經》
（清）洪秀全監督、（清）盧賢拔等著
南京
清咸豐三年（1853）
18 頁
　　　　　　　　　　15298. b. 15

1536
太平救世歌
（清）楊秀清頒布
南京
清咸豐三年（1853）
11 頁
　　　　　　　　　　15298. b. 29

1537
太平天國宣傳圖錄等（附英文介紹）
南京
清道光三十年至咸豐十年（1850 – 1860）
2 冊, 30 頁（件）, 6 頁
　　　　　　　　　　Or. 8207 K

1538
天父詩
（清）洪秀全
南京
清咸豐七年（1857）
500 頁
　　　　　　　　　　15297. d. 34

1539
太平天國詩、歌謠等
（清）洪英
南京
24 頁
　　　　　　　　　　Or. 8207 B1

1540
太平天國詩、歌謠等
（清）洪英
南京
17 頁
　　　　　　　　　　Or. 8207 B2

1541
醒世文
清咸豐八年（1858）
8 頁
　　　　　　　　　　15297. d. 35

1542
天情道理書
南京

51 頁
　　　　　　　　　15297.d.32

1543
王長次兄親目親耳共証福音書
（清）洪仁發、（清）洪仁達
南京
清咸豐十年（1860）
9 頁
　　　　　　　　　15297.d.28

1544
上帝有形為喻無形乃實論
（英國）艾約瑟著、（清）洪秀全批
稿本
清光緒三十一年（1905）前
2 葉
　　　　　Or.5896（Sheet 23－24）

1545
太平天國發行的宣傳小册子（英文）
Pamphlets Issued by the Chinese Insurgents at Nan-King
（英國）麥都思編
WALTER HENRY MEDHURST（compiler）
北華捷報館：上海
North-China Herald Office：Shanghai
清咸豐三年（1853）
113 頁
　　　　　　　　　11098.b.6

1546
太平天國癸好三年新曆
（清）楊秀清、（清）蕭朝貴、（清）馮雲山、（清）韋昌輝、（清）石達開等奉旨造
南京

清咸豐三年（1853）
2 頁,24 頁
　　　　　　　　　Or.8207 J2

1547
太平天國癸好三年新曆
（清）楊秀清、（清）蕭朝貴、（清）馮雲山、（清）韋昌輝、（清）石達開等奉旨造
南京
清咸豐三年（1853）
24 頁
　　　　　　　　　15298.b.35

1548
太平天國辛酉拾壹年新曆
南京
清祺祥元年（1861）
7 頁,24 頁
　　　　　　　　　15297.d.33

1549
太平天國洪仁玕致大進黃第信札
（清）洪仁玕
蘇州
清咸豐十年（1860）
1 頁（與 Or.12953 和 Or.12954 合訂）
　　　　　　　　　Or.12918

1550
洪仁玕致黃第信札封套
（清）洪仁玕
寫本；蘇州
清咸豐十年（1860）
1 葉絲織品；19 厘米×14 厘米（與 Or.12918 和 Or.12953 合訂）
　　　　　　　　　Or.12954

1551
忠王李秀成復英國傳教士艾約瑟、楊篤信書
(清)李秀成
寫本
清咸豐十年(1860)
1葉,鈐印,現裝在玻璃框內;48厘米×38厘米
内容爲介紹干王洪仁玕與兩耶穌會士在蘇州見面。
Or.8142

1552
太平天國十一年十月初三忠王李秀成致侄李容椿、子李容發作戰手諭一則
(清)李秀成
寫本;杭州
清祺祥元年(1861)
1葉帛書,綢封,鈐"忠王"官印;35厘米×20厘米
Or.11015

1553
太平天國首領致英法書信
清咸豐十年(1860)
Or.1430

1554
天王御照
(清)洪秀全
稿本
清祺祥元年(1861)
黃絹;76厘米×100厘米
Or.12501

1555
太平天國幼主詔令(太平天國拾年九月至十二月、拾一年正月)
(清)洪天貴福
寫本
清咸豐十年至祺祥元年(1860-1861)
35頁
Or.7420

1556
干王洪仁玕、忠王李秀成誼諭一件　干王洪仁玕誼諭兩件　幼天王詔書七件
(清)洪仁玕、(清)李秀成、(清)洪天貴福
南京
清祺祥元年(1861)
114.5厘米×57厘米不等
15529.a.6

1557
干王洪仁玕諭
(清)洪仁玕
97厘米×143厘米
15529.a.6(7)

1558
太平天國十一年干王洪仁玕、忠王李秀成等致英國翻譯官福某等信札十件、告示一件、路引一件
Proclaimation of Rebels Chinese
(清)洪仁玕、(清)李秀成等
寫本
清祺祥元年(1861)
12種
Or.4047

1559
太平天國海關照會
稿本

清祺祥元年(1861)
4頁
　　　　　　　　　　　Or.12502

1560
忠王自傳(英譯本)
The Autobiography of the Chung Wang
(清)李秀成著、(英國)李華達譯
WALTER THURLOW LAY (translator)
美華書館：上海
American Presbyterian Mission Press：Shanghai
清同治四年(1865)、光緒六年(1880)
104頁；21厘米
　　　　　　　　　　　11102.b.23

1561
忠王自傳(李秀成自述)(英譯本)
The Autobiography of the Chung Wang
(清)李秀成著、(英國)李華達譯
WALTER THURLOW LAY (translator)
抄本
1冊,242頁
　　　　　　　　　　　Or.11179

1562
偽忠王親筆口供
(清)李秀成
清同治三年(1864)
58頁,11頁,11頁
　　　　　　　　　　　15297.c.2

1563
詔書蓋璽頒行論
(清)吳容寬等
南京
清咸豐三年(1853)

2頁,15頁
　　　　　　　　　　　15297.d.26

1564
建天京於金陵論
(清)吳容寬等
南京
清咸豐三年(1853)
2頁,29頁
　　　　　　　　　　　15297.d.31

1565
貶妖穴為罪隸論
(清)何震川等
南京
清咸豐三年(1853)
18頁
　　　　　　　　　　　15297.d.23

1566
張遇春致戈登札(戈登文書)
(清)張遇春
清同治二年(1863)？
第1-6頁
　　　　　　　　　　　Or.2338(1)

1567
程學啓致戈登札(戈登文書)
(清)程學啓
清同治二年至三年(1863-1864)
第7-53頁
　　　　　　　　　　　Or.2338(2)

1568
程學啓致戈登札(戈登文書)
(清)程學啓
清同治三年(1864)

第 54 頁

　　　　　　　　　　Or. 2338(3)

1569
周興隆致戈登札(戈登文書)
(清)周興隆
清同治二年(1863)？
第 55 – 58 頁

　　　　　　　　　　Or. 2338(4)

1570
抄錄偽書兩件：真忠軍師忠王李秀成書致護王殿下、真忠軍師忠王李書致潮王黃第(戈登文書)
(清)李秀成
清同治二年(1863)
第 59 – 60 頁

　　　　　　　　　　Or. 2338(5)

1571
黃芳致戈登札一封(戈登文書)
(清)黃芳
清同治二年(1863)？
第 61 – 62 頁

　　　　　　　　　　Or. 2338(6)

1572
大清欽命總理各國事務和碩恭親王致戈登札兩件(戈登文書)
(清)奕訢
清同治三年(1864)
第 63 – 70 頁

　　　　　　　　　　Or. 2338(7)

1573
郭松林致戈登札四封(戈登文書)
(清)郭松林

清同治三年(1864)？
第 71 – 77 頁

　　　　　　　　　　Or. 2338(8)

1574
李恒嵩致同僚札兩封、致戈登札六封(戈登文書)
(清)李恒嵩
約清同治二年(1863)
第 78 – 89 頁

　　　　　　　　　　Or. 2338(9)

1575
李鴻章致戈登信札兩件(戈登文書)
(清)李鴻章
清同治二年至三年(1863 – 1864)
第 90 – 96 頁

　　　　　　　　　　Or. 2338(10)

1576
李鶴章致戈登札十封(戈登文書)
(清)李鶴章
清同治二年至三年(1863 – 1864)
第 97 – 129 頁

　　　　　　　　　　Or. 2338(10)

1577
李鴻章致戈登信札(戈登文書)
(清)李鴻章
清同治二年至三年(1863 – 1864)
第 130 – 135 頁

　　　　　　　　　　Or. 2338(11)

1578
李鴻章致戈登札、照會共四十餘件(戈登文書)
(清)李鴻章

清同治二年至三年(1863-1864)
第1-148頁
Or.2338(11)

1579
戈登、李恒嵩稟李鴻章函及李鴻章批答一件(戈登文書)
(英國)戈登、(清)李恒嵩、(清)李鴻章
清同治二年(1863)
第149-150頁
Or.2338(12)

1580
以戈登名義寫給李鴻章、程學啓信札二十六封及告示數道
(英國)戈登
清同治二年至三年(1863-1864)
第1-33頁
Or.2338(13)

1581
李鶴章致戈登札一封(戈登文書)
(清)李鶴章
清同治二年(1863)
第136-137頁
Or.2338(14)

1582
會帶常勝軍李恒嵩致戈登移文三件(戈登文書)
(清)李恒嵩
清同治二年(1863)
第151-162頁
Or.2338(15)

1583
李安堂致戈登札慰問其父去世(戈登文書)
(清)李安堂
清同治五年(1866)
第163-167頁
Or.2338(16)

1584
羅榮光致戈登移文一件(戈登文書)
(清)羅榮光
清同治三年(1864)
第138-141頁
Or.2338(17)

1585
羅榮光致戈登信一件(戈登文書)
(清)羅榮光
清同治三年(1864)
第142-143頁
Or.2338(18)

1586
太平天國慕王譚(紹光)書覆戈登信一件(戈登文書)
(清)譚紹光
清同治二年(1863)
第144-146頁
Or.2338(19)

1587
忠王李秀成、慕王譚紹光回復戈登信一封(戈登文書)
(清)李秀成、(清)譚紹光
清同治二年(1863)
第168-170頁
Or.2338(20)

1588
欽加鹽運使銜署理江南分巡蘇松太兵備道黃某移文戈登兩件、咨文一件（戈登文書）
（清）黃某
清同治二年（1863）
第 171 – 188 頁

Or. 2338（21）

1589
欽命署理江南分巡蘇松太兵備道丁日昌致戈登札一封、照會一件（戈登文書）
（清）丁日昌
清同治三年（1864）
第 189 – 195 頁

Or. 2338（22）

1590
督帶常勝軍二品頂戴前蘇松太道吳某照會戈登三件（戈登文書）
（清）吳某
清同治二年（1863）
第 196 – 211 頁

Or. 2338（23）

1591
丁日昌致戈登札兩封（戈登文書）
（清）丁日昌
清同治三年（1864）（據信封）
第 147 – 155 頁

Or. 2338（24）

1592
錢德承致戈登札一封（戈登文書）
（清）錢德承
清同治二年（1863）？
156 – 157 頁

Or. 2338（25）

1593
楊鼎勛致戈登札一封（戈登文書）
（清）楊鼎勛
清同治二年（1863）？
158 – 159 頁

Or. 2338（26）

1594
分巡蘇松太道應某照會戈登一件（戈登文書）
（清）應寶時
清同治三年（1864）
第 212 – 215 頁

Or. 2338（27）

1595
管帶撫標親軍炮隊兩江即補協鎮都督府羅某致戈登札一件、江南分巡蘇松太兵備道致戈登公文信一封、欽命署理浙江提督鮑超致戈登信一封、周興隆等致戈登信封五件（戈登文書）
（清）鮑超等
清同治三年（1864）
第 216 – 223 頁

Or. 2338（28）

1596
抄錄官軍克復吳江震澤縣城、蘇州、嘉興、常州等府州縣摺片及諭旨共十件（戈登文書）
（清）李鴻章等
清同治二年至三年（1863 – 1864）
第 1 – 21 頁

Or. 2338（29）

史　部

1597
李鴻章奏稿兩件、李恒嵩稟李鴻章稿十九件及李鴻章批覆四件（戈登文書）
（清）李鴻章、（清）李恒嵩
清同治二年至三年（1863－1864）
第 22－62 頁
　　　　　　　　　　　　Or.2338（30）

1598
撫憲批一件（戈登文書）
（清）李恒嵩
清同治二年（1863）？
第 160 頁
　　　　　　　　　　　　Or.2338（31）

1599
江蘇軍事地圖
清同治二年至三年（1863－1864）
21 頁
鈐戈登關防。
　　　　　　　　　　　　Or.2338（32）

1600
傳旨嘉獎戈登章服四襲及隨同各件清單一份、抄複本一份（戈登文書）
清同治三年（1864）
第 224－233 頁
　　　　　　　　　　　　Or.2338（33）

1601
太平天國殿前誠對天日頂天扶朝綱揚王李某諄諭一件（戈登文書）
清同治二年（1863）
第 234 頁
　　　　　　　　　　　　Or.2338（34）

1602
太平天國甲子十四年三月來文底簿——玄字第一號（戈登文書）
清同治三年（1864）
第 63－70 頁
　　　　　　　　　　　　Or.2338（35）

1603
太平天國發放物品清單
第 71－79 頁
　　　　　　　　　　　　Or.2338（36）

1604
太平天國發文登記簿
第 80－82 頁
　　　　　　　　　　　　Or.2338（37）

1605
太平天國癸開十三年軍兵名冊三十餘件（戈登文書）
清同治二年（1863）
1 冊,50 頁
　　　　　　　　　　　　Or.2338（38A）

1606
太平天國癸開十三年軍兵名冊十餘件（戈登文書）
清同治二年（1863）
1 冊,86 頁
　　　　　　　　　　　　Or.2338（38B）

1607
太平天國癸開十三年軍兵名冊十餘件（戈登文書）
清同治二年（1863）
48 頁
　　　　　　　　　　　　Or.2338（38C）

1608
李恒嵩致戈登札一封（戈登文書）
（清）李恒嵩
清同治二年（1863）？
第 161－162 頁
　　　　　　　　　　　Or. 2338（39）

1609
程學啓致戈登札（戈登文書）
（清）程學啓
清同治二年（1863）？
第 163 頁
　　　　　　　　　　　Or. 2338（39）

1610
程學啓致戈登札（戈登文書）
（清）程學啓
約清同治二年（1863）
存 34－42 頁
　　　　　　　　　　　Or. 2338（40）

1611
太平天國賬册
約清同治二年（1863）
9 頁
　　　　　　　　　　　Or. 2338（40）

1612
曾國藩、李鴻章、鮑超、潘曾瑋、吳建瀛、蔡元隆諸人傳記、李鴻章等人職銜名目（戈登文書）
紙張版心有"老三益"字樣
清同治三年（1864）
27 頁（有 9 頁空白）
　　　　　　　　　　　Or. 2338（41）

1613
太平天國護王寶批一件（戈登文書）
（清）陳坤書
清同治二年（1863）
第 235 頁
　　　　　　　　　　　Or. 2338（42）

1614
有關處決太平天國諸王的公告（戈登文書）
（清）李鴻章
清同治三年（1864）
1 頁
　　　　　　　　　　　Or. 3534 A

1615
致曾亞財函（戈登文書）
（清）申光順
　　　　　　　　　　　Or. 3534 A（1）

1616
阿拉伯文獻（戈登文書）
1 頁
　　　　　　　　　　　Or. 3534 A（2）

1617
粵海關外洋船牌（戈登文書）
（清）粵海關部恒某
廣州
清咸豐六年（1856）
第 3 頁
　　　　　　　　　　　Or. 3534 A（3）

1618
虎門報單（戈登文書）
清咸豐六年（1856）
第 4－5 頁
　　　　　　　　　　　Or. 3534 A（4－5）

史　部

1619
船行執照（戈登文書）
（清）虎門屯防袁某
清咸豐六年（1856）
第 6 頁；68 厘米 × 49.5 厘米
　　　　　　　　　　Or. 3534 A(6)

1620
致黃埔大黃旗買辦胡津官函（英國與西方各國交戰之例）（戈登文書）
　　　　　　　　　　Or. 3534 A(7-8)

1621
滿語文獻一件（戈登文書）
　　　　　　　　　　Or. 3534 A(9-10)

1622
滿語文獻一件（戈登文書）
　　　　　　　　　　Or. 3534 A(11)

1623
李鴻章為蘇州殺降事針對戈登之不滿所發告示（戈登文書）
（清）李鴻章
清同治三年（1864）
第 12 頁
　　　　　　　　　　Or. 3534 A(12)

1624
署理浙江提督鮑超致戈登緊急軍情公文（戈登文書）
（清）鮑超
清同治三年（1864）
第 13 頁
　　　　　　　　　　Or. 3534 A(13)

1625
李鴻章致戈登信件（戈登文書）
（清）李鴻章
清同治二年（1863）
第 1-4 頁
　　　　　　　　　　Or. 3534 B

1626
李鴻章致戈登信件（戈登文書）
（清）李鴻章
清同治二年（1863）
第 5-16 頁
　　　　　　　　　　Or. 3534 B

1627
崇厚致戈登信件（戈登文書）
（清）崇厚
清同治二年（1863）
第 17-19 頁
　　　　　　　　　　Or. 3534 B

1628
崇厚致戈登信件（戈登文書）
（清）崇厚
清同治二年（1863）
第 20-21 頁
　　　　　　　　　　Or. 3534 B

1629
致戈登信件（戈登文書）
清同治二年（1863）
第 22-23 頁
　　　　　　　　　　Or. 3534 B

1630
李鴻章致戈登信件（戈登文書）
（清）李鴻章

清同治二年(1863)、三年(1864)
第 24 – 37 頁
　　　　　　　　　　　　Or. 3534 B

1631
寶鋆、景廉、沈桂芬、李鴻藻等送戈登平銀一千兩的禮單和各人名刺（戈登文書）
(清)寶鋆等
清同治二年(1863)
第 38 – 50 頁
　　　　　　　　　　　　Or. 3534 B

1632
粵匪起手根由
寫本
清同治三年(1864)？
19 頁
　　　　　　　　　　　　Or. 3534 C

1633
李鴻章等致戈登信件
(清)李鴻章等
寫本
清同治二年(1863)
17 項
夾有一份"報銷底簿"。
　　　　　　　　　　　　Or. 12914

1634
吳中平寇記
(清)錢勗
上海
清光緒元年(1875)
8 卷
　　　　　　　　　　　　15297. a. 20

1635
平定粵匪紀略
(清)官文等
申報館：上海
清同治四年(1865)？
6 冊；17 厘米
　　　　　　　　　　　　15293. e. 13

1636
平定粵匪紀略
(清)官文等
清同治八年(1869)
18 卷，又 4 卷
　　　　　　　　　　　　15292. c. 10

1637
平定粵匪紀略
(清)官文等
清同治九年(1870)
18 卷，又 4 卷
　　　　　　　　　　　　15331. d. 11

1638
紫光閣功臣小像並湘軍平定粵匪戰圖
(清)彭鴻年編輯
清光緒二十七年(1901)
　　　　　　　　　　　　15305. d. 13

1639
思痛記
(清)李圭
清光緒七年(1881)
2 卷
　　　　　　　　　　　　15258. b. 12

1640
金陵述略

史　部

(清)上元鋒鏑餘生
清咸豐三年(1853)
6頁,2頁
15297.c.1

1641
避難竹枝詞
(清)吳少雲、(清)劉壁山
清同治二年(1863)
22頁,2頁
15327.e.14

1642
平浙紀略
(清)楊昌濬
上海
清光緒元年(1875)
16卷
15297.b.17

時令類

1643
月令廣義
(明)馮應京
明萬曆三十年(1602)
2冊,24卷及附錄
15255.b.2

1644
月令粹編
(清)秦嘉謨
琳琅仙舘
清嘉慶十七年(1812)
24卷
15255.b.3

1645
月令
清道光十年(1830)?

1646
欽定授時通考
(清)鄂爾泰等
清道光六年(1826)
78卷
15252.e.16

地理類

總志屬

1647
太平寰宇記
(宋)樂史
清乾隆五十八年(1793)
200卷
15261.a.1

1648
太平寰宇記
(宋)樂史
清嘉慶八年(1803)?
2冊,200卷
15280.d.3

1649
元豐九域志
(宋)王存
清乾隆十五年(1750)?
10卷,缺卷首、卷1

1650
天下一統志
(明)李賢
萬壽堂
明天順五年(1461)?
卷61-90
　　　　　　　　　15261.d.3

1651
大明一統志
(明)李賢
明天順五年(1461)?
8冊,90卷
　　　　　　　　　15270.b.1

1652
大明一統志
(明)李賢
明天順五年(1461)?
　　　　　　　　　15270.e.3

1653
一統志
(明)李賢
明天順五年(1461)?
　　　　　　　　　15261.e.1

1654
一統志
(明)李賢
積秀堂、萬壽堂
18世紀?
4冊,90卷
　　　　　　　　　15261.d.2

1655
增補輿圖備攷
(明)潘光祖
英秀堂
清順治七年(1650)(據序)
2冊,18卷
　　　　　　　　　15271.a.8

1656
殊域周咨錄
(明)嚴從簡
明萬曆十一年(1583)
2冊,20卷
　　　　　　　　　15271.b.7

1657
重訂廣輿記
(明)陸應陽撰、(清)蔡方炳增訂
清康熙二十五年(1686)
2套,16本
　　　　　　　　　15276.d.4

1658
廣輿記
(明)陸應陽
清乾隆十五年(1750)?
僅存卷2
　　　　　　　　　15261.e.5

1659
重訂廣輿記
(明)陸應陽撰、(清)蔡方炳增訂
清嘉慶七年(1802)
24卷
　　　　　　　　　15261.e.4

1660
重訂廣輿記
(明)陸應陽撰、(清)蔡方炳增訂

史　部

大文堂
清嘉慶七年(1802)
2册,存卷1－2、6－7、12－18、24
　　　　　　　　　15261.e.7

1661
廣輿古今鈔
(清)程晴川
有誠堂
清乾隆三十二年(1767)
2卷
　　　　　　　　　15271.c.6

1662
大明廣輿考
(明)汪縫預
明萬曆三十九年(1611)
2卷
　　　　　　　　　15276.e.9

1663
大明廣輿考
(明)汪縫預
明萬曆三十九年(1611)
2册
　　　　　　　　　Or.13160

1664
廣輿吟稿附編
(清)宋思仁
清乾隆五十七年(1792)
19頁,2頁
　　　　　　　　　15271.a.9

1665
天下郡國利病書
(清)顧炎武

清嘉慶十六年(1811)
7册
　　　　　　　　　15271.e.6

1666
讀史方輿紀要
(清)顧祖禹
敷文閣藏板,宏道堂發兌
清乾隆三十九年(1774)(據序)
130卷
　　　　　　　　　15275.e.1

1667
讀史方輿紀要
(清)顧祖禹
清嘉慶十年(1805)
9卷
　　　　　　　　　15275.b.14

1668
方輿紀要簡覽
(清)顧祖禹撰、(清)潘鐸輯錄
紅杏書屋
清咸豐八年(1858)
2册,34卷
　　　　　　　　　15275.c.8

1669
五代地理考
(清)練恕
清道光十八年(1838)
2卷及增補
　　　　　　　　　15275.b.9

1670
歷代疆域表
(清)段長基

清嘉慶二十二年(1817)
3 卷

1671
大清一統志
(清)穆彰阿等
清乾隆九年(1744)
14 冊,356 卷;表 3 冊,608 頁
15261.b

1672
大清一統志表
(清)萬廷蘭編、(清)徐午訂正
清乾隆五十八年(1793)
15261.e.6

1673
方輿新鈔
(清)張朱梅
清乾隆十二年(1747)
12 卷
15271.a.7

1674
乾隆府廳州縣圖志
(清)洪亮吉
清乾隆五十三年(1788)
2 冊,50 卷
15263.d.4

1675
歷代地理志韻編今釋
(清)李兆洛
清道光十七年(1837)
1 冊,20 卷,又 2 卷
15275.b.13

1676
今古地理述
(清)王子音
清嘉慶十一年至十二年(1806-1807)
6 冊,40 卷
15263.a.1

1677
帝輿合覽
(清)何炳
清道光十三年(1833)
2 卷
15261.e.8

1678
皇朝輿地略
(清)六承如
南京
清道光二十一年(1841)
3 部分
15271.a.4

1679
皇朝輿地略
(清)六承如
知足齋:承陽
清同治七年(1868)
4 部分(20 頁,45 頁,10 頁,1 頁)
15271.a.26

1680
地理書(寧波方言)
(美國)丁韙良
WILLIAM ALEXANDER PARSONS MARTIN
寧波
清咸豐九年(1859)

史　部

52 頁,1 幅地圖

15263.b.4

1681
地理全志
(英國)慕維廉
WILLIAM MUIRHEAD
墨海書館:上海
清咸豐四年(1854)
第 2 冊,10 卷

15275.a.12

1682
地理志略
(美國)江戴德
LYMAN DWIGHT CHAPIN
美華書院:北京
清光緒八年(1882)
68 頁

15261.e.9

1683
各省地名
寫本
清光緒元年(1875)前
1 冊

Or.7386

1684
中國地名手冊(英文)
(英國)約翰·里夫斯
JOHN REEVES
稿本
清道光十年(1830)?
一束散片;6.5 厘米 × 13 厘米

Or.8135

1685
中國坤輿詳誌(法文)
Géographie de l'Empire de Chine (Cours Supérieur)
(法國)夏之時
LOUIS RICHARD
天主教會土山灣孤兒院印刷所:上海
Imprimerie de la Mission Catholique à l'Orphelinat de T'ou-sé-wé: Chang-hai
清光緒三十一年(1905)
18 頁,564 頁,22 頁

11094.a.7

1686
中國坤輿略誌(法文)
Géographie de l'Empire de Chine (Cours Inférieur)
(法國)夏之時
LOUIS RICHARD
天主教會土山灣孤兒院印刷所:上海
Imprimerie de la Mission Catholique à l'Orphelinat de T'ou-sé-wé: Chang-hai
清光緒三十一年(1905)
12 頁,274 頁,11 頁

11094.a.8

1687
中國坤輿詳誌(英譯本)
Comprehensive Geography of the Chinese Empire and Dependencies
(法國)夏之時著、(英國)甘沛樹譯
LOUIS RICHARD (author), M. KENNELLY (translator)
天主教會土山灣孤兒院印刷所:上海
Imprimerie de la Mission Catholique à l'Orphelinat de T'ou-sé-wé: Chang-hai
清光緒三十四年(1908)

18頁,713頁

11094.d.5

1688
中華帝國全志(法文)
Decription de l'Empire de la Chine et de la Tartarie Chinoise
(法國)杜赫德
JEAN BAPTISTE DU HALDE
巴黎
Paris
清雍正十三年(1735)
4冊

453.h.16-19

1689
中國地理志(法譯本)
Description Géographique de la Chine
(意大利)衛匡國譯
MARTINUS MARTINI (translator)
清康熙三十五年(1696)
216頁,具地圖

566.k.5

都會郡縣屬

1690
欽定日下舊聞考
(清)于敏中等
清乾隆三十九年(1774)
8套,160卷

15277.b.2

1691
畿輔通志
(清)唐執玉
清雍正十三年(1735)
11冊,120卷

15277.a.2

1692
涿州志
(明)劉坦、(明)鄭恢
明正德九年(1514)
12卷

Or. Micr. 73/1

1693
天津縣志
(清)朱奎揚
清乾隆四年(1739)
8冊,24卷,缺卷13-14(第5冊)

15268.b.25

1694
臨榆縣志
(清)鍾和梅
清乾隆二十一年(1756)
1函,6冊

15270.a.7

1695
安州誌
(清)王朝佐
清康熙十九年(1680)
10卷

15265.e.2

1696
宣化府志
(清)王者輔
清乾隆二十二年(1757)
42卷

15270.a.6

史　部

1697
汜水縣志
（清）許勉燉
清乾隆九年（1744）
22卷，附規劃圖和地圖
　　　　　　　　　15276.b.1

1698
開封府志
（清）管竭忠
清康熙三十四年（1695）
40卷
　　　　　　　　　15270.b.3

1699
河內縣志
（清）李檖
清康熙三十二年（1693）
5卷
　　　　　　　　　15267.a.10

1700
鄆城縣志
（明）李振聲
明崇禎十年（1637）
10卷
　　　　　　　　　Or.Micr.94/3

1701
重修淇縣志
（明）劉鉅、（明）劉伯璋
明嘉靖二十四年（1545）
10卷
　　　　　　　　　Or.Micr.73/2

1702
齊乘
（元）于欽
清乾隆四十六年（1781）
1函，6冊
　　　　　　　　　15276.a.3

1703
山東通志
（明）陸釴
明嘉靖十二年（1533）
40卷，存卷1－18
　　　　　　　　Or.Micr.315－316

1704
山東通志
（清）岳濬
清道光十七年（1837）
4函，36卷
　　　　　　　　　15276.c.2

1705
沂水縣志
（清）張燮
清道光七年（1827）
4冊，10卷
　　　　　　　　　15260/74

1706
招遠縣志、續志
（清）張作礪、（清）陳國器
清道光二十六年（1846）
12卷，4卷
　　　　　　　　　15260/48

1707
臨清直隸州志
（清）張度
清乾隆五十年（1785）

1708
膠州志
(清)張同聲
清道光二十五年(1845)
40卷

15260/58

1709
高苑縣志
(清)張耀璧
清乾隆二十三年(1758)
10卷

15260/38

1710
濰縣志
(清)張耀璧
清乾隆二十五年(1760)
6卷

15260/56

1711
重刻館陶縣志
(清)趙知希
清光緒十九年(1893)
4冊,12卷

15260/30

1712
泗水縣志
(清)趙英祚
清光緒十八年(1892)
15卷

15260/20

11卷

15269.e.13

1713
魚臺縣志
(清)趙英祚
清光緒十五年(1889)
4冊

15260/93

1714
萊蕪縣志
(明)陳甘雨
明嘉靖二十七年(1548)
8卷

15260/79

1715
兗州府志
(清)陳顧𤃩
清乾隆二十一年(1756)
32卷,缺卷3

15269.c.12

1716
兗州府志
(清)陳顧𤃩
清乾隆三十五年(1770)
32卷

15260/16

1717
日照縣志
(清)陳懋
清光緒十二年(1886)
4冊,12卷

15260/75

1718
益都縣志

(清)陳食花
清康熙十二年(1673)
14卷
15260/34

1719
曹縣志
(清)陳嗣良
清光緒十年(1884)
12册,18卷
15260/87

1720
寧陽縣志
(清)陳文顯
清光緒十三年(1887)
24卷
15260/18

1721
費縣志
(清)陳瑗
清光緒二十五年(1899)
10册,16卷,首1卷
15260/72

1722
登州府志
(清)施閏章等
清順治十七年(1660)、乾隆七年(1742)
22卷,補編12卷
15269.a.14

1723
登州府志
(清)賈瑚
清光緒七年(1881)
69卷
15260/44

1724
新泰縣志
(清)江乾達
清光緒十七年(1891)
6册,20卷
15260/78

1725
濟南府志
(清)蔣焜
清康熙三十一年(1692)
54卷,存卷4-7、9-16、18-38
15276.b.3

1726
濟南府志
(清)王贈芳
清道光二十年(1840)
72卷,首1卷
15260/1

1727
博興縣志
(清)周壬福
清道光二十年(1840)
13卷
15260/37

1728
昌邑縣志
(清)周來邰
清乾隆七年(1742)
8卷
15260/57

1729
曹州府志
(清)周尚質
清乾隆二十一年(1756)
22卷
　　　　　　　　　15269.c.14

1730
曹州府志
(清)周尚質
清乾隆二十一年(1756)
12冊,22卷
　　　　　　　　　15260/83

1731
壽張縣志
(清)莊鴻烈
清光緒二十六年(1900)
10卷
　　　　　　　　　15260/24

1732
青州府志
(清)崇恩
清咸豐九年(1859)
64卷
　　　　　　　　　15260/33

1733
青城縣志
(清)方鳳
清道光二十六年(1846)
4冊,12卷
　　　　　　　　　15260/63

1734
夏津縣志

(清)方學成
清乾隆六年(1741)
6冊,10卷
　　　　　　　　　15260/95

1735
博山縣志
(清)富申
清乾隆十八年(1753)
10卷
　　　　　　　　　15260/35

1736
聊城縣志
(清)何一傑
清康熙二年(1663)
4卷
　　　　　　　　　15260/25

1737
福山縣志
(清)何樂善
清乾隆二十八年(1763)
12卷
　　　　　　　　　15269.c.13

1738
武定府志
(清)赫達色
清乾隆二十四年(1759)
38卷
　　　　　　　　　15269.b.9

1739
武定府志
(清)李熙齡
清咸豐九年(1859)

史　部

38 卷
　　　　　　　　　　　15260/61

1740
安丘縣志
(明)熊元、(明)馬文煒
明天啓五年(1625)
28 卷
　　　　　　　　　　Or. Micr. 93/2

1741
莒州志
(清)許紹錦
清嘉慶元年(1796)
6 册,16 卷
　　　　　　　　　　15260/73

1742
濟寧直隸州志
(清)胡德琳
清乾隆五十年(1785)
34 卷,缺卷 3－4
　　　　　　　　　　15269.a.12

1743
濟寧直隸州志、續志
(清)徐宗幹、(清)盧朝安
清咸豐九年(1859)
24 册,10 卷,4 卷
　　　　　　　　　　15260/90

1744
高唐州志
(清)龍圖躍
清康熙五十一年(1712)
12 卷
　　　　　　　　　　15267.a.4

1745
高唐州志
(清)周家齊
清光緒三十三年(1907)
8 卷
　　　　　　　　　　15260/32

1746
泰安縣志
(清)徐宗幹
清同治六年(1867)
14 册,13 卷
　　　　　　　　　　15287.c.5

1747
海豐縣志
(清)胡公著
清康熙十年(1671)
12 卷,首 1 卷
　　　　　　　　　　Or. Micr. 133/2

1748
濟陽縣志
(清)胡德琳
清乾隆三十年(1765)
14 卷,首 1 卷
　　　　　　　　　Or. Micr. 132/2133/1

1749
歷城縣志
(清)胡德琳
清乾隆三十八年(1773)(或據舊版印刷)
50 卷,首 1 卷
　　　　　　　　　　15260/2

1750
平原縣志
（清）黃懷祖
清乾隆十四年（1749）
10 卷
　　　　　　　　　　15260/15

1751
棲霞縣志
（清）黃麗中
清光緒五年（1879）
10 卷
　　　　　　　　　　15260/47

1752
滋陽縣志
（清）黃師誾
清光緒十四年（1888）
14 卷
　　　　　　Or. Micr. 134/2135/1

1753
鉅野縣志
（清）黃維翰
清道光二十六年（1846）
24 卷
　　　　　　　　　　15260/86

1754
濮州志
（清）高士英
清宣統元年（1909）
8 冊
　　　　　　　　　　15260/88

1755
嘉祥縣志

（清）官擢午
清光緒三十四年（1908）
4 冊
　　　　　　　　　　15260/92

1756
商河縣志
（清）龔廷煌
清道光十六年（1836）
8 冊, 8 卷
　　　　　　　　　　15260/66

1757
沂州志
（清）邵士
清康熙十三年（1674）
8 冊, 8 卷
　　　　　　　　　　15260/70

1758
沂州府志
（清）李希賢
清乾隆二十五年（1760）
36 卷
　　　　　　　　　　15267.a.9

1759
濱州志
（清）李熙齡
清咸豐十年（1860）
4 冊, 12 卷
　　　　　　　　　　15260/67

1760
東阿縣志
（清）李賢書
清道光九年（1829）

史　部

12 冊,24 卷
15260/81

1761
續武城縣志
(清)厲秀芳
清道光二十一年(1841)
4 冊,14 卷
15260/94

1762
汶上縣志
(明)栗可仕
清康熙五十六年(1717)
4 冊
15260/23

1763
汶上縣志、續志
(明)栗可仕、(清)聞元炅
清康熙五十六年(1717)
8 卷,6 卷
Or. Micr. 93/1

1764
榮成縣志
(清)李天鷟
清道光二十年(1840)
10 卷
15260/52

1765
霑化縣志
(清)聯印
清光緒十七年(1891)
16 卷,首 1 卷
Or. Micr. 134/1

1766
即墨縣志
(清)尤淑孝
清乾隆二十九年(1764)
12 卷及增補
15269.a.5

1767
即墨縣志
(清)林溥
清同治十二年(1873)
12 卷
15260/60

1768
德平縣志
(清)凌錫祺
清光緒十九年(1893)
12 卷
15260/14

1769
菏澤縣志
(清)凌壽柏
清光緒十一年(1885)
6 冊,18 卷
15260/84

1770
壽光縣志
(清)劉翰周
清嘉慶四年(1799)
20 卷
15260/40

1771
諸城縣續志

(清)劉光斗
清道光十四年(1834)
23卷
15260/43

1772
高密縣志
(清)羅邦彥
清光緒二十二年(1896)
10卷
15260/59

1773
鄒平縣志
(清)羅宗瀛
清道光十六年(1836)
18卷
15260/4

1774
鄒縣志
(清)婁一均
清康熙五十四年(1715)、光緒十八年(1892)
8冊
15260/19

1775
堂邑縣志
(清)盧承琰
清光緒十八年(1892)
20卷
15260/26

1776
樂安縣志
(清)李方膺
清雍正十一年(1733)
20卷
15260/39

1777
長山縣志
(清)倪企望
清嘉慶六年(1801)
16卷
15260/5

1778
文登縣志
(清)歐文
清道光十九年(1839)
10卷
15260/50

1779
文登縣志
(清)歐文
清道光十九年(1839)
10卷
15275.d.16

1780
曲阜縣志
(清)潘相
清乾隆三十九年(1774)
100卷
15287.b.8

1781
曲阜縣志
(清)潘相
清乾隆三十九年(1774)
100卷
15260/17

史　部

1782
重修平度州志
(清)保忠
清道光二十九年(1849)
27卷
15260/55

1783
單縣志
(清)普爾泰
清嘉慶二十四年至二十五年(1819－1820)?
13卷
15260/85

1784
齊河縣志
(清)上官有儀
清同治五年(1866)
4册,10卷
15260/7

1785
肥城縣志
(清)邵承照
清光緒十七年(1891)
6册,10卷
15260/77

1786
肥城縣志
(清)邵承照
清光緒十七年(1891)
10卷
15287.c.6

1787
臨邑縣志
(清)沈淮
清同治十三年(1874)
16卷
15260/10

1788
陵縣志
(清)沈淮
清道光二十五年(1845)
22卷
15260/12

1789
惠民縣志
(清)沈世銓
清光緒二十七年(1901)
7册,30卷
15260/62

1790
利津縣志
(清)盛贊熙
清光緒九年(1883)
4册,10卷
15260/68

1791
長清縣志
(清)舒化民
清道光十五年(1835)
16卷
15260/11

1792
寧海州志

（清）舒孔安
清同治三年（1864）
26卷
\
15260/49

1793
東昌府志
（清）嵩山
清嘉慶十三年（1808）
50卷
\
15269.e.10

1794
范縣志
（清）唐晟
清嘉慶十八年（1813）
4卷
\
15269.b.2

1795
范縣鄉土志
（清）楊沂
清光緒三十四年（1908）
2冊
\
15260/89

1796
臨淄縣志
（清）鄧性
清康熙十一年（1672）
16卷
\
15260/36

1797
東平州志
（清）左宜似
清光緒七年（1881）
20冊,27卷
\
15287.c.2

1798
東平州志
（清）左宜似
清光緒七年（1881）
20冊,27卷
\
15260/80

1799
新城縣志
（清）崔懋
清康熙三十二年（1693）
14卷
\
15260/6

1800
金鄉縣志略
（清）宗稷辰
清同治元年（1862）
4冊,12卷
\
15260/91

1801
禹城縣志
（清）董鵬翱
清嘉慶十三年（1808）
12卷
\
15260/9

1802
清平縣志
（清）萬承紹
清嘉慶三年（1798）
16卷
\
15260/29

史　部

1803
萊陽縣志
(清)萬邦維
清康熙十七年(1678)
10 卷
　　　　　　　　15269.d.19

1804
嶧縣志
(清)王振錄
清光緒三十年(1904)
25 卷
　　　　　　　　15260/22

1805
滕縣志
(清)王政
清道光二十六年(1846)
14 卷
　　　　　　　　15260/21

1806
樂陵縣志
(清)王謙益
清乾隆二十七年(1762)
8 冊, 8 卷
　　　　　　　　15260/65

1807
海陽縣續志
(清)王敬勳
清光緒六年(1880)
10 卷
　　　　　　　　15260/51

1808
恩縣志

(清)汪鴻孫
清宣統元年(1909)
10 卷
　　　　　　　　15260/31

1809
淄川縣志
(清)王康
清乾隆八年(1743)
8 卷, 首 1 卷
　　　　　　　　Or. Micr. 131

1810
茌平縣志
(清)王世臣
清康熙四十九年(1710)
5 卷
　　　　　　　　15260/28

1811
威海衛志
(清)郭文大
抄本
清道光元年(1821)後
10 卷, 首 1 卷
　　　　　　　　Or. 11582

1812
陽穀縣志
(清)王時來
清康熙五十五年(1716)
8 卷
　　　　　　　　Or. Micr. 135/2

1813
德州志
(清)王道亨

205

清乾隆五十三年(1788)
12卷
15260/13

1814
重修蓬萊縣志
(清)王文燾
清道光十九年(1839)
14卷
15260/45

1815
重修蓬萊縣志
(清)王文燾
清道光十九年(1839)
14卷
15269.d.18

1816
陽信縣志
(清)王允深
清乾隆二十四年(1759)
5冊,8卷
15260/64

1817
掖縣全志
(清)魏起鵬
清光緒十九年(1893)
2函
15260/54

1818
昌樂縣志
(清)魏禮焯
清嘉慶十四年(1809)
32卷
15260/41

1819
章邱縣志
(清)吳璋
清道光十三年(1833)
16卷
15260/3

1820
續修郯城縣志
(清)吳堦
清嘉慶十五年(1810)
4冊,10卷
15260/71

1821
博平縣志
(清)楊祖憲
清道光十一年(1831)
6卷
15260/27

1822
臨朐縣志
(清)姚延福
清光緒十年(1884)
16卷
15260/42

1823
泰安府志
(清)顏希深
清乾隆二十五年(1760)
20冊,30卷
15260/76

1824
泰安府志

（清）顏希深
清乾隆二十五年（1760）
2函,20册,30卷
奉泰安地方官命令爲慕阿德牧師特別印製,若干書版已缺失。
15287.c.1

1825
蒲臺縣志
（清）嚴文典
清乾隆二十八年（1763）
4册,4卷
15260/69

1826
萊州府志
（清）嚴有禧
清乾隆五年（1740）
16卷
15260/53

1827
黃縣志
（清）袁中立
清乾隆二十一年（1756）
12卷
15269.e.12

1828
黃縣志
（清）尹繼美
清同治十年（1871）
14卷
15260/46

1829
平陰縣志
（清）喻春林
清嘉慶十三年（1808）
4册
15260/82

1830
齊東縣志
（清）余爲霖
清嘉慶八年（1803）
6册,8卷及增補
15260/8

1831
山西通志
（明）李維楨
明崇禎二年（1629）
40卷
Or. Micr. 313-4

1832
重刊潞安府志
（明）周一梧
明萬曆四十年（1612）
20卷
Or. Micr. 324

1833
鳳臺縣志
（清）林荔
清乾隆四十九年（1784）
20卷
15261.d.4

1834
萬泉縣志
（清）畢宿燾
清乾隆二十三年（1758）

1835
榮河縣志
(明)宋綱
明嘉靖十七年(1538)
2卷
　　　　　　　　Or. Micr. 94

1836
陝西通志
(明)李思孝
明萬曆三十九年(1611)
35卷
　　　　　　　　Or. Micr. 312

1837
敕修陝西通志
(清)劉於義
清雍正十三年(1735)
100卷
　　　　　　　　15339. d. 1

1838
續鄜志
(清)陳超祚
清順治十四年(1657)
8卷
　　　　　　　　Or. Micr. 73/4

1839
渭南縣志
(明)徐吉
明天啓元年(1621)
16卷
　　　　　　　　Or. Micr. 73/3

8卷
　　　　　　　　Or. Micr. 94/2

1840
耀州志
(明)李廷寶
明嘉靖三十六年(1557)
11卷
　　　　　　　　Or. Micr. 96/3

1841
高陵縣志
(明)呂柟
清光緒十年(1884)
7卷
　　　　　　　　Or. Micr. 96/1

1842
長安志
(宋)宋敏求
靈巖山館:蘇州
清乾隆四十九年(1784)
2冊,3卷,又20卷
　　　　　　　　15267. c. 8

1843
長安志
(宋)宋敏求
清光緒十七年(1891)
1函,5冊,20卷,圖3卷
　　　　　　　　15277. c. 5

1844
華陰縣志
(明)王九疇
明萬曆四十二年(1614)
9卷
　　　　　　　　Or. Micr. 96/4

史　部

1845
甘肅地理考
（清）宋之章
稿本
19 世紀
1 冊，11 頁
　　　　　　　　　Or. 11175

1846
重修慶陽府志
（明）梁明翰、（明）傅學禮
明嘉靖三十六年（1557）
20 卷
　　　　　　　　　Or. Micr. 85

1847
臨洮府志
（明）荊州俊
明萬曆三十三年（1605）
26 卷
　　　　　　　　　Or. Micr. 86

1848
江南通志
（清）尹繼善
清乾隆二年（1737）
10 冊，200 卷
　　　　　　　　　15263. d. 1

1849
江南通志
（清）尹繼善
清乾隆二年（1737）
10 冊，200 卷，存卷 1－73、107－110、
130－137、142－151
　　　　　　　　　15263. c. 3

1850
崑新兩縣志
（清）張鴻
清道光六年（1826）
存卷 1－3
　　　　　　　　　15269. b. 3

1851
江都志
（明）張寧
明萬曆二十五年（1597）
23 卷
　　　　　　　　　15269. e. 5

1852
重修揚州府志
（清）張世浣
清同治十三年（1874）
7 冊
　　　　　　　　　15277. c. 3

1853
重修江陰縣志
（明）趙錦、（明）張袞
明嘉靖二十六年（1547）
21 卷
　　　　　　　　　Or. Micr. 66/1

1854
江陰縣志
（清）陳延恩
清道光二十年（1840）
28 卷
　　　　　　　　　15267. d. 4

1855
崇明縣志

（清）趙廷健
清乾隆二十五年（1760）
20 卷
　　　　　　　15269.b.4

1856
寶山縣志
（清）趙酉
清乾隆十一年（1746）
10 卷
　　　　　　　15269.a.11

1857
松江府志（有關製陶業部分）
（明）陳威
明正德七年（1512）
僅存卷 16
　　　　　　　Or. Micr. 495

1858
松江府志
（清）宋如林
清嘉慶二十二年（1817）
84 卷（殘本）
　　　　　　　15265.d.1

1859
壬癸志稿
（清）錢寶琛
清光緒六年（1880）
5 冊
　　　　　　　15269.a.18

1860
吳郡圖經續記
（宋）朱長文
清嘉慶十年（1805）

3 卷
　　　　　　　15271.c.9

1861
蘇州府志
（清）盧騰龍
清康熙三十二年（1693）
5 冊
　　　　　　　15265.c.1

1862
蘇州府志
（清）雅爾哈善
清乾隆十三年（1748）
5 冊
　　　　　　　15265.c.2

1863
干巷志
（清）朱棟
清嘉慶六年（1801）
6 卷
　　　　　　　15269.e.4

1864
婁縣志
（清）謝庭薰
清乾隆五十三年（1788）
30 卷
　　　　　　　15269.a.3

1865
川沙撫民廳志
（清）何士祁
清道光十七年（1837）
12 卷
　　　　　　　15269.c.1

史　部

1866
丹徒縣志
（清）貴中孚
清嘉慶十年（1805）
47 卷
　　　　　　　　　　　15267.b.5

1867
儀徵縣志
（清）陸師
清康熙五十七年（1718）
22 卷
　　　　　　　　　　　15269.a.1

1868
儀徵縣續志
（清）顏希源
清嘉慶十一年（1806）？
10 卷
　　　　　　　　　　　15269.a.2

1869
嘉定鎮江志
（宋）盧憲
清道光二十二年（1842）
1 卷，又 22 卷，又 2 卷
　　　　　　　　　　　15277.e.2

1870
新修江寧府志
（清）呂燕昭
清嘉慶十六年（1811）
2 冊，56 卷
　　　　　　　　　　　15265.b.2

1871
丹陽縣新志

（明）馬豸
明隆慶三年（1569）
12 卷
　　　　　　　　　　Or. Micr. 67/1

1872
至順鎮江志
（元）脫因
清道光二十二年（1842）
21 卷，又 2 卷
　　　　　　　　　　　15277.e.3

1873
直隸通州志
（清）王繼祖
清乾隆二十年（1755）
22 卷
　　　　　　　　　　　15265.e.1

1874
青浦縣志
（明）王圻、（明）李官
明萬曆二十五年（1597）
8 卷
　　　　　　　　　　Or. Micr. 66/2

1875
焦山志
（清）顧沅
清道光十九年（1839）
2 冊，26 卷
　　　　　　　　　　　15269.d.17

1876
焦山志
（清）吳雲
清同治四年（1865）、光緒三十一年

(1905)
3 册,26 卷,8 卷
15232.b.3-4

1877
重刻長洲縣志
(明)張德夫
明隆慶五年(1571)
10 卷
Or.Micr.67/2

1878
上海縣志
(清)李文耀
清乾隆十五年(1750)
12 卷
15269.b.7

1879
上海縣志
(清)王大同
清嘉慶十九年(1814)
20 卷
15269.b.5

1880
同治上海縣志
(清)葉廷眷、(清)俞樾
清同治十年(1871)
32 卷
15232.b.1

1881
重修上海縣志
(清)葉廷眷、(清)俞樾
上海
清光緒八年(1882)

3 册,33 卷
15275.a.21

1882
浙江通志
(清)施維翰
清康熙二十三年(1684)
50 卷
15263.c.1

1883
敕修浙江通志
(清)嵇曾筠
清嘉慶十七年(1812)
3 卷,又 280 卷,缺卷 173-174
15280.b.2

1884
咸淳臨安志
(宋)潛說友
清道光十年(1830)
4 函,24 册
15280.d.2

1885
萬曆杭州府志
(明)陳善
明萬曆七年(1579)
100 卷
15265.b.1

1886
杭州府志
(明)陳善
明萬曆七年(1579)
100 卷,存卷 1-62
Or.Micr.88,89

史　部　　　　　　　　213

1887
杭州府志
(清)鄭澐
清乾隆四十九年(1784)
110卷
　　　　　　　15265.a.3

1888
嘉靖仁和縣志
(明)沈朝宣
清光緒十九年(1893)
14卷
　　　　　　　15276.d.10

1889
嘉興府志
(明)劉應鈳
約明萬曆二十八年(1600)
32卷
　　　　　　　Or. Micr. 90

1890
嘉善縣志
(明)章士雅
清康熙十六年(1677)
12卷
　　　　　　　15269.b.1

1891
重修烏程縣志
(明)徐守綱
明崇禎十一年(1638)
12卷
　　　　　　　Or. Micr. 68/1

1892
台州府志
(清)張聯元
清康熙六十一年(1722)
18卷
　　　　　　　15265.d.2

1893
玉環志
(清)張坦熊
清雍正十年(1732)
4卷
　　　　　　　15269.e.2

1894
瑞安縣志
(清)張德標
清嘉慶十三年(1808)
10卷
　　　　　　　15267.b.3

1895
常山縣志
(清)陳玨
清嘉慶十八年(1813)
12卷
　　　　　　　15267.e.1

1896
鄞縣志
(清)錢維喬
清乾隆五十三年(1788)
30卷
　　　　　　　15267.c.4

1897
鄞縣志
(清)錢維喬
清乾隆五十三年(1788)

30卷,存卷1-7

1898
嵊縣志
(清)李式圃
清道光八年(1828)
14卷

15267.b.1

1899
樂清縣志
(清)鮑作雨
清道光十四年(1834)
16卷

15267.d.6

1900
新昌縣志
(清)劉作樑
清康熙十年(1671)
18卷

15269.a.8

1901
龍遊縣誌
(清)盧燦
清康熙二十年(1681)
12卷

15267.a.6

1902
定海縣志
(清)繆燧
清康熙五十四年(1715)
8卷

15267.b.8

1903
象山縣志
(清)史鳴皋
清乾隆二十三年(1758)
12卷

15267.a.7

1904
象山縣志(附《象山文類》)
(清)童立成修、(清)馮登府纂
清道光十四年(1834)
22卷,附2卷

15267.d.2

1905
寧波府志
(清)曹秉仁
寧波
清雍正八年(1730)
36卷

15265.e.5

1906
寧波府志
(清)曹秉仁
清雍正十三年(1735)
36卷,僅存卷17

15265.e.3

1907
鎮海縣志
(清)王夢弼
清乾隆十七年(1752)
8卷

15267.e.3

史　部　　　　　　　　　215

1908
慈谿縣志
（清）楊正筍
清乾隆三年（1738）
16 卷
　　　　　　　15267. c. 2

1909
乍浦備志
（清）鄒璟
清道光八年（1828）
36 卷
　　　　　　　15269. c. 3

1910
遂安縣志
（清）鄒錫疇
清乾隆三十二年（1767）
10 卷
　　　　　　　15267. b. 2

1911
處州府志
（清）曹掄彬
清雍正十一年（1733）
20 卷，缺卷 1－10
　　　　　　　15265. a. 2

1912
開化縣志
（明）汪慶百
明崇禎四年（1631）
10 卷
　　　　　　　Or. Micr. 68/2

1913
武義縣志
（明）黃春
明嘉靖三年（1524）
5 卷
　　　　　　　Or. Micr. 92

1914
武義縣志
（清）張營堠
清嘉慶九年（1804）
12 卷
　　　　　　　15267. e. 8

1915
嚴州府志
（明）楊守仁
明萬曆六年（1578）
25 卷（有少量缺頁）
　　　　　　　Or. Micr. 91

1916
寧國府志
（明）陳俊
明萬曆五年（1577）
20 卷
　　　　　　　Or. Micr. 71

1917
全椒縣志
（明）楊道臣
明泰昌元年（1620）
4 卷
　　　　　　　Or. Micr. 72/3

1918
宛陵郡志備要
（清）謝庭氏
清光緒二年（1876）

4卷,又2卷

15256.d.3

1919
滁陽志
(明)李之茂
明萬曆四十二年(1614)
14卷

Or. Micr. 69/2

1920
重修六安州志
(明)李懋檜
明萬曆十二年(1584)
8卷

Or. Micr. 72/1

1921
重修廣德州志
(明)李得中、(明)李得陽
明萬曆四十年(1612)
10卷

Or. Micr. 72/2

1922
中都志
(明)柳瑛
明隆慶三年(1569)
10卷

Or. Micr. 70

1923
望江縣志
(明)羅希益
明萬曆二十二年(1594)
8卷及序記

Or. Micr. 69/1

1924
建平縣志
(清)衛廷璞
清雍正九年(1731)
22卷

15269.a.4

1925
安徽省志(《漢學雜纂》第2號)(法文)
La Province du Ngan-hoei (*Variétés Sinologiques*. No. 2)
(法國)夏鳴雷
HENRI HAVRET
天主教會土山灣孤兒院印刷所：上海
Imprimerie de la Mission Catholique à l'Orphelinat de T'ou-sé-wé：Chang-hai
清光緒十九年(1893)
3頁,130頁,具地圖

15235.c.2

1926
江西通志
(清)曾國藩
清光緒七年(1881)
185卷

15270.c.1

1927
西江志
(清)白潢
清康熙五十九年(1720)
206卷

15264.b.2

1928
鄱陽縣志
(清)陳驤

清道光四年(1824)
32卷
　　　　　　　　15267.d.3

1929
饒州府志
(清)錫德
清同治十一年(1872)
2函,16冊
　　　　　　　　15276.d.2

1930
湖廣總志
(明)徐學謨
明萬曆十九年(1591)
98卷
　　　　　　　　Or.Micr.307-1

1931
鄖陽府志
(明)徐學謨、(明)周紹稷
明萬曆六年(1578)
31卷
　　　　　　　　Or.Micr.74/2

1932
續輯漢陽縣志
(清)黃式度
清同治七年(1868)
3冊,28卷
　　　　　　　　15275.b.15

1933
鄖臺志
(明)裴應章
明萬曆十八年(1590)
10卷
　　　　　　　　Or.Micr.74/1

1934
湖南全省掌故備攷
(清)王先謙
清光緒十四年(1888)
3冊,35卷
　　　　　　　　15270.a.11

1935
長沙府志
(明)徐一鳴
明嘉靖十二年(1533)
6卷
　　　　　　　　Or.Micr.75/1

1936
長沙府志
(清)呂肅高
清乾隆十二年(1747)
50卷
　　　　　　　　15275.e.4

1937
長沙志備考
抄本
清咸豐二年(1852)後
4冊
　　　　　　　　Or.11512

1938
續修湘陰縣志
(明)李廷龍
明嘉靖四十四年(1565)
　　　　　　　　Or.Micr.75/2

1939
重修興寧縣志
(明)劉熙祚

明崇禎十年(1637)
6卷
　　　　　　　Or. Micr. 76

1940
寶慶府志
(明)陸柬
明隆慶元年(1567)
5卷
　　　　　　　Or. Micr. 75/3

1941
福建通志
(清)郝玉麟
清乾隆二年至五十五年(1737–1790)?
78卷
　　　　　　　15264.e.1

1942
福建通志
(清)郝玉麟
清乾隆五十五年(1790)?
1冊
　　　　　　　15269.e.14

1943
福建續志
(清)沈廷芳
清乾隆三十四年(1769)
92卷
　　　　　　　15264.e.2

1944
閩都記
(明)王應山
求放心齋
清道光十一年(1831)

33卷
　　　　　　　Or. Micr. 80/2

1945
惠安縣志
(明)張岳
明嘉靖九年(1530)
13卷
　　　　　　　Or. Micr. 77/1

1946
海澄縣志
(明)梁兆陽
明崇禎六年(1633)
20卷
　　　　　　　Or. Micr. 80/3

1947
海澄縣志
(清)陳鍈
清乾隆二十七年(1762)
24卷
　　　　　　　15267.d.5

1948
永春州志
(清)鄭一崧
清乾隆五十二年(1787)
16卷
　　　　　　　15265.d.4

1949
福清縣誌續略
(清)釋如一
清康熙六年(1667)
存卷1–14、18
　　　　　　　Or. Micr. 77/2

史　部　　　　　　　　　　219

1950
尤溪縣志
（明）鄧一黼
明崇禎九年（1636）
9 卷
　　　　　　　　　Or. Micr. 81/

1951
重修寧洋縣誌
（明）金基
清康熙十四年（1675）
9 卷
　　　　　　　　　Or. Micr. 81/3

1952
重修歸化誌
（明）周憲章
明萬曆四十二年（1614）
10 卷
　　　　　　　　　Or. Micr. 79/3

1953
廈門志
（清）周凱
清道光十九年（1839）
16 卷
　　　　　　　　　15269.c.4

1954
壽寧待誌
（明）馮夢龍
明崇禎十年（1637）
2 卷
　　　　　　　　　Or. Micr. 81/2

1955
長樂縣志
（清）賀世駿
清乾隆二十八年（1763）
10 卷
　　　　　　　　　15267.e.2

1956
安溪縣志
（清）謝宸荃
清康熙十二年（1673）
12 卷
　　　　　　　　　15267.e.10

1957
福州府志
（清）徐景熙
清乾隆二十一年（1756）
76 卷
　　　　　　　　　15270.e.2

1958
僊遊縣志
（清）胡啓植
清乾隆三十六年（1771）
53 卷
　　　　　　　　　15267.c.7

1959
惠安縣續志
（明）黃士紳
明萬曆四十年（1612）
4 卷
　　　　　　　　　Or. Micr. 305/2

1960
漳州府志
（清）魏荔彤
清康熙五十四年（1715）

34 卷
                              15264.d.3

1961
漳州府志
（清）李維鈺
清嘉慶十一年（1806）
46 卷
                              15264.e.3

1962
大田縣志
（明）劉維棟
明萬曆三十六年（1608）？
31 卷
                          Or. Micr. 80/1

1963
永安縣誌
（明）蘇民望
明萬曆二十二年（1594）
9 卷
                          Or. Micr. 79/1

1964
永福縣志
（明）唐學仁
明萬曆四十年（1612）
5 卷
                          Or. Micr. 78/2

1965
重修古田縣志
（明）王繼祀
明萬曆三十四年（1606）
14 卷
                          Or. Micr. 78/1

1966
龍溪縣志
（清）吳宜燮
清乾隆二十七年（1762）
24 卷
                              15276.d.5

1967
同安縣志
（清）吳鏞
清乾隆三十三年（1768）
30 卷
                             15269.a.10

1968
泉州府志
（明）陽思謙
明萬曆四十年（1612）
24 卷
                              15265.d.3

1969
重修將樂縣志
（明）黃仕禎
明萬曆三十七年（1609）
12 卷及手寫增補
                          Or. Micr. 78/3

1970
重修建陽縣志
（明）楊德政
明萬曆二十九年（1601）
8 卷
                          Or. Micr. 79/2

1971
重修沙縣誌

(明)葉聯芳
明嘉靖二十四年(1545)
10 卷

　　　　　　　　Or. Micr. 77/3

1972
龍巖縣志
(明)湯相
明嘉靖三十七年(1558)
2 部分

　　　　　　　　Or. Micr. 77/4

1973
臺灣府志
(清)劉良璧
清乾隆六年(1741)
20 卷

　　　　　　　　15265.b.3

1974
臺灣府志
(清)高拱乾
清同治十一年(1872)
26 卷

　　　　　　　　15277.b.3

1975
續修臺灣府志
(清)余文儀
清乾隆二十八年(1763)
26 卷

　　　　　　　　15265.b.4

1976
續修臺灣縣志
(清)薛志亮
清嘉慶十二年(1807)

8 卷

　　　　　　　　15267.b.4

1977
鳳山縣志
(清)王瑛曾
清乾隆二十九年(1764)
12 卷

　　　　　　　　15267.e.7

1978
廣東通志
(明)黃佐
明嘉靖三十七年(1558)?
70 卷

　　　　　　　　Or. Micr. 99–103

1979
廣東通志
(明)黃佐
明嘉靖四十年(1561)
70 卷,僅存卷 1–2

　　　　　　　　Or. 75.b.7

1980
廣東通志
(清)阮元
清道光二年(1822)
20 冊,334 卷

　　　　　　　　15264.a

1981
嶺南叢述
(清)鄧淳
養拙山房:廣州?
清道光十年(1830)
3 冊,60 卷

　　　　　　　　15271.c.2

1982
粵中見聞
(清)范端昂
五典齋
清嘉慶六年(1801)
35 卷
       15271.c.5

1983
廣東新語
(清)屈大均
水天閣
18 世紀
2 冊,28 卷
       15263.d.3

1984
廣東地方自治
泰東圖書局:上海
176 頁,44 頁
       15223.d.28

1985
羊城古鈔
(清)仇池石
文畬堂:廣州
清嘉慶十一年(1806)
8 卷
       15271.c.1

1986
南澳志
(清)齊翀
清乾隆四十八年(1783)
12 卷
       15269.e.3

1987
潮州府志
(清)周碩勳
清光緒十九年(1893)
25 冊;25 厘米
       15269.c.23

1988
香山縣志
(明)鄧遷、(明)黃佐
明嘉靖二十七年(1548)
8 卷
       Or.Micr.300/1

1989
香山縣志
(清)祝淮
清道光八年(1828)
8 卷
       15267.e.9

1990
韶州府志
(明)符錫
明嘉靖二十二年(1543)
10 卷
     Or.Micr.300/2,300/1

1991
韶州府志
(清)林述訓
清光緒二年(1876)
40 卷
       15238.a.2

1992
高要縣志

(清)韓際飛
清道光六年(1826)
22卷
　　　　　　　15271.e.7

1993
翁源縣新志
(清)謝崇俊
清嘉慶二十五年(1820)
12卷
　　　　　　　15267.d.1

1994
番禺縣志
(清)李福泰
清同治十年(1871)
54卷
　　　　　　　15287.b.9

1995
肇慶府志
(明)陸鏊
明崇禎六年(1633)
50卷
　　　　　Or. Micr. 301/3 –304

1996
惠州府志
(明)李玘
明嘉靖二十一年(1542)
12卷
　　　　　　Or. Micr. 301/2

1997
惠州府志
(清)呂應奎
清康熙二十六年(1687)

20卷
　　　　　　　15267.a.1

1998
新會縣志
(清)林星章
清道光二十一年(1841)
14卷,首1卷
　　　　　　　15277.e.6

1999
平遠縣志
(清)盧兆鰲
清嘉慶二十五年(1820)
5卷
　　　　　　　15269.a.7

2000
南海縣志
(清)潘尚楫
清道光十五年(1835)
44卷,又2卷
　　　　　　　15276.a.2

2001
新會縣志續
(清)彭君穀
清同治十年(1871)
1函,4冊
　　　　　　　15238.a.4

2002
東莞縣志
(清)彭人傑
清嘉慶三年(1798)
46卷
　　　　　　　15267.c.3

2003
從化縣新志
(清)蔡廷鑣
清雍正八年(1730)
5卷
　　　　　　　　　15267.c.1

2004
東安縣志
(清)汪兆柯
清道光四年(1824)
4卷
　　　　　　　　　15269.a.9

2005
重修新會縣志
(明)王命璿
明萬曆三十八年(1610)
7卷
　　　　　　　　Or. Micr.305/1

2006
龍門縣志
(清)毓雯
清咸豐元年(1851)
16卷
　　　　　　　　　15276.a.1

2007
澳門記略
(清)印光任
清嘉慶五年(1800)
2卷
　　　　　　　　　15271.c.8

2008
廣西通志
(明)林富、(明)黃佐
明嘉靖十一年(1532)
61卷
　　　　　　　　Or. Micr.97,98

2009
廣西通志
(清)謝啓昆
桂林
清嘉慶六年(1801)
279卷,首1卷
　　　　　　　　　15263.e.1

2010
臨桂縣志
(清)蔡呈韶
蔣存遠堂:桂林
清光緒三十一年(1905)
16册,32卷;24厘米
　　　　　　　　　15269.c.26

2011
蒼梧縣志
(清)王鉌紳
清同治十三年(1874)
18卷
　　　　　　　　　15272.e.1

2012
重修四川總志
(明)吳之皞、(明)杜應芳
明萬曆四十七年(1619)
27卷
　　　　　　　　Or. Micr.82,83

2013
重修潼川州志

史　部

（明）張世雍
明萬曆四十七年（1619）
54 卷
　　　　　　　　　Or. Micr. 84

2014
成都府志
（明）馮任
明天啓元年（1621）
24 卷
　　　　　　　　　Or. Micr. 564

2015
成都縣志
（清）王泰雲
清嘉慶二十年（1815）
8 卷
　　　　　　　　　Or. Micr. 565

2016
成都縣志
（清）李玉宣
清同治十二年（1873）
16 卷
　　　　　　　　　Or. Micr. 566

2017
夔州府志
（清）恩成
清道光七年（1827）
36 卷
　　　　　　　　　15265. c. 3

2018
江安縣志
（清）高學濂
清道光九年（1829）

2 卷
　　　　　　　　　15269. a. 6

2019
井研志
（清）高承瀛修，（清）吳嘉謨、（清）龔煦春纂
清光緒二十六年（1900）
12 册, 42 卷, 首 1 卷
　　　　　　　　　Or. Micr. 892/2, 893

2020
嘉定府志
（清）宋鳴琦
清嘉慶八年（1803）
48 卷
　　　　　　　　　15267. a. 2

2021
黔書
（清）田雯
清同治四年（1865）？
2 卷
　　　　　　　　　15271. c. 20

2022
雲南通志
（清）阮元
清道光十五年（1835）
216 卷, 首 3 卷
　　　　　　　　　15232. a. 1

2023
滇繫
（清）師範
清光緒十三年（1887）
40 册, 12 部分
　　　　　　　　　15277. d. 1

2024
盛京通志
（清）董秉忠
清康熙二十三年（1684）
32卷
15264.d.1

2025
盛京通志
（清）宋筠
清乾隆元年（1736）
48卷
15264.d.2

2026
吉林外記
（清）薩英額
清光緒二十一年（1895）
4册；26厘米
15268.a.21

2027
皇朝藩部要略
（清）祁韻士
清道光二十六年（1846）
18卷，4卷
15271.b.10

2028
滿漢回疆傳（滿語、漢語）
寫本
清乾隆五十五年（1790）？
666頁

2029
回疆通志
（清）和寧
抄本
清嘉慶九年（1804）
2册，8部分
Add.24140－24141

2030
回疆通志
（清）和寧
抄本
清宣統元年（1909）前
2函，12册，12卷
Or.6969

2031
伊犁類編
寫本
清順治五年（1648）後
4部分合訂為1册，443頁
Or.6975

2032
伊犁總統事略
（清）祁韻士
清嘉慶十三年（1808）
12卷
15271.b.8

2033
西陲要略
（清）祁韻士
清道光十七年（1837）
4卷
15271.b.4

2034
西域紀要
（清）貢三

希西山房
清道光六年(1826)
8卷
15291.a.3

2035
新疆外藩紀略
(清)七十一
清乾隆四十三年(1778)
2卷
15271.c.16

2036
新疆外藩紀略
(清)七十一
第2部分(殘本)
15271.b.9

2037
西域記　西域聞見錄
(清)七十一
清嘉慶十九年(1814)
8卷
15271.d.3

2038
遐域瑣談
(清)七十一
抄本
清道光二十六年(1846)前
5卷
Add.16265

2039
西域瑣談
(清)七十一
抄本

清光緒二年(1876)前
4卷
Or.7385

2040
欽定新疆識略
(清)松筠
清道光元年(1821)
12卷,首1卷,卷1-7、10-12
15271.b.12

2041
欽定新疆識略
(清)松筠
清咸豐十年(1860)?
12卷
Or.7426

2042
新疆輿圖風土攷
(清)七十一
點石齋:上海
清光緒八年(1882)
1冊,5卷
15268.a.5

2043
滿洲地名索引
寫本
約清乾隆三十一年(1766)
1冊,251頁;37.9厘米×23.8厘米
Or.5308

2044
蒙古地名考略
寫本
清宣統元年(1909)前

2045
西藏志
(清)允禮
清乾隆五十七年(1792)
2部分
15276.d.1

河渠屬

2046
水經
(北朝魏)酈道元、(明)黃省曾
清乾隆十八年(1753)
2冊,40卷
15275.d.8

2047
水經注
(北朝魏)酈道元
清乾隆四十年(1775)？
2冊,1卷,又40卷
15275.d.7

2048
水經注釋　水經注箋刊誤
(清)趙一清
清乾隆五十一年(1786)、五十九年(1794)
5冊,40卷,12卷
15275.d.6

2049
水道提綱
(清)齊召南
傳經書屋
清乾隆四十一年(1776)
28卷
15275.c.7

2050
行水金鑑
(清)傅澤洪
淮揚官舍
約清嘉慶五年(1800)
4冊,175卷
15275.c.6

2051
長江總共章程
約清咸豐十年(1860)
4頁,4頁
15233.d.10/1

2052
附刻行川必要
(清)賀縉紳
清光緒四年(1878)
2部分
15270.e.6

2053
治河方略
(清)靳輔
清乾隆三十二年(1767)
10卷
15275.c.2

2054
山東全河備考
(清)葉方恒

1冊,1卷
Or.6993

史　部

平治山堂:濟寧
清康熙十九年(1680)
4 卷
　　　　　　　　15275.c.1

2055
揚州水道記
(清)劉文淇
清道光二十五年(1845)
4 卷
　　　　　　　　15277.b.4

2056
浙西水利備考
(清)王鳳生
清道光四年(1824)
3 頁,2 頁,16 頁,42 頁
　　　　　　　　15275.c.3

2057
山東運河備覽
(清)陸燿
清乾隆四十一年(1776)?
6 册,12 卷;27 厘米
　　　　　　　　15263.f.19

2058
漕運則例纂
(清)楊錫紱
清乾隆三十二年(1767)
3 册,20 卷
　　　　　　　　15239.c.1

2059
內河則例(廣東省)
清嘉慶五年(1800)?
58 卷

2060
江蘇海運全案
(清)賀長齡
清道光七年(1827)
12 卷
　　　　　　　　15239.c.3

2061
海運要略
(明)施永圖
清道光二十年(1840)?
　　　　　　　　15259.c.22

2062
松江捍海石塘錄
(清)馮登忠
十菊齋
清康熙五十八年(1719)
各部分分別標頁碼
　　　　　　　　15269.e.6

2063
洞庭湖志
(清)陶澍
清道光八年(1828)?
14 卷
　　　　　　　　15276.b.8

2064
西域水道記
(清)徐松
清道光九年(1829)
5 卷
　　　　　　　　15270.d.5/3

2065
海塘輯要(中譯本)

The Practice of Embanking Lands from Its Sea
（英國）韋更斯著、（英國）傅蘭雅口譯、（清）趙元益筆述
JOHN WIGGINS（author）, JOHN FRYER（interpreter）
江南製造局：上海
清同治十二年（1873）
10 卷
15259.d.23

2066
海塘輯要（中譯本）
The Practice of Embanking Lands from Its Sea
（英國）韋更斯著、（英國）傅蘭雅口譯、（清）趙元益筆述
JOHN WIGGINS（author）, JOHN FRYER（interpreter）
江南製造局：上海
清同治十二年（1873）
10 卷
15259.d.27

2067
稟復勘河情形（英文）
The Yellow River（Report Presented to the Throne on the Part of the Yellow River Situated below Chinanfu）
（比利時）盧法爾
ARMAND ROUFFART
上海
清光緒二十五年（1899）
12 頁
11095.c.19

2068
運河帝國（《漢學雜纂》第 4 號）（法文）
Le Canal Impérial. Étude Historique et Descriptive（*Variétés Sinologiques*. No. 4）
（法國）多米尼克·蓋達
DOMINIQUE GANDAR
天主教會土山灣孤兒院印刷所：上海
Imprimerie de la Mission Catholique à l'Orphelinat de T'ou-sé-wé：Chang-hai
清光緒二十年（1894）
2 頁,78 頁,具插圖
15235.c.4

山川屬

2069
岱史
（明）查志隆
或爲慕阿德印製
約清光緒二十六年（1900）［據明萬曆十五年（1587）、清順治十一年（1654）和清康熙三十八年（1699）版刊印］
7 冊,18 卷
15287.b.6

2070
泰山小史
（明）蕭協中
清乾隆五十四年（1789）
2 頁,51 頁
15287.c.10

2071
岱覽
（清）唐仲冕

史　部　　　　　　　　　　　231

清嘉慶十年(1805)
2套,12本
　　　　　　　　15287.c.3

2072
泰山道里記
(清)聶鈫
清同治五年(1866)
73頁
　　　　　　　　15287.c.3

2073
泰山志
(清)金榮
清光緒二十四年(1898)
10冊,20卷
　　　　　　　　15287.c.4

2074
泰山:中國祭禮專論(法文)
Le T'ai Chan: Essai de Monographie d'un Culte Chinois
(法國)沙畹
ÉDOUARD CHAVANNES
歐內斯特·勒魯出版社:巴黎
Ernest Leroux: Paris
清宣統二年(1910)
591頁;26厘米×17厘米
　　　　　　　　1712.e.21

2075
泰山志(德文)
Der T'ai-Schan und Seine Kultstätten
(法國)彭亞伯
ALBERT TSCHEPE
兗州府
Jentschoufu

清光緒三十二年(1906)
4頁,124頁
　　　　　　　010055.bb.40

2076
長白山錄
(清)王士禛
清康熙三十六年(1697)
35頁
　　　　　　　　15276.d.3

2077
華嶽志
(清)李榕
清光緒九年(1883)
8卷
　　　　　　　　15276.d.7

2078
南嶽志
(清)高自位
清乾隆十八年(1753)
2冊,8卷
　　　　　　　　15275.e.5

2079
重修南嶽志
(清)李元度
清光緒九年(1883)
2冊,26卷
　　　　　　　　15264.e.4

2080
重修南海普陀山志
(清)許琰
18世紀
20卷
　　　　　　　　15269.d.2

2081
南海普陀山志
（清）朱謹、（清）陳璿
約清嘉慶五年（1800）
15 卷

15269. d. 1

2082
普陀山志
（清）朱謹、（清）陳璿
清道光十二年（1832）
20 卷

15269. d. 3

2083
明州阿育王山志
（明）郭子章
明萬曆四十七年（1619）
16 卷

15275. d. 13

2084
乍浦九山補志
（清）李確
凝厚堂
清道光十一年（1831）
1 册，12 部分

15269. c. 2

2085
廬山小志
（清）蔡瀛
娜嬛別館
清道光四年（1824）
24 卷，附地圖

15276. b. 6

2086
清涼山志
（明）釋鎮澄
清乾隆二十年（1755）
10 卷

15111. a. 1

2087
重刊方廣巖志
（明）謝肇淛
清光緒十一年（1885）
4 卷

15271. c. 15

2088
鼓山志
（清）黃任
清乾隆三十七年（1772）
8 卷

15270. b. 4

2089
烏石山志
（清）郭柏蒼、（清）劉永松
清道光二十二年（1842）
9 卷

15277. d. 2

2090
武夷志略
明萬曆四十七年（1619）

Or. 75. b. 11

2091
武夷山志
（清）董天工
金光樓

史　部

清乾隆十九年(1754)
3册,24卷
　　　　　　　15269.d.15

2092
羅浮山志

2093
羅浮山志會編
(清)宋廣業
清康熙五十六年(1717)
22卷
　　　　　　　15269.c.9

2094
羅浮山志會編
(清)宋廣業
清康熙五十六年(1717)
僅存圖
　　　　　　　15269.c.10

2095
峨山圖説
(清)譚鍾嶽
清光緒十七年(1891)
11頁,2頁,137頁;31厘米
　　　　　　　15526.e.1

邊防屬

2096
海防纂要
(明)王在晋
明萬曆四十一年(1613)
13卷
　　　　　　　Or.Micr.87

2097
武備地利
(明)施永圖
清嘉慶五年(1800)?
3卷,缺卷1

2098
防海備覽
(清)薛傳源
清嘉慶十六年(1811)
10卷
　　　　　　　15239.a.46

2099
鎮撫事宜
(清)松筠
清道光三年(1823)
5卷
　　　　　　　15239.b.1

2100
籌海初集
(清)關天培
清道光十七年(1837)
4卷
　　　　　　　15271.e.2

2101
關於浙江慈溪縣交通及兵力部署的密信
清道光二十一年(1841)
1葉
　　　　　　　Or.12016 A

2102
浙東籌防錄
(清)薛福成

清光緒十三年(1887)
4 卷
15241.b.19

古迹屬

2103
洛陽伽藍記
(北朝魏)楊衒之
清乾隆十五年(1750)？
5 卷

2104
闕里志
(明)陳鎬、(明)孔胤植
約清雍正八年(1730)
24 卷
15270.b.2

2105
闕里廣志
(清)宋際
清同治九年(1870)
2 冊,20 卷
15303.d.17

2106
聖廟志輯要
(清)鹿嗣宗
約清嘉慶五年(1800)
2 函,10 活頁
15305.a.7–8

2107
孔聖闕里纂要
(清)孔衍楳

清嘉慶五年(1800)？
4 卷
15287.c.7

2108
唐兩京城坊考
(清)徐松
清嘉慶十五年(1810)
5 卷
15296.e.2

2109
金陵四十景圖考
(明)朱之蕃
明天啓四年(1624)
2 卷
15271.c.10

2110
揚州休園志
(清)鄭慶祐
察視堂
清乾隆三十八年(1773)
8 卷,首 1 卷
15269.e.1

2111
西湖志
(清)李衛
18 世紀
3 冊,48 卷
15269.d.14

2112
西湖拾遺
(清)陳樹基
清嘉慶十六年(1811)

10册,48卷

15327.f.4

2113
武林掌故叢編
(清)丁丙
清光緒三年至二十四年(1877-1898)
26集

15242.a.2

2114
岳廟志略
(清)馮培
清嘉慶八年(1803)
10卷

15301.c.10

2115
沃洲古蹟
(清)陳寧學
越城:廣西
清道光十年(1830)
25頁

15269.e.9

2116
古代和闐(英文)
Ancient Khotan: Detailed Report of Archaeological Explorations in Chinese Turkestan
(英國)斯坦因
MARC AUREL STEIN
克拉倫登出版社:牛津
Clarendon Press: Oxford
清光緒三十三年(1907)
2册

15013.g.7

2117
北京天壇照片
(英國)鄧羅
C. H. BREWITT TAYLOR
清宣統元年(1909)

M.P.C.29

雜記屬

2118
帝京景物略
(明)劉侗、(明)于奕正
清乾隆三十一年(1766)
1套,6本

15258.b.9

2119
春明夢餘錄
(清)孫承澤
清光緒八年(1882)
20册,70卷

15422.a.1/10

2120
古香齋鑑賞袖珍春明夢餘錄
(清)孫承澤
約清同治四年(1865)
4册,70卷

15296.e.3

2121
宸垣識略
(清)吳長元
池北草堂:北京
清乾隆五十三年(1788)
2册,16卷

15327.e.7

2122
補三國疆域志
(清)洪亮吉
清乾隆四十六年(1781)
2卷

2123
東晉疆域志
(清)洪亮吉
北京
清嘉慶元年(1796)
4卷

2124
十六國疆域志
(清)洪亮吉
北京
清嘉慶三年(1798)
16卷

2125
日下尊聞錄
清咸豐二年(1852)
5卷
      15271.b.5

2126
都門紀略
(清)楊靜亭
北京
清光緒元年(1875)
僅存卷1
      15239.d.16

2127
新增都門雜記(含四書:《新增都門雜記》《新增都門雜詠》《新增都門會館》《天下路程》)
(清)楊靜亭
琉璃廠書坊:北京
清同治六年(1867)
第一種書:首2頁,40頁;第二種書:首4頁,23頁,55-66頁,49頁;第三種書:首2頁,1-41頁,46-47頁;第四種書:24頁
      15258.d.9

2128
增補都門紀略
(清)楊靜亭、(清)李靜山
儒雅堂:北京
清光緒四年(1878)
1函,10冊
      15258.d.7

2129
秣陵集
(清)陳文述
淮南書局:揚州
清光緒十年(1884)
3冊
      15265.e.31

2130
孤嶼志
(清)陳舜咨
清嘉慶十四年(1809)
8卷
      15276.d.9

2131
佛山街略
怡文堂
清道光十年(1830)

史　部

2132
黑猓羅
19 世紀
78 頁, 缺第 8、10、12、16、21、31、43、53、58 頁
　　　　　　　　　　　15527.a.1

2133
楚黔防苗
（清）胡先容
清同治七年（1868）
4 卷, 附地圖
　　　　　　　　　　　15268.a.3

2134
湖南苗防屯政考
（清）但湘良
清光緒九年（1883）
15 卷
　　　　　　　　　　　15270.d.6

2135
貴州與雲南（英文）
Kwiechow and Yun-Nan Provinces
（英國）克拉克
GEORGE W. CLARKE
上海
Shanghai
清光緒二十年（1894）
296 頁
　　　　　　　　　　　10057.a.35

2136
黔省諸苗說

12 頁
　　　　　　　　　　　15269.e.8

清抄本
19 世紀
　　　　　　　　　　　Or.11619

2137
苗人圖說
彩繪本
約清道光三十年（1850）
1 冊經折裝
　　　　　　　　　　　Or.11513

2138
貴州全黔苗圖一卷
稿本
19 世紀?
1 冊經折裝
　　　　　　　　　　　Or.13504

2139
黔省各種苗圖
彩繪本
19 世紀
2 冊; 24 厘米×33.6 厘米
　　　　　　　　　　　Or.2232

2140
苗圖
彩繪本
清嘉慶十五年（1810）
1 冊, 48 幅; 29.2 厘米×34.7 厘米
　　　　　　　　　　　Or.4153

2141
苗圖
彩繪本
清光緒元年（1875）前
1 冊
　　　　　　　　　　　Or.5005

2142
苗蠻合志
(清)曹樹翹
抄本
清道光二十年(1840)?
2冊,4卷
Or.7366

2143
關於苗族等的蒙古語文獻
Or.7453

2144
雲南兩迤夷類圖説
(清)禮齋
彩繪本
清嘉慶十五年(1810)
1冊,47幅;25.1厘米×32.5厘米
Or.4152

2145
普洱府輿地夷人圖説
彩繪本
清嘉慶二十四年(1819)
1卷
Or.6588

2146
西南少數民族風俗畫
彩繪本
清光緒四年(1878)
4冊經折裝,72幅
Or.9623

2147
納西文文獻93件
Or.11417–11509

2148
使喀爾喀紀程草
(清)昇寅
清嘉慶二十五年(1820)
6頁,6頁,13頁,8頁
15323.e.2

2149
羅甸遺風
彩繪本
清道光二十七年(1847)前
2冊
Add.16594–16595

2150
西域考古錄
(清)俞浩
清道光二十八年(1848)
18卷
15300.b.8

2151
西原蠻(《文獻通考·四裔考七》)(法譯本)
Ethnographie des Peoples Étrangers à la Chine
(元)馬端臨著、(法國)德理文譯
D'HERVEY DE SAINT-DENYS (translator)
H·喬治公司:日内瓦
H. Georg: Genève
清光緒二年(1876)、九年(1883)
2冊
15235.a.287

2152
中日商埠志(英文)

The Treaty Ports of China and Japan：A Complete Guide to the Open Ports of Those Countries, Together with Peking, Yedo, Hong Kong and Macao
（英國）梅輝立、（英國）德尼克、（美國）查爾斯·金
WILLIAM FREDERICK MAYERS, NICHOLAS BELFIELD & CHARLES KING
特呂布納出版公司：倫敦；肖特雷德公司：香港
Trübner & Co.：London；A. Shortrede & Co.：Hong Kong
清同治六年（1867）
8頁,668頁,48頁,26頁

010058.f.12

2153
崇明島：位於長江口的一個島嶼（《漢學雜纂》第1號）（法文）
L'Ile de Tsong-Ming à l'Embouchure du Yang-Tse-Kiang（*Variétés Sinologiques*. No.1）
（法國）夏鳴雷
HENRI HAVRET
天主教會土山灣孤兒院印刷所：上海
Imprimerie de la Mission Catholique à l'Orphelinat de T'ou-sé-wé：Chang-hai
清光緒十八年（1892）
59頁文,27頁圖

15235.c.1

2154
古今金陵談：江寧府城圖（《漢學雜纂》第16號）
Nankin d'Alors et d'Aujourd'hui. Plan de Nankin（*Variétés Sinologiques*. No.16）
（法國）方殿華
LOUIS GAILLARD
天主教會土山灣孤兒院印刷所：上海
Imprimerie de la Mission Catholique à l'Orphelinat de T'ou-sé-wé：Chang-hai
清光緒二十五年（1899）
4張；37.5厘米×48厘米

15235.c.16

2155
古今金陵談：開放的南京口岸（《漢學雜纂》第18號）（法文）
Nankin d'Alors et d'Aujourd'hui. Nankin Port Ouvert（*Variétés Sinologiques*. No.18）
（法國）方殿華
LOUIS GAILLARD
天主教會土山灣孤兒院印刷所：上海
Imprimerie de la Mission Catholique à l'Orphelinat de T'ou-sé-wé：Chang-hai
清光緒二十七年（1901）
12頁,483頁

15235.c.18

2156
古今金陵談：歷史地理概況（《漢學雜纂》第23號）（法文）
Nankin d'Alors et d'Aujourd'hui. Aperçcu Historique et Géographique（*Variétés Sinologiques*. No.23）
（法國）方殿華
LOUIS GAILLARD
天主教會土山灣孤兒院印刷所：上海
Imprimerie de la Mission Catholique à l'Orphelinat de T'ou-sé-wé：Chang-hai
清光緒二十九年（1903）
6頁,350頁

15235.c.23

2157
西安：歷史與現狀（英文）
Hsian, the Capital of Shenxi, Past and Present
（英國）霍格
CHARLES F. HOGG
北華捷報館：上海
North-China Herald Office：Shanghai
清光緒二十八年（1902）
22 頁；24 厘米
11094.c.24

2158
清國北京皇城寫真帖
Photographs of Palace Buildings of Peking
（日本）小川一真
OGAWA KAZUMASA
東京
Tokyo
清光緒三十二年（1906）
2 函，172 幅圖；37 厘米×49 厘米
Or.70.e.10

2159
廣州灣編年摘要（法文）
Extraits des Chroniques de Kouang Tcheou Wan
（法國）米約
STANISLAS MILLOT
清宣統元年（1909）
存 438－455 頁
15235.b.1

2160
北臺灣回憶
Reminiscences of North Formosa
（英國）喬治·沃夫代·派斯
GEORGE UVEDALE PRICE
別發書局：上海
Kelly & Walsh：Shanghai
清光緒二十一年（1895）
無頁碼，12 幅圖；30 厘米×40 厘米
15526.a.14

游記屬

2161
霞客遊記
（明）徐弘祖
水心齋
清嘉慶十三年（1808）
2 冊，10 卷
15271.c.11

2162
西藏見聞錄
（清）蕭騰麟
賜硯堂
清乾隆二十四年（1759）
卷 2
15271.b.18

2163
泛槎圖
（清）張寶
廣州
清嘉慶二十四年（1819）
15269.e.10

2164
泛槎圖
（清）張寶
尚古齋：廣州

清道光十九年(1839)
6 部分
15269.e.11

2165
續汎槎圖三集　艤槎圖四集
(清)張寶
清道光五年(1825)、六年(1826)
1 套,8 本
15326.c.5

2166
鴻雪因緣圖記
(清)完顏麟慶
刻本;揚州
清道光二十九年(1849)
1 函,6 冊;30 厘米
15292.f.1

2167
鴻雪因緣(英文節譯本)
Selections from Hung-Sueh Sketches
(清)完顏麟慶
點石齋:上海
清光緒五年(1879)
96 頁
15297.a.14

2168
參學知津
(清)釋顯承
杭州
清光緒二年(1876)
22 頁,62 頁,18 頁;27 厘米
15226.h.2

2169
四述奇
(清)張德彝
同文館:北京
清光緒九年(1883)
2 冊,16 卷
15297.b.21

2170
四述奇
(清)張德彝
同文館:北京
清光緒九年(1883)
2 冊,16 卷
15297.c.11

2171
路票
清光緒二十九年(1903)
1 葉;37 厘米 ×44 厘米
15268.b.8

2172
中印邊境——雲南和廣西(1901 年 10 月－1903 年 7 月旅行日記)(法文)
Yun-nan et Kouang-si, Frontieres Indo-Chinoises. Journal de Route, Octobre 1901-Juillet 1903
(法國)德託美
JOSEPH DAUTREMER
清宣統元年(1909)
15235.b.1

外紀屬

2173
大唐西域記
（唐）釋玄奘
18 世紀？
10 卷

15272.b.2

2174
大唐西域記（法譯本）
Mémoires sur les Contrées Occidentales
（唐）釋玄奘著、（法國）儒蓮譯
STANISLAS JULIEN（translator）
帝國印刷所：巴黎
L'Imprimerie Impériale：Paris
清咸豐七年（1857）
2 冊

Wq 1/3489

2175
大唐西域記（英譯本）
Si-Yu-Ki. Buddhist Records of the Western World
（唐）釋玄奘著、（英國）畢爾譯
SAMUEL BEAL（translator）
特呂布納出版公司：倫敦
Trübner & Co.：London
清光緒十年（1884）
2 冊

2318.g.20

2176
大唐西域記（英譯本）
On Yuan-Chwang's Travels in India, 629 – 645 A.D.
（唐）釋玄奘著、（英國）瓦特斯譯
THOAMS WATTERS（translator）
皇家亞洲學會：倫敦
Royal Asiatic Society：London
清光緒三十年至三十一年（1904 – 1905）
2 冊

14003.bb.9

2177
諸蕃志（英譯本）
Chau Juskua：His Work on the Chinese and Arab Trade in the Twelfth and Thirteenth Centuries, Entitled Chu-Fan-Chi
（宋）趙汝适著，（德國）夏德、（美國）柔克義譯
FRIEDRICH HIRTH & WILLIAM WOODVILLE ROCKHILL（translators）
俄國皇家科學院印刷所：聖彼得堡
Printing Office of the Imperial Academy of Sciences：St. Petersburg
清宣統三年（1911）
10 頁，288 頁，1 幅地圖

15234.c.9

2178
皇明四夷考
（明）鄭曉
明嘉靖四十三年（1564）
2 卷

15270.d.4

2179
瀛涯勝覽
（明）馬歡
抄本
清道光十年（1830）？

史　部

44 頁
　　　　　　　　　　Or. 6191

2180
續瀛涯勝覽
（明）鄒潘
明萬曆二十八年（1600）？
22 頁
　　　　　　　　　　15277. d. 3

2181
輿載撮要
朝鮮
清嘉慶五年（1800）？
　　　　　　　　　　15351. b. 1

2182
平壤志
清咸豐五年（1855）
3 部分（9 卷、5 卷、2 卷）
　　　　　　　　　　15260. a. 4

2183
越南遊記
（新加坡）陳恭三
叻報館：新加坡
Lat Pau Office：Singapore
清光緒十四年（1888）
1 頁, 10 頁
　　　　　　　　　　15275. a. 18

2184
外國傳
（清）尤侗
清康熙三十九年（1700）？
8 卷
　　　　　　　　　　15277. b. 5

2185
奉使朝鮮驛程日記
（清）柏葰
清咸豐九年（1859）前
1 冊, 附詩 1 冊
　　　　　　　　　　15275. a. 10

2186
薛箖吟館鈔存
（清）柏葰
約清道光三十年（1850）
7 頁, 46 頁
　　　　　　　　　　15275. a. 10

2187
簡牘精要
朝鮮
　　　　　　　　　　15292. c. 7

2188
海國圖志
（清）魏源
古微堂
清道光二十九年（1849）
4 冊, 60 卷
　　　　　　　　　　15275. a. 5

2189
海國圖志
（清）魏源
清光緒二十四年（1898）
100 卷, 25 卷
　　　　　　　　　　15271. d. 6

2190
瀛環志略
（清）徐繼畬

福建
清道光二十八年(1848)
6 册,10 卷;30 厘米
15260.e.60

2191
瀛環志略
(清)徐繼畬
清道光二十九年(1849)
1 册,10 卷
15275.a.26

2192
瀛海論
(清)荷笠者
清光緒二年(1876)
3 部分
15256.d.9

2193
環遊地球新錄
(清)李圭
清光緒四年(1878)
4 卷
15291.b.1

2194
海國聞見錄
(清)陳倫炯
浙江
清乾隆五十八年(1793)(據序)
2 卷
15271.a.11

2195
國朝柔遠記
(清)王之春
上海印刷
清光緒十一年(1885)
35 頁,15 頁
15321.c.18

2196
敕撰奉使錄
(清)汪楫
清康熙二十三年(1684)
5 卷
15271.c.19

2197
琉球國志略
(清)周煌
清乾隆二十四年(1759)
16 卷

2198
續琉球國志略
(清)齊鯤、(清)費錫章
清乾隆三十九年(1774)
5 卷

2199
使琉球記
(清)李鼎元
申報館:上海
清光緒六年(1880)?
6 卷
15268.a.4

2200
琉球入學見聞錄
(清)潘相
約清乾隆四十五年(1780)
4 卷
15269.c.8

史　部

2201
東西洋考
（明）張燮
明萬曆四十六年（1618）
　　　　　　　　　　15275.a.6

2202
東西洋考
（明）張燮
清嘉慶五年（1800）？
12 卷
　　　　　　　　　　15270.d.3

2203
志異新編
（清）福慶
清嘉慶四年（1799）
4 卷
　　　　　　　　　　15276.c.1

2204
波羅外紀
（清）崔弼
廣州？
清嘉慶九年（1804）
8 卷
　　　　　　　　　　15101.b.3

2205
朔方備乘
（清）何秋濤
清咸豐十年（1860）
12 卷，又 68 卷
　　　　　　　　　　15277.c.2

2206
普法戰紀

（清）王韜、（清）張宗良
中華印務總局：香港
清同治十一年（1872）
14 卷
　　　　　　　　　　15298.d.1

2207
普法戰紀
（清）王韜、（清）張宗良
香港
清光緒二十四年（1898）
4 卷
　　　　　　　　　　15297.a.18

2208
古巴雜記
（清）譚乾初
中華印務總局：香港
清光緒十三年（1887）
39 頁
　　　　　　　　　　15275.a.22

2209
列國政要
（清）戴鴻慈、（清）端方
清光緒三十三年（1907）
4 函，32 冊，132 卷
　　　　　　　　　　15262.c.3

2210
海島逸志
（清）王大海
清嘉慶十一年（1806）
1 冊，6 卷及增補
　　　　　　　　　　15271.a.16

2211
海島逸志
（清）王大海
清嘉慶十一年（1806）
1冊,6卷及增補
　　　　　　　　　　15291.a.6

2212
海島逸志（英譯本）
Chinaman Abroad, or, a Desultory Account of Malayan Archipelago, Particularly of Java
（清）王大海著、（英國）麥都思譯
WALTER HENRY MEDHURST (translator)
墨海書館：上海
Mission Press：Shanghae
清道光二十九年（1849）

2213
海島逸志（英譯本）
The Chinaman Abroad: An Account of the Malayan Archipelago, Particulary of Java
（清）王大海著、（英國）麥都思譯
WALTER HENRY MEDHURST (translator)
約翰・斯諾：倫敦
John Snow：London
清道光三十年（1850）
15頁,80頁,1幅地圖
　　　　　　　　　　11099.f.24/2

2214
西遊地球聞見略傳
（英國）馬禮遜
ROBERT MORRISON
清嘉慶二十四年（1819）？
27頁,1幅地圖
　　　　　　　　　　15275.a.8

2215
咬嚼吧總論
（英國）麥都思
WALTER HENRY MEDHURST
清道光四年（1824）
81頁,1幅地圖
　　　　　　　　　　15275.a.4

2216
萬國地理全集
（德國）郭實臘
CARL FRIEDRICH AUGUST GÜTZLAFF
清道光二十年（1840）？
38卷
　　　　　　　　　　15275.a.9

2217
地球説略
（美國）禕理哲
RICHARD QUARTERMAN WAY
華花聖經書房：寧波
清咸豐六年（1856）
2頁,109頁,具地圖、插圖
　　　　　　　　　　15263.d.2

2218
地球説略
（美國）禕理哲
RICHARD QUARTERMAN WAY
上海
清同治十年（1871）
　　　　　　　　　　15275.a.2

2219
地球説略
（美國）褘理哲
RICHARD QUARTERMAN WAY
上海
清光緒四年（1878）
15264.a.1

2220
俄國志略
（英國）傅蘭雅
JOHN FRYER
格致彙編館：上海
清光緒六年（1880）
17 頁
15291.a.14

2221
猶太地理誌
（美國）紀好弼
ROSEWELL HOBART GRAVES
益智書會：上海
清光緒八年（1882）
12 卷,274 頁
15271.c.18

2222
猶太地理擇要
（美國）紀好弼
ROSEWELL HOBART GRAVES
上海？
清光緒八年（1882）
16 章,3 幅地圖
15264.a.2

2223
大英國人事略説（中譯本）
Brief Account of the English Character
（英國）馬治平著、（英國）馬禮遜譯
CHARLES MARJORIBANKS（author）,
ROBERT MORRISON（translator）
英華書院：馬六甲
清道光十二年（1832）
6 頁
15297.c.4

2224
大英國統志
（德國）郭實臘
CARL FRIEDRICH AUGUST GÜTZLAFF
清道光十四年（1834）
5 卷
15291.a.13

2225
大英國略論
約清道光二十年（1840）
22 頁
15275.a.14

2226
大英國志（中譯本）
（英國）托馬斯·米爾納著、（英國）慕維廉譯
THOMAS MILNER（author）, WILLIAM MUIRHEAD（translator）
墨海書館：上海
清咸豐六年（1856）
8 卷
15275.a.13

2227
大英國志（中譯本）
（英國）托馬斯·米爾納著、（英國）慕

維廉譯
THOMAS MILNER（author），WILLIAM MUIRHEAD（translator）
上海
清光緒七年（1881）
8 卷
        15291．b．1

2228
萬國史傳
（德國）郭實臘
CARL FRIEDRICH AUGUST GÜTZLAFF
清道光十八年（1838）？
41 卷
        15296．a．13

2229
歷覽記略
（英國）傅蘭雅
JOHN FRYER
格致彙編館：上海
清光緒七年（1881）
20 頁
        15259．g．10

2230
大美聯邦志略
（美國）裨治文
ELIJAH COLEMAN BRIDGMAN
墨海書館：上海
清祺祥元年（1861）
1 冊，2 卷
        15271．e．3

2231
西國近事彙編（中譯本）
Summary of Foreign Events
（美國）金楷理口譯、（清）蔡錫齡等筆述
CARL TRAUGOTT KREYER（interpreter）
江南製造局：上海
清同治十二年（1873）、十三年（1874），光緒二年（1876）、三年（1877）
4 冊
        15298．b．42

2232
亞洲論集：東方諸民族歷史、地理和語言學研究（法文）
Mémoires Relatifs à l'Asie：Contenant des Recherches Historiques, Géographiques et Philologiques sur les Peuples de l'Orient
（德國）柯恒儒
HEINRICH JULIUS VON KLAPROTH
唐迪·迪普雷：巴黎
Dondey-Dupré：Paris
清道光四年至八年（1824－1828）
3 冊
        798．i．11－13

地學屬

2233
地理輯要
抄本
清光緒元年（1875）前
1 冊
        Or．1304

2234
地理便童略傳
（英國）麥都思

WALTER HENRY MEDHURST
馬六甲
清嘉慶二十四年(1819)
17 頁,4 幅地圖
       15118.b.23

2235
地理問答
(美國)甘弟德
IRA MILLER CONDIT
廣州?
清同治四年(1865)
50 頁
       15257.a.7

2236
地理問答(寧波方言)
(美國)雷應百
JOSEPH ANDERSON LEYENBERGER
美華書館:上海
清同治十二年(1873)
126 頁
       15275.e.3

2237
地志須知
Political Geography
(英國)傅蘭雅
JOHN FRYER
益智書會:上海
清光緒八年(1882)
22 頁
       15263.b.5

2238
地理須知
Physical Geography

(英國)傅蘭雅
JOHN FRYER
益智書會:上海
清光緒九年(1883)
26 頁
       15263.b.3

2239
地理須知
Physical Geography
(英國)傅蘭雅
JOHN FRYER
益智書會:上海
清光緒九年(1883)
26 頁
       15263.b.6

2240
地學須知
Geology
(英國)傅蘭雅
JOHN FRYER
益智書會:上海
清光緒九年(1883)
26 頁
       15259.g.14

2241
地學指略(中譯本)
(英國)文教治口譯、(清)李慶軒筆述
GEORGE SYDNEY OWEN (interpreter)
益智書會:上海
清光緒七年(1881)
3 卷
       15259.h.7

2242
地學淺釋(中譯本)
Elements of Geology
(英國)雷俠兒著、(美國)瑪高溫口譯、(清)華蘅芳筆述
CHARLES LYELL (author), DANIEL JEROME MACGOWAN (interpreter)
江南製造局:上海
清同治十年(1871)
38 卷

15259.f.4

2243
地學淺釋(中譯本)
Elements of Geology
(英國)雷俠兒著、(美國)瑪高溫口譯、(清)華蘅芳筆述
CHARLES LYELL (author), DANIEL JEROME MACGOWAN (interpreter)
江南製造局:上海
清同治十二年(1873)
38 卷

15259.d.10

2244
繪地法原(中譯本)
A Manual of Mathematical Geography
(英國)胡斯著、(美國)金楷理口譯、(清)王德均筆述
WILLIANMS HUGHES (author), CARL TRAUGOTT KREYER (interpreter)
江南製造局:上海
清同治十三年(1874)?

15259.d.20

2245
繪地法原(中譯本)
A Manual of Mathematical Geography
(英國)胡斯著、(美國)金楷理口譯、(清)王德均筆述
WILLIANMS HUGHES (author), CARL TRAUGOTT KREYER (interpreter)
江南製造局:上海
清光緒元年(1875)
56 頁,8 頁

15271.d.4

2246
中國大地震目錄:公元前 1767 年至公元 1895 年(《漢學雜纂》第 28 號)(法文)
Catalogue des Tremblements de Terre Signalés en Chine d'Après les Sources Chinoises, 1767 avant J. – C. – 1895 après J. – C (*Variétés Sinologiques*. No. 28)
(清)黃伯祿
PIERRE HOANG
天主教會土山灣孤兒院印刷所:上海
Imprimerie de la Mission Catholique à l'Orphelinat de T'ou- sé-wé: Chang-hai
清宣統元年(1909)
6 頁,296 頁

15235.c.28

2247
測地繪圖(中譯本)
Method of Conducting a Trigonometrical Survey
(英國)富路瑪著、(英國)傅蘭雅口譯、(清)徐壽筆述
EDWARD C. FROME (author), JOHN FRYER (interpreter)
江南製造局:上海

史　部

清光緒二年(1876)
11卷,具附錄和表格
15259.g.2

2248
測地繪圖(中譯本)
Method of Conducting a Trigonometrical Survey
(英國)富路瑪著、(英國)傅蘭雅口譯、(清)徐壽筆述
EDWARD C. FROME (author), JOHN FRYER (interpreter)
江南製造局:上海
清光緒二年(1876)
11卷,具附錄和表格
15259.d.21

2249
禦風要術(中譯本)
Law of Storms
(英國)白爾特著、(美國)金楷理口譯、(清)華蘅芳筆述
WILLIAM RADCLIFF BIRT (author), CARL TRAUGOTT KREYER (interpreter)
江南製造局:上海
清同治十年(1871)
3卷
15259.d.24

2250
禦風要術(中譯本)
Law of Storms
(英國)白爾特著、(美國)金楷理口譯、(清)華蘅芳筆述
WILLIAM RADCLIFF BIRT (author), CARL TRAUGOTT KREYER (interpreter)
江南製造局:上海
清同治十年(1871)
3卷
15259.g.19

2251
測候叢談(中譯本)
Meteorology
(英國)侯失勒著、(美國)金楷理口譯、(清)華蘅芳筆述
JOHN FREDERICK WILLIAM HERSCHEL (author), CARL TRAUGOTT KREYER (interpreter)
江南製造局:上海
清光緒三年(1877)
4卷
15259.h.22

2252
測候叢談(中譯本)
Meteorology
(英國)侯失勒著、(美國)金楷理口譯、(清)華蘅芳筆述
JOHN FREDERICK WILLIAM HERSCHEL (author), CARL TRAUGOTT KREYER (interpreter)
江南製造局:上海
清光緒三年(1877)
4卷
15259.f.2

2253
航海金針(中譯本)
The Golden Needle for Navigation
(美國)瑪高溫譯
DANIEL JEROME MACGOWAN (trans-

lator)
寧波
清咸豐三年(1853)
卷3,附18頁,1幅地圖
15259.g.22

2254
航海金針(中譯本)
The Golden Needle for Navigation
(美國)瑪高溫譯
DANIEL JEROME MACGOWAN (translator)
寧波
清咸豐三年(1853)
卷3,附18頁,1幅地圖
15259.g.11

2255
航海簡法(中譯本)
A Complete Epitome of Practical Navigation
(英國)那麗著、(美國)金楷理口譯、(清)王德均筆述
JOHN WILLIAM NORIE (author), CARL TRAUGOTT KREYER (interpreter)
江南製造局:上海
清同治十年(1871)
4卷
15259.c.19

2256
航海簡法(中譯本)
A Complete Epitome of Practical Navigation
(英國)那麗著、(美國)金楷理口譯、(清)王德均筆述

JOHN WILLIAM NORIE (author), CARL TRAUGOTT KREYER (interpreter)
江南製造局:上海
清同治十年(1871)
15259.i.3

2257
航海通書(中譯本)
Neutical Almanae
(英國)格林尼治天文臺著、(清)賈步緯譯
江南製造局:上海
清光緒四年(1878)
15298.b.46

地圖屬

2258
禹跡圖
偽齊阜昌七年(1136)四月刻石
拓本
81厘米×79.5厘米
15406.a.74/1

2259
華夷圖
偽齊阜昌七年(1136)十月朔岐學上石
拓本
81厘米×79.5厘米
15406.a.74/2

2260
平江圖
(宋)李壽朋
宋紹定二年(1229)
拓本

史　部

277 厘米×145 厘米

15406.a.5

2261
禹貢圖説
（清）馬俊良
木刻；端溪書院：肇慶
清乾隆五十五年（1790）
53 頁，47 幅地圖并圖説；20 厘米×28 厘米

15271.a.2

2262
歷代輿地沿革險要圖
（清）楊守敬、（清）饒敦秩
朱墨雙色套印；湖北東湖饒敦秩刊本
清光緒五年（1879）
3 頁，4 頁，60 幅地圖

15276.e.4

2263
天下山海圖
約明崇禎十三年（1640）

Or. Micr. 2447/3

2264
春秋輿圖
（清）顧棟高
萬卷樓
清乾隆十四年（1749）
65 頁，16 頁

15275.b.10

2265
春秋地理考實圖
上海徐家滙天主堂編
土山灣五彩公司石印，套彩

清光緒十七年（1891）
1 幅；80 厘米×96 厘米

60875（5）

2266
廣輿圖（清重刊增補本）
章學濂翻刻明萬曆七年（1579）本
清嘉慶四年（1799）
2 卷，199 頁，51 幅地圖；28 厘米×38 厘米

15261.e.2

2267
地圖綜要
（明）朱紹本等
南明弘光元年（1645）
3 卷，66 幅地圖（殘本，僅存内卷 16 幅圖）

15271.a.3

2268
康熙皇輿全覽圖
（法國）雷孝思、（法國）杜德美
JEAN BAOTISTE REGIS & PIERRA JARTOUX
馬國賢（MATTEO RIPA）製作銅版本；北京
清康熙五十八年（1719）
41 幅拼接，每幅 40 厘米×67 厘米

K.116.15

2269
康熙皇輿全覽圖
（法國）雷孝思、（法國）杜德美
JEAN BAOTISTE REGIS & PIERRA JARTOUX
清康熙六十年（1721）

32 幅

Maps c. 11. d. 15

2270
康熙皇輿全覽圖
（法國）雷孝思、（法國）杜德美
JEAN BAOTISTE REGIS & PIERRA JARTOUX
清康熙六十年（1721）
32 幅

15270. e. 4

2271
摹繪康熙皇輿全覽圖
彩色摹繪本
約清嘉慶五年至光緒二十六年（1800－1900）
26 幅，存 22 幅；23 厘米×30 厘米

118. d. 15

2272
摹繪康熙皇輿全覽圖
彩色摹繪本
約清嘉慶五年至光緒二十六年（1800－1900）
26 幅，附 1 幅北京城圖；23 厘米×30 厘米

Lansdowne 1241

2273
分幅中國全圖
木刻，手彩
約清康熙六十年至雍正元年（1721－1723）
26 幅；21 厘米×28 厘米

15271. a. 20

2274
乾隆今古輿地圖
木刻
清乾隆八年至十四年（1743－1749）
1 幅；166 厘米×132 厘米

15406. a. 28

2275
乾隆內府輿圖
銅板直格本
清乾隆二十六年至四十年（1761－1775）
4 卷

Maps TAB. 1. b

2276
乾隆內府輿圖
銅板方格本，補手彩
清乾隆二十六年至四十年（1761－1775）
10 條長卷，每卷 55 厘米×447 厘米

X/3265

2277
京板天文輿地全圖
（清）馬俊良
刻本，上色
約清嘉慶五年（1800）
1 幅；111 厘米×73 厘米

[IOR]3267

2278
京板天地全圖
刻本，上色
約清嘉慶五年（1800）
挂幅，由 2 幅圖組成；148 厘米×71 厘米

[IOR]X/3268

史　部

2279
京板天文全圖
北京
清道光二十年(1840)?
1卷軸

2280
大清一統地輿圖集
彩繪本
清嘉慶六年至十年(1801－1805)
42幅地圖
　　　　　　　　　　　Add.12183

2281
大清一統地輿圖集
彩繪本
清嘉慶六年至十年(1801－1805)
42幅地圖,存32幅
　　　　　　　　　　　Add.16355

2282
大清一統輿地全圖
湖北官書局
清同治三年(1864)
1函,26葉;107厘米×124厘米或稍小
　　　　　　　　　　　15275.c.10

2283
輿圖要覽
(清)顧祖禹
抄本;佐經堂:江蘇梁溪
約清嘉慶五年(1800)
142頁,37幅圖;23厘米×46厘米
　　　　　　　　　　　Or.7429

2284
輿圖便覽
(清)顧祖禹
抄本;慎思堂:江蘇梁溪
約清嘉慶五年(1800)
4卷,142頁,37幅圖;23厘米×16厘米
　　　　　　　　　　　Or.8639

2285
各省輿圖便覽
(清)劉塨
木刻,上色
清嘉慶十年(1805)
19幅地圖;31厘米×39厘米
　　　　　　　　　　　15276.e.8

2286
各省輿圖便覽
(清)劉塨
木刻,上色
清嘉慶十年(1805)
19幅地圖;31厘米×39厘米
　　　　　　　　　　　15276.e.10

2287
各省輿圖便覽
(清)劉塨
木刻,上色
清嘉慶十年(1805)
19幅地圖;31厘米×39厘米
　　　　　　　　　　　15276.e.11

2288
各省輿圖便覽
(清)劉塨
木刻,上色
清嘉慶十年(1805)
19幅地圖;31厘米×39厘米
　　　　　　　　　　　[IOR]X/3266

2289
大清萬年一統地理全圖
(清)黃千人
墨林堂:蘇州
清嘉慶二十一年(1816)
8卷軸,應在8塊木條屏畫上拓印而成,每塊123厘米×29.5厘米,全圖寬約231.6厘米
基於黃千人1767年所繪《大清萬年一統地理全圖》,後來人加上關於新疆和西藏的信息。
15406.b.14

2290
大清一統天下全圖
(清)朱錫齡
木刻,上色
清嘉慶二十三年(1818)
1挂幅;177厘米×64厘米
Maps 162.b.4

2291
皇朝一統輿地全圖
(清)董方立、(清)李兆洛
木刻,朱墨雙色套印;辨志書塾:常州
清道光十二年(1832)
50幅,每幅33厘米×45厘米;另附"皇朝輿地總圖"1幅
15276.e.3

2292
皇朝一統輿地全圖
(清)六承如
木刻,朱墨雙色套印
清道光二十二年(1842)
64幅印張拼接,每張20厘米×26厘米
Maps 47.a.26

2293
皇朝一統輿地全圖
(清)六承如
木刻,朱墨雙色套印
清道光二十二年(1842)
64幅印張拼接,每張20厘米×26厘米
Maps 28.bb.47

2294
皇朝一統輿地全圖
(清)六承如
木刻,朱墨雙色套印
清道光二十二年(1842)
7卷,缺卷5,64幅印張拼接,每張20厘米×26厘米
15276.e.3/2

2295
大清輿地全圖
約清道光三十年(1850)
1函,32葉
15270.e.4

2296
皇朝中外一統輿圖
(清)胡林翼監製、(清)鄒世詒等編製、(清)嚴樹森修訂
湖北撫署景桓樓刊本
清同治二年(1863)
32冊;30厘米×19厘米
15275.b.12

2297
大清十八省全圖
(清)梁柱臣
木刻
清同治六年(1867)

史　部

9塊印板拼接;114厘米×100厘米
60875.(24)

2298
皇清地理圖
(清)胡伯薊
萃文堂:廣州[俞守義覆刻胡伯薊咸豐六年(1856)本]
清同治十年(1871)
1册,89頁;22厘米×29厘米
15275.a.17

2299
皇朝直省地輿全圖
石印本;點石齋:上海
清光緒五年(1879)
26幅;25厘米×37厘米
Maps 25.d.43

2300
皇朝直省地輿全圖
上海徐家滙天主堂石印本,套彩
清光緒十三年(1887)
1幅,42塊印板拼合;162厘米×124厘米
Maps 32.6.12

2301
皇朝直省地輿全圖
上海徐家滙天主堂石印本,套彩
清光緒十三年(1887)
1幅,42塊印板拼合;162厘米×124厘米
15277.e.1

2302
皇朝直省地輿全圖
(法國)蔡尚質
STANISLAS CHEVALIER
上海徐家滙天文臺印,彩色
清光緒十九年(1893)
1葉,3幅;71厘米×65厘米
60875.(41)

2303
皇朝直省地輿全圖
(清)朱煜
石印本
清光緒二十一年(1895)
24幅;48厘米×33厘米
Maps 28.d.25

2304
内府輿地圖(中文、法文、德文)
Cartes de la Chine
(德國)柯恒儒繪注
HEINRICH JULIUS VON KLAPROTH
(illustrator & annotator)
約清道光十年(1830)
418頁(352幅地圖);43.6厘米×18.5厘米
Add.11705

2305
中國新圖志(荷蘭語)
Novus Atlas Sinensis
(意大利)衛匡國
MARTINUS MARTINI
J·布勞公司:阿姆斯特丹
J. Blaeu: Amsterdam
清順治十二年(1655)
分葉
Maps 18.e.2

2306
中國地圖集（英文）
Map of China
倫敦等
London, etc.
清光緒二十九年（1903）
册頁裝；106 厘米 × 94 厘米
15263.f.26

2307
中國地圖全集（英文）
（英國）愛德華·斯坦福
EDWARD STANFORD
中國內地會：倫敦等
The China Inland Mission: London, etc.
清光緒三十四年（1908）
12 頁，22 幅地圖，16 頁
15013.g.13

2308
北京內城圖
彩繪本
清道光二十二年（1842）前
1 册；85 厘米 × 109 厘米
Add.19577

2309
首善全圖
彩繪本
清嘉慶五年至咸豐六年（1800－1856）
1 幅；174 厘米 × 73.2 厘米
Add.22048

2310
首善全圖
刻本
清道光三十年（1850）？
1 幅；62 厘米 × 108 厘米（與 8 幅緬甸地圖合訂）
Or.3478/1

2311
北京地里全圖
（清）周培春繪
彩繪本
清宣統三年（1911）前
1 卷軸
Or.14899

2312
歸極總圖
清嘉慶五年（1800）？
9 頁

2313
精繪北京舊地圖
彩繪本
清嘉慶五年至二十年（1800－1815）
1 幅；185 厘米 × 220 厘米

2314
京城全圖
彩繪本
清道光三十年至光緒六年（1850－1880）
1 幅；96 厘米 × 59 厘米
15406.a.21

2315
北京規劃圖（法文）
約清嘉慶五年（1800）
11 頁，9 頁
Or.Micr.2447/2

史　部

2316
北京城市規劃圖
Plan de la Ville de Pékin
聖彼得堡
St. Petersburg
清道光九年(1829)
1 葉；116 厘米×93 厘米
　　　　　　　　　　11099.g.1€

2317
山海關全圖
彩繪於棉布上
清光緒二十六年(1900)
1 幅；93 厘米×156 厘米
　　　　　　　　　　Maps TAB.1.a

2318
新疆驛路圖
(清)張英楷
清光緒十六年(1890)
26 頁
　　　　　　　　　　15275.c.11

2319
新疆探險示意圖
彩繪本
清光緒三十二年至三十四年(1906 – 1908)
1 幅
　　　　　　　　　　Or.11531

2320
欽定皇輿西域圖志
(清)傅恒
清乾隆四十七年(1782)
4 套，52 卷
　　　　　　　　　　15270.d.2

2321
欽定皇輿西域圖志
(清)明安圖、(清)何國宗等
抄本
清乾隆四十七年(1782)
2 冊合訂，3 卷，33 幅地圖及圖說；25 厘米×16 厘米
　　　　　　　　　　Or.6885

2322
漢西域圖考
(清)李光廷
清同治九年(1870)
7 卷
　　　　　　　　　　15296.b.12

2323
西招圖略
(清)松筠
清道光二十七年(1847)？
1 冊，2 部分；26 厘米
　　　　　　　　　　15271.e.11

2324
西藏圖考
(清)黃沛翹
清光緒二十三年(1897)
8 卷
　　　　　　　　　　15272.e.2

2325
衛藏圖識
(清)馬揭、(清)盛繩祖
清乾隆五十九年(1794)
4 卷
　　　　　　　　　　15271.b.13

2326
衛藏圖識（法譯本，轉譯自比丘林的俄譯本）
Description du Tubet
（清）馬揭、（清）盛繩祖著，（德國）柯恒儒譯
HEINRICH JULIUS VON KLAPROTH (translator)
巴黎
Paris
清道光十一年（1831）
280頁，2幅地圖；21厘米
11095.a.30

2327
直隸義倉圖
（清）方觀承
刻本
清乾隆十八年（1753）
6冊，144幅；23厘米×32厘米
15329.b.11

2328
直隸義倉圖
（清）方觀承
刻本
清乾隆十八年（1753）
6冊，144幅；23厘米×32厘米
15277.c.1

2329
晋省地輿全圖
（清）李賓甫
朱拓本
清乾隆五十九年（1794）
1幅；140厘米×61厘米
S.T.S

2330
江蘇全省輿圖
（清）諸可寶、（清）陳京等
江蘇書局刻本
清光緒二十一年（1895）
3冊；23厘米×33厘米
15268.e.8

2331
江寧省城圖
刻本；袁青綬：瀏陽
清咸豐六年（1856）
1幅；61厘米×110厘米
Or.5502

2332
南京城圖
（清）鄧啓賢
朱墨雙色套印
約清光緒二十六年（1900）
1幅；78厘米×77厘米
Maps TAB.1.d.2

2333
上海縣水道圖
彩繪本
清同治九年（1870）
1幅；64厘米×56厘米
15261.c.3/2

2334
上海縣城廂租界全圖
（清）許雨蒼
李鳳寶刊印
清光緒元年（1875）
1幅；140厘米×83厘米
15406.a.58

史　部　　　　　　　　　　　261

2335
上海縣城廂租界全圖
(清)許雨蒼
點石齋:上海
清光緒十年(1884)
1幅;110厘米×62厘米
　　　　　　　　　　15406.a.22

2336
松江府上海縣版圖圩號冊
稿本
清道光十五年(1835)
1冊
　　　　　　　　　　Or.11705

2337
太湖營地圖
繪本
清道光二十年(1840)?

2338
蘇省四府輿地圖
彩繪絹本
約清道光二十年(1840)
1幅,2塊印板拼接;120厘米×80厘米×2厘米
　　　　　　　　　　Or.11523

2339
江陰全圖(戈登文書)
彩繪,官繪本
清咸豐十年至同治三年(1860－1864)
1幅;30厘米×41厘米
　　　　　　　　　　Or.2338[32]

2340
蘇州府境輿圖(戈登文書)

(清)趙座
墨繪本
清咸豐十年至同治三年(1860－1864)
1幅;44厘米×52厘米
　　　　　　　　　　Or.2338[32]

2341
蘇州府輿圖(戈登文書)
(清)趙座
墨繪本
清咸豐十年至同治三年(1860－1864)
1幅;63厘米×117厘米
　　　　　　　　　　Or.2338[32]

2342
蘇省閶、胥二門外附郭地輿圖(戈登文書)
(清)趙座
彩繪本
清咸豐十年至同治三年(1860－1864)
1幅;35厘米×59厘米
　　　　　　　　　　Or.2338[32]

2343
蘇州城郊河道圖(戈登文書)
(清)趙座
墨繪本
清咸豐十年至同治三年(1860－1864)
1幅;48厘米×77厘米
　　　　　　　　　　Or.2338[32]

2344
蘇州城北河道圖(戈登文書)
(清)趙座
朱墨手繪
清咸豐十年至同治三年(1860－1864)
1幅;73厘米×82厘米
　　　　　　　　　　Or.2338[32]

2345
蘇州府河道圖(戈登文書)
(清)趙庠
墨繪本
清咸豐十年至同治三年(1860-1864)
1幅;54厘米×58厘米
　　　　　　　　　　Or.2338[32]

2346
蘇州、無錫河道圖(戈登文書)
(清)趙庠
墨繪本
清咸豐十年至同治三年(1860-1864)
1幅;50厘米×55厘米
　　　　　　　　　　Or.2338[32]

2347
無錫、金匱二縣同城四址地輿全圖(戈登文書)
彩繪,官繪本
清雍正二年至咸豐十年(1724-1860)
1幅;41厘米×55厘米
　　　　　　　　　　Or.2338[32]

2348
松江、嘉定、瀏河、太倉地圖(戈登文書)
彩繪本
約清咸豐十年(1860)
1幅;56厘米×49厘米
　　　　　　　　　　Or.2338[32]

2349
婁縣境輿圖(戈登文書)
彩繪,官繪本
約清咸豐十年(1860)
1幅;55厘米×49厘米
　　　　　　　　　　Or.2338[32]

2350
青浦縣境輿圖(戈登文書)
(清)趙庠
墨繪本
清咸豐十年至同治三年(1860-1864)
1幅;56厘米×49厘米
　　　　　　　　　　Or.2338[32]

2351
常州府城及武進、陽湖兩邑地理全圖(戈登文書)
朱墨手繪
清咸豐十年(1860)
1幅;74厘米×70厘米
　　　　　　　　　　Or.2338[32]

2352
淮安至泰州運河兩岸地圖
繪本
清道光二十年(1840)?

2353
查造海門廳境各港分界地圖
(清)海門廳
繪本
清道光二十年(1840)?

2354
浙江圖考
(清)阮元
杭州
約清嘉慶二十五年(1820)
13頁
　　　　　　　　　　15263.b.2

2355
浙江省城水利全圖

史　　部　　263

拓本
約 19 世紀
1 幅;75 厘米×149 厘米
　　　　　　　Maps TAB.1.d.3

2356
浙江省垣水利全圖
浙江官書局
約 19 世紀
1 幅;69 厘米×148 厘米
　　　　　　　Maps TAB.1.d.4

2357
浙江省垣坊巷全圖
約 19 世紀
1 幅;60 厘米×95 厘米
　　　　　　　Maps TAB.1.e.3

2358
浙江全省輿圖並水陸道里記
(清)宗源瀚等
浙江官書局石印本
清光緒二十年(1894)
30 厘米×19 厘米
　　　　　　　Maps 26.a.6

2359
杭州府圖
彩繪本
清同治十二年(1873)前
1 幅
　　　　　　　Or.14825

2360
杭州府志省城、海塘、府學圖
墨繪
清後期

3 幅;20 厘米×27 厘米
　　　　　　　Maps 162.6.1

2361
杭州西湖江干湖墅圖
彩繪
約 19 世紀
1 幅;67 厘米×126 厘米
　　　　　　　Maps TAB.1.e.2

2362
杭州府附近地區海岸地圖
(英國)馬禮遜
JOHN ROBRERT MORRISON
繪本
清道光二十年(1840)?

2363
紹興府城衢路圖
(清)宗能、(清)許模等
清光緒十九年(1893)
1 幅;50 厘米×62 厘米
　　　　　　　Maps 162.q.4

2364
定海港地圖(中英標注)
羅耶
A. ROYER
繪本
清道光二十年(1840)
1 葉;55 厘米×64 厘米
　　　　　　　15406.a.56

2365
定海縣及舟山群島圖
彩繪本
清道光二十五年(1845)

1幅;65厘米×55.2厘米

Add.17327

2366
鄞、慈、鎮三縣水陸地圖
墨繪草圖
清道光二十一年(1841)
2葉,1幅地圖;26厘米×88厘米

Or.12016[b]

2367
鎮海營水陸圖冊
(清)張玉衡
寫本
清道光十八年(1838)
1卷

Add.16298

2368
鎮海營水陸圖冊
(清)吳金標
彩繪本
清道光二十一年(1841)
1幅地圖(67厘米×64厘米);附文1册,15頁(29厘米×17厘米)

Add.16287

2369
寧波府鎮海縣田地分佈圖
彩繪,官繪本
約19世紀
1幅;65厘米×83厘米

Or.14554

2370
無文字注記海防圖
彩繪本
清道光十二年至二十二年(1832-1842)
1幅;60厘米×60厘米

Maps 188.kk.1.[1]

2371
署寧波府慈溪縣呈送洋圖
彩繪,官繪本
清嘉慶五年至道光二十二年(1800-1842)
1幅;34厘米×58厘米

Maps 188.kk.1.[2]

2372
慈溪縣洋圖
彩繪,官繪本
清嘉慶五年至道光二十二年(1800-1842)
1幅;56厘米×60厘米

Maps 188.kk.1.[3]

2373
寧波府六邑內外洋輿圖
彩繪,官繪本
清嘉慶五年至道光二年(1800-1822)
1幅;64厘米×70厘米

Maps 188.kk.1.[4]

2374
慈溪縣洋圖
彩繪,官繪本
清嘉慶五年至道光二十二年(1800-1842)
1幅;59厘米×62厘米

Maps 188.kk.1.[5]

2375
寧波府奉化縣洋圖
彩繪,官繪本
清嘉慶五年至道光二十二年(1800－1842)
1幅;53厘米×56厘米
Maps 188.kk.1.[6]

2376
奉化縣洋汛界址圖
彩繪,官繪本
清嘉慶五年至道光二十二年(1800－1842)
1幅;45厘米×57厘米
Maps 188.kk.1.[7]

2377
奉化縣洋汛界址圖
彩繪,官繪本
清嘉慶五年至道光二十二年(1800－1842)
1幅;45厘米×57厘米
Maps 188.kk.1.[8]

2378
寧波府呈送六邑海島洋圖
彩繪,官繪本
清嘉慶五年至道光二年(1800－1822)
1幅;66厘米×66厘米
Maps 188.kk.1.[9]

2379
定海縣輿圖
彩繪,官繪本
清嘉慶五年至道光二十二年(1800－1842)
1幅;65厘米×67厘米
Maps 188.kk.1.[10]

2380
寧波府鎮海縣繪送所轄海口汛守圖
彩繪,官繪本
清嘉慶五年至道光二十二年(1800－1842)
1幅;51厘米×62厘米
Maps 188.kk.1.[11]

2381
象山縣輿圖
彩繪,官繪本
清嘉慶五年至道光二十二年(1800－1842)
1幅;55厘米×48厘米
Maps 188.kk.1.[12]

2382
象山縣輿圖
彩繪,官繪本
清嘉慶五年至道光二十二年(1800－1842)
1幅;55厘米×53厘米
Maps 188.kk.1.[13]

2383
浙江溫州府瑞安縣海圖
彩繪,官繪本
清道光十二年至二十二年(1832－1842)
1葉(折成書狀),具籤;43厘米×65厘米
Or.13159(1)

2384
浙江台協營沿海各汛口岸洋圖
彩繪,官繪本
清道光十二年至二十二年(1832－

1842)
1幅;44厘米×62厘米
Or. 13159(2)

2385
浙江溫州鎮標右營陸汛輿圖
彩繪,官繪本
清道光二十年(1840)
1幅;55厘米×56厘米
Or. 13159(3)

2386
浙江金華府城及其周邊要塞地圖
彩繪,官繪本
清道光十二年至二十二年(1832－1842)
1幅;31厘米×35厘米
Or. 7409 A

2387
浙江處州府中左營地圖
繪本
清道光二十年(1840)?

2388
松陽縣要塞地圖
繪本
清道光二十年(1840)?

2389
福建浦城至浙江江山汛防圖
繪本
清道光二十年(1840)?

2390
湖州府水道圖
繪本

清嘉慶九年(1804)?

2391
江西十三府地圖
彩繪本
清雍正九年至乾隆七年(1731－1742)
1冊經折裝,鑲邊封面;38厘米×28厘米×4厘米
Or. 11692

2392
江西十三府道里圖
彩繪絹本
清康熙元年至雍正九年(1662－1731)
1冊,14幅地圖;40厘米×53厘米
Add. 16356

2393
湖南輿圖説
(清)左學呂、(清)彭清瑋重編
清光緒二十三年(1897)
4部分
15271. b. 21

2394
四川八省交界輿圖
(清)楊維藩
彩繪本
清光緒元年至二十六年(1875－1900)
1幅;162厘米×140厘米
Maps 6. d. 44

2395
四川省疆域圖
(清)裘曾蔭
彩繪本
清光緒二十三年(1897)

史　部

2396
四川省會城池全圖
清嘉慶五年(1800)?
1 幅;97 厘米×157 厘米
　　　　　　　　　Maps 17.a.21

2397
四川省洪雅縣到西昌縣軍事地圖
繪本
清道光二十年(1840)?

2398
福建興化左右營輿圖
彩繪,官繪本
清道光十二年(1832)
11 幅;30 厘米×35 厘米
　　　　　　　　　Maps 9.d.31

2399
1841 年 2 月 26 日戰鬥中虎門地形及英軍位置圖
(英國)戈登提供
繪本;廣州
清道光二十一年(1841)
62 厘米×40 厘米
　　　　　　　　　Or.13346

2400
廈門輿圖
彩繪本
約清道光十二年至二十二年(1832 – 1842)
1 幅;58 厘米×100 厘米
　　　　　　　　　Add.17722

2401
廣東地理圖
木刻,上色
清嘉慶二十一年(1816)
2 塊印張拼合,62 厘米×126 厘米
有清羅仲藩序。
　　　　　　　　　61670.(1)

2402
廣東全省經緯地輿圖
(清)李明徹
木刻,上色
清嘉慶二十三年至二十五年(1818 – 1820)
1 幅;74 厘米×132 厘米
　　　　　　　　　61670.(4)

2403
廣東輿地總圖　廣東省城圖
(清)鄭蘭芳
木刻,手工加色
約清道光二年(1822)
2 圖拼爲 1 幅;35 厘米×83 厘米
　　　　　　　　　15406.a.55

2404
廣東全省輿圖
彩繪本
清道光二十年至二十二年(1840 – 1842)
1 幅,裱裝成 4 條幅;222 厘米×296 厘米
　　　　　　　　　Or.11529

2405
廣東全省及省城圖
彩繪本

清同治五年(1866)前
1 冊
Or. 7431

2406
廣州城珠江灘景圖
彩繪絹本
清乾隆二十五年(1760)
1 幅;75 厘米×800 厘米
K. 116. 23

2407
前山陸路內河全圖
彩繪本
約清道光二十年(1840)
1 幅;55 厘米×62 厘米
Or. 12242(7)

2408
新安縣水陸塘汛輿圖
彩繪本
約清咸豐十年(1860)
1 冊, 27 幅;28 厘米×27 厘米
Maps 2. c. 35

2409
香港島及周邊海岸鉛筆草圖
繪本
清道光二十二年(1842)?

2410
金門島到梅州島海岸港口鳥瞰圖
(英國)馬禮遜
JOHN ROBERT MORRISON
繪本
清道光十五年(1835)

2411
臺灣輿圖
(清)夏獻綸
臺灣道庫:福州?
清光緒六年(1880)
2 冊;24 厘米×15 厘米
15264. e. 7

2412
臺灣局部圖
彩繪本
清乾隆五十二年至嘉慶十五年(1787－1810)
1 冊;40 厘米×245 厘米
Add. 16357

2413
臺灣西海岸地圖
彩繪本
清雍正五年至乾隆五十一年(1727－1786)
1 幅;567 厘米×41 厘米
Or. 11295

2414
自杭州行宮游西湖道里圖説
內府彩繪絹本
清乾隆元年至十五年(1736－1750)
1 函, 5 幅地圖加圖説
Or. 13994

2415
乾隆南巡駐蹕地景致圖
(清)錢維城
彩繪絹本
清乾隆三十年至三十七年(1765－1772)

史　部

1 册,23 幅;29 厘米×40 厘米
　　　　　　　　　　　　Or.12895

2416
路程第一書
清康熙三十三年(1694)
2 部分
　　　　　　　　　　　　15271.a.25

2417
示我周行
(清)求放心齋
英德堂
清乾隆三年(1738)
6 卷
　　　　　　　　　　　　15271.a.13

2418
示我周行
(清)賴盛遠
清乾隆三十九年(1774)
1 套,3 本
　　　　　　　　　　　　15256.d.5

2419
示我周行
(清)鵠和堂
約清嘉慶五年(1800)
6 卷
　　　　　　　　　　　　15271.a.14

2420
天下路程途
宏文閣:北京
18 世紀?
14 頁
　　　　　　　　　　　　15271.a.19

2421
天下水陸路程
(清)澹漪子
清嘉慶二十五年(1820)
2 卷
　　　　　　　　　　　　15271.a.12

2422
天下水陸路程新編
(清)蕭奕璋、(清)梁紹琦
攀桂堂、遂初堂
清乾隆三年(1738)
1 册,2 卷
共二卷,均總題"慶陽蕭奕璋編輯,天下水陸路程新編,攀桂堂梓"。包括三部分:第一部分爲"北京城圖"及相關說明文字,署"博陵梁紹琦著定,攀桂堂梓";第二部分爲"新科會試路程典要",署"嶺海攀桂堂編次";以上爲"一卷"。第三部分爲"廣東全圖"及相關說明文字,署"博陵梁紹琦著定,攀桂堂梓",爲"二卷",末又署"嶺海遂初堂梓"。
　　　　　　　　　　　　15271.a.15

2423
北京至全國水陸道里十五卷(中英文對照)
稿本
約清道光二十年(1840)
1 册,28 頁
　　　　　　　　　　　　Or.13146

2424
路程一卷
抄本
清宣統元年(1909)前

1册
        Or. 7365

2425
廣東通省水道圖
（清）陳鎣
木刻
約清道光三十年（1850）
1幅,40塊印板拼接;168厘米×470厘米
       15406. a. 32

2426
廣東省往江西河口鎮水陸路程
繪本
約清嘉慶二十五年（1820）
16頁
        Or. 13125

2427
廣州至澳門水途即景
彩繪本
清道光八年（1828）
51幅;36厘米×47厘米
       Maps c. 6. d. 2

2428
廣州至澳門水道圖
約清道光二十年（1840）
2長卷;34厘米×267厘米,26厘米×278厘米
       Or. 2342 B－C

2429
廣州至澳門水路里程及沿途炮臺分佈圖
墨繪本

約清道光二十年（1840）
1幅;86厘米×400厘米
       Or. 7409 B

2430
廣州至澳門航綫沿岸風光
彩繪本
清道光三十年至光緒十三年（1850－1887）
1册,96頁;51.6厘米×38.8厘米
       Or. 2340

2431
珠江下游水系航路圖
彩繪本
清宣統三年（1911）前
1葉
       Or. 15409

2432
滇南礦廠輿程圖略
（清）吳其濬纂、（清）徐金生繪輯
通州府？
約清道光三十年（1850）
1册,101頁
       15271. e. 5

2433
武夷山圖
彩繪本
清中葉
18幅,每幅23厘米×28厘米,全長23厘米×504厘米
       Or. 2342 A

2434
武夷山九曲溪全圖

史　部

彩繪絹本
清朝(1644－1911)
43厘米×174厘米
　　　　　　　　　　Maps 189

2435
武夷山九曲圖　廣州至澳門航綫平面圖　廣州至澳門航綫平面草圖
彩繪本
清光緒三年(1877)前
3幅
　　　　　　　　　　Or. 2342

2436
太白全圖
(清)賈鉉
楚黃李士龍、青門卞世合鎸
清康熙三十九年(1700)(據序)
186厘米×75厘米
　　　　　　　　　　15406. a. 75

2437
四明山圖
彩繪絹本
清中葉
121厘米×101厘米
　　　　　　　　　　Maps CC. Sa. 147

2438
古潤四山勝境全圖
清道光二十年(1840)?

2439
王石谷全黃圖
(清)王翬
彩繪本
清康熙四十三年(1704)[可能是清嘉慶五年(1800)前後摹繪的複製品]
1卷軸;44厘米×505厘米
　　　　　　　　　　Or. 13990

2440
長江圖説
(清)馬徵麟
朱格墨印;崇文書局:湖北
清同治十年(1871)
6册,35幅地圖拼合,每頁27厘米×27厘米
　　　　　　　　　　15277. b. 1

2441
長江全圖
(德國)費拉爾
R. A. DE VILLARD
上海
清光緒二十一年(1895)
52厘米×35厘米
　　　　　　　　　　15277. e. 1

2442
京杭運河全圖
彩繪絹本
清光緒七年(1881)前
1長卷;50厘米×944厘米
　　　　　　　　　　Or. 2362

2443
淮陽水道圖(江南省黃河故道至長江下游水系全圖)
(清)蔣榮地
彩繪本
約清道光三十年(1850)
1幅;83厘米×105厘米
　　　　　　　　　　Or. 13145

2444
西湖圖
(清)王地學舘主人
照相石印本,上彩
清光緒六年(1880)
1 幅;49 厘米×72 厘米
　　　　　　　　　Maps 162.q.3

2445
珠江地圖
Sketch Map of the Chu-kiang
托馬斯·布朗
THOMAS MARSH BROWN
約清光緒元年(1875)
1 葉
　　　　　　　　　15261.c.3/1

2446
籌海圖編
(明)鄭若曾
河南按察司藏板重刊本
明天啓四年(1624)
4 册,13 卷;30 厘米×18 厘米
　　　　　　　　　15271.e.1

2447
大清一統海道総圖
石印本
約清光緒元年(1875)
95 厘米×62 厘米
　　　　　　　　　Maps 62655.(3)

2448
沿海全圖
彩繪絹本
清後期
1 長卷;28 厘米×991 厘米
　　　　　　　　　Maps 162.O.3

2449
中國沿海全圖
彩繪本
清後期
66 幅地圖;29 厘米×907 厘米
　　　　　　　　　Or.13844

2450
七省沿海全圖
彩繪本
清後期
6 幅地圖;34 厘米×960 厘米
　　　　　　　　　Maps 162.O.2

2451
浙江海塘全圖
(清)張光贊
拓本
清同治十三年(1874)
83 厘米×184 厘米
　　　　　　　　　15406.a.10

2452
廣東沿海地圖
彩繪本
清嘉慶五年至道光二十年(1800 –
1840)
1 長卷;32 厘米×820 厘米
　　　　　　　　　Add.27364

2453
電白港口圖
(印度)丹尼爾·羅斯
DANIEL ROSS
J·霍斯堡:倫敦
J. Horsburgh: London
清嘉慶十八年(1813)?

史　　部　　　　　　　　　　　　　273

1 葉
　　　　　　Maps 147.e.18(173)

2454
電白港口圖
(印度)丹尼爾·羅斯
DANIEL ROSS
J·霍斯堡：倫敦
J. Horsburgh：London
清嘉慶十八年(1813)？
1 葉
　　　　　　Maps 147.e.18(174)

2455
廣西至福建沿海圖
墨繪本
約 19 世紀
17 幅疊裝；32 厘米×525 厘米
　　　　　　　　　Cr.14616

2456
福州閩江入海口地圖
(英國)里斯
THOAMS REES
繪本
清道光十二年(1832)

2457
中國東南沿海地圖集
彩繪本
清道光二十六年(1846)前
1 冊
　　　　　　　　Add.16358

Add.16358[a]　廣州城被災圖　彩繪本　清道光二年(1822)　1 幅；70 厘米×60 厘米

Add.16358[b]　呈送浙江太平營輿圖　彩繪，官繪本　清道光十二年至二十二年(1832–1842)　1 幅；51 厘米×52 厘米

Add.16358(c)　太湖圖說　彩繪本　約清嘉慶五年(1800)　1 卷；58 厘米×62 厘米

Add.16358(d)　太湖圖說　彩繪本　約清嘉慶五年(1800)　1 卷；58 厘米×73 厘米

Add.16358[e]　桐廬縣輿圖　彩繪，官繪本　清道光十二年至二十二年(1832–1842)　1 幅；60 厘米×60 厘米

Add.16358[f]　嚴州府治圖　彩繪，官繪本　清道光十二年至二十二年(1832–1842)　1 幅；52 厘米×60 厘米

Add.16358[g]　平陽營沿海界址圖　彩繪，官繪本　清道光十二年至二十二年(1832–1842)　1 幅；53 厘米×104 厘米

Add.16358[h]　浙江台協營沿海口岸圖　彩繪，官繪本　清道光十二年至二十二年(1832–1842)　1 幅；41 厘米×54 厘米

Add.16358[l]　象山營汛輿圖　彩繪本　清道光十二年至二十二年(1832–1842)　1 幅；52 厘米×57 厘米

Add.16358[m]　通州江海輿圖　彩繪，官繪本　清道光十二年至二十五年(1832–1845)　1 幅；55 厘米×111 厘米

Add.16358[n]　鹽城營繪呈河海輿圖　彩繪，官繪本　清道光十二年至二十五年(1832–1845)　1 幅；53 厘米×50 厘米

Add.16358[o]　孟河營繪呈營汛輿圖　彩繪，官繪本　清道光十二年至二十五年(1832–1845)　1 幅；32 厘米×60 厘米

Add.16358[p]　川沙營繪呈營汛輿圖　彩

繪,官繪本　清嘉慶十七年至道光二十五年(1812-1845)　1幅;46厘米×44厘米

2458
中國東南沿海地圖集
彩繪本
清宣統三年(1911)前
1冊

Add.16359

　Add.16359(a)　澳門輿圖　墨繪本　清道光二十年(1840)　1幅;65厘米×86厘米

　Add.16359[b]　雲和縣輿圖　墨繪本　清道光十二年至二十二年(1832-1842)　1幅;49厘米×57厘米

　Add.16359[c]　廿捌都塘汛界址圖　彩繪,官繪本　清道光十二年至二十二年(1832-1842)　1幅;39厘米×60厘米

　Add.16359[d]　金華縣地輿圖　彩繪,官繪本　清道光十二年至二十二年(1832-1842)　1幅;51厘米×52厘米

　Add.16359[e]　玉環廳地輿圖　彩繪,官繪本　清道光十二年至二十二年(1832-1842)　1幅;49厘米×47厘米

　Add.16359[f]　玉環廳地輿圖　彩繪,官繪本　清道光十二年至二十二年(1832-1842)　1幅;54厘米×66厘米

　Add.16359[g]　鄞縣地輿圖　彩繪,官繪本　清道光十二年至二十二年(1832-1842)　1幅;54厘米×61厘米

　Add.16359[h]　奉化縣陸洋汛址圖　彩繪,官繪本　清嘉慶五年至道光二十二年(1800-1842)　1幅;51厘米×58厘米

　Add.16359[j]　象山縣地輿圖　彩繪,官繪本　清道光十二年至二十二年(1832-1842)　1幅;54厘米×51厘米

　Add.16359[k]　象山縣洋圖　彩繪,官繪本　清道光十二年至二十二年(1832-1842)　1幅;67厘米×62厘米

　Add.16359[l]　江蘇鹽河圖　彩繪本　清道光八年至十一年(1828-1831)　1幅;104厘米×62厘米

　Add.16359[m]　阜寧縣呈送卑境射、黃等口洋面會勘水勢洋綫情形圖　彩繪,官繪本　清道光十二年至二十五年(1832-1845)　1幅;56厘米×56厘米

　Add.16359[n]　柘林營造呈營汛圖說　彩繪,官繪本　清道光十二年至二十五年(1832-1845)　1幅;64厘米×57厘米

　Add.16359[o]　松江城守營輿圖　彩繪,官繪本　清道光十二年至二十五年(1832-1845)　1幅;50厘米×60厘米

　Add.16359[p]　海門廳繪呈查勘卑境各港測量水勢深淺全圖　彩繪,官繪本　清道光十二年至二十五年(1832-1845)　1幅;52厘米×64厘米

　Add.16359[q]　海門廳繪呈管轄各港營汛分界全圖　彩繪,官繪本　清道光十二年至二十五年(1832-1845)　1幅;52厘米×63厘米

2459
江浙沿海地圖集
彩繪本
清宣統三年(1911)前
1冊

Add.16360

　Add.16360[a]　錢塘縣繪呈沿江營汛處所圖說　彩繪,官繪本　清道光十二年

至二十二年(1832－1842) 1幅;27厘米×70厘米

Add.16360[b] 大荊營水陸輿圖 彩繪,官繪本 清道光十二年至二十二年(1832－1842) 1幅;24厘米×56厘米

Add.16360[c] 樂清縣輿圖 彩繪,官繪本 清道光十二年至二十二年(1832－1842) 1幅;43厘米×43厘米

Add.16360[d] 浙江嚴州府遂安縣呈送山川地輿之圖 彩繪,官繪本 清道光十二年至二十二年(1832－1842) 1幅;53厘米×56厘米

Add.16360[e] 定海縣輿圖 彩繪本 清嘉慶五年至道光二十二年(1800－1842) 1幅;41厘米×50厘米

Add.16360[f] 署浙江寧波府慈溪縣呈送輿圖 彩繪,官繪本 清嘉慶五年至道光二十年(1800－1840) 1幅;38厘米×49厘米

Add.16360[g] 金山縣會勘海塘圖 彩繪,官繪本 約清嘉慶十六年(1811) 1幅;53厘米×62厘米

Add.16360[h] 常州營繪呈卑營汛境駐守數目地界全圖 彩繪,官繪本 清道光十二年至二十五年(1832－1845) 1幅;42厘米×42厘米

Add.16360[j] 江陰縣繪呈沿江水勢港口情形圖 彩繪,官繪本 清道光十二年至二十二年(1832－1842) 1幅;24厘米×48厘米

Add.16360[k] 如皋縣沿海口岸水勢程途圖說 彩繪,官繪本 清道光十二年至二十五年(1832－1845) 1幅;38厘米×48厘米

2460
中國沿海沿江地圖集
彩繪本
清宣統三年(1911)前 1冊

Add.16361

Add.16361[a] 台州府海洋全圖 彩繪,官繪本 清道光十二年至二十二年(1832－1842) 1幅;28厘米×30厘米

Add.16361[b] 處州府呈送十縣汛境輿圖 彩繪,官繪本 清道光十二年至二十二年(1832－1842) 1幅;36厘米×41厘米

Add.16361[c] 浙江處州鎮標右營松陽汛全圖 墨繪,官繪本 清道光十二年至二十二年(1832－1842) 1幅;43厘米×37厘米

Add.16361[d] 金華府七縣汛境輿圖 彩繪本 清道光十二年至二十二年(1832－1842) 1幅;30厘米×35厘米

Add.16361[e] 浙江金華武義縣呈送輿圖 彩繪,官繪本 清道光十五年至二十五年(1835－1845) 1幅;31厘米×37厘米

Add.16361[f] 海寧州繪呈沿江營汛處所圖說 彩繪,官繪本 清道光十二年至二十二年(1832－1842) 1幅;31厘米×79厘米 馬禮遜(John Robert Morrison)收藏品

Add.16361[g] 海寧州繪呈沿江營汛處所圖說 彩繪,官繪本 清道光十二年至二十二年(1832－1842) 1幅;31厘米×37厘米 馬禮遜(John Robert Morrison)收藏品

Add.16361[h] 龍游縣輿圖 彩繪,官繪本 清道光十二年至二十二年(1832－1842) 1幅;33厘米×28厘米

Add.16361[j] 浙江溫標中營海汛輿圖 彩繪,官繪本 清道光十二年至二十二年(1832－1842) 1幅;36厘米×78厘米

Add.16361[k] 磐石營城汛四至交界圖

彩繪,官繪本　清道光十二年至二十二年(1832－1842)　1幅;26厘米×36厘米

Add.16361[l]　磐石營城汛四至交界圖　彩繪,官繪本　清道光十二年至二十二年(1832－1842)　1幅;26厘米×36厘米

Add.16361[m]　京口協水師左營江汛輿圖　彩繪,官繪本　清嘉慶十五年至道光二十五年(1810－1845)　1幅;24厘米×85厘米

Add.16361[n]　太倉州繪呈沿江水勢港口營汛分界圖　彩繪,官繪本　清道光十二年至二十五年(1832－1845)　1幅;37厘米×49厘米

Add.16361[o]　靖江營繪呈汛境輿圖　彩繪,官繪本　清道光十二年至二十五年(1832－1845)　1幅;29厘米×38厘米

Add.16361[p]　金山營地輿圖　彩繪,官繪本　清道光十二年至二十五年(1832－1845)　1幅;35厘米×35厘米

Add.16361[q]　標下青村營呈送汛境輿圖　彩繪,官繪本　清道光十二年至二十五年(1832－1845)　1幅;27厘米×30厘米

Add.16361[r]　鹽城營繪呈河海輿圖　彩繪,官繪本　清道光十二年至二十五年(1832－1845)　1幅;36厘米×42厘米

Add.16361[s]　河南下南廳祥下汛浸口情形圖　彩繪,官繪本　清道光二十一年至二十五年(1841－1845)　1幅;22厘米×37厘米

Add.16361[t]　四川嘉定府太平堡形勢圖　彩繪本　清嘉慶五年至十三年(1800－1808)　1幅;30厘米×75厘米

Add.16361[u]　福山營汛總圖　彩繪,官繪本　清道光十二年至二十五年(1832－1845)　1幅;46厘米×38厘米

2461
江浙沿海地圖集

Add.16362

Add.16362[a]　浙江寧波府城守營呈送兼轄鄞、慈、奉三縣汛界址輿圖　彩繪,官繪本　清道光十二年至二十二年(1832－1842)　1幅;33厘米×95厘米

Add.16362[b]　平陽營輿圖　彩繪,官繪本　清嘉慶五年(1800)　1長卷;26厘米×280厘米

Add.16362[c]　平陽營輿圖　彩繪,官繪本　清嘉慶五年(1800)　1長卷;26厘米×280厘米

Add.16362[d]　寶山縣海塘工程圖　彩繪,官繪本　清道光十二年至二十五年(1832－1845)　1幅;23厘米×128厘米

Add.16362[e]　瀏河營輿圖　彩繪,官繪本　清道光十二年至二十五年(1832－1845)　1幅;33厘米×62厘米

2462
中國地圖集
繪本
清宣統三年(1911)前

Add.16363

Add.16363[b]　廣州至澳門水程　墨繪本　約清道光二十年(1840)　1幅;83厘米×390厘米

Add.16363[d]　臺灣西海岸地圖　彩繪本　清雍正九年至乾隆五十一年(1731－1786)　1長卷;45厘米×490厘米

史　部

Add.16363[g]　海寧州繪呈沿江營汛處所圖説　彩繪,官繪本　清道光十二年至二十二年(1832－1842)　1幅;31厘米×105厘米　馬禮遜(John Robert Morrison)收藏品

2463
海道圖説(中譯本)
The China Sea Directory
(英國)金約翰著,(英國)傅蘭雅、(美國)金楷理口譯,(清)王德均筆述
JOHN WILLIAM KING (author), JOHN FRYER & CARL TRAUGOTT KREYER (interpreters)
江南製造局:上海
清同治十三年(1874)?
15卷,附33頁
　　　　　　　　　　　　15259.d.9

2464
海道圖説(中譯本)
The China Sea Directory
(英國)金約翰著,(英國)傅蘭雅、(美國)金楷理口譯,(清)王德均筆述
JOHN WILLIAM KING (author), JOHN FRYER & CARL TRAUGOTT KREYER (interpreters)
江南製造局:上海
清同治十三年(1874)?
15卷,附33頁
　　　　　　　　　　　　15259.b.2

2465
朝鮮圖
寫本
1冊,26幅
　　　　　　　　　　　　Or.6997

2466
東輿圖志
稿本
清同治三年(1864)前
1冊,172頁;30.5厘米×19.5厘米
　　　　　　　　　　　　Or.11277

2467
地圖全(朝鮮八道地圖)
繪本
清嘉慶五年至道光三十年(1800－1850)
1冊,8幅;98厘米×59厘米
　　　　　　　　　　　　Or.11518

2468
大東輿地圖
彩繪本
清同治三年(1864)
22幅
　　　　　　　　　　　　Or.11624

2469
大韓全地圖
彩繪本
清光緒二十三年至二十六年(1897－1900)
1幅
　　　　　　　　　　　　Or.11530

2470
朝鮮地圖集
彩色套印;上海
清光緒二十年(1894)
57厘米×45厘米
　　　　　　　　　　　　15406.a.1

2471
關東關北圖
首爾
清道光二十年(1840)?
15276.e.5

2472
兩西圖
首爾
清道光二十年(1840)?
15276.e.5

2473
畿湖圖
首爾?
清道光二十年(1840)?

2474
西南圖
首爾
清道光二十年(1840)?
15276.e.5

2475
南圻六省地輿志
清嘉慶十七年(1812)
15271.b.17/1

2476
皇越地輿志
廣州
清嘉慶十七年(1812)
1冊,2卷
15271.b.17/2

2477
越南地輿圖
(清)徐廷旭、(清)周萬青
稿本
清嘉慶八年至二十四年(1803–1819)
102.5厘米×61.5厘米
Or.11682

2478
迦南地圖
Map of Palestine
(美國)打馬字
JOHN VAN NEST TALMAGE
廈門
清咸豐十一年(1861)
4塊印板拼合,全幅102厘米×62厘米
15406.a.57

2479
中國和韃靼局部地圖集(英文、滿語、漢語)
Atlas Containing European Maps of Parts of China and of Tartary
(德國)柯恒儒等繪注
稿本
19世紀初期
1冊,7幅地圖;88.2厘米×94.3厘米
Add.11706

2480
法國國王查理五世時代卡塔盧尼亞文地圖集中的遠東(摘自1895年《歷史和描述地理學報》)(法文)
L'Extrême-Orient dans L'atlas Catalan de Charles V Roi de France (Extrait du *Bulletin de Géographie Historique et Descriptive*. 1895)
(法國)考狄
M. HENRI CORDIER

國家印刷局：巴黎
Imprimerie Nationale：Paris
清光緒二十一年（1895）
48 頁；26.4 厘米×21.4 厘米
　　　　　　　　　　　11098.d.6

2481
天下九邊分野　人跡路程全圖
（明）曹君義刊行
木刻；金陵
明崇禎十七年（1644）
12 塊拼接，全幅 123 厘米×123 厘米
　　　　　　　　　　Maps 60875(11)

2482
大地全球一覽之圖
（清）六承如初刻、（清）葉圭綬修訂
濟南重刊本，朱墨雙色套印
清順治八年（1651）
8 幅挂軸；拼合尺寸 156 厘米×216 厘米
　　　　　　　　　　　15406.b.11

2483
三才一貫圖
（清）呂撫
木刻
清康熙六十一年（1722）
1 葉，竪條幅；143 厘米×80 厘米
　　　　　　　　　　　15024.a.3

2484
京板天文地輿全圖
（清）馬俊良編繪、（清）莊廷敷錄圖説
木刻，手彩；北京
約清嘉慶五年（1800）
255 厘米×87 厘米
　　　　　　　　　　　15406.a.16

2485
中文地球儀
（葡萄牙）陽瑪諾、（意大利）龍華民
MANUNEL DIAS & NICCOLO LONGO-BARDI
明天啓三年（1623）
直徑 59 厘米
　　　　　　　　　　　Maps G.35

2486
坤輿全圖
（比利時）南懷仁
FERDINAND VERBIEST
清康熙十三年（1674）
8 塊條幅，存 4 塊；拼合尺寸 171 厘米×410 厘米
　　　　　　　　　　Maps 183.p.4(1)

2487
坤輿全圖
（比利時）南懷仁
FERDINAND VERBIEST
韓國漢城重刊本
清咸豐十年（1860）
18 塊印版拼合，版框 149 厘米×320 厘米
　　　　　　　　　　Maps 183.p.4(2)

2488
坤輿圖説
（比利時）南懷仁
FERDINAND VERBIEST
清雍正十二年（1734）
1 葉；162 厘米×62 厘米
　　　　　　　　　　　15406.a.52

2489
輿地圖（天下総圖,中國地圖,日本、朝鮮地圖）
日本
約清乾隆十五年（1750）
分禮、樂、射、御、書、數6冊,368頁
Or.11674

2490
地球全圖
（英國）艾約瑟
JOSEPH EDKINS
上海
清同治三年（1864）
107厘米×85厘米
Maps 920.(237)

職官類

官制屬

2491
漢唐事箋前後集
（元）朱禮
清道光二年（1822）
20卷
15286.b.4

2492
皇明直文淵閣諸臣表
（明）鄭曉
明嘉靖四十五年（1566）
7頁,16頁,2頁
15296.e.1

2493
翰林記
（明）黃佐
廣州
清道光十一年（1831）
20卷
15305.a.6

2494
新增資治新書全集
（清）李漁
清道光二十年（1840）?
5冊,14卷,又20卷
15273.d.2

2495
欽定吏部則例
（清）張廷玉等
清乾隆六年（1741）
3冊,5部分
15237.c.4

2496
吏部修改則例
（清）吏部
清嘉慶八年（1803）
17頁
15237.c.5

2497
欽定禮部則例
（清）文孚等
清嘉慶二十五年（1820）
4冊,202卷
15237.c.2

史　部　　281

2498
欽定中樞政考
(清)鄂爾泰等
清乾隆七年(1742)
16 卷
　　　　　　　15237.e.7

2499
欽定中樞政考
(清)鄂爾泰等
16 卷,缺卷 7 – 10
　　　　　　　15237.e.6

2500
欽定中樞政考
清乾隆二十九年(1764)
16 卷

2501
欽定中樞政考
清乾隆五十年(1785)
15 卷

2502
欽定中樞政考
清嘉慶十二年(1807)
16 卷,缺卷 1、13 – 16

2503
欽定中樞政考
清道光五年(1825)
40 卷

2504
大清中樞備覽
清光緒二年(1876)
2 卷
　　　　　　　15239.b.22(2)

2505
欽定歷代職官表
(清)紀昀等
清乾隆四十八年(1783)
4 冊,72 卷
　　　　　　　15291.d.2

2506
幕學舉要
(清)萬維翰
芸暉堂
清乾隆三十五年(1770)
3 頁,40 頁
　　　　　　　15239.c.5

2507
文職武職
藍色印刷
約清道光二十年(1840)
1 葉
　　　　　　　15298.b.44

2508
滿漢吏治輯要
(清)通瑞
清道光三年(1823)
　　　　　　　15241.b.1

2509
大典會通
(朝鮮)趙斗淳等
首爾
清同治四年(1865)
6 卷
　　　　　　　15260.a.3

2510
吏治輯要
(清)高鶚
清光緒元年(1875)
2部分
      15241.a.12

2511
陞官圖
稿本
約清道光二十五年(1845)
1卷
      Add.16290

2512
陞官圖説
抄本
清光緒元年(1875)前
1冊
      Or.7416

2513
宗室王公世職章京爵秩襲次全表
(清)牟其汶
清光緒三十二年(1906)
1函,10冊;44厘米
      15528.a.6

2514
爵秩新本
清乾隆十五年(1750)?

2515
爵秩全覽
清道光二十一年(1841)

2516
不列顛市議會
British Municipal Council
天津
清光緒三十年(1904)
38冊
      15443.b.1

2517
咨議局章程及選舉章程
(清)憲政編查館
清宣統元年(1909)
2冊
      15223.d.58

2518
咨議局(職務須知)章程
商務印書館:上海
清宣統元年(1909)
46頁
      15411.a.44/1-3

2519
咨議局章程表解
(清)高鳳謙
清宣統元年(1909)
1葉表
      15411.a.32/2

2520
咨議局職務須知
(清)楊廷棟
商務印書館:上海
清光緒三十四年(1908)
3冊
      15411.a.32/3

史　部

2521
各省諮議局章程箋釋
（清）杜亞泉、（清）孟森
商務印書館：上海
Commercial Press：Shanghai
清光緒三十四年（1908）
8頁，192頁，15頁
　　　　　　　　　15258.e.45

2522
廣東現任官名
寫本
清道光三十年（1850）？
1冊
　　　　　　　　　Or.7382

2523
江蘇現任官名
寫本
約清道光二十二年（1842）
1冊
　　　　　　　　　Or.7383

2524
中國官員徐廣縉、葉名琛、伍崇曜等給英國領事包某的送禮名刺
（清）徐廣縉等
寫本
清咸豐二年（1852）
17葉
　　　　　　　　　Or.6469

2525
清朝官員名帖
寫本
約清咸豐六年（1856）
1卷（與其他文獻合訂）
　　　　　　　　　Or.1394

2526
清代名帖集
寫本
清宣統三年（1911）前
20張
　　　　　　　　　Or.14818

2527
袁世凱、岑春煊、巴厘大牌名帖
寫本
3葉
　　　　　　　　　Or.5896（Sheet 46）

2528
大清縉紳書
抄本
4冊合訂
　　　　　　　　　Or.6200 A

2529
大清縉紳書索引
稿本
4冊合訂
　　　　　　　　　Or.6200 B

2530
大清縉紳
16冊

2531
大清袖珍縉紳全書
北京
清乾隆四十年（1775）
4冊

2532
大清仕籍全編

北京
清雍正十三年（1735）
4册，僅存第1册

2533
中國政府名目手册（英文）
The Chinese Government: A Manual of Chinese Titles, Categorically Arranged and Explained, with an Appendix
（英國）梅輝立
WILLIAM FREDERICK MAYERS
美華書館：上海；特呂布納出版公司：倫敦
American Presbyterian Mission Press: Shanghai; Trübner & Co.: London
清光緒四年（1878）
7頁，159頁；25厘米

11098.c.27

2534
中國政府名目手册（第3版）（英文）
The Chinese Government: A Manual of Chinese Titles, Categorically Arranged and Explained, with an Appendix (third edition)
（英國）梅輝立
WILLIAM FREDERICK MAYERS
別發書局：上海
Kelly & Walsh: Shanghai
清光緒二十三年（1897）
6頁，196頁

11099.f.41

2535
中國各省及大都市權力機構名錄（修正至1888年12月31日）（英文）
List of the Higher Metropolitan and Provincial Authorities of China (Corrected to Dec. 31st, 1888)
（英國）禧在明
WALTER CAINE HILLIER
別發書局：上海
Kelly & Walsh: Shanghai
清光緒十五年（1889）
34頁

11099.g.4

2536
中國各省及大都市權力機構名錄（附《皇室宗譜表》，修正至1905年5月31日）（英文）
List of the Higher Metropolitan and Provincial Authorities of China (With Genealogical Table of the Imperial Family. Corrected to May 31st, 1905)
（英國）駐華公使館中文秘書編
THE CHINESE SECRETARIES OF HER BRITANNIC MAJESTY'S LEGATION AT PEKING (compilers)
別發書局：上海
Kelly & Walsh: Shanghai
清光緒三十一年（1905）
7頁，59頁；31厘米×24厘米

11098.d.38

2537
新加坡政體
Formation of the Singapore Institution
（英國）萊佛士
THOMAS STAMFORD RAFFLES
傳道出版社：馬六甲
Mission Press: Malacca
清道光三年（1823）
110頁

11095.b.6

2538
行政雜記（《漢學雜纂》第 21 號）（法文）
Mélanges sur l'Administration (*Variétés Sinologiques*. No. 21)
（清）黃伯祿
PIERRE HOANG
天主教會土山灣孤兒院印刷所：上海
Imprimerie de la Mission Catholique à l'Orphelinat de T'ou-sé-wé：Chang-hai
清光緒二十八年（1902）
2 頁，233 頁
　　　　　　　　　　　　15235.c

2539
中國的政府機構
Государственный Строй Китая и органы управленія
（俄國）柏百福
PAVEL STEPANOVICH POPOV
清光緒二十九年（1903）、宣統元年（1909）
2 部分
　　　　　　　　　　　　14005.f.13

官箴屬

2540
御製實心行政説
（清）仁宗顒琰
寫本
清嘉慶四年（1799）前
1 册，28 頁
　　　　　　　　　　　　Or.2667

2541
在官法戒録摘鈔
（清）陳宏謀
勉行堂
清道光三年（1823）
4 卷
　　　　　　　　　　　　15239.c.4

2542
居官福惠全書
（清）黃六鴻
種書堂
18 世紀
2 册，32 卷
　　　　　　　　　　　　15239.c.6

2543
居官日省録
（清）烏爾通阿
清同治十二年（1873）
6 册，合訂爲 1 本
　　　　　　　　　　　　15229.a.43

2544
居官刑戒
（明）呂坤
約清同治九年（1870）
3 頁
　　　　　　　　　　　　15241.a.11

2545
江南安徽府州縣各官賢否清册
寫本
清道光二十年（1840）
6 册合訂
　　　　　　　　　　　　Or.7379

政書類

通制屬

2546
群書治要
(唐)魏徵
金屬活字印刷;日本
明萬曆四十六年(1618)
50卷,缺卷4、13、20
　　　　　　　　　15297.e.2

2547
通典
(唐)杜佑
北京
清乾隆十二年(1747)
6冊,200卷
　　　　　　　　　15233.a.2

2548
通典
(唐)杜佑
清乾隆十五年(1750)?
7冊,200卷,缺142–166
　　　　　　　　　15233.b.1

2549
通典
(唐)杜佑
清乾隆五十五年(1790)?
9冊,200卷,缺卷1–7
　　　　　　　　　15233.a.1

2550
欽定續通典
(清)嵇璜等
浙江?
約清嘉慶五年(1800)
7冊,150卷
　　　　　　　　　15233.c.1

2551
通志
(宋)鄭樵
明嘉靖二十九年(1550)?
47冊,200卷
　　　　　　　　　15281.a.1

2552
通志
(宋)鄭樵
清乾隆十四年(1749)
200卷

2553
通志略
(宋)鄭樵
清嘉慶十一年(1806)
3冊,20部分
　　　　　　　　　15286.e.3

2554
通志六書七音略
(宋)鄭樵
抄本
清宣統元年(1909)前
1冊,卷31–36、67
　　　　　　　　　Or.7689

2555
欽定續通志
(清)紀昀等
19世紀

史　部

6 冊, 640 卷
15282.b.2

2556
文獻通考
(元)馬端臨
清乾隆十三年(1748)
15 冊, 348 卷
15020.d.4

2557
文獻通考
(元)馬端臨
活字印刷;朝鮮
明萬曆二十八年(1600)？[據宋咸淳二年(1266)刻本重印]
348 卷, 缺序和目錄, 卷 115 – 118、138 – 140、148 – 150、235 – 237 抄補
15019.a&b

2558
文獻通考
(元)馬端臨
清乾隆十三年(1748)
348 卷
15020.a.1

2559
文獻通考
(元)馬端臨
清乾隆十五年(1750)？
348 卷, 缺序、索引

2560
續文獻通考
(明)王圻
清乾隆四十九年(1784)
14 冊, 250 卷
15020.c.2

2561
文獻通考詳節
(清)嚴虞惇
繩武堂
清乾隆二十九年(1764)
2 冊, 24 卷
15020.d.2

2562
西漢會要
(宋)徐天麟
清光緒十年(1884)
10 冊, 70 卷, 合訂爲 1 本
15280.a.8

2563
唐會要
(宋)王溥
抄本
清乾隆十五年(1750)？
2 函, 12 冊, 100 卷
Or.8887

2564
五代會要
(宋)王溥
江蘇書局:上海
清光緒十二年(1886)
1 函, 6 冊, 30 卷
15280.a.7

2565
重校元典章、新集
清光緒三十四年(1908)
4 套, 24 冊
15266.d.1

2566
大明會典
(明)徐溥等
內府版
明萬曆十三年(1585)
3冊,228卷
　　　　　　　　15233.d.1

2567
大明會典
(明)徐溥等
明萬曆十三年(1585)
　　　　　　　　15233.d.2

2568
大明會典
(明)徐溥等
明萬曆二十八年(1600)
　　　　　　　　15233.e.2

2569
大明會典節錄
(明)徐溥等
抄本
清宣統三年(1911)前
1冊
　　　　　　　　Or.11704

2570
章程大備
(清)陳春笙
香港
清光緒二十八年(1902)
第1集,第1-3部分
　　　　　　　　15241.b.16

2571
欽定大清會典
清乾隆二十九年(1764)
100卷
　　　　　　　　15231.e.3

2572
欽定大清會典
清嘉慶二十三年(1818)
100卷
　　　　　　　　15231.d.3

2573
大清會典
清嘉慶二十五年(1820)?
250卷,存卷38-39、46-48、131-133、181-182
　　　　　　　　15231.e.1

2574
欽定大清會典
(清)崑岡等
清光緒二十五年(1899)
82套,100卷,附事例1220卷、圖270卷
　　　　　　　　15244.z.1-3

2575
大清會典節錄
抄本
約17世紀末
2冊,卷55-58、63-66
　　　　　　　　Or.7372

2576
大清會典圖
(清)慶桂等

史　部

清嘉慶十六年(1811)
132 卷
15236.e.7

2577
欽定大清會典則例
清乾隆十三年(1748)
180 卷,存卷 1 – 30、55 – 65、108 – 138、
140 – 142、149 – 152、165 – 170

2578
大清會典・文武相見儀制
清嘉慶二十三年(1818)
30 頁,32 頁
15231.e.6

2579
欽定大清會典事例
(清)托津等
清嘉慶二十三年(1818)
卷 1 – 660、726 – 831
15231.a.1

2580
欽定大清會典事例、圖
(清)托津等
15230.a.1 –3

典禮屬

2581
漢官舊儀
(東漢)衛宏
約清乾隆五十五年(1790)
2 卷及增補
15220.b.3

2582
大清通禮
(清)來保
清乾隆六十年(1795)
50 卷,存卷 1 – 11、39 – 49
15239.c.7

2583
大清通禮
(清)來保
清道光四年(1824)
48 頁
15239.c.10

2584
大清通禮
(清)來保
清道光四年(1824)
54 卷

2585
大清通禮續纂
(清)穆克登額
清道光四年(1824)
2 冊,54 卷
15239.c.9

2586
皇朝文典
(清)李兆洛
清嘉慶二十年(1815)
2 冊,74 卷
15241.d.1

2587
盛京典制備考
(清)崇厚

清光緒四年(1878)
8卷
15270.c.2

2588
皇朝禮器圖式
(清)允祿、(清)蔣溥等
清乾隆三十一年(1766)
18卷
15300.e.1

2589
皇朝禮器圖式
(清)允祿、(清)蔣溥等
內府彩繪本
清乾隆元年至六十年(1736-1795)
僅存38頁;40厘米×42厘米
Or.9430

2590
皇朝禮器圖式
(清)允祿、(清)蔣溥等
彩繪本
清宣統三年(1911)前
12盒,72頁
Or.6056(A)

2591
皇朝祭器樂舞錄
(清)孫有志
清同治十年(1871)
2卷
15258.b.6

2592
升馨承敬卷五
(清)仁宗顒琰

稿本
清嘉慶二十二年至二十五年(1817-1820)
1卷,23頁
Or.11357

2593
精禋展悋上冊
(清)仁宗顒琰
稿本
清嘉慶十二年(1807)
1冊,26頁
Or.11358

2594
嘉慶聖駕再詣盛京祇謁
稿本
清嘉慶二十三年(1818)
1冊,17頁
Or.11359

2595
(康熙)萬壽盛典
點石齋:上海
清光緒五年(1879)
6頁,4卷
15297.a.15

2596
八旬萬壽盛典
(清)阿桂等
清乾隆五十七年(1792)
3冊,120卷
15296.e.4

2597
南巡盛典

史　部

(清)高晉
清乾隆三十六年(1771)
8冊,120卷
　　　　　　　　15271.d.1

2598
幸魯盛典
(清)孔毓圻
清康熙五十年(1711)
2冊,40卷
　　　　　　　　15316.c.3

2599
己巳進表裏進饌儀軌
清同治七年(1868)
　　　　　　　　15287.b.1

2600
(同治)大婚禮節
(清)奕訢
清同治十一年(1872)?
53頁
　　　　　　　　15229.c.36

2601
聖門禮樂統
(清)張行言
萬松書院
清康熙四十年(1701)
24卷
　　　　　　　　15229.b.1

2602
聖廟祀典圖考(附《聖蹟圖》)
(清)顧沅
清道光十年(1830)
5卷,附圖
　　　　　　　　15305.a.2

2603
文廟丁祭譜
清道光二十五年(1845)
1套,8本
　　　　　　　　15256.dd.2

2604
文廟祀位
(清)倭什琿布
清同治八年(1869)
21頁
　　　　　　　　15256.b.17

2605
文廟祀典考
(清)龐鍾璐
清光緒五年(1879)
2冊,50卷
　　　　　　　　15223.c.12

2606
歷代陵寢備攷
(清)朱孔陽
申報館:上海
清光緒三年(1877)
3冊,50卷,又8卷
　　　　　　　　15256.d.2

2607
國朝謚法考
(清)趙鉞
世美堂
清道光十一年(1831)
131頁
　　　　　　　　15241.b.2

2608
直省釋奠禮樂記
(清)吳恒
清同治十二年(1873)
6卷
15237.cc.1

2609
直省釋奠禮樂記
(清)吳恒
清同治十二年(1873)
6卷
15256.ddd.2

2610
浙江寧波府儒學造送奉化縣節婦生平歷行事實清冊
稿本
清道光十八年(1838)
1冊
Add.16291

2611
周詩天機釋解婚姻圖
抄本
清光緒十二年(1886)前
1卷(與Or.3229和Or.3231合訂)
Add.3230

2612
中祀合編
清咸豐十年(1860)?
43頁
15258.b.18

2613
文舞圖譜
(清)桂良
清咸豐十年(1860)?
4部分
15210.e.13

2614
欽定學政全書
(清)魏晋錫
清乾隆四十六年(1781)
2冊,80卷
15239.d.12

2615
欽定國子監志
(清)文慶等
清道光十六年(1836)
82卷
15297.e.1

2616
益智書彙
上海
清光緒六年(1880)
9頁
15229.b.27

2617
科場事疑
廣州
清道光二十年(1840)?
15320.c.14

2618
增補貢舉考略
(清)黃崇蘭
雙桂齋:涇邑
清道光二十七年(1847)

史　部

5卷
　　　　　　　　15319.e.6

2619
清乾隆五十三年至六十年寧波府奉化縣貢監生四柱清册
寫本
清乾隆五十三年至六十年(1788－1795)
1册
　　　　　　　　Or.7610

2620
近科考卷湖南校士錄
清嘉慶五年(1800)?

2621
學院大人考取全省遺才題名錄
清道光二十年(1840)
　　　　　　　　15320.e.27

2622
三書院正外付課
廣州
清道光二十三年(1843)
　　　　　　　　15320.e.26

2623
浙江鄉試同年齒錄
(清)鄒炳泰
清乾隆五十三年(1788)
1册
　　　　　　　　15319.d.14

2624
浙江鄉試同年齒錄
杭州
清道光元年(1821)
各部分分別標頁碼
　　　　　　　　15319.d.15

2625
浙江鄉試同年齒錄
(清)王引之
清道光元年(1821)
1册
　　　　　　　　15319.d.16

2626
浙江鄉試恩科同榜齒錄
(清)吳孝銘
清道光元年(1821)

2627
江南鄉試題名錄
清道光二十四年(1844)
　　　　　　　　15320.e.29

2628
十房薦卷同門錄
廣州
清道光二十年(1840)
　　　　　　　　15320.e.25

2629
廣州府屬歷案黌宮題名錄
廣州
清道光二十三年(1843)
　　　　　　　　15320.e.30

2630
廣府十四縣正案題名錄
廣州
清道光二十三年(1843)
　　　　　　　　15320.e.28

2631
廣東歷科拔貢題名錄
廣州
清道光十七年(1837)
15320.e.33

2632
同門錄
廣州
清道光二十年(1840)
15320.e.31

2633
中華文科試實則(《漢學雜纂》第5號)
(法文)
Pratique des Examens Littéraires en Chine (*Variétés Sinologiques*. No.5)
(清)徐勱
ETIENNE ZI
天主教會土山灣孤兒院印刷所:上海
Imprimerie de la Mission Catholique à l'Orphelinat de T'ou-sé-wé:Chang-hai
清光緒二十年(1894)
3頁,278頁
15235.c.5

2634
中華武科試實則(《漢學雜纂》第9號)
(法文)
Pratique des Examens Militaires en Chine (*Variétés Sinologiques*. No.9)
(清)徐勱
ETIENNE ZI
天主教會土山灣孤兒院印刷所:上海
Imprimerie de la Mission Catholique à l'Orphelinat de T'ou-sé-wé:Chang-hai
清光緒二十二年(1896)
2頁,132頁
15235.c.9

2635
上海同仁堂義學條規
上海同仁堂
同仁堂:上海
清道光二十三年(1843)
7頁
15298.c.11

2636
養正義塾章程
清光緒六年(1880)?
8頁
15239.c.13

2637
興寧縣重建學宮記
(清)徐士芬
廣州
清道光十一年(1831)
8頁
15269.e.7

2638
兩廣方言學堂同學錄
廣州
清光緒三十三年(1907)
55頁
15039.a.10

2639
瓦城學堂告成祝文
納匝肋靜院:香港
清光緒三十二年(1906)
10頁
15276.e.7

2640
上海格致書院第一次記錄
上海
清光緒元年(1875)
7 頁
15229.b.26

2641
南洋視學報告
(清)劉士驥
清光緒三十二年(1906)
1 卷軸
Or.12463

2642
大德國學校論略
(德國)花之安
ERNST FABER
廣州
清同治十二年(1873)
2 頁,64 頁
15320.c.13

2643
西學考略
(美國)丁韙良
WILLIAM ALEXANDER PARSONS MARTIN
同文館:北京
清光緒九年(1883)
6 頁,6 頁,72 頁,2 頁,具英文封面和附錄
15259.h.23

2644
西學考略
(美國)丁韙良
WILLIAM ALEXANDER PARSONS MARTIN
同文館:北京
清光緒九年(1883)
6 頁,6 頁,72 頁,2 頁,具英文封面和附錄
15292.c.12

2645
肄業要覽(斯賓塞《教育論》第一篇《什麼知識最有價值》)(中譯本)
What Knowledge is of Most Worth
(英國)史本守(斯賓塞)著、(清)顏永京譯
HERBERT SPENCER (author)
上海
清光緒八年(1882)
1 頁,55 頁
15351.e.4

2646
大清祭禮(法文)
La Religion et les Cérémonies Impériales de la Chine Moderne, D'après le Cérémonial et les Décrets Officiels
(比利時)何賴思
CHARLES DE HARLEZ
巴黎、魯汶
Paris, Louvain
清光緒二十五年(1899)
556 頁
11098.c.15

邦計屬

2647
泉志
(宋)洪遵
照曠閣
清嘉慶十九年(1814)
15 卷
　　　　　　　　　　15300.b.1

2648
洪氏泉志校誤
(清)金邠居
清乾隆四十五年(1780)?
4 卷
　　　　　　　　　　15300.b.17

2649
大明通行寶鈔
明洪武元年至三十一年(1368－1398)
每張紙幣約22厘米×33厘米
　　　　　　　　　　Or.56.d

2650
皇明經濟錄
(明)黃溥
抄本
明崇禎十七年(1644)前
4 卷
　　　　　　　　　　Add.16282

2651
錢錄
(清)梁詩正
清乾隆十六年(1751)
16 卷
　　　　　　　　　　15299.d.1/2

2652
欽定錢錄
(清)梁詩正等
茹古室:寧波
清光緒五年(1879)
1 冊,16 卷
　　　　　　　　　　15300.b.6

2653
錢志新編
(清)張崇懿
酌春堂
清道光十年(1830)
20 卷
　　　　　　　　　　15300.b.4

2654
錢志新編
(清)張崇懿
清道光十年(1830)
20 卷
　　　　　　　　　　15300.e.5

2655
銀經發秘
(清)梁思澤
清道光二十四年(1844)
2 冊
　　　　　　　　　　15258.d.10

2656
歷代鐘官圖經
(清)陳萊孝
清道光二十年(1840)?
2 冊,8 卷
　　　　　　　　　　15299.cc.2

史　部

2657
觀古閣叢稿
(清)鮑康
清同治十二年至光緒三年(1873 - 1877)
1 函,8 冊
　　　　　　　　　15300.e.4

2658
吉金所見錄
(清)初尚齡
清道光二十一年(1841)
1 冊,16 卷
　　　　　　　　　15300.b.3

2659
吉金志存
(清)李光庭
清咸豐九年(1859)
4 卷
　　　　　　　　　15300.b 2

2660
泉布統志
(清)孟麟
清道光十三年(1833)
4 函,11 冊
　　　　　　　　　15299.c.6

2661
古泉彙
(清)李佐賢
清同治三年(1864)
5 部分
　　　　　　　　　15299.a 6

2662
古今錢略
(清)倪模
清光緒三年(1877)
2 套,34 卷
　　　　　　　　　15300.e.2

2663
錢神志
(清)李世熊
清嘉慶五年(1800)?
4 冊,7 卷
　　　　　　　　　15258.b.15

2664
籴證銀論　捷法算書
(清)潘正業
福文堂
清道光十年(1830)
1 冊,2 種書
　　　　　　　　　15252.d.15

2665
泉寶所見錄
(清)沈巍皆
清咸豐二年(1852)
1 套,4 本
　　　　　　　　　15300.b.15

2666
洋錢新鷹全法
廣州
清道光二十年(1840)
61 頁(52 頁另具標題)
　　　　　　　　　15299.a.3

2667
行用鈔法一卷　改鑄錢法一卷
抄本
清祺祥元年至宣統元年(1861－1909)
2冊,合訂爲1本,2卷
　　　　　　　　　　　Or.6994

2668
大市票錢印版
木刻板片
清宣統三年(1911)前
1片
　　　　　　　　　　　Or.15418

2669
參訂洋錢鬼字全法各疑例後
清道光二十年(1840)?

2670
中國錢幣學(英文)
An Epitome of Chinese Numismatics
約翰·威廉姆斯
JOHN WILLIAMS
倫敦
London
清咸豐三年(1853)
34頁
　　　　　　　　　　　11099.c.29

2671
古代中國的貝幣(英文)
The Metallic Cowries of Ancient China (600 B.C.)
(法國)拉克伯里
TERRIEN DE LACOUPERIE
大學學院:倫敦
University College:London
清光緒十四年(1888)
12頁;23厘米
　　　　　　　　　　　11095.d.42(5)

2672
幣制問答
(英國)賀璧理
ALFRED EDWARD HIPPISLEY
清光緒三十二年(1906)
3頁,2頁,49頁
　　　　　　　　　　　15259.c.38

2673
現代中國銅錢(英文)
Modern Chinese Copper Coins
(英國)拉姆斯登
H.A.RANSDEN
麻省伍斯特
Worcester, Mass.
清宣統三年(1911)
27頁
　　　　　　　　　　　11095.a.41

2674
中國鏤空花錢(英文)
Chinese Openwork Amulet Coins
(英國)拉姆斯登
H.A.RAMSDEN
小早川商會:橫濱
Jun Kobayagawa Co.; Yokohama
清宣統三年(1911)
60頁;22厘米
　　　　　　　　　　　11095.a.40

2675
中國紙幣(英文)
Chinese Paper Money

（英國）拉姆斯登
H. A. RAMSDEN
小早川商會：橫濱
Jun Kobayagawa Co. : Yokohama
清宣統三年(1911)
37 頁

11095.a.42

2676
中國的通貨（英文）
Chinese Currency
（英國）艾約瑟
JOSEPH EDKINS
美華書館：上海
American Presbyterian Mission Press: Shanghai
清光緒二十七年(1901)
11 頁,151 頁,5 頁

08223.h.12

2677
鹽鉄論
（西漢）桓寬
明嘉靖三十二年(1553)
12 卷

2678
欽定重修兩浙鹽法志
（清）阮元
清嘉慶六年(1801)
4 函,30 卷

15239.e.1

2679
欽定重修兩浙鹽法志
（清）阮元
清同治十三年(1874)

3 函,36 卷

15522.a.14

2680
兩淮鹽法志
（清）單渠
淮南書局：揚州
清同治九年(1870)
4 函,24 冊;31 厘米

15522.a.13

2681
淮北票鹽志略
（清）童濂
清同治九年(1870)
6 冊,15 卷

15522.a.16

2682
四川鹽法志
（清）丁寶楨
清光緒九年(1883)？
20 冊,41 卷;30 厘米

15522.a.12

2683
廣東鹽運司出入文書偶錄
清道光十五年至二十一年(1835-1841)

15297.d.6

2684
廣東鹽運司出入文書偶錄
抄本
清道光二十一年至光緒元年(1841-1875)
1 卷

Or.7393

2685
續纂淮關統志
（清）杜琳
清嘉慶十一年（1806）
2冊,14卷

15275.c.5

2686
陳文恭公風俗條約一卷　江蘇錢漕節略一卷
（清）陳宏謀
抄本
清道光二十六年（1846）前
2卷

Add.16284

2687
清乾隆嘉慶道光間定盛楊記鋪內存本張
（清）定盛楊記
寫本
清乾隆五十九年至道光六年（1794－1826）
1冊經折裝,48頁

Or.8634

2688
歷年錢穀條例總目
清嘉慶二十五年（1820）
6冊,405頁

15236.e.1－4

2689
奉化縣船舶航行執照
（清）奉化縣衙
奉化
清道光十一年（1831）、十六年至二十年（1836－1840）
32件（道光十一年2件,十六年1件,十七年2件,十八年1件,十九年18件,二十年8件）

Or.13149

2690
元號正大道光拾九年正月貨流水
寫本；廣州
清道光十九年（1839）
74頁

Or.12861

2691
票據會券
寫本
19世紀30年代
1冊

Or.7397

2692
寧波府鎮海縣造送道光十九年靖字船戶姓名樑頭清冊
（清）黃維同
稿本
清道光十九年（1839）
1冊

Add.16288

2693
奉化縣申報各憲散給過道光二十年四季分孤貧口糧銀兩年貌住址四柱文冊稿
稿本
清道光二十年（1840）
1冊

Add.16292

史　部

2694
各號出口查驗各貨
寫本
清道光二十四年（1844）
1 冊
　　　　　　　　　　　　Or. 7399

2695
各號驗貨
寫本
清道光二十五年（1845）
1 冊
　　　　　　　　　　　　Or. 7400

2696
逐日驗貨
寫本
清道光二十三年至二十四年（1843 –
1844）
1 冊
　　　　　　　　　　　　Or. 7401

2697
姓名總冊
寫本
約清道光二十年（1840）
1 冊
　　　　　　　　　　　　Or. 7402

2698
開發總登
寫本
約清道光二十四年（1844）
1 冊
　　　　　　　　　　　　Or. 7403

2699
節規禮
寫本
清光緒元年（1875）前
1 卷
　　　　　　　　　　　　Or. 7398

2700
環字簿
清道光二十三年（1843）
　　　　　　　　　　　　15241. b. 5

2701
正月分敦利棧呈報運到茶葉件數清冊
寫本
清光緒元年（1875）前
1 冊
　　　　　　　　　　　　Or. 7396

2702
敦利棧茶葉絲綢收發賬冊
寫本
清道光二十三年至二十四年（1843 –
1844）
3 冊合訂
　　　　　　　　　　　　Or. 7417

2703
茶總
寫本
清道光二十四年（1844）
1 冊
　　　　　　　　　　　　Or. 8146

2704
製茶景全圖
彩繪本

19 世纪
1 册

Or.16869

2705
私充牙行埠頭
寫本；廣東
清道光二十年（1840）？
1 册

Or.11706

2706
蘇松浮糧核議
清咸豐三年（1853）？
14 頁，表格 2 張

15239.c.2

2707
中國絲綢商戶及產品名錄
稿本
清同治十一年（1872）
2 册，另 5 頁

Or.15889

2708
北京店鋪招幌叢繪
彩繪本
清宣統三年（1911）前
1 册

Or.14593

2709
評皇券牒
彩繪本
1 卷軸

Or.16880

2710
清地契叢彙
寫本
清宣統三年（1911）前
1 册

Or.14646

2711
光緒二十五年五月礦路商務總局公告
印本
清光緒二十五年（1899）
2 葉

Or.5896（Sheet 1 –2）

2712
咸豐八年原定稅則核與同治五年進出貨物貿易並抽值成數及徵稅來源合開清册
上海
清同治七年（1868）？

15241.e.2

2713
光緒九年通商各關警船鐙浮椿總册
上海
清光緒二年（1876）

15241.e.2

2714
通商各關沿海沿江建置鐙塔鐙船鐙杆警船浮椿總册
上海？
清光緒七年（1881）、八年（1882）

15241.e.2

2715
通商各關華洋貿易總册

上海
清光緒五年(1879)
15241.e.2

2716
光緒十五年通商各關華洋貿易總册
上海
清光緒十五年(1889)
15241.e.2

2717
致海軍上將度路利的申請書三份(嘉慶十三年十月二十九日)(英文)
Three Petitions Addressed to Admiral Drury by the Chinese Merchants (dated Chia-Ch'ing 13, 10th month, 29th day)
手寫件
清嘉慶十四年(1809)
Add.46358/A–C

2718
英吉利國人品國事略説
倫敦?
約清道光二十年(1840)
5頁
15275.a.15

2719
甲寅年大英欽命管理通商事務署廣州管事官告示
印本
清咸豐四年(1854)
1葉
Or.5896(Sheet 11)

2720
華商買用洋商火輪等
約清咸豐十年(1860)
6頁
15233.d.10/4

2721
光緒二十九年買買提里阿洪路票(發給日本官員及其隨從的通行証)
清光緒二十九年(1903)
1葉
Or.13151

2722
華英商務問答捷訣
(清)林潤材
香港
清光緒三十一年(1905)
565頁
11095.b.39

2723
增刊日文商務類鈔
(清)譚培森
香港
清光緒三十三年(1907)
4頁,145頁
11098.b.39

2724
大英緬甸錢糧道通商告示
(清)馬某
仰光
Rangoon
清宣統二年(1910)
15239.a.50

2725
浙海關大關口日徵環簿

寫本
清道光十六年(1836)
1冊
                    Add.16289

2726
粵海關估計外洋船出口貨物價值冊
廣州
清道光二十三年(1843)
42頁
                    15239.a.36

2727
粵海關規例
廣州
清乾隆十五年至嘉慶五年(1750-1800)
3冊(各種版本)
                  15239.a.27-29

2728
粵海關規例
廣州
約清道光二十年(1840)
存33-65頁
                    15239.a.35

2729
粵海關額定款項全局
廣州
清嘉慶二十五年(1820)?
存12頁,10頁,27頁,11-47頁(暗碼)
                    15239.a.38

2730
粵海關額定款項

廣州
清道光十六年(1836)

2731
粵海關比例
廣州
清嘉慶十四年(1809)
50頁
                    15239.a.31

2732
粵海關稅例
廣州
清雍正二年(1724)

2733
粵海關稅則
廣州
清雍正二年(1724)(據敕令)
2頁,2頁,36頁,4頁,11頁,1頁
                    15239.a.33

2734
粵海關稅則
廣州
清乾隆五十四年(1789)?
2頁,2頁,36頁,4頁,2頁,11頁,1頁
                    15239.a.34

2735
粵海關稅務文
廣州
清道光二十三年(1843)
                    15239.a.41

2736
粵海關稅務文給商牌照

史　部

稿本;廣州
清道光二十三年(1843)
1 册
　　　　　　　　　　　Or. 11695

2737
粵海關外洋船牌
清道光十六年(1836)
1 件
　　　　　　　　　Add. 15730 B

2738
江南海關則例
寫本
清宣統元年(1909)前
1 册
　　　　　　　　　　　Or. 7414

2739
貨則條例
寫本
清光緒元年(1875)前
1 册
　　　　　　　　　　　Or. 7415

2740
上海大關則例
上海
清乾隆五十年(1785)?
43 頁
　　　　　　　　　　15239. a. 42

2741
上海大關則例
上海
約清道光二十五年(1845)
43 頁
　　　　　　　　　　15239. a. 43

2742
浙海鈔關刊刻詳單則例
鄞縣
2 頁,40 頁
　　　　　　　　　　15239. b. 12

2743
浙海鈔關徵收稅銀則例
清雍正二年(1724)

2744
浙海鈔關現行收稅則例
鄞縣
清雍正七年(1729)?
3 頁,52 頁
　　　　　　　　　　15239. b. 13

2745
經濟類編
(明)馮琦
虎林
明萬曆三十二年(1604)
卷 1-8、52-56、58-100
　　　　　　　　　　15222. e. 2

2746
增補致富全書
(明)陳繼儒纂輯、(清)石岩逸叟增訂
蔚文堂
清乾隆四十九年(1784)
4 卷
　　　　　　　　　　15229. a. 8

2747
賦役全書
蘇州
清同治四年(1865)

5 冊,30 卷
15241.e.1

2748
士農工商
友文堂
約清嘉慶五年(1800)
6 頁
15323.d.20

2749
明清貿易文獻集彙
清道光十年(1830)
3 冊,4 散頁,4 封面頁
Harley 344 –347

2750
重整行規
寫本
清光緒元年(1875)
1 葉
Or.5896(Sheet 47)

2751
商賈便覽
(清)吳中孚
務本堂
清乾隆五十七年(1792)
8 卷
15229.c.27

2752
重訂商賈便覽
(清)吳中孚
三益堂、同文堂
清道光二年(1822)
1 冊
15229.c.44

2753
閩產錄異
(清)郭柏蒼
清光緒十二年(1886)?
5 冊,6 卷;26 厘米
15228.a.38

2754
北海雜錄
(清)梁鴻勳
香港
清光緒三十一年(1905)
26 頁,1 幅地圖
15239.a.49

2755
中國漁業歷史
(清)沈同芳
江浙漁業公司:上海
清光緒三十二年(1906)
6 頁,160 頁,附 28 頁
15258.c.15

2756
最近彙水捷法新書
(清)馮炯初
香港
清光緒三十四年(1908)
151 頁
15296.e.13

2757
湖南財政說明書
清宣統三年(1911)
20 卷,又 4 卷
15256.ddd.9

2758
嘉善縣災賬徵信錄
清道光四年(1824)
91頁,53頁
15298.c.3

2759
體仁局覈實錄
(清)葉香谷等
報德觀:寧波
清道光十五年(1835)
110頁
15298.c.5

2760
金陵救生局報告(1838-1840)
南京
清道光二十年(1840)
1冊,8部分及複本
15298.c.21

2761
上海同仁堂徵信錄
同仁堂:上海
清道光二十九年(1849)
69頁
15298.c.6

2762
上海輔元堂施醫局徵信錄
上海
清咸豐元年(1851)
32頁
15298.c.9

2763
上海徽寧思恭堂徵信錄
上海
清道光二十四年(1844)
75頁
15298.c.12

2764
上海徽寧思恭堂徵信錄
上海
清道光二十四年(1844)
75頁
15298.c.13

2765
上海育嬰堂徵信錄
上海
清道光二十三年(1843)
19頁
15298.c.14

2766
上海育嬰堂徵信錄
上海
清道光二十九年(1849)
18頁
15298.c.8

2767
救嬰錄
(清)趙貞清
清光緒元年(1875)
49頁,3頁
15229.c.38

2768
行名錄(英文)
The Desk Hong List: A General and Business Directory for Shanghai and the

Northern & River Ports, Japan, etc.
上海
Shanghai
清光绪二年(1876)
15298.c.24

2769
往金山要訣
(英國)理雅各
JAMES LEGGE
英華書院:香港
清同治八年(1869)
18 頁
15118.b.17

2770
理財節略
(英國)戴樂爾
FRANCIS EDWARD TAYLOR
清光緒二十六年(1900)
26 頁
15259.c.39

2771
富國策(中譯本)
Manual of Political Economy
(英國)亨利·法思德著、(美國)丁韙良口譯、(清)汪鳳藻筆述
HENRY FAWCETT (author), WILLIAM ALEXANDER PARSONS MARTIN (interpreter)
同文館:北京
清光緒六年(1880)
3 卷
15233.d.5

2772
富國策(中譯本)
Manual of Political Economy
(英國)亨利·法思德著、(美國)丁韙良口譯、(清)汪鳳藻筆述
HENRY FAWCETT (author), WILLIAM ALEXANDER PARSONS MARTIN (interpreter)
上海
清光緒八年(1882)
15233.d.6

2773
富民策(中譯本)
Progress and Poverty
(美國)亨利·喬治著、(英國)馬林口譯、(清)李玉書筆述
HENRY GEORGE (author), W. E. MACKLIN (interpreter)
美華書館:上海
清宣統三年(1911)
12 頁,64 頁;22 厘米
15221.a.5

2774
富國真理(中譯本)
Simple Truths: A Small Treatise on Political Economy for the Information of Chinamen
(英國)嘉托瑪著、(英國)山雅谷譯、(清)蔡爾康審義
CHRISTOPHER THOMAS GARDNER (author)
廣學會:上海
清光緒二十五年(1899)

史　部

1册,2卷
附廣學會出版的漢譯西方書籍目錄。
15259.c.40

2775
中華帝國的歲入與稅制(英文)
The Revenue and Taxation of the Chinese Empire
(英國)艾約瑟
JOSEPH EDKINS
美華書館:上海
清光緒二十九年(1903)
240 頁
W 23/053

2776
中國的金融與價格(英文)
Banking and Prices in China
(英國)艾約瑟
JOSEPH EDKINS
美華書館:上海
清光緒三十一年(1905)
286 頁,5 頁
08225.g.58

2777
中國產權研究(《漢學雜纂》第 11 號)(法文)
Notions Techniques sur la Propriété en Chine (*Variétés Sinologiques*. No. 11)
(清)黃伯祿
PIERRE HOANG
天主教會土山灣孤兒院印刷所:上海
Imprimerie de la Mission Catholique à l'Orphelinat de T'ou-sé-wé: Chang-hai
清光緒二十三年(1897)
2 頁,200 頁
15235.c.1

2778
鹽之公賣研究(又譯作《官鹽論》)(《漢學雜纂》第 15 號)(法文)
Exposé du Commerce Public du Sel (*Variétés Sinologiques*. No. 15)
(清)黃伯祿
PIERRE HOANG
天主教會土山灣孤兒院印刷所:上海
Imprimerie de la Mission Catholique à l'Orphelinat de T'ou-sé-wé: Chang-hai
清光緒二十四年(1898)
15 頁,13 幅地圖
15235.c.15

2779
中國人口遷移(《北京東方學會雜志》第 2 卷,第 3 號)(英文)
Movement of the Population in China (*Journal of the Peking Oriental Society*, Vol. 2, No. 3)
(俄國)柏百福
PAVEL STEPANOVICH POPOV
北堂印書館:北京
Pei-Táng Press: Peking
清光緒十四年(1888)
15234.d.3

2780
中國之財政及賦稅制度(德文)
Das Chinesische Finanz-und Steuerwesen
(德國)佛爾克
ALFRED FORKE
清光緒二十六年(1900)、二十七年(1901)

軍政屬

2781
代張方平諫用兵書
(宋)蘇軾
寫本
清道光二十六年(1846)前
1件
　　　　　　　　　　Add.16305

2782
交代例冊
(清)高宗弘曆
清乾隆四十年(1775)
15頁
　　　　　　　　　　15239.a.24

2783
平定準噶爾方略
(清)傅恒等
清乾隆二十年(1755)
　　　　　　　　　Or.Micr.2330-31

2784
欽定軍需則例
(清)阿桂等
清乾隆五十三年(1788)
4部分
　　　　　　　　　　15239.c.6

2785
欽定軍需則例
(清)阿桂等
約清嘉慶二十五年(1820)
4冊
　　　　　　　　　　15239.e.4

2786
欽定六部(兵部、工部)軍需則例
(清)阿桂等
清乾隆五十三年(1788)?
9卷,5卷,1卷及增補,與1785年《戶部》複本和稍後刊印的3卷《戶部》合訂為2冊
　　　　　　　　　　15237.d.5

2787
欽定較增處分則例
約清嘉慶五年(1800)
6頁,56頁
　　　　　　　　　　15239.a.3

2788
欽定兵部處分則例
(清)伯麟等
清道光四年(1824)
第1冊,僅存卷1;第2冊,存卷1-31、36-39
　　　　　　　　　　15239.e.10

2789
欽定兵部處分則例
(清)伯麟等
約清道光十年(1830)
第2部分,卷1、5-13、16、26、31、33-36
　　　　　　　　　　15237.d.3

2790
欽定兵部續纂處分則例
(清)慶源等
清道光九年(1829)
4卷
　　　　　　　　　　15239.a.1

2791
處分則例圖要
(清)蔡逢年
清同治四年(1865)
1冊,6卷
　　　　　　　　15334.e.10

2792
八旗通志初集
(清)鄂爾泰等
清乾隆四年(1739)
11冊,250卷
　　　　　　　　15296.c.2

2793
欽定八旗則例
(清)鄂爾泰等
清乾隆七年(1742)
12卷
　　　　　　　　15237.d.9

2794
欽定八旗則例
清乾隆五十一年(1786)
12卷
　　　　　　　　15237.d.10

2795
八旗會議章程修改例文
清道光五年(1825)
28頁
　　　　　　　　15237.d.4

2796
欽定軍器則例
(清)董誥等
清嘉慶九年(1804)

1冊,卷1-2
　　　　　　　　15237.d.7

2797
欽定工部軍器則例
(清)工部
清嘉慶十七年(1812)
38冊,60卷
　　　　　　　　15237.d.8

2798
督捕則例
(清)索額圖等
清康熙十五年(1676)
1卷,7頁,3頁,41頁
　　　　　　　　15239.a.6

2799
督捕則例
(清)索額圖、(清)唐紹祖等
清乾隆八年(1743)
2卷,52頁,57頁
　　　　　　　　15239.a.7

2800
督捕則例
清嘉慶二十五年(1820)?
50頁
　　　　　　　　15239.a.8

2801
督捕則例附纂
約清道光三十年(1850)
2卷,25頁,21頁(末有缺頁)
　　　　　　　　15239.a.5

2802
更換各旗兵丁之名位部
寫本
清道光三十年(1850)
29 頁
Or.12235

2803
各旗將士名冊
寫本
約清道光二十一年至二十二年(1841–1842)
6 部分(11 頁,12 頁,7 頁,5 頁,6 頁,14 頁)
Or.13039–13042

2804
行軍紀律
(清)兵部
約清嘉慶五年(1800)
18 頁
15239.a.11

2805
清乾隆五十年奏折等
清乾隆五十年(1785)?
11 頁
15239.a.14

2806
關於鴉片戰爭的六份原始文件說明(道光二十年九月總督林則徐發給廣東水師提督的咨文、道光二十年九月廣東水師提督關天培的咨文、道光二十年十二月關天培的咨文、道光二十年六月署廣東水師提標中軍守府李某公札、道光二十年八月鄉勇戰死請卹稟文、英國人繪製的虎門口岸及英軍駐扎地圖)
(清)林則徐等
廣東
清道光二十年至二十一年(1840–1841)
6 件經折裝,1 幅地圖和 3 葉紙
Or.12242(1–6)

2807
清道光年間公文信封 3 件
寫本
清道光二十年至二十三年(1840–1843)
1 冊
Or.8144

2808
行文札諭
寫本
清道光二十一年(1841)
1 卷
Or.7389

2809
行文札諭
抄本
19 世紀 40 年代
1 卷
Or.7395

2810
擬勸洗英咭唎策
寫本
清道光二十年(1840)?
1 冊
Or.7421

史　部

2811
廣東龍門協副將陳朝良造報本年貳月分本協兩營現在洋巡緝捕弁兵配駕米艇等船冊
(清)陳朝良
稿本
清道光二十年(1840)
1冊
　　　　　　　　　　　　Or.13710

2812
福建陸路提標中軍參府雙某為抗擊英軍申明曉諭
(清)雙某
福建
清道光二十一年(1841)
4頁
　　　　　　　　　　　　15239.b.16

2813
豫軍紀略
(清)尹耕雲等
申報館:上海
清光緒三年(1877)
12卷
　　　　　　　　　　　　15297.b.20

2814
道光二十年捌月拾貳日廣東水師馬辰等關於白石角一帶禁烟的稟
(清)馬辰等
寫本
清道光二十年(1840)
1冊經折裝
　　　　　　　　　　　　Or.11413

2815
欽定浙江省外海戰船則例
約清嘉慶五年(1800)
卷4-5、8-9、15-19
　　　　　　　　　　　　15239.b.7

2816
廣東省外海戰船做法
18世紀
5冊,40卷
　　　　　　　　　　　　15239.b.6

2817
各省外海戰船總略
(清)兵部
約清乾隆三十三年(1768)後
3卷

2818
內河則例
約清嘉慶五年(1800)
8冊,58卷
　　　　　　　　　　　　15239.e.2

2819
駐防荊州滿營事宜
稿本
清道光七年(1827)後
1冊
　　　　　　　　　　　　Add.16310

2820
駐防荊州滿營事宜
抄本
清道光七年(1827)後
1冊
　　　　　　　　　　　　Add.16311

2821
達邦阿為屬員請功折
(清)達邦阿
寫本
清道光二十一年(1841)
1 冊
　　　　　　　　　　Add. 13955

2822
清道光間廣東水師軍官花名及兵力清冊
寫本
清道光二十一年(1841)
1 冊
　　　　　　　　　　Add. 14271

2823
浙江嘉興城守營兵馬清冊　嘉協左營公文
寫本
清道光二十一年至二十二年(1841 - 1842)
2 冊
　　　　　　　　Add. 16308 - 16309

2824
青田縉雲景寧龍泉雲和五汛兵力清冊
稿本
清道光二十六年(1846)前
1 冊
　　　　　　　　　　Add. 16312

2825
兵略錄存
(清)袁世凱
清光緒二十四年(1898)
6 冊,8 卷
　　　　　　　　　　15259. i. 41

2826
水師章程(中譯本)
Queen's and Admiralty Regulations
(美國)林樂知口譯、(清)鄭昌棪筆述
YOUNG JOHN ALLEN (interpreter)
江南製造局：上海
清光緒五年(1879)
2 冊,14 卷,又 6 卷
　　　　　　　　　　15259. i. 9

2827
水師操練(中譯本)
(英國)傅蘭雅口譯、(清)徐建寅筆述
JOHN FRYER (interpreter)
清光緒十四年(1888)?
18 卷
　　　　　　　　　　15259. c. 16

2828
水師操練(中譯本)
(英國)傅蘭雅口譯、(清)徐建寅筆述
JOHN FRYER (interpreter)
清光緒十四年(1888)?
18 卷
　　　　　　　　　　15259. e. 5

2829
英國水師考 美國水師考(中譯本)
(英國)巴那比、(美國)克理著,(英國)傅蘭雅口譯,(清)鍾天緯筆述
SIR NATHANIEL BARNABY
江南製造局：上海
清光緒十二年(1886)
3 冊
　　　　　　　　　　15257. f. 76

法令屬

2830
明代法律文書襍抄
抄本
明崇禎十七年(1644)前
1 冊
　　　　　　　Cotton Titus D XVI

2831
清代法禁文書襍抄
抄本
清康熙三年(1664)前
1 冊
　　　　　　　Add. 6661

2832
律例七言
(清)朱深陽
蘇州
清嘉慶十三年(1808)
1 冊經折裝
　　　　　　　15241.a.6

2833
公文集彙
寫本
清道光十五年至二十一年(1835 – 1841)
1 冊
　　　　　　　Add. 16294

2834
清道光二十一年鄞縣具副稟
寫本
清道光二十一年(1841)

1 冊
　　　　　　　Add. 16295

2835
中國文件雜彙一
寫本
清道光二十年至二十二年(1840 – 1842)
1 件
　　　　　　　Add. 14420 A

2836
中國文件雜彙二
寫本
清道光二十年至二十二年(1840 – 1842)
1 件
　　　　　　　Add. 14420 B

2837
錄呈續出示文册
抄本
清道光二十六年(1846)前
1 卷
　　　　　　　Add. 16296

2838
清嘉慶案卷叢鈔
抄本
清道光二十六年(1846)前
2 冊合訂
　　　　　　　Add. 16335

2839
戶部則例
(清)戶部
清道光十八年(1838)

99卷
　　　　　　　　15237.d.1

2840
刑部奏定通行新章程
（清）王汝礪
宏道堂：瀘州？
清光緒十八年（1892）
1函,6冊;26厘米
　　　　　　　　15240.g.21

2841
新疆則例便覽
抄本
清乾隆五十八年至光緒十七年（1793–1891）
2冊
　　　　　　　Or.4471–4472

2842
欽定理藩院則例
（清）理藩院
清道光二十三年（1843）？
3冊,63卷
　　　　　　　　15241.e.20

2843
欽定吏部處分則例
（清）吏部
清道光五年（1825）？
52卷
　　　　　　　　15233.d.8

2844
吏部兵部選補班次清單
（清）吏部
清道光七年（1827）

1–66頁
　　　　　　　　15239.a.17

2845
酌增常例
（清）戶部
清道光七年（1827）
101頁
　　　　　　　　15239.a.20

2846
現行常例
（清）戶部
清道光七年（1827）
74頁
　　　　　　　　15297.a.21

2847
捐輸例
（清）戶部
清道光十三年（1833）
76頁
　　　　　　　　15239.a.22

2848
籌備經費事例
（清）戶部
清道光十三年（1833）
46頁,63頁
　　　　　　　　15239.a.23

2849
籌備經費事例
清道光十七年（1837）

2850
籌備經費事例

史　部

清道光十八年(1838)

2851
豫工事例
(清)戶部
清道光二十一年(1841)
27 頁, 30 頁, 63 頁, 缺末折頁
　　　　　　　　　　15239.a.12

2852
疎失餉鞘
寫本
清嘉慶十七年至十八年(1812－1813)
1 卷
　　　　　　　　　　Add.16293

2853
中俄條約(滿語)
清雍正五年至六年(1727－1728)
1 冊
　　　　　　　　　　Add.18106

2854
中日北京專約草稿
稿本
清同治十三年(1874)
1 件
　　　　　　　　　　Or.12918

2855
中英新增條議
上海
清光緒二年(1876)
15 頁
　　　　　　　　　　15297.b.16

2856
粗定各口章程
抄本
清道光二十三年(1843)
1 卷
　　　　　　　　　　Or.7380

2857
善後條約
抄本
清道光二十三年(1843)？
1 冊
　　　　　　　　　　Or.7381

2858
善後條約
清道光二十四年(1844)？
8 頁
　　　　　　　　　　15239.b.4

2859
和約章程
清道光二十五年(1845)？
101 頁
　　　　　　　　　　15235.a.219

2860
租界章程
抄本
清咸豐四年(1854)
1 冊
　　　　　　　　　　Or.16804

2861
大中國與大亞美利駕合衆國和約章程
清咸豐八年(1858)
　　　　　　　　　　15241.c.1

2862
大清大英和約章程
抄本
約清咸豐十年(1860)
14 頁
Or. 8207. I

2863
中英修訂藏印通商章程
寫本
清光緒三十四年(1908)
1 冊
Or. 13970

2864
日斯巴尼亞國條款和約章程
清同治六年(1867)
19 頁
15233. d. 10/3

2865
奧斯馬加國條款稅則章程
清同治八年(1869)
27 頁,22 頁,1 頁
15233. d. 10/2

2866
法越兩次西貢條約
抄本
清同治十三年(1874)後
1 冊
Or. 11683

2867
扣交英法國各二成銀兩數目清冊
寫本
約清祺祥元年(1861)
1 冊
Or. 13969

2868
中外條約集(第1版)(英文)
Treaties between the Empire of China and Foreign Powers (first edition)
(英國)梅輝立編
WILLIAM FREDERICK MAYERS (editor)
北華捷報館:上海
North-China Herald Office:Shanghai
清光緒三年(1877)
8 頁,225 頁,11 頁
D -6915. eee. 7

2869
中外條約集(第4版)(英文)
Treaties between the Empire of China and Foreign Powers (fourth edition)
(英國)梅輝立編
WILLIAM FREDERICK MAYERS (editor)
北華捷報館:上海
North-China Herald Office:Shanghai
清光緒二十八年(1902)
14 頁,332 頁
11095. c. 13

2870
中外條約集(第5版)(英文)
Treaties between the Empire of China and Foreign Powers (fifth edition)
(英國)梅輝立編
WILLIAM FREDERICK MAYERS (editor)
北華捷報館:上海
North-China Herald Office:Shanghai

史　部

清光緒三十二年(1906)
14 頁,354 頁
D-6915.d.3

2871
和約書(法國與西班牙)
清同治元年(1862)
15241.c.5

2872
通商章程
抄本
約清道光二十三年(1843)
1 冊
Or.7425

2873
奏定通商章程稅則
清道光二十三年(1843)
36 頁
15239.b.3

2874
奏准天津新議通商條款
清咸豐十年(1860)
49 頁
15241.c.2

2875
新約(戊午年五月簽訂)
清咸豐八年(1858)?
18 頁
Or.12984

2876
中荷貿易契約
A Deed of Barter with the Dutch
寫本
1 葉;111 厘米×44 厘米
Sloane 3460

2877
邦交提要
(美國)丁韙良、(清)綦策鰲
WILLIAM ALEXANDER PARSONS MARTIN
上海
清光緒三十年(1904)
1 冊,2 卷
15296.a.33

2878
星軺指掌(中譯本)
(德國)馬頓斯著,(清)聯芳、(清)慶常譯
GEORG FRIEDRICH VON MARTENS (author)
同文館
清光緒二年(1876)
1 冊,3 卷,又 1 卷
15298.a.44

2879
星軺指掌(中譯本)
(德國)馬頓斯著,(清)聯芳、(清)慶常譯
GEORG FRIEDRICH VON MARTENS (author)
同文館
清光緒二年(1876)
1 冊,3 卷,又 1 卷
15298.a.48

2880
從法律觀點看中國婚姻（又譯作：大清律摘譯婚姻門律例注譯）（《漢學雜纂》第14號）（法文）
Le Mariage Chinois au Point de Vue Légal (*Variétés Sinologiques*. No. 14)
（清）黃伯祿
PIERRE HOANG
天主教會土山灣孤兒院印刷所：上海
Imprimerie de la Mission Catholique à l'Orphelinat de T'ou-sé-wé：Chang-hai
清光緒二十四年（1898）
54頁,259頁,46頁
15235.c.14

2881
總督鄧廷楨、巡撫怡良禁烟告示
（清）鄧廷楨、（清）怡良
廣州
清道光十八年（1838）
1葉；112厘米×74厘米
Or.12918

2882
英法聯軍統帥進入廣州城告示
法軍統帥理、英軍統帥西（西馬縻各厘）等
MICHAEL SEYMOUR, etc.
廣州
清咸豐七年（1857）
1葉
15241.a.9

2883
1812年3月14日英國總領事給兩廣總督的禀
寫本
清嘉慶十七年（1812）
1葉
Or.5896(Sheet 18)

2884
丙辰粵事公牘要略
香港
清咸豐六年（1856）
1冊,20部分
15297.c.5

2885
公法會通
（德國）伯倫知理著、（美國）丁韪良譯
JOHANN CASPAR BLUNTSCHLI (author), WILLIAM ALEXANDER PARSONS MARTIN (translator)
同文館：北京
清光緒六年（1880）
10卷
15241.c.11

2886
公法會通
（德國）伯倫知理著、（美國）丁韪良譯
JOHANN CASPAR BLUNTSCHLI (author), WILLIAM ALEXANDER PARSONS MARTIN (translator)
同文館：北京
清光緒六年（1880）
10卷
15241.c.12

2887
公法便覽
（美國）伍爾西著、（美國）丁韪良譯
T.D.WOOLSEY (author), WILLIAM ALEX-

ANDER PARSONS MARTIN (translator)
清光緒三年(1877)
5卷
15239.c.11

2888
折獄龜鑑
(宋)鄭克
來鹿堂
清道光十五年(1835)
8卷
15241.a.10

2889
諭示抄錄
抄本
清道光二十四年(1844)?
1卷
Or.7391

2890
示諭抄本
抄本
清光緒元年(1875)前
1卷
Or.7388

2891
曉諭告示賞格則列
抄本
清道光二十一年至光緒元年(1841-1875)
1卷
Or.7394

2892
謄黃敕命告示賞格
抄本
清道光二十二年(1842)後
1冊
Or.8145

2893
勸民息訟示諭
清光緒十三年(1887)
6頁
15298.a.61

2894
酌修條例
(清)刑部
約清嘉慶二十五年(1820)
5頁
15239.a.18

2895
六典條例
朝鮮
清乾隆十五年(1750)?
10卷
15236.d.11

2896
歷年錢穀條例總目
清乾隆十六年至道光十一年(1751-1831)
6冊
15236.e.1-4

2897
條例
清乾隆十八年至道光十八年(1753-1838)
15237.a

2898
條例
清乾隆六十年至嘉慶二十五年(1795 – 1820)
9 冊

15237.b

2899
刑部比照加減成案
(清)許槤
清道光十四年(1834)、十五年(1835)
6 冊,32 卷

15241.b.12

2900
刑部平反節要
(清)魏若虛
求生堂
清嘉慶十七年(1812)?
存卷 1 – 3

15241.a.4

2901
刑名條例
清道光六年(1826)
4 冊(殘本)

15236.e.5

2902
欽定回疆則例
(清)托津等
約清嘉慶二十五年(1820)
9 頁,4 頁,12 頁,26 頁,46 頁,37 頁,32 頁

15271.b.6

2903
説帖類編
(清)律例館
清道光十五年(1835)
6 冊,36 卷,缺卷 7、27

15241.a.2

2904
大清律
約清嘉慶五年(1800)
卷 1(僅部分)

15317.c.13

2905
欽定大清律例
清乾隆五年(1740)
2 冊,47 卷(殘本)

15236.b.2

2906
大清律例
清乾隆三十三年(1768)
47 卷

2907
大清律例
清嘉慶十九年(1814)
49 卷,存卷 28 – 34、42 – 45、48、49

2908
欽定大清律例
清道光五年(1825)
4 套,20 本

15238.a.1

2909
大清律例統纂集成

清嘉慶二十五年(1820)
15236.b.1

2910
大清律例重訂統纂集成
清道光十年(1830)

2911
大清律例新增統纂集成
清道光十年(1830)?
42卷,存卷9-22、27-28

2912
大清律例增修統纂集成
清道光十七年(1837)
42卷

2913
大清律纂修條例
(清)刑部
清道光十年(1830)
2卷
15236.c.2

2914
大清律例重訂會通新纂
(清)三泰等
清道光十二年(1832)
6冊,40卷
15233.c.2

2915
大清律例刑案新纂集要
清同治十年(1871)
24冊,40卷,又2卷
15238.b.1

2916
大清律例彙輯便覽
清光緒二十九年(1903)
6函,33冊
15240.g.10

2917
大清律箋釋
清雍正三年(1725)
33卷
15236.c.4

2918
大清律例會通新編
布里爾出版社:萊頓
E. J. Brill: Leiden
清光緒十三年(1887)
79頁,25頁;23厘米
11098.b.35

2919
大清律例(英文選譯本)
Ta Tsing Leu Lee: Being the Fundamental Laws, and a Selection from the Supplementary Statutes, of the Penal Code of China
(英國)斯當東譯
GEORGE THOMAS STAUNTON (translator)
T·卡德爾和W·戴維斯公司:倫敦
T. Cadell & W. Davies: London
清嘉慶十五年(1810)
26頁,76頁,581頁
454.f.13

2920
大清律例(法譯本,轉譯自斯當東英文

選譯本)
Ta-Tsing-Leu-Leé, ou, les Lois Fonda-
mentales du Code Pénal de la Chine
(英國)斯當東(英文翻譯)、(法國)費
利克斯·勒努阿爾(法文翻譯)
GEORGE THOMAS STAUNTON (English translator), E. FÉLIX RENOUARD (French translator)
巴黎
Paris
清嘉慶十七年(1812)
2 冊

       11099.c.15

2921
四季條例(乾隆十八年至四十六年)
清道光十八年(1838)？
86 冊,合訂爲 12 本

       15237.a

2922
粵東成案初編
(清)朱樏
廣州
Canton
清道光十二年(1832)
8 冊,38 卷

       15241.a.1

2923
駁案新編、續編
(清)全士潮
約清嘉慶二十五年(1820)
5 函,32 卷

       15258.c.6

2924
明刑管見錄
(清)穆翰
榮錄堂:北京
Ying-lu t'ang: Peking
清光緒二十八年(1902)
3 頁,41 頁,1 頁;26 厘米

       15240.g.8

2925
名法指掌
(清)沈辛田
約清嘉慶五年(1800)
4 卷

       15241.a.5

2926
律例便覽
(清)蔡逢年
清同治八年(1869)
1 套,6 本

       15233.c.3

2927
律例圖說
(清)萬維翰
清乾隆二十六年(1761)
10 卷

       15236.c.5

2928
律例圖說正編
(清)萬維翰
清乾隆三十九年(1774)
10 卷

       15236.c.5

史　部

2929
吾學錄（初編）
（清）吳榮光
清道光二十九年（1849）
24 卷
　　　　　　　　　　　15312.d.10

2930
治浙成規
（清）浙江布政使司、按察使司
同心堂：杭州
約清嘉慶五年（1800）
4 部分
　　　　　　　　　　　15239.b.10

2931
治浙成規
（清）浙江布政使司、按察使司
杭州
清道光十二年（1832）
　　　　　　　　　　　15239.b.3

2932
治浙成規
（清）浙江布政使司、按察使司
杭州
清道光十七年（1837）
　　　　　　　　　　　15239.b.9

2933
省例
（清）福建布政使司
清道光六年（1826）
47 頁（各公文獨立頁碼）
　　　　　　　　　　　15239.b.15

2934
城鎮鄉地方自治事宜詳解
（清）孟森
商務印書館：上海
清宣統元年（1909）
2 頁，138 頁
　　　　　　　　　　　15224.a.42

2935
城鎮鄉地方自治章程
商務印書館：上海
清宣統元年（1909）
51 頁
　　　　　　　　　　　15411.a.6/1

2936
城鎮鄉地方自治章程要義
（清）王士森
商務印書館：上海
清宣統元年（1909）
52 頁，43 頁；13 厘米 × 19.2 厘米
　　　　　　　　　　　15411.a.6/2

2937
城鎮鄉地方自治章程通釋
（清）楊廷棟
商務印書館：上海
清宣統元年（1909）
70 頁，43 頁
　　　　　　　　　　　15411.a.6/3

2938
清代浙江定海鎮水師公文集
寫本
清乾隆二十八年至道光十五年（1763－1835）
1 冊
　　　　　　　　　　　Add.12559

2939
三州府文件修集（英文）
A Textbook of Documentary Chinese: Selected and Designed for the Special Use of Members of the Civil Service of the Straits Settlements and the Protected Native States
（英國）賀爾
GEORGE THOMPSON HARE
政府印務署：新加坡
Government Printing Office: Singapore
清光緒二十年（1894）
第1部分,3册合訂;31厘米
11098.d.1

2940
欽定嚴禁鴉片章程
清道光十九年（1839）
46頁
15239.b.18

2941
禁鴉片條例
清道光十八年（1838）？
39頁
15239.b.17

2942
奏鴉片條例
（清）黃爵滋
約清道光二十年（1840）
5頁
15239.b.19

2943
禁種罌粟示
清光緒十一年（1885）
12頁
15258.e.22

2944
蒙古律例
清乾隆三十八年（1773）
12卷
15239.c.12

2945
法國律例
（法國）畢利幹譯
ANATOLE BILLEQUIN (translator)
同文館：北京
清光緒六年（1880）
6册
15241.c.10

2946
萬國公法
（美國）惠頓著、（美國）丁韙良譯
HENRY WHEATON (author), WILLIAM ALEXANDER PARSONS MARTIN (translator)
北京
清同治三年（1864）
1册,4卷
15239.b.5

考工屬

2947
天工開物
（明）宋應星
大阪
Osaka

日本天保四年（1833）
各部分分別標頁碼
15256.c.2

2948
礦業條例通釋
（清）歐陽瀚存
商務印書館：上海
6頁,97頁
15257.f.41

2949
機器算法
（清）梁和
天津
清光緒三十一年（1905）
146頁
15255.a.11

2950
河工器具圖説
（清）麟慶
清道光十六年（1836）
4卷,存卷1-2
15255.d.27

2951
硝磺條例
清道光二十一年（1841）
9頁
15239.b.2

2952
中國百工圖繪
清彩繪本
19世紀
1册,145頁;22.2厘米×35厘米
Cr.11539

2953
設水鏢辨
（清）張潤生
香港
清光緒二十八年（1902）
2頁,6頁
15298.a.52

2954
空際格致
（意大利）高一志著、（明）韓雲訂
ALPHONSUS VAGNONI（author）
明崇禎六年（1633）？
2卷
Or.59.b.16

2955
格物入門
（美國）丁韙良
WILLIAM ALEXANDER PARSONS MAR-TIN
同文館：北京
清同治七年（1868）
1册,7卷
15255.c.20

2956
格物探原
（英國）韋廉臣
ALEXANDER WILLIAMSON
上海
清光緒二年（1876）
3卷
15257.b.29

2957
格物探原

(英國)韋廉臣
ALEXANDER WILLIAMSON
上海
清光緒六年(1880)
3卷,具插圖
15259.g.17

2958
西藝知新(中譯本)
Modern Arts and Manufactures of the West
(英國)傅蘭雅口譯、(清)徐壽筆述
JOHN FRYER (interpreter)
江南製造局:上海
清光緒三年(1877)
10卷
15259.f.3

2959
器象顯真(中譯本)
The Engineer and Machinist's Drawing Book
(英國)白力蓋著、(英國)傅蘭雅口譯、(清)徐建寅筆述
V. LEBLAND (author), JOHN FRYER (interpreter)
江南製造局:上海
清同治十年(1871)
4卷
15259.c.15

2960
器象顯真(中譯本)
The Engineer and Machinist's Drawing Book
(英國)白力蓋著、(英國)傅蘭雅口譯、(清)徐建寅筆述
V. LEBLAND (author), JOHN FRYER (interpreter)
江南製造局:上海
清同治十年(1871)
4卷
15259.h.2

2961
格致啓蒙(化學、格物學、天文、地理各1卷)(中譯本)
Chemistry in Science Primer Series; Physics in Science Primer Series; Astronomy in Science Primer Series; Physical Geography in Science Primer Series
(英國)羅斯古、(英國)司都藿、(英國)駱克優、(英國)祁覲著,(美國)林樂知口譯,(清)鄭昌棪筆述
HENRY ENFIELD ROSCOE, BALFOUR STEWART, JOSEPH NORMAN LOCKYER & ARCHIBALD GEIKIE (authors); YOUNG JOHN ALLEN (interpreter)
江南製造局:上海
清光緒五年至六年(1879-1880)
4卷
15259.h.1

2962
照像略法(中譯本)
福勒著、(英國)傅蘭雅口譯、(清)徐壽筆述
FOWLER (author), JOHN FRYER (interpreter)
上海
清光緒七年(1881)
18章
15259.i.7

2963
相造居室扼要論(中譯本)
(英國)施維善
FREDERICK PORTER SMITH
清同治九年(1870)
1 葉
　　　　　　　　　　　　15257.d.2

2964
汽機發軔(中譯本)
Manual of the Steam Engine
(英國)美以納、(英國)白勞那著,(英國)偉烈亞力口譯,(清)徐壽筆述
THOMAS J. MAIN & THOMAS BROWN (authors), ALEXANDER WYLIE (interpreter)
江南製造局:上海
清同治十年(1871)
9 卷,附 83 幅圖
　　　　　　　　　　　　15259.d.5

2965
汽機發軔(中譯本)
Manual of the Steam Engine
(英國)美以納、(英國)白勞那著,(英國)偉烈亞力口譯,(清)徐壽筆述
THOMAS J. MAIN & THOMAS BROWN (authors), ALEXANDER WYLIE (interpreter)
江南製造局:上海
清同治十年(1871)
9 卷,附 83 幅圖
　　　　　　　　　　　　15259.f.2

2966
汽機必以(中譯本)
A Catechism of the Steam Engine in Its Various Applications
(英國)蒲爾捺著、(英國)傅蘭雅口譯、(清)徐建寅筆述
JOHN A. BOURNE (author), JOHN FRYER (interpreter)
江南製造局:上海
清同治十一年(1872)
12 卷及增補,圖 1 卷
　　　　　　　　　　　　15259.f.8

2967
汽機
Handbook of the Steam Engine
(英國)蒲爾捺著、(英國)傅蘭雅口譯、(清)徐建寅筆述
JOHN A. BOURNE (author), JOHN FRYER (interpreter)
江南製造局:上海
清同治十三年(1874)
13 卷
　　　　　　　　　　　　15259.d.4

2968
汽機新制(中譯本)
Practical Rules for the Proportions of Modern Engines and Boilers for Land and Marine Purpose
(英國)白爾格著、(英國)傅蘭雅口譯、(清)徐建寅筆述
NICHOLAS PROCTER BURGH (author), JOHN FRYER (interpreter)
江南製造局:上海
清同治十一年(1872)
8 卷
　　　　　　　　　　　　15259.d.16

2969
汽機新制(中譯本)
Practical Rules for the Proportions of Modern Engines and Boilers for Land and Marine Purpose
(英國)白爾格著、(英國)傅蘭雅口譯、(清)徐建寅筆述
NICHOLAS PROCTER BURGH (author), JOHN FRYER (interpreter)
江南製造局:上海
清同治十一年(1872)
8卷

15259.i.4

2970
開煤要法(中譯本)
Coal and Coal Mining
(英國)士密德著、(英國)傅蘭雅口譯、(清)王德均筆述
WARINGTON WILKINSON SMYTH (author), JOHN FRYER (interpreter)
江南製造局:上海
清同治九年(1870)
12卷,附57幅圖

15252.d.14

2971
開煤要法(中譯本)
Coal and Coal Mining
(英國)士密德著、(英國)傅蘭雅口譯、(清)王德均筆述
WARINGTON WILKINSON SMYTH (author), JOHN FRYER (interpreter)
江南製造局:上海
清同治九年(1870)
12卷,附57幅圖

15259.h.17.

2972
井礦工程(中譯本)
Arteslan Well Boring and Blasting
(英國)白爾捺著、(英國)傅蘭雅口譯、(清)趙元益筆述
OLIVER BYRNE (author), JOHN FRYER (interpreter)
江南製造局:上海
清光緒五年(1879)
3卷,附140幅圖

15259.i.2

2973
礦石圖說(中譯本)
Mineralogy and Paleontology
(英國)W·約翰斯頓、(英國)亞歷山大·基思著,(英國)傅蘭雅譯
W. JOHNSTON & ALEXANDER KEITH (authors), JOHN FRYER (translator)
益智書會:上海
清光緒十年(1884)
8冊

15257.f.77

2974
金石識別(中譯本)
Manual of Mineralogy
(美國)代那著、(美國)瑪高溫口譯、(清)華蘅芳筆述
JAMES DWIGHT DANA (author), DANIEL JEROME MACGOWAN (interpreter)
江南製造局:上海
清同治十一年(1872)
12卷,附錄37頁

15259.c.20

2975
金石識別（中譯本）
Manual of Mineralogy
（美國）代那著、（美國）瑪高溫口譯、（清）華蘅芳筆述
JAMES DWIGHT DANA （author）. DANIEL JEROME MACGOWAN （interpreter）
江南製造局：上海
清同治十一年（1872）
12卷，附錄37頁
15259.c.23

2976
金石表（中譯本）
Vocabulary of Mineralogical Terms Occurring in the Manual
（美國）代那著、（美國）瑪高溫口譯、（清）華蘅芳筆述
JAMES DWIGHT DANA （author）. DANIEL JEROME MACGOWAN （interpreter）
江南製造局：上海
清同治十一年（1872）
37頁；27厘米×17厘米
11101.e.10/2

2977
冶金錄（中譯本）
The Moulder's and Founder's Pocket Guide: A Treatise on Moulding and Founding
（美國）阿發滿著、（英國）傅蘭雅口譯、（清）趙元益筆述
FREDERICK OVERMAN （author）. JOHN FRYER （interpreter）
江南製造局：上海
清同治十二年（1873）
3卷，附42幅圖
15259.d.3

2978
冶金錄（中譯本）
The Moulder's and Founder's Pocket Guide: A Treatise on Moulding and Founding
（美國）阿發滿著、（英國）傅蘭雅口譯、（清）趙元益筆述
FREDERICK OVERMAN （author）, JOHN FRYER （interpreter）
江南製造局：上海
清同治十二年（1873）
3卷，附42幅圖
15259.h.5

2979
電氣鍍金略法（中譯本）
Electro-metallurgy Practically Treated
（英國）華特著、（英國）傅蘭雅口譯、（清）周郇筆述
ALEXANDER WATT （author）, JOHN FRYER （interpreter）
格致彙編館：上海
清光緒六年（1880）
24頁
15259.g.13

2980
製火藥法（中譯本）
Manufacture of Gunpowder
（英國）利稼孫、（英國）華得斯著，（英國）傅蘭雅口譯，（清）丁樹棠筆述，（清）張福謙繪
T. RICHARDSON & H. WATTS （authors）, JOHN FRYER （interpreter）

江南製造局:上海
清同治十年(1871)
卷3

15252.d.13

2981
製火藥法(中譯本)
Manufacture of Gunpowder
(英國)利稼孫、(英國)華得斯著,(英國)傅蘭雅口譯,(清)丁樹棠筆述,(清)張福謙繪
T. RICHARDSON & H. WATTS (authors), JOHN FRYER (interpreter)
江南製造局:上海
清同治十年(1871)
卷3

15259.e.7

2982
爆藥記要(中譯本)
Fulminates and Explosives
(美國)海軍部水雷局著,(清)舒高第、(清)趙元益譯
TORPEDO BUREAU, NAVY DEPARTMENG, UNITED STATES OF AMERICA (author)
江南製造局:上海
清光緒六年(1880)
6卷

15259.e.10

2983
礦業公司公告
Proclamation of a Mining Company
清光緒二十五年(1899)
52厘米×85厘米

M.P.C.4

2984
化學初階(中譯本)
(英國)韋而司著、(美國)嘉約翰口譯、(清)何瞭然筆述
DAVID AMES WELLS (author), JOHN GLASGOW KERR (interpreter)
博濟醫局:廣州
清同治十年(1871)
2卷

15252.d.10

2985
化學分原(中譯本)
An Introduction to Practical Chemistry, including Analysis
(英國)約翰・鮑曼著、(英國)蒲陸山編、(英國)傅蘭雅口譯、(清)徐建寅筆述
JOHN E. BOWMAN (author), CHARLES LOUDON BLOXAM (editor), JOHN FRYER (interpreter)
江南製造局:上海
清同治十年(1871)
8卷

15252.d.11

2986
化學分原(中譯本)
An Introduction to Practical Chemistry, including Analysis
(英國)約翰・鮑曼著、(英國)蒲陸山編、(英國)傅蘭雅口譯、(清)徐建寅筆述
JOHN E. BOWMAN (author), CHARLES LOUDON BLOXAM (editor), JOHN FRYER (interpreter)
江南製造局:上海

清同治十年（1871）
8卷
15259.g.15

2987
化學鑑原（中譯本）
Principles and Applications of Chemistry
（英國）韋而司著、（英國）傅蘭雅口譯、
（清）徐壽筆述
DAVID AMES WELLS（author），JOHN FRYER（interpreter）
江南製造局：上海
清同治十一年（1872）
6卷
15252.d.12

2988
化學鑑原（中譯本）
Principles and Applications of Chemistry
（英國）韋而司著、（英國）傅蘭雅口譯、
（清）徐壽筆述
DAVID AMES WELLS（author），JOHN FRYER（interpreter）
江南製造局：上海
清同治十一年（1872）
6卷
15259.f.16

2989
化學鑑原續編（中譯本）
Chemistry, Inorganic and Organic, with Experiments and a Comparison of Equivalent and Molecular Formulae
（英國）蒲陸山著、（英國）傅蘭雅口譯、
（清）徐壽筆述
CHARLES LOUDON BLOXAM（author），JOHN FRYER（translator）

江南製造局：上海
清光緒元年（1875）
24卷
15259.g.5

2990
化學指南（中譯本）
（法國）畢利幹譯
ANATOLE BILLEQUIN（translator）
同文館：北京
清同治十二年（1873）
10卷
15259.g.1

2991
化學指南（中譯本）
（法國）畢利幹譯
ANATOLE BILLEQUIN（translator）
同文館：北京
清同治十二年（1873）
10卷（殘本）
15259.d.9

2992
化學衛生論（中譯本）
（英國）真司騰著、（英國）傅蘭雅譯
JAMES FINLAY WEIR JOHNSTON（author），JOHN FRYER（translator）
上海
清光緒七年（1881）
88頁
15259.g.25

2993
化學易知（中譯本）
（英國）傅蘭雅輯
JOHN FRYER（compiler）

真寶堂:廣州
清光緒七年(1881)
2 卷

                    15259.g.16

2994
化學闡原(中譯本)
(德國)富里西尼烏斯著、(法國)畢利幹口譯、(清)王鍾祥筆述
C. R. FRESENIUS (author), ANATOLE BILLEQUIN (interpreter)
京師同文舘:北京
清光緒八年(1882)
15 卷

                    15253.d.3

2995
化學表
(清)江南機器製造總局
清光緒十一年(1885)
36 頁;27 厘米×17 厘米

                    11101.e.10/4

2996
電學(中譯本)
Student's Text Book of Electricity
(英國)瑙埃德著、(英國)傅蘭雅口譯、(清)徐建寅筆述
HENRY M. NOAD (author), JOHN FRYER (interpreter)
江南製造局:上海
清光緒五年(1879)
10 卷

                    15259.f.15

2997
電學綱目(中譯本)
Notes of a Course of Seven Lectures on Electrical Phenomena and Theories
(英國)田大里著、(英國)傅蘭雅口譯、(清)周郇筆述
JOHN TYNDALL (author), JOHN FRYER (interpreter)
江南製造局:上海
約清光緒七年(1881)
70 頁

                    15259.h.9

2998
聲學(中譯本)
Sound
(英國)田大里著、(英國)傅蘭雅口譯、(清)徐建寅筆述
JOHN TYNDALL (author), JOHN FRYER (interpreter)
江南製造局:上海
清同治十三年(1874)
8 卷

                    15259.d.1

2999
聲學(中譯本)
Sound
(英國)田大里著、(英國)傅蘭雅口譯、(清)徐建寅筆述
JOHN TYNDALL (author), JOHN FRYER (interpreter)
江南製造局:上海
清同治十三年(1874)
8 卷

                    15259.h.4

3000
電報新書

(法國）威基傑
S. A. VIGUER
上海？
清同治十二年（1873）
21頁
　　　　　　　　　15252.b.26

3001
中國摩爾斯電碼電報（第1稿）（英文）
Chinese Telegraph on Morse's Signals (first sketch)
（法國）戴斯克雷斯
D'ESCAYRAC DE LAUTURE
清同治二年（1863）
1折葉；35厘米×27厘米
　　　　　　　　　11092.f.11

3002
英國工程師康斯特布爾有關籌建津沽鐵路的信札（英文）
Papers Relating to a Scheme for Laying Railways in China
（英國）康斯特布爾
ARCHIBALD CONSTABLE
寫本
清光緒九年（1883）、十年（1884）
1冊；32厘米
　　　　　　　　　Or.7611

3003
新刻山東鐵路濰縣火車站房
刻本
清光緒三十一年（1905）
1頁
　　　　　　　　　Or.15376

目錄類

3004
郡齋讀書志
（宋）晁公武
清光緒十年（1884）
2函，10冊，20卷，又1卷
　　　　　　　　　15350.d.1

3005
直齋書錄解題
（宋）陳振孫
江蘇書局
清光緒九年（1883）
6冊
　　　　　　　　　15034.a.9

3006
欽定四庫全書簡明目錄
（清）紀昀等
清乾隆四十九年（1784）
3冊，20卷
　　　　　　　　　15350.a.3

3007
欽定四庫全書簡明目錄
（清）紀昀等
清乾隆五十年（1785）？
綾函綢封
　　　　　　　　　Or.8886

3008
欽定四庫全書總目提要
（清）紀昀等
清乾隆五十五年（1790）（據序）

16 册,200 卷
15350.b

3009
欽定古今圖書集成簡明目錄
(清)陳夢雷、(清)蔣廷錫
内府寫本
清道光元年至光緒三十四年(1821-1908)
2 册合訂,181 頁
Or.6838

3010
《欽定古今圖書集成》索引
(英國)翟林奈
LIONEL GILES
倫敦
清宣統三年(1911)
20 頁,100 頁,2 頁;32 厘米
15013.d.4

3011
欽定天祿琳琅書目、後編
(清)于敏中等
北京
清光緒十年(1884)
2 函,10 册;20 卷,又 10 卷
15350.d.23

3012
經義考
(清)朱彝尊
清乾隆四十二年(1777)
5 册,298 卷
15225.b.1

3013
書目總
(清)張之洞
清光緒元年(1875)
4 部分
15350.d.7

3014
彙刻書目
(清)顧修
清光緒元年(1875)
1 函,11 册,10 部分及增補
15013.d.9

3015
彙刻書目合編
(清)顧修
清嘉慶四年(1799)
10 部分,補編 28 頁,續編(又稱"新編")17 頁
15350.a.1

3016
彙刻書目合編
(清)顧修
清嘉慶四年(1799)
10 部分,補編 28 頁,續編(又稱"新編")17 頁
15350.a.2

3017
咨送違礙書目
清乾隆五十年(1785)
2 册,各部分分別標頁碼
15350.c.2

史　部

3018
外省咨查書目
清乾隆四十九年(1784)？
僅存卷3

3019
天一閣藏書總目
(清)范邦甸等
文選樓：廣州
清嘉慶十三年(1808)
1冊,8部分
　　　　　　　　15350.e.5

3020
鹿門書院藏書總目
鹿門書院
約清道光三十年(1850)
34頁
　　　　　　　　15350.c.12

3021
皕宋樓藏書志
(清)陸心源
吳興
清光緒八年(1882)
6函,33本,120卷,又4卷;25厘米
　　　　　　　　15350.d.25

3022
直隸運售各省官刻書籍總目
(清)畿輔通志局
清光緒七年(1881)
1冊,8部分
　　　　　　　　15350.c.11

3023
宋元舊本書經眼錄
(清)莫友芝
清同治十二年(1873)？
2冊;23厘米
　　　　　　　　15033.a.3

3024
掃葉山房木板藏本書目
上海
清光緒八年(1882)
22頁
　　　　　　　　15342.a.19

3025
鐵琴銅劍樓藏書目錄
(清)瞿鏞
清光緒二十三年(1897)
2冊,24卷
　　　　　　　　15350.d.2

3026
善本書室藏書志
(清)丁丙
清光緒二十七年(1901)
3冊,40卷
　　　　　　　　15350.c.6

3027
八千卷樓書目
(清)丁仁
清光緒二十九年(1903)
1函,10冊,20卷;23厘米
　　　　　　　　15034.b.5

3028
敦煌石室記
(清)羅振玉
廣雅書局：廣州

清宣統三年(1911)
7 頁

15240.f.9

3029
中文圖書館目錄
稿本
清道光二十五年(1845)前
1 冊

Or.14592

3030
醫書目錄
清嘉慶二十五年(1820)
與 Or.7020B 合訂

Or.7020 A

3031
釋道書目
清嘉慶二十五年(1820)
16 頁(與 Or.7020A 合訂)

Or.7020 B

3032
大藏目錄
雕版印刷;朝鮮
明泰昌元年(1620)?
3 卷

15103.e.9

3033
中國佛教文獻手寫筆記(英文)
Manuscript Notes on Chinese Buddhist Literature
(英國)瓦特斯
THOMAS WATTERS
寫本

清光緒六年(1880)?
1 冊

Or.7607

3034
漢文大藏經目錄
A Catalogue of the Chinese Translation of the Buddhist Tripitaka
(日本)南條文雄
BUNYIU NANJIO
克拉倫登出版社:牛津
Clarendon Press: Oxford
清光緒九年(1883)
36 頁,479 頁;28 厘米

19013.e.6

3035
大藏經中文著作字序條目(英文)
Alphabetical List of the Titles of Works in the Chinese Buddhist Tripitaka
羅斯
E. D. ROSS
加爾各答
Calcutta
清宣統二年(1910)
97 頁

11101.c.18

3036
道教研究文獻書目(法文)
Bibliographie du Taoisme
(法國)馬塞倫
D. MARCERON
歐內斯特·勒魯出版社:巴黎
Ernest Leroux: Paris
清光緒二十四年(1898)
32 頁,240 頁

15235.a.262

3037
來華新教傳教士列傳及著作目錄（英文）
Memorials of Protestant Missionaries to the Chinese: Giving a List of Their Publications and Obituary Notices of the Deceased, with Copious Indexes
（英國）偉烈亞力
ALEXANDER WYLIE
美華書館：上海
American Presbyterian Mission Press: Shanghai
清同治六年（1867）
6 頁,331 頁
　　　　　　　　　　11095.d.36

3038
以臺南方言刊印傳教書籍備忘錄（英文）
A Memorandum on Printing Missionary Books in the So-called South Formosa Dialect
（英國）甘為霖
WILLIAM CAMPBELL
臺南
清光緒三十二年（1906）
4 頁,41 頁
　　　　　　　　　　11094.a.9

3039
當代基督教文獻新編分類叙錄（英文）
New Classified and Descriptive Catalogue of Current Christian Literature, 1901
（加拿大）季理斐
DONALD MACGILLIVRAY
同文書會：上海
Society for the Diffusion of Christian and General Knowledge among the Chinese: Shanghai
清光緒二十八年（1902）
6 頁,89 頁;22 厘米
　　　　　　　　　　11095.b.22

3040
當代基督教文獻新編分類叙錄（英文）
New Classified and Descriptive Catalogue of Current Christian Literature, 1907
（加拿大）季理斐
DONALD MACGILLIVRAY
廣學會：上海
Christian Literature Society: Shanghai
清光緒三十三年（1907）
156 頁;20 厘米
　　　　　　　　　　11094.c.16

3041
同文舘名錄
Calendar of the Tungwen College
（清）同文舘
北京
清光緒五年（1879）
2 部分
　　　　　　　　　　11095.b.20

3042
北京圖書館藏罕見書目
Descriptive Catalogs of the Rare Books of the Peking National Library. Notices 1－2720
（美國）國會圖書館東方部
ORIENTALIA DIVISION OF LIBRARY OF CONGRESS
華盛頓
Washington

4 卷軸
Or. Micr. 32 –35

3043
皇家亞洲學會中文圖書館藏書目（英文）
Catalogue of the Chinese Library of the Royal Asiatic Society
（英國）塞繆爾·基德
SAMUEL KIDD
大不列顛和北愛爾蘭皇家亞洲學會：倫敦
Royal Asiatic society of Great British and Ireland：London
清道光十八年（1838）
38 頁；22 厘米
15235. a. 665

3044
皇家亞洲學會北中國分會圖書館藏書目錄（英文）
A Catalogue of the Library of the North China Branch of the Royal Asiatic Society (including the Library of Alex, Wylie, Esq.)
（法國）考狄
M. HENRI CORDIER
上海
Shanghai
清同治十一年（1872）
8 頁，86 頁
11098. a. 21

3045
英國國家博物館藏中文寫本目錄
Catalogue of the Chinese Manuscripts in the British Museum (up to Add. 19577)
（英國）普雷沃斯特
M. AUGUSTE PREVOST
稿本；大英博物館東方刻本和寫本部：倫敦
Department of Oriental Printed Books and Manuscripts of the British Museum：London
清咸豐四年（1854）
4 頁，70 頁
Or. 11623

3046
英國國家博物館圖書館藏中文刻本、寫本、繪本目錄（英文）
Catalogue of Chinese Printed Books, Manuscripts and Drawings in the Library of the British Museum
（英國）道格拉斯
ROBERT KENNAWAY DOUGLAS
大英博物館：倫敦
British Museum：London
清光緒三年（1877）
7 頁，344 頁
11925. dd. 9

3047
英國國家博物館藏中文刻本、寫本目錄續編（英文）
Supplementary Catalogue of Chinese Books and Manuscripts in the British Museum
（英國）道格拉斯
ROBERT KENNAWAY DOUGLAS
大英博物館：倫敦
British Museum：London
清光緒二十九年（1903）
224 頁
11925. dd. 10

3048
今古奇觀書目（重印自《通報》）
Kin kou ki kouan: A Bibliography (reprinted from T'oung Pao)
（法國）考狄
M. HENRI CORDIER
萊頓
Leide
清光緒十六年（1890）
8 頁

11098.b.2

3049
博德利圖書館中文書目（英文）
A Catalogue of Chinese Works in the Bodleian Library
（英國）艾約瑟
JOSEPH EDKINS
牛津
Oxford
清光緒二年（1876）

11905.l.5

3050
博德利圖書館近年所獲日本、中國圖書及寫本目錄（英文）
A Catalogue of Japanese and Chinese Books and Manuscripts Lately Added to the Bodleian Library
（日本）南條文雄
BUNYIU NANJIO
克拉倫登出版社：牛津
Clarendon Press: Oxford
清光緒七年（1881）
第 28 集；28 厘米

11094.e.18

3051
倫敦聖教書會中文出版物目錄（英文）
A Catalogue of the Chinese Publications of the Religious Tract Society of London
（英國）亞歷山大·肯穆爾
ALEXANDER KENMURE
上海
Shanghai
清光緒十八年（1892）
36 頁

11098.a.38

3052
劍橋大學圖書館所藏韋德收藏漢語及滿語書目（英文）
A Catalogue of the Wade Collection of Chinese and Manchu Books in the Library of the University of Cambridge
（英國）翟理斯
HERBERT ALLEN GILES
劍橋大學出版社：劍橋
University Press: Cambridge
清光緒二十四年（1898）
8 頁，169 頁；29 厘米×19 厘米

11908.d.17

3053
洛克哈特圖書館和倫敦傳道會總圖書館藏中文書目（英文）
Catalogue of Books Contained in the Lockhart Library and in the General Library of the London Missionary Society
（英國）古德維·馬布士
GOODEVE MABBS
倫敦傳道會：倫敦
London Missionary Society: London
清光緒二十五年（1899）

320 頁;28 厘米
15235.cc.130

3054

新加坡萊佛士圖書館藏中國文獻目錄（英文）
Catalogue of Literature Relating to China Contained in the Raffles Library, Singapore
（新加坡）萊佛士圖書館、博物館
RAFFLES LIBRARY & MUSEUM, SINGAPORE
美國教會出版社：新加坡
American Mission Press: Singapore
清光緒二十七年（1901）
52 頁;24 厘米
11095.b.11

3055

萊頓大學圖書館中文書目（234 種書目）（法文）
Catalogue des Livres Chinois qui se Trouvent dans la Bibliothèque de l'Université de Leide
（荷蘭）施古德
GUSTAAF SCHLEGEL
布里爾出版社：萊頓
E. J. Brill: Leide
清光緒九年（1883）
28 頁
11095.c.31

3056

萊頓大學圖書館中文書目補編（法文）
Supplément au Catalogue des Livres Chinois qui se Trouvent dans la Bibliothèque de l'Université de Leide
（荷蘭）施古德
GUSTAAF SCHLEGEL
萊頓
Leide
清光緒十二年（1886）
11 頁
11098.a.6

3057

貝特霍爾德·勞費爾博士於 1908–1910 年間為紐貝里圖書館收藏的東亞宗教、歷史、文學和藝術書目（1216 種，21403 冊）
Catalogue of East Asiatic Books on Religion, History, Literature, and Art, Collected by Dr. Berthold Laufer in 1908–1910, for the Newberry Library
（美國）貝特霍爾德·勞費爾
BERTHOLD LAUFER
手寫本複印件
清宣統二年（1910）
157 頁
15235.cc.153

3058

柏林皇家圖書館藏漢語、滿語圖書及抄本書目（德文）
Verzeichniss der Chinesischen und Mandshuischen Bücher und Handschriften der Königlichen Bibliothek zu Berlin
（德國）柯恒儒
HEINRICH JULIUS VON KLAPROTH
皇家印刷廠：巴黎
Königlichen Druckerei: Paris
清道光二年（1822）
2 部分;37 厘米×25 厘米
11102.e.6

3059

中國漢、滿、藏等五種語言書目（590種）（俄文）

清道光二十四年（1844）

11094.c.34

3060

譯書事略（《格致彙編》第5-8卷）

An Account of the Department for the Translation of Foreign Books at the Kiangnan Arsenal Shanghai

（英國）傅蘭雅

JOHN FRYER

格致彙編館：上海

清光緒六年（1880）

11 頁

15259.h.12

3061

傅聖澤所獲中文書籍目錄（英文、法文）

Catalogue des Livres Chinois, Apportés de la Chine par le Père Jean Francois Foucquet

（法國）傅聖澤

JEAN FRANCOIS FOUCQUET

稿本

清康熙六十一年（1722）

1 冊

Add.20583 A

3062

中國文獻紀略（英文）

Notes on Chinese Literature

（英國）偉烈亞力

ALEXANDER WYLIE

美華書館：上海

American Presbyterian Mission Press：Shanghai

清光緒二十七年（1901）

39 頁,307 頁

11095.c.5

3063

中國學書目（法文）

Bibliotheca Sinica：Dictionnaire Bibliographique des Ouvrages Relatifs à l'Empire Chinois

（法國）考狄

M. HENRI CORDIER

歐內斯特·勒魯出版社：巴黎

Ernest Leroux：Paris

清光緒四年至二十一年（1878-1895）

3 冊；28 厘米

14003.i.37

3064

中國學書目（法文）

Bibliotheca Sinica：Dictionnaire Bibliographique des Ouvrages Relatifs à l'Empire Chinois

（法國）考狄

M. HENRI CORDIER

巴黎

Paris

清光緒三十年至三十四年（1904-1908）

4 冊及增補

15013.d.1

3065

中文書及手稿目錄（法文）

Catalogue des Livres et Manuscrits Chinois Collectionnés

（法國）奧古斯特·萊蘇埃夫
AUGUST LESOUËF
布里爾出版社：萊頓
E. J. Brill：Leide
清光緒十二年(1886)
39頁；24厘米

      11093.a.12

3066
中國、韃靼、日本等地刻本和寫本圖書目錄（法文）
Catalogue des Livres Imprimés, des Manuscrits et des Ouvrages Chinois, Tartares, Japonais, etc.
（德國）柯恒儒、（法國）朗德雷斯
HEINRICH JULIUS VON KLAPROTH & ERNEST AUGUSTIN XAVIER CLERC DE LANDRESSE
巴黎
Paris
清道光十九年(1839)
2部分

      821.h.64

3067
中國、朝鮮、日本等圖書目錄（法文）
Catalogue des Livres Chinois, Coréens, Japonais, etc.
（法國）柯蘭
MAURICE COURANT
歐内斯特·勒魯出版社：巴黎
Ernest Leroux：Paris
清光緒二十八年至民國元年(1902－1912)
3冊

      15000.b.6

金石類

3068
漢張遷碑
（東漢）孫興刻石
原作於東漢中平三年(186)，拓印時間不詳，題有"己亥正月初九丑正注先氏題"
1冊經折裝

      15266.e.3

3069
漢武梁石室
（東漢）武氏刻
拓本
約清乾隆年間(1736－1795)拓印
44卷軸

      Box.1.2

3070
漢武梁石室
（東漢）武氏刻
拓本
約清乾隆年間(1736－1795)拓印
44卷軸

      15300.b.10

3071
熒陽鄭文公之碑
（北朝魏）鄭道昭
4冊經折裝

      15266.e.11

3072
晋祠之銘

(唐)太宗李世民
1 册經折裝
　　　　　　　　15266.e.10

3073
紀太山銘
(唐)玄宗李隆基
或爲殘本
　　　　　　　　19999.u.2

3074
紀泰山銘(東嶽封禪碑)
(唐)玄宗李隆基撰並書
唐開元十三年(725)刻石,拓印時間不詳
5 卷軸;1320 厘米×530 厘米
　　　　　　　　15406.a.9

3075
孔子廟堂之碑
(唐)虞世南
19 世紀拓印
1 册經折裝
　　　　　　　　15354.c.2

3076
玄秘塔碑
(唐)柳公權
約清道光三十年(1850)拓印
1 册經折裝
　　　　　　　　15204.a.6

3077
魏公先廟碑　馬璘碑
(唐)柳公權、(唐)顔真卿書
清光緒十七年(1891)拓印
2 册經折裝
　　　　　　　　15354.c.5

3078
大達塔碑
(唐)裴休撰文,(唐)柳公權書,(唐)邵建和、(唐)邵建初刻
唐會昌元年(841)刻石,拓印時間不詳
1 册經折裝
　　　　　　　　15113.b.13

3079
顔真卿之父顔惟貞廟碑銘
(唐)顔真卿撰並書
唐建中元年(780)鐫畢,拓印時間不詳
1 函,2 册經折裝
　　　　　　　　15303.d.20

3080
爭座位帖(顔真卿致郭英乂函刻石拓本)
(唐)顔真卿
照相石印縮本;點石齋:上海
清光緒五年(1879)
1 册經折裝
　　　　　　　　15299.e.1

3081
有漢東方先生畫贊碑陰之記
(唐)顔真卿
拓本
1 葉;245 厘米×99 厘米
　　　　　　　　15406.a.71

3082
歷代鐘鼎彝器款識法帖二十卷
(宋)薛尚功
稿本
宋紹興十四年(1144)前
8 册

按：英國國家圖書館《中文寫本目録》著録如此，似誤以石刻拓印本或刻本爲稿本，以成書時間爲刻拓時間。

Or.11205

3083
薛氏鐘鼎款識
（宋）薛尚功
清嘉慶二年（1797）
20卷

15299.a.5

3084
薛氏鐘鼎款識
（宋）薛尚功
清嘉慶二年（1797）
20卷

15299.b.6

3085
宋王復齋鐘鼎款識
（宋）王厚之
清嘉慶七年（1802）

15299.d.2

3086
萬安橋記
（宋）蔡襄
拓本
39頁；46厘米

15342.e.53

3087
萬安橋記
（宋）蔡襄
拓本
4卷軸；皆270厘米×71厘米

15406.a.51

3088
萬安橋記
（宋）蔡襄
拓本
1卷軸；269厘米×138厘米

15406.a.69

3089
天文圖
（宋）黃裳
拓本
184厘米×100厘米

15406.a.5/2

3090
隸釋
（宋）洪适
清乾隆四十三年（1778）
2册；27卷，21卷

15299.c.4-5

3091
石鼓文音訓
（元）潘迪
拓本
10頁；30厘米×19厘米

15342.e.52

3092
元領諸路道教事張留孫碑銘並序
（元）趙孟頫撰並書丹、篆額
作於元天曆二年（1329），拓印時間不詳
4册經折裝

15266.e.6

3093
石墨鐫華

(明)趙崡
明萬曆四十六年(1618)
8卷
　　　　　　　　　　　15300.b.16

3094
峨眉山普賢金殿碑
(明)傅光宅(集褚遂良書)
拓本
19世紀?
1單葉
　　　　　　　　　　　15300.c.5

3095
大明敕藏宋理宗頂骨之碑
(明)張士敏
原碑約刻於明洪武四年(1371),拓印時間不詳
1葉;192厘米×123厘米
　　　　　　　　　　　15406.a.65

3096
大峨山永明華藏寺新建銅殿記
(明)王毓宗
摹拓於19世紀
1葉
　　　　　　　　　　　15300.c.4

3097
亞聖孟子讚
(清)高宗弘曆
拓本
清乾隆十三年(1748)
1卷軸
　　　　　　　　　　　19999.u.20

3098
平定臺灣告成熱河文廟碑文
(清)高宗弘曆
拓本
1冊經折裝
　　　　　　　　　　　15266.e.9

3099
雍州金石記
(清)朱楓
清道光二十年(1840)
4本,10卷及增補
　　　　　　　　　　　15299.a.11

3100
清拓片五件(浙江省城水利全圖碑、唐寅為馬守庵壽碑、乾隆御題般若波羅多心經碑、西湖聖因寺第五拔諾迦尊者像碑、西湖聖因寺菩薩像碑)
拓本
清乾隆元年(1736)後
5件
　　　　　　　　　　　Or.3496

3101
潁州陳公蜜多心經碑
拓本
清道光十二年(1832)
1冊經折裝
　　　　　　　　　　　Or.59.a.8

3102
盂鼎
拓本
1卷軸;114厘米×59厘米
有吳大澂題記。
　　　　　　　　　　　15406.a.43

3103
銘文拓片
慈恩寺:西安
3 葉
15504.a.2/3

3104
荊南萃古編
(清)周懋琦、(清)劉瀚
鴻寶署齋
清光緒二十年(1894)
2 冊
15534.a.13

3105
金石索
(清)馮雲鵬
清嘉慶二十五年(1820)
2 冊
15299.c.1

3106
金索
(清)馮雲鵬
清道光十五年(1835)
2 冊,6 部分,又 6 部分
15299.d.5

3107
山右石刻叢編
(清)胡聘之
清光緒二十五年至二十七年(1899 – 1901)
24 冊
15342.e.28

3108
金石契
(清)張燕昌
清乾隆四十三年(1778)
4 部分
15301.b.8

3109
魏石經考
(清)孫星衍
清嘉慶十一年(1806)

3110
隨軒金石文字
(清)徐渭仁
清道光十七年(1837)
1 冊,9 部分
15299.c.3

3111
東甌金石志
(清)戴咸弼
清光緒九年(1883)
4 冊,12 卷
15342.e.29

3112
濟寧州金石志
(清)徐宗幹
清道光二十五年(1845)
2 冊,8 卷
15299.a.9

3113
金石摘
(清)陳善塈
清光緒二年(1876)

史　部

24 本
　　　　　　　　　　15300.c.7

3114
求古精舍金石圖
（清）陳經
清嘉慶二十三年（1818）
1 函,6 冊
　　　　　　　　　　15300.e.3

3115
金石圖說
（清）褚峻摹圖、（清）牛運震集說、（清）劉世珩編補
清乾隆十年（1745）（據序）
原書出版於清乾隆八年（1743）。該書現有光緒二十一年（1895）聚學軒劉氏刻本。
　　　　　　　　　　15299.d.14

3116
金石圖說
（清）褚峻摹圖、（清）牛運震集說、（清）劉世珩編補
　　　　　　　　　　15097.a.14

3117
金石圖
（清）褚峻
清乾隆九年（1744）（據序）
4 冊,合訂爲 1 本
　　　　　　　　　　15299.d.7

3118
隆中圖
約清道光三十年（1850）
1 函,各葉獨立
　　　　　　　　　　15300.b.13

3119
辟雍碑（大晋龍興皇帝三臨辟雍碑）
拓本
約 20 世紀
1 葉;276 厘米×110 厘米
　　　　　　　　　　15406.a.72

3120
凝禪寺三級浮圖之碑頌
拓印時間不詳,不早於清光緒二十六年（1900）
頂部:58 厘米×51 厘米;中部:94 厘米×92 厘米;底部:80 厘米×92 厘米
　　　　　　　　　　15406.a.76

3121
積古齋鐘鼎彝器款識
（清）阮元
清嘉慶九年（1804）
10 卷
　　　　　　　　　　15299.a.7

3122
筠清舘金石
（清）吳榮光
清道光二十二年（1842）
5 卷
　　　　　　　　　　15300.b.7

3123
長安獲古編
（清）劉喜海
清光緒三十一年（1905）
2 冊
　　　　　　　　　　15530.b.4

3124
鐵雲藏龜
(清)劉鶚
清光緒二十九年(1903)
272 頁
15348.c.9

3125
千甓亭古塼圖釋
(清)陸心源
清光緒十七年(1891)
1 套,4 本
15300.a.2

3126
商周彝器釋銘
(清)呂調陽
清光緒二十年(1894)
2 冊,4 卷
15299.a.19

3127
石鼓文定本
(清)沈梧
清道光三十年(1850)?
1 套,4 冊
15300.a.3

3128
越中金石記
(清)杜春生
清道光十年(1830)
2 冊,10 卷
15299.e.7

3129
金石萃編

(清)王昶
經訓堂
清嘉慶十年(1805)
9 冊,100 卷
15300.a.1

3130
鐘鼎字源
(清)汪立名
一隅草堂
清康熙五十五年(1716)
1 冊,5 卷
15344.b.9

3131
九鐘精舍金石跋尾
(清)吳士鑒
清宣統二年(1910)
第 1 冊(甲編);28 厘米×18 厘米
15342.e.32

3132
攈古錄金文
(清)吳式芬
清光緒二十二年(1896)
1 套,9 本
15299.a.8

3133
恒軒所見所藏吉金錄
(清)吳大澂
清光緒十二年(1886)?
2 冊,2 頁,134 頁
15530.b.10

3134
墓誌

（清）吳文標
18 世紀
1 冊經折裝
　　　　　　　　　15305.a.11

3135
嘯堂集古錄考異
（清）張蓉鏡
醉經堂
清嘉慶十七年（1812）
4 卷
　　　　　　　　　15299.b.5

3136
嘯堂集古錄考異
（清）張蓉鏡
醉經堂
清嘉慶十七年（1812）
4 卷
　　　　　　　　　15299.b.8

3137
集古偽錄
稿本
清乾隆十五年（1750）？

3138
西嶽華山廟碑
清乾隆四十三年（1778）（拓印或在 19 世紀）
11 葉
　　　　　　　　　15204.a.4

3139
蘭亭帖
約清嘉慶五年（1800）
1 冊經折裝，標號 7
　　　　　　　　　15305.a.9

3140
蘭亭序摹本石刻拓片
摹本署：丁酉暮春書於藍田花山之三碧堂
1 冊經折裝
　　　　　　　　　15300.c.6

3141
汝寧府三師廟呂祖仙跡石碑拓片
（清）李光海刊
汝寧府
清道光十五年（1835）
1 葉；135 厘米 × 63 厘米
　　　　　　　　　15300.b.11(1)

3142
壽字拓片
（清）英俊
梧州
清道光二十九年（1849）
1 葉；158 厘米 × 72 厘米
　　　　　　　　　15300.b.11(2)

3143
壽（百壽圖）
清嘉慶五年（1800）？
　　　　　　　　　15204.a.3

3144
福字
上海？
清同治九年（1870）？
1 葉
　　　　　　　　　15200.b.34

3145
尚書　論語

源自西安唐石經
3 函(《尚書》1－2 部分,《論語》1－2、5、8－10 部分)
15259.i.11

3146
桃花源記
(晉)陶潛著、(清)趙光書法
19 世紀
1 冊經折裝
15297.a.16

3147
岳飛廟碑拓片 25 件,另有唐高士廉碑拓本 1 件、鈐"明萬曆慈聖宣文明肅貞壽端獻皇太后之寶"的大悲咒拓本 1 件、鈐"慈聖宣文明肅貞壽端獻皇太后之寶"的普陀山立石刻像拓本 1 件、石鼓文拓本 1 件
(清)金菜等拓印
杭州
清嘉慶二年(1797)等
1 函,數十折葉
15300.c.2

3148
岳飛廟碑拓片數十件
杭州
拓印時間不詳
1 函,數十折葉
15300.c.2/2

3149
望堂金石文字
(清)楊守敬
10 冊
15530.b.3

3150
唐蕃會盟碑
抄本
清宣統三年(1911)前?
2 葉
Or.5896(Sheet 14－15)

3151
唐蕃會盟碑人名
抄本
清宣統三年(1911)前?
2 葉
Or.5896(Sheet 32)

3152
大禹碑
拓本
Or.5504

3153
神禹碑正義(德文)
Inschrift des Yü
(德國)柯恒儒譯解
HEINRICH JULIUS VON KLAPROTH (translator)
孤兒院書店:哈勒
Verlage der Waisenhausbuchhandlung: Halle
清嘉慶十六年(1811)
49 頁;27 厘米
11092.f.5

3154
禹碑(附中文禹碑全文)(英文)
The Yü Tablet
清光緒三十一年(1905)
16 頁
11093.f.10

史　部

3155
禹碑（德文）
Die Tafel des Yü
（德國）海尼士譯
ERICH HAENISCH（translator）
清光緒三十一年（1905）

3156
開封府猶太人碑題（《漢學雜纂》第17號）（法文）
Inscriptions Juives de K'ai-Fong-Fou (*Variétés Sinologiques*. No. 17)
（西班牙）管宜穆
JÉRÔME TOBAR
天主教會土山灣孤兒院印刷所：上海
Imprimerie de la Mission Catholique à l'Orphelinat de T'ou- sé-wé: Chang-hai
清光緒二十六年（1900）
5頁，111頁
15235. c. 17

3157
關於兩則見於日本的銘文（英文）
Note on Two Inscriptions Obtained in Japan
（美國）丁韙良
WILLIAM ALEXANDER PARSONS MARTIN
清光緒十九年（1893）
15234. d. 3

3158
博寧拓片之中亞的十種漢文碑銘（法文）
Dix Inscriptions de l'Asie Centrale, d'Apres les Estampages de M. Ch. -E. Bonin
（法國）沙畹
ÉDOUARD CHAVANNES

巴黎
Paris
清光緒二十八年（1902）
103頁（第193－295頁），附7頁
11098. d. 19

史評類

3159
東萊博議
（宋）呂祖謙
集古樓
清乾隆五十五年（1790）
4卷
15317. c. 11

3160
史記論文
（清）吳見思
尺木堂
18世紀？
2冊，130卷
15286. a. 5

3161
史論五種
（清）李祖陶
尚友樓
清同治十年（1871）
11卷
15292. c. 5

3162
鑄史駢言
（清）孫玉田

清光緒二年(1876)
12 卷
　　　　　　　　15297.a.11

3163
十七史商榷
(清)王鳴盛
洞涇草堂
清乾隆五十二年(1787)、五十四年(1789)
4 冊,100 卷
　　　　　　　　15286.a.2

3164
中國歷史研究(英文)
The Study of Chinese History
(美國)丁韙良
WILLIAM ALEXANDER PARSONS MARTIN
北堂印書館：北京
Pei-Táng Press：Peking
清光緒十二年(1886)
　　　　　　　　15234.d.3

子　部

儒家類

3165
孔子集語
（清）孫星衍
清嘉慶二十年(1815)
17 卷
　　　　　　　　　　　15303.c.13

3166
荀子
（戰國）荀況
明萬曆二十八年(1600)？
1 冊, 20 卷
　　　　　　　　　　　15314.e.14

3167
孔叢子(《漢魏叢書》本)
題（秦）孔鮒
明萬曆五年(1577)
1 冊, 3 卷
　　　　　　　　　　　15303.c.6

3168
孔叢
題（秦）孔鮒
清嘉慶二十二年(1817)？
2 卷

3169
賈子
（西漢）賈誼
清道光五年(1825)？
10 卷
　　　　　　　　　　　15201.c.3

3170
春秋繁露
（西漢）董仲舒
清嘉慶五年(1800)？
17 卷

3171
太玄經
（西漢）揚雄著、（明）范方較閱
東壁齋
18 世紀？
2 頁, 21 頁, 3 頁
　　　　　　　　　　　15323.b.16(2)

3172
宋治平監本揚子法言
（西漢）揚雄
清嘉慶二十四年(1819)
13 卷
　　　　　　　　　　　15314.e.19

3173
揚子法言纂
（西漢）揚雄著、（明）張榜輯、（明）范方

較閱
東壁齋
18世紀?
1頁,19頁
　　　　　　　　15323.b.16(3)

3174
新序
(西漢)劉向
杭州
約宋紹興二十年(1150)
5冊,10卷
　　　　　　　　Or. Micr. 513

3175
潛夫論
(東漢)王符
18世紀
1冊,10卷
　　　　　　　　15319.a.2

3176
申鑑
(東漢)荀悅
明正德十三年(1518)?
　　　　　　　　15296.b.4(1)

3177
標題句解孔子家語
木活字印刷;朝鮮
元泰定元年(1324)?
2卷
　　　　　　　　15201.c.13

3178
標題句解孔子家語
活字印刷;日本
明萬曆二十七年(1599)
3卷
　　　　　　　　15201.c.14

3179
孔子家語原注
(三國魏)王肅注
博古堂(書脊署"汲古閣")
清乾隆四十七年(1782)
1冊,10卷
　　　　　　　　15303.c.10

3180
孔子家語原注
(三國魏)王肅注
清嘉慶十年(1805)
4卷
　　　　　　　　15303.c.12

3181
孔子家語
(三國魏)王肅注
寶翰樓:吳郡
18世紀?(1507年跋)
10卷
　　　　　　　　15303.c.11

3182
孔氏家語
(三國魏)王肅注
清道光二十年(1840)?
10卷
　　　　　　　　15229.c.53

3183
孔子家語
(三國魏)王肅注

子　部

同文書局：上海
約清光緒六年(1880)
1函,5冊,10卷
15258.d.18

3184
孔子家語(法譯本)
Les Entretiens Familiers de Confucius, Traduits pour la Ire Fois
(比利時)何賴思譯
CHARLES DE HARLEZ (translator)
巴黎、魯汶
Paris, Louvain
清光緒二十五年(1899)
196頁
11098.a.22

3185
中說
(隋)王通
清乾隆十五年(1750)？
2卷

3186
中說
(隋)王通
清嘉慶五年(1800)？
2卷

3187
王文中子中說
(隋)王通
清道光五年(1825)
1冊,10卷
15314.e.12

3188
元經
(隋)王通
清乾隆十五年(1750)？
10卷

3189
元經
(隋)王通
清嘉慶五年(1800)？
10卷

3190
太極圖(德譯本)
Thai-kih-thu, des Tscheu-tsi Tafel des Urprinzipes, mit Tschu-hi's Commentare nach dem Hoh-Pih-Sing-Li
(宋)周敦頤著、(德國)甲柏連孜譯
GEORGE VON DER GABELENTZ (translator)
德累斯頓
Dresden
清光緒二年(1876)
7頁,1頁,88頁,2頁;22厘米
11100.b.3

3191
太極圖(德譯本)
Thai-kih-thu, des Tscheu-tsi Tafel des Urprinzipes, mit Tschu-hi's Commentare nach dem Hoh-Pih-Sing-Li
(宋)周敦頤著、(德國)甲柏連孜譯
GEORGE VON DER GABELENTZ (translator)
德累斯頓
Dresden
清光緒二年(1876)

7頁,1頁,88頁,2頁;22厘米
11100.b.5

3192
太極圖(德譯本)
Thai-kih-thu, des Tscheu-tsi Tafel des Urprinzipes, mit Tschu-hi's Commentare nach dem Hoh-Pih-Sing-Li
(宋)周敦頤著、(德國)甲柏連孜譯
GEORGE VON DER GABELENTZ (translator)
德累斯頓
Dresden
清光緒二年(1876)
7頁,1頁,88頁,2頁;22厘米
11092.c.35

3193
通書(德譯本)
Tung-su des Ceu-tsi, mit Cu-hi's Commentare nach dem Sing-li-tsing-i
(宋)周敦頤著、(德國)顧路柏譯
WILHELM GRUBE (translator)
維也納
Wien
清光緒六年(1880)
9頁,45頁
11100.b.35

3194
二程全書
(宋)程頤、(宋)程顥
小娜嬛山館
清乾隆五十二年(1787)
2冊,25卷
15318.c.1

3195
二程先生傳道粹言
(宋)張栻編
雕版印刷;朝鮮
明嘉靖四十一年(1562)
10卷
15103.d.22

3196
朱子全書
(宋)朱熹
清康熙五十三年(1714)
8冊,66卷
15254.d.2

3197
朱子遺書
(宋)朱熹
寶誥堂
17世紀
二刻,第9-15種書
15315.c.10

3198
古香齋朱子全書
(宋)朱熹
清光緒十年(1884)
36冊,66卷
15421.a.1/7

3199
朱子大全
(宋)朱熹
18世紀
2冊,66卷,存卷30-53
15314.c.2

3200
朱子家禮
（宋）朱熹
約清嘉慶五年（1800）
1 冊，8 卷，又 4 卷（中文編號和裝訂有誤）
　　　　　　　　　15229.a.1⁴

3201
近思錄
（宋）朱熹、（宋）呂祖謙
雕版印刷；朝鮮
明萬曆七年（1579）
　　　　　　　　　15315.e.9

3202
近思錄
（宋）朱熹、（宋）呂祖謙
活字印刷；朝鮮
明萬曆三十八年（1610）？
　　　　　　　　　15315.e.10

3203
小學大全
（宋）朱熹
活字印刷；日本
明泰昌元年（1620）？
10 卷
　　　　　　　　　15229.d.4

3204
小學集說
（宋）朱熹
活字印刷；日本
明泰昌元年（1620）？
　　　　　　　　　15229.d.1

3205
小學集說
（宋）朱熹
活字印刷；朝鮮
明泰昌元年（1620）？
　　　　　　　　　15229.d.2

3206
小學集說
（宋）朱熹
雕版印刷；朝鮮
明天啓五年（1625）？
　　　　　　　　　15229.d.3

3207
小學注解
（宋）朱熹
清乾隆十年（1745）（據跋）
6 卷
　　　　　　　　　15229.b.13

3208
小學體注大成
（宋）朱熹
五雲樓
約清嘉慶五年（1800）
6 卷
　　　　　　　　　15229.b.12

3209
合璧小學
（宋）朱熹
清道光三十年（1850）
12 卷
　　　　　　　　　15229.b.9

3210
性理字訓
(宋)程若庸
清雍正十一年(1733)
38 頁

    15229.b.31/2

3211
小學集注
(明)陳選
清嘉慶二十五年(1820)
1 冊,6 卷

    15229.b.14

3212
朱子小學集解
(清)張伯行
廣州
清道光二十七年(1847)
6 卷

    15229.b.32

3213
小學集解
(清)張伯行
崇文書局:湖北
清同治六年(1867)
1 冊,6 卷;29 厘米

    15097.a.5

3214
小學韻語
(清)羅澤南
清光緒十二年(1886)
2 部分

    15229.b.9

3215
小學(法譯本)
La Siao Hio, ou, Morale de la Jeunesse, avec le Commentaire de Tchen-Siuen
(宋)朱熹著、(比利時)何賴思譯
CHARLES DE HARLEZ (translator)
巴黎
Paris
清光緒十五年(1889)
368 頁

    1712.f.15

3216
朱熹的哲學:學說及影響(《漢學雜纂》第 6 號)(法文)
Le Philosophe Tchou Hi: Sa Doctrine, Son Influence (*Variétés Sinologiques*. No. 6)
(法國)賈斯達
STANISLAS LE GALL
天主教會土山灣孤兒院印刷所:上海
Imprimerie de la Mission Catholique à l'Orphelinat de T'ou-sé-wé: Chang-hai
清光緒二十年(1894)
3 頁,134 頁

    15235.c.6

3217
朱熹的學説及影響(英文)
Tchu-Hi, His Doctrines and His Influence
(比利時)何賴思
CHARLES DE HARLEZ
倫敦
London
清光緒二十二年(1896)
24 頁

    08464.i.56

3218
滿漢合璧三字經注解
（宋）王應麟著、（清）王相注解、（清）陶格等譯、（清）盛冠寶校
清雍正十三年（1735）
2 卷
　　　　　　　　　　　15210.e.3

3219
三字經
（宋）王應麟
大經堂
約清嘉慶五年（1800）
18 頁
　　　　　　　　　　　15229.c.5

3220
三字經新撰白話注解（閩南方言）
（英國）余饒理
GEORGE EDE
臺南府城印
清光緒二十年（1894）
4 頁,179 頁
　　　　　　　　　　　15229.c.45

3221
三字經（漢法對照）
San-tseu-king, ou, le Livre des Trois Mots
（宋）王應麟著、（法國）儒蓮譯
STANISLAS JULIEN（translator）
清同治十一年（1872）
8 頁,3 頁,28 頁
　　　　　　　　　　　11100.d.34

3222
三字經（漢法對照）
Le Livre Classique des Trois Caractères
（宋）王應麟著、（法國）鮑梯譯
JEAN PIERRE GUILLAUME PAUTHIER（translator）
巴黎
Paris
清同治十二年（1873）
12 頁,148 頁
　　　　　　　　　　　11100.d.32

3223
《三字經》和《千字文》（英譯本）
The San Tzǔ Ching, or Three Character Classic, and the Ch'ien Tsǔ Wên, or Thousand Character Essay
（宋）王應麟、（南朝梁）周興嗣著,（英國）翟理斯譯
HERBERT ALLEN GILES（translator）
望益紙館：上海
A. H. de Carvalho：Shanghai
清同治十二年（1873）
3 頁,28 頁
　　　　　　　　　　　11100.c.31

3224
三字經（漢英對照）
Elementary Chinese. San Tzǔ Ching
（宋）王應麟著、（英國）翟理斯譯注
HERBERT ALLEN GILES（translator & annotator）
別發書局：上海
Kelly & Walsh：Shanghai
清光緒二十六年（1900）
5 頁,178 頁
　　　　　　　　　　　11095.c.2

3225
三字經（英譯本）

A Precise Translation of the Three Character Classic
(宋)王應麟
維多利亞出版公司：仰光
Victoria Press: Rangoon
清光緒十七年(1891)
11098.a.3.(1)

3226
三字經(英譯本)
Chine School-Books, Sam-tsz-king
(宋)王應麟著、(德國)歐德理譯
ERNEST JOHN EITEL (translator)
《中國郵報》：香港
China Mail: Hong Kong
清光緒十八年(1892)
22 頁
11099.c.31

3227
三字經(意大利文譯本)
Libro Delle Tre Parole Secondo la Versione Mangese di Tooghe
(意大利)埃米利奧·滕扎譯
EMILIO TEZA (translator)
比薩
Pisa
清光緒六年(1880)
22 頁
11098.a.3(2)

3228
三教平心論
(元)劉謐
清嘉慶九年(1804)?
2 卷
15111.a.21

3229
新鐫大字女兒經
鳳鳴山房
9 頁；24 厘米
15247.a.3

3230
性理大全
(明)胡廣等
明萬曆二十五年(1597)
15314.b.1

3231
性理大全
(明)胡廣等
呈祥館
18 世紀？
4 冊,70 卷
15314.b.3

3232
性理大全彙要
題(明)詹淮
明崇禎五年(1632)
3 冊,22 卷
15315.b.3

3233
性理綜要
題(明)詹淮
明崇禎五年(1632)
2 冊,22 卷
15314.b.5

3234
王陽明先生全集
(明)王守仁

子　部

文德:長沙
清道光六年(1826)
3冊,16卷,缺末頁
　　　　　　　　15318.b.2

3235
王陽明先生文集
(明)王守仁
清康熙二十四年(1685)
2冊,16卷
　　　　　　　　15317.c.9

3236
性理體注大全旁訓要解
(清)張道升
龍南堂
約清道光二十年(1840)
8卷
　　　　　　　　15202.c.27

3237
御纂性理精義
(清)李光地
清康熙五十四年(1715)?
12卷
　　　　　　　　15314.b.4

3238
性理真詮
(法國)孫璋
ALEXANDER DE LA CHARME
清乾隆十八年(1753)
4卷
　　　　　　　　15314.b.2

3239
性理真詮提綱
(法國)孫璋
ALEXANDER DE LA CHARME
清乾隆十八年(1753)
3卷

3240
經學考一卷　史學考一卷　文體考一卷　理學考一卷
抄本
清光緒四年(1878)前
1冊
　　　　　　　　Or.7430

3241
中詮(附《密齋病語》)
(明)汪應蛟
汪舊德堂
明崇禎十四年(1641)(據序)
6卷
　　　　　　　　15202.b.22

3242
孔子通紀
(明)潘府
約明萬曆二十八年(1600)
　　　　　　　　15303.c.15

3243
時習新知六卷　養氣餘言二卷
(明)郝敬
抄本
清宣統三年(1911)前
2冊,8卷
　　　　　　　　Or.11628

3244
呂子節錄補遺卷上

（明）呂坤
抄本
清道光二十六年（1846）前
1 冊
        Add.16344

3245
勸戒圖說
（明）鄒迪光
日本
明萬曆二十二年（1594）
4 卷
        15113.c.3

3246
張子正蒙注
（明）王夫之
清同治四年（1865）
9 卷
        15313.f.11

3247
鄉黨圖考
（清）江永
清乾隆四十一年（1776）
存卷 5－10
        15201.b.9

3248
禮書綱目
（清）江永
鏤恩堂：安徽婺源
清嘉慶十五年（1810）
3 函，85 卷，又 3 卷
        15220.b.4

3249
五子近思錄
（清）汪佑
敦化堂
清康熙三十二年（1693）（據卷首跋）
14 卷
        15314.d.4

3250
白鹿書院志
（清）毛德琦原訂、（清）周兆蘭重修
清乾隆六十年（1795）
2 冊，19 卷
        15277.a.1

3251
語珍切要錄
（清）許立升
清道光十九年（1839）
2 卷
        15229.a.44

3252
西銘講義
（清）羅澤南
清咸豐七年（1857）
4 頁，6 頁，43 頁
        15319.b.21(1)

3253
思辨錄疑義
（清）劉蓉
清光緒三年（1877）
34 頁
        15223.b.5

3254
孟子大題萃
（清）郎遂鋒等
嘯雲閣
清道光元年（1821）
265 頁
　　　　　　　　　15202.c.19

3255
漢兩大儒書
（清）盧文弨輯
清道光五年（1825）？
僅存第 1 部分（《賈子》）
　　　　　　　　　15201.c.3

3256
三遷志
（清）孟衍泰
清雍正三年（1725）
12 卷
　　　　　　　　　15305.d.4

3257
五種遺規
（清）陳宏謀
清道光十年（1830）、二十二年（1842）
2 套,12 本
　　　　　　　　　15229.a.42

3258
經餘必讀、續編
（清）雷琳等
清嘉慶十年（1805）、十二年（1807）
2 冊,卷 1-8 及續編
　　　　　　　　　15229.c.23-26

3259
百孝圖
（清）俞葆真
上海
清光緒七年（1881）
5 部分
　　　　　　　　　15229.c.49

3260
二倫行實圖(附朝鮮篇章)
明嘉靖二十一年（1542）？
　　　　　　　　　15260.a.1

3261
五倫行實圖
5 卷
　　　　　　　　　15113.c.5

3262
三綱行實
清順治七年（1650）？
4 冊
　　　　　　　　　15113.e.2

3263
三綱行實
清康熙十九年（1680）？
　　　　　　　　　15113.e.1

3264
三綱行實孝子圖
朝鮮
明弘治十三年（1500）？
　　　　　　　　　15303.d.16

3265
節孝事實圖

(清)劉鴻甫
清道光十年(1830)
1 冊經折裝,黑底白字
　　　　　　　　　15305.b.9

3266
御覽經史講義
(清)蔣溥
清乾隆二十三年(1758)
3 冊,30 卷
　　　　　　　　　15223.d.3

3267
聖學十圖
活字印刷;朝鮮
明隆慶三年(1569)
經折裝
　　　　　　　　　15103.e.13

3268
勸學篇書後
(清)何啓、(清)胡禮垣
香港
清光緒二十五年(1899)
126 頁
　　　　　　　　　15320.c.19

3269
勸學篇(法譯本)
Exhortations à l'Étude
(清)張之洞著、(西班牙)管宜穆譯
JÉRÔME TOBAR (translator)
東方出版社:上海
Imprimerie de la Presse Orientale: Shanghai
清光緒二十四年(1898)
7 頁,2 頁,70 頁,附 1 頁
　　　　　　　　　11098.d.14

3270
勸學篇(英譯本)
China's Only Hope
(清)張之洞著、(美國)吳板橋譯
SAMUEL J. WOODBRIDGE (translator)
雷維爾公司:紐約
F. H. Revell Co.: New York
清光緒二十六年(1900)
151 頁
　　　　　　　　　11100.a.39

3271
勸學篇(英譯本)
China's Only Hope
(清)張之洞著、(美國)吳板橋譯
SAMUEL J. WOODBRIDGE (translator)
奧列芬特、安德森和費里爾:愛丁堡
Oliphant, Anderson & Ferrier: Edinburgh
清光緒二十七年(1901)
　　　　　　　　　11100.a.40

3272
儒家倫理學
The Ethics of Confucius
(日本)工藤鐵三郎
TOZABURO KUDO
華美書局:東京
Methodist Publishing House: Tokyo
清光緒三十年(1904)
26 頁,68 頁
　　　　　　　　　11095.b.33

3273
日常生活中的中國經典(英文)
The Pith of the Classics: Chinese Classics in Everyday Life: or Quotations from the

子　部　　367

Chinese Classics in Colloquial Use
(美國)波乃耶
JAMES DYER BALL
羅郎也公司：香港
Noronha & Co.：Hong Kong
清光緒三十一年(1905)
7頁,71頁,35頁;21厘米×14厘米
11095.c.42

3274
孔子的學説(德文)
Lehrbegriff des Confucius
(德國)花之安
ERNST FABER
香港
Hong Kong
清同治十一年(1872)
11100.c.11

3275
關於孔子和儒家學説的史料(德文)
Quellen zu Confucius und dem Confucianismus, als Einleitung zum Lehrbegriff des Confucius
(德國)花之安
ERNST FABER
香港
Hong Kong
清同治十二年(1873)
11100.c.12

3276
儒教彙纂(英譯本)
A Systematical Digest of the Doctrines of Confucius, according to the Analects, Great Learning and Doctrine of the Mean, with an Introduction on the Authorities upon Confucius and Confucianism
(德國)花之安著、(德國)穆麟德譯
ERNST FABER (author), PAUL GEORG VON MÖLLENDORFF (translator)
《中國郵報》：香港
China Mail：Hong Kong
約清光緒元年(1875)
由花之安《孔子的學説》與《關於孔子和儒家學説的史料》二書合譯而成。
11099.f.35

3277
儒教彙纂(英譯本)
A Systematical Digest of the Doctrines of Confucius, according to the Analects, Great Learning and Doctrine of the Mean, with an Introduction on the Authorities upon Confucius and Confucianism
(德國)花之安著、(德國)穆麟德譯
ERNST FABER (author), PAUL GEORG VON MÖLLENDORFF (translator)
德國同善會：上海
General Evangelical Protestant Missionary Society of Germany：Shanghai
清光緒二十八年(1902)
137頁;23厘米
由花之安《孔子的學説》與《關於孔子和儒家學説的史料》二書合譯而成。
15234.b.7

墨家類

3278
墨子批選
(明)李贄
約明泰昌元年(1620)
4卷

15314.e.8

3279
詰墨
題(秦)孔鮒
清嘉慶五年(1800)?

3280
古代中國社會主義的基本思想或哲學家墨子的學説(德譯本)
Die Grundgedanken des Alten Chinesischen Socialismus, oder die Lehre des Philosophen Micius, zum Ersten Male Vollständig aus den Quellen Dargelegt von E. Faber
(戰國)墨翟著、(德國)花之安譯
ERNST FABER (translator)
埃伯費爾德
Elberfeld
清光緒三年(1877)

8462.dd.4

兵家類

3281
武經七書
(春秋)孫武等
長沙
約清光緒六年(1880)
1冊,7部分

15256.d.13

3282
孫子十家注
(春秋)孫武
清咸豐五年(1855)
13卷

15256.e.2

3283
新鐫武經標題正義
(明)趙光裕
18世紀?
存卷6(8-12頁)、7-8

15259.c.7

3284
孫子兵法(英譯本)
The Book of War, the Military Classic of the Far East
(春秋)孫武著、(英國)卡爾斯羅普譯
E. F. CALTHROP (translator)
約翰·穆萊出版社:倫敦
John Murray: London
清光緒三十四年(1908)
132頁

11094.a.23

3285
孫子兵法(英譯本)
Sun Tzǔ on the Art of War
(春秋)孫武著、(英國)翟林奈譯
LIONEL GILES (translator)

子　部

魯扎克公司：倫敦
Luzac & Co. : London
清宣統二年(1910)
53 頁,204 頁
15234.b.23

3286
鬼谷子陶弘景注
(戰國)王詡著、(南朝梁)陶弘景注
清嘉慶十年(1805)
1 冊,3 卷
15256.dd.1/2

3287
素書
題(秦)黃石公
清乾隆十五年(1750)?

3288
心書
(三國蜀)諸葛亮
清乾隆五十六年(1791)?
3 頁,17 頁
15259.c.4/1

3289
神機制敵太白陰經
(唐)李筌
抄本
清道光二十六年(1846)前
1 冊,10 卷,缺卷 1-2
Add.16302

3290
神機制敵太白陰經
(唐)李筌
抄本

清道光二十六年(1846)前
1 冊,存卷 3-6、9-10
Add.16303

3291
心略
(明)施永圖
約清嘉慶五年(1800)
1 卷,又 4 卷,具插圖
15259.c.22

3292
兵法心略
2 卷
15259.c.5

3293
兵錄
(明)何汝賓
18 世紀
存 27-50 頁
15259.c.8

3294
蹶張心法
(明)程宗猷
聚文堂
清道光二十二年(1842)
1 冊,3 部分
15259.c.12

3295
紀效新書
(明)戚繼光
照曠閣:虞山
清嘉慶九年(1804)
18 卷,僅存卷 17-18
15259.c.10

3296
紀效新書
(明)戚繼光
抄本
清光緒元年(1875)前
1 冊
　　　　　　　　　　Or. 1305

3297
練兵實紀
(明)戚繼光
琉璃廠:北京
清道光二十年(1840)?
9 卷,附雜集 6 卷
　　　　　　　　　15241. b. 1

3298
練兵實紀
(明)戚繼光
清道光二十三年(1843)
9 卷,附雜集 6 卷
　　　　　　　　　15400. d. 8

3299
火龍神器
題(明)焦玉
抄本
清嘉慶五年(1800)?
1 函,3 冊
　　　　　　　　　　Or. 8638

3300
火龍神器二卷　兵禽捷要一卷　大六壬畢法賦一卷
抄本
清雍正元年(1723)前
1 冊
　　　　　　　　　Or. 11514

3301
金湯借箸十二籌
(明)李盤
清嘉慶五年(1800)?
2 冊,12 卷
　　　　　　　　　15241. b. 18

3302
金湯十二籌
(明)李盤
琉璃廠:北京
約清道光三十年(1850)
12 卷,缺卷 12
　　　　　　　　　15259. e. 13

3303
弓弩劍牌圖說
(明)茅元儀
清順治七年(1650)
1 函,4 冊
　　　　　　　　　15258. b. 1

3304
武備志
(明)茅元儀
明天啓元年(1621)
240 卷,缺卷 85、90 - 91、169 - 178、181 - 186、239 - 240
　　　　　　　　　15259. a. 1

3305
武備志
(明)茅元儀
明天啓元年(1621)
　　　　　　　　　15259. b. 2

子　部

3306
武備志
（明）茅元儀
明天啓元年（1621）
　　　　　　　　　　15259.b.3

3307
武備志
（明）茅元儀
明天啓元年（1621）
　　　　　　　　　　15259.e.14

3308
武備秘書
（明）施永圖
清康熙年間（1662－1722）
6卷
　　　　　　　　　　15259.c.14

3309
武備輯要、續編
（清）許乃釗
廣州
清道光二十九年（1849）
6卷,10卷
　　　　　　　　　　15400.d.7

3310
讀史兵略
（清）胡林翼
清祺祥元年（1861）
4冊,46卷
　　　　　　　　　　15256.e.5

3311
僊授兵鈐方略
（清）盧崇俊
抄本
清嘉慶五年（1800）？
2部分,6冊（內書2冊,外書4冊）
　　　　　　　　　　Or.8637

3312
摘錄訓兵輯要
（清）薛大烈
抄本
清嘉慶二十五年（1820）？
1冊
　　　　　　　　　　Add.16304

3313
知古錄
（清）恒秺
避熱窩
清同治二年（1863）
1冊,3卷,39頁
　　　　　　　　　　15259.c.21

3314
三書寶鑑
（清）張鵬翂
清道光十四年至咸豐五年（1834－1855）
4冊
　　　　　　　　　　15403.c.1

3315
戎政芻言
（清）陳階平
清嘉慶二十五年（1820）
44頁
　　　　　　　　　　15259.c.6

3316
訓兵要言
（清）余步雲
約清道光十年（1830）
8頁
15239.a.44

3317
行軍要語
（清）余步雲
清道光十四年（1834）（據序）
2卷
15259.c.3

3318
神機營威遠槍礮馬步各隊陣圖
彩繪本
清道光三十年（1850）？
1函,9冊經折裝
Or.11511

3319
武略帷籌　六丁六甲神書　黃帝陰符經奇門製解
抄本
清康熙六十一年（1722）前
1冊
Or.11355

3320
蚊船六艘演陣圖
彩繪本
清宣統三年（1911）前
1冊
Or.9547

3321
鐵艦快船八艘演陣圖
內府彩繪本
清宣統三年（1911）前
1冊
Or.9548

3322
南洋海軍六船水操陣圖
內府彩繪本
清宣統三年（1911）前
1冊
Or.9549

3323
北洋海軍全軍操陣圖
內府彩繪本
清宣統三年（1911）前
3冊
Or.9550

3324
淮軍親慶六營陣圖
內府彩繪本
清宣統三年（1911）前
1冊
Or.9551

3325
陣式圖說
彩繪本
清宣統三年（1911）前
1冊
Or.9552

3326
北洋海軍魚雷六大艇操陣圖

彩繪本
清宣統三年(1911)前
1 冊
Or. 9553

3327
蚊船六艘演陣圖　鐵艦快船八艘演陣圖
彩繪本
清宣統三年(1911)前
6 冊合訂
Or. 9554

3328
標下八營合摻金銷陣圖　標下八營合摻雲梯攻城陣圖
彩繪本
清宣統三年(1911)前
2 冊
Or. 14363

3329
陸地戰例新選(中譯本)
(美國)丁韪良譯
WILLIAM ALEXANDER PARSONS MARTIN (translator)
同文館:北京
清光緒九年(1883)
16 頁
15259. b. 5

3330
營壘圖說(中譯本)
Improvised Fortifications
(比利時)伯里牙芒著、(美國)金楷理口譯、(清)李鳳苞筆述
ALEXIS HENRI BRIALMONT (author),
CARL TRAUGOTT KREYER (interpreter)
江南製造局:上海
清光緒二年(1876)
38 頁,附 8 頁
15259. e. 8

3331
營壘圖說(中譯本)
Improvised Fortifications
(比利時)伯里牙芒著、(美國)金楷理口譯、(清)李鳳苞筆述
ALEXIS HENRI BRIALMONT (author),
CARL TRAUGOTT KREYER (interpreter)
江南製造局:上海
清光緒二年(1876)
38 頁,附 8 頁
15259. d. 7

3332
輪船布陣(中譯本)
Fleet Manoeuvering, Steam Tactics
(英國)派柳、(英國)賈密倫著,(英國)傅蘭雅口譯,(清)徐建寅筆述
P. PELLEW & CAMERON (author),
JOHN FRYER (interpreter)
江南製造局:上海
清同治十二年(1873)
12 卷,附 67 頁
15259. i. 1

3333
兵船礮法(中譯本)
Naval Gunnery
(美國)美國水師學院著、(美國)金楷理口譯、(清)朱恩錫筆述

UNITED STATES NAVY ACADEMY (author), CARL TRAUGOTT KREYER (interpreter)
江南製造局：上海
清光緒二年(1876)
6卷
15259.e.6

3334
兵船礮法(中譯本)
Naval Gunnery
(美國)美國水師學院著、(美國)金楷理口譯、(清)朱恩錫筆述
UNITED STATES NAVY ACADEMY (author), CARL TRAUGOTT KREYER (interpreter)
江南製造局：上海
清光緒二年(1876)
6卷
15259.d.12

3335
克虜伯礮說　克虜伯礮表(中譯本)
Krupp's Guns: Description; Drill; Table
(德國)普魯士軍政局著、(美國)金楷理口譯、(清)李鳳苞筆述
PRUSSIAN GOVERNMENT (author), CARL TRAUGOTT KREYER (interpreter)
江南製造局：上海
清同治九年至光緒六年(1870-1880)
礮說：4卷；礮表：8表及附表
15259.h.6

3336
克虜伯礮說(中譯本)
(德國)普魯士軍政局著、(美國)金楷理口譯、(清)李鳳苞筆述
PRUSSIAN GOVERNMENT (author), CARL TRAUGOTT KREYER (interpreter)
江南製造局：上海
清同治九年至光緒六年(1870-1880)
4卷
15259.d.15(1)

3337
克虜伯船礮操法(中譯本)
(德國)普魯士軍政局著、(美國)金楷理口譯、(清)李鳳苞筆述
PRUSSIAN GOVERNMENT (author), CARL TRAUGOTT KREYER (interpreter)
江南製造局：上海
清同治九年至光緒六年(1870-1880)
15259.d.15(2)

3338
克虜伯船礮操法(中譯本)
(德國)普魯士軍政局著、(美國)金楷理口譯、(清)李鳳苞筆述
PRUSSIAN GOVERNMENT (author), CARL TRAUGOTT KREYER (interpreter)
江南製造局：上海
清同治九年至光緒六年(1870-1880)
15259.d.11(4)

3339
克虜伯礮準心法(中譯本)
(德國)普魯士軍政局著、(美國)金楷理口譯、(清)李鳳苞筆述
PRUSSIAN GOVERNMENT (author), CARL TRAUGOTT KREYER (interpret-

子　部　　　375

er)
江南製造局:上海
清同治九年至光緒六年(1870－1880)
15259.e.9

3340
克虜伯礮準心法(中譯本)
(德國)普魯士軍政局著、(美國)金楷理口譯、(清)李鳳苞筆述
PRUSSIAN GOVERNMENT (author), CARL TRAUGOTT KREYER (interpreter)
江南製造局:上海
清同治九年至光緒六年(1870－1880)
15259.d.14

3341
克虜伯礮彈造法(中譯本)
(德國)普魯士軍政局著、(美國)金楷理口譯、(清)李鳳苞筆述
PRUSSIAN GOVERNMENT (author), CARL TRAUGOTT KREYER (interpreter)
江南製造局:上海
清同治九年至光緒六年(1870－1880)
2卷
15259.g.7

3342
克虜伯礮彈造法(中譯本)
(德國)普魯士軍政局著、(美國)金楷理口譯、(清)李鳳苞筆述
PRUSSIAN GOVERNMENT (author), CARL TRAUGOTT KREYER (interpreter)
江南製造局:上海
清同治九年至光緒六年(1870－1880)
2卷
15259.d.13

3343
攻守礮法(中譯本)
(德國)普魯士軍政局著、(美國)金楷理口譯、(清)李鳳苞筆述
PRUSSIAN GOVERNMENT (author), CARL TRAUGOTT KREYER (interpreter)
江南製造局:上海
清同治九年至光緒六年(1870－1880)
15259.d.11(1)

3344
克虜伯腰箍礮說(中譯本)
(德國)普魯士軍政局著、(美國)金楷理口譯、(清)李鳳苞筆述
PRUSSIAN GOVERNMENT (author), CARL TRAUGOTT KREYER (interpreter)
江南製造局:上海
清同治九年至光緒六年(1870－1880)
15259.d.26

3345
克虜伯腰箍礮說(中譯本)
(德國)普魯士軍政局著、(美國)金楷理口譯、(清)李鳳苞筆述
PRUSSIAN GOVERNMENT (author), CARL TRAUGOTT KREYER (interpreter)
江南製造局:上海
清同治九年至光緒六年(1870－1880)
15259.d.11(2)

3346
克虜伯礮架說（中譯本）
（德國）普魯士軍政局著、（美國）金楷理口譯、（清）李鳳苞筆述
PRUSSIAN GOVERNMENT（author）, CARL TRAUGOTT KREYER（interpreter）
江南製造局：上海
清同治九年至光緒六年（1870–1880）
15259.d.11.(3)

3347
兵器譜
繪本
清宣統三年（1911）前
1冊
Or.8153

3348
行軍測繪（中譯本）
A Practical Course of Military Surveying
（英國）連提著、（英國）傅蘭雅譯
AUGUSTE FRÉDÉRIC LENDYF（author）, JOHN FRYER（translator）
江南製造局：上海
清同治十二年（1873）
10卷，附6頁
15259.f.1

3349
行軍測繪（中譯本）
A Practical Course of Military Surveying
（英國）連提著、（英國）傅蘭雅譯
AUGUSTE FRÉDÉRIC LENDYF（author）, JOHN FRYER（translator）
江南製造局：上海
清同治十二年（1873）
10卷，附6頁
15259.d.6

3350
臨陣管見（中譯本）
（德國）斯拉弗司著、（美國）金楷理口譯、（清）趙元益筆述
ALBERT KARL FRIEDRICH WILHELM VON BOGUSLAWSKI（author）, CARL TRAUGOTT KREYER（interpreter）
江南製造局：上海
清同治十二年（1873）
9卷
15259.g.24

3351
則克錄
（德國）湯若望、（明）焦勗
JOHANNES ADAS SCHALL VON BELL
約清道光二十年（1840）
3卷
15259.b.4

3352
營城揭要（中譯本）
Fortification
（英國）儲意比著、（英國）傅蘭雅譯
P. CHOUMARA（author）, JOHN FRYER（translator）
江南製造局：上海
清光緒二年（1876）
2卷
15259.d.8

3353
營城揭要（中譯本）
Fortification

(英國)儲意比著、(英國)傅蘭雅譯
P. CHOUMARA (author), JOHN FRYER (translator)
江南製造局：上海
清光緒二年(1876)
2 卷
　　　　　　　　　　　　15259.g.9

3354
防海新論(中譯本)
A Treatise on Coast Defense
(德國)希理哈著、(英國)傅蘭雅口譯、(清)華蘅芳筆述
VICTOR E. SCHELIHA (author), JOHN FRYER (interpreter)
江南製造局：上海
清同治十三年(1874)
18 卷
　　　　　　　　　　　　15259.c.17

3355
防海新論(中譯本)
A Treatise on Coast Defense
(德國)希理哈著、(英國)傅蘭雅口譯、(清)華蘅芳筆述
VICTOR E. SCHELIHA (author), JOHN FRYER (interpreter)
江南製造局：上海
清同治十三年(1874)
18 卷
　　　　　　　　　　　　15259.g.3

3356
守邊輯要
抄本
清道光十九年(1839)後
1 卷
　　　　　　　　　　　　Or.11708

法家類

3357
管子評注
(春秋)管仲著,(唐)房玄齡注釋,(明)沈鼎新、(明)朱養純評
聚文堂(鈐聚錦堂印)：蘇州
清嘉慶九年(1804)
24 卷
　　　　　　　　　　　　15314.e.9

3358
管子(摘自《亞細亞學報》)(法譯本)
Un Ministre Chinois au VIIe Siècle avant J. – C. Kuan-Tze de Tsi et le Kuan-Tze-Shuh (Extrait du *Journal Asiatique*)
(春秋)管仲著、(比利時)何賴思譯
CHARLES DE HARLEZ (translator)
國家印刷局：巴黎
Imprimerie Nationale：Paris
清光緒二十二年(1896)
78 頁;22 厘米
　　　　　　　　　　　　11095.b.18

3359
管子纂
(明)張榜
明萬曆二十八年(1600)？
2 部分
　　　　　　　　　　　　15314.e.5/2

3360
乾道本韓非子
(戰國)韓非
清道光二十五年(1845)

1 册,20 卷
15314.e.7/1

3361
韓非子纂
(明)張榜
明萬曆二十八年(1600)?
2 部分
15314.e.5/1

3362
韓非子識誤
(清)顧廣圻
約清嘉慶二十三年(1818)
3 卷
15314.e.6

3363
管韓合纂
(明)張榜
明萬曆二十八年(1600)?
1 册,2 部分
15314.e.5

3364
宋本校刊韓晏合編
(清)吳鼐
揚州
清道光二十五年(1845)
2 册
15314.e.7

3365
棠陰比事
(宋)桂萬榮
日本
明萬曆二十八年(1600)?

2 卷
15237.c.7

3366
法家驚天雷
約清嘉慶五年(1800)
2 卷
15241.a.7

3367
透膽寒
(清)補相子
六經堂
清嘉慶十七年(1812)
4 卷
15241.a.3

3368
人命
寫本
清道光十年(1830)?
119 頁

農家類

3369
牲畜檔案(具封印)和病馬死亡證明
Livestock Records, with Seal, and Certificates of Death by Sickness of Horses
敦煌文書
宋至道元年(995)、二年(996)
90 厘米×60 厘米(黏合葉)
S.6998

子　部

3370
農政全書
(明)徐光啓
平露堂:松江
明崇禎十二年(1639)
20冊,60卷;24厘米×16厘米
　　　　　　　　　　　Or.74.c.6

3371
農政全書
(明)徐光啓
曙海樓:上海
清道光二十三年(1843)
4冊,60卷
　　　　　　　　　　　15235.b.1

3372
農政全書(英文選譯本)
A Dissertation on the Silk-Manufacture and the Cultivation of the Mulberry
(明)徐光啓著、(英國)麥都思譯
WALTER HENRY MEDHURST (translator)
墨海書館:上海
Mission Press: Shanghae
清道光二十九年(1849)
108頁,附8頁;21厘米
　　　　　　　　　　　11092.e.28

3373
牛經大全
(明)喻本元、(明)喻本亨
約清嘉慶五年(1800)
2卷
　　　　　　　　　　　15252.e.5

3374
療馬集
(明)喻本元、(明)喻本亨
芸生堂
明萬曆三十六年(1608)(據序)
1冊,4卷
　　　　　　　　　　　15252.e.3

3375
元亨療馬集
(明)喻本元、(明)喻本亨
約清嘉慶五年(1800)
僅存卷3
　　　　　　　　　　　15252.e.4

3376
馬經(書脊題"元亨療馬集　元亨療牛集")
(明)喻本元、(明)喻本亨
萬選堂
明萬曆三十六年(1608)(據序)
1冊,4卷,2卷
　　　　　　　　　　　15252.e.2

3377
元亨療馬集(附《駝經》《牛經》)
(明)喻本元、(明)喻本亨
清光緒三十二年(1906)
5卷,又2卷
　　　　　　　　　　　15251.f.21

3378
御題棉華圖
(清)方觀承
清乾隆三十年(1765)
1冊經折裝
　　　　　　　　　　　15255.e.33

3379
欽定授衣廣訓
(清)董誥
清嘉慶十三年(1808)
1函,4冊,2卷
15326.c.2

3380
御製耕織圖
(清)焦秉貞繪圖、(清)聖祖玄燁配詩
清康熙三十五年(1696)[約印於清乾隆十五年(1750)]
1冊,46頁經折裝,圖布封
15268.b.7

3381
御製耕織圖
(清)焦秉貞繪圖、(清)聖祖玄燁配詩
點石齋:上海
清光緒十三年(1887)[按宋樓璹原詩圖刻於宋嘉定三年(1210),康熙詩序署清康熙三十五年(1696)]
2冊;26厘米
15258.b.25

3382
御製耕織圖
(清)焦秉貞繪圖、(清)聖祖玄燁配詩
19世紀?
23頁,23頁
15255.e.3

3383
御製耕織圖
(清)焦秉貞繪圖、(清)聖祖玄燁配詩
19世紀?
1冊經折裝;28厘米×29厘米
Or.74.b.5

3384
御製織圖
(清)焦秉貞繪圖、(清)聖祖玄燁配詩
點石齋:上海
清光緒五年(1879)
1冊,不分卷
15258.b.16

3385
織圖(《耕織圖》第2部分)
(清)焦秉貞繪圖、(清)聖祖玄燁配詩
19世紀
15255.e.17

3386
佩文耕織圖
(清)焦秉貞繪圖、(清)聖祖玄燁配詩
19世紀
2冊,合訂爲1本
15268.b.2

3387
增訂教稼書
(清)孫宅揆撰、(清)盛百二增訂
清乾隆四十三年(1778)
2卷
15253.d.2

3388
聖主躬耕耤田頌
稿本
清乾隆三年(1738)
1卷
Or.6414

3389
種稻全圖

彩繪本
清乾隆四年(1739)前
1 冊

Add. 5303(2)

3390
製絲圖
彩繪本
清乾隆四年(1739)前
1 冊

Add. 5303(1)

3391
農桑雅化(貴州)
寫本
清嘉慶五年(1800)?

3392
蠶桑輯要(法譯本,譯自《欽定授時通考》的"桑蠶篇"及《天工開物·乃服》的論桑蠶部分)
Résumé des Principaux Traités Chinois sur la Culture des Mûriers, et l'Éducation des Vers à Soie
(法國)儒蓮譯
STANISLAS JULIEN (translator)
巴黎
Paris
清道光十七年(1837)

11100. e. 8

3393
試行蠶桑說
(清)陳慶偕
漳州府
清道光二十七年(1847)
2 頁, 25 頁

15241. b. 11

3394
桑蠶圖繪
水墨繪本
清宣統元年(1909)前
1 冊

Or. 7373

3395
哺乳須知(企公牛奶公司廣告)
中華書局:香港
清光緒二十五年(1899)
4 頁

15253. a. 19

3396
從美索不達米亞傳到古代中國的小麥(英文)
Wheat Carried from Mesopotamia to Early China
(法國)拉克伯里
TERRIEN DE LACOUPERIE
《巴比倫與東方記錄》雜誌:倫敦;歐內斯特·勒魯出版社:巴黎
Babylonian and Oriental Record: London; Ernest Leroux: Paris
清光緒十四年(1888)
9 頁, 1 頁; 25 厘米

11095. d. 42(4)

醫家類

3397
黃帝內經注證
慎餘堂:安徽
清嘉慶十年(1805)

3 册,19 卷
15252.b.2

3398
黃帝素問宣明論方
(金)劉完素
清嘉慶三年(1798)
15 卷
15253.b.13

3399
素問玄機原病式
(金)劉完素
清嘉慶五年(1800)？
2 卷
15253.b.11

3400
黃帝內經靈樞注證發微
(明)馬蒔
活字印刷；日本
明萬曆三十七年(1609)
9 卷
15253.e.3

3401
素問靈樞類纂
(清)汪昂
書藝堂：蘇州
清道光四年(1824)
3 卷
15252.b.3

3402
金匱要略(《醫宗金鑑》本)
(東漢)張機
清乾隆五年(1740)

25 卷
3403
增補原本瘡瘍經驗全書
(宋)竇漢卿
清乾隆十五年(1750)
13 卷
15252.b.6

3404
洗冤錄集證
(宋)宋慈
清道光十七年(1837)
5 卷
15258.b.3

3405
洗冤錄集證彙纂
(宋)宋慈
清嘉慶元年(1796)
5 卷
15252.b.16

3406
洗冤錄(德譯本)
Gerichtliche Medisin der Chinesen
(德國)布萊坦斯坦因譯
H. BREITENSTEIN (translator)
萊比錫
Leipzig
清光緒三十四年(1908)
7 頁,174 頁
11095.b.15

3407
銅人腧穴針灸圖經
(宋)王惟一

子　部

清乾隆十五年(1750)？
3 卷

3408
銅人徐氏針灸合刻
(明)徐鳳
三多齋:南京
約清乾隆十五年(1750)
3 卷
15252.a.2

3409
鍼灸大全
(明)徐鳳
18 世紀
6 卷
15252.a.1

3410
新刻太醫院參訂徐銅人鍼灸大全
(明)徐鳳
繼溪藏板
1 册,6 卷,具插圖;18 厘米
15253.f.3

3411
鍼灸大成
(明)楊繼洲、(明)靳賢
立本堂
清嘉慶三年(1798)
2 册,10 卷
15252.a.4

3412
萬方鍼線
(清)蔡烈先
清道光六年(1826)

8 卷
15252.d.19

3413
劉河間傷寒三書
(金)劉完素
明宣德六年(1431)？
15253.b.2

3414
傷寒直格論方
(金)劉完素
清嘉慶五年(1800)？
3 卷
15253.b.10

3415
傷寒證治準繩
(明)王肯堂
明萬曆三十二年(1604)
8 卷
15252.c.4

3416
傷寒世驗精法
(明)張吾仁著、(清)張于喬編
聿修堂:日本
清乾隆六十年(1795)
9 卷
15251.a.5

3417
傷寒大成
(清)張璐
清康熙七年(1668)
2 卷
15253.a.8

3418
傷寒舌鑑
(清)張登
清康熙四十八年(1709)?
15253.a.9

3419
傷寒緒論
(清)張璐
清道光三十年(1850)?
3卷
15252.a.28

3420
傷寒兼證析義
(清)張倬
清康熙四十八年(1709)?
15253.a.10

3421
經史證類大觀本草
(宋)唐慎微著、(宋)艾晟重修
雕版印刷;朝鮮
元大德六年(1302)
31卷,僅存序、卷1、13-14
15253.e.4

3422
大觀本草
(宋)唐慎微著、(宋)艾晟重修
清康熙三十九年(1700)?
僅存卷2

3423
本草綱目全書
(明)李時珍
石渠閣:江西
明萬曆三十一年(1603)
6冊,52卷
15251.e.2

3424
重刊證類本草
(明)李時珍
活字印刷;日本
明萬曆三十一年(1603)
15255.a.8

3425
本立堂重訂本草綱目
(明)李時珍
本立堂
南明永曆十二年(1658)
2冊,52卷
15251.e.1

3426
本草綱目
(明)李時珍
36冊,52卷;18厘米
15251.c.4

3427
本草綱目
(明)李時珍
18世紀
5冊,52卷
15251.e.1

3428
吳氏重訂本草綱目
(明)李時珍
太和堂:杭州
約清嘉慶五年(1800)

子　　部

52 卷
　　　　　　　　　　　15251.d.1

3429
本草綱目
(明)李時珍
英德堂
清道光六年(1826)
6 冊,52 卷;27 厘米
　　　　　　　　　　　15251.e.7

3430
萃經樓重定本草綱目
(明)李時珍
清同治十二年(1873)
4 冊;18 厘米
　　　　　　　　　　　15253.c.6

3431
本草綱目拾遺
(清)趙學敏
清同治十年(1871)
10 卷
　　　　　　　　　　　15255.a.6

3432
本草綱目植物名錄
寫本
清宣統元年(1909)前
1 冊
　　　　　　　　　　　Or.7364

3433
本草綱目藥名表
Index to Pen Ts'ao Kang Mu Chinese
(英國)約翰·里夫斯
JOHN REEVES

寫本
清道光十年(1830)?
4 冊(第 1 冊 1018 頁,第 2 冊 1185 頁,
第 3 冊 1231 頁,第 4 冊 1062 頁)
　　　　　　　　　　　Or.8130

3434
本草原始
(明)李中立
約清康熙三十九年(1700)
僅存卷 8–9
　　　　　　　　　　　15251.f.14

3435
本草從新
(清)吳儀洛
清乾隆二十二年(1757)
6 卷

3436
本草從新
(清)吳儀洛
清乾隆二十二年(1757)
6 卷,缺卷 5

3437
本草從新
(清)吳儀洛
山淵堂
清嘉慶二十二年(1817)
6 卷
　　　　　　　　　　　15251.d.5

3438
本草述鉤元
(清)楊時泰
涵雅堂:毘陵

清道光二十二年(1842)
2 册,32 卷
　　　　　　　　15252.e.6

3439
新鐫增補詳注本草備要
(清)汪昂
還讀齋
18 世紀
4 卷
　　　　　　　　15251.f.1

3440
增訂圖注本草備要
(清)汪昂
芥子園:南京
清康熙三十三年(1694)
4 卷及增補
　　　　　　　　15253.a.12

3441
增訂圖注本草備要
(清)汪昂
桂花樓
約清嘉慶五年(1800)
4 卷
　　　　　　　　15251.f.2

3442
圖注本草醫方合編
(清)汪昂
清道光十年(1830)
6 册,合訂爲 1 本
　　　　　　　　15251.f.3

3443
圖注本草醫方合編
(清)汪昂
稿本
清道光十年(1830)?
2 册合訂
　　　　　　　　Or.8131

3444
紹興校定本草圖
明萬曆二十八年(1600)?
2 卷
　　　　　　　　Or.911.39.B.g

3445
增補藥性賦醫方捷徑合編
(明)羅必煒
約清道光二十年(1840)
2 册
　　　　　　　　15253.e.155

3446
增補藥性雷公炮製
(清)張光斗
同德堂
清嘉慶二十三年(1818)
6 册,合訂爲 1 本
　　　　　　　　15251.f.5

3447
醫學正傳
(明)虞搏
活字印刷;朝鮮
明嘉靖十年(1531)
8 卷
　　　　　　　　15253.e.2

3448
增補萬病回春

子　部

(明)龔廷賢
明萬曆十七年(1589)
8卷,存卷1-3
　　　　　　　　　15252.a.26

3449
增補萬病回春
(明)龔廷賢
同德堂
清道光元年(1821)
8卷
　　　　　　　　　15252.a.27

3450
內經知要
(明)李中梓
掃葉山房:上海
清乾隆二十九年(1764)
2卷,僅存卷1
　　　　　　　　　15252.b.4

3451
宰相真心
寫本
清道光二十六年(1846)前
1冊
　　　　　　　　　Add.16336

3452
正人明堂圖
明萬曆五年(1577)
1卷軸
　　　　　　　　　15252.b.15

3453
側人明堂圖
清乾隆四十七年(1782)

1卷軸
　　　　　　　　　15252.b.11

3454
伏人明堂圖
清乾隆四十七年(1782)
1卷軸
　　　　　　　　　15252.b.9

3455
臟腑明堂圖(側人、伏人、正人明堂圖)
18世紀
9葉
　　　　　　　　　15252.b.7-15

3456
脈經
(晉)王叔和
清道光二十三年(1843)
4冊,10卷
　　　　　　　　　15258.b.8

3457
脈學
(明)李時珍
明萬曆三十一年(1603)
　　　　　　　　　15252.a.24/2

3458
脈學奇經八脈
(明)李時珍
明萬曆三十一年(1603)
　　　　　　　　　15252.a.23

3459
脈學奇經八脈
(明)李時珍

3460
奇經八脈考
(明)李時珍
明萬曆三十一年(1603)
15252.a.24/3

3461
瀕湖脈學
(明)李時珍
本立堂:蘇州
17世紀?
28頁,38頁
15252.a.23

3462
脈訣考證
(明)李時珍
清乾隆四十八年(1783)?

3463
圖注王叔和脈訣大全
(明)張世賢、(清)沈鏡
五雲樓
約清嘉慶五年(1800)
1冊,2部分
15252.a.22

3464
王叔和圖注難經脈訣
(明)張世賢、(清)沈鏡
福文堂
清嘉慶五年(1800)
2卷
15252.a.25

清道光二十三年(1843)
2部分
15252.e.11

3465
經絡歌訣
(清)汪昂
還讀齋:蘇州
18世紀
2部分
15252.a.9(1)

3466
太醫院校注婦人良方
(宋)陳自明著、(明)薛己校注
明嘉靖二十六年(1547)
8冊,24卷?
15251.e.8

3467
類方證治準繩
(明)王肯堂
明萬曆三十年(1602)
15252.d.1

3468
九思堂重訂證治準繩(內封題"雜症證治準繩")
(明)王肯堂
九思堂
明萬曆三十年(1602)(據序)
8卷
15252.c.3

3469
六科證治準繩
(明)王肯堂
明萬曆三十二年(1604)
15252.d.2

子　部

3470
六科證治準繩
（明）王肯堂
清乾隆五十八年（1793）
8 冊
　　　　　　　　　　　　15252.c.7

3471
幼科證治準繩
（明）王肯堂
明萬曆三十二年（1604）
9 卷

3472
女科證治準繩
（明）王肯堂
明萬曆三十五年（1607）
　　　　　　　　　　　　15252.d.3

3473
證治準繩
（明）王肯堂
清乾隆五十六年（1791）
8 冊

3474
圖注難經
（明）張世賢
約清嘉慶五年（1800）
2 卷, 僅存卷 1

3475
女科祕方
（清）竹林寺僧（序署"古燕蘭巖氏序並書"）
中華印務公司: 香港
清光緒二十八年（1902）
2 頁, 6 頁, 51 頁
　　　　　　　　　　　　15258.d.4(2)

3476
女科要旨
（清）陳念祖
香港
清光緒二十八年（1902）
4 卷
　　　　　　　　　　　　15253.d.6

3477
婦科指歸
（清）曾鼎
忠恕堂
約清嘉慶十五年（1810）
4 卷
　　　　　　　　　　　　15252.d.4

3478
胎產秘書
（明）越中錢氏
富桂堂: 廣州
清咸豐十年（1860）
3 卷
　　　　　　　　　　　　15252.b.17

3479
婦科保嬰三生合編
（清）通安閣道人閒庵
中華印務總局: 香港
清光緒二十四年（1898）
3 部分, 具書名頁
　　　　　　　　　　　　15253.a.20

3480
小兒推拿廣意

（清）熊應雄
博古堂：嘉興
清道光十二年（1832）
3卷
　　　　　　　　　15252.d.5

3481
幼科鐵鏡
（清）夏鼎
清康熙三十四年（1695）
2冊,6卷
　　　　　　　　　15252.d.6

3482
鬻嬰提要説
（清）張振鋆
蘭州
清光緒二十年（1894）
19頁
　　　　　　　　　15252.bbb.1

3483
達生編
敦怡堂
約清嘉慶五年（1800）
2卷
　　　　　　　　　15252.b.19

3484
求嗣指源
（清）永福氏
清同治七年（1868）
2部分
　　　　　　　　　15258.d.14

3485
嵩厓尊生書

（清）景日昣
清康熙五十三年（1714）
15卷
　　　　　　　　　3486
增訂大生要旨
（清）唐千頃
清光緒十九年（1893）
6卷
　　　　　　　　　15253.e.156

3487
證治彙補
（清）李用粹
舊德堂
18世紀？
卷6-8
　　　　　　　　　15252.c.2

3488
御纂醫宗金鑑
（清）吳謙等
清乾隆七年（1742）
90卷
　　　　　　　　　15253.b.6

3489
金鑑外科
（清）吳謙
清乾隆七年（1742）
16卷
　　　　　　　　　15251.a.3

3490
增補痘疹玉髓金鏡錄
（明）翁仲仁
有益齋：杭州

清乾隆三十三年(1768)
30 頁,21 頁,31 頁,21 頁
15252.a.13

3491
活幼心法麻痘全書
(明)聶尚恒
味根齋:福州三山
清同治十一年(1872)[據清康熙十五年(1676)初版刻印]
1 册,9 卷;17 厘米
15251.c.8

3492
痘症會通
(清)曾鼎
清乾隆五十一年(1786)(據序)
5 卷
15252.a.12

3493
痘疹全集
(清)馮兆張
清嘉慶二十五年(1820)?
15 卷
15252.b.28

3494
英咭唎國新出種痘奇書(中譯本)
(英國)亞歷山大·皮爾遜著、(英國)斯當東譯
ALEXANDER PEARSON (author), GEORGE THOMAS STAUNTON (translator)
清嘉慶十九年(1814)(或爲重刊本)
7 頁
15252.a.14

3495
銀海精微
題(唐)孫思邈
光啓堂
約清乾隆十五年(1750)
2 部分
15251.f.8

3496
眼科大全(書脊題"審識瑤函")
(明)傅仁宇
永聯堂
清嘉慶二十四年(1819)
6 卷
15251.f.7

3497
眼科證治(中譯本)
(美國)威廉·F·諾里斯、查爾斯·A·奧利弗著,(美國)聶會東口譯、(清)尚寶臣筆述
WILLIAM F. NORRIS & CHARLES A. OLIVER (authors), JAMES B. NEAL (interpreter)
美華書館:上海
清光緒二十一年(1895)
2 頁,4 頁,12 頁,222 頁,4 頁
15252.a.30

3498
咽喉脈證通論
(清)許楩
清道光十八年(1838)
4 頁,2 頁,36 頁,2 頁
15252.b.18

3499
痧證全生
(清)黃鶴齡
清同治二年(1863)
15 頁
　　　　　　　　　15251.f.13

3500
瘍科臨證心得集
(清)高秉鈞
盡心堂
清嘉慶十一年(1806)
3 卷及增補
　　　　　　　　　15253.b.4

3501
傳家寶
題(清)楊廷鑒
清道光四年(1824)
79 頁
　　　　　　　　　15229.b.38

3502
高鼓峰先生己任編
(清)高斗魁
涵古堂
清道光十年(1830)
8 卷
　　　　　　　　　15252.d.7

3503
景岳全書
(明)張介賓
五雲樓:廣州?
清道光五年(1825)
4 冊,64 卷
　　　　　　　　　15251.c.2

3504
古今醫鑑
清乾隆五十五年(1790)?
殘頁

3505
醫宗必讀
(明)李中梓
17 世紀
10 卷,僅存卷 5 – 6
　　　　　　　　　15252.a.5/2

3506
增補醫宗必讀全書
(明)李中梓
清道光十年(1830)?
5 卷
　　　　　　　　　15251.f.22

3507
醫宗備要
(清)曾鼎
忠恕堂:南城
清嘉慶十九年(1814)
3 卷
　　　　　　　　　15252.a.11

3508
醫方考
(明)吳崑
明萬曆十二年(1584)
僅存卷 4
　　　　　　　　　15252.a.5/1

3509
名醫類案
(明)江瓘

知不足齋:浙江
清同治十年(1871)
2 冊,12 卷
　　　　　　　　　15252.b.30

3510
薛院判醫書二十四種
(明)薛己等撰、(明)吳琯編
漁古山房
約清嘉慶二十五年(1820)
7 冊
　　　　　　　　　15253.c.1

3511
張氏類經
(明)張介賓
萃英堂:金閶(蘇州)
清嘉慶四年(1799)
4 冊
　　　　　　　　　15251.f.4

3512
本經逢原
(清)張璐
清康熙三十四年(1695)
4 卷
　　　　　　　　　15253.a.7

3513
張氏醫書七種(張氏醫通)
(清)張璐
三元堂:廣州
清康熙四十八年(1709)
3 冊,16 卷
　　　　　　　　　15253.a.5

3514
診宗三昧
(清)張璐
清康熙四十八年(1709)?
　　　　　　　　　15253.a.6

3515
醫書彙參輯成
(清)蔡宗玉
清嘉慶十二年(1807)
2 冊,24 卷
　　　　　　　　　15251.f.12

3516
葉氏醫效秘傳
(清)葉桂
清道光十一年(1831)
3 卷
　　　　　　　　　15252.a.8

3517
三家醫案合刻
(清)吳金壽
約清道光二十年(1840)
僅第 1-2 部分
　　　　　　　　　15252.a.10

3518
昌邑黃先生醫書八種
(清)黃元御
清祺祥元年(1861)?
2 冊,8 部分
　　　　　　　　　15253.b.1

3519
四聖心源
(清)黃元御

清咸豐十年(1860)
10卷
15252.b.29

3520
陳修園公餘醫錄十五種合刻
(清)陳念祖
友善堂
清光緒二年(1876)
3冊
15253.a.4

3521
南雅堂醫書全集
(清)陳念祖
五桂堂:香港
2冊;19厘米
15251.f.29

3522
徐氏醫書六種
(清)徐大椿
崇文書局:湖北
清同治十二年(1873)
1冊,6部分
15252.d.16

3523
增廣經驗良方
(清)陳傑臣
香港
清光緒二十六年(1900)
3頁,41頁
15252.d.17

3524
驗方新編

(清)鮑相璈
清咸豐六年(1856)
8卷

3525
增廣驗方新編
(清)鮑相璈
清光緒二十九年(1903)
16卷,又2卷
15252.d.18

3526
增訂驗方新編縮本
(清)夏守謙
中華印務總局:香港
清光緒二十四年(1898)
18卷
15253.a.16

3527
馮氏錦囊秘錄
(清)馮兆張
宏道堂藏板,會成堂重修本
清嘉慶十八年(1813)
3冊,20卷
按:此書有49卷本、20卷本等。有康熙四十一年(1702)刻本、康熙六十一年(1722)刻本以及嘉慶、道光、咸豐刊本和民國多種印本。
15253.c.2

3528
醫方集解
(清)汪昂
清康熙二十一年(1682)
2卷?

3529
醫方集解卷下
(清)汪昂
約清嘉慶五年(1800)
僅存卷3
　　　　　　　　　15252.a.7

3530
醫方湯頭歌括
(清)汪昂
清康熙三十三年(1694)

3531
醫林改錯
(清)王清任
文英堂:南京
清道光二十九年(1849)
2卷
　　　　　　　　　15253.b.3

3532
醫林撮要
(朝鮮)鄭敬先著、(朝鮮)楊禮壽校正
雕版印刷;朝鮮
16世紀?
13卷
　　　　　　　　　15253.e.1

3533
醫學心悟
(清)程國彭
素心堂
約清乾隆五十五年(1790)
1册,6卷
　　　　　　　　　15252.b.5

3534
種福堂精選良方
(清)葉桂
約清乾隆五十五年(1790)
僅存卷3-4
　　　　　　　　　15252.a.6

3535
臨證指南醫案
(清)葉桂
經鉏堂:蘇州
清道光二十四年(1844)
10卷
　　　　　　　　　15252.e.8

3536
種福堂公續選臨證指南
(清)葉桂
萬有喜齋
約清嘉慶五年(1800)
4卷
　　　　　　　　　15252.e.9

3537
敬修堂藥說
(清)錢澍田
清嘉慶九年(1804)

3538
福緣善慶集
(清)孟經國
約清道光三十年(1850)
6卷,僅存卷3及增補16頁
　　　　　　　　　15252.a.29

3539
成方切用

(清)吳儀洛
利濟堂
清乾隆二十六年(1761)
12卷,首1卷,末1卷
15252.e.7

3540
四診抉微
(清)林之翰
18世紀(據舊版刊印)
8卷
15251.f.9

3541
信驗方
(清)盧坤
廣州
清咸豐八年(1858)
2部分
15252.a.19

3542
金匱方歌括
(清)陳念祖
南雅堂
清道光十六年(1836)
8卷
15251.f.11

3543
景岳新方歌括
(清)吳辰燦
清嘉慶十四年(1809)
88頁;24厘米
15253.b.12

3544
資達合編
(清)張萬選
香港
清光緒二十八年(1902)
2部分
15253.d.5

3545
濟世良方
錦書堂:廣州
清道光十九年(1839)
4卷
15253.a.15

3546
誠敬集
(清)漳州培蘭社編、(清)魏景文增訂、(清)謝恩焜校
中華印務公司:香港
清光緒二十八年(1902)
3頁,16頁,102頁
僅存第6部分《濟世奇方》。
15252.e.10

3547
尚論篇
(清)喻昌
約清道光三十年(1850)
2卷,4卷
15253.a.1

3548
醫門法律
(清)喻昌
約清道光三十年(1850)
6卷
15253.a.2

子　部

3549
寓意草
（清）喻昌
約清道光三十年（1850）
118頁
　　　　　　　　15253.a.3

3550
壽世編
（清）甌齋居士
心香閣
清道光二十六年（1846）
4頁,8頁,44頁
　　　　　　　　15252.a.16

3551
救急篇
清道光二十六年（1846）
14頁,63頁
　　　　　　　　15252.a.17

3552
資生集
（清）董煐
廣州
清嘉慶年間（1796－1820）？
2頁,46頁
　　　　　　　　15252.a.18

3553
溫熱贅言
（清）寄瓢子
靈鶴山房
清道光十四年（1834）
2頁,39頁
　　　　　　　　15251.f.10

3554
春臺靈杖
（清）錢澍田
廣州
清嘉慶九年（1804）
3頁,5頁,51頁
　　　　　　　　15251.f.6

3555
絳囊撮要
（清）雲川道人
清咸豐三年（1853）
5卷
　　　　　　　　15252.a.20

3556
觀濤雜錄
（清）吳績
中華印務公司：香港
清光緒二十八年（1902）
2頁,10頁
　　　　　　　　15258.d.4(1)

3557
吳又可先生溫疫方論
（明）吳有性
書業堂：蘇州
約清嘉慶五年（1800）
52頁,60頁
　　　　　　　　15252.a.15

3558
鼠疫彙編
（清）羅汝蘭
香港
清光緒二十七年（1901）
2卷
　　　　　　　　15253.a.21

3559
衛生要術
(清)潘霨
自序署"長蘆節署"
清咸豐八年(1858)(據序)
41頁
　　　　　　　　　　　15253.d.4

3560
衛生指南
(清)江英華
香港
清光緒三十年(1904)
129頁
　　　　　　　　　　　15251.f.16

3561
衛生至寶圖説
(清)卓鳳翔
廣州
清光緒三十二年(1906)
83頁,具插圖
　　　　　　　　　　　15253.a.23

3562
香港衛生教科書
羅郎也公司:香港
Noronha & Co. ; Hong Kong
清光緒三十三年(1907)
75頁
　　　　　　　　　　　15251.f.17

3563
赤十字會初級急救要法
(清)何高俊
香港
清光緒三十四年(1908)

144頁
　　　　　　　　　　　15253.d.8

3564
風流得意圖
(清)風月主人
清道光二十年(1840)？
17頁,缺末數頁;19厘米
　　　　　　　　　　　Or.59.e.9

3565
春宫圖
彩繪本
清宣統三年(1911)前
1冊,12頁;22厘米×30厘米
　　　　　　　　　　　Or.59.e.7

3566
春宫圖
彩繪本
清宣統三年(1911)前
1冊經折裝,12頁;24厘米×18厘米
　　　　　　　　　　　Or.59.e.10

3567
春宫圖
彩繪本
清宣統三年(1911)前
1冊經折裝,6頁;23厘米×16厘米
　　　　　　　　　　　Or.59.e.11

3568
達道大全
(朝鮮)黄泌秀
清同治十二年(1873)
3卷,存卷1-2
　　　　　　　　　　　15113.b.12

3569
保免攔除
（英國）施維善
FREDERICK PORTER SMITH
清同治六年（1867）
16頁，1葉
　　　　　　　　15252.b.27

3570
紅十字會救傷第一法
（英國）柯士賓著、（清）孫中山譯
紅十字會：倫敦
The Red Cross：London
清光緒二十三年（1897）
141頁
　　　　　　　　15253.a.14

3571
全體新論
（英國）合信
BENJAMIN HOBSON
墨海書館：上海
清咸豐元年（1851）
71頁
　　　　　　　　15255.a.9

3572
西醫略論
（英國）合信
BENJAMIN HOBSON
清咸豐七年（1857）
3卷
　　　　　　　　15252.b.21

3573
西醫略論
（英國）合信
BENJAMIN HOBSON
上海
清咸豐七年（1857）
3卷
　　　　　　　　15251.f.20

3574
婦嬰新說
（英國）合信
BENJAMIN HOBSON
仁濟醫館：上海
清咸豐八年（1858）
7頁，57頁，5頁
　　　　　　　　15252.b.22

3575
內科新說
（英國）合信
BENJAMIN HOBSON
仁濟醫館：上海
清咸豐八年（1858）
2卷
　　　　　　　　15252.b.23

3576
上海醫院述略
（英國）韓雅各
JAMES HENDERSON
上海
清祺祥元年（1861）？
第14期
　　　　　　　　15253.a.13

3577
救溺死烟毒編
（美國）瑪高溫
DANIEL JEROME MACGOWAN

清光緒三年(1877)
1頁,10頁

15251.f.15

3578
救溺死烟毒編
(美國)瑪高溫
DANIEL JEROME MACGOWAN
清光緒三年(1877)
1頁,10頁

15118.b.26

3579
儒門醫學(中譯本)
(英國)海得蘭著、(英國)傅蘭雅口譯、(清)趙元益筆述
FREDERICK WILLIAM HEADLAND (authors), JOHN FRYER (interpreter)
清同治六年(1867)
3卷

15253.f.1

3580
儒門醫學(中譯本)
(英國)海得蘭著、(英國)傅蘭雅口譯、(清)趙元益筆述
FREDERICK WILLIAM HEADLAND (authors), JOHN FRYER (interpreter)
清同治六年(1867)
3卷

15259.d.25

3581
幼學操身(中譯本)
威廉·布萊基著,(英國)慶丕、(清)翟汝舟譯
WILLIAM BLAIKIE (author), PAUL KING (translators)
墨海書館:上海
清光緒十六年(1890)
4頁,29頁

15251.f.19

3582
全體闡微(中譯本)
(美國)柯為良譯
D. W. OSGOOD (translator)
聖教醫館:福州
清光緒七年(1881)
6卷及目錄

15253.e.5

3583
西藥略釋(中譯本)
(美國)嘉約翰口譯、(清)林湘東筆述
JOHN GLASGOW KERR (interpreter)
博濟醫局:廣州
清光緒元年(1875)
2頁,85頁,10頁

15252.b.24

3584
西藥大成(中譯本)
Materia Medica and Therapeutics
(英國)來拉、(英國)海得蘭著,(英國)傅蘭雅口譯,(清)趙元益筆述
JOHN FORBES ROYLE & FREDERICK WILLIAM HEADLAND (authors), JOHN FRYER (interpreter)
江南製造局:上海
清光緒十三年(1887)
16冊,10卷

15251.f.56

3585
西藥表
江南製造局：上海
清光緒十三年（1887）
68 頁；27 厘米×17 厘米
　　　　　　　　11101.e.10/3

天文算法類

天文星象屬

3586
星經
（戰國）甘德、（戰國）石申
清乾隆十五年（1750）？

3587
敦煌雲氣、星象、電經圖
唐寫本；朱墨雙色
約 10 世紀
38 幅；拼合尺寸 24 厘米×310 厘米
　　　　　　　　Or.8210（S.3326）

3588
赤道南北兩總星圖（附説明文字）
（明）徐光啓等
約 19 世紀早期
1 卷軸；84 厘米×120 厘米
按：徐光啓主持繪製，徐 1633 年去世，此圖 1634 年完成。參與繪製的德國傳教士湯若望複製了兩份，一份藏梵蒂岡圖書館，一份藏法國國家圖書館。歐洲人一直以爲祇有歐洲有此圖，實際上最精湛的原圖一直在明清宮廷，現藏中國第一歷史檔案館，但著録尺寸爲 171.4 厘米×56.5 厘米。
　　　　　　　　15406.a.53

3589
天象列次分野之圖
清康熙三十九年（1700）？
1 葉
　　　　　　　　15259.f.13

3590
天經或問
（清）游藝
日本
清嘉慶五年（1800）？
104 頁
　　　　　　　　15210.c.18

3591
天文大成輯要
（清）黃鼎
清順治十年（1653）
7 冊，80 卷
　　　　　　　　15257.d.1

3592
高厚蒙求
（清）徐朝俊
雲間徐氏
清嘉慶十二年至道光九年（1807－1829）
1 冊，9 部分
　　　　　　　　15255.c.14

3593
河洛精蘊
（清）江永

蘊真書屋
清乾隆三十九年(1774)
9 卷
15225.b.2

3594
星宗大全
題(唐)張果
清乾隆五十五年(1790)
8 卷,缺卷 5-6

3595
交食細草
(清)張作楠
清嘉慶二十五年(1820)
1 冊,2 部分
15255.c.1/15

3596
金華晷漏中星表
(清)張作楠
清道光三年(1823)
2 頁,37 頁,19 頁,1 幅地圖
15255.c.1/14

3597
新測中星圖表
(清)張作楠
清嘉慶二十五年(1820)
62 頁
15255.c.1/12

3598
新測恒星圖表
(清)張作楠
清道光二年(1822)?
71 頁
15255.c.1/11

3599
新測更漏中星表
(清)張作楠
清嘉慶二十五年(1820)
3 部分
15255.c.1/13

3600
恒星表
清同治十一年(1872)
15259.g.6

3601
御制曆象考成
(清)何國宗
清雍正元年(1723)
26 冊,4 部分(16 卷、10 卷、10 卷、16 卷),合訂爲 4 本
15257.c.4/1

3602
圜天圖說、續編
(清)李明徹
松梅軒
清嘉慶二十四年(1819)、道光元年(1821)
第 1 部分 3 卷,第 2 部分 2 卷
15255.d.10

3603
叢書輯要
(清)梅文鼎
清乾隆十五年(1750)?
僅存卷 51-54

3604
交食

子　部　　　　　　403

（清）梅文鼎
清乾隆二十六年（1761）
4卷
　　　　　　　15255.d.16

3605
尚書釋天
（清）盛百二
清乾隆十八年（1753）
6卷,2星圖
　　　　　　　15215.b.13

3606
康熙十年二月十五日丁酉夜望月食圖
（漢語、滿語）
（比利時）南懷仁
FERDINAND VERBIEST
繪本
清康熙十年（1671）
1幅;25.6厘米×188.5厘米
　　　　　　　Or.70.bbb.3

3607
康熙十年二月十五日丁酉夜望月食圖
（漢語、滿語）
（比利時）南懷仁
FERDINAND VERBIEST
繪本
清康熙十年（1671）
1幅;22厘米×11.7厘米
　　　　　　　Or.74.b.6

3608
靈臺儀象圖
（比利時）南懷仁
FERDINAND VERBIEST
清康熙十三年（1674）（據序）
2冊經折裝,28頁,27頁
　　　　　　　15268.b.3

3609
新製靈臺儀象志
（比利時）南懷仁
FERDINAND VERBIEST
清康熙十三年（1674）
16卷,缺卷15－16
　　　　　　　15256.b.1

3610
新製靈臺儀象志
（比利時）南懷仁
FERDINAND VERBIEST
18世紀
卷1－14,缺整版插圖
　　　　　　　15255.b.5

3611
方星全圖
（意大利）閔明我
PHILIPPE MARIE GRIMALDI
刻本
清康熙五十年（1711）
9幅;25厘米×24厘米
　　　　　　　Maps 15.c.1

3612
星圖
清刻本
約19世紀
1幅;45厘米×49厘米
　　　　　　　20.[56]

3613
星宿名錄

List of Stars. Chinese
（英國）約翰·里夫斯
JOHN REEVES
稿本
清道光十年（1830）？
385 頁；7.5 厘米×13.5 厘米
除了錄星宿名，還標注中文拼音，有的還畫有星宿位置圖。
Or. 8133

3614
星宿名錄
List of Stars. Chinese
（英國）約翰·里夫斯
JOHN REEVES
稿本
清道光十年（1830）？
385 頁（有 1 頁漏標頁碼，標爲 384 頁，實爲 385 頁）；7.5 厘米×13.5 厘米
祇錄星宿名。
Or. 8134

3615
天文略論
（英國）合信
BENJAMIN HOBSON
粵東西關惠愛醫院：廣州
清道光二十九年（1849）
圖 3 頁，2 頁，39 頁
15252. b. 20

3616
天文須知（中譯本）
Astronomy
（英國）傅蘭雅
JOHN FRYER
益智書會：上海
清光緒十三年（1887）
12 頁
15257. a. 28

3617
天文須知（中譯本）
Astronomy
（英國）傅蘭雅
JOHN FRYER
益智書會：上海
清光緒十三年（1887）
12 頁
15257. b. 34

3618
談天（中譯本）
Outlines of Astronomy
（英國）侯失勒著、（英國）偉烈亞力口譯、（清）李善蘭筆述
JOHN FREDERICK WILLIAM HERSCHEL（author），ALEXANDER WYLIE（interpreter）
墨海書館：上海
清咸豐九年（1859）
5 册，具插圖；31 厘米
15259. f. 12

3619
談天（中譯本）
Outlines of Astronomy
（英國）侯失勒著、（英國）偉烈亞力口譯、（清）李善蘭筆述、（清）徐建寅續述
JOHN FREDERICK WILLIAM HERSCHEL（author），ALEXANDER WYLIE（interpreter）
江南製造局：上海
清同治十三年（1874）

子　部

3册,18卷,附表1卷,具插圖;28厘米
15259.f.5

3620
論中國古籍中的天文記載(英文)
Discussion of Astronomical Records in Ancient Chinese Books
(英國)駱三畏
S. M. RUSSELL
清光緒十四年(1888)
15234.d.3

推步日曆屬

3621
上都東市大刁家大印具注曆日
唐大中四年(850)?
Or.8210/P.12

3622
具注曆日
唐乾符四年(877)
Or.8210/P.6

3623
劍南四川成都府樊賞家具注曆日
唐中和二年(882)
Or.8210/P.10

3624
康熙二十九年庚午日用集福通書
清康熙二十九年(1690)

3625
大清康熙四十一年便民通書
清康熙四十一年(1702)

3626
大清康熙四十二年時憲曆
清康熙四十二年(1703)

3627
象吉大通書
(清)魏鑒
清康熙六十年(1721)
29卷

3628
象吉備要通書
(清)魏鑒
清嘉慶九年(1804)?
29卷,存卷1-9、15-29

3629
七政臺曆
清乾隆十五年(1750)?

3630
七政臺曆
清乾隆四十一年(1776)

3631
七政臺曆
清嘉慶九年(1804)

3632
大清乾隆四十七年時憲書
清乾隆四十七年(1782)
43頁
15298.a.3

3633
欽定協紀辨方書日月表合鈔
清乾隆五十二年(1787)

3634
欽定七政四餘萬年書
(清)欽天監
北京
清乾隆四十年(1775)

3635
欽定七政四餘萬年書
(清)欽天監
北京
清乾隆六十年(1795)

3636
欽定七政四餘萬年書
(清)欽天監
北京
清道光二十年(1840)？
3冊
      15255.c.13

3637
日書
清嘉慶三年(1798)

3638
欽定選擇曆書
清嘉慶八年(1803)？
10卷,僅存卷7-8

3639
大明永曆二十五年歲次辛亥大統曆
清康熙十年(1671)
      15298.a.6(1)

3640
大清嘉慶二十五年時憲書
清嘉慶二十五年(1820)
      15298.a.6(2)

3641
大清道光六年時憲書
清道光六年(1826)
      15298.a.6(3)

3642
大清道光八年時憲書
清道光八年(1828)
      15298.a.6(4)

3643
大清道光十一年時憲書
清道光十一年(1831)
      15298.a.6(5)

3644
大清道光二十年時憲書
清道光二十年(1840)
      15298.a.6(6)

3645
大清道光二十一年時憲書
清道光二十一年(1841)
      15298.a.6(7)

3646
大清道光二十一年時憲書
清道光二十一年(1841)
      15298.a.6(8)

3647
大清道光二十一年時憲書
清道光二十一年(1841)
      15298.a.6(9)

3648
大清道光二十二年時憲書

子　部

清道光二十二年（1842）
　　　　　　　　　　15298.a.6(10)

3649
大清道光二十三年時憲書
清道光二十三年（1843）
　　　　　　　　　　15298.a.6(11)

3650
大清道光二十三年癸卯便民通書
清道光二十三年（1843）
　　　　　　　　　　15298.a.6(12)

3651
大清道光二十四年時憲書
清道光二十四年（1844）
　　　　　　　　　　15298.a.6(13)

3652
大清道光二十四年時憲書
清道光二十四年（1844）
　　　　　　　　　　15298.a.6(14)

3653
大清道光二十四年甲辰便民通書
清道光二十四年（1844）
　　　　　　　　　　15298.a.6(15)

3654
大清道光二十五年時憲書
清道光二十五年（1845）
　　　　　　　　　　15298.a.6(16)

3655
大清道光二十五年時憲書
清道光二十五年（1845）
　　　　　　　　　　15298.a.6(17)

3656
大清道光二十六年丙午便民通書
清道光二十六年（1846）
　　　　　　　　　　15298.a.6(18)

3657
大清咸豐二年時憲書
清咸豐二年（1852）
　　　　　　　　　　15298.a.6(19)

3658
大清咸豐七年時憲書
清咸豐七年（1857）
　　　　　　　　　　15298.a.6(20)

3659
大清咸豐八年戊午便民通書
清咸豐八年（1858）
　　　　　　　　　　15298.a.6(21)

3660
大清咸豐十年時憲書
清咸豐十年（1860）
　　　　　　　　　　15298.a.6(22)

3661
大全通書
清道光十六年（1836）

3662
通書
（清）羅傳炳
清道光二十二年（1842）
　　　　　　　　　　15257.b.20

3663
通書

(清)楊明智
清道光二十四年(1844)

3664
通書
(清)楊明智
清道光二十七年(1847)

3665
通書
(清)楊明智
清同治四年(1865)

3666
大清道光年時憲書
清道光二十二年至二十六年(1842 – 1846)
15298.a.23

3667
大清道光年時憲書
清道光二十二年至二十六年(1842 – 1846)
15298.a.24

3668
道光二十四年日用便覽
清道光二十四年(1844)
15298.a.39

3669
欽定選擇詳注便覽吉用憲書
清道光二十五年(1845)
15298.a.43

3670
參訂大三篇通書

元經堂
清咸豐四年(1854)
36 頁
15257.a.25

3671
大清咸豐便民通書
清咸豐七年至八年(1857 – 1858)
15298.a.2

3672
萬福攸同(通書)
丹柱堂
清咸豐八年(1858)
27 頁
15257.a.25

3673
插圖雜錄
An Illustrated Miscellary
清咸豐十年(1860)
61 頁
15022.b.5

3674
大清同治六年時憲書
清同治六年(1867)

3675
天官賜福
載經堂:廣州
清同治十年(1871)
1 冊,不分卷,各部分分別標頁碼
15257.a.26

3676
增福添慶(通書)

子　部　　　409

清光緒元年(1875)
297 頁(歐洲頁碼)
有光緒元年手寫校正。
　　　　　　　　　　15043.a 9

3677
欽定萬年書
清光緒六年(1880)？
2 卷
　　　　　　　　　　15298.a.43

3678
清光緒十四年年曆
印本
清光緒十四年(1888)
1 葉
　　　　　　　　Or.5896(Sheet 12)

3679
清光緒十五年年曆
印本
清光緒十五年(1889)
1 葉
　　　　　　　　Or.5896(Sheet 13)

3680
連元閣紅字頭新通書
清光緒二十二年(1896)
各部分分別標頁碼
　　　　　　　　　　15257.d.33

3681
映雪齋乙巳分類官商便覽七百種
清光緒三十年(1904)
各部分分別標頁碼
　　　　　　　　　　15298.a.68

3682
國朝曆象考(朝鮮文)
(朝鮮)徐浩修、(朝鮮)成周惠
清嘉慶元年(1796)
4 卷
　　　　　　　　　　15260.a.2

3683
曆法問答
(法國)傅聖澤
JEAN FRANCOIS FOUCQUET
抄本
清康熙六十一年(1722)？
7 冊合訂,663 頁
　　　　　　　　　　Add.16634

3684
英中日曆
The Anglo-Chinese Kalendar
廣州
清道光十八年(1838)
　　　　　　　　　　11095.a.10

3685
華番和合通書(又題"日月刻度通書")
(美國)波乃耶
JAMES DYER BALL
清道光二十七年(1847)
　　　　　　　　　　15298.a.38(1)

3686
和合通書
清咸豐六年(1856)
25 頁
　　　　　　　　　　15298.a.38(2)

3687
中外通書
清咸豐八年(1858)
33 頁
15298.a.38(3)

3688
中西通書
(英國)艾約瑟
JOSEPH EDKINS
清咸豐七年(1857)?
8 頁,69 頁
15200.b.34

3689
中西合厤
(美國)丁韙良
WILLIAM ALEXANDER PARSONS MARTIN
同文館:北京
清光緒五年至十年(1879-1884)
第 16-21 號
15298.b.40

3690
中西曆日合璧(英文)
A Notice of the Chinese Calendar and a Concordance with the European Calendar
(清)黃伯祿
天主教會土山灣孤兒院印刷所:上海
Imprimerie de la Mission Catholique à l'Orphelinat de T'ou-sé-wé:Chang-hai
清光緒十一年(1885)
101 頁;25 厘米
11102.c.12

3691
屈臣氏大藥房藥品廣告附日曆
(清)侯傑初繪
屈臣氏有限公司:香港
A. S. Watson & Co. Limited:Hong Kong
清光緒十九年(1893)2 張、二十年(1894)2 張
19999.u.7

3692
西曆、陰曆、回曆對照表(1855-1914)(中英對照)
The Anglo-Chinese & Mohamedan Calender for Sixty Years (1855-1914)
CHEAM CHEOW HENG (compiler)
標準出版公司:檳城
Criterion Press:Penang
清光緒三十三年(1907)
60 頁;37 厘米
11094.e.15

3693
中西曆日合璧(《漢學雜纂》第 29 號)(法文)
Concordance des Chronologies Néoméniques Chinoise et Européenne (*Variétés Sinologiques*. No. 29)
(清)黃伯祿
PIERRE HOANG
天主教會土山灣孤兒院印刷所:上海
Imprimerie de la Mission Catholique à l'Orphelinat de T'ou-sé-wé:Chang-hai
清宣統二年(1910)
2 頁,15 頁,569 頁
15235.c.29

算書屬

3694
周髀算經
(三國吳)趙爽注
明崇禎三年至十三年(1630-1640)
2卷
　　　　　　　　　　　15255.d.21

3695
周髀算經
(三國吳)趙爽注
刻本
明崇禎十七年(1644)前
2卷
　　　　　　　　　　　Or.15378

3696
海島算經
(三國魏)劉徽
約清嘉慶五年(1800)
2頁,10頁
　　　　　　　　　　　15255.d.4

3697
數書九章
(宋)秦九韶
上海
清道光二十年(1840)
18卷,增補4卷
　　　　　　　　　15316.c.2/3

3698
算學啓蒙
(元)朱世傑
清道光十九年(1839)
3卷
　　　　　　　　　　　15255.e.1

3699
算學啓蒙
(元)朱世傑
江南製造局:上海
清同治十年(1871)
3卷,1頁,7頁,7頁
　　　　　　　　　　　15259.h.19

3700
測圓海鏡
(元)李冶
清光緒二年(1876)
12卷
　　　　　　　　　　　15255.e.29

3701
重訂算法統宗大全
(明)程大位
同德堂
明萬曆二十一年(1593)(據序)
1冊,12卷
　　　　　　　　　　　15255.c.21

3702
增補算法統宗全書
(明)程大位
同文堂
明萬曆二十一年(1593)(據序)
1冊,12卷
　　　　　　　　　　　15255.d.1

3703
增補算法統宗
(明)程大位

福文堂
清道光十二年(1832)
12卷
     15255.d.5

3704
增刪算法統宗
(明)程大位
上海
清光緒三年(1877)
11卷
     15259.h.5

3705
揣籥小錄、續錄
(清)張作楠
清嘉慶二十五年(1820)
2册
    15255.c.1/8-9

3706
方田通法補例
(清)張作楠
清嘉慶二十五年(1820)
6卷
     15255.c.1/2

3707
量倉通法
(清)張作楠
清嘉慶二十五年(1820)
5卷
     15255.c.1/1

3708
倉田通法
(清)張作楠
清嘉慶二十五年(1820)
5卷
     3709

倉田通法續編
(清)張作楠
清嘉慶二十五年(1820)
3卷
     15255.c.1/3

3710
高弧細草
(清)張作楠
清嘉慶二十五年(1820)
1册,3部分
     15255.c.1/10

3711
弧角設如
(清)張作楠
清嘉慶二十五年(1820)
3卷
     15255.c.1/6

3712
八線對數類編
(清)張作楠
清嘉慶二十五年(1820)
1頁,45頁,45頁
     15255.c.1/5

3713
八線類編
(清)張作楠
清嘉慶二十五年(1820)
45頁,45頁,45頁
     15255.c.1/4

子　部　　　　413

3714
翠微山房數學
(清)張作楠
清嘉慶二十五年至道光二年(1820 - 1822)
15 冊,36 卷
　　　　　　　　　　15255.c.1

3715
蒙學珠算教科書
(清)董瑞椿
上海
清光緒二十九年(1903)
54 頁
　　　　　　　　　　15255.d.35

3716
增補指明算法
(清)鄭元美
南京
清同治十二年(1873)
2 卷
　　　　　　　　　　15255.c.16

3717
盤珠算法
(清)何臺山
攀桂堂:廣州
約清嘉慶五年(1800)
2 卷
　　　　　　　　　　15255.d.2

3718
九數外錄
(清)顧觀光
上海
約清康熙十九年(1680)

1 頁,51 頁,6 頁
　　　　　　　　　　15259.h.13

3719
校正算法卷下
文林堂
18 世紀?
51 頁,缺第 1 - 3 頁
　　　　　　　　　　15255.d.7

3720
董方立算書
(清)董祐誠
江南製造局:上海
約清光緒六年(1880)
1 冊,5 部分
　　　　　　　　　　15259.h.15

3721
指明算法
(清)王相
近文堂:佛山
約清道光三十年(1850)
2 卷
　　　　　　　　　　15255.d.8/2

3722
指明算法
(清)王相
清咸豐六年(1856)
2 卷
　　　　　　　　　　15255.d.8

3723
算法指掌統宗大全
(清)玉玲瓏主人
藻春堂

清道光三年(1823)
4卷
      15255.d.6

3724
勾股六術
(清)項名達
上海
清同治十三年(1874)?
1頁,52頁,6頁
      15259.h.11

3725
御制數理精蘊
(清)何國宗
清雍正元年(1723)
第32-60冊,含53卷,合訂爲第5-9本
      15257.c.4/3

3726
御制數理精蘊
(清)何國宗
廣州
清光緒八年(1882)
8套,48本
      15254.e.1

3727
算學課藝
(清)席淦、(清)貴榮
同文館:北京
清光緒六年(1880)
4卷
      15255.d.32

3728
白芙堂算學叢書
(清)丁取忠
清光緒二十二年(1896)
8冊
      15255.f.5

3729
則古昔齋算學
(清)李善蘭
上海
清同治六年(1867)
1冊,13部分
      15259.e.2

3730
詳解九章算法
(宋)楊輝
上海
清道光二十二年(1842)
3卷,又6卷
      15316.c.2/4

3731
御制律曆淵源
(清)何國宗
清雍正元年(1723)
60冊,合訂爲9本
      15257.c.4

3732
開方表
(清)賈步緯
上海
約清光緒六年(1880)
2頁,30頁
      15259.g.21

3733
量法代算
(清)賈步緯
清同治十一年(1872)
4頁,50頁
15255.c.17

3734
對數表
(清)賈步緯
江南製造局:上海
約清光緒六年(1880)
3卷
15259.h.20

3735
算學
(清)賈步緯
江南製造局:上海
清同治十一年(1872)?
7頁(未標《算學》),11頁,79頁
15259.g.6

3736
弦切對數表
(清)賈步緯
上海
約清光緒六年(1880)
3頁,135頁
15259.g.7

3737
八線簡表
(清)賈步緯
江南製造局:上海
約清光緒六年(1880)
1頁,90頁
15259.h.10

3738
八線對數簡表
(清)賈步緯
江南製造局:上海
約清光緒六年(1880)
1頁,90頁
15259.g.20

3739
弧三角舉隅
(清)江臨泰
清嘉慶二十五年(1820)
35頁
15255.c.1/7

3740
釋橢
(清)焦循
半九書塾:揚州
清道光八年(1828)
2冊
15202.e.20/7

3741
古今算法記
(日本)澤口一之
日本京都
清康熙十年(1671)
6卷

3742
算式集要(中譯本)
(英國)哈司韋著、(英國)傅蘭雅口譯、(清)江蘅筆述
CHARLES H HASWELL (author), JOHN FRYER (interpreter)
上海

清同治十三年(1874)
4 卷
15259.i.5

3743
代微積拾級(中譯本)
(美國)羅密士著、(英國)偉烈亞力譯
ELIAS LOOMIS (author), ALEXANDER WYLIE (translator)
墨海書館：上海
清咸豐九年(1859)
18 卷
15259.f.6

3744
筆算數學(中譯本)
(美國)狄考文口譯、(清)鄒立文筆述
CALVIN WILSON MATEER (interpreter)
武備學堂：湖北
清光緒二十三年(1897)
3 冊；20 厘米
15255.g.43

3745
算法全書
(英國)蒙克利
EDWARD T. R. MONCRIEFF
聖保羅書院：香港
St. Paul's College：Hong Kong
清咸豐二年(1852)
35 頁
15255.d.3

3746
幾何原本(中譯本)
(古希臘)歐幾里得著,(意大利)利瑪竇、(明)徐光啓合譯
EUCLID (author), MATTEO RICCI (translator)
華花聖經書房：寧波
清咸豐二年(1852)
2 頁,1 頁,10 頁,36 頁
15255.d.23

3747
幾何原本(中譯本)
(古希臘)歐幾里得著,(意大利)利瑪竇、(明)徐光啓合譯,(英國)偉烈亞力、(清)李善蘭續譯
EUCLID (author), MATTHEW RICCI & ALEXANDER WYLIE (translators)
江南製造局：上海
清咸豐七年(1857)
2 冊
15255.d.24

3748
重學(附《曲線説》)(中譯本)
(英國)胡威立著、(英國)艾約瑟口譯、(清)李善蘭筆述
WILLIAM WHEWELL (author), JOSEPH EDKINS (interpreter)
金陵書局：南京
清同治五年(1866)
20 卷,又 3 卷
15259.e.1

3749
圓錐曲綫(中譯本)
(英國)艾約瑟口譯、(清)李善蘭筆述
JOSEPH EDKINS (interpreter)
清光緒二年(1876)?
3 卷
15259.e.3

子　部

3750
運規約指(中譯本)
Practical Geometry
(英國)白起德著、(英國)傅蘭雅口譯、(清)徐建寅筆述
WILLIAM BURCHETT (author), JOHN FRYER (interpreter)
江南製造局：上海
清同治九年(1870)
3卷
15255. d. 19

3751
運規約指(中譯本)
Practical Geometry
(英國)白起德著、(英國)傅蘭雅口譯、(清)徐建寅筆述
WILLIAM BURCHETT (author), JOHN FRYER (interpreter)
江南製造局：上海
清同治九年(1870)
3卷
15259. g. 18

3752
微積溯源(中譯本)
Fluxions
(英國)華里司著、(英國)傅蘭雅口譯、(清)華蘅芳筆述
WILLIAM WALLACE (author), JOHN FRYER (interpreter)
江南製造局：上海
清同治十三年(1874)
8卷
15259. f. 10

3753
微積溯源(中譯本)
Fluxions
(英國)華里司著、(英國)傅蘭雅口譯、(清)華蘅芳筆述
WILLIAM WALLACE (author), JOHN FRYER (interpreter)
江南製造局：上海
清同治十三年(1874)
8卷
15259. d. 19

3754
三角數理(中譯本)
A Treatise on Plane and Spherical Trigonometry
(英國)海麻士著、(英國)傅蘭雅口譯、(清)華蘅芳筆述
JOHN HYMERS (author), JOHN FRYER (interpreter)
江南製造局：上海
清光緒三年(1877)
12卷
15259. f. 11

3755
代數學(中譯本)
Elements of Algebra
(英國)德摩根著、(英國)偉烈亞力口譯、(清)李善蘭筆述
AUGUSTUS DE MORGAN (author), ALEXANDER WYLIE (interpreter)
墨海書館：上海
清咸豐九年(1859)
卷13(4頁英文)
15259. h. 16

3756
數學理（中譯本）
Elements of Arithmetic
（英國）德摩根著、（英國）傅蘭雅口譯、
（清）趙元益筆述
AUGUSTUS DE MORGAN（author），
JOHN FRYER（interpreter）
江南製造局：上海
清光緒五年（1879）
4 冊,9 卷及增補

15259.h.3

3757
代數難題（中譯本）
A Companion to Wood's Algebra
（英國）倫德著、（英國）傅蘭雅口譯、
（清）華蘅芳筆述
THOMAS LUND（author），JOHN FRYER（interpreter）
江南製造局：上海
清光緒九年（1883）
16 卷

15259.f.9

3758
代數術（中譯本）
Algebra
（英國）華里司著、（英國）傅蘭雅口譯、
（清）華蘅芳筆述
WILLIAM WALLACE（author），JOHN FRYER（interpreter）
江南製造局：上海
清同治十二年（1873）
25 卷

15255.d.20

3759
代數術（中譯本）
Algebra
（英國）華里司著、（英國）傅蘭雅口譯、
（清）華蘅芳筆述
WILLIAM WALLACE（author），JOHN FRYER（interpreter）
江南製造局：上海
清同治十二年（1873）
25 卷

15259.f.7

3760
心算初學（中譯本）
哈邦夫人編、（清）鄒立文譯
MRS. CAPP（compiler）
益智書會：上海
清光緒七年（1881）
77 頁

15259.h.8

術數類

占候屬

3761
推背圖
（唐）李淳風、（唐）袁天罡
抄本
19 世紀
1 冊,38 頁

Or.11395

子　部　　　　　　　　　419

3762
推背圖（英譯本）
Push Him Out! or, a Book of Chinese Prophecy
（唐）李淳風、（唐）袁天罡
上海
清光緒二十一年（1895）
7 頁,18 頁;20 厘米
　　　　　　　　11095.a.6

3763
大易象數鈎深圖
（元）張理
通志堂
18 世紀
3 卷
　　　　　　　　15212.c.3

3764
緯書
（明）楊喬岳？
明崇禎九年（1636）
　　　　　　　　15286.b.7

3765
易圖解
（清）德沛
清乾隆元年（1736）
3 頁,53 頁
　　　　　　　　15212.b.21

3766
知命術漢學
稿本
清光緒二年（1876）
13 頁
　　　　　　　　Or.11174

3767
求雨經
清光緒二年（1876）
9 頁
　　　　　　　　15103.b.22

相宅相墓屬

3768
天玉經內傳心印
（唐）楊益著、（清）王宗臣注
清道光二十年（1840）？
4 卷
　　　　　　　　15113.d.8/2

3769
撼龍疑龍二經定本
（唐）楊益著、（清）張冕集注
泉州
清道光十七年（1837）
2 卷
　　　　　　　　15257.a.13

3770
地理點穴撼龍經
（唐）楊益
清道光十四年（1834）
3 部分
　　　　　　　　15113.d.5

3771
人子須知資孝地理心學統宗
（明）徐善繼、（明）徐善述
約清嘉慶五年（1800）
135 頁（殘本,缺書名頁）
　　　　　　　　15257.c.3

3772
改良陽宅十書
（明）王君榮
掃葉山房：上海
清光緒六年（1880）？
4 冊
　　　　　　　　　15111.e.18

3773
地理辨正
（明）蔣平階、（清）姜垚
約清嘉慶五年（1800）
僅存卷 4－5
　　　　　　　　　15257.b.1

3774
陳子性藏書（卷首題"新鐫陳氏廿四山
向造葬修方日用事宜藏書"）
（清）陳應選
佐聖堂
清康熙二十三年（1684）（據序）
2 冊,12 卷
　　　　　　　　　15257.b.8

3775
地理平陽全書
（清）葉泰
清康熙六十年（1721）
15 卷,存卷 1－5
　　　　　　　　　15257.a.7

3776
地理琢玉斧
（清）徐之鏌
清乾隆十五年（1750）？
13 卷

3777
堪輿理氣青天白日
（清）陶中洋
清乾隆二十六年（1761）（據序）
3 卷
　　　　　　　　　15257.a.16

3778
地理青囊經解
（清）王宗臣
清道光二十年（1840）？
2 卷
　　　　　　　　　15113.d.8(1)

3779
分野奇書
抄本
清道光三十年（1850）？
1 卷,33 頁;18 厘米×27 厘米
　　　　　　　　　Or.6194

3780
地理鉛彈子
（清）張鳳藻
掃葉山房：上海
清光緒六年（1880）？
1 函,7 冊
　　　　　　　　　15111.e.20

3781
山法全書
（清）葉泰
味和堂
18 世紀
2 卷
　　　　　　　　　15257.a.12

3782
繪圖陽宅愛眾篇
(清)張覺正
掃葉山房：上海
清光緒六年(1880)？
4 冊
　　　　　　　　15111.e.19

3783
堪輿一貫
(清)陸金
約清嘉慶五年(1800)
存第 3－6 部分
　　　　　　　　15257.a.15

3784
二十四山秘訣
抄本
清光緒十二年(1886)前
1 卷
　　　　　　　　Or.3229

3785
道德堂秘傳正體洪範陰陽二宅要訣
抄本
清光緒十三年(1887)前
1 卷
　　　　　　　　Or.3231

占卜屬

3786
焦氏易林
(西漢)焦延壽
清嘉慶十三年(1808)
16 卷
　　　　　　　　15212.c.9

3787
焦氏易林
(西漢)焦延壽
汲古閣
清嘉慶十五年(1810)？
4 卷
　　　　　　　　15212.c.10

3788
焦氏易林
(西漢)焦延壽
清嘉慶二十五年(1820)？
4 卷，缺卷 1

3789
烟波釣叟歌
(宋)趙普
18 世紀
79 頁
　　　　　　　　15323.d.9

3790
千里馬集注
(明)水中龍
會賢堂
清嘉慶二十年(1815)
38 頁
　　　　　　　　15257.b.14

3791
神峰闢謬命理正宗
(明)張楠
竹林堂
清乾隆五十五年(1790)
6 卷
　　　　　　　　15257.a.1

3792
神峰闢謬命理正宗
（明）張楠
清道光二十二年（1842）
6卷
　　　　　　　　　　15257.a.2

3793
前定數　四字金
題（戰國）王詡
五桂堂：廣州
約清道光三十年（1850）
2卷,65頁
　　　　　　　　　　15257.b.15

3794
土地福神靈籤
龍江大業堂
清咸豐元年（1851）
37頁
　　　　　　　　　　15103.c.8

3795
籤書簿
寫本
清嘉慶五年（1800）？

3796
金光斗臨經
（清）陳洙
総鎮府：潮州
清咸豐七年（1857）
3頁,67頁
　　　　　　　　　　15257.c.1

3797
百中經

清嘉慶十八年（1813）
76頁,9頁
　　　　　　　　　　15257.a.17

3798
紅字頭諏吉
前半部分版心標寶林堂,後半部分版心標富桂堂真本：廣州
清光緒十一年（1885）
各部分分別標頁碼
　　　　　　　　　　15257.b.30

3799
諏吉便覽
清嘉慶二十三年（1818）

3800
趨避通書
清嘉慶二十年（1815）

3801
趨避通書
清道光四年（1824）

3802
羅傳烈選
18世紀
51頁
　　　　　　　　　　15257.b.10

3803
增補啓蒙天機斷易大全
（清）汪之顯
集文樓（上卷卷首題"書林研几堂劉良卿梓",下卷卷首題"書林京兆堂劉龍卿梓"）
清道光五年（1825）

子　部

3卷
　　　　　　　　　15257.b.11

3804
卜筮正宗
（清）王維德
18世紀
卷13-14
　　　　　　　　　15257.b.9

3805
增刪卜易初集
（清）野鶴老人著、（清）李文輝增刪
六合堂（首卷題：書林弘文堂藏板）
清康熙五十三年（1714）（據序）
12卷
　　　　　　　　　15257.b.17

3806
增刪卜易初集
（清）野鶴老人著、（清）李文輝增刪
清嘉慶五年（1800）？
12卷，缺卷1、4-5
　　　　　　　　　15257.b.18

3807
六壬視斯
約清乾隆十五年（1750）
存卷3-4
　　　　　　　　　15257.a.6

3808
大六壬大全
清嘉慶五年（1800）
存卷7-10
　　　　　　　　　15257.b.7

3809
卜卦之論
清道光二十五年（1845）？
8頁
　　　　　　　　　15257.a.27

3810
八卦圖
繪本
清道光三十年（1850）？
1冊
　　　　　　　　　Or.12221

命書相書屬

3811
張果星宗命格大全
（明）陸位
映旭齋藏板，步月樓梓行，版心又標書業堂
明萬曆二十一年（1593）（據序）
存卷1-4、7-8
　　　　　　　　　15255.d.12

3812
新鍥（槧）星平會海臺曆正訛命學全書
明萬曆二十七年（1599）
　　　　　　　　　15257.a.30

3813
三車一覽
（宋）方謙之
朝鮮
明萬曆二十八年（1600）？
10卷
　　　　　　　　　15212.e.8

3814
星平會海
(明)武當山月金山人
還讀齋：西陵
18世紀
6冊
      15257.a.21

3815
淵海子平
(宋)徐升
18世紀
存卷3-5
      15257.c.2

3816
三命通會
(明)育吾山人
18世紀
存卷2、4-9
      15257.b.16

3817
星平要訣
清嘉慶二十五年(1820)
2部分
      15257.a.19

3818
挨星秘竅
(清)蔣大鴻
留香堂
清道光十四年(1834)
28頁
      15257.b.22

3819
評注淵海子平大全
(明)唐錦池、(明)廣寒子
九曜坊聚德堂藏板，版心又署"四和堂"
清道光二十八年(1848)
4卷
      15257.a.4

3820
星平要訣　百中經　百年經
廣德書屋
清道光二十八年(1848)
2部分
      15257.a.20

3821
增釋麻衣相法全編
(清)陸位崇
清光緒十二年(1886)
5卷
      15111.b.12

雜技術屬

3822
玉匣記廣集
約清康熙三十九年(1700)
2卷
      15257.b.3

3823
觀音籤
約清嘉慶五年(1800)
28頁，2頁手寫
      15101.c.31

子　部　　　　　　　　　　　　425

3824
拆字意(書脊題"測字理義")
(清)梁教之
怡文堂
清嘉慶六年(1801)
25頁
　　　　　　　　15346.b.10

3825
華陀靈籤
廣州
Canton
約清道光十年(1830)
13頁,4頁
　　　　　　　　15103.c.11

3826
關聖帝君靈籤
(清)蕭應植
清道光十八年(1838)
13頁
　　　　　　　　15113.a.2

藝術類

書畫屬

3827
宣聖遺像
(唐)吳道子
刻石在江西星子縣
明萬曆十二年(1584)刻石,拓印時間不詳
1葉;175厘米×80厘米
　　　　　　　　15406.a.13

3828
志雅堂雜鈔
(宋)周密
大梁書院:河南開封
清嘉慶十四年(1809)(據序)
2卷
　　　　　　　　15299.e.26

3829
雲烟過眼錄
(宋)周密
清光緒十三年(1887)
2卷
　　　　　　　　15300.e.31

3830
仇十洲璇璣圖
(明)仇英
彩繪本
16世紀
1幅
　　　　　　　　Or.3611

3831
唐六如畫譜
(明)唐寅
清光緒十九年(1893)
1套,4本
　　　　　　　　15274.a.3

3832
畫禪室隨筆
(明)董其昌
清康熙五十九年(1720)
　　　　　　　　15320.e.35

3833
謙齋畫帖
清嘉慶五年(1800)?
15257.e.21

3834
清河書畫舫
(明)張丑
池北草堂
清乾隆二十八年(1763)
2 冊
15255.e.21

3835
清河書畫舫
(明)張丑
清光緒二年(1876)
3 冊,12 部分
15303.e.4

3836
十竹齋書畫册
(明)胡正言
清嘉慶二十二年(1817)
2 部分
Or.59.a.10

3837
圖繪宗彝
(明)楊爾曾
18 世紀
6 卷
15255.e.16

3838
卞潤甫山水真蹟
(明)卞文瑜
清嘉慶二十五年(1820)
1 册經折裝,10 頁
15255.e.4

3839
息影軒畫譜
(明)崔子忠繪、(清)梁清標輯
清同治二年(1863)
4 頁,2 頁,42 頁
15303.d.15

3840
巾箱小品
約清乾隆五十年(1785)
Or.59.aa.13

3841
國朝畫徵錄
(清)張庚
清乾隆四年(1739)
3 卷及增補
15305.b.1

3842
李躍門百蝶圖
(清)李國龍繪
效文堂:廣州
清道光二十九年(1849)
4 部分
15257.d.31

3843
李躍門百蝶圖
(清)李國龍繪
效文堂:廣州
清道光二十九年(1849)
4 部分
15257.d.32

3844
畫學心印
(清)秦祖永
清光緒五年(1879)
3册,8卷
　　　　　　　　15256.d.15

3845
桐陰論畫
(清)秦祖永
清同治三年(1864)
1卷,又2卷
　　　　　　　　15301.c.12

3846
筆嘯軒書畫錄
(清)胡積堂
清道光十九年(1839)
　　　　　　　　Or. Micr. 104

3847
畫譜
(清)益泰(或爲畫坊名)
19世紀
30頁,60幅
　　　　　　　　15255.e.15

3848
江邨銷夏錄
(清)高士奇
清康熙三十二年(1693)
6册,3卷,合訂爲1本
　　　　　　　　15350.a.9

3849
江邨銷夏錄
(清)高士奇
清康熙三十二年(1693)
1函,6册
　　　　　　　　15300.e.32

3850
書畫鑑影
(清)李佐賢
清同治十年(1871)
2册,24卷
　　　　　　　　15256.ddd.6

3851
宋元以來畫人姓氏錄
(清)魯駿
清道光十年(1830)?
4函,24册;27厘米
　　　　　　　　15530.a.21

3852
岑襄勤公勛德介福圖
(清)趙藩
清光緒十七年(1891)
46頁;30厘米
　　　　　　　　15282.e.84

3853
天寧寺石刻五百大阿羅漢
馬志
清嘉慶四年(1799)
10部分,存第1-2、4、8部分
　　　　　　　　15101.e.3

3854
天寧寺石刻五百大阿羅漢
清嘉慶四年(1799)
4册,存第1-30、261-310、411-500號
　　　　　　　　15301.b.11

3855
石橋五百尊羅漢像
18 世紀
2 函,10 冊
15101.e.1

3856
南華得大羅漢像讚合璧
彩繪本
18 世紀
1 冊
Or.6245

3857
十八羅漢圖
彩繪本
清宣統三年(1911)前
1 冊
Or.11694

3858
天下有山堂墨竹蘭石譜
(清)汪之元
清雍正二年(1724)
2 冊
15255.e.22

3859
論畫絕句
(清)吳修
清光緒二年(1876)
1 頁,42 頁,1 頁
15256.ddd.5

3860
翰墨園畫譜彙新
(清)吳克榮
清光緒十六年(1890)
1 套,4 本
15268.a.2

3861
晚笑堂竹莊畫傳
(清)上官周
清乾隆八年(1743)
3 卷
15258.b.13

3862
佩文齋書畫譜
(清)孫岳頒
清康熙四十七年(1708)
9 冊,100 卷
15274.a.2

3863
景行維賢
(清)松筠
清道光七年(1827)
4 函,4 冊經折裝
15313.e.5

3864
玉臺畫史
(清)湯漱玉
清道光十一年(1831)
5 卷
15530.a.22

3865
芥子園畫傳
(清)王概等
清康熙十八年至四十年(1679-1701)
3 集
15274.a.1

子　部　　　　　　　　　　　429

3866
芥子園畫傳
(清)王概等
南京
清嘉慶二十二年(1817)
5卷,第2-4部分
　　　　　　　　　15255.e 5

3867
翎毛花卉譜
(清)王概
南京
清道光元年(1821)

3868
橫材玉尺圖
清咸豐五年(1855)
10頁
　　　　　　　　　15257.b.13

3869
水墨蘭芝
繪本
清宣統三年(1911)前
1卷
　　　　　　　　　Or.8624

3870
綠窗人物花譜
福文堂:廣州?
約清嘉慶二十五年(1820)
30頁
　　　　　　　　　15255.e.12

3871
竹坡軒楳册
(清)鄭淳

清道光十八年(1838)(據書末題記)
70頁
　　　　　　　　　15255.e.20

3872
賞奇軒四種合編
賞奇軒
清乾隆四十五年(1780)?
4部分
　　　　　　　　　15301.c.2

3873
飛雲閣名箋貢扇
飛雲閣
約清道光三十年(1850)
8樣式,每種數葉
　　　　　　　　　15229.a.41

3874
國朝畫識
(清)馮金伯
文萃堂:蘇州
清道光十一年(1831)
17卷
　　　　　　　　　15305.b.7

3875
墨香居畫識
(清)馮金伯
清道光十一年(1831)?
1册,10卷
　　　　　　　　　15305.b.8

3876
歐陽保極、廖祝齡、許顯華、賀運隆等祝
壽書畫册
(清)歐陽保極等

寫本
清同治三年(1864)
1 冊經折裝,8 幅
　　　　　　　　　　Or. 11517

3877
畫史彙傳
(清)彭蘊璨
彭氏:蘇州
清道光五年(1825)
4 冊,72 卷
　　　　　　　　　　15305. b. 6

3878
畫史彙傳
(清)彭蘊璨
掃葉山房:上海
清光緒八年(1882)
6 冊,72 卷
　　　　　　　　　　15273. d. 3

3879
石譜
約清嘉慶五年(1800)
2 冊,合訂爲 1 本
　　　　　　　　　　15257. e. 19

3880
招子庸竹蘭圖拓片
(清)招爲功
拓本
清宣統三年(1911)前
4 卷軸
　　　　　　　　　　Or. 14568

3881
仕女畫集

(清)吳嘉猷
清宣統元年(1909)
3 部分
　　　　　　　　　　15301. c. 13

3882
點石齋畫報
(清)吳嘉猷等
申報館:上海
清光緒十年至二十二年(1884－1896)
第 1－7 冊,第 301－467 頁
　　　　　　　　　　15298. e. 1

3883
良朋會集畫冊
彩繪本
清宣統三年(1911)前
1 冊
　　　　　　　　　　Or. 14362

3884
《徽州高大人》版畫雕版
雕版
清宣統三年(1911)前
1 片
　　　　　　　　　　Or. 16793

3885
中國古代人物肖像素描
清末繪本
清宣統三年(1911)前
2 冊
　　　　　　　　　　Or. 16811(1－2)

3886
中國古代名人圖
彩繪本

子　部

清光緒二十六年(1900)
1 冊
　　　　　　　　　　Or. 16879

3887
周培春中國民俗畫
(清)周培春
彩繪本
清宣統三年(1911)前
1 冊
　　　　　　　　　　Add. 14329

3888
周培春中國民俗畫
(清)周培春
彩繪本
清宣統三年(1911)前
1 冊
　　　　　　　　　　Add. 14330

3889
周培春中國民俗畫
(清)周培春
彩繪本
清宣統三年(1911)前
6 盒,69 頁
　　　　　　　　　　Or. 15929

3890
周培春中國民俗畫
(清)周培春
彩繪本
清宣統三年(1911)前
6 冊
　　　　　　　　　　Or. 16656

3891
清代畫家雜記(英文)
Scraps from a Collector's Note Book
(德國)夏德
FREDERICH HIRTH
布里爾出版社：萊頓
E. J. Brill: Leiden
清光緒三十一年(1905)
135 頁;24 厘米
　　　　　　　　　　11095. d. 18

3892
論中國藝術(德文)
Uber die Chinesische Verskunst
(德國)碩特
WILHELM SCHOTT
柏林
Berlin
清咸豐七年(1857)
　　　　　　　　　　12907. ff. 13(6)

3893
論中國藝術的外來影響(德文)
Ueber Fremde Einflüüsse in der Chinesischen Kunst
(德國)夏德
FREDERICH HIRTH
喬治・夏德：萊比錫、慕尼黑
Georg Hirth: Leipsic & Munich
清光緒二十二年(1896)
18 頁,89 頁
　　　　　　　　　　7807. bb. 27

3894
西陵(吉美博物館系列)(法文)
Si-Ling, Étude Sur Les Tombeaux De L'ouest De La Dynastie Des Ts'ing

(Annales Du Musée Guimet Bibliothèque D'Art)
佛薩格里弗
E. FONSSAGRIVES
歐内斯特·勒魯出版社：巴黎
Ernest Leroux：Paris
清光緒三十三年(1907)
180頁；27厘米
15234.a.3

3895
吉美博物館藏中國書畫(吉美博物館系列)(法文)
La Peinture Chinoise au Musée Guimet
(Annales du Musée Guimet Bibliothèque D'Art)
Tchang Yi-Tchou、約瑟夫·哈金
JOSEPH HACKIN
保羅·蓋特納書店：巴黎
Librairie Paul Geuthner：Paris
清宣統二年(1910)
7頁，97頁，16幅圖
15234.a.3

3896
中國繪畫史導論(英文)
An Introduction to the History of Chinese Pictorial Art
(英國)翟理斯
HERBERT ALLEN GILES
別發書局：上海；萊頓印刷
Kelly & Walsh：Shanghai；Leyden printed
清光緒三十一年(1905)
10頁，178頁，具插圖
7857.t.9

3897
中國藝術史(德文)
Chinesische Kunstgeschichte
(德國)閔斯特博格
OSCAR MUENSTERBERG
埃斯林根
Esslingen
清宣統二年至民國元年(1910－1912)
2冊
11092.c.9

3898
舊拓絳帖二種：飛龍篇碑一卷、上尊號碑一卷(曹植、鍾繇書法石刻拓片)
(三國魏)曹植、(三國魏)鍾繇
拓本
1冊經折裝，4頁
Or.8621

3899
蘭亭詩序
寫本
約唐貞觀十二年(638)
1冊
Or.11347

3900
星鳳樓帖
(晉)王羲之等
清康熙三十九年(1700)？
1冊經折裝
Or.39.c.2

3901
王獻之楷書刻石拓片
(晉)王獻之
上海點石齋照相石印，申報館申昌書畫

子　部

室發兌
清光緒五年(1879)
1 冊,4 頁
　　　　　　　　　　　　Or.58.b

3902
王羲之書(褚遂良審定排類)《樂毅論》、趙孟頫書《閑邪公家傳》書法拓本
(晋)王羲之、(元)趙孟頫
清長白祥竹軒秘玩
1 册經折裝
　　　　　　　　　　　　15021.a.3

3903
北魏營州刺史高貞碑
北魏正光四年(523)鐫,拓印時間不詳
1 册經折裝
　　　　　　　　　　　　15303.d.21

3904
書品
(南朝梁)庾肩吾
清乾隆十五年(1750)?

3905
大唐三藏聖教序
(唐)太宗李世民撰
點石齋：上海
約清光緒六年(1880)
1 册經折裝
　　　　　　　　　　　　15204.a.5

3906
大唐三藏聖教序
(唐)太宗李世民撰
清嘉慶五年(1800)?
1 册經折裝
　　　　　　　　　　　　15266.e.7

3907
大唐三藏聖教之序
(唐)太宗李世民撰
宋拓本
該碑有褚遂良書和沙門懷仁集王羲之字兩種,此不知爲哪一種。
　　　　　　　　　　　　16274.a.2

3908
大唐三藏聖教之序
(唐)太宗李世民撰
拓本
約拓於 19 世紀,具體拓印時間不詳。
1973 年 8 月 6 日費利西蒂·赫斯特(Felicity Hirst)捐贈
該碑有褚遂良書和沙門懷仁集王羲之字兩種,此不知爲哪一種。
　　　　　　　　　　　　15302.b.7

3909
九成宮醴泉銘
(唐)魏徵撰、(唐)歐陽詢書、(清)高樹勳臨
清道光二十二年(1842)
1 册經折裝
　　　　　　　　　　　　15266.e.2

3910
九成宮醴泉銘
(唐)魏徵撰、(唐)歐陽詢書、(清)白恩佑注
拓本
拓於清宣統三年(1911)前
19 頁
　　　　　　　　　　　　Or.8622

3911
皇甫碑刻石拓片
(唐)于志寧撰、(唐)歐陽詢書
清光緒二十一年(1895)
1 冊經折裝
15266.e.8

3912
柳公權書《魏文貞公先廟碑》、顏真卿書《扶風郡王馬璘碑》石刻拓片
(唐)柳公權、(唐)顏真卿
清光緒十七年(1891)陶模立石並作題記
2 冊經折裝
15021.a.1

3913
唐代書法拓片四件(唐玄宗撰並書《孝經序》、薛稷撰並書《杳冥君之銘》、歐陽詢書《九成宮醴泉銘》、裴漼撰並書《少林寺碑》)
(唐)玄宗李隆基等
清乾隆十五年(1750)？
1 冊經折裝
15300.b.12

3914
瓊宮五帝內思上法
(唐)玉真公主
唐開元二十六年(738),拓本有董其昌明萬曆二十一年(1593)跋
經折裝,18 頁
15217.a.10

3915
精刻懷素自敘帖
(唐)釋懷素
有正書局:上海
清光緒二十六年(1900)？
1 冊
15299.b.12

3916
大唐西京千福寺多寶佛塔感應碑文
(唐)岑勳撰、(唐)顏真卿書、(唐)史華刻、(清)梁詩正拓
西安
清乾隆二十一年(1756)
1 冊經折裝
15300.b.20

3917
琅邪普照寺碑
(金)仲汝尚撰文,集(唐)柳公權字
清光緒十六年(1890)
46 頁
15303.d.22

3918
洪辯告身敕牒碑文(附複本兩件)
石刻拓本
唐大中五年(851)
3 葉;161 厘米×80 厘米
15406.a.14

3919
書譜
(唐)孫過庭
上海、北京
約清光緒二十六年(1900)
30 頁,4 頁
15302.a.35

子　部　　　　　435

3920
唐故圭峰定慧禪師碑
（唐）裴休
1 册經折裝
　　　　　　　　　　15299.a.14

3921
唐故左街僧錄大達法師碑銘
（唐）裴休撰、（唐）柳公權書
19 世紀
1 册經折裝
　　　　　　　　　　15266.e 4

3922
大唐中興頌刻石拓片
（唐）元結撰、（唐）顏真卿書
唐大曆二年（767）刻石，拓印時間不詳
4 册經折裝
　　　　　　　　　　15258.cc.7

3923
宋先祖文正公遺蹟
（宋）范仲淹
1 册經折裝
　　　　　　　　　　15534.a.12

3924
蘇軾書歐陽永叔醉翁亭記石刻拓片
（宋）歐陽修撰、（宋）蘇軾書
歐陽修撰於宋慶曆八年（1048），蘇軾書
並刻石於宋元祐六年（1091）
1300 厘米 × 32.5 厘米（700 厘米書寫）
　　　　　　　　　　Or.8619

3925
蘇軾楷書《行香子·清夜無塵》《臨江
仙·九十日春都過了》石刻拓片
（宋）蘇軾
2 卷；128 厘米 × 67 厘米
　　　　　　　　　　15406.a.12

3926
白雲居米帖
題（宋）米芾
1 册經折裝
　　　　　　　　　　15303.d.19

3927
書譜
（宋）米芾
寫本
宋元豐三年（1080）？
1 卷
　　　　　　　　　　Or.8620

3928
趙孟頫草書册《哀江頭》
（元）趙孟頫
寫本
元至大二年（1309）［有董其昌萬曆九
年（1581）識語］
1 册，10 頁
　　　　　　　　　　Or.8625

3929
松雪齋法書墨刻
（元）趙孟頫
清嘉慶二十年（1815）
1 册經折裝
　　　　　　　　　　15021.a.2

3930
閑邪公家傳
（元）周馳撰、（元）趙孟頫書

18 世紀?
1 冊經折裝
15303.c.14

3931
文徵明草書詩冊
(明)文徵明
寫本
明嘉靖三十三年(1554)
1 冊,23 頁
Or.8627

3932
書法卷軸(嘉靖二十五年秋八月既望)
(明)文徵明
明嘉靖二十五年(1546)
1 卷軸
Add.17344

3933
舞劍集(千字文,草書、篆書等字體)
(明)何景哲仿輯
崇德堂
清康熙十一年(1672)
手寫卷 3 卷(卷 3 為複本)
15346.b.15

3934
戲鴻堂法書
(明)董其昌輯
18 世紀[有金農(1687-1764)跋語]
16 卷
此書有木刻本,有石刻拓印本。
15302.b.6

3935
蘭亭八柱帖(其七)
(明)董其昌臨(唐)柳公權書
1 冊經折裝
15256.ddd.7

3936
何義門臨董其昌書白居易《琵琶行》
(清)何焯臨(明)董其昌書
寫本
清康熙六十一年(1722)前
1 冊經折裝
Or.8630

3937
董其昌書法刻石拓片六種(董其昌書陸機《文賦》、白居易《琵琶行》、《純陽呂祖師寶誥》,董其昌臨米芾《千字文》、鍾繇書法拓片、王羲之《官奴帖》)
(明)董其昌
分別書寫、刻石於明萬曆三十六年(1608)、四十年(1612)、四十七年(1619)及崇禎三年(1630)
1 冊經折裝
15266.e.5

3938
松江府建求忠書院記
(明)董其昌
明萬曆三十九年(1611)
1 冊經折裝
15204.a.7

3939
董香光墨蹟
(明)董其昌
寫本
明萬曆四十八年(1620)
1 卷,13 頁
Or.8626

子　　部　　　　　　　437

3940
玉虹鑑真帖
(明)董其昌等
19世紀
1函,3册經折裝
　　　　　　　　15354.c.7

3941
快雪堂法書
(明)馮銓輯
快雪堂
清光緒五年(1879)
2函,5册
　　　　　　　　15354.c.4

3942
東坡遺意
(明)顧杲
清乾隆四十五年(1780)?
2部分
　　　　　　　15301.c.2(2)

3943
篆書唐詩選
日本
清乾隆二十一年(1756)
　　　　　　　　15323.d.26

3944
篆書千字文
(宋)釋夢英
1葉;238厘米×99厘米
　　　　　　　　15406.a.70

3945
同文千字文
(明)汪以成輯

清光緒八年(1882)
1函,2册
　　　　　　　　15342.e.43

3946
會元千字文
清嘉慶五年(1800)?

3947
千字文草法
(明)陳獻章
清嘉慶五年(1800)?

3948
千字文篆書
吳擇賢
清嘉慶八年(1803)

3949
千字文隸法
清道光二年(1822)

3950
百體千文
(清)孫枝秀
携雪軒重刊
清康熙二十四年(1685)(據序)
2册,合訂爲1本;32厘米
　　　　　　　　15223.c.13

3951
千字文
(清)謝詮
寫本
清道光十年(1830)前
1册
　　　　　　　　Harley 7324

3952
知過論
(清)高宗弘曆
清乾隆四十七年(1782)
1 冊經折裝,32 頁,裝紅漆雕板和裝飾漆盒中
Or.6682

3953
職貢圖聯句
(清)高宗弘曆
19 世紀?
1 冊經折裝
15354.c.6

3954
御筆小行楷書墨刻
(清)高宗弘曆
清乾隆元年(1736)(印製時間約 1920 年)
3 函,10 冊經折裝
15259.i.12

3955
御筆讀洪範
(清)高宗弘曆
絲綉寫本
清乾隆五十三年(1788)
1 卷軸;450 厘米×25.5 厘米
Or.6703

3956
春蚓秋蛇
(清)陳榦
寫本
清光緒十七年(1891)
1 冊經折裝,11 頁

用魏碑體書法錄梁簡文帝、何遜、吳均等人文。
Or.11203

3957
各體書法
(清)林廷鈞等
寫本
清咸豐元年(1851)
53 葉
Or.6470

3958
張探花楷書
(清)張岳崧
清道光十二年(1832)
4 頁
15122.a.51(2)

3959
十三經集字摹本
(清)萬青銓
清道光二十九年(1849)
4 卷
15344.c.18

3960
玉堂楷則
(清)陳勱
清同治十一年(1872)
30 頁
15229.b.21

3961
王雲將八旬壽誕 26 家賀帖字冊
(清)范鄗鼎等
寫本

子　部

清康熙二十六年至二十七年(1687 - 1688)(據序)
1 冊,16 頁
Or. 8623

3962
顧學潮字册(丁亥立秋等)
(清)顧學潮
寫本
清乾隆三十二年(1767)
13 頁
Or. 8632

3963
梁山舟行書册
(清)梁同書
寫本
清嘉慶七年(1802)
1 册經折裝,11 頁
Or. 8631

3964
敬信錄集帖
(清)何冠英
福州
清道光二十九年(1849)
1 冊,3 部分
15111. b. 36

3965
林則徐行草一幅
(清)林則徐
寫本
清道光三十年(1850)
1 卷軸
Or. 16239

3966
靈飛經
清道光十二年(1832)
15 頁
15122. a. 51(1)

3967
增輯書法彀
(清)魯之裕
清乾隆四十三年(1778)
1 冊,2 部分
15342. b. 10

3968
西蜀劉善堂楷書對聯上聯"春風意氣和順"
(清)劉善堂
約清道光三十年(1850)
1 葉
19999. u. 3

3969
擬山園帖
(清)王鐸
擬山園
清嘉慶五年(1800)?
10 册經折裝,合訂爲 2 本
15301. d. 1

3970
兩幅蘭石繪畫和書法
(清)伯康
繪本
清乾隆六年(1741)、十年(1745)
1 卷
Or. 8623

3971
少林寺志殘葉
抄本
約清道光三十年(1850)
1 單葉,正面 9 欄
       Or. 7569

3972
朱夫子治家格言
(清)沈志祖書
清乾隆八年(1743)(書寫時間)
1 冊經折裝
      15312. d. 13

3973
王啓曾楷書《大學》條屏
(清)王啓曾
寫本
清道光十六年至光緒六年(1836－1880)
1 葉;121 厘米×64 厘米
       Or. 11532

3974
書畫同珍二刻
(清)鄒聖脈
梧岡山房家藏
清乾隆二十六年(1761)(據序)
共分春、夏、秋、冬 4 部分,存 3 部分,夏、秋部分爲書譜,冬部分爲畫譜
      15255. e. 10

3975
草書習慎
(清)汪穀詒
文星堂:雲陽
約清道光三十年(1850)

80 頁,18 頁
      15342. b. 8

3976
王文治字册(春遊獨佔先)
(清)王文治
寫本
清嘉慶七年(1802)前
1 册,8 頁
       Or. 8633

3977
吳柳堂先生遺蹟石刻
(清)吳之桓
拓本
約清光緒六年(1880)
1 册,16 頁
       Or. 8641

3978
家塾楷模
(清)吳錫五
清同治七年(1868)?
1 册經折裝
      15256. ddd. 12

3979
蘭玉堂(寶森)書楊繼盛語"做人必須正直忠厚隨處報國"石刻拓片
寶森
丁巳八月書
1 葉;160 厘米×95 厘米
      15406. a. 8

3980
滿語書法兩挂軸(配漢語翻譯:謝安石山澤間度,蘇子瞻神仙中人)

子　部　　　441

(清)哈哈岱
寫本
乙卯,清乾隆六十年(1795)或前後60年
2 挂軸;142 厘米×31.5 厘米(與 Or. 13556 A&B 合裝)
　　　　　　　　　　　Or. 13555 A&B

3981
滿語書法兩挂軸(大意:勿漫議他人之非,且靜坐三省吾身)
(清)程燮
寫本
18 世紀至 19 世紀
2 挂軸;151 厘米×32.5 厘米(與 Or. 13555 A&B 合裝)
　　　　　　　　　　　Or. 13556 A&B

3982
九十二法
(清)邵瑛
清道光二十四年(1844)
13 頁
　　　　　　　　　　　15344.c.17

3983
姚有寬草書刻石拓片
(清)姚有寬
清道光二十六年(1846)
8 卷軸;157 厘米×52 厘米
　　　　　　　　　　　15406.b.3

3984
審癍圖一幅　脫癍圖一幅
彩繪本
清嘉慶五年(1800)?
2 幅
　　　　　　　　　　　Or. 7606

3985
臨蕭衍、虞世南、張旭等書法
(清)永瑆
寫本
清嘉慶十七年至道光三年(1812－1823)
1 册經折裝
　　　　　　　　　　　Or. 8629

3986
永字八法筆陣圖
題(清)趙文楷
聚賢堂:廣州?
清嘉慶十年(1805)
9 頁
　　　　　　　　　　　15255.e.11

3987
王羲之筆陣圖
聚賢堂:廣州?
約清咸豐十年(1860)
11 頁,11 頁
　　　　　　　　　　　15320.c.15

3988
書法正宗
席世勳
清道光十五年(1835)
各部分分別標頁碼
按:傳世有清蔣和撰《書法正宗》,不知二者關係如何。
　　　　　　　　　　　15344.b.13

3989
草訣百韻歌
1 函,2 本
　　　　　　　　　　　15300.a.4

3990
幼童習字法
約清道光二十年(1840)
1冊,8部分
15225.e.3

3991
手寫書法8張
(清)趙梯霞等
寫本
清道光三十年(1850)
8葉
Or.6468

3992
岳雪樓鑑真法帖
(清)孔廣陶
岳雪樓
2冊,12部分
15288.c.7

3993
朗吟閣法帖
(清)世宗胤禛
清乾隆元年(1736)?
第3、8冊
15354.c.3

3994
詒晉齋巾箱帖
(清)永瑆
清嘉慶十二年(1807)
1函,4冊經折裝
15300.c.1

3995
詒晉齋法帖
(清)永瑆
清嘉慶九年(1804)
1冊經折裝
15258.b.14

3996
松泉真帖
(清)孫松泉
稿本
18世紀
1冊,8頁
Or.11622

3997
草韻彙編
(清)陶南望
清乾隆二十年(1755)
26卷
15344.b.8

3998
滿語字幅
寫本
18世紀?
1幅;143.5厘米×32.5厘米
Add.16354

3999
英國駐日本大使靜山書唐代王勃詩《春園》
(英國)靜山
ERNEST MASON SATOW
寫本
清同治十二年至光緒十年(1873－1884)
1葉;93厘米×180厘米
Or.16054

子　部　　　443

4000
方氏墨譜
（明）方于魯
美蔭堂
約清嘉慶五年(1800)
2 冊
　　　　　　　　　　15317.e 1

篆刻屬

4001
集古印譜
鈐印本
明崇禎十七年(1644)前
1 冊,存卷 2 - 3、6 - 7,133 頁;19.2 厘米×26.9 厘米
　　　　　　　　　　Or.6554

4002
清代宮廷印譜（交泰殿寶譜）
內府鈐印本
清雍正十三年至宣統三年（1735 - 1911）
7 頁;38.5 厘米×30.5 厘米
　　　　　　　　　　Or.8642

4003
朱夫子家訓印譜
（清）邢德厚
耕雲書屋
清乾隆十五年(1750)
39 頁
　　　　　　　　　　15229.a.11

4004
訒葊集古印存
（清）汪啓淑
汪氏開萬樓鈐印本
清乾隆二十五年(1760)
2 冊,32 卷
　　　　　　　　　　Or.11202

4005
印籠譜
（日本）森玄黃齋
清嘉慶五年(1800)?

4006
會心齋印譜
（清）岳托
會心齋鈐印本
約清道光三十年(1850)
4 冊,合訂爲 1 本
　　　　　　　　　　Or.8643

4007
聚石齋印譜
（清）陳彝
清光緒九年(1883)
4 本
　　　　　　　　　　15299.a.15

4008
金石文章
寄靜軒
6 冊
　　　　　　　　　　15342.e.34

4009
秦漢圖章
18 世紀
8 頁（或爲殘本）
　　　　　　　　　　15299.a.1

4010
德寶齋集拓印譜（廉生、清卿、伯英太史藏印）
（清）王懿榮、（清）張伯英等
德寶齋
清光緒十五年至十八年（1889－1892）？
88頁,91頁
Or.8644

4011
曹東安圖書府印篆
曹安國
繡虎堂
約18世紀
4頁,34頁
15319.b.20(1)

4012
新鐫真草篆隸四體千家詩（石城諸名家筆法）
千賦堂
17世紀
64頁
15319.b.20(2)

4013
飛鴻堂印譜
（清）汪啓淑
5册,40卷
15350.e.2

琴譜屬

4014
琴操校本
（東漢）蔡邕著、（清）孫星衍校
平津館
清嘉慶十一年（1806）
2部分及增補
15229.c.35/2

4015
松風閣琴譜
（清）程雄
約清康熙二十三年（1684）
2卷,14頁,101頁
15257.e.13

4016
琴譜大成（五知齋琴譜）
（清）周魯封
懷德堂
清乾隆十一年（1746）
8卷
15274.a.5

4017
峰抱樓琴譜
（清）沈浩
清道光五年（1825）
2卷
15257.e.12

4018
自遠堂琴譜摘要
（清）吳烜
抄本
清道光二十六年（1846）前
1册,僅存卷2
Add.16327

雜藝屬

4019
韜略元機
題(宋)陳希夷
靜樂齋
清嘉慶六年(1801)
8卷
15257.d.28

4020
適情雅趣
題(宋)陳希夷
華經堂
清嘉慶七年(1802)
8卷
15257.d.24

4021
七巧圖合璧
清嘉慶十五年(1810)？
2卷

4022
七巧圖合璧圖解
約清嘉慶二十年(1815)
2冊
該版本另有7個不全的複本。
15257.d.5-21

4023
益智圖
(清)童葉庚
清光緒四年(1878)
2卷
15257.d.30

4024
奕妙
(清)吳峻
清乾隆三十年(1765)(據序)
2部分
15257.d.4

4025
橘中秘
(明)朱晉楨
刻本
清雍正元年(1723)前
1冊,4卷
Or.13147

4026
橘中秘
(明)朱晉楨
約清嘉慶五年(1800)
存卷3-4
15323.c.8

4027
橘中秘歌括
清乾隆五十五年(1790)？
4卷,存卷3-4

4028
桃花泉棋譜
(清)范世勳
清乾隆三十年(1765)
2卷,僅存卷1,51頁
15257.d.3

4029
戲法圖說

(清)唐再豐
清光緒十五年(1889)
12卷
15256.d.12

4030
賭博明論略講
(英國)米憐
WILLIAM MILNE
馬六甲?
約清道光二十年(1840)
13頁
15116.e.21

4031
中國骰子和骨牌遊戲(英文)
Chinese Games with Dice and Dominoes
(美國)柯林
STEWART CULIN
政府印務署:華盛頓
Government Printing Office:Washington
清光緒二十一年(1895)
49頁
11095.e.6

4032
中國飛球(法文)
Le Volant Chinois
(清)褚民誼、(法國)賴魯阿
LOUIS LALOY
清宣統二年(1910)
第319-335頁
15235.b.1

4033
御制律呂正義
(清)聖祖玄燁
清雍正元年(1723)
3部分,5卷
15257.c.4/2

4034
中國古今音樂篇(法文)
Mémoire sur la Musique des Chinois, Tant Anciens Que Modernes
(法國)錢德明
JEAN JOSEPH MARIE AMIOT
巴黎
Paris
清乾隆四十四年(1779)
240頁
557.f.20

4035
西國樂法啓蒙
(美國)狄就烈
JULIA BROWN MATEER
美華書館:上海
清同治十一年(1872)
2部分(8頁英文)
15257.e.17

4036
西國樂法啓蒙
(美國)狄就烈
JULIA BROWN MATEER
美華書館:上海
清光緒五年(1879)
2部分(8頁英文)
15257.e.20

4037
論中國音樂(英文)
Paper on Chinese Music
(英國)李提摩太夫人
MARY MARTIN RICHARD
美華書館:上海
American Presbyterian Mission Press: Shanghai
清光緒二十五年(1899)
43 頁;22 厘米
　　　　　　　　　　11110.a.5

4038
中國音樂(法文)
La Musique Chinoise
(法國)賴魯阿
LOUIS LALOY
亨利·勞倫斯公司:巴黎
Henri Laurens: Paris
清宣統二年(1910)
126 頁;21 厘米
　　　　　　　　　　11099.d.16

4039
中國音樂(摘自《中法學會會報》)(法文)
La Musique en Chine (Extrait du *Bulletin de l'Association Franco-Chinoise*)
(法國)蘇理耶
GEPRGE SOULIÉ DE MORANT
巴黎
Paris
清宣統三年(1911)
119 頁
　　　　　　　　　　15235.b.1

譜錄類

器物屬

4040
古今刀劍錄
(南朝梁)陶弘景
清嘉慶五年(1800)？

4041
鼎錄
(南朝梁)虞荔
清康熙三十九年(1700)？

4042
博古圖
(宋)王黼
本立堂
明萬曆十六年(1588)
2 冊,30 卷
　　　　　　　　　　15299.b.1

4043
博古圖
(宋)王黼
明萬曆十六年(1588)
1 冊,30 卷,缺卷 1-4
　　　　　　　　　　15299.b.2

4044
博古圖
(宋)王黼
泊如齋
明萬曆十六年(1588)

2 冊, 30 卷
15299.b.3

4045
博古圖
(宋)王黼
清乾隆十七年(1752)
30 卷

4046
古玉圖譜
(宋)龍大淵
清乾隆四十四年(1779)
4 套, 20 本
15299.a.28

4047
古玉圖譜
(宋)龍大淵
康山草堂
清乾隆四十四年(1779)
2 冊, 100 卷
15299.c.2

4048
文房肆考(《古玉圖考》《燕几圖》《文房圖讚》《文房圖讚續》)
(元)朱德潤等
元至正元年(1341)(據序。按此書殆爲元本,清代整理時,以雍正年間高其倬的奏疏及諭旨作襯底)
4 冊
15300.b.18

4049
文房肆考圖說
(清)唐秉鈞

竹暎山莊
清乾隆四十三年(1778)
8 卷
15317.e.2

4050
三古圖
(清)黃晟
亦政堂？東書堂重刊
清乾隆十七年(1752)或更晚？
3 冊, 30 卷, 10 卷, 2 卷
15299.b.4

4051
西清古鑑
(清)梁詩正等
北京
清乾隆十六年(1751)
40 卷, 又 16 卷
15299.d.1

4052
欽定西清古鑑
(清)梁詩正等
上海
清光緒十四年(1888)
6 冊, 40 卷
15256.c.3

4053
欽定西清硯譜
(清)于敏中、(清)梁國治等
寫本
18 世紀
1 冊
Or.11178

子　部

4054
西清續鑑甲編
(清)王傑等
商務印書館:上海
清宣統三年(1911)
3函,21冊,20卷
　　　　　　　　　15300.e.9

4055
玉說
(清)唐榮祚
稿本
清光緒十六年(1890)
1冊
　　　　　　　　　Or.6971

4056
古窯器考(《陶事圖說》《文房肆考圖說》)
(清)唐英、(清)唐秉鈞
清抄本
1冊
　　　　　　　　　Or.6968

4057
陶雅
(清)陳瀏
朝記書莊:上海
1冊,2卷
　　　　　　　　　15256.d.20

4058
陶說
(清)朱琰
清乾隆三十九年(1774)
6卷
　　　　　　　　　15258.d.8

4059
陶說(英譯本)
Description of Chinese Pottery and Porcelain
(清)朱琰著、(英國)卜士禮譯注
STEPHEN WOOTTON BUSHELL (translator & annotator)
克拉倫登出版社:牛津
Clarendon Press: Oxford
清宣統二年(1910)
31頁,222頁;22厘米
　　　　　　　　　15234.b.25

4060
飲流齋說瓷
(清)許之衡
20世紀初?
61頁
　　　　　　　　　15256.d.23

4061
景德鎮陶錄
(清)藍浦
清嘉慶二十年(1815)
10卷
　　　　　　　　　15258.b.10

4062
景德鎮陶錄
(清)藍浦
清光緒十七年(1891)
10卷
　　　　　　　　　15256.dd.5

4063
景德鎮陶錄
(清)藍浦

書業堂:北京
清光緒十七年(1891)
1冊,10卷
15256.d.19

4064
陽羨名陶錄
(清)吳騫
1冊,2部分及增補
15256.d.22

4065
清乾隆寧陽伊用貞圓形墓誌瓷盤一對
清乾隆三十四年(1769)
2個
Or.14900

4066
格致釋器
(英國)傅蘭雅
上海?
清同治三年(1864)?
第2、8-9部分
15257.d.27

4067
格致釋器
(英國)傅蘭雅
JOHN FRYER
江南製造局:上海
約清光緒六年(1880)
15259.g.12

4068
茗壺圖錄
(日本)奧玄寶
GEMPŌ OKA

2卷,39頁
15256.d.21

4069
歷代名瓷圖譜(英譯本)
Chinese Porcelain
(明)項元汴著、(英國)卜士禮譯注
STEPHEN WOOTTON BUSHELL (translator & annotator)
克拉倫登出版社:牛津
Clarendon Press:Oxford
清光緒三十四年(1908)
45頁,附83頁;32厘米
15234.a.10

4070
中國前朝瓷器(摘自《北京東方學會雜誌》)(英文)
Chinese Porcelain Before the Present Dynasty (Extract from the *Journal of the Peking Oriental Society*)
(英國)卜士禮
STEPHEN WOOTTON BUSHELL
北堂印書館:北京
Pei-Táng Press:Peking
清光緒十二年(1886)
55頁;23厘米×15厘米
11094.c.32(2)

4071
古代瓷器:中國中世紀工商業研究(英文)
Ancient Porcelain:A Study in Chinese Medieval Industry and Trade
(德國)夏德
FRIEDRICH HIRTH
喬治·夏德:萊比錫、慕尼黑

Georg Hirth: Leipsic & Munich
清光緒十四年(1888)
80頁;22厘米

Tr.793(g)

4072
中國瓷器花瓶之研究(德文)
Eine Studie ueber Chinesische Email-Vasen
(德國)弗里德里希·利普曼
FRIEDRICH LIPPMANN
維也納
Wien
清同治九年(1870)
30頁

11095.c.12

4073
中國樂器和其他發音器物名錄(英文)
A List of the Musical and Other Sound-Producing Instruments of the Chinese
(英國)慕阿德
ARTHUR CHRISTOPHER MOULE
清光緒三十四年(1908)
160頁,附14頁

15234.b.6

食譜屬

4074
美味求真
(清)紅杏主人
清光緒十三年(1887)
39頁

15256.d.10

4075
隨園食單
(清)袁枚
清咸豐九年(1859)
31頁

15256.d.11

4076
花乳齋閔茶品　蘭液齋品茶略
(清)閔聖裔、(清)胡欽伯
約清嘉慶五年(1800)
2頁

15241.e.2/3

4077
茶籤
清嘉慶五年至二十五年(1800—1820)?
1葉

O.T.C.3a/8

4078
造洋飯書
(美國)高第丕夫人
美華書館:上海
清同治五年(1866)
25頁,3頁

15259.i.6

植物屬

4079
南方草木狀
(晋)嵇含
清乾隆十五年(1750)?
3卷

4080
重鎸二如亭群芳譜
（明）王象晉
書業堂
18 世紀
4 冊, 24 卷
　　　　　　　　　15255.a.1

4081
廣群芳譜
（明）王象晉編、（清）汪灝等重編
清康熙四十七年（1708）
5 冊, 100 卷
　　　　　　　　　15255.a.2

4082
《廣群芳譜》字序索引
（明）王象晉
抄本
清道光十年（1830）？
8 冊
　　　　　　　　　Or.6448

4083
花鏡
（清）陳淏子
約清嘉慶二十五年（1820）
6 卷
　　　　　　　　　15258.d.1

4084
花鏡
（清）陳淏子
清光緒六年（1880）？
6 卷
　　　　　　　　　15254.c.1

4085
食物本草
（清）何其言
約清嘉慶二十五年（1820），有清雍正十年（1732）序
2 卷
　　　　　　　　　15258.d.2

4086
增補圖像食物本草會纂
（清）沈李龍
載詠樓
清康熙三十年（1691）
2 冊, 9 卷
　　　　　　　　　15251.e.4

4087
重鎸食物本草會纂
（清）沈李龍
書業堂：蘇州
清乾隆四十八年（1783）
12 卷
　　　　　　　　　15251.e.3

4088
《食物會纂》索引
稿本
清宣統三年（1911）前
1 冊
　　　　　　　　　Or.8132

4089
群芳一卷　毒草一卷
彩繪本
清道光二十八年（1848）後
2 卷
　　　　　　　　　Or.13347 A, B

4090
植物名實圖考
(清)吳其濬
清道光二十八年(1848)
2冊
15253.d.1

4091
生草藥性
(清)雲中子
廣賢堂
約清道光二十年(1840)
2卷
15255.a.7

4092
植物學
(英國)韋廉臣
ALEXANDER WILLIAMSON
清咸豐八年(1858)
8卷
15255.a.3

4093
羅浮山品物索引
(英國)約翰·里夫斯
JOHN REEVES
稿本
清道光十年(1830)？
3冊,2部分
Or.6447

4094
《植物學雜志》1-18卷中的中國植物索引(英文)
Index of Chinese Plants in Journal of Botany. vols. I. to XVIII

羅郎也公司印刷：香港
Noronha & Co. printed：Hong Kong
清光緒九年(1883)
88頁
11094.c.25

4095
中國和印支茶葉(法文)
Le thé en Chine et dans l'Indo-Chine
(法國)佩羅特
E. PERROT
清宣統元年(1909)
15235.b.1

動物屬

4096
禽經
題(春秋)師曠著、(晉)張華注
清乾隆十五年(1750)？

4097
毛詩草木鳥獸蟲魚疏
(三國吳)陸璣
清嘉慶五年(1800)？
2卷

4098
四生譜
(清)金文錦
清乾隆十八年至四十一年(1753-1776)
1冊,4種書(各具獨立書名)
15257.d.23

4099
中國魚類圖繪
彩繪本
清道光二十四年(1844)前
1冊,40幅;63.8厘米×35.8厘米
Add.14846

4100
中國魚類圖繪
彩繪本
清咸豐五年(1855)
1冊,50幅
Add.21179

4101
中國動植物圖繪
彩繪本
清道光二十五年(1845)前
1冊,275幅;20.8厘米×30.2厘米
Add.15503

4102
畫眉譜
清乾隆十八年(1753)

4103
鵪鶉論
清乾隆四十年(1775)

4104
促織經
清乾隆四十年(1775)

4105
黃頭志
清乾隆四十一年(1776)

4106
博物新編
(英國)合信
BENJAMIN HOBSON
墨海書館:上海
清咸豐五年(1855)
4卷
15259.g.8

4107
博物新編(博物新編初集,又名博物新編一集)
(英國)合信
BENJAMIN HOBSON
墨海書館:上海
清咸豐五年(1855)
1頁,38頁,圖2頁
15252.b.20

4108
博物新編二集
(英國)合信
BENJAMIN HOBSON
1頁,25頁,圖4頁
15252.b.20

4109
博物新編三集
(英國)合信、(清)陳修堂
BENJAMIN HOBSON
羊城西關惠愛醫院:廣州
清咸豐四年(1854)
22頁,圖2頁
15252.b.20

4110
動物類編

子　部　　　　　　　　455

（英國）韋明珠
MISS WILLIAMSON
益智書會：上海
清光緒八年（1882）
12 卷
　　　　　　　　15255.a.10

4111
百獸圖説
（英國）韋門道
MRS. WILLIAMSON
益智書會：上海
清光緒八年（1882）
31 頁
　　　　　　　　15331.e.8

4112
百鳥圖説
（英國）韋門道
MRS. WILLIAMSON
益智書會：上海
清光緒八年（1882）
29 頁
　　　　　　　　15255.e.31

4113
良馬圖説
（英國）韋門道
MRS. WILLIAMSON
益智書會：上海
清光緒九年（1883）
1 册，2 部分
　　　　　　　　15331.e.9

4114
家畜玩物
（英國）韋門道

MRS. WILLIAMSON
益智書會：上海
清光緒九年（1883）
4 頁，附 4 頁
　　　　　　　　15331.e.11

4115
名犬圖説
（英國）韋門道
MRS. WILLIAMSON
益智書會：上海
清光緒九年（1883）
6 頁，5 頁，附 12 頁
　　　　　　　　15331.e.10

4116
鳥類名録（突厥語、滿語、漢語）
A Polyglot List of Birds in Turki, Manchu and Chinese
（英國）愛德華·丹尼森·羅斯
EDWARD DENISON ROSS
亞洲學會：加爾各答
Asiatic Society: Calcutta
清宣統元年（1909）
第 253－340 頁
　　　　　　　　15234.a.12

雜家類

雜學屬

4117
晏子春秋
（春秋）晏嬰

清嘉慶九年(1804)
8卷

4118
尸子集本
(戰國)尸佼
清嘉慶十一年(1806)
2卷

15314.e.15

4119
呂氏春秋
(戰國)呂不韋
明萬曆七年(1579)
1冊,26部分

15296.b.2

4120
新刊批點呂覽
(戰國)呂不韋著、(明)萬國欽評
唐龍泉:南京
明萬曆九年(1581)
1冊,6卷

15296.b.3

4121
新書
(西漢)賈誼
清嘉慶五年(1800)?
10卷

4122
新書
(西漢)賈誼
清道光五年(1825)?
10卷

4123
淮南鴻烈解
(西漢)劉安著、(清)黃錫禧解
清乾隆十五年(1750)?
21卷

4124
淮南子箋釋
(西漢)劉安著、(清)莊逵吉釋
聚文堂:蘇州
清道光四年(1824)
21卷

15111.e.11

4125
說苑
(西漢)劉向
清嘉慶五年(1800)?
20卷

4126
白虎通
(東漢)班固
清康熙七年(1668)
2卷

4127
白虎通
(東漢)班固
清康熙三十九年(1700)?
4卷

4128
白虎通德論
(東漢)班固
清乾隆五十六年(1791)?
1冊,4卷

15229.a.6

子　部

4129
論衡
（東漢）王充
明天啟六年（1626）（據序）
2冊,30卷
　　　　　　　　　　15312.e.4

4130
論衡
（東漢）王充
清康熙五十九年（1720）？
30卷

4131
論衡（英文選譯本）
Lun-Heng. Selected Essays of the Philosopher Wang Ch'ung
（東漢）王充著、（德國）佛爾克譯
ALFRED FORKE（translator）
魯扎克公司：倫敦；柏林印刷
Luzac & Co.：London；Berlin printed
清光緒三十二年（1906）、宣統三年（1911）
2部分
　　　　　　　　　　11099.d.42

4132
獨斷
（東漢）蔡邕
清乾隆十五年（1750）？

4133
獨斷
（東漢）蔡邕
清嘉慶五年（1800）？

4134
風俗通
（東漢）應劭
清乾隆十五年（1750）？
4卷

4135
風俗通
（東漢）應劭
清乾隆五十五年（1790）
10卷

4136
尤射
（三國魏）繆襲
清乾隆十五年（1750）？

4137
古今注
（晋）崔豹
清乾隆十五年（1750）？
3卷

4138
孝傳
題（晋）陶潛
清乾隆十五年（1750）？

4139
孝傳
題（晋）陶潛
清乾隆十五年（1750）？

4140
新論
（南朝梁）劉勰
清嘉慶十七年（1812）

4141
雜事秘辛
清嘉慶五年(1800)？

4142
歲時記
(南朝梁)宗懍
清乾隆十五年(1750)？

4143
還冤記
(隋)顏之推

4144
顏氏家訓
(隋)顏之推
清嘉慶五年(1800)？
2卷

4145
中華古今注
(五代)馬縞

4146
重刻夢溪筆談
(宋)沈括
清道光十一年(1831)？
26卷,3卷,1卷
　　　　　　　15318.a.3

4147
忘筌書
(宋)潘殖
清嘉慶十六年(1811)
10卷
　　　　　　　15318.a.5

4148
困學紀聞
(宋)王應麟
明萬曆三十一年(1603)？
20卷,缺卷3-5
　　　　　　　15312.d.7

4149
困學紀聞
(宋)王應麟
清乾隆七年(1742)
20卷

4150
困學紀聞集證合注
(宋)王應麟著、(清)萬希槐集證
清嘉慶二十四年(1819)
2函,12冊,20卷
　　　　　　　15322.d.4

4151
困學紀聞三箋
(宋)王應麟著、(清)全祖望等箋
清嘉慶十二年(1807)
1函,20卷
　　　　　　　15312.d.8

4152
香譜
(宋)洪芻
明萬曆二十四年(1596)
　　　　　　　15258.b.2(7)

4153
歲時廣記
(宋)陳元靚
明萬曆二十四年(1596)
　　　　　　　15258.b.2(8)

子　部　　　459

4154
家訓世範類編
（宋）袁采
石渠閣
18 世紀
5 卷
　　　　　　　　　　15229.b.5

4155
二十四孝詩選
（元）郭居敬
　　　　　　　　　　Or. Micr. 351

4156
二十四孝
（元）郭居敬
清同治十二年（1873）
24 頁
　　　　　　　　　　15331.b.15

4157
二十四孝圖注
（元）郭居敬
清咸豐五年（1855）
2 卷
　　　　　　　　　　15326.b.9

4158
二十四孝圖解
清道光三十年（1850）
　　　　　　　　　　15229.c.46

4159
格古要論
（明）曹昭
明萬曆二十四年（1596）（據序）
5 卷
　　　　　　　　　　15258.b.2(1)

4160
增訂格古要論
（明）曹昭著、（明）王佐增補
淑躬堂
18 世紀
1 函,6 冊,13 卷
　　　　　　　　　　15299.a.10

4161
新訂明心寶鑑
（明）范立本
文苑堂
清乾隆五十八年（1793）
2 卷
　　　　　　　　　　15229.c.33

4162
大字明心寶鑑
（明）范立本
五雲樓
約清嘉慶五年（1800）
2 卷
　　　　　　　　　　15229.c.32

4163
近文堂明心寶鑑
（明）范立本
近文堂：佛山
約清道光三十年（1850）
51 頁
　　　　　　　　　　15100.1.25

4164
福文堂明心寶鑑
（明）范立本
福文堂
清咸豐元年（1851）

51 頁
15113.c.20

4165
帝鑑圖説
(明)張居正
黃應孝:徽州
明萬曆三十二年(1604)
1 函,6 册,6 卷
Or.74.d.45

4166
帝鑑圖説
(明)張居正
活字印刷;日本
明泰昌元年(1620)?
6 部分
15236.c.9

4167
人譜
(明)劉宗周著、(清)洪正治編
聚英堂刊印:廣州
清嘉慶十六年(1811)
2 卷
15303.b.3

4168
輟畊錄
(明)陶宗儀
清康熙三十九年(1700)?
2 册,30 卷
15318.a.2

4169
菜根譚
(明)洪應明

約清乾隆十五年(1750)
1 册,2 部分
15113.d.9

4170
諸子摘要(諸子纂要)
(明)宋光廷
清順治七年(1650)?
4 卷(殘本)
15312.d.15

4171
養正圖解
(明)焦竑
清光緒二十一年(1895)
6 册,120 頁
15237.cc.2

4172
遵生八牋
(明)高濂
明萬曆十九年(1591)
2 套,15 本;23 厘米
15252.e.18

4173
楊椒山先生家訓
(明)楊繼盛
清咸豐六年(1856)
12 頁
15103.d.12

4174
清秘藏
(明)張應文
清道光十五年(1835)
2 卷
15258.d.12

子　部

4175
博物要覽
(明)谷泰
清乾隆四十五年(1780)?
12卷
15299.a.13

4176
百子金丹
(明)郭偉
清道光十年(1830)?
1函,6冊
15258.c.10

4177
催官解
(明)朱傳
清道光二十二年(1842)
3卷
15257.b.6

4178
通雅
(明)方以智
此藏軒:佛山
18世紀
4冊,52卷
15024.b.5

4179
日知錄集釋
(清)顧炎武著、(清)黃汝成集釋
約清嘉慶五年(1800)
2冊,32卷,缺書名頁
15318.d.3

4180
日知錄集釋
(清)顧炎武著、(清)黃汝成集釋
清道光十四年(1834)?
29厘米
15040.a.3

4181
御制人臣儆心錄
(清)世祖福臨
清道光十七年(1837)
20頁
15241.c.7

4182
全謝山先生經史問答
(清)全祖望
清嘉慶九年(1804)
1冊,10卷
15223.c.7

4183
日知薈説
(清)高宗弘曆
清乾隆元年(1736)
4卷
15317.b.18

4184
齊家寶要
(清)張文嘉
清乾隆五十五年(1790)?
2卷

4185
陔餘叢考
(清)趙翼

清乾隆五十六年(1791)
43卷
15315.c.11

4186
簷曝雜記
(清)趙翼
清嘉慶五年(1800)?
6卷,存卷1-3
15296.a.29

4187
柚堂筆談
(清)盛百二
清乾隆三十四年(1769)
4卷
15215.c.14

4188
古愚老人消夏錄
(清)汪汲
清乾隆五十九年至嘉慶六年(1794-1801)
3冊,62卷
15313.c.2

4189
事物原會
(清)汪汲
清嘉慶二年(1797)
40卷

4190
官樣文章
(清)汪鈞
清道光六年(1826)

4191
乾坤法竅
(清)范宜賓
清乾隆三十一年(1766)
3部分(天、地、人)
15257.a.5

4192
湛園劄記
(清)姜宸英
約清道光十年(1830)
4卷
15333.a.9

4193
禮塔龕考古偶編
(清)張金鑒
清光緒三年(1877)
15頁
15274.a.4

4194
小琅嬛叢記
(清)阮福
清道光十年(1830)
73頁
15300.b.14

4195
百家姓法
石渠閣
約清嘉慶五年(1800)
20頁
15258.c.1

4196
百家姓考略

子　部　　　　　　　　　463

（清）王相
抄本；北京
清道光三十年（1850）？
41 頁
　　　　　　　　　15258.c.3

4197
百家姓本源
清光緒二十六年（1900）？
103 頁；19 厘米
　　　　　　　　　Or.12170

4198
何義門先生讀書記
（清）何焯
清乾隆三十四年（1769）
2 冊
　　　　　　　　　15317.d.6

4199
二十二史感應錄
（清）彭希涑
青蓮華舘
清道光六年（1826）
6 頁（序），4 頁（《太上感應篇》），2 頁（《經傳感應輯要》），52 頁（卷上），45 頁（卷下），8 頁（結論）
　　　　　　　　　15290.e.2

4200
讀書雜志　讀書雜志餘編
（清）王念孫
金陵書局：南京
清同治九年（1870）
5 冊，10 部分及增補
　　　　　　　　　15315.d.12

4201
諸子平議
（清）俞樾
蘇州
清同治五年（1866）
35 卷
　　　　　　　　　15314.d.5

4202
古書疑義舉例
（清）俞樾
清光緒二十六年（1900）？
7 卷
　　　　　　　　　15342.b.13

4203
東潘林氏闔族遵
清嘉慶二十年（1815）

4204
孫石亭家訓
（清）孫石亭
稿本
清道光二十七年（1847）
1 卷，23 頁
　　　　　　　　　Or.6193

4205
李州侯家訓
（清）李受彤
中華印務總局：香港
清光緒十二年（1886）
22 頁
　　　　　　　　　15229.a.35

4206
家學淺論

納匝肋靜院:香港
清光緒十五年(1889)
1頁,26頁
15229.a.36

4207
家學淺論
香港
清光緒二十五年(1899)
15229.a.37

4208
童子範圍
檀園塾
約清道光二十年(1840)
15頁
15229.c.2

4209
鸚鵡行孝
廣州
清嘉慶五年(1800)?
1葉

4210
正續廣治平略
(清)蔡方炳
約清道光三十年(1850)
2冊,36卷,又8卷
15239.d.14

4211
廣治平略
(清)蔡方炳
約清同治九年(1870)
36卷,又8卷
15239.a.45

4212
廣治平略
(清)蔡方炳
約清同治九年(1870)
36卷,又8卷
15239.b.21

4213
三十三章指南
清道光二年(1822)
存前20章

4214
習是編
(清)屈成霖
清道光四年(1824)
4冊,2部分,12卷,合訂爲1本
15529.a.17

4215
扣除添補說
(清)陳宏謀
聚英堂:廣州
約清嘉慶五年(1800)
20頁
15113.a.9

4216
勸善錄
(清)駱秉章等
中華印務總局:香港
清光緒二十八年(1902)
23頁
15113.a.33

4217
雲間孝悌錄

（清）胡瀾
清道光十三年（1833）
1頁,1頁,38頁
　　　　　　　　　　15229.a.16

4218
正心格言
（清）關壽崧
清道光二十六年（1846）
60頁,1頁
　　　　　　　　　　15103.d.2

4219
功過格輯要
（清）李士達
觀恒堂：上海
清康熙五十六年（1717）
16卷
　　　　　　　　　　15111.d.31

4220
弟子規
（清）李子潛
清道光三十年（1850）？
19頁
　　　　　　　　　　15229.c.14

4221
妙海心珠　廣妙海心珠　續妙海心珠
（清）鶴洞子
四香草堂
清咸豐十年（1860）
2卷,2卷,2卷（第1部分缺書名頁）
　　　　　　　　　　15113.a.24

4222
至寶錄

（清）李省愆
清道光二十九年（1849）
6部分
　　　　　　　　　　15225.a.21

4223
慈心寶鑑
（清）沈培本
清乾隆三十六年（1771）
1册,4卷
　　　　　　　　　　15101.a.10

4224
與日本使人筆譚瑣記
（清）馬先登
清光緒七年（1881）
7頁,10頁,3頁
　　　　　　　　　　15258.e.23

4225
古今秘苑、續錄
（清）墨磨主人
煥文堂
清乾隆五十一年（1786）？
15卷,13卷
　　　　　　　　　　15333.b.20

4226
衛濟餘編（通天曉）
（清）王纕堂
聚錦堂
清嘉慶二十一年（1816）
1册,5部分,18卷
　　　　　　　　　　15026.a.7

4227
見聞隨筆

（清）齊學裘
天空海闊之居
清同治十年（1871）
26卷，存卷1－20
       15297.a.12

4228
見聞續筆
（清）齊學裘
清光緒二年（1876）
24卷
       Or. Micr. 473/1

4229
藝苑捃華
（清）顧之逵
務本堂
清同治七年（1868）
第1－2、4函（殘本）
       15256.d.7

4230
述古叢鈔
（清）劉晚榮
藏修書屋
清同治九年（1870）、十三年（1874）
4冊，4集，存第1－2集
       15314.a.3

4231
札樸
（清）桂馥
清嘉慶十八年（1813）
10卷
       15318.a.4

4232
冷廬雜識
（清）陸以湉
清道光六年（1826）
8卷
       15331.c.13

4233
塗說
（清）繆艮
如此草堂
清道光八年（1828）
4卷
       15331.c.11

4234
談徵
（清）外方山人
清道光三十年（1850）
1套，4本
       15256.d.6

4235
讀書樂
（清）黃自元
清道光二十年（1840）？
8頁
       15229.a.38

4236
得一錄
（清）余治
愛育善堂：廣州
清同治十年（1871）
1冊，16卷
       15113.c.1

4237
餘墨偶談
(清)孫橒
雙峰書屋:北京
清同治十二年(1873)
8卷
      15313.a.5

4238
菽園著書三種
(清)邱煒萲
中華印務總局:香港
清光緒二十三年(1897)
8冊
      15313.a.3

4239
靈言蠡勺
(意大利)畢方濟、(明)徐光啓
FRANCISCO SAMBIASI
清乾隆十五年(1750)?
僅存卷1
      15118.c.20

4240
千字文
(南朝梁)周興嗣
清咸豐八年(1858)
6部分
      15229.c.13

4241
三千字文合訂
(南朝梁)周興嗣
清光緒四年(1878)
40頁
      15229.c.12

4242
千字文釋義
(南朝梁)周興嗣著、(宋)孫謙益注
清嘉慶五年(1800)?

4243
千字文釋句
(南朝梁)周興嗣

4244
千字文注釋
(南朝梁)周興嗣著、(宋)胡元質注
清嘉慶二十五年(1820)?

4245
滿漢千字文
(南朝梁)周興嗣
京都奎璧齋、福賢堂、廣城同文堂
17世紀後半葉
1件
      Or.74.b.7

4246
滿漢千字文
(南朝梁)周興嗣
北京
清咸豐十年(1860)?
42頁
      15201.b.4

4247
千字文(英譯本)
Chinese School-Books. Ts'in-tsz-man
(南朝梁)周興嗣著、(德國)歐德理譯
ERNEST JOHN EITEL (translator)
《中國郵報》:香港
China Mail:Hong Kong

4248
千字文（德譯本）
Das Tsiän dsü wen, oder Buch von Tausend Wörtern
（南朝梁）周興嗣著、（德國）霍夫曼譯
JOHANN JOSEPH HOFFMANN（translator）
萊頓
Leiden
清道光二十年（1840）
27頁；35厘米
11094.e.1

4249
名物蒙求
（宋）方逢辰
清雍正十一年（1733）
29頁
15229.b.31/1

4250
成語考
（明）丘濬
華經堂
18世紀
2卷
15022.e.8

4251
成語考
（明）丘濬
永賢堂
約清嘉慶二十五年（1820）
清光緒十九年（1893）
26頁
11099.c.32

2卷
15229.c.24

4252
成語考（英譯本）
A Manual of Chinese Quotations, Being a Translation of the Ch'êng Yü k'ao
（明）丘濬著、（英國）駱任廷譯
JAMES HALDANE STEWART LOCKHART（translator）
別發書局：香港
Kelly & Walsh：Hong Kong
清光緒十九年（1893）
4頁，425頁，83頁
11098.a.2

4253
成語考（英譯本）
A Manual of Chinese Quotations, Being a Translation of the Ch'êng Yü k'ao
（明）丘濬著、（英國）駱任廷譯
JAMES HALDANE STEWART LOCKHART（translator）
別發書局：香港
Kelly & Walsh：Hong Kong
清光緒二十九年（1903）
8頁，645頁，118頁；25厘米
11098.b.41

4254
新增幼學故事瓊林
（明）丘濬
五雲樓
清乾隆二十五年（1760）
1冊，4卷
15022.e.9

子　部

4255
新增幼學故事瓊林
（明）丘濬
清嘉慶元年（1796）
4卷
15022.b.3

4256
新增幼學故事瓊林
（明）丘濬
福文堂：廣州
清道光十三年（1833）
4卷
15022.e.11

4257
增補幼學故事尋源直解
（明）丘濬
文源堂
約清嘉慶二十五年（1820）
10卷
15022.e.7

4258
幼學故事尋源直解
（明）丘濬
清同治九年（1870）？
10卷
15022.b.4

4259
幼學句解
（明）丘濬
恒德堂：廣州
清道光十八年（1838）
4卷
15229.b.15

4260
幼學須知句解
（明）丘濬
善成堂
清乾隆五十五年（1790）？
4卷
15022.e.19

4261
幼學須知句解
（清）程允升
清同治二年（1863）
1冊,4卷
15022.e.5

4262
龍文鞭影
（明）蕭良有
種福堂
約明崇禎十五年（1642）（據序）
2卷,5頁,64頁,66頁
15323.a.19

4263
龍文鞭影
（明）蕭良有
治經堂
清光緒十八年（1892）
2冊,4卷及索引7頁
有翟理斯（H. A. Giles）手寫的評論、索引。
Or.13519

4264
典故
清乾隆五十五年（1790）？
存卷2-4

4265
典林瑯環
清乾隆十五年(1750)？
存卷7－18

4266
往來帖式
寫本
清乾隆五十五年(1790)？

4267
六部成語
北京
清乾隆六十年(1795)
6卷
15236.d.12

4268
改良婦孺三字書
(清)陳榮袞
英華書局：廣州
清光緒二十七年(1901)
2卷
15322.d.25

4269
改良繪圖四五字書
(清)陳榮袞
廣州
清光緒二十七年(1901)
17頁,10頁
15322.d.26

4270
二妙(《竹譜》《官子譜》)
(清)吳雲
約清嘉慶五年(1800)

1冊,2部分
15255.e.13

4271
宋元本行格表
(清)江標
清光緒二十三年(1897)
4冊,2部分;29厘米
15503.a.3

4272
中國聖賢要道類編
(清)董景安
華美書局：上海
清宣統二年(1910)
148頁
15317.a.9

4273
依樣葫蘆
(清)徐昂發
清嘉慶十八年(1813)
4卷
15348.a.6

4274
四種遺規摘鈔(《養正遺規》《訓俗遺規》《從政遺規》《教女遺規》)
(清)陳宏謀
勉行堂
清嘉慶十九年(1814)
1冊,4部分
15229.c.28

4275
啓蒙篇(中文、朝鮮文)
首爾？

子　部　　　　　　　　471

清光緒十六年（1890）？
46 頁
　　　　　　　　15260.b.3

4276
四字經文
（意大利）艾儒略
GIULIO ALENI
香港
清光緒十九年（1893）
65 頁
　　　　　　　　15200.c.53

4277
四字經文
（意大利）艾儒略
GIULIO ALENI
香港
清光緒二十四年（1898）
　　　　　　　　15200.aa.1

4278
入學圖說
朝鮮
明嘉靖二十四年（1545）
　　　　　　　　15229.b.20

報刊屬

4279
1813 年 3 月 2 日維新日報
印本
清嘉慶十八年（1813）
1 葉
　　　　　　Or.5896(Sheet 9)

4280
察世俗每月統記傳
（英國）米憐等
WILLIAM MILNE, etc.
馬六甲
清嘉慶二十年至道光二年（1815 – 1822）
第 1 – 6 卷
　　　　　　　　15298.b.10

4281
特選撮要每月紀傳
（英國）麥都思等
WALTER HENRY MEDHURST, etc.
巴達維亞
清道光三年（1823）
第 1 卷第 1 – 8、17 – 23 頁，各部分分別標頁碼
　　　　　　　　15298.b.2

4282
東西洋考每月統記傳
（德國）郭實臘等
CARL FRIEDRICH AUGUST GÜTZLAFF, etc.
新加坡和廣州
清道光十三年至十八年（1833 – 1838）
　　　　　　　　15298.b.4

4283
各國消息
（英國）麥都思等
WALTER HENRY MEDHURST, etc.
廣州
清道光十八年（1838）
1838 年 9 – 10 月兩期
　　　　　　　　15298.b.3

4284
京報(道光二十年十二月十八日)
稿本
清道光二十一年(1841)
1件
Add.14333

4285
邸報英譯
Translations from the Original Chinese, with Notes
(英國)馬禮遜譯注
ROBERT MORRISON (translator & annotator)
東印度公司出版社:廣州
The Honorable East India Company's Press: Canton
清嘉慶二十年(1815)
42頁;20厘米
多爲嘉慶年間《京報》公文的翻譯,末附兩首詩的翻譯。
11095.b.27(1)

4286
京報(1872-1899)翻譯
Translation of the Peking Gazette for 1872-1899
重印自《北華捷報和最高法庭與領事公報》:上海
Reprinted from the *North China Herald and Supreme Court and Consular Gazette*: Shanghai
清同治十二年至光緒二十六年(1873-1900)
共6册,每年約180頁,每册約800頁(第1册:1872-1876年;第2册:1877-1880年;第3册:1881-1884年;第4册:1885-1889年;第5册:1890-1893年;第6册:1894-1899年)
15235.b.3

4287
廣東探報
稿本
清道光二十三年(1843)
1册
Or.7404

4288
遐邇貫珍
(英國)麥都思等
WALTER HENRY MEDHURST, etc.
香港
清咸豐三年至六年(1853-1856)
第1卷第1-5期,第2卷第1-4期,第3卷第1-12期,第4卷第1-2、4-5期
15298.b.8

4289
遐邇貫珍
(英國)麥都思等
WALTER HENRY MEDHURST, etc.
香港
清咸豐五年至六年(1855-1856)
第3卷第3、7、9-12期,第4卷第1-2、4-5期
15298.b.43

4290
中外新報
(美國)瑪高溫等
DANIEL JEROME MACGOWAN, etc.
上海

子　部　　　473

清咸豐五年至七年(1855-1857)
第 2 卷第 2-3、19 期,第 3 卷第 2、12
期,第 4 卷第 1 期
　　　　　　　　　　　15298.b.5

4291
六合叢談
(英國)偉烈亞力等
ALEXANDER WYLIE, etc.
墨海書館:上海
清咸豐七年(1857)
第 1 卷第 1-13 期
　　　　　　　　　　　15298.a.45

4292
中國教會新報
(美國)林樂知等
YOUNG JOHN ALLEN, etc.
上海
清同治七年至十三年(1868-1874)
第 1-151、153、155、158-172、174-
175、177-182、184-218、221、224、
238、240-259、261-300 期
　　　　　　　　　　　15298.c.27

4293
教會新報
(美國)林樂知等
YOUNG JOHN ALLEN, etc.
上海
清同治七年至十三年(1868-1874)
第 1-3、5-6 卷;24 厘米×15 厘米
　　　　　　　　　　　15122.a.27

4294
七日鏡覽
清同治九年(1870)

僅 2 期
　　　　　　　　　　　15298.b.6

4295
瀛寰瑣紀
申報館:上海
清同治十一年(1872)
24 頁
　　　　　　　　　　　15298.a.49

4296
中西聞見錄
(美國)丁韙良等
WILLIAM ALEXANDER PARSONS MAR-
TIN, etc.
上海
清同治十一年至光緒元年(1872-
1875)
第 2-3、8、11、27-34、36 期
　　　　　　　　　　　15298.a.46

4297
申報
(英國)安納斯脫・美查等
ERNEST MAJOR, etc.
上海
清同治十一年(1872)、十二年(1886)、
十三年(1887)
第 3-243、4570-4652、4660-4724、
4732-4927、4929-5002 期
　　　　　　　　　　　O.P.549

4298
循環日報
Tsun Wan Yat Po
(清)王韜等
香港

清同治十三年(1874)
第 1－124 期
O.P.678

4299
舊金山唐人新聞紙
舊金山
清同治十三年至光緒元年(1874－1875)
第 1－46 期
15298.a.47

4300
華洋通聞
上海
清光緒三年(1877)
PP.9990.b

4301
萬國公報
(美國)林樂知等
YOUNG JOHN ALLEN, etc.
美華書館:上海
清同治十三年至光緒八年(1874－1882)
第 301－364、366－620、623－647、672－675 期
O.P.581

4302
益智新錄
(美國)林樂知等
YOUNG JOHN ALLEN, etc.
上海
清光緒二年至三年(1876－1877)
第 1－2 卷
15298.b.39

4303
格致彙編
(英國)傅蘭雅
JOHN FRYER
格致彙編館:上海
清光緒二年至七年(1876－1881)
第 1－4 冊
15298.c.26

4304
新報
上海法租界
清光緒三年至五年(1877－1879)、七年至八年(1881－1882)
第 34－367、370－661、663－664、666－992、1358、1364－1498、1500－1740 期
O.P.578

4305
甬報
(清)徐漪園等
美華書館:上海
清光緒七年(1881)
第 2－3 期
15298.b.41/1

4306
月報
中國聖教書會:上海
清光緒十年(1884)
第 9 卷第 11 期
15298.b.41/2

4307
畫圖新報
(美國)范約翰等
JOHN MARSHALL WILLOUGHBY FARN-

子　部　　　　　　　　475

HAM, etc.
上海
清光緒十年(1884)
第4卷第10期
　　　　　　　　　15298.a.50

4308
臺灣府縣教會報(1885-1886)
臺灣府
清光緒十三年(1887)
第1卷
　　　　　　　　　15298.a.41

4309
叻報
(清)葉季允等
新加坡
清光緒十三年至民國二十一年(1887-1932)
1887-1893、1895-1905/6、1905/9-1908/3、1912/2-1912/11、1913/1-1913/9、1913/11-1915/12、1916/7-1916/12、1917/2-1921/6、1921/10-1924/6、1924/8-1932/3
　　　　　　　　　O.P.592

4310
成童畫報
墨累等
D. S. MURRAY, etc.
廣學會:上海
清光緒十五年(1889)
第1卷第8期
　　　　　　　　　15322.f.43

4311
日報約選
(清)譚富園
中華印務總局:香港
清光緒十五年(1889)?
20頁
　　　　　　　　　15298.a.48

4312
星報
(清)林衡南等
古友軒:新加坡
清光緒十六年(1890)、十七年(1891)、十九年至二十五年(1893-1899)
第2-417、879-2875期
　　　　　　　　　O.P.591

4313
檳城新報
(馬來西亞)林花鑽等
檳城
Penang
清光緒二十一年至民國三十年(1895-1941)
1895/8-1898/12、1899/7-1901/6、1902/7-1903/6、1905/1-1908/3、1912/1-1913/9、1913/11-1924/1、1924/3-1926/2、1926/4-1929/7、1929/9、1932/7、1932/10-1941/10
　　　　　　　　　O.P.593

4314
中英商工機器時報
白來公司:倫敦
Pelham Press: London
清光緒二十二年至二十九年(1896-1903)
第1-2、4-13、16-21、24-33期
　　　　　　　　　15351.k.1

4315
中英商工機器時報
東方出版社：倫敦
Eastern Press：London
清光緒二十二年(1896)
第1卷第4期,第2卷第5-9期,第3卷第10-12期
15255.f.3

4316
知新報
(清)康廣仁、(清)何廷光等
澳門
清光緒二十三年至二十五年(1897-1899)
第1-47、52-66、86-88期
Or. Micr. 123-4, 295-6

4317
湘學報
(清)江標等
長沙
清光緒二十三年至三十四年(1897-1908)
第1-45期
Or. Micr. 129-130

4318
醫學報
(清)尹端模等
文裕堂：香港
清光緒二十四年(1898)
第1卷第1期
15253.a.18

4319
日新報
(新加坡)林文慶等
新加坡
清光緒二十六年至二十七年(1900-1901)
O.P.612

4320
浙江潮
(清)浙江同鄉會
清光緒二十九年(1903)
第1-10期
Or. Micr. 120-121

4321
江蘇
(清)江蘇同鄉會
清光緒二十九年至三十年(1903-1904)
第1-12期
Or. Micr. 122-123

4322
月月小說
(清)吳趼人等
上海
清光緒三十二年至三十三年(1906-1907)
第1-12期
Or. Micr. 288-9

4323
小說林
(清)黃人等
上海
清光緒三十三年至三十四年(1907-1908)
第1-12期
Or. Micr. 127-128

子　部　　　　　　　　　　　　477

4324
中外日報
（清）汪康年等
上海
清光緒三十四年（1908）
第 3611－3732 期（9－12 月）
　　　　　　　　　　O.P.580

4325
四州日報
吉隆坡
清宣統二年（1910）
第 2－60 期（殘缺）
　　　　　　　　　　O.P.670

4326
商務官報
（清）章宗祥等
農工商部：北京
清宣統二年（1910）
第 3 期
　　　　　　　　　　15258.b.7

4327
國學叢刊
（清）羅振玉等
北京
清宣統三年（1911）
第 1－3 期
　　　　　　　　　　15348.c.13

4328
砭羣叢報
廣州
清宣統三年（1911）
第 1－5 卷
　　　　　　　　　　15038.a.15

4329
英吉利每月雜記傳的通報
1 葉
　　　　　　　　Or.5896（Sheet 34）

4330
華差報與廣東鈔報
Chinese Courier and Canton Gazette
廣州
Canton
清道光十一年至十二年（1831－1832）
第 2－18、20－23、26－27、31－32、34－36 期
　　　　　　　　　　15235.cc.46

4331
中國叢報（英文期刊）
The Chinese Repository
（美國）裨治文等
ELIJAH COLEMAN BRIDGMAN, etc.
廣州
Canton
清道光十七年至二十年（1837－1840）
第 6－9 卷（1837－1840 年）
　　　　　　　　　　11093.b.1

4332
飛龍報篇（英文）
The Flying Dragon Reporter
（英國）申雅客等
G. STREET, etc.
倫敦
London
清同治五年（1866）、六年（1867）、七年（1868）、八年（1869）、九年（1870）
第 1－12、28 期
　　　　　　　　　　O.P.711

4333
通報（外文）
T'oung Pao, Archives pour Servir à l'Étude de l'Histoire, des Langues, de la Géographie, et de l'Ethnographie de l'Asie Orientale
（荷蘭）施古德、（法國）考狄
GUSTAAF SCHLEGEL & M. HENRI CORDIER
布里爾出版社：萊頓
E. J. Brill：Leide
清光緒十六年（1890）
卷1,8頁
        11098.b.2

4334
華英會通（英文期刊）
Mesny's Chinese Miscellany
（英國）麥士尼
WILLIAM MESNY
上海
Shanghai
清光緒二十二年至三十一年（1896 - 1905）
        11094.b.1

4335
法中友好協會簡報
Bulletin de l'Association Amicable Franco-Chinoise
巴黎
Paris
清光緒三十三年至民國五年（1907 - 1916）
第1-7卷
        15235.b.1

海外中華古籍書志書目叢刊

英國國家圖書館藏
中文古籍目録【下册】

廖可斌　王惠明　高虹飛　林旭文　編著

國家圖書館出版社

子　部

叢書類

4336
説郛
（明）陶宗儀輯
南明隆武二年（1646）
120卷，僅存卷31、37
　　　　　　　　　　15297.a.5

賈氏談錄　（宋）張洎
剡溪野語　（宋）程正敏
曲洧舊聞　（宋）朱弁
誠齋雜記　（元）林坤
春渚紀聞　（宋）何薳
茅亭客話　（宋）黃休復
衣冠盛事　（唐）蘇特
蔣氏日錄　（宋）蔣穎叔
姚氏殘語　（宋）姚寬

4337
五雅全書
（明）郎奎金輯
堂策檻：杭州
明天啓六年（1626）
1冊，5部分
　　　　　　　　　　15346.b.4

爾雅
小爾雅　（秦）孔鮒
逸雅（即《釋名》，郎氏改題）　（東漢）劉熙
廣雅　（三國魏）張揖
埤雅　（宋）陸佃

4338
古今説海
（明）陸楫輯

儼山書院：松江
明嘉靖二十三年（1544）
7冊
　　　　　　　　　　15297.a.1-4

説選1　北征錄　（明）金幼孜
説選3　溪蠻叢笑　（宋）朱輔
説選4　遼志　（宋）葉隆禮
説選4　金志　（宋）宇文懋昭
説選5　北邊備對　（宋）程大昌
説選5　蒙韃備錄　（宋）孟珙
説選6　桂海虞衡志　（宋）范成大
説選8　西使記　（元）劉郁
説選10　星槎勝覽　（明）費信
説選　江南別錄　（宋）陳彭年
説選　北轅錄　（宋）周煇
説選　真臘風土記　（元）周達觀
説選　平夏錄　（明）黃標
説選　三楚新錄　（宋）周羽翀
説淵1　洛神傳　（唐）裴鉶
説淵1　靈應傳　佚名
説淵1　夢游錄　（唐）陳翰
説淵2　李章武傳　（唐）李景亮
説淵2　杜子春傳　（唐）李復言
説淵3　裴伷先別傳　（唐）牛肅
説淵3　李林甫外傳　（唐）盧肇
説淵3　少室仙姝傳　（唐）裴鉶
説淵3　遼陽海神傳　或題（明）蔡羽
説淵4　鄴侯外傳　佚名
説淵4　張無頗傳　（唐）裴鉶
説淵4　蚍蜉傳　（唐）李玫
説淵5　洛陽獵記　（唐）皇甫枚
説淵5　獨孤穆傳　（唐）陳翰
説淵5　唐晅手記　（唐）唐晅
説淵6　李衛公別傳　（唐）李復言
説淵6　陸顒傳　（唐）張讀
説淵6　齊推女傳　（唐）牛僧孺
説淵7　睦仁蒨傳　（唐）唐臨
説淵7　聶隱娘傳　（唐）裴鉶
説淵7　蔣子文傳　（唐）羅鄴

說淵8	李清傳 （唐）薛用弱		說略	山房隨筆 （元）蔣子正
說淵8	柳參軍傳 （唐）溫庭筠		說略	錢氏私志 （宋）錢愐
說淵8	薛昭傳 （唐）裴鉶		說纂1	漢武故事 （東漢）班固
說淵8	竇玉傳 （唐）李復言		說纂2	煬帝迷樓記
說淵9	人虎傳 （唐）張讀		說纂2	煬帝海山記
說淵9	柳歸舜傳 （唐）牛僧孺		說纂2	煬帝開河記
說淵9	馬自然傳 （五代）沈汾		說纂2	艮嶽記 （宋）張淏
說淵9	知命錄 （唐）牛僧孺		說纂3	江行雜錄 （宋）廖瑩中
說淵9	巴西侯傳 （唐）張讀		說纂5	虛谷閑鈔 （元）方回
說淵9	竇應錄 （唐）蘇鶚		說纂5	蓼花洲閑錄 （宋）高文虎
說淵9	白蛇記 （唐）鄭還古		說纂7	北里誌 （唐）孫棨
說淵9	求心錄 （唐）張讀		說纂8	雜纂 （唐）李商隱
說淵10	海陵三仙傳 佚名，或題（宋）王禹錫		說纂8	損齋備忘錄 （明）梅純
說淵10	小金傳 （唐）陳劭		說纂9	復辟錄 （明）楊瑄
說淵10	山莊夜怪錄 （唐）裴鉶		說纂22	靖難功臣錄 （明）佚名
說淵	震澤龍女傳 （唐）張說		說纂23	備遺錄 （明）張芹
說淵	張遵言傳 （唐）鄭還古		說纂	行營雜錄 （宋）趙葵
說淵	中山狼傳 （唐）姚合		說纂	養痾漫筆 （宋）趙溍
說淵	魚服記 （唐）李復言			
說淵	玉壺記 （唐）裴鉶			

4339
古今說海
(明)陸楫輯
上海
清宣統元年(1909)
4冊
　　　　　　　　　　　　15403.a.2

4340
格致叢書
(明)胡文煥輯
明萬曆二十四年(1596)
2冊
　　　　　　　　　　　　15258.b.2

4341
六子全書
(明)顧春輯
世德堂：蘇州

說略	朝野僉載 （唐）張鷟	
說略	朝野遺記 佚名	
說略	三水小牘 （唐）皇甫枚	
說略	撫掌錄 （宋）邢居實	
說略	墨客揮犀 （宋）彭乘	
說略	話腴 （宋）陳郁	
說略	諧史 （宋）沈俶	
說略	遂昌山樵雜錄 （宋）鄭元祐	
說略	宣政雜錄 （宋）江萬里	
說略	昨夢錄 （宋）康與之	
說略	孔氏雜說 （宋）孔平仲	
說略	古杭雜記 （元）李有	
說略	瀟湘錄 （唐）李隱	
說略	霏雪錄 （明）鎦績	
說略	睽車志 （宋）郭彖	
說略	蒙齋筆談 （宋）鄭景望	
說略	談藪 （宋）龐元英	
說略	碧湖雜記 （宋）謝枋得	
說略	三朝野史 佚名	

子　部　　　481

明嘉靖十二年(1533)
30冊,合訂爲7本,缺王通《中説》
　　　　　　　　　　Or. 74. a. 2

　道德經　（春秋）李耳著、（戰國）河上公章
　　句　2卷
　南華真經　（戰國）莊周著、（晋）郭象注、
　　（唐）陸德明音義　10卷
　冲虚至德真經　（戰國）列禦寇著、（晋）張
　　湛注、（唐）殷敬順釋文　8卷
　荀子　（戰國）荀況著、（唐）楊倞注　20卷
　新纂門目五臣音注揚子法言　（西漢）揚雄
　　撰,（晋）李軌、（唐）柳宗元注、（宋）宋
　　咸、（宋）吳秘添注、（宋）司馬光添注
　　10卷

4342
諸子彙函
題（明）歸有光輯
明天啓五年(1625)
4冊,26卷
　　　　　　　　　　15314. c. 2

4343
周秦十一子（《周秦十一子評選》）
（明）秦駿生輯
明崇禎十一年(1638)？（序署:戊寅）
2冊,11部分
　　　　　　　　　　15314. c. 3

　道德經　（春秋）李耳
　管子　（春秋）管仲
　孫子　（春秋）孫武
　冲虚真經　（戰國）列禦寇
　莊子　（戰國）莊周
　鶡冠子　（戰國）鶡冠子
　商子　（戰國）商鞅
　公孫龍子　（戰國）公孫龍
　荀子　（戰國）荀況

　韓子　（戰國）韓非
　呂子　（戰國）呂不韋

4344
百家類纂
（明）沈津
約清嘉慶五年(1800)
4冊,37卷,48種書
　　　　　　　　　　15314. a. 2

　卷1　家語　（三國魏）王肅
　卷2　國語　（春秋）左丘明
　卷3　晏子春秋　（春秋）晏嬰
　卷3　孔叢子　（秦）孔鮒
　卷3　新語　（西漢）陸賈
　卷4　荀子　（戰國）荀況
　卷5　新書　（西漢）賈誼
　卷5　春秋繁露　（西漢）董仲舒
　卷6　韓詩外傳　（西漢）韓嬰
　卷7　新序　（西漢）劉向
　卷8　鹽鐵論　（西漢）桓寬
　卷11　郁離子　（明）劉基
　卷11　龍門子　（明）宋濂
　卷12　說林　（明）張時徹
　卷13　道德經　（春秋）李耳
　卷14　冲虚真經　（戰國）列禦寇
　卷14-15　南華真經　（戰國）莊周
　卷16　關尹子　（春秋）關尹喜
　卷16　亢倉子　（春秋）庚桑楚
　卷16　抱朴子　（晋）葛洪
　卷17　鶡冠子　（戰國）鶡冠子
　卷17　陰符經　舊題黃帝
　卷18　素書　（秦）黃石公
　卷18　玄真子　（唐）張志和
　卷18　化書　（五代）譚峭
　卷18　天隱子　（唐）天隱子（或以爲司馬
　　承禎）
　卷19　無能子　（唐）無能子
　卷19　玉華子　（明）盛端明
　卷20-21　管子　（春秋）管仲

卷22	韓非子 （戰國）韓非	玉振 （明）昌巖 1卷
卷24	公孫龍子 （戰國）公孫龍	郎川答問 （明）余常吉 1卷
卷24	鄧子 （春秋）鄧析	七幅庵 （明）傅遠度 1卷
卷24	大道 （戰國）尹文	九發 （明）支華平 1卷
卷25	墨子 （戰國）墨翟	錢罾 （明）支華平 1卷
卷26	鬼谷子 （戰國）鬼谷子	客齋使令 （明）俞僧蜜 1卷
卷26	說苑 （西漢）劉向	雅俗辨 （明）黃孟威 1卷
卷27	戰國策 （西漢）劉向	書史紀原 （明）夏浸之 1卷
卷28	鶡子 （商）鶡熊	畫塵 （明）沈顥 1卷
卷28-29	呂氏春秋 （戰國）呂不韋	頂門針 （明）徐象石 1卷
卷30	淮南子 （西漢）劉安	德山暑譚 （明）袁宏道 1卷
卷33-35	論衡 （東漢）王充	閑情十二憮 （明）蘇士琨 1卷
卷36	白虎通 （東漢）班固	鴛鴦譜 （明）衛泳 1卷
卷36	劉子 （北朝齊）劉晝	姝聯 （明）周守忠 1卷
卷36	風俗通 （東漢）應劭	惑溺供 （明）林子元 1卷
卷37	子華子 （戰國）子華子	雙門調 （明）鄭元夫 1卷

4345
快書
（明）閔景賢
明天啓六年(1626)
6冊,合訂為1本,50卷,50種

15331.e.2

秋濤 （明）王聖俞 1卷
光明藏 （明）倪允昌 1卷
晋塵 （明）雙清 1卷
螢燈 （明）無如子 1卷
月鏡 （明）佚名 1卷
譚輅 （明）張鳳翼 1卷
白雲梯 （明）李何事 1卷
驚筵辨 （明）張虞侯 1卷
鑑古瑣譚 （明）徐以清 1卷
黃辭 （明）黃俞言 1卷
綠雪亭雜言 （明）敖英 1卷
竹窗合筆 （明）釋袾宏 1卷
雅述 （明）王廷相 1卷
枕餘 （明）徐汝廉 1卷
存論 （明）天台野人 1卷
環碧齋小言 （明）祝世祿 1卷

含少論略 （明）葛見堯 1卷
擬易 （明）張武略 1卷
石桃丙舍草 （明）蔣若椰 1卷
史遺 （明）丘兆麟 1卷
書憲 （明）吳季子 1卷
讀書通 （明）孫伯觀 1卷
諸子尉淑 （明）朱君復 1卷
觀老莊影響論 （明）釋德清 1卷
測莊 （明）石人隱士 1卷
草木子 （明）葉子奇 1卷
交友觀 （明）吳從先 1卷
花案 （明）何仙郎 1卷
十處士傳 （明）支立 1卷
奕律 （明）王思任 1卷
五嶽臥游 （明）俞瞻白 1卷
文苑四史 （明）鍾泰華 1卷
法檻 （明）閔景賢纂 1卷
才鬼記 （唐）鄭賁 1卷

4346
四秘全書十二種
（明）蔣平階輯
清咸豐三年(1853)
14卷

15258.d.16

子　部　　　　　　　　　　483

4347
徐位山六種
（清）徐文靖
清光緒二年（1876）
　　　　　　　　　　15269.b.8

4348
徐位山六種
（清）徐文靖
清光緒二年（1876）
24 冊
　　　　　　　　　　15316.e.23

　15316.e.23/1　天下山河兩戒考　5 冊,14
　　卷;27 厘米
　15316.e.23/3　禹貢會箋　3 冊,12 卷;27
　　厘米
　15316.e.23/4　管城碩記　9 冊,30 卷;27
　　厘米
　15316.e.23/6　詩賦全集　90 頁;27 厘米

4349
皇清經解
（清）阮元
學海堂:廣州
清道光九年（1829）
40 冊,1400 卷
　　　　　　　　　　15222.a

　卷 1 - 19
　　左傳杜解補正　顧炎武　3 卷
　　音論　顧炎武　1 卷
　　易音　顧炎武　3 卷
　　詩本音　顧炎武　10 卷
　　日知錄　顧炎武　2 卷
　卷 20 - 26
　　四書釋地　閻若璩　4 卷
　　孟子生卒年月考　閻若璩　1 卷

　　潛邱劄記　閻若璩　2 卷
　卷 27 - 47
　　禹貢錐指　胡渭　21 卷
　卷 48 - 59
　　學禮質疑　萬斯大　2 卷
　　學春秋隨筆　萬斯大　10 卷
　卷 60 - 89
　　毛詩稽古編　陳啓源　30 卷
　卷 90 - 189
　　仲氏易　毛奇齡　30 卷
　　春秋毛氏傳　毛奇齡　36 卷
　　春秋簡書刊誤　毛奇齡　2 卷
　　春秋屬比事記　毛奇齡　4 卷
　　經問　毛奇齡　15 卷
　　論語稽求篇　毛奇齡　7 卷
　　四書賸言　毛奇齡　6 卷
　卷 190 - 193
　　詩說　惠周惕　4 卷
　卷 194
　　湛園札記　姜宸英　4 卷
　卷 195 - 204
　　經義雜記　臧才琳　10 卷
　卷 205 - 206
　　解春集　馮經景　2 卷
　卷 207
　　尚書地理今釋　蔣廷錫　1 卷
　卷 208 - 242
　　易說　惠士奇　6 卷
　　禮說　惠士奇　14 卷
　　春秋說　惠士奇　15 卷
　卷 243
　　白田草堂存稿　王懋竑　1 卷
　卷 244 - 270
　　周易疑義舉要　江永　7 卷
　　深衣考誤　江永
　　春秋地理考實　江永　4 卷
　　群經補義　江永　10 卷
　　鄉黨圖考　江永　10 卷
　卷 271 - 287
　　儀禮章句　吳廷華　17 卷

卷 288 – 301
　　觀象授時　秦蕙田　14 卷
卷 302 – 308
　　經史問答　全祖望　7 卷
卷 309
　　質疑　杭世駿
卷 310 – 315
　　注疏考證　齊召南　6 卷
卷 316 – 329
　　周官祿田考　沈彤　3 卷
　　尚書小疏　沈彤
　　儀禮小疏　沈彤
　　春秋左傳小疏　沈彤
　　果堂集　沈彤
卷 330 – 374
　　周易述　惠棟　21 卷
　　古文尚書考　惠棟
　　春秋左傳補注　惠棟　6 卷
　　九經古義　惠棟　16 卷
卷 375 – 387
　　春秋正辭　莊存與　13 卷
卷 388 – 389
　　鐘山札記　盧文弨
　　龍城札記　盧文弨
卷 390 – 403
　　尚書集注音疏　江聲　14 卷
卷 404 – 438
　　尚書後按　王鳴盛　31 卷
　　周禮軍賦說　王鳴盛　4 卷
卷 439 – 448
　　十駕齋養新錄　錢大昕　4 卷
　　潛研堂文集　錢大昕　6 卷
卷 449 – 484
　　四書考異　翟灝　36 卷
卷 485 – 490
　　尚書釋天　盛百二　6 卷
卷 491 – 494
　　讀書脞錄　孫志祖　4 卷
卷 495 – 503
　　弁服釋例　任大椿　8 卷

　　釋繒　任大椿
卷 504 – 523
　　爾雅正義　邵晉涵　20 卷
卷 524 – 553
　　宗法小記　程瑤田
　　儀禮喪服足徵記　程瑤田　10 卷
　　釋宮小記　程瑤田
　　考工創物小記　程瑤田　4 卷
　　磬折古義　程瑤田
　　溝洫疆理小記　程瑤田
　　禹貢三江考　程瑤田　3 卷
　　水地小記　程瑤田
　　解字小記　程瑤田
　　聲律小記　程瑤田
　　九穀考　程瑤田
　　釋草小記　程瑤田
　　釋蟲小記　程瑤田
卷 554 – 556
　　禮箋　金榜　3 卷
卷 557 – 566
　　毛鄭詩考正　戴震　4 卷
　　詩經補注　戴震　2 卷
　　考工記圖　戴震　2 卷
　　東原集　戴震　2 卷
卷 567 – 666
　　古文尚書撰異　段玉裁　33 卷
　　毛詩故訓傳　段玉裁　30 卷
　　詩經小學　段玉裁　4 卷
　　周禮漢讀考　段玉裁　6 卷
　　儀禮漢讀考　段玉裁
　　說文解字注　段玉裁　15 卷
　　六書音均表　段玉裁　11 卷
　　經韻樓集　段玉裁　10 卷
卷 667 – 678
　　廣雅疏証　王念孫　10 卷
　　讀書雜志　王念孫　2 卷
卷 679 – 716
　　春秋公羊通義　孔廣森　13 卷
　　禮學卮言　孔廣森　6 卷
　　大戴禮記補注　孔廣森　13 卷

子　部

卷 717－718
　　經學卮言　孔廣森　6 卷
卷 719－726
　　溉亭述古錄　錢塘　2 卷
卷 727－734
　　群經識小　李惇　8 卷
卷 735－774
　　經讀考異　武億　8 卷
　　尚書今古文注疏　孫星衍　39 卷
　　問字堂集　孫星衍
卷 775－783
　　儀禮釋官　胡匡衷　9 卷
卷 784－797
　　禮經釋例　凌廷堪　13 卷
　　校禮堂文集　凌廷堪
卷 798
　　劉氏遺書　劉台拱
卷 799－802
　　述學　汪中　2 卷
　　經義知新錄　汪中
　　大戴禮正誤　汪中
卷 803－1074
　　曾子注釋　阮元　4 卷
　　周易校勘記　阮元　11 卷
　　尚書校勘記　阮元　22 卷
　　毛詩校勘記　阮元　10 卷
　　周禮校勘記　阮元　14 卷
　　儀禮校勘記　阮元　18 卷
　　禮記校勘記　阮元　67 卷
　　春秋左氏傳校勘記　阮元　42 卷
　　春秋公羊傳校勘記　阮元　12 卷
　　春秋穀梁傳校勘記　阮元　13 卷
　　論語校勘記　阮元　11 卷
　　孝經校勘記　阮元　4 卷
　　爾雅校勘記　阮元　8 卷
　　孟子校勘記　阮元　16 卷
　　車制圖解　阮元　2 卷
　　鐘鼎彝器欵識　阮元　2 卷
　　疇人傳　阮元　9 卷
　　揅經室文集　阮元　7 卷

卷 1075－1076
　　撫本禮記鄭注考異　張敦仁
卷 1077－1165
　　易章句　焦循　11 卷
　　易通釋　焦循　20 卷
　　易圖略　焦循　8 卷
　　孟子正義　焦循　6 卷
　　周易補疏　焦循　2 卷
　　尚書補疏　焦循　2 卷
　　毛詩補疏　焦循　5 卷
　　禮記補疏　焦循　3 卷
　　春秋左傳補疏　焦循　5 卷
　　論語補疏　焦循　2 卷
卷 1166－1169
　　周易述補　江藩　4 卷
卷 1170－1178
　　拜經日記　臧庸
　　拜經文集　臧庸
卷 1179
　　瞥記　梁玉繩
卷 1180－1217
　　經義述聞　王引之
　　經傳釋詞　王引之
卷 1218－1247
　　周易虞氏義　張惠言　9 卷
　　周易虞氏消息　張惠言　2 卷
　　虞氏易禮　張惠言　2 卷
　　周易鄭氏義　張惠言　2 卷
　　周易荀氏九家義　張惠言
　　易義別錄　張惠言　14 卷
卷 1248－1254
　　五經異義疏証　陳壽祺　3 卷
　　左海經辨　陳壽祺　2 卷
　　左海文集　陳壽祺　2 卷
卷 1255－1256
　　鑑止水齋集　許宗彥
卷 1257－1276
　　爾雅義疏　郝懿行　20 卷
卷 1277－1279
　　春秋左傳補注　馬宗璉

卷 1280 – 1298
　　公羊何氏釋例　劉逢祿　10 卷
　　公羊何氏解詁箋　劉逢祿　1 卷
　　發墨守評　劉逢祿　1 卷
　　穀梁廢疾申何　劉逢祿　2 卷
　　左氏春秋考證　劉逢祿　2 卷
　　箴膏肓評　劉逢祿　1 卷
　　論語述何　劉逢祿　2 卷
卷 1299 – 1302
　　燕寢考　胡培翬
　　研六室雜著　胡培翬
卷 1303 – 1317
　　春秋異文箋　趙坦
　　寶甓齋札記　趙坦
　　寶甓齋文集　趙坦
卷 1318 – 1321
　　夏小正疏義　洪震煊
卷 1322
　　秋槎雜記　劉履恂
卷 1323 – 1326
　　吾亦廬稿　崔應榴
卷 1327
　　論語偶記　方觀旭
卷 1328
　　經書算學天文考　陳懋齡
卷 1329 – 1330
　　四書釋地辨證　宋翔鳳　2 卷
卷 1331 – 1354
　　毛詩紬義　李黼平　24 卷
卷 1355 – 1359
　　公羊禮說　凌曙
　　禮說　凌曙
卷 1360
　　孝經義疏　阮福　1 卷
卷 1361 – 1368
　　經傳考證　朱彬　8 卷
卷 1369
　　甓齋遺稿　劉玉麐
卷 1370
　　說緯　王崧

卷 1371 – 1400
　　經義叢鈔　嚴傑輯　30 卷

4350
皇清經解
(清)阮元
學海堂：廣州
清咸豐十年(1860)
僅 1 部分(卷 405 – 428)；25 厘米
　　　　　　　　　　　　15199.a

4351
漢魏二十一家易注
(清)孫堂輯
清嘉慶四年(1799)
1 冊，含 21 家注
　　　　　　　　　　　　15212.c.11

　　易傳　　　(春秋)卜子夏
　　周易章句　(西漢)孟喜
　　周易章句　(西漢)京房
　　周易注　　(東漢)馬融
　　周易注　　(東漢)荀爽
　　周易注　　(東漢)鄭玄
　　周易章句　(東漢)劉表
　　周易注　　(東漢)宋衷
　　周易述　　(東漢)陸績
　　周易章句　(三國魏)董遇
　　周易注　　(三國魏)虞翻
　　周易注　　(三國魏)王肅
　　周易注　　(三國吳)姚信
　　周易注　　(晋)王廙
　　周易集解　(晋)張璠
　　周易義　　(晋)向秀
　　周易注　　(晋)干寶
　　蜀才周易注　(晋)范長生
　　周易義　　(晋)翟元
　　九家易解　(晋)佚名
　　周易義疏　(晋)劉瓛

子　部

4352
廿二子全書
（清）王纕堂輯
棠蔭館
清道光十三年（1833）
1 冊，第 1-2、4 部分
15318.c.9

4353
廿二子全書（《尹文子》至《素書》）
（清）王纕堂輯
約清道光十五年（1835）
第 2 部分
15113.c.9

4354
二十二子
（清）浙江書局輯
清光緒元年至三年（1875-1877）
8 函
15256.e.1

4355
十子全書
（清）王子興輯
清嘉慶九年（1804）
10 冊
15318.c.8

　　道德經評注　（戰國）河上公評注　2 卷
　　南華真經　（戰國）莊周　10 卷
　　荀子　（戰國）荀況　20 卷
　　冲虛至德真經　（戰國）列禦寇　8 卷
　　管子　（春秋）管仲　24 卷
　　韓非子　（戰國）韓非　20 卷
　　淮南子　（西漢）劉安　21 卷
　　法言　（西漢）揚雄　10 卷
　　中說　（隋）王通　10 卷
　　鶡冠子　（戰國）鶡冠子　3 卷

4356
四雪草堂堅瓠集
（清）褚人穫輯
清康熙二十九年至三十九年（1690-1700）
5 冊，66 卷
15333.c.8

4357
檀几叢書
（清）王晫輯
霞舉堂
清康熙三十四年至三十六年（1695-1697）
3 冊，50 卷，50 卷，2 卷
15315.b.2

4358
昭代叢書
（清）張潮輯
清康熙三十六年至四十二年（1697-1703）
第 1-3 部分
15312.e.6

　1　漢魏石經考　萬斯同
　2　唐宋石經考　萬斯同
　3　五經今文古文考　吳陳琰
　4　聖諭樂本解說　毛奇齡
　5　春秋日食質疑　吳守一
　6　檀弓訂誤　毛奇齡
　7　三年服制考　毛奇齡
　8　讀史管見　王轂
　9　乾清門奏對記　湯斌
　10　松亭行紀　高士奇

11	扈從西巡日錄 高士奇	
12	塞北小鈔 高士奇	
13	北嶽歷祀考 劉師峻	
14	聖節會約 郭存會	
15	荊園小語 申涵光	
16	荊園進語 申涵光	
17	格言僅錄 王仕雲	
18	宗規 鍾于序	
19	戒淫錄 姚廷傑	
20	學語雜篇 沈思倫	
21	觀物篇 石龐	
22	古國都今郡縣合考 閔麟嗣	
23	周末列國有今郡縣考 閔麟嗣	
24	黃山史概 陳鼎	
25	臺灣隨筆 徐懷祖	
26	寧古塔志 方拱乾	
27	峒溪纖志志餘 陸次雲	
28	滇黔土司婚禮記 陳鼎	
29	身易 唐彪	
30	切字釋疑 方中履	
31	西河詩話 毛奇齡	
32	詞話 徐釚	
33	賓告 葉奕苞	
34	廣錢譜 張延世	
35	諺說 毛先舒	
36	醉鄉約法 葉奕苞	
37	練閱火器陣記 薛熙	
38	內家拳法 黃百家	
39	貫虱心傳 紀鑑	
40	捕蝗考 陳芳生	
41	放生會約 吳陳琰	
42	文苑異稱 王晫	
43	思舊錄 靳治荊	
44	知我錄 梅庚	
45	瓊花志 朱顯祖	
46	百花彈詞 錢濤	
47	徐園秋花譜 吳舒鳧	
48	吳蕈譜 吳林	
49	鵪鶉譜 程石麟	
50	續蟹譜 褚人穫	

4359

小四書

（清）陸隴其輯

清雍正十一年（1733）

1冊,5卷

15229.b.31

4360

小四書

（清）陸隴其輯

清道光二十五年（1845）

1冊,6卷

15229.b.2

卷1 名物蒙求 （宋）方逢辰
卷2 性理字訓 （宋）程若庸
卷3 歷代蒙求 （元）陳櫟
卷4－5 史學提要 （宋）黃繼善
卷6 史學提要補 （清）左輝春

4361

可儀堂百二十名家制義

（清）俞長城輯

清康熙三十八年（1699）？

5冊,30卷

15317.b.1

1	王半山稿	（宋）王安石
2	蘇穎濱稿	（宋）蘇轍
3	楊誠齋稿	（宋）楊萬里
4	陸象山稿	（宋）陸九淵
5	陳君舉稿	（宋）陳傅良
6	汪六安稿	（宋）汪立信
7	文文山稿	（宋）文天祥
8	于廷益稿	（明）于謙
9	薛敬軒稿	（明）薛瑄
10	商素庵稿	（明）商輅
11	陳白沙稿	（明）陳獻章

12	岳蒙泉稿	（明）岳正		52	許敬庵稿	（明）許孚遠
13	王宗貫稿	（明）王恕		53	歸震川稿	（明）歸有光
14	邱仲深稿	（明）丘濬		54	胡思泉稿	（明）胡友信
15	李西涯稿	（明）李東陽		55	鄧定宇稿	（明）鄧以讚
16	羅一峰稿	（明）羅倫		56	黃葵陽稿	（明）黃洪憲
17	林亨大稿	（明）林瀚		57	孫月峰稿	（明）孫鑛
18	吳匏庵稿	（明）吳寬		58	趙儕鶴稿	（明）趙南星
19	王守溪稿	（明）王鏊		59	馮具區稿	（明）馮夢禎
20	謝木齋稿	（明）謝遷		60	楊貞復稿	（明）楊起元
21	錢鶴灘稿	（明）錢福		61	顧涇陽稿	（明）顧憲成
22	顧東江稿	（明）顧清		62	鄒泗山稿	（明）鄒德溥
23	李崆峒稿	（明）李夢陽		63	萬二愚稿	（明）萬國欽
24	唐伯虎稿	（明）唐寅		64	湯若士稿	（明）湯顯祖
25	倫迂岡稿	（明）倫文敘		65	葉永溪稿	（明）葉修
26	王陽明稿	（明）王守仁		66	張魯叟稿	（明）張壽朋
27	董中峰稿	（明）董玘		67	錢季梁稿	（明）錢士鰲
28	顧未齋稿	（明）顧鼎臣		68	陶石簣稿	（明）陶望齡
29	唐虞佐稿	（明）唐龍		69	董思白稿	（明）董其昌
30	鄒謙之稿	（明）鄒守益		70	郝楚望稿	（明）郝敬
31	楊升庵稿	（明）楊慎		71	吳因之稿	（明）吳默
32	汪青湖稿	（明）汪應軫		72	顧開雍稿	（明）顧天埈
33	季彭山稿	（明）季本		73	孫淇澳稿	（明）孫慎行
34	崔東洲稿	（明）崔桐		74	黃貞父稿	（明）黃汝亨
35	陸冶齋稿	（明）陸鈛		75	許鍾斗稿	（明）許獬
36	唐荊川稿	（明）唐順之		76	張君一稿	（明）張以誠
37	羅念庵稿	（明）羅洪先		77	方孟旋稿	（明）方應祥
38	薛方山稿	（明）薛應旂		78	顧瑞屏稿	（明）顧錫疇
39	諸理齋稿	（明）諸燮		79	石季常稿	（明）石有恒
40	嵇川南稿	（明）嵇世臣		80	王房仲稿	（明）王士騏
41	張小越稿	（明）張元		81	章大力稿	（明）章世純
42	茅鹿門稿	（明）茅坤		82	文湛持稿	（明）文震孟
43	瞿昆湖稿	（明）瞿景淳		83	黃石齋稿	（明）黃道周
44	袁太冲稿	（明）袁福徵		84	艾千子稿	（明）艾南英
45	孫百川稿	（明）孫樓		85	凌茗柯稿	（明）凌義渠
46	王方麓稿	（明）王樵		86	羅文止稿	（明）羅萬藻
47	周萊峰稿	（明）周思兼		87	曹峨雪稿	（明）曹勳
48	陶朴庵稿	（明）陶澤		88	黎博庵稿	（明）黎元寬
49	海剛峰稿	（明）海瑞		89	金正希稿	（明）金聲
50	胡二溪稿	（明）胡定		90	楊維斗稿	（明）楊廷樞
51	王荊石稿	（明）王錫爵		91	左蘿石稿	（明）左懋第

92	楊維節稿	（明）楊以任
93	陳大士稿	（明）陳際泰
94	陳素庵稿	（清）陳之遴
95	包宜墾稿	（明）包爾庚
96	陳大樽稿	（明）陳子龍
97	金道隱稿	（明）金堡
98	黃陶庵稿	（明）黃淳耀
99	徐思曠稿	（明）徐方廣
100	錢吉士稿	（明）錢禧
101	劉覺岸稿	（清）劉思敬
102	劉克猷稿	（清）劉子壯
103	熊鍾陵稿	（清）熊伯龍
104	王邁人稿	（清）王庭
105	戚價人稿	（清）戚藩
106	李石台稿	（清）李來泰
107	張爾成稿	（清）張永祺
108	唐采臣稿	（清）唐德亮
109	陸園沙稿	（清）陸燦
110	俞以除稿	（清）俞之琰
111	張素存稿	（清）張玉書
112	郭水容稿	（清）郭溶
113	沈憲吉稿	（清）沈受祺
114	章雲李稿	（清）章金牧
115	趙明遠稿	（清）趙炳
116	顏修來稿	（清）顏光敏
117	李厚庵稿	（清）李光地
118	韓慕廬稿	（清）韓菼
119	金穀似稿	（清）金居敬

4362
說鈴
（清）吳震方輯
清道光五年(1825)
83卷,僅存卷27-34
　　　　　　　　　　　15297.a.6

游雁蕩山記　（清）周清原
泰山紀勝　（清）孔貞瑄
臺灣紀略　（清）林謙光
峒溪纖志　（清）陸次雲

坤輿外記　（比利時）南懷仁
匡廬紀游　（清）吳闡思
嶺南雜記　（清）吳震方

4363
知不足齋叢書
（清）鮑廷博輯
清乾隆四十一年至道光三年(1776-1823)
30函
　　　　　　　　　　　15243.a.1

4364
省吾堂四種
（清）蔣光弼輯
清乾隆五十年(1785)
　　　　　　　　　　　15199.a.8

九經古義　（清）惠棟　16卷
周易本義辯證　（清）惠棟　5卷
五經同異　（清）顧炎武　3卷
石經考　（清）萬斯同　1卷

4365
漢魏叢書
（清）王謨輯
清乾隆五十六年(1791)
11冊,80卷
　　　　　　　　　　　15318.a.1

竹書紀年　2卷
禽經　（春秋）師曠著、（晋）張華注　38頁
詩傳　（春秋）端木賜　2頁,32頁,5頁
星經　（戰國）甘德、（戰國）石申　2卷
素書　（秦）黃石公　1頁,44頁
孔叢子　題（秦）孔鮒　2卷
小爾雅　題（秦）孔鮒　2頁,14頁,1頁
新書　（西漢）賈誼　10卷

新語　（西漢）陸賈　2卷	詩草木蟲魚疏　（三國吳）陸璣　2卷
新序　（西漢）劉向　10卷	竹譜　（晋）戴凱之　28頁
說苑　（西漢）劉向　20卷	汲冢周書　（晋）孔晁注　10卷
西京雜記　（西漢）劉歆　5卷	穆天子傳　（晋）郭璞　6卷
大戴禮記　（西漢）戴德　13卷	高士傳　（晋）皇甫謐　3卷
詩說　（西漢）申培　2頁,54頁,2頁	易略例　（三國魏）王弼　4頁,32頁,2頁
韓詩外傳　（西漢）韓嬰　10卷	博物志　（晋）張華　10卷
易傳　（西漢）京房　3卷	南方草木狀　（晋）嵇含　3卷
易林　（西漢）焦延壽　4卷	古今注　（晋）崔豹　3卷
春秋繁露　（西漢）董仲舒　17卷	佛國記　（晋）釋法顯　82頁
鹽鐵論　（西漢）桓寬　12卷	華陽國志　（晋）常璩
淮南子　（西漢）劉安　21卷	搜神記　（晋）干寶　8卷
十洲記　（西漢）東方朔　26頁	枕中書　（晋）葛洪　20頁
神異經　（西漢）東方朔　32頁	神仙傳　（晋）葛洪　10卷
飛燕外傳　（西漢）伶玄　15頁,2頁	拾遺記　（晋）王嘉　10卷
風后握奇經　（西漢）公孫宏解　17頁	蓮社高賢傳　（晋）佚名　52頁,2頁
方言　（西漢）揚雄　13卷	孝傳　（晋）陶潛　1頁,13頁,2頁
法言　（西漢）揚雄　10卷	群輔錄　（晋）陶潛　4頁,50頁,2頁
漢武內傳　（東漢）班固　33頁,2頁	續搜後記　（晋）陶潛　2卷
白虎通　（東漢）班固　4卷	三墳書　（晋）阮咸注　7頁,30頁,3頁
釋名　（東漢）劉熙　4卷	陰符經　2頁,24頁,3頁
越絕書　（東漢）袁康、（東漢）吳平　15卷	易傳　（北朝魏）關朗　27頁,3頁
吳越春秋　（東漢）趙曄　6卷	十六國春秋　（北朝魏）崔鴻
忠經　（東漢）馬融　7頁,16頁,2頁	洛陽伽藍記　（北朝魏）楊衒之　5卷
論衡　（東漢）王充　30卷	刀劍錄　（南朝梁）陶弘景　22頁
潛夫論　（東漢）王符　10卷	鼎錄　（南朝梁）虞荔　18頁
申鑒　（東漢）荀悅　5卷	荊楚歲時記　（南朝梁）宗懍　37頁
水經　（東漢）桑欽　2卷	述異記　（南朝梁）任昉　2卷
外史　（東漢）黃憲　8卷	續齊諧記　（南朝梁）吳均　22頁
洞冥記　（東漢）郭憲　4卷	文心雕龍　（南朝梁）劉勰　10卷
獨斷　（東漢）蔡邕　66頁,2頁	新論　（南朝梁）劉勰　10卷
參同契　（東漢）魏伯陽　16頁,40頁,2頁	詩品　（南朝梁）鍾嶸　3卷
風俗通　（東漢）應劭　10卷	書品　（南朝梁）庾肩吾　18頁
雜事祕辛　18頁,1頁	三輔黃圖　6卷
人物志　（三國魏）劉劭　2卷	中說　（隋）王通　2卷
博雅　（三國魏）張揖　10卷	元經　（隋）王通　8卷
尤射　（三國魏）繆襲　25頁	還冤記　（隋）顏之推　36頁
中論　（三國魏）徐幹　2卷	家訓　（隋）顏之推　2卷
英雄記　（三國魏）王粲　6頁,52頁,2頁	
心書　（三國蜀）諸葛亮　3頁,33頁	4366 **漢魏叢書**

（清）王謨輯
清嘉慶五年(1800)？
147 頁

4367
漢魏叢書
（清）王謨輯
清光緒六年(1880)
11 冊
　　　　　　　　　　15313.a.1

4368
增訂漢魏叢書
（清）王謨輯
清乾隆五十六年(1791)？
1 冊，3 部分
　　　　　　　　　　15259.c.4

4369
廣漢魏叢書易書二種
抄本
清嘉慶五年(1800)？
1 冊
　　　　　　　　　　Add.16338

　　易傳
　　　焦氏易林

4370
龍威秘書
（清）馬俊良輯
清乾隆五十九年(1794)
10 函，80 部分；17 厘米
　　　　　　　　　　15411.b.3

4371
龍威秘書
（清）馬俊良輯
清乾隆五十九年(1794)？
第 3 集
　　　　　　　　　　15323.b.30

4372
龍威祕書
（清）馬俊良
清乾隆五十九年(1794)？
僅存第 4 部分（晋唐小説）
　　　　　　　　　　15325.a.7

4373
龍威祕書
（清）馬俊良
清道光二十年(1840)？
僅存第 5 部分
　　　　　　　　　　15316.b.5

4374
子史精華
（清）張廷玉等
清雍正五年(1727)
160 卷
　　　　　　　　　　15314.a.1

4375
道言内外秘訣全書
（明）彭好古輯
文錦堂
18 世紀？
1 冊，6 部分
　　　　　　　　　　15111.b.3

　第 1 部分，卷 1
　　陰符經　題廣成子
　　參同契　（東漢）魏伯陽

子　部

第 1 部分, 卷 2 - 3
　　傳道集　（東漢）鍾離權
　　靈寶畢法　（東漢）鍾離權
　　破迷正道歌　（東漢）鍾離權
第 1 部分, 卷 3
　　羅浮翠虛吟　（宋）陳楠
　　醉思仙歌　（晋）許旌陽
　　瑤頭坯歌　（唐）呂喦
　　玉清金笥寶籙　（宋）張伯端
　　金丹四百字　（宋）張伯端
　　石橋歌　（宋）張伯端
　　悟真篇　（宋）張伯端
　　答論神丹書　（明）卓有見
第 2 部分, 卷 1
　　金藥秘訣　題廣成子
　　龍虎上經　題黃帝
第 2 部分, 卷 2
　　石函記　（晋）許旌陽
　　判惑歌　（元）陳致虛
　　金丹歌　（宋）高象先
　　火蓮經　題（西漢）劉安
　　銅符鉄券
　　還金術　（唐）陶埴
　　入藥鏡　（唐）崔希範
　　心印經
　　胎息經

4376
地理山法全書
（清）葉泰輯
大成齋
18 世紀
2 册, 19 卷
　　　　　　　　　15257.a.11

4377
秘書廿一種
（清）汪士漢輯
清嘉慶九年（1804）

2 函, 10 册
　　　　　　　　　15256.d.1

4378
秘書廿八種
（清）汪士漢輯
玉軸樓
清嘉慶十三年（1808）
僅 12 部分
　　　　　　　　　15312.a.3

　　汲冢周書
　　拾遺記　舊題（晋）王嘉撰、（南朝梁）蕭綺
　　　　　　整理
　　三墳　（晋）阮咸注
　　小爾雅
　　古魯詩
　　端木詩
　　晋史乘　（元）吾衍
　　楚史檮杌　（元）吾衍
　　風俗通　（東漢）應劭
　　古今注　（晋）崔豹
　　中華古今注　（五代）馬縞
　　山海經

4379
唐代叢書
清乾隆六年（1741）
　　　　　　　　　15325.a.7

　　虬髯客傳　張說
　　紅線傳　楊巨源
　　離魂記　陳玄祐
　　古鏡記　王度
　　長恨歌傳　陳鴻
　　梅妃傳　曹鄴
　　妝樓記　張泌
　　馮燕傳　沈亞之
　　靈鬼志　常沂

飛燕遺事　佚名
任氏傳　沈既濟
雷民傳　沈既濟
才鬼記　鄭賁
博異志　鄭還古
杜子春傳　鄭還古
雲溪友議　范攄
楊娟傳　房千里
章臺柳傳　許堯佐
非烟傳　皇甫枚
夢游錄　任蕃
高力士傳　郭湜
袁氏傳　顧夐
妙女傳　顧非熊
李泌傳　李繁
枕中記　李泌
白猿傳
李娃傳　白行簡
三夢記　白行簡
柳毅傳　李朝威
幽怪錄　牛僧孺
續幽怪錄　李復言
南柯記　李公佐
謝小娥傳　李公佐
靈應傳　佚名
蔣子文傳　羅鄴
楊太真外傳　樂史　2卷
本事詩　孟啓
劉無雙傳　薛調
龍女傳　薛瑩
玄怪記　徐炫
幻異志　孫頎
神女傳
仙吏傳　太上隱者
牛應貞傳　宋若昭
二十四詩品　司空圖
錄異記　杜光庭
霍小玉傳　蔣防
幻戲志　蔣防
劍俠傳　段成式

諾皋記　段成式
酉陽雜俎　段成式
幽怪錄　王恽
揚州夢記　于鄴
黑心符　于義方

4380

唐代叢書

（清）王文誥輯

清嘉慶十一年（1806）

6集

15312.a.2

第1集
　　開天傳信記　鄭棨
　　開元天寶遺事　王仁裕
　　明皇雜錄　鄭處誨
　　朝野僉載　張鷟
　　桂苑叢談　馮翊
　　尚書故事　李綽
　　大唐新語　劉肅
　　隋唐嘉話　劉餗
　　杜陽雜編　蘇鶚

第2集
　　耳目記　張鷟
　　宣室志　張讀
　　雲溪友議　范攄
　　龍城錄　柳宗元
　　劇談錄　康駢
　　國史補　李肇
　　瀟湘錄　李隱
　　義山雜纂　李商隱
　　法苑珠林　釋道世
　　摭言　王定保
　　南楚新聞　尉遲樞

第3集
　　比紅兒詩　羅虬
　　歌者葉記　沈亞之
　　嶺表錄異　劉恂
　　公私畫史　裴孝源

子　部

　　海山記　韓偓
　　吳地記　陸廣微
　　茶經　陸羽
　　本事詩　孟啓
　　北里誌　孫棨
　　教坊記　崔令欽
　　北戶錄　段公路
第 4 集
　　夢游錄　任蕃
　　羯鼓錄　南卓
　　高力士傳　郭湜
　　楊太真外傳　樂史
　　李泌傳　李繁
　　柳毅傳　李朝威
　　廣陵妖亂志　羅隱
　　小名錄　陸龜蒙
　　劍俠傳　段成式
　　樂府雜錄　段安節
第 5 集
　　李娃傳　白行簡
　　南柯記　李公佐
　　枕中記　李泌
　　前定錄　鍾輅
　　卓異記　李翱
　　摭異記　李濬
　　龍女傳　薛瑩
　　霍小玉傳　蔣防
第 6 集
　　幻戲志　蔣防
　　靈鬼志　常沂
　　才鬼記　鄭賁
　　博異志　鄭還古
　　靈怪錄　牛嶠
　　物怪錄　徐嶷
　　稽神錄　徐鉉
　　幻異志　孫頎
　　東陽夜怪錄　王洙
　　幽怪錄　王惲
　　聞奇錄　于逖
　　妝樓記　張泌

4381
唐代叢書
（清）王文誥輯
清嘉慶十四年（1809）
3 冊
　　　　　　　　　　　15312.a.1

4382
宋詩鈔二集
（清）吳之振、（清）吳爾堯輯
18 世紀？（據清乾隆二十六年（1761）
舊版印刷，書名頁削去"呂留良"）
僅 2 冊，23 部分
　　　　　　　　　　　15321.c.8

　　宛丘集　張耒　1 卷
　　具茨集　晁冲之　1 卷
　　陵陽詩鈔　韓駒　1 卷
　　雞肋集　晁補之　1 卷
　　道鄉集　鄒浩　1 卷
　　淮海集　秦觀　1 卷
　　江湖長翁詩鈔　陳造　1 卷
　　雲巢詩鈔　沈遼　1 卷
　　西溪集鈔　沈遘　1 卷
　　龜溪集鈔　沈與求　1 卷
　　節孝集　徐積　1 卷
　　簡齋詩鈔　陳與義　1 卷
　　盱江集鈔　李覯　1 卷
　　雙溪詩鈔　王炎　1 卷
　　眉山詩鈔　唐庚　1 卷
　　鴻慶集　孫覿　1 卷
　　蘆川歸來集　張元幹　1 卷
　　劍南詩鈔　陸游　1 卷
　　山谷集　黃庭堅　1 卷
　　止齋詩鈔　陳君舉　1 卷
　　後山集　陳師道　1 卷
　　西塘集　鄭俠　1 卷
　　襄陽集　米黻　1 卷
　　廣陵集　王令　1 卷

4383
詞學全書
(清)查培繼
致和堂
清乾隆十一年(1746)
1本,6卷,3卷,2卷,4卷
　　　　　　　　　15321.d.14

　　填詞圖譜　(清)賴以邠　6卷,續集3卷
　　詞韻　(清)仲恒　2卷
　　填詞名解　(清)毛先舒　4卷

4384
平津館叢書
(清)孫星衍輯
清嘉慶二十年(1815)
第4部分,僅1種書
　　　　　　　　　15303.c.13

4385
平津館叢書
(清)孫星衍輯
清光緒十一年(1885)
10冊
　　　　　　　　　15243.c.4

4386
紛欣閣叢書
(清)周心如輯
約清道光三年(1823)
6冊
　　　　　　　　　15242.e.2

4387
明季稗史彙編
(清)留雲居士輯
北京

約清道光十年(1830)
2冊
　　　　　　　　　15296.b.10

4388
古棠書屋叢書
(清)孫澍、(清)孫錤
清道光十一年至二十九年(1831－1849)
5冊,19種書
　　　　　　　　　15315.d.1

　　太玄集注　(西漢)揚雄　4卷
　　司馬溫公詩集　(宋)司馬光
　　道園全集　(元)虞集
　　楊文憲公升庵先生全集　(明)楊慎
　　蜀詩　(清)費經虞　15卷
　　岳容齋詩集　(清)岳鍾琪
　　許水南徵君詩集　(清)許儒龍　2卷
　　金堂何竹有詩集　(清)何金堂　2卷
　　童山詩選集　(清)李調元　5卷
　　掣鯨堂詩選　(清)費錫璜　9卷
　　孫春皋外集　(清)孫澍　4卷
　　小方壺試律詩　(清)孫馮　3卷
　　國朝古文選　(清)孫澍　2卷
　　學宮禮器圖　(清)孫錤
　　商邱史記　(清)郭善鄰　10卷
　　蜀破鏡　(清)孫錤　3卷
　　孫瘦石文鈔　(清)孫錤　15卷
　　杜主開明前志　(清)孫澍　4卷
　　杜主開明後志　(清)孫錤　8卷

4389
宜稼堂叢書
(清)郁松年
上海
清道光二十年至二十二年(1840－1842)

子　部　　497

8 册
　　　　　　　　　　　15316.c.2

4390
春暉堂叢書
(清)徐渭仁
上海
清道光二十一年至同治十年(1841 –
1871)
2 册
　　　　　　　　　　　15316.e.15

4391
域外叢書
(清)王蘊香輯
清道光二十二年(1842)
1 册,6 部分
　　　　　　　　　　　15271.b.3

　　海島逸志摘略　　(清)王大海
　　高厚蒙求摘略　　(清)徐朝俊
　　番社采風圖考摘略　(清)六十七
　　紅毛番英吉利考略　(清)汪文泰
　　呂宋紀略　　(清)黃可垂
　　海錄　(清)謝清高口述、(清)楊炳南整理

4392
勝朝遺事
(清)吳鼎雯輯
楚香書屋
清道光二十二年(1842)
4 册,6 卷,8 卷
　　　　　　　　　　　15297.b.11

4393
海山仙館叢書
(清)潘仕成輯

清道光二十五年至咸豐元年(1845 –
1851)
122 册,合訂爲 28 本
　　　　　　　　　　　15400.a.1

1　　遂初堂書目　(宋)尤袤
2　　易大義　(清)惠棟
　　　讀詩拙言　(明)陳第
　　　尚書注考　(明)陳泰交
3 – 4　讀書敏求記　(清)錢曾　4 卷
5　　四書逸箋　(清)程大中　6 卷
6 – 11　一切經音義　(唐)釋玄應　25 卷
12 – 14　古史輯要　(清)潘世恩　6 卷
15　　順宗實錄　(唐)韓愈
　　　史記短長說　(明)凌稚隆　2 卷
16 – 17　九國志　(宋)路振
18　　洛陽名園記　(宋)李格非
　　　靖康傳信錄　(宋)李綱　3 卷
19　　庚申外史　(明)權衡　2 卷
20　　二十二史感應錄　(清)彭希涑
21 – 26　廣名將傳　(明)黃道周　20 卷
27 – 30　高僧傳　(南朝梁)釋慧皎　10 卷
31 – 34　酌中志　(明)劉若愚　24 卷
35　　火攻挈要　(明)焦勗
36 – 37　慎守要錄　(明)韓霖　9 卷
38　　明夷待訪錄　(清)黃宗羲
39　　考古質疑　(宋)葉大慶　6 卷
40 – 44　隱居通議　(元)劉壎
45　　洞天清祿　(宋)趙希鵠
46　　調變類編　(宋)趙希鵠　4 卷
47　　菰中隨筆　(清)顧炎武
48　　雲谷雜記　(宋)張淏　5 卷
49 – 50　龍筋鳳髓判　(唐)張鷟　4 卷
51 – 54　桂苑筆耕集　(新羅)崔致遠　20 卷
55 – 56　敬齋古今注　(元)李冶
57　　晁具茨詩集　(宋)晁冲之
58　　揭曼碩詩　(元)揭傒斯　3 卷
59 – 64　青藤書屋集　(明)徐渭　30 卷
65　　婦人集　(清)陳維崧

66-75　苕溪漁隱叢話　（宋）胡仔　前集60卷,後集40卷
76　四溟詩話　（明）謝榛
77-80　宋四六話　（清）彭元瑞　12卷
81-84　詞苑叢談　（清）徐釚　12卷
85-86　竹雲題跋　（清）王澍　4卷
87　讀畫錄　（清）周亮工
　　續三十五舉　（清）桂馥
88　酒顛補　（明）陳繼儒　3卷
　　茶董補　（明）陳繼儒　2卷
89-92　尺牘新鈔　（清）周亮工
93-97　顏氏家藏尺牘　（清）顏光敏
98-101　幾何原本　（意大利）利瑪竇、（明）徐光啟合譯　6卷
　　圜容較義　（意大利）利瑪竇
102-106　同文算指　（明）李之藻　10卷
107　測量法義　（意大利）利瑪竇、（明）李之藻
　　測量異同　（明）徐光啟
　　勾股義　（明）徐光啟
108-110　翼梅　（清）江永　9卷
111　女科　（清）傅山　2卷
112　產後編　（清）傅山　2卷
113　海錄　（清）楊炳南
114-119　外國地理備考　（葡萄牙）瑪吉士
120-122　全體新論　（英國）合信

4394
連筠簃叢書
（清）楊尚文輯
清道光二十七年至二十八年（1847-1848）
4函,12部分
　　　　　　　　　　　15247.d.1

4395
粵雅堂叢書
（清）伍崇曜輯

廣州
清道光二十九年至咸豐五年（1849-1855）
僅20集
　　　　　　　　　　　15405.a.1

初編第一集
　南部新書　（宋）錢易　清道光三十年（1850）　10卷
　中吳紀聞　（宋）龔明之　清道光三十年（1850）　6卷
　志雅堂雜鈔　（宋）周密　清道光三十年（1850）　2卷
　焦氏筆乘六卷、續八卷　（明）焦竑　清道光三十年（1850）　6卷,8卷
　東城雜記　（清）厲鶚　清道光三十年（1850）　2卷
初編第二集
　奉天錄　（唐）趙元一　清咸豐二年（1852）　4卷
　咸淳遺事　（宋）佚名　清道光三十年（1850）　2卷
　昭忠錄　（宋）佚名　清道光三十年（1850）　1卷
　月泉吟社一卷（附《同送詩賞劄》一卷、《送詩賞小劄》一卷）　（宋）吳渭輯　清咸豐元年（1851）　1卷,又1卷,又1卷
　河汾諸老詩集　（元）房祺輯　清咸豐二年（1852）　8卷
　谷音　（元）杜本輯　清咸豐元年（1851）　2卷
　揭文安公文粹　（元）揭傒斯　清咸豐元年（1851）　2卷
　玉笥集　（元）張憲　清咸豐元年（1851）　10卷
　潞水客談　（明）徐貞明　清咸豐元年（1851）　1卷
　陶庵夢憶　（明）張岱　清咸豐二年（1852）　8卷

子　部

　　天香閣隨筆二卷、集一卷　（明）李介
　　　清咸豐二年(1852)　2卷,1卷
初編第三集
　　芻蕘奥論　（宋）張方平　清咸豐元年
　　　(1851)　2卷
　　唐史論斷　（宋）孫甫　清咸豐元年
　　　(1851)　3卷
　　叔苴子内編六卷、外編二卷　（明）莊
　　　元臣　清咸豐二年(1852)　6卷,2卷
　　西洋朝貢典錄　（明）黃省曾　清道光
　　　三十年(1850)　3卷
　　五代詩話　（清）王士禎輯、（清）鄭方
　　　坤刪補　清咸豐元年(1851)　10卷
初編第四集
　　易圖明辨　（清）胡渭　清咸豐二年
　　　(1852)　10卷
　　四書逸箋　（清）程大中　清道光三十
　　　年(1850)　6卷
　　古韻標準四卷　詩韻舉例一卷　（清）
　　　江永、（清）戴震參定　清咸豐二年
　　　(1852)　4卷,1卷
　　四聲切韻表　（清）江永　清咸豐二年
　　　(1852)　1卷
　　緒言　（清）戴震　清道光三一年
　　　(1850)　3卷
　　聲類　（清）錢大昕　清道光二十九
　　　年(1849)　4卷
　　宋遼金元四史朔閏攷　（清）錢大昕
　　　著、（清）錢侗增補　清咸豐二年
　　　(1852)　2卷
初編第五集
　　國史經籍志五卷、附錄一卷　（明）焦
　　　竑　清咸豐元年(1851)　5卷,附錄1
　　　卷
　　校讎通義　（清）章學誠　清咸豐元年
　　　(1851)　3卷
　　文史通義　（清）章學誠　清咸豐元年
　　　(1851)　8卷
初編第六集
　　經義攷補正　（清）翁方綱　清道光

　　　三十年(1850)　12卷
　　小石帆亭五言詩續鈔　（清）翁方綱
　　　輯　清道光三十年(1850)　8卷,首1
　　　卷
　　蘇詩補注八卷（附《志道集》一卷）
　　　（清）翁方綱、（宋）顧禧　清咸豐元年
　　　(1851)　8卷,1卷
　　石洲詩話　（清）翁方綱　清咸豐元年
　　　(1851)　8卷
　　北江詩話　（清）洪亮吉　清咸豐四年
　　　(1854)　6卷
　　玉山草堂續集　（清）錢林　清道光二
　　　十九年(1849)　6卷
初編第七集
　　虎鈐經　（宋）許洞　清咸豐二年
　　　(1852)　20卷
　　打馬圖經　（宋）李清照　清咸豐元年
　　　(1851)　1卷
　　敍古千文　（宋）胡寅撰、（宋）黃灝注
　　　清道光三十年(1850)　1卷
　　草廬經畧　（明）佚名　清道光三十年
　　　(1850)　12卷
　　字觸　（清）周亮工　清咸豐元年
　　　(1851)　6卷
　　今世說　（清）王晫　清咸豐元年
　　　(1851)　8卷
　　飲水詩集一卷、詞集一卷　（清）納蘭
　　　性德　清咸豐元年(1851)　1卷,1卷
初編第八集
　　雙溪集十五卷、遺言一卷　（宋）蘇籀
　　　撰併記　清咸豐元年(1851)　15卷,1
　　　卷
　　日湖漁唱一卷、補遺一卷、續補遺一卷
　　　（宋）陳允平　清咸豐元年(1851)　1
　　　卷,1卷,1卷
　　秋笳集　（清）吳兆騫　清咸豐二年
　　　(1852)　8卷
　　瑟譜　（元）熊朋來　清咸豐二年
　　　(1852)　6卷
　　燕樂考原　（清）凌廷堪　清咸豐元年

(1851) 6卷
初編第九集
　　絳雲樓書目　（清）錢謙益撰、（清）陳景雲注　清道光三十年（1850）　4卷
　　述古堂藏書目四卷　宋板書目一卷　（清）錢曾　清道光三十年（1850）　4卷,1卷
　　石柱記箋釋　（清）鄭元慶　清道光三十年（1850）　5卷
　　林屋唱酬錄　（清）馬曰琯等輯　清道光三十年（1850）　1卷
　　焦山紀遊集　（清）馬曰琯等輯　清道光三十年（1850）　1卷
　　沙河逸老小稿六卷　嶰谷詞一卷　（清）馬曰琯　清咸豐元年（1851）　6卷,1卷
　　南齋集六卷、詞二卷　（清）馬曰璐　清咸豐元年（1851）　6卷,2卷
初編第十集
　　九國志　（宋）路振撰、（宋）張唐英補　清道光三十年（1850）　12卷
　　胡子知言六卷、疑義一卷、附錄一卷　（宋）胡宏　清道光三十年（1850）　6卷,1卷,1卷
　　蒿庵閒話　（清）張爾岐　清道光三十年（1850）　2卷
　　後漢書補注　（清）惠棟　清咸豐元年（1851）　24卷
　　後漢書補表　（清）錢大昭　清咸豐二年（1852）　8卷
二編第十一集
　　詩書古訓　（清）阮元　清咸豐五年（1855）　6卷
　　十三經音略十三卷、附錄一卷　（清）周春　清咸豐四年（1854）　13卷,附錄1卷
　　說文聲系　（清）姚文田　清咸豐五年（1855）　14卷
二編第十二集
　　鄭志三卷、附錄一卷　（三國魏）鄭小同編,（清）錢東垣、（清）錢繹、（清）錢侗按　清咸豐三年（1853）　3卷,附錄1卷
　　文館詞林　（唐）許敬宗等　清咸豐三年（1853）　殘本
　　兩京新記　（唐）韋述　清咸豐三年（1853）　殘本
　　新譯大方廣佛華嚴經音義　（唐）釋慧苑　清咸豐四年（1854）　4卷
　　道德真經注　（元）吳澄　清咸豐五年（1855）　4卷
　　太上感應篇注　（清）惠棟　清咸豐五年（1855）　2卷
　　歷代帝王年表　（清）齊召南撰、（清）阮福續　清咸豐五年（1855）　3卷
　　紀元編三卷、末一卷　（清）李兆洛撰、（清）六承如錄　清咸豐五年（1855）　3卷,1卷
二編第十三集
　　中興禦侮錄　（宋）佚名　清咸豐四年（1854）　2卷
　　襄陽守城錄　（宋）趙萬年　清咸豐四年（1854）　1卷
　　宋季三朝政要五卷、附錄一卷　（宋）佚名　清咸豐四年（1854）　5卷,1卷
　　詞源　（宋）張炎　清咸豐三年（1853）　2卷
　　精選名儒草堂詩餘　（元）鳳林書院輯　清咸豐三年（1853）　3卷
　　樓山堂集　（明）吳應箕　清咸豐三年（1853）　27卷
二編第十四集
　　朱子年譜四卷、考異四卷（附《朱子論學切要語》二卷）　（清）王懋竑　清咸豐三年（1853）　4卷,4卷,附2卷
　　米海岳年譜　（清）翁方綱　清咸豐五年（1855）　1卷
　　元遺山先生年譜三卷、附錄一卷　（清）翁方綱　清咸豐五年（1855）　3

子　部

卷,附錄1卷

韓文類譜七卷［卷一（宋）呂大防撰《韓吏部文公集年譜》、卷二（宋）程俱撰《韓文公歷官記》、卷三至七（宋）洪興祖撰《韓子年譜》］,柳先生年譜一卷［（宋）魏仲舉輯、（宋）文安禮撰］　清咸豐五年（1855）　7卷,1卷

疑年錄　（清）錢大昕　清咸豐四年（1854）　4卷

續疑年錄　（清）吳修　清咸豐五年（1855）　4卷

二編第十五集

崇文總目五卷、補遺一卷　（宋）王堯臣等奉敕編次、（清）錢東垣等輯釋、（清）錢侗輯補遺　清咸豐三年（1853）　5卷,補遺1卷

菉竹堂書目　（明）葉盛　清咸豐四年（1854）　6卷

菉竹堂碑目　（明）葉盛　清咸豐四年（1854）　6卷

勝飲編　（清）郎廷極　清咸豐三年（1853）　18卷

寒山堂金石林時地攷　（明）趙均　清咸豐三年（1853）　2卷

采硫日記　（清）郁永河　清咸豐三年（1853）　3卷

嵩洛訪碑日記　（清）黃易　清咸豐四年（1854）　1卷

通志堂經解目錄　（清）翁方綱　清咸豐三年（1853）　1卷

蘇米齋蘭亭攷　（清）翁方綱　清咸豐三年（1853）　8卷

石渠隨筆　（清）阮元　清咸豐四年（1854）　8卷

二編第十六集

周官新義十六卷、附二卷　（宋）王安石　清咸豐三年（1853）　16卷,附2卷

爾雅新義二十卷、叙錄一卷、附錄一卷　（宋）陸佃撰、（清）宋大樽校併撰敍錄　清咸豐三年（1853）　20卷,叙錄1卷,附錄1卷

孫氏周易集解　（清）孫星衍　清咸豐五年（1855）　10卷

春秋穀梁傳時月日書法釋例　（清）許桂林　清咸豐四年（1854）　4卷

二編第十七集

羣經音辨　（宋）賈昌朝　清咸豐四年（1854）　7卷

相臺書塾刊正九經三傳沿革例　（宋）岳珂　清咸豐四年（1854）　1卷

九經補韻一卷、附錄一卷　（宋）楊伯嵒撰、（清）錢侗攷證　清咸豐三年（1853）　1卷,附錄1卷

詞林韻釋　（宋）佚名　清咸豐四年（1854）　2卷

漢書地理志稽疑　（清）全祖望　清咸豐三年（1853）　6卷

國策地名考二十卷、首一卷　（清）程恩澤撰、（清）狄子奇箋　清咸豐三年（1853）　20卷,首1卷

二編第十八集

儀禮石經校勘記　（清）阮元　清咸豐四年（1854）　4卷

隸經文　（清）江藩　清咸豐四年（1854）　4卷

樂縣考　（清）江藩　清咸豐四年（1854）　2卷

國朝漢學師承記八卷　經師經義目錄一卷　（清）江藩　清咸豐四年（1854）　8卷,1卷

國朝宋學淵源記二卷、附記一卷　（清）江藩　清咸豐四年（1854）　2卷,附記1卷

顧亭林先生譜　（清）張穆　清咸豐三年（1853）　4卷

閻潛邱先生年譜　（清）張穆　清咸豐三年（1853）　4卷

二編第十九集

秋園雜佩　（明）陳貞慧　清咸豐四年

(1854) 1卷
倪文正公年譜 （清）倪會鼎 清咸豐
四年(1854) 4卷
南雷文定前集十一卷、後集四卷、三集
三卷、詩歷四卷、世譜一卷、附錄一卷
（清）黃宗羲 清咸豐三年(1853)
11卷,4卷,3卷,4卷,世譜1卷,附錄
1卷
程侍郎遺集初編十卷、附錄一卷
（清）程恩澤 清咸豐五年(1855) 10
卷,附錄1卷
二編第二十集
李元賓集六卷、文編三卷、外編二卷、
續編一卷 （唐）李觀撰、（唐）陸希聲
編《文編》、（宋）趙昂編《外編》、（清）
秦恩復編《續編》 清咸豐四年(1854)
6卷,3卷,2卷,1卷
西崑詶唱集 （宋）楊億等撰 清咸
豐四年(1854) 2卷
呂衡州集十卷(附《考證》一卷）
（唐）呂溫撰、（清）顧廣圻撰考證 清
咸豐四年(1854) 10卷,附考證1卷
羅鄂州小集六卷(附《羅鄂州遺文》一
卷) （宋）羅願撰、（宋）羅頌撰遺文
清咸豐三年(1853) 6卷,1卷
樂府雅詞六卷、拾遺二卷 （宋）曾慥
輯 清咸豐三年(1853) 6卷,2卷
陽春白雪八卷、外集一卷 （宋）趙聞
禮輯 清咸豐三年(1853) 8卷,1
卷
揅經室詩錄 （清）阮元 清咸豐五年
(1855) 5卷

4396
荊駝逸史
（清）陳湖逸士輯
清道光年間(1821-1850)？
3函,24冊

15291.e.33

4397
杭氏七種
（清）杭世駿
清咸豐元年(1851)
8冊;17厘米

15316.e.48

4398
大乘法寶十種
（清）劉翰清輯
清光緒七年(1881)

15103.b.13

　無量壽經 2卷
　觀無量壽佛經
　佛說阿彌陀經 （晋）鳩摩羅什譯
　大方廣佛華嚴經普賢行願品
　大方廣圓覺修多羅了義經 2卷
　金剛般若波羅蜜經 （晋）鳩摩羅什譯
　大佛頂如來密因修證了義諸菩薩萬行首楞
　　嚴經
　維摩詰所說經 （晋）鳩摩羅什譯 3卷
　楞伽阿跋多羅寶經 4卷
　妙法蓮華經 （晋）鳩摩羅什譯 7卷

4399
大乘法寶十種
（清）劉翰清輯
清光緒八年(1882)
2冊

15101.f.17

4400
大乘法寶十種
（清）劉翰清輯
清光緒八年(1882)
10冊,夾於木板

15104.a.18

子　部　　503

4401
水陸攻守戰略秘書七種
（清）澼絖道人輯
清咸豐三年（1853）
7種,2冊
按：紹興圖書館藏咸豐三年侯官林氏銅活字本,9冊；嘉興市圖書館藏3冊。另有書目錄咸豐三年麟桂銅活字印本,二者是否爲同一版本？
15259.c.9

　　兵法心要　（明）劉基　5卷
　　百戰奇略　（明）劉基　10卷
　　心略　（明）施永圖　1卷
　　金湯借箸十二籌　（明）李盤
　　天下沿海形勢圖錄　（清）陳倫炯
　　塞外行軍指掌　佚名　1卷
　　醫方備要　佚名　1卷

4402
魯氏遺著
（清）魯一同、（清）魯賁
清咸豐五年至？年（1855－？）
10冊;24厘米×16厘米
15316.e.127

4403
番禺陳氏東塾叢書（初函）
（清）陳澧
廣州
清咸豐八年（1858）
4部分及附錄
15316.e.17

4404
春雨樓叢書
（清）朱士端

清同治元年至四年（1862－1865）
6冊;26厘米
15316.e.22

4405
北徼彙編
（清）何秋濤輯
龍威閣：北京
清同治四年（1865）
6冊,合訂爲1本
15271.b.15

　　卷1
　　　綏服紀略　（清）松筠
　　　俄羅斯事輯　（清）俞正燮
　　　鄂羅斯傳　（清）七十一
　　卷2
　　　俄羅斯事補輯　（清）張穆
　　卷3
　　　盟聘記　（清）魏源
　　　記英俄二夷搆兵　（清）姚瑩
　　卷4
　　　奉使俄羅斯行程錄　（清）張鵬翮
　　卷5－6
　　　異域錄　（清）圖理琛
　　　俄羅斯國總記　（清）林則徐
　　　俄羅斯國志略　（清）徐繼畬

4406
大興徐氏三種
（清）徐松
清道光九年（1829）
3部分
15275.e.2

4407
徐氏三種
（清）徐士業

三義堂
清同治五年(1866)
3部分
　　　　　　　　　　　　15223.b.4

4408
徐氏三種
(清)徐士業
清光緒元年(1875)
3部分
　　　　　　　　　　　　15202.b.21

　　千字文釋義
　　　百家姓考略　(清)王相
　　　三字經訓詁　(宋)王應麟

4409
曾文正公全集
(清)曾國藩
傳忠書局
清光緒二年(1876)
25冊,缺卷22-23《奏稿》
　　　　　　　　　　　　15313.b.1

　15313.b.1　曾文正公奏稿　清光緒二年
　　　　　　(1876)　30卷
　15313.b.2　十八家詩鈔　清同治十三年
　　　　　　(1874)　28卷
　15313.c.1　經史百家雜鈔　清光緒二年
　　　　　　(1876)　26卷
　15313.c.2　經史百家簡編　清同治十三年
　　　　　　(1874)　2卷
　15313.c.3　鳴原堂論文　清同治十二年
　　　　　　(1873)　2卷
　15313.c.4　曾文正公詩集　清同治十三年
　　　　　　(1874)　4卷
　15313.c.5　曾文正公文集　清同治十三年
　　　　　　(1874)　4卷

　15313.c.6　曾文正公書札　清光緒二年
　　　　　　(1876)　33卷
　15313.d.1　曾文正公批牘　清光緒二年
　　　　　　(1876)　6卷
　15313.d.2　曾文正公雜著　清同治十三
　　　　　　年(1874)　4卷
　15313.d.3　求闕齋讀書錄　清光緒二年
　　　　　　(1876)　10卷
　15313.d.4　求闕齋日記類鈔　清光緒二
　　　　　　年(1876)　2卷
　15313.d.5　曾文正公年譜　(清)黎庶昌
　　　　　　編、(清)李瀚章審訂　清光緒二年
　　　　　　(1876)　12卷

4410
正誼堂全書
(清)張伯行輯
正誼書院:福州
清同治五年至九年(1866-1870)
26冊,65種書
　　　　　　　　　　　　15353.e.2

4411
滂喜齋叢書
(清)潘祖蔭輯
清同治六年至光緒十年(1867-1884)
4函,32冊
　　　　　　　　　　　　15316.d.1

4412
德清俞蔭甫所著書
(清)俞樾
清同治十年(1871)
6套,48本
　　　　　　　　　　　　15240.g.1

4413
古經解彙函

子　部　　　　505

（清）鍾謙鈞
粵東書局：廣州
清同治十二年（1873）
8 冊
　　　　　　　　　　15225.c.1

4414
小石山房叢書
（清）顧湘
清同治十三年（1874）
2 冊
　　　　　　　　　　15316.e.16

4415
字學三種
（清）王懿榮
味腴山館
清同治十三年（1874）
3 頁，30 頁，7 頁，7 頁，2 頁，3 頁
　　　　　　　　　　15342.b.7

　　俗書證誤　（隋）顏愍楚
　　干祿字書　（唐）顏元孫

4416
荔牆叢刻
（清）汪曰楨
清光緒五年至六年（1879－1880）
20 冊；25 厘米
　　　　　　　　　　15041.a.1

4417
十萬卷樓叢書
（清）陸心源輯
清光緒五年（1879）、八年（1882）、十八年（1892）
12 套，112 本
　　　　　　　　　　15238.b.3

4418
玉函山房輯佚書
（清）馬國翰輯
嫏嬛館：長沙
清光緒九年（1883）
24 冊，80 卷，又 22 卷
　　　　　　　　　　15399.a.1

4419
古逸叢書
（清）黎庶昌輯
清光緒十年（1884）
10 冊，49 本
　　　　　　　　　　15233.f.3

4420
功順堂叢書
（清）潘祖蔭輯
清光緒十年（1884）
4 函，24 冊
　　　　　　　　　　15243.c.3

4421
琳琅秘室叢書
（清）胡珽
清光緒十四年（1888）
24 冊，合訂爲 8 本
　　　　　　　　　　15242.c.3

4422
籑喜廬叢書
（清）傅雲龍
東京
清光緒十五年（1889）
1 冊，5 部分
　　　　　　　　　　15240.f.7

4423
毋不敬齋全書
（清）方潛
濟南
清光緒十五年（1889）
17 冊；27 厘米
　　　　　　　　15316.e.46

4424
知服齋叢書
（清）龍鳳鑣
清光緒十六年至二十三年（1890 - 1897）
5 集
　　　　　　　　15247.d.2

4425
紹興先正遺書
（清）徐友蘭輯
清光緒十七年（1891）
48 冊；29 厘米
　　　　　　　　15411.b.4

4426
小方壺齋輿地叢鈔
（清）王錫祺輯
上海
清光緒十七年至二十三年（1891 - 1897）
18 冊
　　　　　　　　15272.a.1

4427
小檀欒室彙刻閨秀詞
（清）徐乃昌輯
清光緒二十一年（1895）、宣統元年（1909）
30 冊；32 厘米
　　　　　　　　15532.a.31

4428
武林往哲遺著
（清）丁丙輯
嘉惠堂：杭州
約清光緒二十三年（1897）
64 冊
　　　　　　　　15422.a.2

4429
武林往哲遺著後編
（清）丁立中輯
錢塘丁氏：南昌
清光緒二十五年（1899）
32 冊
　　　　　　　　15422.a.3

4430
敦煌石室遺書
（清）羅振玉
清宣統元年（1909）
各部分分別標頁碼
　　　　　　　　15322.e.3

4431
鳴沙石室古籍叢殘
（清）羅振玉
1 套,6 本
　　　　　　　　15240.f.1

4432
鳴沙石室佚書續編
（清）羅振玉
1 本
　　　　　　　　15240.f.2

子　部　　　　　　　　　507

4433
石室秘寶
（清）存古學會
有正書局：上海
2 冊
　　　　　　　　15042.a.5

4434
說部叢書
（清）商務印書館
商務印書館：上海
清宣統三年（1911）
第 1 集，130 冊
　　　　　　　　15409.a.1

4435
格致叢書
（英國）傅蘭雅等
JOHN FRYER, etc.
上海
清光緒二十七年（1901）
4 套，32 本
　　　　　　　　15243.a.2

類書類

4436
初學記
（唐）徐堅
約清乾隆十五年（1750）
4 冊，30 卷
　　　　　　　　15026.a.5

4437
百科全書

9 世紀？
39 厘米×28 厘米
　　　　　　　　S.7004

4438
太平御覽
（宋）李昉
學海堂
清光緒十八年（1892）
20 冊，1000 卷
　　　　　　　　15026.b.1

4439
太平廣記
（宋）李昉
聚文堂：蘇州
清嘉慶十一年（1806）
8 冊，500 卷
有 2 本，均爲殘本：一本缺卷 269－283，
另一本缺卷 1－239。
　　　　　　　　15331.a.1

4440
册府元龜
（宋）王欽若等
明崇禎十五年（1642）？
400 冊，1000 卷
　　　　　　　　15405.d

4441
玉海
（宋）王應麟
元至正十一年（1351）？清嘉慶五年
（1800）？
14 冊，204 卷，13 種附錄
　　　　　　　　15256.b

4442
小學紺珠
（宋）王應麟
約清嘉慶五年（1800）
10卷
　　　　　　　　　　15022.d.1

4443
新編古今事文類聚
（宋）祝穆
活字印刷；日本
明萬曆三十八年（1610）？
221卷

4444
重訂事類賦
（宋）吳淑
劍光閣
清乾隆四十五年（1780）
30卷
　　　　　　　　　　15024.c.2

4445
重訂事類賦
（宋）吳淑
清嘉慶十五年（1810）
30卷
　　　　　　　　　　15024.c.3

4446
廣事類賦
（清）華希閔
清乾隆十五年（1750）？
40卷
　　　　　　　　　　15324.a.19

4447
重訂廣事類賦
（清）華希閔
劍光閣
清乾隆五十三年（1788）
40卷
　　　　　　　　　　15024.c.1

4448
續廣事類賦
（清）王鳳喈
清嘉慶六年（1801）
卷1－2、10、18、23－30
　　　　　　　　　　15024.c.4

4449
增補事類賦統編
（清）黃葆真
敦好堂：廣州
清道光二十九年（1849）
4冊，93卷
　　　　　　　　　　15024.c.7

4450
增續會通韻府群玉
（元）陰時夫
活字印刷；日本
明天啓五年（1625）
38卷
　　　　　　　　　　15341.c.4

4451
重訂韻府群玉原本
（元）陰時夫
文光堂
約清嘉慶五年（1800）
2冊，20卷
　　　　　　　　　　15348.c.1

子　部

4452
永樂大典目錄
（明）姚廣孝等
清道光二十八年（1848）
4函,20本,60卷
15351.c.2

4453
永樂大典
（明）姚廣孝等
Or.61.d

4454
永樂大典（卷913–914）
（明）姚廣孝等
抄本
明嘉靖四十一年至隆慶六年（1562–1572）
1册,2卷,63頁;29.8厘米×50.4厘米
Or.11755

4455
永樂大典（卷3002）
（明）姚廣孝等
抄本
明嘉靖四十一年至隆慶六年（1562–1572）
1册,1卷,40頁;29.8厘米×50.4厘米
Or.11756

4456
永樂大典（卷6850–6851）
（明）姚廣孝等
抄本
明嘉靖四十一年至隆慶六年（1562–1572）
1册,2卷,44頁;29.8厘米×50.4厘米
Or.11757

4457
永樂大典（卷6933–6934）
（明）姚廣孝等
抄本
明嘉靖四十一年至隆慶六年（1562–1572）
1册,2卷,33頁;29.8厘米×50.4厘米
Or.12674

4458
永樂大典（卷7389–7390）
（明）姚廣孝等
抄本
明嘉靖四十一年至隆慶六年（1562–1572）
1册,2卷,47頁;29.8厘米×50.4厘米
Or.11758

4459
永樂大典（卷8022–8024）
（明）姚廣孝等
抄本
明嘉靖四十一年至隆慶六年（1562–1572）
1册,3卷,53頁;29.8厘米×50.4厘米
Or.12019

4460
永樂大典（卷8089–8090）
（明）姚廣孝等
抄本
明嘉靖四十一年至隆慶六年（1562–1572）
1册,2卷,32頁;29.8厘米×50.4厘米
Or.11759

4461
永樂大典(卷8268-8269)
(明)姚廣孝等
抄本
明嘉靖四十一年至隆慶六年(1562-1572)
1册,2卷,50頁;29.8厘米×50.4厘米
Or.11272

4462
永樂大典(卷8275)
(明)姚廣孝等
抄本
明嘉靖四十一年至隆慶六年(1562-1572)
1册,1卷,32頁;29.8厘米×50.4厘米
Or.11273

4463
永樂大典(卷11887-11888)
(明)姚廣孝等
抄本
明嘉靖四十一年至隆慶六年(1562-1572)
1册,2卷,37頁;29.8厘米×50.4厘米
Or.6814/1

4464
永樂大典(卷11903-11904)
(明)姚廣孝等
抄本
明嘉靖四十一年至隆慶六年(1562-1572)
1册,2卷,48頁;29.8厘米×50.4厘米
Or.7616

4465
永樂大典(卷13201-13203)
(明)姚廣孝等
抄本
明嘉靖四十一年至隆慶六年(1562-1572)
1册,3卷,31頁;29.8厘米×50.4厘米
Or.13292

4466
永樂大典(卷13340-13341)
(明)姚廣孝等
抄本
明嘉靖四十一年至隆慶六年(1562-1572)
1册,2卷,31頁;29.8厘米×50.4厘米
Or.12020

4467
永樂大典(卷13496-13497)
(明)姚廣孝等
抄本
明嘉靖四十一年至隆慶六年(1562-1572)
1册,2卷,37頁;29.8厘米×50.4厘米
Or.11658

4468
永樂大典(卷13498-13499)
(明)姚廣孝等
抄本
明嘉靖四十一年至隆慶六年(1562-1572)
1册,2卷,45頁;29.8厘米×50.4厘米
Or.11172

子　部

4469
永樂大典(卷 13876 - 13878 **)**
(明)姚廣孝等
抄本
明嘉靖四十一年至隆慶六年(1562 - 1572)
1 冊, 3 卷, 63 頁; 29.8 厘米 × 50.4 厘米
Or. 6814/2

4470
永樂大典(卷 13992 - 13993 **)**
(明)姚廣孝等
抄本
明嘉靖四十一年至隆慶六年(1562 - 1572)
1 冊, 2 卷, 37 頁; 29.8 厘米 × 50.4 厘米
Or. 11346

4471
永樂大典(卷 14219 - 14220 **)**
(明)姚廣孝等
抄本
明嘉靖四十一年至隆慶六年(1562 - 1572)
1 冊, 2 卷, 65 頁; 29.8 厘米 × 50.4 厘米
Or. 14446

4472
永樂大典(卷 15955 - 15956 **)**
(明)姚廣孝等
抄本
明嘉靖四十一年至隆慶六年(1562 - 1572)
1 冊, 2 卷, 36 頁; 29.8 厘米 × 50.4 厘米
Or. 11543

4473
永樂大典(卷 18244 - 18245 **)**
(明)姚廣孝等
抄本
明嘉靖四十一年至隆慶六年(1562 - 1572)
1 冊, 2 卷, 35 頁; 29.8 厘米 × 50.4 厘米
Or. 11274

4474
永樂大典(卷 19740 - 19741 **)**
(明)姚廣孝等
抄本
明嘉靖四十一年至隆慶六年(1562 - 1572)
1 冊, 2 卷, 36 頁; 29.8 厘米 × 50.4 厘米
Or. 12021

4475
永樂大典(卷 19789 - 19790 **)**
(明)姚廣孝等
抄本
明嘉靖四十一年至隆慶六年(1562 - 1572)
1 冊, 2 卷, 39 頁; 29.8 厘米 × 50.4 厘米
Or. 5982

4476
永樂大典(卷 20181 - 20182 **)**
(明)姚廣孝等
抄本
明嘉靖四十一年至隆慶六年(1562 - 1572)
1 冊, 2 卷, 71 頁; 29.8 厘米 × 50.4 厘米
Or. 11760

4477
永樂大典（卷 20850 – 20851）
（明）姚廣孝等
抄本
明嘉靖四十一年至隆慶六年（1562 – 1572）
1 册，2 卷，51 頁；29.8 厘米 × 50.4 厘米
Or. 8159

4478
三才圖會
（明）王圻
槐陰草堂
約清道光十年（1830）
14 册
15024. a. 1

4479
尚友錄
（明）廖用賢
清康熙五年（1666）
卷 1 – 6、11 – 13、19 – 22
15301. c. 8

4480
增補尚友錄
（明）廖用賢編、（清）張伯琮補輯
天祿齋
約清嘉慶五年（1800）
3 册，22 卷
15305. d. 2

4481
氏族大全
朝鮮刻本
明萬曆二十八年（1600）？
10 部分
15301. c. 6

4482
氏族大全綱目
（明）周尚文
明雅堂
清康熙九年（1670）
28 卷
15303. b. 1

4483
潛確居類書
（明）陳仁錫
明崇禎五年（1632）
8 函，120 卷
15322. e. 1

4484
潛確居類書
（明）陳仁錫
明崇禎五年（1632）
5 册，卷 29 – 62、88 – 103
15024. b. 1

4485
圖書編一百二十七卷
（明）章潢
抄本
清同治九年（1870）？
5 册，卷 47 – 52，23 幅地圖
Or. 7762

4486
萬姓統譜
（明）凌迪知
汲古閣
18 世紀（據舊版印刷）
2 册
15303. a. 1

子　　部　　　　　　　　513

4487
五車韻瑞
（明）凌稚隆
3 册,160 卷
　　　　　　　　15346.d.1

4488
五車韻瑞
（明）凌稚隆
葉瑤池:蘇州
明萬曆二十年(1592)
3 册,160 卷
　　　　　　　　15346.d.3

4489
五車韻瑞
（明）凌稚隆
葉瑤池:蘇州
明萬曆二十年(1592)
3 册,160 卷
　　　　　　　　15346.e.1

4490
同文玉海
（明）黃道周
17 世紀
1 册,卷 12-20(錯訂)
　　　　　　　　15344.e.13

4491
黃眉故事
（明）鄧志謨
芸香閣
明萬曆四十二年(1614)
10 卷
　　　　　　　　15022.b.2

4492
佩文韻府
（清）張玉書
清康熙五十年(1711)?
33 册,106 卷
　　　　　　　　15254.a.1

4493
韻府拾遺
（清）張廷玉
清康熙五十九年(1720)
106 卷
　　　　　　　　15254.d.1

4494
佩文韻府約編
（清）鄧愷
文成堂
清乾隆二十四年(1759)
3 册,24 卷
　　　　　　　　15348.b.3

4495
分類字錦
（清）何焯等
清康熙六十一年(1722)
8 册,64 卷
　　　　　　　　15346.c.1

4496
省軒考古類編
（清）柴紹炳
澹成堂
清雍正三年(1725)
12 卷
　　　　　　　　15254.c.2

4497
駢字類編
（清）張廷玉
清雍正四年（1726）
240 卷

15322.b.1

4498
欽定古今圖書集成
（清）陳夢雷、（清）蔣廷錫
北京
清雍正四年（1726）
10000 卷

15000

4499
格致鏡原
（清）陳元龍
清雍正十三年（1735）
4 册,100 卷

15024.b.2

4500
格致鏡原
（清）陳元龍
清雍正十三年（1735）
100 卷,僅存卷 37-42

15024.b.4

4501
淵鑑類函
（清）張英
18 世紀
21 册,450 卷

15022.a.1

4502
古香齋淵鑑類函
（清）張英
清光緒六年（1880）
159 册,454 卷（含索引 4 卷）

15422.a.1/2

4503
欽定淵鑑類函
（清）張英
申報館：上海
清光緒九年（1883）
10 部分

15258.d.3

4504
滿漢類書全集
清雍正十三年（1735）？
30 卷（蛀損嚴重）

4505
大萬寶全書
題（明）張溥
清乾隆二十二年（1757）
32 卷

15022.e.14

4506
萬寶全書
（清）徐心魯
清康熙三十九年（1700）？
22 卷

4507
增補萬寶全書
清乾隆四年（1739）
20 卷,存卷 1-9、14-20

15022.e.15

子　部

4508
新刻天如張先生精選石渠彙要萬寶全書
18 世紀
1 冊,2 部分
　　　　　　　　　　15022.e.17

4509
增補萬寶全書(萬斛明珠)
會賢堂
18 世紀
1 冊,22 卷
　　　　　　　　　　15022.e.13

4510
增訂大版萬寶全書
18 世紀
卷 4-6、9
　　　　　　　　　　15022.e.12

4511
傳家寶
(清)石成金
清康熙四十六年(1707)？
8 卷,缺卷 1

4512
家寶全書
(清)石成金
清乾隆四年(1739)
4 冊
　　　　　　　　　　15022.e.2

4513
家寶
(清)石成金
清乾隆四年(1739)

4 冊,4 部分
　　　　　　　　　　15022.d.3-5

4514
家寶
(清)石成金
清乾隆十五年(1750)
4 冊,4 部分

4515
文苑聯珠
(清)李承祖
清乾隆三十五年(1770)
8 卷,存卷 1-3
　　　　　　　　　　15317.e.5

4516
酬世錦囊全書
(清)鄒景揚
清乾隆三十六年(1771)？
3 冊
　　　　　　　　　　15348.a.3

4517
事物異名錄
(清)厲荃輯
清乾隆五十三年(1788)
2 冊,40 卷
　　　　　　　　　　15344.d.1

4518
類腋
(清)姚培謙
清乾隆七年至三十年(1742-1765)
4 部分,55 卷
　　　　　　　　　　15347.a.2

4519
詩韻珠璣
(清)余照
博古堂
清嘉慶五年(1800)
5卷
　　　　　　　　15346.b.9

4520
文選編珠
(清)陶元藻
橫河草堂
清嘉慶七年(1802)
4卷
　　　　　　　　15317.e.7

4521
文選集腋
(清)胥斌
□□書屋
清嘉慶十八年(1813)
6卷
　　　　　　　　15317.e.6

4522
詩韻含英題解辨同合訂
(清)甘蘭友
清乾隆四十年(1775)
10卷

4523
詩韻含英題解
(清)甘蘭友
泰萃樓
清嘉慶八年(1803)
10卷,存卷1-4
　　　　　　　　15346.b.8

4524
子史輯要詩賦題解
(清)胡本淵
清嘉慶十年(1805)
存卷1-2
　　　　　　　　15321.a.1

4525
子史輯要詩賦題解
(清)胡本淵
書業堂
清嘉慶十五年(1810)
4卷,增補4卷
　　　　　　　　15321.a.2

4526
子史輯要詩賦題解
(清)胡本淵
清嘉慶十七年(1812)
4卷,增補4卷

4527
類聯集古
(清)劉慶觀
清嘉慶十七年(1812)
4卷
　　　　　　　　15321.d.21

4528
詩賦駢字類珠
(清)蕭爌
識古堂
清嘉慶十九年(1814)
8卷
　　　　　　　　15346.a.8

子　部

4529
錦字箋
(清)黃澋
維揚名山堂:揚州
約清嘉慶二十五年(1820)
4卷
　　　　　　　　　　15346.a.21

4530
三才彙編
(清)龔在升著、(清)顧珵美增補
18世紀?
存卷2-3、5-6
　　　　　　　　　　15024.a.2

4531
食煖堂飯四句
玉書堂
19世紀
10頁
　　　　　　　　　　15323.d.18

4532
增補記事珠
(清)張以謙
同安堂
清道光七年(1827)
2册,10卷
　　　　　　　　　　15024.c.6

4533
襖帖類聯
(清)李光昭
清道光十二年(1832)
54頁
　　　　　　　　　　15348.a.19

4534
臙脂牡丹
(清)韓鄂不
澆書攤飯處
清道光十九年(1839)
6卷,缺卷4
　　　　　　　　　　15348.a.20

4535
玉堂芽
(清)孫顏
誦芬堂
清道光二十一年(1841)
4卷
　　　　　　　　　　15342.a.3

4536
格言聯璧
(清)金纓
清咸豐八年(1858)
　　　　　　　　　　15258.b.5

4537
新刻通用尺素見心集
(清)汪文芳
寶晉齋
約清咸豐十年(1860)
3卷
　　　　　　　　　　15315.c.8

4538
尺牘尋源書劄要覽
(清)黎靄亭
富經堂:廣州
清咸豐十年(1860)
4卷
　　　　　　　　　　15348.a.16

4539
應酬彙選新集
(清)陸九如
志雅堂
清同治三年(1864)
8部分
15315.c.9

4540
應酬帖式
(清)王相
清乾隆十五年(1750)？

4541
三元堂校刊詩韻集成
(清)余照
三元堂：廣州
清同治七年(1868)
10卷
15346.a.19

4542
新增尺牘稱呼合解
(清)江耀亭
文裕堂：香港
Man Yu Tong：Hong Kong
清光緒二十年(1894)
167頁
15348.a.21

4543
字意類集
(英國)瓊斯
A. G. JONES
清光緒三十年(1904)
44頁
15346.b.31

4544
中國文學中的暗喻(《漢學雜纂》第8號、13號)(法文)
Allusions Littéraires (*Variétés Sinologiques*. No. 8, No. 13)
(法國)貝迪榮
CORENTIN PÉTILLON
天主教會土山灣孤兒院印刷所：上海
Imprimerie de la Mission Catholique à l'Orphelinat de T'ou-sé-wé：Chang-hai
第1冊：清光緒二十一年(1895)；第2冊：清光緒二十四年(1898)
2冊,5頁,561頁
15235.c.8,15235.c.13

小説家類

4545
增補山海經廣注
(清)吳志伊
清康熙三十五年(1696)
1冊,18卷
15275.d.3

4546
圖像山海經詳注
(清)吳志伊
福文堂
19世紀
4集
15275.d.4

4547
山海經新校正
(清)畢沅

清乾隆四十八年(1783)
1 册,第 18 部分
15275.d.1

4548
十洲記
題(西漢)東方朔
清嘉慶五年(1800)?

4549
神異經
題(西漢)東方朔
清嘉慶五年(1800)?

4550
西京雜記
題(西漢)劉歆
清乾隆五十六年(1791)
6 卷
15296.a.18/2

4551
漢武帝內傳
題(東漢)班固
清嘉慶五年(1800)?

4552
飛燕外傳
題(西漢)伶玄
清嘉慶五年(1800)?

4553
飛燕遺事
清乾隆六年(1741)?

4554
洞冥記

(東漢)郭憲
清嘉慶五年(1800)?
4 卷

4555
穆天子傳
(三國魏)荀勖、(晉)郭璞注
清乾隆十五年(1750)?
6 卷

4556
博物志
(晉)張華
清乾隆十五年(1750)?
10 卷

4557
董遐周家藏廣博物志
(明)董斯張
高暉堂
明萬曆四十五年(1617)
4 册,50 卷
15022.c.1

4558
搜神記
(晉)干寶
清乾隆十五年(1750)?

4559
搜神後記
題(晉)陶潛
清乾隆六年(1741)?

4560
搜神後記
題(晉)陶潛

清嘉慶五年(1800)?
2卷

4561
枕中書
(晉)葛洪
清嘉慶五年(1800)?

4562
神仙傳
(晉)葛洪
清嘉慶五年(1800)?
10卷

4563
述異記
(南朝梁)任昉
清乾隆十五年(1750)
2卷

4564
續齊諧記
(南朝梁)吳均
清乾隆十五年(1750)?

4565
虬髯客傳
(唐)杜光庭
清乾隆六年(1741)

4566
大唐三藏法師取經記
13世紀
3卷,原本樣頁
　　　　　　　　　Or. Micr. 372

4567
酉陽雜俎正續(重刊)
(唐)段成式
小瑯嬛山館
清道光十九年(1839)或二十九年(1849)
1冊,30卷
　　　　　　　　　15297. b. 14

4568
雲溪友議
(唐)范攄
清乾隆六年(1741)?

4569
楊娟傳
(唐)房千里
清乾隆六年(1741)?

4570
金華子雜編
(五代)劉崇遠
清光緒六年(1880)?
2卷
　　　　　　　　　15318. d. 2

4571
清異錄
(宋)陶穀
約清嘉慶二十五年(1820)
2卷
　　　　　　　　　15296. a. 24

4572
清異錄　表異錄
(宋)陶穀、(明)王志堅
惜陰書局:長沙

子　部

清光緒二十二年(1896)
2 函,2 卷
　　　　　　　　　　　15311.g.14

4573
夷堅志
(宋)洪邁
清乾隆四十三年(1778)
3 冊
　　　　　　　　　　　15334.a.10

4574
墨客揮犀(《欽定文瀾閣四庫全書》本)
題(宋)彭乘
抄本
清乾隆五十一年(1786)
10 卷,存卷 1－5,45 頁
　　　　　　　　　　　Or.12960

4575
雲谷雜記(《海山僊舘叢書》本)
(宋)張淏
清道光二十八年(1848)
5 卷

4576
鶴林玉露
(宋)羅大經
活字印刷;朝鮮
明萬曆三十八年(1610)?
16 卷
　　　　　　　　　　　15320.d.38

4577
鶴林玉露
(宋)羅大經
活字印刷;日本

明泰昌元年(1620)?
18 卷
　　　　　　　　　　　15320.d.39

4578
三燈叢話合刻
(明)瞿佑、(明)李昌祺、(明)邵景詹
二酉山房
清道光二十七年(1847)
4 卷,2 卷,3 卷
　　　　　　　　　　　15331.d.14

4579
剪燈餘話
(明)李昌祺
日本
明萬曆二十八年(1600)?
5 卷
　　　　　　　　　　　15331.e.6

4580
花影集
(明)陶輔
朝鮮
明嘉靖二年(1523)
4 卷
　　　　　　　　　　　15334.f.2

4581
野記
(明)祝允明
申報館:上海
清光緒四年(1878)
4 卷,存卷 1－2
　　　　　　　　　　　15292.b.8

4582
七修類藁　七修續藁
（明）郎瑛
耕烟草堂：浙江
清乾隆四十年（1775）
3冊,51卷,7卷
15026.a.1

4583
七修類藁
（明）郎瑛
清光緒六年（1880）
4冊,51卷,7卷
15258.c.9

4584
稗海
（明）商濬輯
18世紀
10冊,缺第5部分第2種
15403.b

4585
李竹嬾說部全書
（明）李日華
抄本
清宣統三年（1911）前
5冊
Or.14843

4586
玉芝堂談薈
（明）徐應秋
清光緒元年（1875）？
32冊;25厘米
15315.c.13

4587
日記故事（二十四孝及其他故事）
（清）林伯祥筆
清康熙二十七年（1688）
5卷
15319.b.20（3）

4588
聊齋志異
（清）蒲松齡
青柯亭：杭州
清乾隆三十年（1765）
2冊,16卷
15325.c.4

4589
聊齋志異
（清）蒲松齡
清乾隆三十二年（1767）
16卷
15334.b.9

4590
聊齋志異
（清）蒲松齡
清道光二十二年（1842）
2冊,16卷
15325.a.4

4591
聊齋志異新評
（清）蒲松齡著、（清）但明倫批點
文餘堂
清光緒三年（1877）
4冊,16卷
15325.e.1

子　部　　523

4592
聊齋志異圖詠
(清)蒲松齡
上海
清光緒六年(1880)?
1 冊,16 卷
　　　　　　　　15325.c.9

4593
聊齋志異選(英文譯注本)
Strange Stories from a Chinese Studio
(清)蒲松齡著、(英國)翟理斯譯注
HERBERT ALLEN GILES (translator & annotator)
德拉律公司:倫敦
Thomas de la Rue & Co. : London
清光緒六年(1880)
2 冊
　　　　　　　　12430.bb.9

4594
聊齋志異選(第2版)(英文譯注本)
Strange Stories from a Chinese Studio (second edition)
(清)蒲松齡著、(英國)翟理斯譯注
HERBERT ALLEN GILES (translator & annotator)
韋勒・勞雷爾出版社:倫敦
Werner Laurie : London
清宣統元年(1909)
23 頁,490 頁;19 厘米
　　　　　　　　11110.a.16

4595
池北偶談
(清)王士禛
清康熙四十年(1701)

1 套,4 本
　　　　　　　　15316.a.1

4596
池北偶談
(清)王士禛
清乾隆二十六年(1761)
26 卷
　　　　　　　　15331.e.3

4597
永宇溪莊識略
(清)曹庭棟
清乾隆五十年(1785)?
1 卷,又 6 卷及增補
　　　　　　　　15275.a.1

4598
耳食錄
(清)樂鈞
文華堂
清乾隆五十七年(1792)
12 卷
　　　　　　　　15331.b.8

4599
增訂蜈蚣雜記
(清)屠紳
萃文堂:北京
清乾隆六十年(1795)
2 冊,20 卷
　　　　　　　　15327.e.1

4600
新鐫快心編全傳
(清)天花才子
課花書屋

18世紀
3部分,各自獨立書名頁
15331.e.4

4601
宋稗類鈔
(清)潘永因
18世紀
8卷
15288.a.3

4602
異談可信錄
(清)鄧旵
文光堂
清嘉慶元年(1796)
2冊,23卷
15334.d.15

4603
秋坪新語
(清)浮槎散人
清嘉慶二年(1797)
12卷
15333.d.5

4604
古人説略
(清)周愚峯
約清嘉慶五年(1800)
2冊
15312.a.4

4605
夜譚隨錄
(清)和邦額
同安堂

約清嘉慶五年(1800)
2冊,12卷
15333.c.11

4606
諧鐸
(清)沈起鳳
清嘉慶十三年(1808)
1冊,12卷
15331.c.12

4607
增訂解人頤廣集
(清)胡澹菴定本、(清)錢德蒼
芸生堂
約清嘉慶二十五年(1820)
8卷
15327.e.8

4608
灤陽消夏錄
(清)紀昀
微草堂:杭州
約清嘉慶二十五年(1820)
6卷
15333.b.6

4609
閱微草堂筆記五種
(清)紀昀
約清道光十五年(1835)
1冊,6卷,4卷,4卷,6卷
15331.e.5

4610
新齊諧
(清)袁枚

約清嘉慶二十五年(1820)
1冊,24卷
15327.f.7

4611
遣愁集
(清)張貴勝
約清道光十年(1830)
12卷
15331.d.1

4612
兩般秋雨庵隨筆
(清)梁紹壬
清道光十七年(1837)
8卷
15320.a.20

4613
天后傳
林光榮:廣州
清道光十八年(1838)
1頁,13頁,2頁
15111.a.23

4614
蕉軒摭錄
(清)俞夢蕉
雙桂樓
清道光十九年(1839)
12卷
15334.d.8

4615
消閒述異
(清)常謙尊
清道光二十年(1840)

3卷
15325.d.9

4616
寶存
(清)胡式鈺
清道光二十一年(1841)
4卷
15317.e.8

4617
歸田瑣記
(清)梁章鉅
北東園
清道光二十五年(1845)
3冊
15331.b.9

4618
浪跡叢談
(清)梁章鉅
清道光二十五年(1845)?
11卷
15331.b.10

4619
浪跡續談
(清)梁章鉅
清道光二十五年(1845)?
8卷
15331.b.11

4620
筆記叢鈔
抄本
清道光二十六年(1846)前
1冊
Add.16347

4621
翼駉稗編
（清）湯用中
清同治八年（1869）
8 卷

15331.c.15

4622
翼駉稗編
（清）湯用中
1 冊；18 厘米

15321.e.18

4623
鏡花水月
（清）嬛東羽衣客
上海
清咸豐十年（1860）
8 卷

15327.f.1

4624
庭聞錄
（清）劉健
19 世紀
6 卷，僅存卷 5

15297.b.10

4625
增補一夕話
（清）咄咄夫
青雲樓：蘇州
清同治四年（1865）
6 卷

15333.e.12

4626
唐人説薈
（清）陳世熙
清同治八年（1869）
20 卷

15325.a.8

4627
留珍集新品
（清）邵彬儒
廣州
清同治九年（1870）
16 卷

15229.b.3

4628
對山書屋墨餘錄
（清）毛祥麟
清同治九年（1870）
16 卷

15313.a.4

4629
對山書屋墨餘錄
（清）毛祥麟
清同治十年（1871）
16 卷

15331.d.10

4630
履園叢話
（清）錢泳
清同治九年（1870）
24 卷

15331.d.7

子　部

4631
漁磯漫鈔
(清)雷琳、(清)汪繡瑩、(清)莫劍光
清同治十年(1871)
10卷
　　　　　　　　　　15331.d.17

4632
金壺七墨
(清)黃鈞宰
清同治十二年(1873)
1冊,6部分
　　　　　　　　　　15331.c.14

4633
坐花誌果
(清)汪道鼎
瑞梅書屋
清同治十二年(1873)
8卷
　　　　　　　　　　15327.e.3

4634
庸閒齋筆記
(清)陳其元
清同治十三年(1874)
8卷
　　　　　　　　　　15331.b.12

4635
生地獄圖說
(清)陳蘭彬
富文齋:廣州
清同治十三年(1874)
42頁
　　　　　　　　　　15298.b.38

4636
桐陰清話
(清)倪鴻
浙江
清同治十三年(1874)
8卷
　　　　　　　　　　15319.b.18

4637
埋憂集
(清)朱翊清
文元堂:杭州
清同治十三年(1874)
10卷,續集2卷
　　　　　　　　　　15331.b.13

4638
客窗閒話
(清)吳熾昌
滋本堂
清光緒元年(1875)
8卷
　　　　　　　　　　15331.d.15

4639
續客窗閒話
(清)吳熾昌
滋本堂
清光緒元年(1875)
8卷
　　　　　　　　　　15331.d.16

4640
遯窟讕言
(清)王韜
申報館:上海
清光緒元年(1875)

12 卷
  15331.c.9

4641
小家語
（清）黃沐三
申報館：上海
清光緒二年（1876）
4 卷
  15327.c.6

4642
輶軒語
（清）張之洞
清光緒三年（1877）
65 頁
  15322.d.17

4643
吳門出難記
（清）方濬頤
  Or.Micr.473/2

4644
一見咲開心
僅 1 卷
  15331.d.4

釋家類

4645
金剛般若波羅蜜經
唐咸通九年（868）
  Or.8210/P.2

4646
金剛般若波羅蜜經
後漢乾祐二年（949）？
  Or.8210/P.11

4647
金剛般若波羅蜜經
佟國璽抄本
清康熙二十六年（1687）
1 卷
  Or.6309

4648
金剛般若波羅蜜經
清乾隆六十年（1795）
1 册經折裝
  15103.c.30

4649
金剛般若波羅蜜經一卷　心經一卷
彩繪本
18 世紀
1 册,65 頁
  Or.8855

4650
金剛般若波羅蜜經
清道光六年（1826）
36 頁
  15026.c.26

4651
金剛般若波羅蜜經
清道光二十四年（1844）
6 厘米×3 厘米
  Or.70.a.19

子　部

4652
金剛經
清道光二十九年(1849)
48 頁
　　　　　　　　15026.c.53

4653
金剛般若波羅蜜經
清道光三十年(1850)?
109 頁
　　　　　　　　15026.c.10

4654
金剛經
清咸豐五年(1855)
2 部分
　　　　　　　　15026.c.19

4655
金剛卷
清咸豐五年(1855)?
4 卷
　　　　　　　　15026.c.9

4656
金剛般若波羅蜜經
清同治五年(1866)
1 册經折裝
　　　　　　　　15103.e.15

4657
金剛般若波羅蜜經
約清同治九年(1870)
1 册經折裝
　　　　　　　　15024.e.12

4658
金剛般若波羅蜜經
清光緒二年(1876)
4 頁,32 頁
　　　　　　　　15101.i.3

4659
金剛般若波羅蜜經
清光緒六年(1880)?
　　　　　　　　15026.c.36

4660
金剛能斷般若波羅蜜經
抄本
清光緒八年(1882)
1 卷,67 頁
　　　　　　　　Or.11139

4661
金剛般若波羅蜜經
五車堂
存 2-4 頁,33 頁
　　　　　　　　15103.c.28

4662
金剛般若波羅蜜經
朱印本
清光緒十二年(1886)收藏
1 卷軸;134 厘米×50 厘米
　　　　　　　　15406.a.50

4663
金剛般若波羅蜜經
清光緒二十八年(1902)
1 册經折裝
　　　　　　　　15103.e.16

4664
金剛般若經注解
日本
明萬曆元年(1573)
4 卷
      15101.f.7

4665
金剛解貫
福州
南明永曆六年(1652)
101 頁
      15026.c.21

4666
金剛般若波羅蜜經宗通
(明)曾鳳儀
海幢寺:廣州
清嘉慶十五年(1810)
2 卷
      15103.c.29

4667
金剛經川老注
(明)屠根
清同治十年(1871)
118 頁
      15026.c.12

4668
金剛決疑解
(明)釋德清
清雍正十一年(1733)

4669
金剛經石注
(清)石成金

清康熙四十一年(1702)
91 頁
      15026.c.14

4670
金剛經纂注
清康熙四十三年(1704)
3 頁,89 頁
      15101.i.6

4671
金剛經直解
清乾隆五年(1740)
2 卷
      15026.c.46

4672
金剛經直解
廣寧堂
清嘉慶十八年(1813)
118 頁
      15103.c.21

4673
金剛經直解
清咸豐六年(1856)
114 頁
      15026.c.23

4674
金剛經直解儀
(清)臧志仁
清道光二十二年(1842)
51 頁
      15026.c.16

子　部　　531

4675
金剛直說
（清）釋成鷲
清乾隆三十七年（1772）
49 頁
　　　　　　　　15026.c.15

4676
金剛直說
海幢寺：廣州
約清嘉慶五年（1800）
1 冊，4 種書
　　　　　　　　15103.c.27

4677
金剛經集解
清嘉慶十二年（1807）
23.5 厘米×14.5 厘米
　　　　　　　　15026.c.39

4678
金剛經集注
江寧
清道光十五年（1835）
2 頁，28 頁，4 頁，37 頁，1 頁
　　　　　　　　15103.c.40

4679
金剛經集注
江寧
清道光十五年（1835）
2 部分
　　　　　　　　15103.c.26

4680
金剛經彙纂輯要
（清）孫念劼

清道光二十七年（1847）
2 卷
　　　　　　　　15026.c.48

4681
金剛經注講
（清）釋行敏述
清咸豐九年（1859）
82 頁
　　　　　　　　15026.c.52

4682
金剛經解義
（清）徐槐廷
清同治元年（1862）
2 卷
　　　　　　　　15026.c.18

4683
金剛般若經六譯本
清同治十一年（1872）
6 部分
　　　　　　　　15026.c.32

4684
金剛經句解
（清）王澤泩注
清光緒二年（1876）
2 卷
　　　　　　　　15026.c.13

4685
金剛般若波羅蜜經注
（清）俞樾注
清光緒十年（1884）
4 頁，29 頁
　　　　　　　　15026.c.37

4686
金剛經注解
清光緒十五年(1889)
4 卷
15103.b.25

4687
梵文金剛般若經諸譯互證(日本文獻，漢語書寫)
Or.6190

4688
金剛經演説
76 頁
15101.i.5

4689
金剛論
清乾隆四十六年(1781)
34 頁
15026.c.11

4690
金剛如義
清乾隆五十二年(1787)
73 頁
15026.c.50

4691
金剛如義
海幢寺:廣州
清乾隆五十二年(1787)
2 頁,73 頁
15103.c.20

4692
金剛持驗紀
(清)周克復
廣州
清嘉慶四年(1799)
2 卷
15026.c.22

4693
金剛略義
廣州
清嘉慶五年(1800)？

4694
慈悲金剛寶懺法
肇慶
約清嘉慶五年(1800)
3 册經折裝
15103.e.8

4695
金剛經溯源
(清)王定柱
清嘉慶十一年(1806)
3 卷
15026.c.47

4696
金剛般若波羅蜜經如是
清道光元年(1821)
56 頁
15026.c.42

4697
金剛般若波羅蜜經破空論
清道光十年(1830)
72 頁
15026.c.44

4698
般若波羅蜜多心經一卷　金剛般若波羅蜜經一卷
抄本
18 世紀
1 册,60 頁;25 厘米×36.6 厘米
　　　　　　　　　　Add.11746

4699
般若波羅蜜多心經
10 世紀?
50 厘米×25 厘米
　　　　　　　　　　S.7000

4700
般若波羅蜜多心經
心簡齋:廣州
約清嘉慶五年(1800)
4 頁
　　　　　　　　　　15103.d 10

4701
心經附注
(宋)真德秀
雕版印刷;日本
明嘉靖四十五年(1566)
4 卷
　　　　　　　　　　15103.e 15

4702
摩訶般若波羅蜜多心經
(明)無垢子注
清乾隆二十六年(1761)
68 頁
　　　　　　　　　　15024.e.7

4703
無垢子心經解諸經摘要
(明)無垢子
清咸豐十年(1860)
3 頁,79 頁
　　　　　　　　　　15024.e.5

4704
心經直指
(清)釋傳晟
清嘉慶五年(1800)?

4705
般若波羅蜜多心經注解
無爲子抄本
清同治九年(1870)
1 卷,37 頁
　　　　　　　　　　Or.7692

4706
大般若波羅蜜多經
10 世紀?
90 厘米×26 厘米
　　　　　　　　　　S.6989

4707
大般若波羅蜜多經
10 世紀?
191 厘米×25.5 厘米
　　　　　　　　　　S.6992

4708
大般若波羅蜜多經
10 世紀?
93 厘米×26 厘米
　　　　　　　　　　S.6993

4709
大般若波羅蜜多經
10世紀？
90厘米×26厘米
S.6995

4710
大般若波羅蜜多經
雕版印刷；日本
宋紹興二十七年(1157)
600卷，僅存卷284
15101.d.8

4711
三般若波羅蜜多經
清乾隆五十一年(1786)
13卷
15113.b.14

4712
仁王護國般若波羅蜜多經
雕版印刷；日本
明萬曆十八年(1590)
2卷軸
15103.a.6

4713
佛說了義般若波羅蜜多經
明萬曆四十三年(1615)
3頁
15024.d.5/8

4714
般若波羅蜜多心經 P.3904/1
本條及以下23條編號均爲 Or. Micr. 1249，經書本身年代爲公元4-10世紀，1968年從巴黎法國國家圖書館書目部(Catalogue of Bibliotheque Nationale, Paris)獲得微縮膠捲。
Or. Micr. 1249

4715
維摩詰經十四品詩 P.3600/2
Or. Micr. 1249

4716
法華經女人品讚 P.3120/2
僅2列
Or. Micr. 1249

4717
法華經玄讚 P.3832
卷1
Or. Micr. 1249

4718
法華經義記 P.3308
卷1
Or. Micr. 1249

4719
法華經問答 P.2346
Or. Micr. 1249

4720
持誦法華經靈驗記 P.3898
Or. Micr. 1249

4721
妙法蓮華經 P.2334
隋大業十三年(617)
卷5
Or. Micr. 1249

子　部　　　　　　　　535

4722
妙法蓮華經 P. 2090
唐龍朔三年（663）
卷 7
　　　　　　　　Or. Micr. 1249

4723
妙法蓮華經 P. 2881
唐總章三年（670）
卷 1
　　　　　　　　Or. Micr. 1249

4724
妙法蓮華經 P. 4556
唐咸亨三年（672）
卷 2
　　　　　　　　Or. Micr. 1249

4725
妙法蓮華經 P. 2644
唐咸亨三年（672）
卷 3
　　　　　　　　Or. Micr. 1249

4726
妙法蓮華經 P. 2195
唐上元二年（675）
卷 6
　　　　　　　　Or. Micr. 1249

4727
妙法蓮華經講經文 P. 2133 正面
　　　　　　　　Or. Micr. 1249

4728
妙法蓮華經講經文 P. 2305
　　　　　　　　Or. Micr. 1249

4729
妙法蓮華經序 P. 3786
　　　　　　　　Or. Micr. 1249

4730
妙法蓮華經目錄 P. 3406
　　　　　　　　Or. Micr. 1249

4731
妙法玄讚（明決要述 4）P. 2118
卷 10
　　　　　　　　Or. Micr. 1249

4732
妙法蓮華經玄讚 P. 2176
卷 6
　　　　　　　　Or. Micr. 1249

4733
妙法蓮華經十七品詩 P. 3600/1
　　　　　　　　Or. Micr. 1249

4734
注觀世音經 P3904/2
　　　　　　　　Or. Micr. 1249

4735
送師讚 P. 3120/1
　　　　　　　　Or. Micr. 1249

4736
少年問老 P. 3600/3
　　　　　　　　Or. Micr. 1249

4737
金字藏經 P. 4512
僅 26 列
　　　　　　　　Or. Micr. 1249

4738
維摩詰所説經
10 世紀?
129 厘米×27 厘米
S.6991

4739
維摩詰所説經
海幢寺:廣州
清道光十五年(1835)
3 卷,具插圖
15101.b.8

4740
維摩詰所説經注
(晋)釋僧肇
清乾隆五十五年(1790)?
10 卷
15101.b.7

4741
維摩詰所説經注
(晋)釋僧肇
廣州
清道光十五年(1835)
10 卷

4742
維摩詰所説經無我疏
(明)釋傳燈
清乾隆十五年(1750)?
12 卷
15101.h.16

4743
維摩詰所説經折衷疏
清嘉慶五年(1800)?
15024.e.18

4744
大方廣佛華嚴經
崇壽寺
約宋紹興十年(1140)
1 册經折裝;31 厘米
Or.74.c.17

4745
大方廣佛華嚴經
雕版印刷;日本
宋乾道三年(1167)?
60 卷,僅存卷 38
15103.a.5

4746
大方廣佛華嚴經
明永樂九年(1411)
15101.a.1

4747
大方廣佛華嚴經
明永樂九年(1411)?
15101.a.2

4748
大方廣佛華嚴經
明永樂十七年(1419)
15103.aa.7

4749
大方廣佛華嚴經
明萬曆二十一年(1593)
15103.aa.4

4750
大方廣佛華嚴經
清康熙三十九年(1700)?
15111.e.12

子　部

4751
大方廣佛華嚴經
朝鮮抄本
清康熙三十九年(1700)？
80卷,僅存卷32
　　　　　　　　　15103.e 14

4752
正法華經(在字函音釋)
叁聖寺
宋慶元六年(1200)？
1冊經折裝；28厘米
　　　　　　　　　Or.59.a 11

4753
妙法蓮華經
10世紀？
75厘米×26厘米
　　　　　　　　　S.6988

4754
妙法蓮華經
10世紀？
99厘米×25.5厘米
　　　　　　　　　S.6994

4755
妙法蓮華經
明崇禎六年(1633)
　　　　　　　　　15510.a.2

4756
妙法蓮華經
(晋)鳩摩羅什譯
活字印刷；日本
明崇禎十六年(1643)
3卷軸
　　　　　　　　　15103.a.1

4757
妙法蓮經
(晋)鳩摩羅什譯
雕版印刷；日本
清順治七年(1650)？
8卷軸
　　　　　　　　　15103.a.2

4758
妙法蓮華經
約清嘉慶五年(1800)
7冊經折裝
　　　　　　　　　15103.e.2

4759
妙法蓮華經
清道光三十年(1850)？
1冊,7卷
　　　　　　　　　15024.d.1

4760
妙法蓮華經觀世音菩薩普門品
10世紀？
42頁
　　　　　　　　　S.6983

4761
妙法蓮華經觀世音菩薩普門品
(晋)鳩摩羅什譯
元至順二年(1331)
1冊經折裝
　　　　　　　　　15103.b.19

4762
妙法蓮華經觀世音菩薩普門品
(晋)鳩摩羅什譯
雕版印刷；日本

明弘治十七年(1504)

15103.a.3

4763
妙法蓮華經觀世音菩薩普門品
(晋)鳩摩羅什譯
雕版印刷;日本
清康熙三十九年(1700)？據明宣德八年(1433)本重印

15103.b.20

4764
妙法蓮華經觀世音菩薩普門品
清康熙二十年(1681)
1件經折裝;31厘米

Or.59.b.24

4765
妙法蓮華經觀世音菩薩普門品
約清康熙二十四年(1685)

Or.59.d.19

4766
妙法蓮華經觀世音菩薩普門品
勵廷儀抄本
清康熙四十四年(1705)
1册經折裝;29.8厘米×13.2厘米

Add.22690

4767
妙法蓮華經觀世音菩薩普門品(法華經第25品)
(晋)鳩摩羅什譯
海幢寺:廣州
清乾隆五十七年(1792)
1册經折裝

15103.d.18

4768
觀世音菩薩普門品經
約清嘉慶五年(1800)
1册經折裝

15101.e.6

4769
蓮華經普門品
清道光八年(1828)
15頁

15103.d.16

4770
佛説觀世音經
約唐大中四年(850)

Or.8210/P.13

4771
高王觀世音經
合璧齋:廣州
清道光十八年(1838)
17頁

15101.c.34

4772
高王觀世音經
廣州
清道光二十年(1840)？
14頁

15101.c.39

4773
高王觀世音經
廣州
清同治十一年(1872)
41頁

15101.d.7

子　部

4774
九品觀音經
錫三堂:廣州
清咸豐六年(1856)
13 頁

15103.d.9

4775
佛說盂蘭盆經疏
(唐)釋宗密
報恩禪院
清道光五年(1825)?
21 頁

15103.c.12

4776
佛說阿彌陀經
(晋)鳩摩羅什譯
雕版印刷;日本
明洪武二十三年(1390)?

15103.e.12

4777
大阿彌陀經
(宋)王日休校正
廣州
清乾隆五十七年(1792)
2 卷

15101.c.19

4778
大阿彌陀經
(宋)王日休校正
清道光二十二年(1842)
2 卷

15026.c.31

4779
佛說阿彌陀經疏鈔
(明)釋袾宏
廣州
清乾隆三十年(1765)
4 卷

15101.c.21

4780
佛說阿彌陀經疏鈔
(明)釋袾宏
清道光十年(1830)?
4 卷

15024.e.2

4781
佛說阿彌陀經
海幢寺:廣州
清乾隆六十年(1795)
33 頁,9 頁,具插圖

15101.c.20

4782
佛遺教經
廣州
清雍正五年(1727)

4783
無名淨光經
日本印刷
8 世紀?
1 卷軸

4784
無名淨光經
日本印刷
12 世紀?

1 卷軸

4785
净土或問
(元)釋惟則
清乾隆二十一年(1756)

4786
净土供
約後漢乾祐三年(950)
Or.8210/4644 Vo

4787
稱贊净土經
日本
明洪武十三年(1380)
15103.c.39

4788
淨土三經
海幢寺：廣州
清嘉慶二年(1797)？
1 函，4 冊經折裝
15103.e.3

4789
淨土十要
(明)釋蕅益
清道光二十八年(1848)
53 頁
15103.c.3

4790
佛説無量清淨平等覺經
清同治十年(1871)
3 卷
15026.c.27

4791
首楞嚴義疏注經
(宋)釋子璿
雕版印刷；日本
元至元五年(1339)
20 卷，存卷 4、6、9－10 及卷 3、5 的部分
15103.b.9

4792
大佛頂首楞嚴經
約清乾隆十五年(1750)
10 卷
15111.d.35

4793
楞嚴經
廣州
清嘉慶五年(1800)
10 卷
15101.e.9

4794
大佛頂首楞嚴經
(清)吳芝瑛書
小萬柳堂：杭州
清光緒三十四年(1908)
2 冊，10 卷；27 厘米
15204.a.13

4795
大佛頂首楞嚴經彙解
元至正二年(1342)
10 卷
15101.e.12

4796
楞嚴經會解

子　部

(元)釋惟則
元至正十二年(1352)
10 卷

4797
楞嚴經合轍注解
明天啓元年(1621)
2 冊,10 卷
　　　　　　　15024.d.7

4798
大佛頂首楞嚴經合轍
(明)釋通潤
明天啓元年(1621)
　　　　　　　15101.b.28

4799
楞嚴經正脈疏
(明)釋真鑒疏
明崇禎六年(1633)
2 冊,10 卷
　　　　　　　15101.e 10

4800
楞嚴正脈
(明)釋真鑒疏
廣州
清乾隆五十七年(1792)
2 冊,10 卷
　　　　　　　15024.d.8

4801
楞嚴經集注
(清)釋傳晟
廣州
約清嘉慶五年(1800)
2 冊,10 卷
　　　　　　　15101.e.11

4802
大方廣圓覺修多羅了義經
廣州
清康熙十九年(1680)
8 頁,52 頁
　　　　　　　15026.c.29

4803
大方廣圓覺修多羅了義經
廣州
19 世紀
52 頁
　　　　　　　15101.c.15

4804
佛説大方廣未曾有經善巧方便品
明萬曆四十三年(1615)
5 頁
　　　　　　　15024.d.5/9

4805
大方廣圓覺經略疏
(唐)釋宗密
東禪寺:嘉興
明萬曆元年(1573)
1 冊,9 冊
　　　　　　　15101.c.16

4806
大方廣圓覺經直解
(明)釋德清
廣州
約明天啓三年(1623)
2 卷
　　　　　　　15101.c.14

4807
梵網經
雕版印刷；日本
元至元二十七年(1290)？
2卷，僅存卷1
15103.b.8

4808
大乘起信論直解
(明)釋德清
海幢寺：廣州
明泰昌元年(1620)
2卷
15101.c.1

4809
大乘起信論纂注
(明)釋真界
湘東精舍
清光緒二年(1876)
2卷
15101.b.29

4810
大乘起信論疏筆削記會閱
(清)釋續法會編
清光緒十五年(1889)
2冊,10卷
15101.i.1

4811
大乘起信論校注(英譯本)
The Awakening of Faith in the Mahayana Doctrine: the New Buddhism
(英國)李提摩太譯
TIMOTHY RICHARD (translator)
廣學會：上海
Christian Literature Society：Shanghai
清光緒三十三年(1907)
25頁,45頁,46頁
11095.a.8

4812
佛說七俱胝佛母心大准提陀羅尼經
(唐)釋地婆訶羅譯
李福智堂
清嘉慶十七年(1812)
15頁
15103.c.6

4813
佛說救拔焰口餓鬼陀羅尼經
廣州
清乾隆二年(1737)

4814
相輪陀羅尼
日本
8世紀?
1卷軸

4815
戒律文本
10世紀?
415厘米×28厘米
S.6987

4816
佛說護諸童子經
10世紀?
118厘米×26厘米
S.6986

子　部　　543

4817
大智度論
10 世紀?
180 厘米×28.5 厘米
S.6996

4818
大乘無盡藏法
10 世紀?
1 卷;3 米
S.9139

4819
佛經節本
10 世紀?
310 厘米×26 厘米
S.6997

4820
佛說無量壽宗要經
10 世紀?
84 厘米×26 厘米
S.6999

4821
大乘無量壽經
10 世紀?
211 厘米×30.7 厘米
S.6984

4822
佛說無量壽經
雕版印刷;日本
明洪武二十三年(1390)?
2 卷
15103.b.11

4823
佛說觀無量壽經
雕版印刷;日本
明洪武二十三年(1390)?
15103.b.10

4824
四分比丘尼戒本
10 世紀?
47 厘米×26 厘米
S.6990

4825
四分比丘尼戒本
(唐)釋懷素
清康熙十七年(1678)
46 頁
15026.c.28

4826
四分戒本(律經節本)
海幢寺:廣州
清乾隆五十五年(1790)
43 頁
15101.b.14

4827
過去現在因果經
東禪等覺寺:福州
宋紹聖四年(1097)
2 卷,4 卷
Or.74.b.1

4828
過去現在因果經
宋紹聖四年(1097)
封套
Or.74.b.1

4829
阿毗曇論
宋元符二年(1099)
28卷
Or. 59. a. 1

4830
阿毗達磨發智論
山西趙城縣廣勝寺
金正隆二年(1157)
1卷軸;1097厘米
Or. 70. a. 27

4831
阿毗達磨藏顯宗論
明萬曆二十八年(1600)
15113. b. 15

4832
佛說普賢曼拏羅經
等覺禪院:福州
宋崇寧五年(1106)
經折裝,19頁;30厘米
Or. 74. c. 4

4833
大般涅槃經
延聖院:江蘇
元大德五年(1301)
Or. 80. d. 25

4834
佛說大報父母恩經
明建文二年(1400)
1冊經折裝
15103. aa. 6

4835
佛頂心大陀羅尼經
約明景泰元年(1450)
Or. 80. d. 21

4836
佛頂尊勝陀羅尼
清道光二十年(1840)?
15103. b. 12

4837
金七十論
(印度)釋真諦譯
日本
明崇禎十年(1637)
3卷
15103. e. 11

4838
藥師琉璃光如來本願功德經
約明景泰元年(1450)
Or. 80. d. 22

4839
藥師瑠璃光如來本願功德經
廣州
清嘉慶十年(1805)
1冊經折裝
15103. e. 5

4840
校正重刻慈悲道場懺法
杭州
約明景泰元年(1450)
Or. 80. d. 23

子　部

4841
深密解脫經
明萬曆二十九年(1601)
5 卷
　　　　　　　　　15024.e.3/2

4842
普曜經
明萬曆三十七年(1609)
8 卷
　　　　　　　　　15101.f.13

4843
地藏菩薩本願經(滿語、漢語)
清嘉慶二十五年(1820)？
2 卷
　　　　　　　　　15103d.15

4844
海意菩薩所問淨印法門經
明萬曆四十三年(1615)
9 卷
　　　　　　　　　15024.d.5/1

4845
佛説如幻三摩地無量印法門經
明萬曆四十三年(1615)
3 卷
　　　　　　　　　15024.d.5/2

4846
佛説護國尊者所問大乘經
明萬曆四十三年(1615)
4 卷
　　　　　　　　　15024.d.5/3

4847
佛説大集法門經
明萬曆四十三年(1615)
2 卷
　　　　　　　　　15024.d.5/4

4848
佛説勝軍王所問經
明萬曆四十三年(1615)
8 頁
　　　　　　　　　15024.d.5/5

4849
佛説輪王七寶經
明萬曆四十三年(1615)
5 頁
　　　　　　　　　15024.d.5/6

4850
佛説園生樹經
明萬曆四十三年(1615)
3 頁
　　　　　　　　　15024.d.5/7

4851
大明仁孝皇后夢感佛説第一稀有大功德經
清雍正十三年(1735)
2 卷
有明仁孝皇后序。
　　　　　　　　　15024.d.6/5

4852
賢劫經
明崇禎十一年(1638)
10 冊
　　　　　　　　　15024.e.3/1

4853
龍舒淨土文
(宋)王日休
廣州
南明永曆十二年(1658)或約清嘉慶五年(1800)？
11卷

15101.b.9

4854
龍舒淨土文
(宋)王日休
南明永曆十三年(1659)
10卷

15111.e.15

4855
佛説生經
南明永曆十五年(1661)
5卷

15024.d.4

4856
閱經十二種
(清)釋俍亭
清康熙九年(1670)
12部分

15028.c.25

4857
比丘戒本疏義
(清)釋傳嚴
廣州
清雍正十三年(1735)(據序)
88頁

15101.b.1

4858
佛説長者女菴提遮師子吼了義經
清雍正十三年(1735)
8頁

15024.d.6/6

4859
佛説賢首經
清雍正十三年(1735)
4頁

15024.d.6/2

4860
大乘本生心地觀經
清雍正十三年(1735)
8卷

15103.c.41

4861
佛説白衣金幢二婆羅門緣起經
清雍正十三年(1735)
3卷

15024.d.6/3

4862
佛説魔逆經
清雍正十三年(1735)
22頁

15024.d.6/4

4863
無量義經
清雍正十三年(1735)
23頁

15024.d.6/10

4864
佛説五王經
清雍正十三年(1735)
5 頁
      15024.d.6/8

4865
佛説辯意長者子所問經
清雍正十三年(1735)
11 頁
      15024.d.6/7

4866
四經薈刊
清乾隆四十三年(1778)
      15026.c.51

4867
御制大雲輪請雨經
廣州
清乾隆四十八年(1783)或約清道光二十年(1840)？
46 頁,2 頁
      15026.c.33

4868
大雲輪請雨經
清嘉慶五年(1800)？
2 卷
      15111.c.19

4869
四天王經
海幢寺:廣州
清嘉慶二年(1797)
10 頁
      15103.c.9/1

4870
佛説四十二章經
海幢寺:廣州
約清嘉慶五年(1800)
11 頁,1 頁,9 頁
      15101.c.18(1-2)

4871
佛説四十二章經(法譯本)
Le Sutra en Quarante-deux Articles
(法國)萊昂・費爾譯
LÉON FEER (translator)
梅松納夫出版社:巴黎
Maisonneuve et Cie.: Paris
清光緒四年(1878)
40 頁
      15103.b.4

4872
佛説四十二章經(法譯本)
Les Quarante-deux Leçons de Bouddha, ou, le King des XLII. Sections
(比利時)何賴思譯
CHARLES DE HARLEZ (translator)
清光緒二十五年(1899)
68 頁
      11100.e.27

4873
佛説摩利支天陀羅尼經
海幢寺:廣州
約清嘉慶十五年(1810)
1 册經折裝,8 頁
      15103.d.19

4874
佛説業報差別經

海幢寺:廣州
清嘉慶十六年(1811)
16頁,5頁,9頁
15103.c.5

4875
過去莊嚴劫千佛名經
約清嘉慶五年(1800)
1冊經折裝,具插圖
15101.e.4

4876
千手千眼觀世音菩薩廣大圓滿無礙大悲心陀羅尼經
清嘉慶五年(1800)?
2部分
15101.h.7

4877
御筆千手千眼觀世音菩薩大悲心陀羅尼
1冊經折裝
15101.i.9

4878
千手千眼大悲心咒懺法
清嘉慶六年(1801)

4879
八師經
清嘉慶二年(1797)

4880
法句經
(印度)法救
清道光三十年(1850)?
2卷
15026.c.30

4881
仙佛宗指
(清)悟清子
清咸豐元年(1851)(據序)
83頁,27頁
15103.b.17

4882
楞伽阿跋多羅寶經心印
(清)釋函昰
清雍正元年(1723)
4卷

4883
楞伽阿跋多羅寶經
南京
清同治九年(1870)
2冊;24厘米
15104.a.1

4884
觀楞伽阿跋多羅寶經記
清雍正二年(1724)
4卷

4885
觀音濟度本願真經
清同治九年(1870)
2卷
15103.b.9

4886
大乘本生心地觀經淺注
(清)釋來舟
北京
19世紀
2冊,8卷
15024.d.3

子　部

4887
居庸關多語種佛經石刻拓本（梵語、藏語、蒙古語、維吾爾文、西夏文、漢語）
原石刻於元至正五年（1345）
7 頁
　　　　　　　　　　　Or. 1026

4888
心要經
清光緒六年（1880）?
26 頁
　　　　　　　　　　　15101. d. 10

4889
繪像大聖末劫真經
《循環日報》：香港
清光緒二十八年（1902）
17 頁
　　　　　　　　　　　15101. c 40

4890
御制滿漢蒙古西番合璧大藏全咒
清乾隆二十四年（1759）
　　　　　　　　　　　15103. a.－c. 1

4891
大藏經
藏經書院：京都
Zōkyō Shoin：Kyōto
清光緒三十一年（1905）
37 函，347 冊，編號 1－36B
　　　　　　　　　　　15102. b. 1

4892
寶藏論
（晋）釋僧肇
清光緒六年（1880）?

25 頁
　　　　　　　　　　　15101. d. 9

4893
曇無德部四分律刪補隨機羯磨
（唐）釋道宣
10 世紀？
900 厘米×28 厘米
　　　　　　　　　　　S. 6982

4894
普明香嚴禪師語錄
（唐）釋明耀等編
清康熙二十年（1681）
98 頁
　　　　　　　　　　　15111. d. 36

4895
永嘉集
（唐）釋玄覺
海幢寺（聚賢堂？）：廣州
清嘉慶六年（1801）
55 頁
　　　　　　　　　　　15103. c. 13

4896
安樂集
（唐）釋道綽
雕版印刷；日本
明洪武十九年（1386）
2 卷
　　　　　　　　　　　15103. b. 6

4897
華嚴一乘教分記
（唐）釋法藏
雕版印刷；日本

元至元二十年(1283)
3卷
15103.c.40

4898
禪源諸詮集
(唐)釋宗密
雕版印刷;日本
明萬曆二十八年(1600)?
2卷
15103.b.5

4899
故圓鑒大師二十四孝押座文
約唐大中四年(850)
Or.8210/P.1

4900
禮懺文等
或爲10世紀
342厘米×30厘米
S.6981

4901
大悲咒
抄本
10世紀?
169厘米×28.5厘米
S.6985

4902
九品蓮臺經咒

4903
萬善同歸
(五代)釋延壽
海幢寺:廣州

約清嘉慶五年(1800)
6卷
15103.c.19

4904
護法論
(宋)張商英
清嘉慶二年(1797)
15103.d.7

4905
護法論
(宋)張商英
海幢寺:廣州
清道光三十年(1850)
39頁
15026.c.35

4906
高峰和尚禪要
(元)釋原妙
元至正十八年(1358)
48頁;26厘米
Or.59.a.13

4907
天目中峰禪師垂示法語
(元)釋中峰
廣州
19世紀
63頁
15103.c.15

4908
禪林類聚
(元)釋道泰、(元)釋智境輯
雕版印刷;日本

子　部　　551

元至正二十一年(1361)
20 卷
　　　　　　　　15103.o.3

4909
禪林寶訓筆説
(清)釋智祥
清乾隆九年(1744)

4910
重刻歸元直指
(明)釋一元
海幢寺：廣州
清乾隆二十七年(1762)
3 卷
　　　　　　　　15101.b.17

4911
法界安立圖
(明)釋仁潮
廣州
約清嘉慶五年(1800)
6 卷
　　　　　　　　15101.c.10

4912
化生儀軌
(明)釋德清
海幢寺：廣州
約清嘉慶五年(1800)
32 頁
　　　　　　　　15101.c.30

4913
心經論
(明)釋真可
清嘉慶五年(1800)？

4914
雲棲大師遺稿
(明)釋袾宏
清乾隆三十三年(1768)
1 冊，不分卷
　　　　　　　　15024.e.6

4915
指月錄
(明)瞿汝稷
明崇禎三年(1630)(據序)
2 冊，30 卷
　　　　　　　　15305.d.1

4916
重刻水月齋指月錄
(明)瞿汝稷
約清嘉慶五年(1800)
32 卷
　　　　　　　　15101.a.4

4917
重訂教乘法數
(明)釋圓瀞
清雍正十三年(1735)
12 卷
　　　　　　　　15103.d.8

4918
法海觀瀾
(明)釋智旭
抄本
清康熙年間(1662－1722)
2 冊合訂，5 卷
　　　　　　　　Or.6970

4919
慈悲水懺
(明)釋智旭
約清嘉慶五年(1800)
2頁,29頁,27頁,24頁
　　　　　　　　15101.a.9

4920
娑羅館清言
(明)屠隆
19世紀?
32頁,2頁,2頁
　　　　　　　　15101.b.6

4921
佛法金湯
(明)屠隆
寶明庵:寧波
清道光十一年(1831)
54頁
　　　　　　　　15103.c.7

4922
真言集(梵語、漢語、朝鮮語)
(朝鮮)龍巖增肅
朝鮮
明萬曆二十八年(1600)?
2卷
　　　　　　　　15313.f.1

4923
教外別傳
明崇禎六年(1633)
　　　　　　　　15103.d.1

4924
禮拜觀想偈略釋
(唐)釋湛然著、(明)釋智旭釋
廣州
清嘉慶八年(1803)

4925
普明石關禪師語錄
(清)釋芳桂等編
清康熙十九年(1680)
59頁
　　　　　　　　15111.d.37

4926
持世經
清雍正十三年(1735)
4卷
　　　　　　　　15024.d.6/1

4927
佛說賢者五福德經
清雍正十三年(1735)
2頁
　　　　　　　　15024.d.6/9

4928
角虎集
(清)釋濟能
清乾隆十五年(1750)?
2卷
　　　　　　　　15101.c.3

4929
賢劫千佛號(藏語、蒙古語、滿語)
清乾隆十五年(1750)?
殘本
　　　　　　　　15101.a.11

子　部

4930
禪門佛事全部
清乾隆四十五年(1780)？
109頁,6頁
　　　　　　　　　　　15101.g.32

4931
禪門日誦
(明)釋德清
清乾隆五十年(1785)
224頁
　　　　　　　　　　　15103.d.23

4932
禪門日誦
(明)釋德清
福建
清乾隆五十五年(1790)
136頁
　　　　　　　　　　　15111.e.16

4933
諸經日誦集要
(明)釋袾宏
廣州
清乾隆五十年(1785)
2卷
　　　　　　　　　　　15101.b.19

4934
緇門崇行錄
(明)釋袾宏
廣州
清嘉慶十三年(1808)

4935
八識規矩略說

(明)釋正誨
海幢寺：廣州
清乾隆五十七年(1792)
5頁,1頁,8頁,25頁
　　　　　　　　　　　15101.b.25

4936
菩薩戒疏義
海幢寺：廣州
約清嘉慶五年(1800)
62頁,70頁
　　　　　　　　　　　15101.b.12

4937
人天眼目增集
(清)釋仁岠
廣州
約清嘉慶五年(1800)
6卷
　　　　　　　　　　　15101.b.11

4938
初參要訣
釋大嵒
廣州
約清嘉慶五年(1800)
15頁
　　　　　　　　　　　15101.c.7

4939
經懺直音增補切釋
(清)釋一鷟
廣州
清乾隆十年(1745)
　　　　　　　　　　　15101.c.22

4940
慈悲懺
海幢寺:廣州
約清嘉慶五年(1800)
10卷
15101.a.6

4941
大悲懺
約清嘉慶五年(1800)?

4942
大悲懺法
廣州
明永樂八年(1410)

4943
大悲懺法規則
海幢寺:廣州
約清嘉慶五年(1800)
1頁,2頁,5頁,13頁,5頁
15101.a.8

4944
不可不可錄
寶硯堂:常州重刊
約清嘉慶五年(1800)
2卷
15103.c.18

4945
七言絕詩十六首
題紹袁氏(或假託明代葉紹袁)
約清嘉慶五年(1800)
1卷軸,上文下圖;140厘米
15406.a.2

4946
蓮宗輯要
釋達淨
廣州
清嘉慶六年(1801)
2卷
15101.c.17

4947
西方公據
(清)沈清塵、(清)周遠振
廣州
清嘉慶九年(1804)
42頁
15101.c.4

4948
阿字無禪師光宣臺集
(清)釋今無
約清嘉慶十五年(1810)
2冊,24卷
15101.b.26

4949
海幢阿字無禪師語錄
(清)釋今無
廣州
約清嘉慶十五年(1810)
僅存卷1
15101.b.27

4950
讚本
釋相柱
海幢寺:廣州
清嘉慶二十年(1815)?
2頁,5頁,2頁,1頁,2頁,4頁,4頁,2

子　　部

頁,3頁,1頁,1頁,2頁,1頁,3頁,3頁,2頁,5頁,6頁,1頁,2頁,1頁,2頁,1頁,1頁,2頁,50頁
　　　　　　　　　　　15101.c.2

4951
因果實錄
何遊
信古齋:廣州
清嘉慶二十四年(1819)
2頁,2頁,40頁,2頁
　　　　　　　　　　　15103.c.14

4952
六道集
(清)釋弘贊
廣州
清乾隆六十年(1795)
5卷
　　　　　　　　　　　15101.c.9

4953
解惑編
(清)釋弘贊
廣州
清嘉慶十三年(1808)
2卷
　　　　　　　　　　　15101.c.8

4954
溈山警策
(清)釋弘贊注
海幢寺:廣州
約清嘉慶二十五年(1820)
2卷
　　　　　　　　　　　15103.c.16

4955
玉歷鈔傳警世
(清)陸喬木
廣州
清嘉慶十九年(1814)
　　　　　　　　　　　15101.e.13

4956
玉歷鈔傳警世
廣州
約清嘉慶二十五年(1820)
68頁,10頁,71頁
　　　　　　　　　　　15113.b.10

4957
玉歷鈔傳警世
清道光十九年(1839)
　　　　　　　　　　　15103.c.35

4958
藥師七佛供養儀軌
(清)阿旺扎什譯
清道光五年(1825)
1函,4冊
　　　　　　　　　　　15101.g.8

4959
天然和尚同住訓略
(清)釋函昰
約清道光十年(1830)
1頁,61頁
　　　　　　　　　　　15103.c.17

4960
栴檀佛像紀
(清)釋達緣
杭州

清道光十年(1830)
2部分
　　　　　　　　　　15024.e.11

4961
沙門日用錄
(清)釋古雲
海幢寺:廣州
清道光十年(1830)
35頁
　　　　　　　　　　15101.b.23

4962
淨土傳燈歸元鏡
(清)釋智達
清道光十二年(1832)
2卷
　　　　　　　　　　15024.e.20

4963
慈恩玉歷
清乾隆十五年(1750)?

4964
大悲懺儀合節
野林抄本
清道光十七年至十八年(1837-1838)
4冊合訂
　　　　　　　　　　Add.16329

4965
福緣善慶
(清)釋性涵
寫本
清道光十九年(1839)

4966
普天心修
寫本
清道光二十六年(1846)前
6冊合訂
　　　　　　　　　　Add.16328

4967
欽定梵音大悲咒
廣州
清道光二十八年(1848)
4頁,38頁
　　　　　　　　　　15024.c.19

4968
語錄彙集
(清)釋真亮
西林堂:桂林
清咸豐三年(1853)
73頁
　　　　　　　　　　15103.b.18

4969
定慧基本
清咸豐九年(1859)
69頁,2頁
　　　　　　　　　　15024.e.8

4970
萬法歸心錄
(清)釋祖源
約清咸豐十年(1860)
3卷
　　　　　　　　　　15103.b.15

4971
不可錄

（清）陳海曙
清祺祥元年（1861）
4頁,55頁
        15258.b.11

4972
三壇傳戒正範
（清）釋讀體
日本
清光緒五年（1879）
4卷
        15217.b.9

4973
佛説解冤劫神咒
廣州
約清同治九年（1870）
1葉
        15103.d.11

4974
大悲神咒心經
廣州
清嘉慶十四年（1809）
        15103.d.17

4975
涵三鏡
廣文堂：廣州？
清光緒二年（1876）
1册,3部分
        15111.c.20

4976
題二河白道喻
寫本
清光緒二年至八年（1876–1882）

1葉
        Or.5896（Sheet 16）

4977
大慈大悲陀羅尼神咒一卷
抄本
約清康熙三十九年至宣統元年（1700–1909）
1册,6頁
        Or.6995

4978
沙彌律儀要略
（明）釋袾宏
清乾隆二十五年（1760）？
21頁
        15101.c.36

4979
沙彌律儀要略增注
（明）釋袾宏
廣州
清乾隆二十七年（1762）
2卷
        15101.c.35

4980
佛門定制

4981
普勸念佛
海幢寺：廣州
清嘉慶二年（1797）
12頁
        15101.c.29

4982
墨苑緇黃
（明）沈催
約清嘉慶五年（1800）
27 頁
15317.c.13

4983
往生拾因
雕版印刷；日本
宋淳祐八年（1248）
16006.e.18

4984
選擇本願念佛集
雕版印刷；日本
宋淳祐十年（1250）？
15103.b.7

4985
瑜伽集要施食儀
明萬曆三十三年（1605）
15101.c.25

4986
瑜伽餓口施食起止規範
抄本
明崇禎九年（1636）
1 冊
Or.2179

4987
瑜伽集要施食壇儀應門
（明）釋靈操
17 世紀
2 冊
15103.d.13

4988
修設瑜伽集要施食壇儀
廣州
清乾隆二年（1737）
2 頁,6 頁,83 頁
15101.c.24

4989
御制大藏瑜伽施食儀
抄本
清宣統元年（1909）前
1 冊
Or.6974

4990
牧牛圖
明萬曆三十七年（1609）
15101.c.28

4991
牧牛圖
（宋）釋普明
廣州？
明萬曆三十七年（1609）或約清嘉慶五年（1800）？
10 頁
15101.c.27

4992
現世報應圖
印本
1 葉
Or.5896（Sheet 4）

4993
佛教筆記
抄本

清宣統三年(1911)前
1 册
Or. 13637

4994
求福真經
新加坡?(據靈山寺?版重印)
Singapore?
22 頁;19 厘米
15111. a. 26

4995
佛國記
(晋)釋法顯
汲古閣
約明崇禎十三年(1640)
44 頁,1 頁
15317. b. 17

4996
法顯傳
(晋)釋法顯
抄本
清光緒十八年(1892)前
1 卷
Or. 7423

4997
佛國記(法譯本)
Foě Kouě Ki, ou, Relation des Royaumes Bouddhiques
(晋)釋法顯著、(法國)雷慕沙譯
M. ABEL RÉMUSAT (translator)
皇家印書館:巴黎
Imprimerie Royale: Paris
清道光十六年(1836)
66 頁,424 頁
11098. d. 39

4998
佛國記(英譯本,據雷慕沙法譯本轉譯)
The Pilgrimage of Fa Hian
(晋)釋法顯著、(法國)雷慕沙(法文翻譯)、(英國)萊德利(英文翻譯)
M. ABEL RÉMUSAT (French translator), J. W. LAIDLEY (English translator)
浸會書局:加爾各答
Baptist Mission Press: Calcutta
清道光二十八年(1848)
6 頁,373 頁
11100. e. 6

4999
佛國記(英譯本)
Travels of Fah-Hian and Sung-Yun, Buddhist Pilgrims, from China to India (400 A. D. and 518 A. D.)
(晋)釋法顯著、(英國)畢爾譯
SAMUEL BEAL (translator)
特呂布納出版公司:倫敦
Trübner & Co.: London
清同治八年(1869)
73 頁,208 頁
10056. bbb. 29

5000
佛國記(英譯本)
Record of the Buddhistic Kingdoms
(晋)釋法顯著、(英國)翟理斯譯
HERBERT ALLEN GILES (translator)
特呂布納出版公司:倫敦
Trübner & Co.: London
清光緒三年(1877)
10 頁,129 頁
11099. d. 1

5001
佛國記（英譯本）
A Record of Buddhistic Kingdoms, Being an Account by the Chinese Monk Fâ-hien of His Travels in India and Ceylon (A. D. 399–414) in Search of the Buddhist Books of Discipline
（晋）釋法顯著、（英國）理雅各譯注
JAMES LEGGE (translator & annotator)
克拉倫登出版社：牛津
Clarendon Press：Oxford
清光緒十二年（1886）
15 頁，123 頁；22 厘米
11099．f．36

5002
釋迦如來成道記
（唐）王勃著、（唐）釋道誠注
清康熙五十九年（1720）？
2 頁，42 頁
15024．e．10

5003
釋迦如來成道記
（唐）王勃著、（唐）釋道誠注
約清嘉慶五年（1800）
42 頁
15101．c．26

5004
釋迦如來成道記
（唐）王勃著、（唐）釋道誠注
抄本
清光緒七年（1881）前
1 冊
Or．4542

5005
釋迦方志三卷
（唐）釋道宣
抄本
清光緒元年（1875）前
1 冊
Or．7412

5006
大慈恩寺三藏法師傳
（唐）釋慧立、（唐）釋彥悰
約明建文二年（1400）
Or．74．d．7

5007
大唐西域求法高僧傳（法譯本）
Mémoire Composé à l'Époque de la Grande Dynastie T'ang sur les Religieux Éminents Qui Allèrent Chercher la Loi dans les Pays d'Occident
（唐）釋義净著、（法國）沙畹譯
ÉDOUARD CHAVANNES (translator)
巴黎
Paris
清光緒二十年（1894）
21 頁，218 頁
11100．e．25

5008
金臺華嚴禪寺講經沙門萬空大師重修記
拓本
明弘治四年（1491）
1 卷軸
Or．1095

子　部　　561

5009
鎮州臨濟慧照禪師語錄
（唐）釋慧照著、（唐）釋慧然唱
雕版印刷；朝鮮
清順治七年（1650）？
　　　　　　　　　　15101.d.13

5010
圓悟碧岩集
（宋）釋圓悟
雕版印刷；日本
元至正元年（1341）
10卷
　　　　　　　　　　15103.e.10

5011
曹洞宗
雕版印刷；日本
元至正九年（1349）
殘本
　　　　　　　　　　15103.b.2

5012
神僧傳
日本
清順治十六年（1659）
9卷
　　　　　　　　　　15303.a.3

5013
五燈會元
（宋）釋普濟
雕版印刷；日本
明洪武元年（1368）
20卷
　　　　　　　　　　15103.c.38

5014
五燈會元
（宋）釋普濟
明萬曆四十年（1612）
2冊,20卷
　　　　　　　　　　15026.c.5

5015
景德傳燈錄
（宋）釋道原
雕版印刷；日本
元至正十年（1350）？
30卷
　　　　　　　　　　15103.b.1

5016
佛祖歷代通載
（元）釋念常
抄本
約清咸豐十年（1860）
22卷,存卷1-10
　　　　　　　　　　Or.13158

5017
釋氏源流
（明）釋寶成
明成化二十二年（1486）
　　　　　　　　　　15510.a.3

5018
佛祖傳燈
（清）徐衢
清康熙三十九年（1700）？
16卷,存卷9-16
　　　　　　　　　　15101.a.5

5019
釋迦如來應化事蹟
(清)釋永珊
清嘉慶十三年(1808)
4 冊經折裝繪圖,1 冊文字說明
15510.a.5

5020
釋迦如來應化事蹟
(清)釋永珊
清嘉慶十三年(1808)
4 冊經折裝繪圖,1 冊文字說明,西式書包裝
Or.13217

5021
南海勝境普陀山志
18 世紀
9 頁,5 頁
15269.d.6 –13

5022
大周刊定衆經目錄
(唐)釋明佺
約宋慶元六年(1200)
1 冊經折裝;30 厘米
Or.74.c.16

5023
一切經音義
(唐)釋玄應著、(清)孫星衍校
清道光二十五年(1845)
25 卷
15404.a/7

5024
一切經音義
(唐)釋玄應
清同治八年(1869)
25 卷
15024.e.1/1

5025
法苑珠林
(唐)釋道世
開元寺:福州
北宋宣和六年(1124)
1 冊經折裝,卷 85;29 厘米
Or.74.c.3

5026
法苑珠林
(唐)釋道世
明萬曆四十三年(1615)
15101.d.3

5027
法苑珠林
(唐)釋道世
清道光七年(1827)
100 卷
15101.d.4

5028
歷代三寶紀
宋紹興十八年(1148)
Or.74.d.6

5029
宗鏡錄
(宋)釋延壽
約宋慶元六年(1200)
1 冊經折裝,35 頁,夾於竹板,裱以紙封
Or.59.a.12

子　部

5030
宗鏡錄
(宋)釋延壽
大普寧寺:杭州
元至正二十四年(1364)?
39頁(16頁具編號);31厘米×12厘米
　　　　　　　　　　　　　Or.74.d.8

5031
宗鏡錄
(宋)釋延壽
清雍正十二年(1734)
4冊,100卷
　　　　　　　　　　　　15103.d.21

5032
翻譯名義
清咸豐十年(1860)?
59頁
　　　　　　　　　　　　15103.b.13

5033
翻譯名義集選
(宋)釋法雲撰、(清)世宗胤禛選
内府刻本
清雍正年間(1723-1735)
　　　　　　　　　　　　15103.d.14

5034
法寶勘同總錄
(元)釋慶吉祥
浙江
南明永曆十五年(1661)或約清嘉慶五年(1800)?
10卷
　　　　　　　　　　　　15103.d.6

5035
釋氏稽古略
(元)釋覺岸
清光緒十二年(1886)
4卷,又3卷
　　　　　　　　　　　　15026.c.8

5036
佛祖三經指南
(明)釋道霈
清康熙四十四年(1705)?
3卷
　　　　　　　　　　　　15026.c.34

5037
大清重刻龍藏彙記
南京
清同治九年(1870)
120頁
　　　　　　　　　　　　15350.c.7

5038
文殊志

5039
佛典雜載
清抄本
1冊,29頁
　　　　　　　　　　　　Or.6195

5040
大聖文殊師利菩薩供養像
約後漢乾祐三年(950)
　　　　　　　　　　　Or.8210/P.3

5041
大聖文殊師利菩薩供養像

約後漢乾祐三年(950)
Or.8210/P.4

5042
大聖文殊師利菩薩供養像
約後漢乾祐三年(950)
Or.8210/P.5

5043
大聖文殊師利菩薩供養像
約後漢乾祐三年(950)
Or.8210/P.15

5044
大聖文殊師利菩薩供養像
約後漢乾祐三年(950)
Or.8210/P.16

5045
阿彌陀佛供養像
約後漢乾祐三年(950)
Or.8210/P.14

5046
彩繪觀世音菩薩供養像
後晉開運四年(947)
歸義軍節度使檢校太傅曹元忠造。
Or.8210/P.9

5047
北方大聖沙門天王供養像
後晉開運四年(947)
Or.8210/P.8

5048
木刻硃捺千佛像
約後漢乾祐三年(950)

4 尊
Or.8210/P.7

5049
木刻硃捺千佛像
約後漢乾祐三年(950)
4 尊
Or.8210/P.17

5050
木刻墨捺千佛像
約後漢乾祐三年(950)
Or.8210/P.18

5051
木刻墨捺觀音像
約後漢乾祐三年(950)
Or.8210/P.19

5052
菩提葉彩繪佛像集
彩繪本
18 世紀
1 冊,20 幅;19.7 厘米×32.8 厘米
Add.15818

5053
菩提葉彩繪佛像集
彩繪本
清宣統三年(1911)前
1 冊,22 幅;22.7 厘米×33.9 厘米
Add.10592

5054
菩提葉彩繪佛像贊
彩繪本
清道光二十三年(1843)前

1 册,22 幅;18.5 厘米×27.5 厘米
Add.14423

5055
彩繪神像集
彩繪本
清道光二十四年(1844)前
1 册,23 幅;33.3 厘米×51.2 厘米
Add.14341

5056
皇壇秘密諸佛菩薩燈圖
彩繪本
清光緒三十一年(1905)前
1 册
Or.6627

5057
江南報恩寺琉璃寶塔全圖
南京
清嘉慶七年(1802)
1 葉

5058
十法界循業發現圖
(清)石鳳臺
清道光元年(1821)

5059
郎處當養塔
清道光二十年(1840)?
1 卷軸

5060
天童弘法禪寺募裝佛像鐘樓引
(清)釋性涵
寫本

清道光十九年(1839)
1 件
Add.15203

5061
勸誠王頌(英譯本,轉譯自唐代僧人義净譯本)
Suh-ki-li-lih-kiu: The Suhrillekha or "Friendly Letter" Addressed to King Sadvaha
(印度)龍樹著、(英國)畢爾譯
SAMUEL BEAL (translator)
魯扎克公司:倫敦
Luzac & Co.: London
清光緒十八年(1892)
51 頁,13 頁
11100.b.27

5062
寂照堂谷響續集
(日本)釋運敞
清康熙三十年(1691)
2 卷
15317.a.10

5063
日本文獻
寫本
其中有一件爲敦煌佛教文獻。
Or.13155

5064
修心訣
(高麗)知訥
廣州
清乾隆五十八年(1793)
26 頁
15101.b.21

5065
真心直説
(高麗)知訥
約清道光十年(1830)
3頁,1頁,10頁,21頁,1頁
15101.b.5

5066
造像量度經
(俄國)崔比科夫
GOMBOJAB
清乾隆十三年(1748)
1冊,2部分
15101.g.14

5067
大昭寺喇嘛益希覲見北京:乾隆皇帝題銘(英譯本)
The Visit of the Teshoo Lama Ye Ses to Peking: Ch'ien Lung's Inscription
路德維希譯
ERNEST LUDWIG (translator)
天津書局:北京
Tientsin Press: Peking
清光緒三十年(1904)
88頁
11095.b.37

5068
佛經中的迦毗羅衛(摘自《皇家亞洲學會雜志》)(英文)
Kapilavastu in the Buddhist Books (from the *Journal of the Royal Asiatic Society*)
(英國)瓦特斯
THOMAS WATTERS
清光緒二十四年(1898)
11100.e.34

5069
中國寺廟中的十八羅漢(摘自《皇家亞洲學會雜志》)(英文)
The Eighteen Lohan of Chinese Buddhist Temples (from the *Journal of the Royal Asiatic Society*)
(英國)瓦特斯
THOMAS WATTERS
清光緒二十四年(1898)
11100.e.33

5070
《須摩提女經》研究集(德文)
Studien zum Sumāgadhāvadāna
(日本)常盤井鶴松
TSURU-MATSU TOKIWAI
達姆施塔特
Darmstadt
清光緒二十四年(1898)
64頁
14013.c.3(2)

5071
漢文大藏經中的500個寓言故事(法文)
Cinq Cents Contes et Apologues Extraits du Tripitaka Chinois et Traduits en Français
(法國)沙畹
ÉDOUARD CHAVANNES
巴黎
Paris
清宣統二年至三年(1910-1911)
15234.c.4

5072
大莊嚴論經(法譯本)

Suûtraâlamkaâra. Traduit en Françcois sur la Version Chinoise de Kumaârajîva
（法國）杜阿爾德·胡貝爾譯
ÉDOUARD HUBER（translator）
巴黎
Paris
清光緒三十四年（1908）
8頁，496頁

11095.d.31

5073
中國佛教（法文）
Bouddhisme Chinois
（法國）戴遂良
LÉON WIEGER
天主教會印刷所：河間府
Imprimerie de la Mission Catholique：Ho-kien-fou
清宣統二年（1910）
2冊，479頁

15234.c.5

道家類

5074
道德經
明萬曆十六年（1588）

15111.b.2/1

5075
老子道德真經
明萬曆二十八年（1600）？
27頁；26厘米

15113.a.37

5076
太上混元道德真經
清同治二年（1863）
7頁，5頁，25頁，125頁；27厘米

15113.d.6

5077
道德經解
（戰國）河上公注
尚論堂
清嘉慶十四年（1809）
4頁，46頁，61頁

15111.a.3

5078
老子道德經
（三國魏）王弼注
清乾隆四十年（1775）
2部分；26厘米

15113.c.11

5079
老子道德經
（三國魏）王弼注
清光緒元年（1875）
2卷；30厘米

15113.c.13

5080
老子
（三國魏）王弼注
清光緒元年（1875）
3部分；25厘米

15256.a.1(1)

5081
道德經解

(唐)呂嵒注
清順治七年(1650)？
2部分;22厘米
　　　　　　　15111.c.22

5082
道德經釋義
(唐)呂嵒注
清嘉慶十四年(1809)
2卷
　　　　　　　15113.c.10

5083
太上老子道德經集解
(宋)董思靖注
清光緒五年(1879)
2卷
　　　　15238.b.3(1,15)

5084
道德寶章
(宋)白玉蟾注
心簡齋:廣州
清道光十八年(1838)
60頁
　　　　　　　15113.e.3

5085
老子鬳齋口義
(宋)林希逸注
雕版印刷;朝鮮
明隆慶四年(1570)
2卷
　　　　　　　15113.c.8

5086
老子鬳齋口義
(宋)林希逸注
雕版印刷;日本
清順治七年(1650)？
2卷
　　　　　　　15113.c.4

5087
道德經注
(元)吳澄注
清光緒元年(1875)
4卷;27厘米
　　　　　　　15113.c.12

5088
道德經轉語
(元)陳觀吾
清嘉慶十四年(1809)
2卷

5089
道德經評注
(明)文震孟注
明天啓四年(1624)
2卷
　　　　　　　15113.c.23

5090
老莊翼合刻
(明)焦竑注
陳長卿:蘇州
17世紀
　　　　　　　15111.b.2

5091
老莊郭注會解
(明)潘基慶
文樞堂

子　部

18 世紀
2 部分
　　　　　　　　　15111.b.1

5092
老子集解
（明）薛蕙注
明崇禎六年（1633）
2 卷；26 厘米
　　　　　　　　　15111.d 38

5093
老子道德經解
（明）釋德清
清咸豐十年（1860）？
2 部分；29 厘米
　　　　　　　　　15111.c.23

5094
道德經釋略
（明）林兆恩注
明萬曆十六年（1588）
6 卷；25 厘米
　　　　　　　　　15113.a.36

5095
道德經攷異
（清）畢沅
清乾隆四十八年（1783）
2 卷；29 厘米
　　　　　　　　　15113.c 19

5096
道德經考正
清嘉慶十四年（1809）
2 卷

5097
老子參注
（清）倪元坦注
清嘉慶二十一年（1816）
4 卷；26 厘米
　　　　　　　　　15113.a.38

5098
道德經注
（清）徐大椿注
抄本
清道光三十年（1850）？
51 頁；25 厘米
　　　　　　　　　Or.7459

5099
道德真經注
抄本
清咸豐五年（1855）後
4 卷
　　　　　　　　　Or.7544

5100
道德性命前後集
約清嘉慶五年（1800）
2 卷，3 卷，5 頁，4 頁
　　　　　　　　　15113.c.15

5101
"老哲學家"老子關於玄學、政體及道德的思考（《道德經》英譯本）
The Speculations on Metaphysics, Polity, and Morality, of the Old Philosopher, Lau-tsze
（英國）湛約翰譯
JOHN CHALMERS（translator）
特呂布納出版公司：倫敦

Trübner & Co.：London
清同治七年(1868)

8461.bbb.35

5102
偉大的思想家老子(《道德經》英文選譯本)
Lâo-Tsze the Great Thinker, with a Translation of His Thoughts on the Nature and Manifestations of God
(英國)亞歷山大譯
GEORGE GARDINER ALEXANDER (translator)
基根·保羅出版公司：倫敦
Kegan Paul & Co.：London
清光緒二十一年(1895)
19 頁,131 頁

4503.de.12

5103
老子的《道德經》(英譯本)
Lao-Tsze's Tao-Teh-King
(英國)迦耳斯譯
PAUL CARUS (translator)
開庭書局：芝加哥
Open Court Publishing Co.：Chicago
清光緒二十四年(1898)
345 頁

11099.c.40

5104
道與德的經典(《老子的〈道德經〉》英譯本摘錄)
The Canon of Reason and Virtue (an extract from the author's larger work, Lao-Tze's Tao Teh King)
(英國)迦耳斯譯
PAUL CARUS (translator)
開庭書局：芝加哥
Open Court Publishing Co.：Chicago
清光緒二十九年(1903)
4 頁,第 96–138 頁

11094.a.12

5105
道與德的經典(第 2 版)
The Canon of Reason and Virtue (second edition)
(英國)迦耳斯譯
PAUL CARUS (translator)
開庭書局：芝加哥
Open Court Publishing Co.：Chicago
清宣統元年(1909)

W 24/0789

5106
中國之光：老子的《道德經》(英譯本)
The Light of China：The Tao Teh King of Lao Tsze, 604-504 B.C.
(美國)艾薩克·W.海星格譯
ISAAC WINTER HEYSINGER (translator)
研究出版公司：費城
Research Pub. Co.：Philadelphia
清光緒二十九年(1903)
165 頁;19 厘米

11095.b.17

5107
道德經(英譯本)
The Book of the Simple Way of Laotze. A New Translation from the Text of the Tao-teh-king
(英國)華爾特·戈恩·歐德譯

WALTER GORN OLD（translator）
菲利普·韋比公司：倫敦
Philip Wellby：London
清光緒三十年（1904）
9頁,186頁

11095.b.24

5108
道德經（普及版）（英譯本）
The Simple Way. A new Translation of the Tao-teh-king（popular edition）
（英國）華爾特·戈恩·歐德譯
WALTER GORN OLD（translator）
菲利普·韋比公司：倫敦
Philip Wellby：London
清光緒三十一年（1905）
9頁,186頁

11095.b.35

5109
道德經（英譯本）
Tao Teh Ch'ing
（英國）華爾特·戈恩·歐德譯
WALTER GORN OLD（translator）
清光緒三十三年（1907）
40頁

14003.aa.2

5110
老子語錄（英文選譯本）
The Sayings of Lao Tzǔ
（英國）翟林奈譯
LIONEL GILES（translator）
清光緒三十年（1904）
54頁

14003.a.5

5111
道德經（英譯本）
The Tao Teh King
（英國）梅殿華譯
CHARLES SPURGEON MEDHURST（translator）
神學出版社：芝加哥
Theosophical Book Concern：Chicago
清光緒三十一年（1905）
19頁,134頁

11095.b.30

5112
道德經（英譯本）
The Tao Teh King
（英國）梅殿華譯
CHARLES SPURGEON MEDHURST（translator）
神學出版社：芝加哥
Theosophical Book Concern：Chicago
清光緒三十一年（1905）
19頁,134頁

15234.b.8

5113
道德經（法文－拉丁文－中文對照本）
Le Tao-te-king, ou, le Livre Révéré de la Raison Suprême et de la Vertu
（法國）鮑梯
JEAN PIERRE GUILLAUME PAUTHIER
福曼·狄多兄弟公司：巴黎
Firmin Didot Frères：Paris
清道光十八年（1838）
80頁;25厘米

4504.ccc.18

5114
老子道德經(法譯本)
Lao Tseu Tao Te King. Le Livre de la Voie et de la Vertu Composé dans le Vie Siècle avant l'Ère Chrétienne par le Philosophe Lao-tseu
(法國)儒蓮譯
STANISLAS JULIEN (translator)
巴黎
Paris
清道光二十二年(1842)
11100.d.25

5115
老子(法譯本)
Lao-Tze, le Premier Philosophe Chinois ou un Prédécesseur de Schelling au Vie Siècle avant Notre Ère
(比利時)何賴思
CHARLES DE HARLEZ
法耶茲印刷廠:布魯塞爾
Imprimerie de F. Hayez: Bruxelles
清光緒十二年(1886)
32 頁;25 厘米
Tr.697(c)

5116
道德經(法譯本)
L'Esprit des Races Jaunes. Le Tao de Laotseu
(法國)馬喬伊譯
ALBERT DE POUVOURVILLE MATGIOI (translator)
巴黎
Paris
清光緒二十年(1894)
57 頁
11100.b.29

5117
老子道德經(德譯本)
Lao-Tse Táo-Tĕ-King. Der Weg zur Tugend
(德國)普蘭特内爾譯
REINHOLD VON PLAENCKNER (translator)
布洛克豪斯:萊比錫
F. A. Brockhaus: Leipzig
清同治九年(1870)
存20頁,1-15頁,17-423頁
15235.a.221

5118
道德經(德譯本)
Theosophie in China. Betrachtungen über das Tao-Teh-King
(德國)弗蘭茨·哈特曼譯
FRANZ HARTMANN (translator)
萊比錫
Leipzig
清光緒二十三年(1897)
135 頁
11099.b.39

5119
道德經(德譯本)
Tao-Teh-King. Der Weg, die Wahrheit und das Licht
(德國)弗蘭茨·哈特曼譯
FRANZ HARTMANN (translator)
清光緒二十六年(1900)
135 頁
4503.dd.26

5120
冲虛真經

（戰國）列禦寇著、（晉）張湛注
元大德四年（1300）？
8卷
15210.e.9

5121
列子
（戰國）列禦寇著、（晉）張湛注
清光緒二年（1876）
8冊
15256.a.1（4）

5122
列子盧重元注
（戰國）列禦寇著、（唐）盧重元注
清嘉慶八年（1803）
2冊，8卷
15256.dd.1/1

5123
冲虛至德真經解
（戰國）列禦寇著、（宋）江遹注
明嘉靖二十九年（1550）？
8卷
15111.b.37

5124
古代中國汎神論和感覺論自然主義或哲學家列子著作譯釋（《列子》德譯本）
Der Naturalismus bei den Alten Chinesen Sowohl nach der Seite des Pantheismus als des Sensualismus, oder die Sämmtlichen Werke des Philosophen Licius, zum Ersten Male Vollständig Übersetzt und Erklärt von E. Faber
（戰國）列禦寇著、（德國）花之安譯
ERNST FABER（translator）

埃伯費爾德
Elberfeld
清光緒三年（1877）
8462.dd.3

5125
列子（德譯本）
Liä Dsi：Das Wahre Buch vom Quellenden Urgrund
（戰國）列禦寇著、（德國）衛禮賢譯
RICHARD WILHELM（translator）
歐根·迪德里西斯：耶拿
Eugen Diederichs：Jena
清宣統三年（1911）
29頁，175頁，附2頁；21厘米
15235.bb.3

5126
列子 鬼谷子（《石研齋四種》本）
題（戰國）列禦寇、（戰國）王詡
清嘉慶八年（1803）、十年（1805）
1函，3冊，2種書
15256.dd.1

5127
南華真經內七篇
（戰國）莊周
宋抄本
宋宣和年間（1119－1125），清光緒十七年（1891）重裝
1卷軸
Or.7750

5128
南華真經
（戰國）莊周著、（晉）郭象注、（唐）陸德明音義

元大德四年(1300)?
10卷
　　　　　　　15212.e.9

5129
莊子南華經
(戰國)莊周
世榮堂
清康熙五十五年(1716)
5卷
　　　　　　　15111.a.7

5130
莊子鬳齋口義
(戰國)莊周著、(宋)林希逸注
活字印刷;日本
明崇禎二年(1629)
10卷
　　　　　　　15113.c.6

5131
莊子鬳齋口義
(戰國)莊周著、(宋)林希逸注
雕版印刷;日本
清順治七年(1650)?
　　　　　　　15113.c.7

5132
南華真經副墨
(戰國)莊周著、(明)陸西星注
明萬曆六年(1578)
8卷
　　　　　　　15111.a.8

5133
莊子南華本義箋注
(戰國)莊周著、(明)陳治安注

清道光十五年(1835)
16卷,又8卷
　　　　　　　15113.a.34

5134
莊子注釋評林
(戰國)莊周
17世紀?
僅存卷1
　　　　　　　15314.e.3

5135
南華經箋注
(戰國)莊周著、(明)釋性㵎注、(明)方應祥校
清同治五年(1866)
8卷
　　　　　　　15318.c.10

5136
莊子別解
(戰國)莊周著、(清)釋成鷲注
清康熙六十年(1721)
7卷
　　　　　　　15111.a.9

5137
莊子南華經解
(戰國)莊周著、(清)宣穎注
清道光十年(1830)?
3部分
　　　　　　　15113.d.7

5138
莊子因
(戰國)莊周著、(清)林雲銘注
清光緒六年(1880)

子　部　　　　　575

6 卷
　　　　　　　　　　15313.c.3

5139
莊子集解
（戰國）莊周著、（清）王先謙注
上海
清宣統元年（1909）
8 卷
　　　　　　　　　　15313.c.4

5140
齊物論
（戰國）莊周
清乾隆十五年（1750）？
有傅聖澤（JEAN FRANCOIS FOUC-QUET）手寫注釋。

5141
南華經（英譯本）
The Divine Classic of Nan-Hua; Being the Works of Chuang Tsze
（戰國）莊周著、（英國）巴爾福譯
FREDERIC HENRY BALFOUR (translator)
別發書局：上海
Kelly & Walsh：Shanghai
清光緒七年（1881）
9 頁,38 頁,425 頁
　　　　　　　　　　11099.f.8

5142
莊子（英文選譯本）
Musings of a Chinese Mystic: Selections from the Philosophy of Chuang Tzǔ
（戰國）莊周著、（英國）翟林奈譯
LIONEL GILES (translator)

約翰·穆萊出版社：倫敦
John Murray：London
清光緒三十二年（1906）
112 頁；17 厘米
　　　　　　　　　　14003.a.13

5143
關尹子
（春秋）關尹喜
崇文書局：湖北
清光緒元年（1875）
22 頁
　　　　　　　　　　15113.c.16(2)

5144
參同契
（東漢）魏伯陽
明嘉靖十七年（1538）
　　　　　　　　　　15111.c.8

5145
周易參同契
（東漢）魏伯陽
清光緒二年（1876）
3 卷
　　　　　　　　　　15113.c.17/1

5146
悟真篇三注
（宋）張伯端著、（宋）薛道光等注
聚賢堂
清嘉慶十四年（1809）
3 卷,缺卷 3
　　　　　　　　　　15113.a.11

5147
三注悟真篇

(宋)張伯端著、(宋)薛道光等注
清光緒二年(1876)
3卷
15113.c.17(2)

5148
抱朴子
(晋)葛洪
清嘉慶十八年(1813)
15111.c.9

5149
抱朴子
(晋)葛洪
清光緒元年(1875)
4卷,4卷
15318.e.4

5150
太上感應篇
(清)周桂山
文經堂版,種福堂重刊:廣州
清道光十三年(1833)
120頁
15111.d.12

5151
太上感應篇
清道光十四年(1834)
152頁
15113.d.1

5152
感應篇功過格
(明)鄭以寧
約清嘉慶五年(1800)
4部分
15111.d.28

5153
感應篇善過格
(清)張士範
清乾隆五十八年(1793)

5154
太上感應篇圖説
退思堂
清康熙四十八年(1709)(據序)
15111.d.18

5155
太上感應篇直講
通國堂:重慶
清順治十二年(1655)
5頁,48頁
15113.a.31

5156
感應篇注證
清乾隆五十七年(1792)
4卷

5157
感應篇注
清嘉慶十年(1805)?
15111.d.29

5158
感應靈經圖説
蘇州
清道光二年(1822)
4冊
15114.a.22

5159
太上感應篇箋注

（清）惠棟
清道光七年（1827）？
63頁,1頁

                15111.d.27

5160
感應篇直講
厚德堂
清道光十一年（1831）
48頁

                15111.d.13

5161
感應篇直講
厚德堂
清道光十一年（1831）
48頁

                15111.d.14

5162
感應篇直講
厚德堂
清道光十一年（1831）
48頁

                15111.d.15

5163
感應篇直講
厚德堂
清道光十一年（1831）
48頁

                15111.d.16

5164
感應篇直講
厚德堂
清道光十一年（1831）
48頁

                15111.d.17

5165
太上感應篇詩
上海
清道光二十三年（1843）
3頁,73頁,20頁

                15111.d.25

5166
感應金鑑
（清）徐澤醇
廣州
清同治三年（1864）
5部分

                15111.e.11

5167
太上感應篇緒言
鴻雪山房：廣州
清同治四年（1865）
8卷

                15111.d.26

5168
太上感應篇（法譯本）
Le Livre des Récompenses et des Peines
（法國）雷慕沙譯
M. ABEL RÉMUSAT（translator）
安托萬－奧古斯汀·勒努阿爾：巴黎
Antoine-Augustin Renouard：Paris
清嘉慶二十一年（1816）
79頁;22厘米

                11099.c.5

5169
太上感應篇（英譯本）
Treatise of the Exalted One on Response and Retribution
（日本）鈴木大拙、（英國）迦耳斯譯
TEITARO SUZUKI & Dr. PAUL CARUS
（translators）
開庭書局：芝加哥
Open Court Publishing Co.：Chicago
清光緒三十二年（1906）
139 頁；20 厘米
　　　　　　　　　　　11095.a.27

5170
離騷經　太玄經　揚子法言纂　陰符經
（明）范方編
龔宏源
18 世紀?
4 部分
　　　　　　　　　　　15323.b.16

5171
陰符經
（明）范方較閱
東壁齋龔宏源刊印
明嘉靖四十五年（1566）（據序）
4 頁，2 頁，10 頁
　　　　　　　　　　　15323.b.16(4)

5172
陰符經
崇文書局：湖北
清光緒元年（1875）
8 頁
　　　　　　　　　　　15113.c.16(1)

5173
黃庭經注　陰符經注
（清）李明徹
白雲山房
清乾隆五十八年（1793）
1 冊，4 部分
　　　　　　　　　　　15113.b.1

5174
瓊宮五帝内思上法
（唐）玉真公主
抄本
清光緒十八年（1892）
1 卷，16 頁
　　　　　　　　　　　Or.11204

5175
金玉經
（唐）呂嵒
清嘉慶十四年（1809）
8 卷；25 厘米
　　　　　15113.c.24/2，15113.c.10/2

5176
九皇新經注解
（唐）呂嵒
清道光四年（1824）
3 卷
　　　　　　　　　　　15113.b.3

5177
中天大聖北斗九皇九真延生賜福寶懺
清道光三年（1823）
31 頁
　　　　　　　　　　　15101.a.12

子　部　　579

5178
呂祖全書
（唐）呂嵒著、（清）劉樵編
清乾隆九年（1744）
2 册, 32 卷
　　　　　　　　　15111. a. 12

5179
呂祖三一真詮
（宋）廖武子
清道光二十八年（1848）
3 卷
　　　　　　　　　15111. b. 16

5180
地元真訣
（宋）白玉蟾

5181
文子纘義
（元）杜道堅
廣雅書局：廣州（據武英殿聚珍版叢書刊）
清光緒十三年至三十年（1887－1904）
12 卷
　　　　　　　　　Or. Micr. 1257

5182
文昌帝君經
印本
1 葉
　　　　　　　　Or. 5896（Sheet 25）

5183
文昌帝君繪像寶訓
（明）顏正、（清）黃正元
尚古齋

清嘉慶二十五年（1820）
2 卷
　　　　　　　　　15111. c. 11

5184
文昌帝君繪像寶訓
（明）顏正、（清）黃正元
雙桂堂：廣州
清道光二十三年（1843）
9 頁, 71 頁, 68 頁, 8 頁
　　　　　　　　　15113. a. 26

5185
文昌化書
近光堂：廣州
清嘉慶二十五年（1820）
卷 1－3
　　　　　　　　　15111. b. 8

5186
文昌化書
清道光三年（1823）
2 部分, 4 卷及增補
　　　　　　　　　15113. b. 4

5187
文昌化書
6 卷

5188
文帝全書
（清）劉樵輯
清道光十五年（1835）
　　　　　　　　　15113. a. 27

5189
文帝全書

（清）劉樵輯
清道光二十六年（1846）
1 冊，50 卷及附錄
　　　　　　　　　　15113.b.8

5190
文昌聖典内函
18 世紀
存 89 – 109 頁
　　　　　　　　　　15111.e.1

5191
文昌帝君孝經
廣州
清乾隆十五年（1750）？

5192
文昌帝君孝經
清嘉慶十六年（1811）

5193
文昌孝經
清道光十三年（1833）
1 頁，29 頁
　　　　　　　　　　15111.a.17

5194
文昌帝君惜字文
清嘉慶二十五年（1820）？

5195
文昌帝君戒淫文
清嘉慶二十五年（1820）？

5196
文昌帝君救劫勸善文
清道光十年（1830）

5197
文武帝君勸善文
清嘉慶五年（1800）？
不全

5198
文昌帝君勸孝文
香港
清光緒二十九年（1903）
9 頁
　　　　　　　　　　15111.a.25

5199
陰騭文圖説
（清）黃正元
餘慶堂
清嘉慶六年（1801）
1 冊，4 部分
　　　　　　　　　　15111.d.3

5200
陰騭文詩箋
（清）程鶴樵
滋德堂
清嘉慶十七年（1812）
4 頁，35 頁
　　　　　　　　　　15111.d.5

5201
文昌陰騭文詩帖
（清）程鶴樵
北京
清嘉慶十七年（1812）
1 冊，2 部分
　　　　　　　　　　15111.d.6（1 –2）

子　部

5202
陰騭文勸戒編
（清）洪德元
嶽雪樓：廣州
清嘉慶二十四年（1819）
4卷
　　　　　　　　15111.c.2

5203
文昌梓潼帝君陰騭文
清嘉慶二十五年（1820）？
第1-8頁
　　　　　　　　15111.d.7

5204
陰騭文注釋
（清）張鼎年
江寧
清嘉慶五年至道光十六年（1800-1836）
23頁
　　　　　　　　15111.d.8

5205
陰騭文廣義節錄
（清）周夢顏
蘇州
清道光八年（1828）
3卷
　　　　　　　　15111.c.1

5206
陰騭金鑑雕版
雕版印刷
清宣統三年（1911）前
1片；25.3厘米×18.6厘米
　　　　　　　　Or.14251

5207
陰騭文（法譯本）
Le Livre de la Récompense des Bienfaits Secrets
（法國）羅斯奈譯
L. LÉON DE ROSNY（translator）
巴黎
清咸豐六年（1856）
　　　　　　　　11099.f.32(3)

5208
陰騭文（英譯本）
The Tract of the Quiet Way, with Extracts from the Chinese Commentary
（日本）鈴木大拙、（英國）迦耳斯等譯
TEITARO SUZUKI, PAUL CARUS, etc.
（translators）
開庭書局：芝加哥
Open Court Publishing Co.：Chicago
清光緒三十二年（1906）
4頁，48頁，附1頁
　　　　　　　　11099.c.50

5209
覺世經
題（三國蜀）關羽
　　　　　　　　15111.d.7(2)

5210
覺世經詩鈔
題（三國蜀）關羽
清嘉慶二十五年（1820）

5211
關帝日省編
清道光十四年（1834）
72頁，存第1-64頁
　　　　　　　　15111.e.6

5212
警世新文
題(三國蜀)關羽
清道光十五年(1835)

5213
關帝忠義經文
清道光十九年(1839)
3 部分
15113.a.7

5214
關帝全書
(清)黃啓曙
北京
清光緒十四年(1888)
16 本,40 卷
15316.c.4

5215
關帝伏魔寶卷注解
吉林
清光緒二十二年(1896)
4 部分
15111.e.13

5216
關帝明聖真經
《循環日報》:香港
清光緒二十四年(1898)
25 頁
15113.a.30

5217
關公(有說明文字)
拓本
1 卷軸;90 厘米×44 厘米
15406.a.45

5218
大洞經注疏
清康熙五十年(1711)
3 卷
15111.c.16

5219
大洞經詮注
崇讓堂
清嘉慶二十四年(1819)
88 頁
15111.c.17

5220
太上洞玄靈寶高上玉皇本行集經
清康熙五十一年(1712)
3 册經折裝,3 卷
15511.a.2

5221
高上玉皇本行集經
海幢(流通):廣州
清嘉慶二十三年(1818)
3 卷
15113.a.3

5222
高上玉皇本行集經
北京?
19 世紀?
3 卷,1 函
15112.a.3

5223
清靜經一卷
寫本
唐咸亨四年(673)前

子　　部

1 冊經折裝
有題宋蘇軾跋。
Or. 13505

5224
九天應元雷聲普化天尊玉樞寶經
約明景泰元年(1450)
Or. 80. d. 24

5225
高上神霄玉樞雷霆寶經符篆
清嘉慶五年(1800)？
1 冊經折裝,28 折頁增補
15103. aa. 2

5226
太上洞玄靈寶無量度人上品妙經(道藏)
明成化十二年(1476)
15504. a. 2/2

5227
諸經品節
(明)楊起元
明萬曆二十二年(1594)
10 卷,存卷 1-8
15111. c. 2

5228
太上說三官經
16 世紀
1 冊經折裝(殘本)
15111. e. 4

5229
三官寶經
廣州
清嘉慶二十一年(1816)

5230
三官經
廣州
清嘉慶二十三年(1818)

5231
太上元始天尊說寶月光皇后聖母天尊孔雀明王經
明萬曆四十四年(1616)
3 冊經折裝
15103. aa. 8

5232
戒殺放生文
(明)釋袾宏
廣州
清乾隆五十五年(1790)？

5233
三界萬靈聖燈
清嘉慶五年(1800)？

5234
斗姥戒殺延生經
約清嘉慶五年(1800)
12 卷
15101. d. 6

5235
經文彙抄
(清)樹德堂
聚賢堂：廣州
清嘉慶八年(1803)
卷首,卷次,卷 1-2、4-5
15111. c. 14

5236
常清靜經
(清)牟目源
清嘉慶十四年(1809)
1卷

5237
斗母經闡微
清嘉慶十六年(1811)
18頁,43頁,3頁
15103.c.4

5238
證道經
廣州
清嘉慶十六年(1811)
3頁,2頁,4頁,4頁,33頁,2頁
15111.a.24

5239
三官大帝賜福真經
廣州
清嘉慶二十三年(1818)
1冊,4部分
15111.e.2-3

5240
北斗真經
寫本
清乾隆二十六年(1761)

5241
北斗經
廣州
清嘉慶二十一年(1816)

5242
北斗九皇真經
江西撫州府臨川
清嘉慶二十四年(1819)
第13-21頁
15113.a.12

5243
北斗消災散禍真經
寫本
清嘉慶五年(1800)?

5244
天中北斗古佛消災延壽妙經
海幢寺:廣州
清道光十五年(1835)
1冊經折裝
15103.e.4

5245
太上玄靈北斗延生妙經
清道光三十年(1850)?

5246
道書十二種
(清)劉一明
約清道光二十年(1840)
3冊,12部分
15111.e.10

5247
坤寧妙經
廣州
約清道光二十年(1840)
2卷
15111.c.21

子　部

5248
上清靈寶濟度大成金書
抄本
清道光二十六年（1846）前
1冊，僅存卷32
　　　　　　　　　Add. 16333

5249
明聖桃園經
清咸豐元年（1851）
20頁
　　　　　　　　　15111. c. 5

5250
玉樞寶經
清抄本
19世紀
1卷
　　　　　　　　　Or. 11621

5251
新增廣玉匣記
（晉）許遜
清道光七年（1827）
6卷
　　　　　　　　　15257. b. 4

5252
增廣玉匣記通書
（晉）許遜
會文樓：漳州
18世紀
6卷
　　　　　　　　　15257. b. 2

5253
增補萬法歸宗
題（唐）李淳風
約清嘉慶五年（1800）
5卷
　　　　　　　　　15113. b. 6

5254
道門定制
（宋）呂元素
約清道光二十年（1840）
10卷
　　　　　　　　　15111. a. 13

5255
救劫金鑑
廣州
清光緒三年（1877）
　　　　　　　　　15111. e. 11

5256
方壺外史
（明）陸西星
未孩堂
明萬曆年間（1573－1619）
1冊，8卷
　　　　　　　　　15113. b. 5

5257
金丹正理大要道書全集
（明）涵蟾子
明萬曆十九年（1591）
2冊，10部分
　　　　　　　　　15111. c. 8

5258
金丹真傳
（明）孫汝忠
程芝稑

约清乾隆十五年(1750)
6 頁,36 頁,4 頁
15111.a.18

5259
金丹真傳
(明)孫汝忠
清道光三十年(1850)
5 頁,2 頁,30 頁
15114.a.27

5260
金丹就正篇一卷　玄膚論一卷
(明)陸西星
抄本
清宣統元年(1909)前
2 卷
Or.7375

5261
性命雙修萬神圭旨
題(明)尹真人弟子
明萬曆四十三年(1615)
4 部分
15113.e.6

5262
性命圭旨
題(明)尹真人弟子
約清康熙八年(1669)
15111.e.7

5263
性命圭旨
題(明)尹真人弟子
18 世紀?
4 卷
15111.e.9

5264
性命圭旨
題(明)尹真人弟子
清道光三十年(1850)?
1 套,4 本
15111.b.35

5265
寶善編
(明)馮時可
廣州
清乾隆六十年(1795)
2 卷
15111.c.6

5266
丹桂籍
(明)顏正注
清嘉慶二十三年(1818)
4 卷,缺卷末
15111.c.15

5267
天僊正理
(明)伍守陽
蘇州
清嘉慶二十四年(1819)
31 頁,70 頁,2 頁
15103.b.16

5268
萬壽仙書
(明)羅洪先著、(清)曹若水增輯
約清道光二十年(1840)
4 卷
15113.c.28

子　部　　　　　587

5269
憨山大師觀老莊影響論
(明)釋德清
清道光三十年(1850)?
2頁,21頁
　　　　　　　　15113.a.35

5270
太上靈寶朝天謝罪大懺
16世紀?
存卷1-7、10
　　　　　　　　15112.a.2

5271
太上靈寶朝天謝罪懺
抄本
清同治九年(1870)前
10冊合訂,10卷
　　　　　　　　Or.7413

5272
性天真境
(清)黃正元
清乾隆二年(1737)
4頁,60頁,4頁
　　　　　　　　15111.a.19

5273
五福全圖
抄本
清乾隆二十五年(1760)
5張
　　　　　　　　Or.13037

5274
敬信錄
(清)周鼎臣
寧波?
清乾隆四十一年(1776)
各部分分別標頁碼
　　　　　　　　15111.b.31

5275
敬信錄
(清)周鼎臣
泰州
清嘉慶二十五年(1820)
1頁,32頁
　　　　　　　　15111.b.11

5276
增訂敬信錄
(清)周鼎臣
清乾隆三十四年(1769)

5277
增訂敬信錄
(清)周鼎臣
清乾隆五十一年(1786)

5278
增訂敬信錄
(清)周鼎臣
寧波
清乾隆六十年(1795)
　　　　　　　　15111.b.20

5279
增訂敬信錄
(清)周鼎臣
清嘉慶三年(1798)
3頁,2頁,2頁,84頁
　　　　　　　　15111.b.19

5280
增訂敬信錄
（清）周鼎臣
廣州
清嘉慶四年（1799）
4 部分及增補
　　　　　　　　15111.b.10

5281
增訂敬信錄
（清）周鼎臣
杭州
清嘉慶二十一年（1816）
2 卷，缺卷 1 之 1 – 15 頁
　　　　　　　　15111.b.34

5282
增訂敬信錄
（清）周鼎臣
廣州
清嘉慶二十三年（1818）

5283
增訂敬信錄
（清）周鼎臣
江寧
清道光七年（1827）

5284
增訂敬信錄
（清）周鼎臣
清道光十七年（1837）

5285
信心應驗錄
（清）劉山英
淨念堂：益陽

清乾隆五十九年（1794）
10 卷，僅存卷 1、8
　　　　　　　　15113.b.2

5286
符頭隨辨
18 世紀
1 葉
　　　　　　　　Or.13147

5287
全人矩矱
（清）孫念劬
海幢：廣州
清嘉慶五年（1800）
卷首、4 卷、卷末
　　　　　　　　15111.a.4

5288
便元集
約清嘉慶五年（1800）
2 卷，僅存卷 2
　　　　　　　　15113.a.10

5289
破煞神訣
約清嘉慶五年（1800）
10 頁
　　　　　　　　15257.b.5

5290
三教源流搜神大全
約清嘉慶五年（1800）
第 2 – 3 冊，卷 3 – 7
　　　　　　　　15111.e.28

子　　部

5291
三教源流聖帝佛帥搜神記
題（晋）干寶著、（清）鼓山如林重增
一經堂
清嘉慶二十四年（1819）
4卷，62頁
　　　　　　　　　　　15113.a.1

5292
三教源流聖帝佛帥搜神記
題（晋）干寶著、（清）鼓山如林重增
一經堂
清嘉慶二十四年（1819）
2部分，62頁
　　　　　　　　　　　15296.a.31

5293
重訂棘闈勸戒錄
榮性堂：蘇州
清嘉慶十四年（1809）
1頁，29頁，22頁，7頁
　　　　　　　　　　　15111.b.4

5294
金仙証論
（清）柳華陽
厚光堂：鳳城
清嘉慶十六年（1811）
15頁，46頁
　　　　　　　　　　　15257.b.12

5295
唱道真言
（清）鶴臞子
海幢寺：廣州
清嘉慶十八年（1813）
1册，5卷
　　　　　　　　　　　15111.c.1

5296
勸善文等
山東休城
清道光十年（1830）
15頁
　　　　　　　　　　　15113.a.14

5297
驚世新文
北京
清道光十五年（1835）
9頁
　　　　　　　　　　　15111.e.5

5298
聖帝寶訓像注
賜研堂
清道光十六年（1836）
4卷及增補
　　　　　　　　　　　15113.b.11

5299
武帝寶訓像注
廣州
清道光二十五年（1845）
4卷
　　　　　　　　　　　15113.a.25

5300
寶訓合編
清乾隆五十五年（1790）？
4卷（殘本）
　　　　　　　　　　　15111.c.10

5301
鎮宅全書
富桂堂：廣州

約清道光二十年(1840)
33 頁
15113.a.15

5302
養生錄
(清)施禹泉
清道光二十一年(1841)
38 頁,9 頁,11 頁
15111.a.22

5303
青玄淨供左序
楊澤堅抄本
清咸豐八年(1858)
1 冊,58 頁;16.1 厘米×32.7 厘米
Or.6192

5304
延年要訣
(清)馬信道
光華堂
清同治元年(1862)
3 卷
15113.a.29

5305
明聖經旁訓
輯古閣:廣州
清光緒二十年(1894)
5 頁,39 頁;30 厘米
15114.a.1

5306
重刻玉曆至寶鈔
北京
清光緒二十三年(1897)?

4 頁,115 頁
15113.c.8

5307
勸善新編
(清)黃星巖
香港
清光緒二十七年(1901)
20 頁
15111.d.34

5308
總讚元辰星燈
寫本
清嘉慶五年(1800)?

5309
玉清靈寶瓊文百禮朝真懺
清同治三年(1864)
僅存首卷和卷 1
15111.d.33

5310
三元消愆寶懺

5311
石龍宮五朝賽願祈安保境植福意悃

5312
道教科儀
清乾隆十五年(1750)?
14 冊
Or.12693

5313
太上靈寶發奏科儀
寫本

清乾隆四十三年(1778)

5314
瑤天列宿童子法懺
寫本
清嘉慶十五年(1810)

5315
雷霆解懺科
寫本
清道光元年(1821)

5316
雷霆解關科儀
寫本
清道光十二年(1832)

5317
星真寶懺
寫本
清道光二十二年(1842)

5318
祈禳五斗天曹奏錢科儀
寫本
清嘉慶五年(1800)？

5319
太上焚燈捲簾科儀
寫本
清嘉慶五年(1800)？

5320
恭祀仙王打醮科儀
寫本
清嘉慶五年(1800)？

5321
安宅聯五方符誥在內
寫本
清嘉慶五年(1800)？

5322
金籙正醮朝真謄奏
寫本
清嘉慶五年(1800)？

5323
金籙中普賑濟科儀
寫本
清嘉慶五年(1800)？

5324
金籙中普科儀
寫本
清嘉慶五年(1800)？

5325
金籙宿啓道場科儀
寫本
清嘉慶五年(1800)？

5326
金籙早朝關奏科儀
寫本
清嘉慶五年(1800)？

5327
金籙禳螢火部科儀
寫本
清嘉慶五年(1800)？

5328
金籙拜表文科儀

寫本
清嘉慶十五年(1810)?

5329
金籙道場陞壇科儀
寫本
清嘉慶十五年(1810)?

5330
金籙晚朝科儀
寫本
清道光二年(1822)

5331
金籙午朝科儀
寫本
清道光四年(1824)

5332
金籙玉壇發奏科儀
寫本
清道光二十一年(1841)

5333
金籙五朝啓白聖班
寫本
清道光二十八年(1848)

5334
安船醮科
寫本
清乾隆四十五年(1780)?

5335
安懷宮五朝祈安金章
寫本
清道光二十六年(1846)

5336
安籙科儀
寫本
清道光二十七年(1847)

5337
禳災蝕蟲保卉科儀
寫本
清道光二十九年(1849)

5338
送彩科儀等
寫本
清乾隆二十五年至道光二十年(1760－1840)
21 部分
      Or.12693/15 -35

5339
道教科儀(禮斗科、青玄煉度、女褐、脫男褐)
抄本
清光緒二十六年(1900)?
4 冊
      Or.11690

5340
道教符咒
抄本
清宣統三年(1911)前
2 冊合訂
      Or.11618

5341
道教咒符抄
抄本
清宣統三年(1911)前

子　　部　　　　593

1 冊
　　　　　　　　　　Or. 8207 F

5342
天師靈符奇驗
寫本
清嘉慶五年(1800)?

5343
天師敕令等道士符咒 23 件
寫本
19 世紀
25 葉
　　　　　　　　　　Or. 12244

5344
白虎開口食四方符
舊繪本
52 厘米×42 厘米
　　　　　　　　　　Or. 11549

5345
天后娘娘現聖靈簽注解
大業堂:龍江
約清道光十年(1830)
46 頁
　　　　　　　　　　15103. c 10

5346
臺南府恒春縣莊吉向請神帖
寫本;臺灣
19 世紀
1 冊
　　　　　　　　　　Or. 12222

5347
請神帖
寫本;臺灣
清道光三十年(1850)
1 冊
　　　　　　　　　　Or. 12223

5348
請神簿
寫本
約清咸豐二年(1852)
1 冊
　　　　　　　　　　Or. 12224

5349
請神帖
寫本
約清咸豐二年(1852)?
1 冊
　　　　　　　　　　Or. 12225

5350
洪門暗語叢抄
抄本
清宣統三年(1911)前
2 冊合訂
　　　　　　　　　　Or. 8207 B

5351
洪門暗語叢抄
抄本
清宣統三年(1911)前
1 冊
　　　　　　　　　　Or. 8207 C

5352
洪門詩文
抄本
清宣統三年(1911)前

1 册
Or. 2339

5353
洪門詩文儀制叢抄
抄本
清宣統三年(1911)前
1 册
Or. 8207 D

5354
洪門詩文抄
抄本
清宣統三年(1911)前
1 册
Or. 8207 E

5355
洪門詩抄
抄本
清宣統三年(1911)前
2 册合訂
Or. 8207 G

5356
洪門襟鈔
抄本
清宣統三年(1911)前
1 册
Or. 13917

5357
道書雜抄
抄本
清宣統三年(1911)前
1 册
Or. 15912

5358
道書雕版兩塊
雕版
清宣統三年(1911)前
2 片
Or. 16658

5359
漢英道家詞彙
抄本
清宣統三年(1911)前
1 册
Or. 13688

5360
雲臺獻瑞
題(宋)趙伯駒
彩繪本
1 册;50 厘米×40 厘米
Add. 22689

5361
木刻三清圖(道經首頁)
明正統元年至四年(1436－1439)
Or. 15248

5362
女真文拓本
1 卷軸;194 厘米×64 厘米
15406. a. 64

5363
五嶽真形圖(道教石刻拓本)
石刻時間:明萬曆四十二年(1614);拓印時間不詳
1 葉;118 厘米×54 厘米
15406. a. 36

子　部

5364
道教石刻拓本
（清）宋思仁拓
石刻時間：清乾隆五十四年（1789）；石印時間不詳
1葉；98厘米×41厘米
　　　　　　　　　　　15406.a.38

5365
列仙傳
（西漢）劉向
明嘉靖三十二年（1553）
　　　　　　　　　　　15303.b.6/1

5366
列仙傳
（明）洪應明
在茲堂
清道光十三年（1833）
4卷
　　　　　　　　　　　15305.b.12

5367
續仙傳
（五代）沈汾
明嘉靖三十二年（1553）
　　　　　　　　　　　15303.b.6/2

5368
歷代神仙通鑑
（清）徐衜
清康熙五十一年（1712）
5冊，22卷
　　　　　　　　　　　15303.e.1

5369
歷代神仙通鑑
（清）徐衜
清嘉慶五年（1800）？
2套，22本
　　　　　　　　　　　15325.d.8

5370
天后本傳
清嘉慶二十一年（1816）
2頁，14頁
　　　　　　　　　　　15113.c.9

5371
天后聖母聖蹟圖志全集
（清）林清標
蘇州
清道光十二年（1832）
2卷
　　　　　　　　　　　15101.g.6

5372
天后聖母聖蹟圖志全集
三槐堂：蘇州
清道光十二年（1832）
1冊，2卷
　　　　　　　　　　　15101.e.7

5373
繪圖歷代神仙傳
掃葉山房：上海
清光緒三十四年（1908）
1函，8冊，24卷；20厘米
　　　　　　　　　　　15111.c.27

5374
敕封燮元贊運純陽演正警化孚佑帝君
清同治三年（1864）
　　　　　　　　　　　15111.d.33

5375
蟠桃八仙會
11110.a.47

5376
道教文本(英譯本)
Taoist Texts, Ethical Political and Speculative
(英國)巴爾福譯
FREDERIC HENRY BALFOUR (translator)
特呂布納出版公司:倫敦
Trübner & Co.: London
清光緒十年(1884)
6頁,118頁
11098.d.26

5377
道教文本:翻譯及評注(法文)
Textes Tâoïstes: Traduits des Originaux Chinois et Commentés
(比利時)何賴思
CHARLES DE HARLEZ
清光緒十七年(1891)
7頁,391頁
1712.f.20

5378
神仙書(法文)
Le Livre des Esprits et des Immortels: Essai de Mythologie Chinoise d'après les Textes Originaux
(比利時)何賴思
CHARLES DE HARLEZ
法耶兹:布魯塞爾
F. Hayez: Bruxelles
清光緒十九年(1893)
492頁
F 13/3704

5379
道教(附《道德經》譯文)(英文)
The Taoist Religion (with a Translation of the Tao-Têh King)
(英國)莊延齡
EDWARD HARPER PARKER
魯扎克公司:倫敦
Luzac & Co.: London
清光緒二十九年(1903)
2部分;22厘米
11095.d.3

基督教類

5380
聖經
(英國)馬士曼、(亞美尼亞)拉薩爾合譯
JOSHUA MARSHMAN & JOHN LASSAR (translators)
傳道出版社:塞蘭坡
Mission Press: Serampore
清嘉慶二十年至道光二年(1815–1822)
15116.e.62

5381
神天聖書
(英國)馬禮遜、(英國)米憐譯
ROBERT MORRISON & WILLIAM MILNE (translators)
英華書院:馬六甲

子　　部

清道光三年（1823）
21 卷
　　　　　　　　15200.f 1

5382
舊約全書　新約全書
英國及海外聖經公會：上海
British & Foreign Bible Society：Shanghai
清咸豐五年（1855）
4 本
　　　　　　　　15200.e.32

5383
舊約全書　新約全書
上海
清咸豐四年至五年（1854－1855）
2 冊
　　　　　　　　15116.a.2

5384
舊約全書　新約全書
上海
清同治三年（1864）、二年（1863）
　　　　　　　　15116.a.6

5385
舊約全書　新約全書
英華書院：香港
清同治五年至八年（1866－1869）
2 冊
　　　　　　　　15116.a.5

5386
舊遺詔書
寧波
清道光二十六年（1846）

5 部分
　　　　　　　　15116.d.7

5387
舊遺詔聖書
（德國）郭實臘譯
CARL FRIEDRICH AUGUST GÜTZLAFF（translator）
福漢會：倫敦；香港印刷
Chinese Evangelization Society：London；Hong Kong printed
清咸豐四年至五年（1854－1855）
3 冊
　　　　　　　　15116.b.3

5388
舊遺詔聖書
（德國）郭實臘譯
CARL FRIEDRICH AUGUST GÜTZLAFF（translator）
福漢會
清咸豐五年（1855）
　　　　　　　　15116.b.4

5389
舊約（僅《以賽亞書》《以西結書》《何西阿書》《瑪拉基書》）（福州方言）
（清）福州會譯
福州
清光緒八年（1882）、九年（1883）
　　　　　　　　15117.b.22

5390
舊約的聖經（《以賽亞》）（廈門方言）
倫敦
清光緒八年（1882）
109 頁
　　　　　　　　15116.b.20

5391
舊約的聖經（廈門方言）
（英國）馬雅各等譯
JAMES LAIDLAW MAXWELL, etc. (translators)
英國及海外聖經公會：上海
清光緒十年（1884）
132 頁
15116.c.35

5392
舊約的聖經　咱的救主耶穌基督的新約（廈門方言）
（英國）馬雅各等譯
JAMES LAIDLAW MAXWELL, etc. (translators)
英國及海外聖經公會：倫敦
清光緒十年（1884）、八年（1882）
15200.aa.60

5393
新增聖書節解
（英國）米憐
WILLIAM MILNE
清道光五年（1825）
2 冊
15118.b.2

5394
新纂聖經釋義
（英國）柯大衛
DAVID COLLIE
新加坡書院：新加坡
清道光十五年（1835）
27 頁
15116.d.1

5395
新纂節錄聖經釋義
（英國）柯大衛
DAVID COLLIE
新加坡
清道光十六年（1836）？
28 頁
15116.c.33

5396
摩西五經
（英國）馬士曼、（亞美尼亞）拉薩爾合譯
JOSHUA MARSHMAN & JOHN LASSAR (translators)
傳道出版社：塞蘭坡
清嘉慶二十年至道光二年（1815－1822）
5 冊
15117.a.38

5397
摩西五經
美國聖經公會：上海
清光緒元年（1875）
102 頁
15117.d.22

5398
創世記
（美國）耶士摩、（美國）菲爾德女士譯
WILLIAM ASHMORE & A. M. FIELDE (translators)
美華書局：福州
清光緒五年（1879）
106 頁
15117.c.1

5399
創世記
(美國)施約瑟譯
SAMUEL ISAAC JOSEPH SCHERE-SCHEWSKY(translator)
美華書館:上海
清光緒九年(1883)
存第1－102頁,缺第48章部分內容及第49－50章
15117.d.35

5400
創世記　出埃及記(寧波方言)
美國聖經公會紅印、美華書館印刷:上海
清同治十年(1871)
1册,2部分
15117.d.27

5401
創世記(汕頭方言)
禮拜堂□□□:汕頭
清光緒十四年(1888)
138頁
15117.d.38

5402
創世記(海南方言)
(美國)冶基善譯
C. C. JEREMIASSEN(translator)
吉爾伯特和里文頓有限公司印刷:倫敦
清光緒二十五年(1899)
1册,61頁
15990.a.8

5403
創世記(建寧方言)
英國及海外聖經公會:倫敦
清光緒二十六年(1900)
120頁
15990.a.5

5404
創世記(福州土腔羅馬册)
英國及海外聖經公會:福州
清光緒二十八年(1902)
2頁,110頁;23厘米×16厘米
11095.c.17

5405
創世歷代書
(英國)麥都思譯
WALTER HENRY MEDHURST(translator)
新加坡？
約清道光二十年(1840)
24頁
15118.d.17

5406
創世記問答
(美國)狄考文
CALVIN WILSON MATEER
美華書館:上海
清光緒元年(1875)
189頁
15118.d.8

5407
出埃及記(建寧方言)
英國及海外聖經公會:倫敦
清光緒二十六年(1900)
113頁
15990.a.7

5408
出埃及記（福州土腔羅馬册）
英國及海外聖經公會：福州
清光緒二十八年（1902）
2頁,88頁;23厘米×16厘米
11095.c.18

5409
若百書
清道光二十年（1840）？
17頁,46頁,14頁,6頁,3頁
15116.b.10

5410
舊約詩篇
英華書院：香港
清同治六年（1867）
109頁
15116.b.12

5411
詩篇（廈門方言）
（英國）約翰·施敦力譯
JOHN STRONACH（translator）
廈門
清同治十二年（1873）
183頁
15117.e.15

5412
詩篇（寧波方言）
（美國）羅爾梯譯
EDWARD CLEMENS LORD（translator）
美華書館：上海
清光緒三年（1877）
204頁
15117.b.36

5413
舊約箴言傳道
英華書院：香港
清同治七年（1868）
21頁
15116.b.11

5414
箴言摘錄
（英國）韋門道譯
MRS. WILLIAMSON（translator）
益智書會：上海
清光緒八年（1882）
附3頁,3頁
15117.d.23

5415
先知但依理書
馬六甲？
約清道光三十年（1850）
各部分分別標頁碼
15116.b.13

5416
但以理書（建寧方言）
英國及海外聖經公會：倫敦
清光緒三十一年（1905）
44頁
15990.a.14

5417
約拿書（汕頭方言）
汕頭
清光緒十四年（1888）
6頁
15117.d.37

子　部

5418
舊約節錄啓蒙
上海
清同治七年(1868)
2頁,384頁
15118.d.9

5419
耶穌基利士督我主救者新遺詔書
(英國)馬禮遜譯
ROBERT MORRISON (translator)
廣州
清嘉慶十八年(1813)
8冊,合訂爲1本
15117.c.6

5420
耶穌基利士督我主救者新遺詔書
(英國)馬禮遜譯
ROBERT MORRISON (translator)
塞蘭坡
清嘉慶十八年(1813)
各部分分別標頁碼
15116.c.10

5421
新遺詔書
(英國)馬禮遜譯
ROBERT MORRISON (translator)
廣州
清嘉慶十八年(1813)
8部分
15116.e.63

5422
救世主耶穌新遺詔書
(德國)郭實臘等譯
CARL FRIEDRICH AUGUST GÜTZLAFF, etc. (translators)
新加坡
清道光十六年(1836)
各部分分別標頁碼
15116.c.5

5423
救世主耶穌新遺詔書
清道光二十年(1840)?
各部分分別標頁碼
15116.c.4

5424
救世主耶穌新遺詔書
(英國)麥都思譯
WALTER HENRY MEDHURST (translator)
約清光緒六年(1880)
15116.e.64

5425
救世主耶穌新遺詔書
(美國)裨治文譯
ELIJAH COLEMAN BRIDGMAN (translator)
清道光十六年(1836)

5426
新遺詔書
清道光三十年(1850)?
8冊
15118.d.30

5427
新約全書
(英國)馬禮遜譯、(英國)麥都思修訂

ROBERT MORRISON (translator), WALTER HENRY MEDHURST (reviser)
香港
清咸豐四年(1854)
185頁
15200.aa.46

5428
我等救世主耶穌新遺詔書
(英國)馬禮遜譯
ROBERT MORRISON (translator)
英華書院:馬六甲
清咸豐五年(1855)
2冊,4卷
15116.c.1

5429
新約(僅《哥林多書》《啓示錄》)
(美國)裨治文、(美國)克陛存譯
ELIJAH COLEMAN BRIDGMAN & MICHAEL SIMPSON CULBERTSON (translators)
寧波
清咸豐五年(1855)
1冊
15117.b.14

5430
新約全書
上海
清咸豐七年(1857)
104頁
15116.c.8

5431
新約聖書
墨海書館:上海
清同治三年(1864)
10卷(殘本)
15116.c.18

5432
新約全書
美華書館:上海
清同治三年(1864)
384頁
15116.c.13

5433
新約全書(《馬太福音》《路加福音》《約翰福音》《使徒行傳》)
(英國)麥都思譯
WALTER HENRY MEDHURST (translator)
福州
清同治十年(1871)、十二年(1873),光緒六年(1880)
4部分
15117.e.2

5434
新約全書
(英國)麥都思譯
WALTER HENRY MEDHURST (translator)
福州
清同治十二年(1873)
193頁
15117.b.32

5435
新約聖書
英國及海外聖經公會:上海

子　部

清同治十三年(1874)
僅第 2 部分 14 頁,第 6 部分 45 頁
15116.c.14

5436
新約聖書(僅《路加福音》《使徒行傳》)
美華書館:上海
清光緒五年(1879)
33 頁,33 頁
15117.d.32

5437
新約全書
(英國)麥都思譯
WALTER HENRY MEDHURST (translator)
美國聖經公會:福州
清光緒六年(1880)
4 部分(各自獨立書名頁)
15117.e.2

5438
新約全書
申報館:上海
清光緒六年(1880)
24 卷
15117.d.18

5439
新約全書
福州
清光緒八年(1882)
291 頁
15117.a.30

5440
新約全書(僅《福音書》《使徒行傳》)
美華書館:上海
清光緒九年(1883)
2 部分
15117.b.12

5441
新約全書(僅《馬太福音》《馬可福音》《約翰福音》)
(英國)楊格非譯
GRIFFITH JOHN (translator)
清光緒九年(1883)
15117.b.27

5442
新約全書(僅《馬太福音》《馬可福音》《路加福音》)
(英國)麥都思譯
WALTER HENRY MEDHURST (translator)
上海
清光緒十年(1884)
3 部分
15117.a.5

5443
官話新約全書
英國及海外聖經公會:倫敦
清光緒十四年(1888)
383 頁
15117.d.42

5444
新約全書
(英國)楊格非譯
GRIFFITH JOHN (translator)
英漢書館:漢口
清光緒十六年(1890)
15116.a.7

5445
新約全書
(英國)楊格非譯
GRIFFITH JOHN (translator)
英漢書館:漢口
清光緒十八年(1892)
　　　　　　　　15116.a.8

5446
新約全書
大美國聖經會:上海
清光緒二十三年(1897)
548頁,具地圖;20厘米
　　　　　　　　15117.d.54

5447
新約聖經
美華書館:上海
清光緒三十二年(1906)
411頁
　　　　　　　　15117.d.53

5448
新約
抄本
清宣統三年(1911)前
1冊
　　　　　　　　Or.12894

5449
新遺詔書(僅《馬太福音》《馬可福音》)(滿語、漢語)
上海
清咸豐九年(1859)
　　　　　　　　15117.d.6

5450
新約(上海方言)
清咸豐十年(1860)
2部分,缺第1部分
　　　　　　　　15117.c.4

5451
新約書(寧波方言)
倫敦
清同治四年(1865)
　　　　　　　　15990.a.11

5452
阿拉救主耶穌基督的新約書(寧波方言)
英國及海外聖經公會:倫敦
清同治七年(1868)
1頁,394頁
　　　　　　　　15116.e.68

5453
阿拉救主耶穌基督的新約書(寧波方言)
(英國)戴德生譯
JAMES HUDSON TAYLOR (translator)
倫敦
清同治九年(1870)
　　　　　　　　15117.e.17

5454
阿拉救主耶穌基督的新約書(寧波方言)
(美國)羅爾梯修訂
E. C. LORD (reviser)
美華書館:上海
清同治十三年(1874)
412頁
　　　　　　　　15117.b.17

5455
新約書（寧波方言）
英國及海外聖經公會：倫敦；上海印刷
清光緒二十四年（1898）
395 頁
　　　　　　　　　　　　15990.a.6

5456
新約全書（建寧方言）
英國及海外聖經公會：倫敦
清光緒二十二年（1896）
653 頁
　　　　　　　　　　　　15117.d.21

5457
新約全書（福州方言）
（清）福州會譯
福州
清光緒四年（1878）
251 頁
　　　　　　　　　　　　15117.a.33

5458
新約書（台州方言）
（英國）路惠理譯
WILLIAM RUDLAND（translator）
内地會：台州
清光緒七年（1881）
756 頁
　　　　　　　　　　　　15117.b.18

5459
新約全書（蘇州方言）
（清）蘇州會譯
上海
清光緒七年（1881）
　　　　　　　　　　　　15117.a.27

5460
咱的救主耶穌基督的新約（廈門方言）
英國及海外聖經公會：倫敦
清光緒八年（1882）
406 頁
　　　　　　　　　　　　15116.d.52

5461
新約（客家話）
巴色會傳教士譯
MISSIONARIES OF THE BASEL EVAN-GELICAL MISSIONARY SOCIETY（translators）
巴塞爾
清同治五年至十三年（1866－1874）
7 冊
　　　　　　　　　　　　15117.d.20

5462
新約（僅《馬太福音》）（客家話）
巴色會傳教士譯
MISSIONARIES OF THE BASEL EVAN-GELICAL MISSIONARY SOCIETY（translators）
英國及海外聖經公會：巴塞爾
清光緒十三年（1887）
101 頁
　　　　　　　　　　　　15990.a.13

5463
新約聖書（溫州方言）
倫敦、邦吉
清光緒二十年（1894）
564 頁
　　　　　　　　　　　　15990.a.20

5464
新約全書注解(僅《羅馬書》《哥林多前書》)
(英國)麥都思譯
WALTER HENRY MEDHURST (translator)
墨海書館:上海
清咸豐七年至八年(1857－1858)
15116.c.3

5465
新約全書注釋(僅《馬太福音》《馬可福音》《羅馬書》《哥林多前書》)
英華書院:香港
清咸豐十年至同治九年(1860－1870)
15116.c.2

5466
聖經新約節要(僅《福音書》《使徒行傳》)(粵語)
香港
清同治十二年(1873)、十一年(1872)
15116.c.16

5467
新約串珠
福州
清同治八年(1869)
165頁
15116.c.17

5468
新約傳彙統
(英國)胡德邁譯
THOMAS HALL HUDSON (translator)
清同治三年(1864)、五年(1866)、六年(1867)
15117.d.3

5469
四史攸編耶穌基利斯督福音之會編
廣東抄本
清乾隆二年至三年(1737－1738)
1冊,378頁
Sloane 3599.28.c

5470
四史聖經譯注
香港
清光緒十九年(1893)
4卷,缺《馬太福音》
15117.d.19

5471
馬太傳福音書(漢語、蒙古語)
清咸豐八年(1858)?
15117.d.45

5472
馬太福音傳(粵語)
廣州
清光緒八年(1882)
58頁
15116.b.16

5473
馬太福音傳(廈門方言)
廈門
清同治十一年(1872)
15116.d.48

5474
馬太福音(臺灣新港話)
特呂布納出版公司:倫敦
清光緒十四年(1888)
16頁,87頁
15990.a.17

5475
聖馬太福音 馬可福音 路加福音
(英國)俾士譯
GEORGE PIERCY (translator)
上海
清光緒八年(1882)、十年(1884)
15117.e.6

5476
馬可福音 路加福音 約翰福音 使徒行傳
美華書館:上海
清光緒九年(1883)
4 部分
15117.b.29

5477
馬太傳福音書 馬可傳福音書 路加傳福音書 約翰傳福音書 使徒行傳
(福州方言)
英國及海外聖經公會:倫敦
清光緒十六年(1890)
5 部分,各自獨立書名頁
15990.a.21

5478
馬太福音注釋
(清)何進善注
上海
清同治十三年(1874)
103 頁
15117.b.11

5479
馬太福音書問答
(美國)哈巴安德
A. P. HAPPER
上海
清同治十三年(1874)
2 頁,116 頁
15117.d.25

5480
馬可傳福音書(官話)
清同治元年(1862)
48 頁
15113.a.16

5481
馬可福音
(清)北京會譯
美華書院:北京
清同治十二年(1873)
43 頁
15200.c.35

5482
馬可福音
(英國)馬士曼譯
JOSHUA MARSHMAN (translator)
傳道出版社:塞蘭坡
清嘉慶二十一年(1816)
1 册,16 卷
15116.c.20–22

5483
馬可福音傳(粵語)
廣州
清光緒八年(1882)
36 頁
15117.d.33

5484
馬可傳福音書(粵語)

英國及海外聖經公會:倫敦
清光緒二十年(1894)
75頁
　　　　　　　　　15990.a.18

5485
馬可福音注釋
(美國)憐為仁譯注
WILLIAM DEAN (translator & annotator)
美華書館:上海
清光緒六年(1880)
40頁
　　　　　　　　　15117.d.44

5486
路加福音(廈門方言)
(美國)打馬字譯
JOHN VAN NEST TALMAGE (translator)
廈門
清同治七年(1868)
148頁,附1幅地圖
　　　　　　　　　15117.e.14

5487
路加福音傳(粵語)
(英國)俾士等譯
GEORGE PIERCY, etc. (translators)
廣州
清同治十年(1871)
36頁
　　　　　　　　　15116.b.18

5488
路加傳福音書(福州方言)
英國及海外聖經公會:倫敦
清光緒十五年(1889)
　　　　　　　　　15117.d.39

5489
路加傳福音書(汕頭方言)
清光緒三年(1877)
75頁
　　　　　　　　　15117.a.23

5490
路加傳好新聞(上海方言)
清道光二十八年(1848)
51頁
　　　　　　　　　15116.c.24

5491
若翰傳福音之書
(英國)馬禮遜譯
ROBERT MORRISON (translator)
清道光十年(1830)

5492
約翰傳福音書
(英國)麥都思譯
WALTER HENRY MEDHURST (translator)
新加坡
清道光十六年(1836)
36頁
　　　　　　　　　15116.c.26

5493
官話約翰福音書
北京
清同治三年(1864)
22頁
　　　　　　　　　15116.d.8

子　部

5494
約翰福音
(清)北京會譯
北京
清同治十三年(1874)
31 頁
　　　　　　　　　　15117.a.5

5495
約翰傳福音書
美華書館:上海
清光緒元年(1875)
28 頁
　　　　　　　　　　15116.c.27

5496
約翰福音(官話)
中國内地會:上海
清光緒十三年(1887)
第 1－2 章
　　　　　　　　　　11099.d.36

5497
約翰福音書(上海方言)
(英國)蘇謀斯譯
JAMES SUMMERS (translator)
瓦茨:倫敦
清咸豐三年(1853)
5 頁,12 頁,94 頁,7 頁
　　　　　　　　　　15990.a.22

5498
約翰傳福音書(粵語)
清同治四年(1865)?
38 頁
　　　　　　　　　　15116.b.19

5499
約翰傳福音書(粵語)
美國聖經公會:廣州
清光緒十年(1884)
50 頁
　　　　　　　　　　15118.a.46

5500
約翰傳福音書(廈門方言)
(美國)羅帝譯、(英國)約翰·施敦力修訂
ELIHU DOTY (translator), JOHN STRONACH (reviser)
廈門
清同治十年(1871)
65 頁
　　　　　　　　　　15117.a.12

5501
□□約翰傳福音書(杭州方言)
(英國)慕稼谷譯
GEORGE EVANS MOULE (translator)
倫敦
清光緒四年(1878)
86 頁
　　　　　　　　　　15117.b.35

5502
約翰傳福音書(福州方言)
英國及海外聖經公會:倫敦
清光緒十二年(1886)
30 頁
　　　　　　　　　　15117.d.40

5503
約翰傳福音書(福州方言)
倫敦

清光緒十五年(1889)
    15117.d.41

5504
約翰真經釋解
(英國)合信
BENJAMIN HOBSON
清咸豐三年(1853)
2冊,卷3、9-10
    15122.a.51(4)

5505
約翰真經釋解
(英國)合信
BENJAMIN HOBSON
英華書院:香港
清同治二年(1863)
45頁
    15116.a.12

5506
約翰聖經釋解
(英國)合信
BENJAMIN HOBSON
三牌樓福音堂:上海
清光緒五年(1879)
3頁,94頁
    15200.c.22

5507
福音調和
(英國)麥都思譯
WALTER HENRY MEDHURST (translator)
馬六甲
清道光十五年(1835)
2卷,僅存卷1
    15116.d.50

5508
福音廣訓
上海
清咸豐四年(1854)

5509
福音講臺
(美國)杜布西
HAMPDEN COIT DU BOSE
上海
清光緒十五年(1889)
8頁,442頁
    15117.c.8

5510
使徒行傳
廣州
清同治十一年(1872)
33頁
    15117.a.10

5511
約色弗言行錄
(德國)郭實臘
CARL FRIEDRICH AUGUST GÜTZLAFF
新加坡
清道光十八年(1838)?
46頁
    15118.d.11

5512
聖差言行
(美國)憐為仁譯
WILLIAM DEAN (translator)
香港
清道光二十七年(1847)
72頁
    15116.d.9

子　部

5513
羅馬書注解
（英國）麥都思譯注
WALTER HENRY MEDHURST (translator & annotator)
上海
清咸豐七年（1857）
15117.d.28

5514
哥林多書注解
（英國）麥都思譯注
WALTER HENRY MEDHURST (translator & annotator)
清咸豐八年（1858）
15117.b.12

5515
哥林多後書注釋
（美國）陶錫祈譯注
SAMUEL DODD (translator & annotator)
上海
清光緒八年（1882）
8頁，81頁
15200.c.21

5516
加拉太書注釋
（美國）雷應百譯注
JOSEPH ANDERSON LEYENBERGER (translator & annotator)
上海
清光緒四年（1878）
15117.d.4

5517
哥羅西書注釋
（英國）慕維廉譯注
WILLIAM MUIRHEAD (translator & annotator)
上海
清光緒四年（1878）
20頁
15200.c.38

5518
希伯來書注釋
（美國）陶錫祈譯注
SAMUEL DODD (translator & annotator)
清光緒八年（1882）
15117.b.9

5519
使徒雅各暨彼得前後書注釋
（美國）陶錫祈譯注
SAMUEL DODD (translator & annotator)
上海
清光緒七年（1881）
2卷
15117.d.24

5520
新約雅各書信（汕頭方言）
汕頭
清光緒十四年（1888）
16頁
15117.b.33

5521
新約雅各書信（汕頭方言）
汕頭
清光緒十四年（1888）
15117.b.34

5522
彼得前書(廈門方言)
廈門
清同治六年(1867)?
　　　　　　　　　　15117.a.17

5523
約翰一二三書(廈門方言)
(美國)打馬字譯?
JOHN VAN NEST TALMAGE (translator)?
廈門
清同治九年(1870)
　　　　　　　　　　15117.d.36

5524
約翰一二三書注釋
(美國)陶錫祈譯注
SAMUEL DODD (translator & annotator)
美華書館:上海
清光緒七年(1881)
14頁,3頁,2頁,3頁
　　　　　　　　　　15116.c.34

5525
保羅與厄拉氏亞與者米士及彼多羅之書
(英國)馬禮遜譯
ROBERT MORRISON (translator)
清嘉慶十七年(1812)?
36頁
　　　　　　　　　　15118.e.11

5526
使徒保羅寄羅馬聖會書注
(美國)羅爾梯譯注
E. C. LORD (translator & annotator)
寧波
清咸豐九年至十年(1859-1860)
2部分
　　　　　　　　　　15117.b.5

5527
使徒保羅寄以弗所聖會書注
(美國)羅爾梯譯注
E. C. LORD (translator & annotator)
寧波
清咸豐五年(1855)
16頁
　　　　　　　　　　15200.b.14

5528
福音讚美歌
(美國)菲奇夫人譯
MRS. FITCH (translator)
蘇州
清光緒三年(1877)
1頁,72頁
　　　　　　　　　　15200.c.30

5529
福音聖詩
上海
清光緒七年(1881)
52頁
　　　　　　　　　　15200.c.1

5530
聖詠注解
納匝肋靜院:香港
清宣統二年(1910)
123頁
　　　　　　　　　　15118.c.28

子 部 613

5531
傳教讚美詩一首
寫本
1 葉
　　　　　　　Or. 5896（Sheet 5）

5532
傳教讚美詩一首
寫本
1 葉
　　　　　　　Or. 5896（Sheet 6）

5533
傳教讚美詩一首
寫本
1 葉
　　　　　　　Or. 5896（Sheet 8）

5534
讚美詩
（英國）慕稼谷
GEORGE EVANS MOULE
信義堂：杭州
清同治十年（1871）
86 頁,2 頁
　　　　　　　15118.d.21

5535
杭州土音讚美詩（杭州方言）
美華書館：上海
清同治十一年（1872）
64 頁
　　　　　　　15118.a.17

5536
讚美詩（寧波方言）
倫敦

清同治七年（1868）
12 頁,243 頁
　　　　　　　15200.c.47

5537
讚美詩（寧波方言）
（美國）雷應百、（美國）蒲德立
JOSEPH ANDERSON LEYENBERGER
& JOHN BUTLER
上海
清同治十三年（1874）
14 頁,465 頁
　　　　　　　15118.a.42

5538
讚美詩（寧波方言）
（美國）雷應百、（美國）蒲德立
JOSEPH ANDERSON LEYENBERGER
& JOHN BUTLER
上海
清同治十三年（1874）
14 頁,465 頁
　　　　　　　15118.b.32

5539
讚美詩（台州方言）
（英國）路惠理譯？
WILLIAM RUDLAND（translator）？
台州府
清光緒六年（1880）
80 頁
　　　　　　　15200.c.42

5540
讚本
清嘉慶二十年（1815）

5541
讚神樂章
寧波
清咸豐六年(1856)
31 頁
　　　　　　　　15118.a.21

5542
聖山諧歌
(美國)應思理
ELIAS B. INSLEE
華花聖經書房：寧波
清咸豐八年(1858)
10 頁,80 頁
　　　　　　　　15118.a.22

5543
訓蒙聖經公歌
(美國)那爾敦夫人
ANN LUCY KNOWLTON
寧波
清咸豐十年(1860)
107 頁,108 頁
　　　　　　　　15200.c.9

5544
公歌(上海方言)
(英國)慕雅德
ARTHUR EVANS MOULE
美華書館：上海
清同治十一年(1872)
第 5 冊
用羅馬字符表音的上海方言佈道文。
　　　　　　　　15118.a.53

5545
養心神詩
(英國)馬禮遜
ROBERT MORRISON
清嘉慶二十三年(1818)？

5546
新增養心神詩
(英國)米憐
WILLIAM MILNE
清道光元年(1821)？

5547
續纂省身神詩
(英國)馬儒翰
JOHBN ROBERT MORRISON
馬六甲
清道光十五年(1835)
16 頁
　　　　　　　　15116.e.48/5

5548
養心神詩
(英國)理雅各
JAMES LEGGE
英華書院：馬六甲
清道光二十二年(1842)
10 頁
　　　　　　　　15118.c.11

5549
養心神詩
清咸豐元年(1851)
2 卷
　　　　　　　　15118.c.14

5550
廈腔養心神詩
(英國)賓惠廉

子　部

WILLIAM CHALMERS BURNS
廈門
清同治七年（1868）

5551
養心詩調
（英國）杜嘉德
CARTAIRS DOUGLAS
廈門
約清同治九年（1870）
6頁,4頁,27頁
　　　　　　　　　15118.b.33

5552
宗主詩章
（英國）麥都思
WALTER HENRY MEDHURST
英華書院：香港、上海
清咸豐五年（1855）
34頁
　　　　　　　　　15118.c.15

5553
歌頌詩章
廣州
清同治二年（1863）
　　　　　　　　　15118.c.35

5554
頌揚真神歌
（美國）倪維思
JOHN L. NEVIUS
上海
清同治十年（1871）
　　　　　　　　　15118.b.34

5555
頌主聖篇
（英國）慕維廉
WILLIAM MUIRHEAD
上海
清光緒二年（1876）
210頁
　　　　　　　　　15118.a.47

5556
讚神聖詩
（美國）倪維思、（美國）狄考文
JOHN L. NEVIUS & CALVIN WILSON MATEER
美華書館：上海
清光緒三年（1877）
18頁,244頁,6頁
　　　　　　　　　15117.b.37

5557
頌主詩章
（清）惠師禮會
惠師禮堂：廣州
清光緒三年（1877）
10卷,113頁
　　　　　　　　　15200.e.30

5558
宗主新歌
（英國）湛約翰
JOHN CHALMERS
清光緒五年（1879）
31頁
　　　　　　　　　15200.e.31

5559
頌主聖詩

（英國）楊格非？
GRIFFITH JOHN?
漢口
清光緒九年（1883）
15117.a.35

5560
宗主詩章（福州方言）
（美國）美部會福州傳道站編譯
FOOCHOW MISSION OF THE AMERICAN BOARD OF COMMISSIONERS FOR FOREIGN MISSIONS（compiler & translator）
福州
清光緒十三年（1887）
118 頁；16 厘米
15118.c.50

5561
各式聖歌
香港
清光緒十八年（1892）
15200.aa.29

5562
各式聖歌
香港
清光緒三十一年（1905）
39 頁
15200.a.18

5563
大闢詩第二十三篇
25 厘米×16 厘米
15200.a.8

5564
大闢詩第三十二篇

印本
1 葉
Or.5896（Sheet 49）

5565
舊約四字經
（德國）葉納清？
FERDINAND GENAEHR?
香港
清同治五年（1866）

5566
新約四字經
（德國）葉納清？
FERDINAND GENAEHR?
香港
清同治二年（1863）

5567
聖經之史
約清道光二十年（1840）
10 卷
15116.c.30

5568
聖書勸言
約清道光二十年（1840）
15 頁
15116.c.28

5569
聖經圖記
約清道光三十年（1850）
38 頁
15116.c.31

5570
神經撮節
清道光三十年(1850)?

5571
聖書節注十二訓
清咸豐五年(1855)?

5572
聖經類書
(美國)麥嘉締
DIVIE BETHUNE MCCARTEE
寧波
清咸豐六年(1856)
2卷
　　　　　　　15118.c 5

5573
聖經紀略
(美國)高第丕
TARLETON PERRY CRAWFORD
上海
清咸豐七年(1857)
93頁
　　　　　　　15118.b.31

5574
聖書要説析義
(英國)理雅各?
JAMES LEGGE?
香港
清咸豐十年(1860)?

5575
聖經史記
(英國)麥都思等譯
WALTER HENRY MEDHURST, etc.
(translator)
清道光二十六年(1846)
32頁
　　　　　　　15200.c.37

5576
聖經史記撮要
(德國)葉納清
FERDINAND GENAEHR
清祺祥元年(1861)
2卷
　　　　　　　15118.c.22

5577
舊約史記問答
清光緒元年(1875)
4頁,124頁
　　　　　　　15118.e.2

5578
舊約史記條問
上海
清光緒元年(1875)
114頁
　　　　　　　15117.d.26

5579
聖經問答
(美國)那爾敦
MILES JUSTUS KNOWLTON
寧波
清祺祥元年(1861)
8頁,295頁,10頁
　　　　　　　15118.d.10

5580
聖經許諭

（美國）那爾敦
MILES JUSTUS KNOWLTON
寧波
清同治六年（1867）
3卷
　　　　　　　　　15118.b.49

5581
聖經證據
（清）何進善
英華書院：香港
清同治六年（1867）
9頁
　　　　　　　　　15118.b.5

5582
聖經擇要
（德國）黎力基
R. LECHLER
香港
清同治八年（1869）
4頁,63頁
　　　　　　　　　15118.b.1

5583
聖書衍義
（美國）哈巴安德
A. P. HAPPER
廣州
清同治十三年（1874）
5頁,91頁

5584
聖經廣益
香港
清光緒十七年（1891）
2卷
　　　　　　　　　15200.d.46

5585
聖綱鑑小略
香港
清光緒十八年（1892）
196頁
　　　　　　　　　15200.d.62

5586
聖書典論
（美國）帥小姐
ANNA CUNNINGHAM SAFFORD
美華書館：上海
清光緒六年至七年（1880－1881）
1冊,52章
　　　　　　　　　15118.c.40

5587
聖書綱目
（英國）慕維廉
WILLIAM MUIRHEAD
上海
清光緒八年（1882）
12卷
　　　　　　　　　15118.a.49

5588
聖書問答
（英國）路惠理譯
WILLIAM RUDLAND（translator）
台州府？
清光緒八年（1882）
13頁
　　　　　　　　　15200.c.34

5589
二約釋義叢書
（英國）韋廉臣

ALEXANDER WILLIAMSON
上海
清光緒八年(1882)
15118.c.39

5590
二約釋義叢書
(英國)韋廉臣
ALEXANDER WILLIAMSON
上海
清光緒八年(1882)
15118.d.28

5591
天主降生聖經直解
(葡萄牙)陽瑪諾譯
E. DIAZ (translator)
香港
清光緒三十年(1904)
14卷
15200.e.23

5592
聖書地理
(英國)葉韙良
WILLIAM YOUNG
北京
清同治十年(1871)
24頁
15118.c.42

5593
聖書個事實(客家話)
Biblical Histories in the Romanised Colloquial of the Hakka-Chinese in the Province of Canton
巴色會:巴塞爾

Evangelical Missionary Society: Basel
清光緒四年(1878)
206頁;22厘米
15118.c.34

5594
述史淺譯
清同治三年(1864)
3卷
15118.d.26

5595
新約書九問:答福音傳遞(台州方言)
(英國)路惠理
WILLIAM RUDLAND
台州府
清光緒七年(1881)
78頁,具地圖
15200.b.3

5596
福音總論
(英國)臺約爾
SAMUEL DYER
清道光十九年(1839)

5597
福音大旨
漢口
清光緒九年(1883)
19頁
15200.b.34

5598
福音排偶便覽
胡金生
ARTHUR BLOCKEY HUTCHINSON

上海
清光緒四年(1878)
　　　　　　　15118.c.33

5599
福音道理□經問答
美華書館：上海
清同治九年(1870)
38頁
　　　　　　　15200.b.12

5600
福音道問答合講
上海
清祺祥元年(1861)
1頁,26頁
　　　　　　　15118.a.35

5601
摩西聖蹟圖説
(英國)韋門道
MRS. WILLIAMSON
益智書會：上海
清光緒八年(1882)
18頁
　　　　　　　15118.e.4

5602
但以理聖蹟圖説
(英國)韋門道
MRS. WILLIAMSON
益智書會：上海
清光緒八年(1882)
21頁
　　　　　　　15118.e.5

5603
大闢王聖蹟圖説
(英國)韋門道
MRS. WILLIAMSON
益智書會：上海
清光緒八年(1882)
24頁,附6頁
　　　　　　　15118.e.6

5604
路得事蹟圖説
益智書會：上海
清光緒八年(1882)
4頁,附4頁
　　　　　　　15118.e.7

5605
約瑟聖蹟圖説
清光緒八年(1882)
　　　　　　　15117.d.8

5606
若瑟聖月
香港
清光緒十六年(1890)
139頁
　　　　　　　15200.c.62

5607
若瑟聖月
香港
清光緒二十年(1894)
139頁
　　　　　　　15118.a.30

5608
若瑟聖月

(清)李秀芳述
香港
清光緒二十五年(1899)
22頁,90頁
15200.d.12

5609
聖書曰為義見害迫者有福矣因天國為其所得也
福漢會傳教士
清道光三十年(1850)?
第10篇

5610
聖書曰但行真理者就光以彰明所行者即仰上帝而行之也
福漢會傳教士
清道光三十年(1850)?
第13篇

5611
聖書曰有義人耶穌基督偕天父為我保主
福漢會傳教士
清道光三十年(1850)?
第16篇

5612
且懇籲主之名以滌去爾罪也
福漢會傳教士
清道光三十年(1850)?
第17篇

5613
聖書曰是以任肉欲者不能悅上帝矣
福漢會傳教士
清道光三十年(1850)?
第18篇

5614
聖書曰行善勿倦倘若不廢屆期可獲也
福漢會傳教士
清道光三十年(1850)?
第19篇

5615
聖書曰信服耶穌者無見定罪
福漢會傳教士
清道光三十年(1850)?
第20篇

5616
聖書曰造萬物者是上帝也
福漢會傳教士
清道光三十年(1850)?
第21篇

5617
聖書曰眾敬神子如敬父焉
福漢會傳教士
清道光三十年(1850)?
第22篇

5618
聖書曰爾勿勞為可壞之口糧乃所存及永生之口糧
福漢會傳教士
清道光三十年(1850)?
第24篇

5619
聖書曰設若我交通與上帝而自覆暗地則說謊並不真行
福漢會傳教士

清道光三十年(1850)？
第 26 篇

5620
能深念基督之恩者其罪可得贖矣
福漢會傳教士
清道光三十年(1850)？
第 27 篇

5621
聖書曰蓋全律例以一言成也即是愛他
如己焉
福漢會傳教士
清道光三十年(1850)？
第 28 篇

5622
聖書曰止一上帝為萬物之父超萬有通
萬有又在爾眾者也
福漢會傳教士
清道光三十年(1850)？
第 29 篇

5623
聖書曰由之以信德進所立之恩地且望
上帝之榮而喜矣
福漢會傳教士
清道光三十年(1850)？
第 30 篇

5624
摩西首書第三章論
福漢會傳教士
清道光三十年(1850)？
第 31 篇

5625
嘗考新舊遺詔
福漢會傳教士
清道光三十年(1850)？
第 32 篇

5626
約翰上書第一章注解
福漢會傳教士
清道光三十年(1850)？
第 33 篇

5627
保羅寄羅馬人書第五章
福漢會傳教士
清道光三十年(1850)？
第 34 篇

5628
上帝所設之十條誡
福漢會傳教士
第 37 篇

5629
信式
福漢會傳教士
清道光三十年(1850)？
第 38 篇

5630
竊以未有天地以前
福漢會傳教士
清道光三十年(1850)？
第 42 篇

5631
萬人復生

子部

福漢會傳教士
清道光三十年(1850)?
第44篇

5632
悔罪之理
第45篇

5633
祈禱
第48篇

5634
行善
第50篇

5635
救主耶穌切勸庶人相愛
第52篇

5636
勿效此世之俗乃以心改化成新

5637
勸讀聖錄熟知文
(英國)馬禮遜
ROBERT MORRISON
清嘉慶二十五年(1820)?

5638
月中每日念聖道二卷
寫本
清道光二十六年(1846)前
2册合訂
Add.16334

5639
救世者言行真史紀
廣州
清嘉慶十九年(1814)?

5640
新約史記條問
上海
清同治十三年(1874)
4頁,30頁
15118.a.45

5641
天主降生言行紀像
(意大利)艾儒略
GIULIO ALENI
明崇禎三年(1630)?

5642
天主降生出像經解
(意大利)艾儒略
GIULIO ALENI
景教堂:晋江
明崇禎十年(1637)
3頁,30頁
Or.59.b.19/2

5643
上帝萬物之大主
(德國)郭實臘
CARL FRIEDRICH AUGUST GÜTZLAFF
堅夏書院:新加坡
清道光十五年(1835)?
11頁
15116.e.14

5644
上帝創造等
約清道光二十年(1840)
5 頁
15116.d.31

5645
論上帝造萬物之全能

5646
上帝造創天地來歷論

5647
上帝曰吾終日伸手招頑逆辨駁之民也

5648
上帝生日之論
(英國)麥都思
WALTER HENRY MEDHURST
新加坡
清道光三十年(1850)?
4 頁
15116.e.48/4

5649
上帝垂愛世人
約清道光三十年(1850)
2 頁
15116.c.16

5650
上帝辨證
(英國)合信
BENJAMIN HOBSON
惠愛堂:廣州
清咸豐二年(1852)
9 頁
15122.a.51(3)

5651
上帝總論
英華書院:香港
清咸豐八年(1858)
2 部分
15116.e.8

5652
上帝聖教公會門
(英國)米憐
WILLIAM MILNE

5653
上帝有形為有無形乃是論
Or.8143

5654
中文使用"天主"稱謂上帝
(美國)白漢理
HENRY BLODGET
美華書館:上海
清光緒十九年(1893)
20 頁;24 厘米×15 厘米
11095.b.6

5655
耶穌山上垂訓
英華書院:香港
清同治八年(1869)
25 頁
15118.b.16

5656
耶穌登山教衆體注
寧波
清咸豐元年(1851)
30 頁
15200.b.9

5657
山上宣道
清咸豐五年(1855)？
7 頁
　　　　　　　　　　15116．e．48/8

5658
耶穌基督降世傳
(英國)合信
BENJAMIN HOBSON
上海
清咸豐十年(1860)
4 頁
　　　　　　　　　　15118．b．6

5659
耶穌降世傳
(英國)慕維廉
WILLIAM MUIRHEAD
美華書館：上海
清同治九年(1870)
60 頁
　　　　　　　　　　15118．e．3

5660
耶穌降世之傳
(德國)郭實臘
CARL FRIEDRICH AUGUST GÜTZLAFF
新加坡
清道光十六年(1836)
19 頁
　　　　　　　　　　15118．a．10

5661
救世耶穌受死全傳
(德國)郭實臘
CARL FRIEDRICH AUGUST GÜTZLAFF
清道光二十三年(1843)
9 頁
　　　　　　　　　　15116．e．48/11

5662
耶穌復生傳
(德國)郭實臘
CARL FRIEDRICH AUGUST GÜTZLAFF
清道光二十三年(1843)
5 頁
　　　　　　　　　　15116．e．48/10

5663
耶穌之寶訓
(德國)郭實臘
CARL FRIEDRICH AUGUST GÜTZLAFF
清道光十六年(1836)
34 頁
　　　　　　　　　　15118．e．10

5664
救世主耶穌之聖訓
(德國)郭實臘
CARL FRIEDRICH AUGUST GÜTZLAFF
新加坡
清道光十六年(1836)

5665
耶穌神蹟之傳
(德國)郭實臘
CARL FRIEDRICH AUGUST GÜTZLAFF
堅夏書院：新加坡
清道光十六年(1836)
1 頁,23 頁
　　　　　　　　　　15118．a．5

5666
救世主言行全傳
(德國)郭實臘
CARL FRIEDRICH AUGUST GÜTZLAFF
清嘉慶二十五年(1820)
11 卷

15118.a.2

5667
耶穌言行總論
(英國)柯大衛
DAVID COLLIE
清道光六年(1826)
7 頁

15118.a.7

5668
救世主耶穌言行略傳
福漢會
清咸豐五年(1855)

15118.a.3

5669
耶穌言行綱目
(英國)慕維廉
WILLIAM MUIRHEAD
上海
清同治七年(1868)
78 頁,34 頁

15118.d.6

5670
耶穌言行述訓
(美國)紀好弼
ROSEWELL HOBART GRAVES
清光緒十三年(1887)
1 冊,4 卷

15118.e.13

5671
耶穌言行紀略
香港
清光緒三十一年(1905)
4 卷

15200.a.32

5672
救主耶穌開口教曰虛心者有福矣因得天国也
清道光三十年(1850)?

5673
論耶穌
印本
1 葉,3 個封套

Or.5896(Sheet 17)

5674
論耶穌之榮等
約清道光三十年(1850)
56 頁

15116.d.47

5675
總論耶穌之榮
(英國)施阿懍
A. STRONACH
英華書院:香港
清同治七年(1868)
31 頁

15118.b.7

5676
耶穌論
清同治九年(1870)?
1 葉

15305.c

子　部　　　　　627

5677
耶穌比喻注說
（德國）郭實臘？
CARL FRIEDRICH AUGUST GÜTZLAFF？
清道光二十一年（1841）？
4頁,58頁
　　　　　　　　　15118.d.15

5678
耶穌合稿
（英國）慕維廉
WILLIAM MUIRHEAD
福音會堂：上海
清光緒三年（1877）
15頁
　　　　　　　　　15200.c.11

5679
耶穌事跡考
（英國）師多著、（清）陳雲五筆述
惠師禮會：廣州
清光緒十三年（1887）
9卷
　　　　　　　　　15116.e.41

5680
耶穌受苦尋源
（瑞士）韋腓立
P. WINNES
英華書院：香港
清同治七年（1868）
16頁
　　　　　　　　　15118.b.13

5681
耶穌實蹟注釋
（美國）路思義
H. W. LUCE
廣文學堂：山東濰縣
清宣統二年（1910）
356頁
　　　　　　　　　15200.e.26

5682
耶穌門徒信經
香港
清咸豐五年（1855）

5683
耶穌門徒金針
上海
清同治十年（1871）
9頁,28頁
　　　　　　　　　15200.c.43

5684
耶穌信徒受苦總論
（瑞典）韓山文
THEODORE HAMBERG
刻本；小書會：廣州
清咸豐五年（1855）
44頁

5685
耶穌信徒受苦總論
（瑞典）韓山文
THEODORE HAMBERG
美華書館：上海
清光緒九年（1883）
105頁
　　　　　　　　　15118.b.25

5686
聖母發現於露德實傳

香港
清光緒三十一年(1905)
73 頁
15200.a.14

5687
聖母行實
香港
清光緒十九年(1893)
3 卷
15200.d.48

5688
亞伯拉罕紀略
(英國)理雅各
JAMES LEGGE
香港
清同治元年(1862)

5689
約瑟紀略
(英國)理雅各
JAMES LEGGE
英華書院:香港
清同治九年(1870)
6 回
15118.a.12(2)

5690
聖安多尼行實
納匝肋靜院:香港
清光緒三十一年(1905)
3 頁,34 頁,5 頁
15200.d.14

5691
聖女羅灑行實(中譯本)

(西班牙)羅森鐸譯
FRANCISCO GONZALES DE SAN PE-
DRO (translator)
香港
清光緒二十二年(1896)
2 頁,69 頁
15118.e.17

5692
以利亞言行傳
(美國)克陛存
MICHAEL SIMPSON CULBERTSON
美華書館:上海
清祺祥元年(1861)
18 頁
15200.c.40

5693
約瑟言行全傳
(美國)克陛存
MICHAEL SIMPSON CULBERTSON
上海
清祺祥元年(1861)
54 頁
15200.b.4

5694
但耶利言行全傳
(德國)郭實臘
CARL FRIEDRICH AUGUST GÜTZLAFF
堅夏書院:新加坡
清道光十七年(1837)
22 頁
15118.a.8

5695
彼得羅言行全傳

子　部

(德國)郭實臘
CARL FRIEDRICH AUGUST GÜTZLAFF
清道光十八年(1838)?
2卷
15118.d.12

5696
聖人言行
納匝肋靜院:香港
清光緒二十二年至二十九年(1896－1903)
12部分
15200.b.45

5697
聖人言行
香港
清光緒二十四年(1898)
2冊
15118.c.43

5698
聖人言行
香港
清光緒二十五年(1899)
6頁,406頁,10頁
15200.b.29

5699
德行譜
(法國)巴多明譯述
DOMINIQUE PARRENIN (translator)
清雍正四年(1726)
4卷
15200.a.39

5700
耶穌教略
(英國)麥都思
WALTER HENRY MEDHURST
墨海書館:上海
清咸豐八年(1858)
31頁
15116.e.1

5701
耶穌教略
(英國)麥都思
WALTER HENRY MEDHURST
清光緒五年(1879)
38頁
15200.c.45

5702
耶穌教要旨
(美國)麥嘉締
DIVIE BETHUNE MCCARTEE
寧波
清咸豐八年(1858)
11頁
15113.a.22

5703
耶穌教例言
(美國)麥嘉締
DIVIE BETHUNE MCCARTEE
美華書館:上海
清同治元年(1862)
11頁
15113.a.20

5704
耶穌教例言

（美國）麥嘉締
DIVIE BETHUNE MCCARTEE
美華書館：上海
清同治元年（1862）
11 頁
　　　　　　　　　15118．a．16

5705
耶穌教消罪集福真言
寧波
清祺祥元年（1861）
12 頁
　　　　　　　　　15200．b．34

5706
耶穌教或問
香港
清咸豐八年（1858）

5707
耶穌教要理大問答
美華書館：上海
清光緒七年（1881）
62 頁
　　　　　　　　　15118．d．22

5708
耶穌教要理問答
美華書館：上海
清光緒七年（1881）
18 頁
　　　　　　　　　15200．b．22

5709
耶穌教官話問答
（美國）倪維思夫人
MRS. NEVIUS

上海
清同治五年（1866）
21 頁
　　　　　　　　　15118．a．37

5710
耶穌真教四牌
（法國）董中和
香港
清光緒二十四年（1898）
14 頁，152 頁
　　　　　　　　　15118．b．50

5711
新教手冊
美華書館：上海
清光緒十六年（1890）？
1 函，2 冊，33 種書
　　　　　　　　　15118．c．14

5712
新教手冊
清光緒十六年（1890）？
1 函，5 冊，41 種書
　　　　　　　　　15118．e．12

5713
基督教手冊
清道光三十年至光緒十一年（1850－1885）
5 冊及 2 盒
　　　　　　　　　15200．d．32－37

5714
基督教手冊
清光緒二十六年（1900）
　　　　　　　　　15116．g．1

子　部

5715
聖書教問答
（英國）恩士
JOHN INCE
清道光三年（1823）

5716
教會問答
（英國）麥都思譯
WALTER HENRY MEDHURST（translator）
墨海書館：上海
清咸豐五年（1855）
16 頁

15200.b 10

5717
問答淺注耶穌教法
（英國）馬禮遜
ROBERT MORRISON
廣州
清嘉慶十七年（1812）
30 頁

15116.d.16

5718
天主聖教實錄
（意大利）羅明堅
MICHELE RUGGIERI
清康熙二十四年（1685）

5719
天主聖教約言
（葡萄牙）蘇如望
JOÃO SOERIO
杭州？
17 世紀？

1 印刷頁，28 字，55 列

15504.a.2/1（1）

5720
天主教要
清乾隆五十五年（1790）？

5721
聖教要理
香港
清光緒十六年（1890）
182 頁

15200.c.58

5722
聖教要理
香港
清光緒十九年（1893）
10 頁，182 頁

15200.d.61

5723
聖教要理
香港
清光緒二十年（1894）

15200.b.27

5724
聖教要理國語
香港
清光緒十八年（1892）
2 頁，50 頁，6 頁

15200.d.57

5725
聖教要理國語
香港

5725
清光緒二十三年(1897)
　　　　　　　　　15200.d.58

5726
聖教要理問答
香港
清光緒十五年(1889)
53頁
　　　　　　　　　15200.aa.6

5727
聖教要理問答
香港
清光緒十六年(1890)
　　　　　　　　　15200.aa.7

5728
聖教要理問答
香港
清光緒二十二年(1896)
　　　　　　　　　15200.aa.18

5729
聖教要理問答
香港
清光緒二十三年(1897)
　　　　　　　　　15200.d.22

5730
進教要理問答
(美國)文惠廉
WILLIAM JONES BOONE
上海
清道光二十六年(1846)
73頁
　　　　　　　　　15116.e.39

5731
聖教切要
(西班牙)白多瑪
THOMAS ORTIZ
清道光二十二年(1842)
3頁,62頁
　　　　　　　　　15118.e.18

5732
聖教切要
(西班牙)白多瑪
THOMAS ORTIZ
香港
清光緒十五年(1889)
2頁,147頁
　　　　　　　　　15200.d.40

5733
聖教理證
清咸豐二年(1852)
65頁;22厘米
　　　　　　　　　15120.a.8

5734
聖教理證
香港
清光緒十五年(1889)
12頁,87頁
　　　　　　　　　15200.c.65

5735
聖教理證
香港
清光緒二十二年(1896)
　　　　　　　　　15200.d.30

子　　部　　　　　　　　　　　　633

5736
聖教禮規
香港
清光緒十八年(1892)
5 卷
　　　　　　　　　　15200.aa.21

5737
聖教禮規
香港
清光緒二十四年(1898)
　　　　　　　　　　15200.d.4

5738
聖教鑑略
(法國)田類思
DELAPLACE LOUIS GABRIEL
香港
清光緒二十年(1894)
2 卷
　　　　　　　　　　15118.a.29

5739
天主聖教總牘滙要
(葡萄牙)陽瑪諾
E. DIAZ
領報堂:北京
清乾隆二十年(1755)
2 卷
　　　　　　　　　　15200.aa.64

5740
教會政治
蘇格蘭長老會
PRESBYTERIAN CHURCH OF SCOTLAND
美華書館:上海
清光緒七年(1881)
26 頁,18 頁
　　　　　　　　　　15117.d.31

5741
聖會準繩
(英國)理雅各
JAMES LEGGE
英華書院:香港
清咸豐六年(1856)
29 頁
　　　　　　　　　　15116.d.28

5742
聖會之史
(德國)郭實臘
CARL FRIEDRICH AUGUST GÜTZLAFF
清道光二十年(1840)?
4 卷
　　　　　　　　　　15118.c.21

5743
聖會史記
(美國)郭顯德
HUNTER CORBETT
美華書館:上海
清光緒二年(1876)
2 卷
　　　　　　　　　　15200.b.2

5744
聖公會大綱
(英國)慕雅德
ARTHUR EVANS MOULE
上海
清光緒三年(1877)
2 頁,158 頁
　　　　　　　　　　15117.b.13

5745
聖會勸懲條例
上海
清光緒七年(1881)
56 頁
15118.a.19

5746
本分規條
香港
清光緒二十二年(1896)
2 頁,40 頁
15200.d.9

5747
總會記錄成章摘譯
(美國)蒲德立譯
JOHN BUTLER (translator)
上海
清光緒十年(1884)
34 頁
15118.a.20

5748
聖家會規
香港
清光緒十九年(1893)
24 頁
15200.aa.36

5749
神武正規
納匝肋靜院:香港
清光緒三十三年(1907)
160 頁
15120.a.27

5750
聖母七苦籍規略
香港
清光緒二十年(1894)
2 頁,26 頁
15200.aa.31

5751
聖母善導會直指
香港
清光緒二十二年(1896)
8 頁,126 頁
15200.d.3

5752
聖母善導會直指
香港
清光緒二十二年(1896)
15200.d.1

5753
聖母善導會公規
香港
清光緒二十二年(1896)
22 頁
15200.d.2

5754
聖教主日法
納匝肋靜院:香港
清光緒十九年(1893)
10 頁,161 頁
15351.a.1

5755
聖教主日法
納匝肋靜院:香港

子　部

清光緒二十年(1894)
15200.d.28

5756
聖教主日法
納匝肋靜院:香港
清光緒二十三年(1897)
15200.d.43

5757
裂教原委問答
(葡萄牙)李若望
JEAN PEREIRA
香港
清光緒二十五年(1899)
26頁
15200.d.16

5758
在華基督徒被迫害備忘錄(英文)
Memorandum on the Persecution of Christians in China
(英國)李提摩太
TIMOTHY RICHARD
美華書館:上海
American Presbyterian Mission Press: Shanghai
清光緒十一年(1885)
2頁,46頁;22厘米
15234.a.17

5759
1890年5月上海傳教士大會會議報告(英文)
Report of the Missionary Conference Held in Shanghai, May 1890
上海

清光緒十六年(1890)
79頁
11095.c.21

5760
袖珍日課
(葡萄牙)陽瑪諾譯、(清)呂若翰注
EMANUEL DIAZ (translator)
清順治十六年(1659)前
3卷

5761
袖珍日課
(意大利)郭居靜等
LAZARUS CATTANEO
清道光二十九年(1849)
3卷
15118.a.14

5762
天神會課
(意大利)潘國光著、(俄國)比丘林改編
FRANCISCUS BRANCATI (author), NIKITA LAKOVLERICH BITCHURIN (reviser)
乙阿欽特(即比丘林)刻
清嘉慶十五年(1810)
28頁
15118.c.32

5763
耶穌巡徒養心日課
(美國)憐為仁譯
WILLIAM DEAN (translator)
香港
清道光二十四年(1844)
15117.b.39

5764
聖書日課初學便用
不列顛及海外學校協會：廣州
British and Foreign School Society: Canton
清道光十一年(1831)
3 册,合訂爲 1 本
15118.c.3

5765
聖教日課
(意大利)利類思
LODOVICO BUGLIO
19 世紀?
2 部分及增補
15118.a.1

5766
聖教日課
香港
清光緒十六年(1890)
3 卷
15200.aa.11

5767
聖教日課
香港
清光緒十八年(1892)
15200.aa.12

5768
聖教日課
香港
清光緒二十二年(1896)
15200.d.5

5769
聖教日課
香港
清光緒二十四年(1898)
15200.d.7

5770
天主聖教日課
香港
清光緒十八年(1892)
4 頁,198 頁
15200.c.59

5771
天主聖教日課
香港
清光緒二十年(1894)
15200.d.29

5772
天主聖教日課
香港
清光緒二十三年(1897)
3 卷
15200.d.44

5773
天主聖教日課
香港
清光緒二十五年(1899)
3 卷
15200.aa.37

5774
天主聖教日課
香港
清光緒三十二年(1906)

子　部

7 頁, 313 頁
　　　　　　　　15200.aa.59

5775
日課撮要
香港
清光緒十六年(1890)
358 頁, 24 頁
　　　　　　　　15200.aa.8

5776
日課撮要
香港
清光緒二十二年(1896)
358 頁, 24 頁
　　　　　　　　15200.aa.25

5777
日課撮要
香港
清光緒二十三年(1897)
358 頁, 24 頁
　　　　　　　　15200.d.24

5778
早晚課
香港
清光緒二十年(1894)
80 頁
　　　　　　　　15200.aa.23

5779
早晚課
香港
清光緒二十二年(1896)
64 頁
　　　　　　　　15200.aa.22

5780
早晚課
香港
清光緒二十二年(1896)
60 頁
　　　　　　　　15200.d.20

5781
早晚課
香港
清光緒二十三年(1897)
80 頁
　　　　　　　　15200.d.19

5782
早晚課
香港
清光緒二十四年(1898)
80 頁
　　　　　　　　15200.aa.26

5783
聖母小日課
納匝肋靜院：香港
清光緒二十四年(1898)
63 頁, 14 頁
　　　　　　　　15200.d.13

5784
聖教經課
香港
清光緒十五年(1889)
2 卷
　　　　　　　　15200.d.47

5785
聖教經課

香港
清光緒十七年(1891)
　　　　　　　　　15200.aa.13

5786
聖母玫瑰經十五端
香港
清光緒十九年(1893)
18 頁
　　　　　　　　　15200.aa.19

5787
聖母玫瑰經十五端
清光緒二十年(1894)
　　　　　　　　　15200.d.21

5788
聖母玫瑰經十五端
香港
清光緒二十一年(1895)
　　　　　　　　　15200.aa.20

5789
玫瑰經小問答
香港
清光緒十六年(1890)
30 頁
　　　　　　　　　15200.c.54

5790
聖母聖月
香港
清光緒十五年(1889)
13 頁,119 頁
　　　　　　　　　15200.c.60

5791
聖母聖月
香港
清光緒二十五年(1899)
166 頁
　　　　　　　　　15200.aa.38

5792
聖母聖月
香港
清光緒二十五年(1899)
82 頁
　　　　　　　　　15200.aa.44

5793
聖心月新編
香港
清光緒十七年(1891)
16 頁,134 頁
　　　　　　　　　15200.aa.9

5794
聖心月新編
香港
清光緒二十一年(1895)
　　　　　　　　　15200.aa.10

5795
敬禮耶穌聖心月
梁安德
香港
清光緒三十二年(1906)
89 頁
　　　　　　　　　15200.aa.58

5796
年中每日早晚祈禱敘式

（英國）馬禮遜譯
ROBERT MORRISON（translator）
祈禱書和布道協會
清嘉慶二十三年（1818）？
154 頁
　　　　　　　　　15118．b．30

5797
周年早晨（夜裏）禱告式（上海方言）
（美國）文惠廉譯
WILLIAM JONES BOONE（translator）
上海？
清道光二十九年（1849）
2 冊
　　　　　　　　　15118．c．8

5798
聖會禱詞
約清道光十年（1830）
6 卷
　　　　　　　　　15118．c．4

5799
英吉利國神會祈禱文大概翻譯漢字（附《聖經閱讀日曆》）
（英國）馬禮遜譯
ROBERT MORRISON（translator）
英華書院：馬六甲
清道光九年（1829）
82 頁，27 頁；25 厘米
　　　　　　　　　15119．b．149

5800
英吉利國神會祈禱文大概翻譯漢字
（英國）馬禮遜譯
ROBERT MORRISON（translator）
倫敦
清道光二十五年（1845）
82 頁
　　　　　　　　　15118．c．5

5801
耶穌聖教禱告文
清咸豐四年（1854）
　　　　　　　　　15118．c．7

5802
禱告文全書
（英國）麥都思譯
WALTER HENRY MEDHURST（translator）
香港
清咸豐五年（1855）
12 卷
　　　　　　　　　15118．b．42

5803
英國國教公禱書
（英國）慕稼谷譯
GEORGE EVANS MOULE（translator）
基督教知識促進會：倫敦
清光緒二年（1876）
7 頁，99 頁
　　　　　　　　　15117．d．34

5804
聖會禱文
胡金生譯
ARTHUR BLOCKEY HUTCHINSON（translator）
香港
清光緒四年（1878）
3 部分
　　　　　　　　　15118．b．28

5805
公禱全文
（英國）慕稼谷等譯
GEORGE EVANS MOULE, etc. (translators)
上海
清宣統二年（1910）
3部分
      15259.g.27

5806
公禱文
聖公會：上海
清宣統二年（1910）
6頁，294頁，168頁；20厘米
      15119.b.128

5807
醫院知識禱文
吉佛瑞
W. H. JEFFERYS
美華書館：上海
清宣統元年（1909）
93頁，12頁；18厘米
      11092.b.41

5808
預備晚餐□□□□
穆勒夫人
MRS. MOULE
寧波
清同治五年（1866）
38頁
      15200.b.11

5809
聖餐備文
安立甘會聖公會：京都
清光緒三十一年（1905）
2頁，8頁；20厘米
      15119.a.2

5810
禮拜模範
美華書館：上海
清光緒七年（1881）
18頁
      15200.c.39

5811
彌撒規程
香港
清光緒二十二年（1896）
18頁
      15200.aa.49

5812
輔彌撒經
香港
清光緒十五年（1889）
10頁
      15200.aa.30

5813
祈禱真法注解
（英國）米憐
WILLIAM MILNE
清道光十五年（1835）？
10回
      15118.c.9

5814
中國巴色會禮拜儀式（客家話）
Liturgie zum Gebrauch in den Basler Mis-

sions-Gemeinden in China
舒爾策印刷廠：巴塞爾
Buchdruckerei von C. Schultze: Basel
清光緒四年（1878）
138 頁，19 頁

15118.b.43

5815
婚喪公禮
美華書館：上海
清光緒七年（1881）
13 頁

15118.a.34

5816
1736 年天主聖教瞻禮齋期表
印本
清乾隆元年（1736）
1 葉

Or.5896（Sheet 33）

5817
耶穌降生一千八百八十九年主日瞻禮齋期日表
香港
清光緒十五年（1889）
1 葉

15200.c.61

5818
聖羅閣九日敬禮
香港
清光緒二十六年（1900）
23 頁

15200.b.35

5819
崇修精蘊
香港
清光緒十六年（1890）
14 頁，212 頁

15200.d.39

5820
六十三默想
香港
清光緒十九年（1893）
58 頁

15200.aa.32

5821
默想神功
（墨西哥）石鐸琭
PEDRO PIÑUELA
香港
清光緒十九年（1893）
3 頁，20 頁，98 頁

15200.c.57

5822
默想指掌
香港
清光緒二十年（1894）
6 頁，118 頁

15200.d.23

5823
領聖體要經
納匝肋靜院：香港
清光緒十八年（1892）
20 頁

15200.aa.3

5824
領聖體要經
香港
清光緒十九年(1893)
　　　　　　　　　15200.aa.4

5825
領聖體要經
香港
清光緒二十年(1894)
　　　　　　　　　15200.aa.14

5826
領聖體要經
香港
清光緒二十一年(1895)
　　　　　　　　　15200.aa.5

5827
聖體要理
香港
清光緒二十年(1894)
2 卷
　　　　　　　　　15200.c.55

5828
初會問答
(墨西哥)石鐸琭
PEDRO PIÑUELA
清咸豐十年(1860)?
45 頁
　　　　　　　　　15200.a.38

5829
初會問答
(墨西哥)石鐸琭
PEDRO PIÑUELA
香港
清光緒十五年(1889)
2 頁,66 頁
　　　　　　　　　15200.c.68

5830
初會問答
(墨西哥)石鐸琭
PEDRO PIÑUELA
納匝肋靜院:香港
清光緒二十九年(1903)
1 頁,33 頁
　　　　　　　　　15200.d.66(3)

5831
節錄成章幼學問答
新加坡
清道光四年(1824)
16 頁
　　　　　　　　　15116.d.14

5832
緊要問答
(德國)郭實臘
CARL FRIEDRICH AUGUST GÜTZLAFF
約清道光二十年(1840)
2 頁
　　　　　　　　　15116.d.20

5833
問答俗話
(美國)羅孝全
ISSACHAR JACOB ROBERTS
清道光二十年(1840)
卷1,第1-2部分,附1幅地圖
　　　　　　　　　15116.d.21

子　部　　　　　　　　643

5834
聖願問答
香港
清光緒二十二年（1896）
22 頁

15200.d.8

5835
真道自證
（德國）郭實臘
CARL FRIEDRICH AUGUST GÜTZLAFF
堅夏書院：新加坡
清道光十八年（1838）
1 頁，17 頁

15118.d.16

5836
真理
（德國）郭實臘
CARL FRIEDRICH AUGUST GÜTZLAFF
清道光二十年（1840）？

5837
真理通道
（英國）麥都思
WALTER HENRY MEDHURST
上海
清道光二十五年（1845）

15116.e.30

5838
真理摘要
（英國）哥伯播義
ROBERT HENRY COBBOLD
上海
清咸豐六年（1856）

5839
真理易知
（美國）麥嘉締
DIVIE BETHUNE MCCARTEE
上海
清祺祥元年（1861）
16 頁

15200.e.14

5840
真道衡平
（德國）葉納清
FERDINAND GENAEHR
香港
清同治二年（1863）
3 頁，49 頁

15118.b.21

5841
真道問答
（美國）羅爾梯
EDWARD CLEMENS LORD
寧波
清同治七年（1868）
25 頁

15200.c.50

5842
真理尋繹
（英國）慕維廉
WILLIAM MUIRHEAD
福音會堂：上海
清光緒六年（1880）
1 頁，28 頁

15200.c.14

5843
真理八篇
（英國）楊格非
GRIFFITH JOHN
漢口？
清光緒六年（1880）
21 頁

15200.c.29

5844
真理課選
（清）王炳堃等
聖教書局：漢口
清光緒七年（1881）
第 1－9 期

15200.b.15

5845
真道入門問答
（英國）楊格非
GRIFFITH JOHN
聖教書局：漢口
清光緒八年（1882）
24 頁

15118.a.43

5846
真道略論
（美國）帥小姐
ANNA CUNNINGHAM SAFFORD
美華書館：上海
清光緒九年（1883）
2 册，合訂爲 1 本

15118.d.3

5847
真理便讀三字經
（英國）楊格非
GRIFFITH JOHN
漢口？
清光緒九年（1883）
22 頁

15200.c.28

5848
真道自證
（法國）沙守信
EMERIC DE CHAVAGNAC
香港
清光緒十三年（1887）
90 頁

15200.c.66

5849
真道自證
（法國）沙守信
EMERIC DE CHAVAGNAC
香港
清光緒二十四年（1898）
190 頁

15200.d.17

5850
真道自證
（法國）沙守信
EMERIC DE CHAVAGNAC
香港
清光緒二十九年（1903）
4 部分

15200.d.66（2）

5851
神天道碎集傳
（英國）馬禮遜

子　部　　　　　　　　　645

ROBERT MORRISON
馬六甲
清嘉慶二十三年(1818)？
16頁
　　　　　　　　15116.e.48/3

5852
神天十條聖誡
香港
清道光二十四年(1844)
7頁
　　　　　　　　15118.a.48

5853
神道總論
(美國)倪維思
JOHN L. NEVIUS
上海
清同治十一年(1872)
3卷
　　　　　　　　15116.d.44

5854
三教問答
(美國)杜布西
HAMPDEN COIT DU BOSE
美華書館：上海
清光緒二十年(1894)
29頁
　　　　　　　　15200.c.78

5855
聖錄名人問答
清道光二年(1822)
13頁
　　　　　　　　15116.d.19

5856
廟祝問答
(清)王元深
英華書院：香港
清咸豐九年(1859)
9頁
　　　　　　　　15116.e.24

5857
堪輿問答
(清)王元深
英華書院：香港
清同治七年(1868)
4頁
　　　　　　　　15118.b.15

5858
信徒格言
(英國)慕雅德
ARTHUR EVANS MOULE
上海
清光緒元年(1875)
8頁,50頁
　　　　　　　　15200.c.33

5859
大倫圖說
(英國)慕雅德
ARTHUR EVANS MOULE
上海
清光緒五年(1879)
12頁,155頁
　　　　　　　　15117.d.29

5860
醒迷論
(清)王元深

清光緒三十一年(1905)?
10頁
　　　　　　　　15258.e.17

5861
剖惑至言
(清)陳光瑩
香港
清光緒二十三年(1897)
8頁,80頁
　　　　　　　　15200.d.25

5862
剖惑至言
(清)陳光瑩
香港
清光緒二十九年(1903)
4頁,40頁
　　　　　　　　15200.e.13

5863
答客問
(清)朱宗元
香港
清光緒十九年(1893)
4頁,88頁
　　　　　　　　15200.d.41

5864
答客問
(清)朱宗元
納匝肋靜院:香港
清光緒二十九年(1903)
47頁
　　　　　　　　15200.d.66(1)

5865
要理六端
香港
清光緒十六年(1890)
8頁
　　　　　　　　15200.aa.35

5866
要理辯正邪自證
香港
清光緒二十一年(1895)
　　　　　　　　15200.d.51

5867
要理講論
傳教會印刷:香港
清光緒二十一年(1895)
255頁
　　　　　　　　15200.d.64

5868
肆原要理
香港
清光緒二十四年(1898)
2冊
　　　　　　　　15200.b.25

5869
天路指南
(美國)倪維思
JOHN L. NEVIUS
倫敦
清同治七年(1868)
100頁
　　　　　　　　15118.a.52

子　部

5870
天路指南
（美國）倪維思
JOHN L. NEVIUS
上海
清光緒八年（1882）
18 卷及附錄
　　　　　　　　　　15118.d.9

5871
宣道指歸
（美國）倪維思
JOHN L. NEVIUS
美華書館：上海
清同治十二年（1873）
7 卷
　　　　　　　　　　15117.d.30

5872
天堂直路
芒塞爾
MANCEL DIAS
清乾隆二十七年（1762）（據手寫筆記）
36 頁
　　　　　　　　　　15116.d.13

5873
天堂直路
香港
清光緒十五年（1889）
4 頁，41 頁
　　　　　　　　　　15200.d 53

5874
天堂直路
香港
清光緒二十五年（1899）
　　　　　　　　　　15200.b.30

5875
引道三章
（英國）楊格非著、（英國）沙修道圖
GRIFFITH JOHN（author）, WILLIAM SCARBOROUGH（illustrator）
聖教書局：漢口
清光緒八年（1882）
20 頁，附 2 頁
　　　　　　　　　　15200.c.25

5876
德慧入門
（英國）楊格非
GRIFFITH JOHN
聖教書局：漢口
清光緒九年（1883）
2 頁，36 頁
　　　　　　　　　　15200.c.46

5877
天路指明
（英國）楊格非
GRIFFITH JOHN
聖教書局：漢口
清光緒十年（1884）
2 頁，30 頁
　　　　　　　　　　15200.c.23

5878
萬物真原
（意大利）艾儒略
GIULIO ALENI
清乾隆五十七年（1792）
26 頁
　　　　　　　　　　15118.e.15

5879
道原精萃圖
（意大利）艾儒略撰、（西班牙）納達爾繪圖
GIULIO ALENI（author），NADAL（illustrator）
天主教會土山灣孤兒院印刷所：上海
清光緒十四年（1888）
關於基督的生平，根據1853年法語版繪製，有增補。
15122.a.53

5880
孝敬父母
（美國）郭顯德
HUNTER CORBETT
美華書館：上海
清光緒九年（1883）
2頁，18頁
15229.c.47

5881
初學編
（美國）麥嘉締
DIVIE BETHUNE MCCARTEE
華花聖經書房：寧波
清咸豐元年（1851）
2卷
15116.c.32

5882
西士來意略論
（美國）麥嘉締
DIVIE BETHUNE MCCARTEE
登州
清同治二年（1863）
8頁
15118.a.24

5883
西士酬中國人書
（英國）韋廉臣
ALEXANDER WILLIAMSON
上海
清光緒元年（1875）
50頁
15118.c.40

5884
梅莫氏行略
（美國）倪維思夫人
MRS. NEVIUS
美華書館：上海
清光緒元年（1875）
16頁
15200.b.6

5885
真福和德理傳
（清）郭棟臣譯
GIUSEPPE MARIA KUO（translator）
中正書院：湖北
清光緒十五年（1889）
2卷
15200.a.37

5886
中外理辨（上海方言）
（英國）麥克拉戶
THOMAS MCLATCHIE
上海
清道光二十七年（1847）
16頁
15116.e.26

子　部

5887
義學新法
（英國）瓊斯
A. G. JONES
上海
清光緒二十二年（1896）
167 頁
　　　　　　　　15342.a.6

5888
福音之箴規
（德國）郭實臘
CARL FRIEDRICH AUGUST GÜTZLAFF
新加坡
清道光十六年（1836）
2 頁,34 頁
　　　　　　　　15118.a.41

5889
救贖何義
（德國）郭實臘
CARL FRIEDRICH AUGUST GÜTZLAFF
清道光十六年（1836）？
4 頁
　　　　　　　　15118.d.19

5890
悔罪之大略
（德國）郭實臘
CARL FRIEDRICH AUGUST GÜTZLAFF
新加坡
清道光十九年（1839）？
61 頁
　　　　　　　　15116.d.29

5891
招人獲救
（德國）郭實臘
CARL FRIEDRICH AUGUST GÜTZLAFF
清道光十年（1830）？
　　　　　　　　15116.e.35（19）

5892
誠崇拜類函
（德國）郭實臘
CARL FRIEDRICH AUGUST GÜTZLAFF
新加坡
清道光十四年（1834）
1 頁,59 頁
　　　　　　　　15116.e.40

5893
正教安慰
（德國）郭實臘
CARL FRIEDRICH AUGUST GÜTZLAFF
堅夏書院：新加坡
清道光十六年（1836）
1 冊,4 卷
　　　　　　　　15116.d.36

5894
全人矩矱
（德國）郭實臘
CARL FRIEDRICH AUGUST GÜTZLAFF
堅夏書院：新加坡
清道光十六年（1836）
5 卷
　　　　　　　　15116.d.37

5895
關繫重大略説
（德國）郭實臘
CARL FRIEDRICH AUGUST GÜTZLAFF
堅夏書院：新加坡

清道光十七年(1837)
1頁,33頁
15116.e.23

5896
教條
(德國)郭實臘
CARL FRIEDRICH AUGUST GÜTZLAFF
清道光二十九年(1849)
2卷,9頁,54頁
15116.d.39

5897
赦罪之道

5898
得救要法
斯米德
SCHMIDT?
上海?
清光緒九年(1883)
2卷
15200.b.7

5899
三山論學
(意大利)艾儒略
JULIO ALENI
香港
清光緒三十年(1904)
2頁,22頁
15200.e.19

5900
滌罪正規
(意大利)艾儒略
JULIO ALENI

納匝肋靜院:香港
清光緒二十六年(1900)
4卷
15200.a.35

5901
受災學義論說
馬六甲
Malacca
清嘉慶二十四年(1819)

5902
崇真實棄假誑略說
清道光二十五年(1845)?

5903
皇城信式
清道光二十五年(1845)?
4頁,4頁
15116.e.48/12

5904
自歷明證
(美國)林樂知譯
YOUNG JOHN ALLEN (translator)
廣學會:上海
清光緒二十一年(1895)
僅存卷1
15121.a.58

5905
金屋型儀
(德國)鮑爾
ERNST FRIEDRICH BALL
清道光十五年(1835)?
26頁
15116.d.32

子　部　　　　　　　　651

5906
天鏡明鑑
（英國）柯大衛
DAVID COLLIE
清道光六年（1826）
2卷
　　　　　　　15118.c.18

5907
天鏡衡人
香港
清同治五年（1866）

5908
祈禱慎思
（英國）巴雷特
BARRETT
福音堂：上海
清光緒八年（1882）
2頁，13頁
　　　　　　　15200.c.8

5909
正名要論
（英國）湛約翰
JOHN CHALMERS
小書會：香港
清光緒二年（1876）
8頁，6頁
　　　　　　　15118.a.28

5910
糾幻首集
（英國）湛約翰
JOHN CHALMERS
英華書院：香港
清同治二年（1863）

28頁
　　　　　　　15118.b.14

5911
新纂聖道備全
（英國）柯大衛
DAVID COLLIE
新加坡
清道光十五年（1835）
62頁
　　　　　　　15116.e.36

5912
盛世芻蕘
（法國）馮秉正
JOSEPH DE MAILLAC
北京？
清嘉慶元年（1796）

5913
盛世芻蕘
（法國）馮秉正
JOSEPH DE MAILLAC
香港
清光緒十五年（1889）
僅存卷2
　　　　　　　15200.c.64

5914
聖年廣益
（法國）讓·克魯瓦澤著、（法國）馮秉正譯
JEAN CROISET（author），JOSEPH DE MAILLAC（translator）
清光緒二年（1876）
4部分
　　　　　　　15200.e.27

5915
辟邪紀實
(清)天下第一傷心人
約清同治八年(1869)
3頁,25頁
      15118.a.56

5916
辟邪實錄
(美國)狄考文
CALVIN WILSON MATEER
上海
清同治九年(1870)
9頁,64頁;22厘米
      15234.a.15

5917
孩子受洗論
(美國)狄考文
CALVIN WILSON MATEER
上海
清同治十年(1871)
2頁,43頁
      15118.a.23

5918
金監督誌略
福州
清同治十年(1871)
20頁
      15118.a.27

5919
神道論贖救世總説
約清道光二十年(1840)
4頁
      15116.g.6

5920
永供聖胎
寫本
清嘉慶八年(1803)
1冊
      Add.16330-1

5921
十條聖誡
香港
清同治六年(1867)

5922
俗言警教
香港
清光緒十七年(1891)
14頁,144頁
      15200.d.59

5923
俗言警教
香港
清光緒二十五年(1899)
      15200.b.32

5924
四則聖經寓言(《浪子之喻》《無花果樹之喻》《播種之喻》《麥酵之喻》)
(英國)沙修道
WILLIAM SCARBOROUGH
漢口
清光緒十一年(1885)?
2葉
      15200.e.1(2)

5925
信道揭要書

子部 653

美華書館:上海
清光緒七年(1881)
46 頁
　　　　　　　　　15118.a.18

5926
信從相約文
西門真神堂:寧波
清同治八年(1869)
12 頁
　　　　　　　　　15118.a.32

5927
論佛妄自稱尊不肯敬忍神天上帝之大逆
寫本
清道光二十六年(1846)前
1 冊
　　　　　　　　　Add.16330-2

5928
釋教正謠
(英國)艾約瑟
JOSEPH EDKINS
上海
清咸豐七年(1857)

5929
贖罪文
(英國)胡德邁
THOMAS HALL HUDSON
清同治六年(1867)
30 頁
　　　　　　　　　15200.c.52

5930
經錄問答

(英國)胡德邁譯
THOMAS HALL HUDSON (translator)
清同治七年(1868)
54 頁,有肖像畫
　　　　　　　　　15200.c.3

5931
稽明四終
(英國)胡德邁
THOMAS HALL HUDSON
抄本
清光緒二年(1876)?
9 頁
　　　　　　　　　Or.12978

5932
指南針
(英國)胡德邁
THOMAS HALL HUDSON
清同治十年(1871)
2 頁,6 頁
　　　　　　　　　15200.c.51

5933
主神論
(英國)胡德邁
THOMAS HALL HUDSON
上海?
清同治十一年(1872)
10 頁
　　　　　　　　　15200.c.44

5934
主神十條誡
(英國)胡德邁
THOMAS HALL HUDSON
清同治十二年(1873)

14 頁
      15200.b.8

5935
心覺論
（英國）胡德邁
THOMAS HALL HUDSON
約清光緒六年（1880）[據清同治六年（1867）印本手抄]
15 頁
      15200.c.31

5936
太始傳
（英國）胡德邁
THOMAS HALL HUDSON
寧波
清同治六年（1867）
15 頁
      15200.c.7

5937
敬信洗心篇
（英國）宏富禮
JAMES HUMPHREYS
清道光三年（1823）
5 頁
      15118.b.24

5938
異端總論
清道光二十五年（1845）
51 頁
      15113.a.17

5939
輕世金書
（葡萄牙）陽瑪諾譯
EMANUEL DIAZ（translator）
清嘉慶二十年（1815）
4 卷
      15118.c.17

5940
輕世金書
（葡萄牙）陽瑪諾譯
EMANUEL DIAZ（translator）
清光緒十六年（1890）
      15200.d.60

5941
輕世金書便覽
（葡萄牙）陽瑪諾譯、（清）呂若翰注
EMANUEL DIAZ（translator）
香港
清光緒三十一年（1905）
4 卷
      15200.a.15

5942
遵主聖範
香港
清光緒十七年（1891）
4 卷
      15118.a.29

5943
遵主聖範新編
香港
清光緒三十一年（1905）
200 頁,6 頁
      15118.c.47

子　　部　　　　655

5944
醒世要言
仁愛會
清道光十八年(1838)
2頁,14頁
　　　　　　　　　15116.d.41

5945
食齋指迷
聖教書局:漢口
清光緒六年(1880)
4頁,16頁
　　　　　　　　　15200.b.17

5946
指迷編
(英國)哥伯播義
墨海書館:上海
清咸豐七年(1857)
2頁,13頁
　　　　　　　　　15116.d.22

5947
福世津梁
(德國)羅布存德
WILHELM LOBSCHEID
福漢會:上海?
清咸豐五年(1855)
2頁,19頁
　　　　　　　　　15116.e.48/7

5948
天主實義
(意大利)利瑪竇
MATTEO RICCI
明萬曆三十年(1602)
2卷,缺卷2

5949
天主實義
(意大利)利瑪竇
MATTEO RICCI
香港
清光緒二十年(1894)
2卷
　　　　　　　　　15118.a.39

5950
畸人十篇
(意大利)利瑪竇
MATTEO RICCI
香港
清光緒二十二年(1896)
2卷
　　　　　　　　　15320.c.17

5951
一目了然
香港
清光緒二十一年(1895)
39頁
　　　　　　　　　15200.b.28

5952
一目了然
香港
清光緒二十四年(1898)
65頁
　　　　　　　　　15200.d.15

5953
照萬民光
漢陽
清光緒二十年(1894)
4頁,116頁
　　　　　　　　　15260.b.2

5954
天主經
約清光緒十六年(1890)
2 頁
　　　　　　　　15117. d. 43

5955
十誡詮釋
香港
清同治六年(1867)
19 頁
　　　　　　　　15118. b. 8

5956
十誡問答
(美國)郭顯德
HUNTER CORBETT
上海
清光緒九年(1883)
9 頁,149 頁
　　　　　　　　15118. d. 20

5957
天主十誡勸諭聖蹟
(意大利)潘國光
FRANCISCUS BRANCATI
抄本
清宣統元年(1909)前
1 卷
　　　　　　　　Or. 7378

5958
三要錄
(美國)丁韙良
WILLIAM ALEXANDER PARSONS MARTIN
上海
清同治元年(1862)
1 頁,27 頁
　　　　　　　　15118. d. 31

5959
天道溯原直解
(美國)丁韙良
WILLIAM ALEXANDER PARSONS MARTIN
上海
清同治六年(1867)
3 卷
　　　　　　　　15118. b. 45

5960
天道溯原直解
(美國)丁韙良
WILLIAM ALEXANDER PARSONS MARTIN
清光緒七年(1881)
3 卷
　　　　　　　　15118. d. 23

5961
保羅垂訓
(美國)丁韙良
WILLIAM ALEXANDER PARSONS MARTIN
上海
清同治五年(1866)
12 頁
　　　　　　　　15118. a. 38

5962
靈魂貴於身體論
(美國)麥嘉締
DIVIE BETHUNE MCCARTEE

上海
清同治元年(1862)
12 頁
15113.a.21

5963
靈魂貴於身體論
(美國)麥嘉締
DIVIE BETHUNE MCCARTEE
上海
清同治元年(1862)
12 頁
15118.a.26

5964
靈魂貴於身體論
(美國)麥嘉締
DIVIE BETHUNE MCCARTEE
上海
清同治六年(1867)
12 頁
15116.e.35

5965
靈魂略論
(美國)帥小姐
ANNA CUNNINGHAM SAFFORD
蘇州
清光緒八年(1882)
17 頁
15200.c.36

5966
靈魂之糧
(英國)稻惟德
A. W. DOUTHWAITE
清心書館:上海

清光緒六年(1880)
60 頁
15200.c.4

5967
葆靈魂以升天國論
(英國)麥都思
WALTER HENRY MEDHURST
上海
清咸豐七年(1857)
5 頁
15116.d.26

5968
靈魂篇八章
(英國)米憐
WILLIAM MILNE
抄本
清道光四年(1824)?
2 部分
Add.15718

5969
新纂靈魂篇大全
(英國)米憐
WILLIAM MILNE
馬六甲
清道光五年(1825)
2 冊
15118.b.3

5970
靈魂總論
(美國)麥嘉締
DIVIE BETHUNE MCCARTEE
美華書館:上海
清同治元年(1862)

5 頁

15113.a.19

5971
靈魂總論
（美國）麥嘉締
DIVIE BETHUNE MCCARTEE
美華書館：上海
清同治六年（1867）
5 頁

15116.e.66

5972
悔改信耶穌說略
（美國）麥嘉締
DIVIE BETHUNE MCCARTEE
美華書館：上海
清同治十三年（1874）
9 頁

15118.a.31

5973
神理總論
（英國）麥都思
WALTER HENRY MEDHURST
英華書院：馬六甲
清道光十三年（1833）
105 頁

15116.d.49

5974
神理總論
（英國）麥都思
WALTER HENRY MEDHURST
英華書院：馬六甲
清道光十三年（1833）
105 頁

15118.b.48

5975
中華諸兄慶賀新禧文
（英國）麥都思
WALTER HENRY MEDHURST
新加坡書院：新加坡
清道光十五年（1835）
6 頁

15116.e.27

5976
小子初讀易識之書課
（英國）麥都思
WALTER HENRY MEDHURST
巴達維亞
清道光四年（1824）？
16 頁

15229.c.1

5977
三字經
（英國）麥都思
WALTER HENRY MEDHURST
英華書院：香港
清道光二十三年（1843）
16 頁

15116.e.4

5978
三字經
（英國）麥都思
WALTER HENRY MEDHURST
英華書院：香港
清咸豐四年（1854）
17 頁，末具插圖

15116.e.5

子　部

5979
三字經
（英國）麥都思
WALTER HENRY MEDHURST
上海
清咸豐六年（1856）
15116.e.7

5980
解元三字經
（英國）麥都思
WALTER HENRY MEDHURST
清道光三十年（1850）？
25頁
15229.c.50（1）

5981
論善惡人死
（英國）麥都思
WALTER HENRY MEDHURST
英華書院：香港
清道光二十四年（1844）
9頁
15116.e.48/1

5982
行道信主以免後日之刑論
（英國）麥都思
WALTER HENRY MEDHURST
約清道光三十年（1850）
3頁
15116.d.23

5983
人當自省以食晚餐論
（英國）麥都思
WALTER HENRY MEDHURST
上海
清咸豐七年（1857）？
3頁
15116.d.27

5984
天地人論
（英國）麥都思
WALTER HENRY MEDHURST
英華書院：香港
清同治八年（1869）
12頁
15118.b.10

5985
晉度施食之論
（英國）麥都思
WALTER HENRY MEDHURST
新加坡
清道光二十年（1840）？

5986
野客問難記
（英國）麥都思
WALTER HENRY MEDHURST
清同治九年（1870）

5987
勸世良言
馬六甲
清道光九年（1829）？
15116.e.60

5988
勸世良言
馬六甲
清道光九年（1829）？
15116.e.61

5989
揀選勸世要言
（英國）米憐
WILLIAM MILNE
新加坡
清道光十年(1830)？
1册,4部分
　　　　　　　　15116.d.40

5990
熟學聖理略論
（英國）米憐
WILLIAM MILNE
廣州
清道光八年(1828)

5991
求福免禍要論
（英國）米憐
WILLIAM MILNE
新加坡
約清道光十年(1830)
80頁
　　　　　　　　15118.a.39

5992
三寶仁會論
（英國）米憐
WILLIAM MILNE
清道光十五年(1835)？
16頁
　　　　　　　　15116.e.20

5993
古今聖史紀集
（英國）米憐
WILLIAM MILNE

清道光二十年(1840)
71頁
　　　　　　　　15116.d.5

5994
生意公平聚益法
（英國）米憐
WILLIAM MILNE
清道光二十七年(1847)？
10頁
　　　　　　　　15116.e.48/2

5995
鄉訓五十二則
（英國）米憐
WILLIAM MILNE
清嘉慶二十五年(1820)
僅存卷1

5996
鄉訓五十二則
（英國）米憐
WILLIAM MILNE
寧波
清道光二十五年(1845)
僅存卷1

5997
鄉訓五十二則
（英國）米憐
WILLIAM MILNE
上海
清同治十三年(1874)
僅存卷1
　　　　　　　　15200.c.19

5998
進小門走窄路解論
（英國）米憐
WILLIAM MILNE
清道光三十年(1850)？

5999
真道入門
（英國）米憐
WILLIAM MILNE
香港
清咸豐六年(1856)

6000
救靈先路
（英國）慕維廉
WILLIAM MUIRHEAD
清咸豐七年(1857)
68 頁

15116.d.25

6001
天人異同
（英國）慕維廉
WILLIAM MUIRHEAD
香港
清咸豐七年(1857)
6 頁

15116.e.9

6002
竭力事主
（英國）慕維廉
WILLIAM MUIRHEAD
福音會堂：上海
清光緒三年(1877)
17 頁

15200.e.49

6003
天儒並論
（英國）慕維廉
WILLIAM MUIRHEAD
上海
清光緒五年(1879)
19 頁

15200.c.41

6004
析疑辨謬
（英國）慕維廉
WILLIAM MUIRHEAD
上海
清光緒七年(1881)
46 頁

15200.c.15

6005
聖神降臨
（英國）慕維廉
WILLIAM MUIRHEAD
上海？
清光緒九年(1883)
31 頁

15200.b.20

6006
人靈戰紀
（英國）慕維廉
WILLIAM MUIRHEAD
清光緒十年(1884)

15118.d.27

6007
古聖任罪
（英國）慕維廉

WILLIAM MUIRHEAD
上海
清光緒十年(1884)
2頁,34頁
　　　　　　　　15200.b.19

6008
訓女三字經
(英國)馬典娘娘
SOPHIA MARTIN
新加坡
清道光十二年(1832)
9頁
　　　　　　　　15229.c.4

6009
四終略意
(西班牙)白多瑪
THOMAS ORTIZ
納匝肋靜院:香港
清光緒十五年(1889)
89頁
　　　　　　　　15200.d.52

6010
七克
(西班牙)龐迪我
DIEGO DE PANTOJA
北京
清嘉慶元年(1796)
7卷
　　　　　　　　15118.c.43

6011
七克真訓
(西班牙)龐迪我
DIEGO DE PANTOJA
納匝肋靜院:香港
清光緒十七年(1891)
2卷,3頁,2頁,119頁
　　　　　　　　15200.d.42

6012
七克真訓
(西班牙)龐迪我
DIEGO DE PANTOJA
納匝肋靜院:香港
清光緒二十五年(1899)
2卷
　　　　　　　　15200.b.31

6013
大七克
(西班牙)龐迪我
DIEGO DE PANTOJA
納匝肋靜院:香港
清宣統二年(1910)
10頁,159頁
　　　　　　　　15118.c.49

6014
貧人約瑟
(英國)俾士譯
GEORGE PIERCY (translator)
約清咸豐十年(1860)
3頁
　　　　　　　　15118.b.19

6015
郭丹宣道記
(英國)李提摩太口譯、(清)李潤之筆述
TIMOTHY RICHARD (interpreter)
清光緒八年(1882)

子　　部　　　　　　　663

46 頁
　　　　　　　　　15200.a.40

6016
政教善章合選
（英國）李提摩太
TIMOTHY RICHARD
商務印書館：上海
清光緒二十九年（1903）
27 頁
　　　　　　　　　15200.a.43

6017
省察規矩要理
香港
清光緒十六年（1890）
25 頁
　　　　　　　　　15200.aa.28

6018
省察規式
香港
清光緒十九年（1893）
2 卷
　　　　　　　　　15200.aa.17

6019
年老不識字者進教之要理
香港
清光緒二十五年（1899）
13 頁
　　　　　　　　　15200.aa.54

6020
慎思指南
納匝肋靜院：香港
清光緒二十九年（1903）

6 卷
　　　　　　　　　15200.c.72

6021
棄假歸真論
（德國）羅布存德
WILHELM LOBSCHEID
香港
清同治九年（1870）？
　　　　　　　　　15118.a.15

6022
誠妄行錄
（德國）羅布存德
WILHELM LOBSCHEID
福漢會：上海？
清咸豐五年（1855）
6 頁
　　　　　　　　　15116.e.48/6

6023
聖路善工
香港
清光緒十五年（1889）、十七年（1891）、
二十年（1894）
3 部分
　　　　　　　　　15200.aa.33

6024
聖路善工
香港
清光緒三十二年（1906）
22 頁
　　　　　　　　　15200.aa.57

6025
真神總論

（美國）叔未士
JEHU LEWIS SHUCK
上海？
清道光二十九年（1849）
4 頁
15116.e.48/9

6026
進呈畫像
（德國）湯若望
JOHANNES ADAS SCHALL VON BELL
昭事堂：杭州
清順治十八年（1661）
1 印刷頁，24 字
15504.a.2/1（2）

6027
會同四教名師
納匝肋靜院：香港
清光緒二十九年（1903）
38 頁
15200.d.67

6028
善終誌傳
（英國）施約翰
JOHN STRONACH
英華書院：香港
清同治二年（1863）
7 頁
15118.b.12

6029
善終已亡經
香港
清光緒二十年（1894）
110 頁
15200.aa.15

6030
善生福終
香港
清光緒十四年（1888）
6 頁，83 頁
15200.c.67

6031
超性學要
（意大利）托馬斯·阿奎那著、（意大利）利類思譯
THOMAS AQUINAS（author），LODOVICO BUGLIO（translator）
天主堂：北京
清雍正八年（1730）？
4 冊
15116.d.10

6032
上宰相書
（清）丁保祿
香港
清光緒十六年（1890）
22 頁
15200.b.36

6033
上宰相書
（清）丁保祿
納匝肋靜院：香港
清光緒三十四年（1908）
18 頁
15200.a.36

6034
童貞修規
香港

清光緒二十年（1894）
37 頁

15200. aa. 16

6035
童貞修規
香港
清光緒三十一年（1905）
37 頁

15200. a. 24

6036
性理略論
（英國）特納
F. S. TURNER
英華書院：香港
清同治八年（1869）
19 頁

15118. b. 9

6037
聖教明徵
（西班牙）萬濟國
FRANCISCO VARO
香港
清光緒二十年（1894）
8 卷

15118. e. 16

6038
教要序論
（比利時）南懷仁
FERDINAND VERBIEST
清康熙十六年（1677）？

15118. c. 23

6039
教要序論
（比利時）南懷仁
FERDINAND VERBIEST
香港
清光緒十五年（1889）
2 頁，10 頁，109 頁

15200. d. 50

6040
教要序論
（比利時）南懷仁
FERDINAND VERBIEST
香港
清光緒二十六年（1900）

15200. b. 33

6041
天道正統
（美國）文璧
J. S. MCLLVANE
上海
清光緒五年（1879）
71 頁

15200. c. 20

6042
古教彙參
（英國）韋廉臣
ALEXANDER WILLIAMSON
益智書會：上海
清光緒八年（1882）
3 卷

15118. b. 44

6043
誠心痛悔前過

(清)世昌
寫本
清光緒二十五年(1899)前
1卷
Or.7456

6044
浪子回頭
(英國)韋門道
MRS. WILLIAMSON
益智書會:上海
清光緒八年(1882)
4頁,附5頁
15118.e.8

6045
清初耶穌會士所建議之祖先牌位樣板
杭州
17世紀
1印刷頁
"天主以下人受之恩,父母惟大,其已去世,賞罰隨之,或上或下,永不回家。孝子慈孫設牌或像,非以棲魂,乃以記恩"等。
15504.a.2/1(5)

6046
清明掃墓之論
(英國)麥都思
WALTER HENRY MEDHURST
新加坡書院:新加坡
清道光十六年(1836)
6頁
15118.c.45

6047
清明掃墓論

(英國)胡德邁
THOMAS HALL HUDSON
開明山福音殿
清同治六年(1867)
10頁
15200.b.16

6048
唐景教碑頌正詮
(葡萄牙)陽瑪諾
E. DIAZ
清光緒四年(1878)
15258.b.4

6049
闢妄
(明)徐光啓
納匝肋靜院:香港
清光緒十四年(1888)
1頁,33頁
15200.d.56

6050
闢妄
(明)徐光啓
香港
清光緒二十二年(1896)
15200.b.24

6051
代疑編
(明)楊廷筠
香港
清光緒二十年(1894)
9頁,55頁
15200.d.49

子　　部　　　　　　　　　667

6052
代疑編
（明）楊廷筠
香港
清光緒三十一年（1905）
5 頁,2 頁,55 頁
　　　　　　　　　15200.a.23

6053
天釋明辨
（明）楊廷筠
天主堂
約清康熙九年（1670）
2 頁,89 頁
　　　　　　　　　15118.c.30

6054
關輪廻非理之正
（清）味德子
景教堂:杭州
17 世紀
1 印刷頁,24 字
　　　　　　　　15504.a.2/1(4)

6055
朝廷准行正教錄
（清）耆英
英華書院
清道光二十五年（1845）
3 頁
　　　　　　　　　15118.c.44

6056
要求容忍羅馬天主教的榜文
（清）耆英
清道光二十六年（1846）
1 頁
　　　　　　　　　15116.g.5

6057
正教奉傳
（清）黃伯祿
慈母堂:上海
清光緒九年（1883）
4 頁,3 頁,74 頁
　　　　　　　　　15118.c.38

6058
辯惑卮言
（清）李杕
香港
清光緒十五年（1889）
4 頁,47 頁
　　　　　　　　　15200.d.55

6059
答客芻言
（清）沈容齋
香港
清光緒十五年（1889）
4 頁,119 頁
　　　　　　　　　15200.d.54

6060
答客芻言
（清）沈容齋
香港
清光緒二十九年（1903）
2 頁,60 頁
　　　　　　　　　15200.e.9

6061
恭祝慕會督大人八秩壽慶
（清）中國聖公會信徒
寫本;漢口
清光緒三十四年（1908）

2 册

Or. 12881

6062

大會年錄(廈門基督牧師會議記載)

清同治十一年(1872)

8 頁

15113. a. 23

6063

大秦景教流行中國碑

(波斯)景淨撰文、(唐)呂秀嵓書

拓本

19 世紀拓製

1 葉;270 厘米×87 厘米

15406. a. 35

6064

大秦景教流行中國碑

(波斯)景淨撰文、(唐)呂秀嵓書

拓本

19 世紀拓製

1 葉

15300. b. 9

6065

大秦景教流行中國碑(拉丁文譯文)

Monumenti Sinici, Quod Anno Domini clo lo c xxv Terris in ipsa China Erutum

(德國)米勒增訂

ANDREAS MULLER (reviser)

貝羅里尼

Berolini

清康熙十一年(1672)

3 部分;18 厘米

Or. 59. b. 12

6066

大秦景教流行中國碑(英文譯文)

The Nestorian Monument of Hsî-an Fûin Shen-Hsî, China, Relating to the Diffusion of Christianity in China in the Seventh and Eighth Centuries

(英國)理雅各譯注

JAMES LEGGE (translator & annotator)

特呂布納出版公司:倫敦

Trübner & Co.: London

清光緒十四年(1888)

4 頁,65 頁

4532. ee. 13(10)

6067

大秦景教流行中國碑(英文譯文)

The Nestorian Monument: An Ancient Record of Christianity in China

(英國)迦耳斯編訂

PAUL CARUS (editor)

開庭書局:芝加哥

Open Court Publishing Co.: Chicago

清宣統元年(1909)

42 頁,附 1 頁;23 厘米×16 厘米

15234. b. 24

6068

西安府景教碑考(《漢學雜纂》第 7 號、第 12 號、第 20 號)(法文)

La Stèle Chrétienne de Si-ngan-fou (*Variétés Sinologiques*. No. 7, 12, 20)

(法國)夏鳴雷

HENRI HAVRET

天主教會土山灣孤兒院印刷所:上海

Imprimerie de la Mission Catholique à l'Orphelinat de T'ou-sé-wé: Chang-hai

清光緒二十一年至二十八年(1895–

1902)
3 部分
　　15235.c.7,15235.c.12,15235.c.20

6069
南京聖詠紀念碑（英文）
The Nanking Monument of the Beatitudes
（英國）詹納
THOMAS JENNER
倫敦
London
清宣統三年（1911）
48 頁
　　　　　　　　　15235.a.326

6070
中國康熙皇帝的一份簡短聲明
Brevis Relatio Eoru, Quae Spectant ad Declarationem Sinaru Imperatoris Kam Hi
（清）北京耶穌會教士
清康熙四十年（1701）
61 頁
　　　　　　　　　Or.59.b 5

6071
探究"上帝"一詞合理的中文譯法（英文）
An Inquiry into the Proper Mode of Rendering the Word "God" in Translating the Sacred Scriptures into the Chinese Language
（英國）斯當東
GEORGE THOMAS STAUNTON
倫敦
London
清道光二十九年（1849）
　　　　　　　　　11100.c.25

6072
中國人關於上帝與神的觀念（英文）
The Notions of the Chinese Concerning God and Spirits: with an Examination of the Defence of an Essay on the Proper Rendering of the Words Elohim and Theos into the Chinese language by W. J. Boone
（英國）理雅各
JAMES LEGGE
香港
清咸豐二年（1852）
　　　　　　　　　12910.bb.12

6073
中國的十字架和十字記號（《漢學雜纂》第 3 號）（法文）
Croix et Swastika en Chine (Variétés Sinologiques. No. 3)
（法國）方殿華
LOUIS GAILLARD
天主教會土山灣孤兒院印刷所：上海
Imprimerie de la Mission Catholique à l'Orphelinat de T'ou-sé-wé: Chang-hai
清光緒十九年（1893）
4 頁,282 頁
　　　　　　　　　15235.c.3

6074
天主考（《漢學雜纂》第 19 號）（法文）
Tien-Tchou: "Seigneur du Ciel". À Propos d'Une Stéle Bouddhique de Tch'eng-Tou (Variétés Sinologiques. No. 19)
（法國）夏鳴雷
HENRI HAVRET
天主教會土山灣孤兒院印刷所：上海

Imprimerie de la Mission Catholique à l'Orphelinat de T'ou- sé-wé：Chang-hai
清光緒二十七年(1901)
30 頁
15235.c.19

6075
中國的教派與宗教迫害(荷蘭語)
Sectarianism and Religious Persecution in China
(荷蘭)高延
JAN JACOB MARIA DE GROOT
繆勒：阿姆斯特丹
J. Müller：Amsterdam
清光緒二十九年(1903)、三十年(1904)
2 部分,8 頁,595 頁
11098.d.20

伊斯蘭教類

6076
正教真詮
(明)王岱輿
清乾隆四十七年(1782)
2 卷
15200.a.4

6077
正教真詮
(明)王岱輿
悟真齋
清乾隆六十年(1795)
4 卷
15200.a.5

6078
天方典禮擇要解
(清)劉智
清乾隆五年(1740)
20 卷
15200.a.6

6079
天方典禮擇要解
(清)劉智
清同治十年(1871)
20 卷
15200.a.28

6080
天方性理
(清)劉智
敬畏堂
清乾隆二十五年(1760)
5 卷
15200.a.7

6081
天方性理
(清)劉智
清乾隆二十五年(1760)
5 卷
15200.a.29

6082
天方三字經注解
(清)劉智
清同治九年(1870)
31 頁
15200.a.33

子　部

6083
天方至聖實錄年譜
（清）劉智
清同治十一年（1872）
20 卷
　　　　　　　　15305.c 1

6084
教款捷要
（清）馬伯良
廣州
清嘉慶二十二年（1817）
28 頁,10 頁,2 頁,103 頁
　　　　　　　　15200.a.1

6085
教款捷要
（清）馬伯良
19 世紀
6 頁,103 頁
　　　　　　　　15200.a.34

6086
清真指南
（清）馬注
廣州
清同治九年（1870）
2 冊,10 卷
　　　　　　　　15200.a.27

6087
回回始入中國敘
抄本
清光緒六年（1880）？
1 冊,10 頁
　　　　　　　　Or.6196

6088
回回原來序
印本
1 葉
　　　　　　　　Or.5896（Sheet 19）

6089
寶命真經（《古蘭經》節錄）
廣州
清同治十三年（1874）
　　　　　　　　14507.b.14

6090
寶命真經（《古蘭經》節錄）
天津
清光緒十六年（1890）？
17 頁
　　　　　　　　15200.a.9

6091
禮拜必讀
清光緒二十六年（1900）？
16 頁
　　　　　　　　15200.a.10

6092
中國與伊斯蘭教（《通報》補遺系列第 5 種）（德文）
Die Länder des Islâm nach Chinesischen Quellen（Supplément au Volume 5 du *T'oung-Pao*）
（德國）夏德
FRIEDRICH HIRTH
布里爾出版社：萊頓
E. J. Brill: Leyden
清光緒二十年（1894）
　　　　　　　　15013.a

集　部

楚辭類

6093
離騷經
(戰國)屈原著、(明)范方較閱
東壁齋
明萬曆二十一年(1593)(據卷首小引)
3 頁,30 頁
　　　　　　　　　15323.b.16(1)

6094
楚辭
(戰國)屈原等著
明萬曆二十八年(1600)?
17 卷
　　　　　　　　　15326.b.3

6095
楚辭
(戰國)屈原等著
明萬曆四十八年(1620)
4 本,2 部分
　　　　　　　　　15326.b.4(1)

6096
楚辭
(戰國)屈原著、(清)劉夢鵬章句
藜青堂
清乾隆五十四年(1789)

7 卷
　　　　　　　　　15323.d.23

6097
離騷
(戰國)屈原等
抄本
清道光二十年(1840)?
67 頁
另有宋玉等人作品。

6098
楚辭集注
(宋)朱熹
聽雨齋
僅存卷 2-3
　　　　　　　　　15323.b.17

6099
離騷草木疏
(宋)吳仁傑
宋慶元六年(1200)
4 卷
　　　　　　　　　Or. Micr. 12128/1

6100
屈宋古音義
(明)陳第
明萬曆四十二年(1614)
4 册,3 卷
　　　　　　　　　15326.a.10

集　部　　　673

6101
楚辭疏注(陳章侯綉像)
明崇禎十一年(1638)
按:陸時雍著有《楚辭疏注》19 卷《叶錄》2 卷,明萬曆間桐鄉人周拱辰緝柳齋刻本,不知是否即此書。
　　　　　　　　　　Or.75.b.9

6102
楚辭燈
(清)林雲銘
清康熙三十六年(1697)
4 卷
　　　　　　　　　　15326.a.6

6103
離騷(法文)
Le Li-Sao. Poème du IIIe Siècle Avant Notre Ère
(法國)德理文
MARQUIS D'HERVEY DE SAINT-DE-NYS
梅松納夫出版社:巴黎
Maisonneuve et Cie. : Paris
清光緒五年(1879)
53 頁,66 頁,26 頁;23 厘米
　　　　　　　　　　11100.d.24

別集類

6104
諸葛忠武侯文集
(三國蜀)諸葛亮
述荊堂
清同治十二年(1873)

6 卷,2 卷
　　　　　　　　　　15317.a.7

6105
靖節先生集
(晋)陶潛
雕版印刷;朝鮮
明萬曆十一年(1583)
10 卷
　　　　　　　　　　15324.c.7

6106
陶淵明詩集
(晋)陶潛
清康熙二十九年(1690)
1 套,4 本
　　　　　　　　　　15326.a.5

6107
庾開府全集箋注
(北朝周)庾信著、(清)倪璠注
書業堂:蘇州
約清嘉慶五年(1800)
2 册
　　　　　　　　　　15323.d.2

6108
杜審言集
(唐)杜審言
宋版
　　　　　　　　　　Or. Micr.1128/3

6109
駱賓王文集
(唐)駱賓王
雕版印刷;朝鮮
明萬曆二十八年(1600)?

1冊,10卷
15315.c.2

6110
曲江集
(唐)張九齡
清雍正十三年(1735)
5卷,又12卷
15326.a.8

6111
李太白文集
(唐)李白
宋版
30卷
原藏國立北平圖書館。
Or. Micr. 1134

6112
李太白文集輯注
(唐)李白著、(清)王琦輯注
清乾隆二十三年(1758)
36卷
15321.d.4

6113
詩人李白詩歌(俄譯本)
Stikhotvoreniya V Prose Poeta Li Be, Vo-spevayushchiya Prirodu
(唐)李白著、(俄國)瓦·米·阿列克謝耶夫譯
V. M. ALEKSSEEV (translator)
清宣統三年(1911)
11頁
11095.c.3

6114
王摩詰文集
(唐)王維
宋版
10卷
Or. Micr. 1127/5

6115
杜工部文集
(唐)杜甫
約元至正十年(1350)
Or. 75.b.13

6116
杜工部古詩近體詩(新定)
(唐)杜甫
明代寫本膠捲
原藏國立北平圖書館。
Or. Micr. 1124

6117
杜工部集
(唐)杜甫
廣州
清光緒二年(1876)
10冊,20卷
15324.e.8

6118
杜工部草堂詩箋
(宋)蔡夢弼
宋版
39卷
Or. Micr. 1126

6119
杜工部草堂詩箋

集　部

(宋)蔡夢弼
宋版
50卷,存19卷
　　　　　　　　Or. Micr. 1127/1

6120
門類增廣十注杜工部詩
(宋)趙次公
約12世紀
6卷
　　　　　　　　Or. Micr. 1125/1

6121
集千家注分類杜工部詩
(宋)徐居仁
朝鮮
清順治七年(1650)？
25卷
　　　　　　　　15324. c. 3

6122
集千家注批點杜工部詩(附年譜)
(宋)黃鶴
元版
25卷,2卷,1卷
　　　　　　　　Or. Micr. 1125/2

6123
讀杜詩愚得
(明)單復
明弘治十四年(1501)
18卷
　　　　　　　　15324. e. 4

6124
杜工部詩集箋注
(清)錢謙益
清康熙六年(1667)
20卷及附錄
　　　　　　　　15324. h. 43

6125
杜少陵全集詳注
(清)仇兆鰲
清乾隆五十五年(1790)
20卷
　　　　　　　　15324. b. 1

6126
杜詩會粹
(清)張遠
清康熙二十七年(1688)
2冊,24卷
　　　　　　　　15324. e. 7

6127
杜詩鏡銓
(清)楊倫
望三益齋
清同治十一年(1872)
1冊
　　　　　　　　15324. e. 3

6128
杜律詳解大全集
(清)石閭居士評點
藏雲山房
清光緒元年(1875)
2冊,6卷
　　　　　　　　15324. d. 6

6129
杜詩七言律
朝鮮

明成化六年(1470)
15324.c.4

6130
集千家注批點杜工部文詩集
雕版印刷;日本
明萬曆二十八年(1600)?
15卷
15324.e.5

6131
岑嘉州集
(唐)岑參
宋版
4卷
Or.Micr.1127/2

6132
韋蘇州集
(唐)韋應物
宋乾道七年(1171)
10卷,1卷
Or.Micr.1127/3

6133
韋蘇州集
(唐)韋應物
宋版
Or.Micr.1127/4

6134
陸宣公全集
(唐)陸贄
清道光四年(1824)
22卷
15317.d.4

6135
陸宣公全集
(唐)陸贄著、(清)耆英輯
清道光二十七年(1847)
2冊,24卷
15317.d.12

6136
御定陸奏約選
(唐)陸贄
朝鮮
明萬曆二十八年(1600)?
2卷
15236.c.10

6137
朱文公校昌黎先生集
(唐)韓愈著、(宋)朱熹考異
約元大德四年(1300)
3冊,合訂爲1本
Or.59.a.7

6138
五百家注音辯韓昌黎先生全集
(唐)韓愈著、(宋)魏仲舉集注
江西?
清乾隆四十九年(1784)
2冊,40卷
15315.c.7

6139
韓詩增注証訛
(唐)韓愈著、(清)顧嗣立注、(清)黃鉞增注
清道光七年(1827)
1冊,11卷
15324.e.2

集　部

6140
白氏文集
（唐）白居易
雕版印刷；日本
明萬曆四十六年（1618）？
71 卷
　　　　　　　　15315.d.2

6141
白香山詩集
（唐）白居易著、（清）汪立名編
一隅草堂
清康熙四十二年（1703）
40 卷
　　　　　　　　15323.e.15

6142
李長吉歌詩
（唐）李賀著、（清）王琦編
清乾隆二十五年（1760）？
1 册，4 卷
　　　　　　　　15322.a.5

6143
遍照發揮性靈集
（唐）釋真濟
活字印刷；日本
清順治七年（1650）？
10 卷
　　　　　　　　15324.b.6

6144
玉谿生詩箋注
（唐）李商隱著、（清）馮浩箋注
德聚堂
清乾隆三十二年（1767）朱色日戳
8 卷
　　　　　　　　15324.d.5

6145
玉谿生詩詳注
（唐）李商隱著、（清）馮浩箋注
清乾隆四十五年（1780）
3 卷
　　　　　　　　15324.e.1

6146
樊南文集詳注
（唐）李商隱著、（清）馮浩箋注
上海
清同治六年（1867）
8 卷
　　　　　　　　15318.b.5

6147
李義山詩集輯評
（唐）李商隱著、（清）朱鶴齡箋注、（清）沈厚塽輯評
清同治九年（1870）？
1 册，3 卷
　　　　　　　　15323.e.16

6148
林和靖集
（宋）林逋
清同治十二年（1873）
4 卷
　　　　　　　　15323.e.12

6149
司馬溫公文集
（宋）司馬光
清康熙四十七年（1708）
3 册，82 卷
　　　　　　　　15312.e.3

6150
蘇老泉先生全集
（宋）蘇洵
活字印刷；日本
清嘉慶五年（1800）？
16卷
　　　　　　　　15315.d.4

6151
東坡先生詩
（宋）蘇軾
活字印刷；朝鮮
明萬曆二十八年（1600）？
25卷
　　　　　　　　15324.c.1

6152
蘇長公合作
（宋）蘇軾
約明萬曆二十八年（1600）
1函,2冊；27厘米×19厘米
　　　　　　　　Or.74.c.7

6153
王狀元集百家注分類東坡先生詩
（宋）蘇軾著、（宋）王十朋纂
雕版印刷；日本
明萬曆二十八年（1600）？
25卷,缺卷19－25
　　　　　　　　15324.c.2

6154
增刊校正王狀元集注分類東坡先生詩
（宋）蘇軾著、（宋）王十朋纂
朝鮮刻本
清康熙三十九年（1700）？
僅存卷1－4、25
　　　　　　　　15313.f.2

6155
蘇文忠公詩合注
（宋）蘇軾著、（清）馮應榴纂
踵息齋
清乾隆六十年（1795）
3冊,50卷
　　　　　　　　15322.a.1

6156
蘇文忠公詩合注
（宋）蘇軾著、（清）馮應榴纂
踵息齋
清乾隆六十年（1795）
3冊,50卷
　　　　　　　　15324.b.2

6157
蘇文忠公詩集
（宋）蘇軾著、（清）紀昀評點
廣州
清道光十四年（1834）
2冊,50卷
　　　　　　　　15324.d.4

6158
衲蘇集
（宋）蘇軾
清同治元年（1862）
2卷
　　　　　　　　15323.e.19

6159
古香齋蘇詩
（宋）蘇軾著、（宋）施元之注、（清）邵長蘅刪補
清光緒九年（1883）
18冊
　　　　　　　　15422.a.1/9

集　部　　　679

6160
山谷詩集注
(宋)黃庭堅
日本
明萬曆二十八年(1600)?
20 卷
　　　　　　　　15324.d.2

6161
山谷詩集注
(宋)黃庭堅
日本
明萬曆三十八年(1610)?
20 卷
　　　　　　　　15324.d.3

6162
宗忠簡公文集
(宋)宗澤
述荊堂
清同治十二年(1873)
卷首、4 卷、補遺、遺事
　　　　　　　　15315.c.4

6163
簡齋詩集
(宋)陳與義
雕版印刷;朝鮮
明嘉靖二十四年(1545)
15 卷
　　　　　　　　15324.c.5

6164
岳忠武王文集
(宋)岳飛
清乾隆三十五年(1770)
8 卷及附錄
　　　　　　　　15317.d.9

6165
岳忠武王文集
(宋)岳飛
清同治十二年(1873)
8 卷及附錄
　　　　　　　　15315.c.5

6166
劍南詩鈔
(宋)陸游著、(清)楊大鶴選
清康熙二十四年(1685)
各部分分別標頁碼
　　　　　　　　15323.b.8

6167
南軒先生文集
(宋)張栻
44 卷
　　　　　　　　15317.c.8

6168
水心文集
(宋)葉適
溫州府
清乾隆二十年(1755)
2 册,29 卷
　　　　　　　　15318.b.4

6169
陳文節公全集
(宋)陳傅良
清道光十四年(1834)
詩 5 卷,文 20 卷
　　　　　　　　15317.d.5

6170
止齋文集

(宋)陳傅良
清道光十四年(1834)
25 卷

6171
雪山集
(宋)王質
清乾隆四十四年(1779)？
存卷 1－9、14－16

6172
深寧先生文鈔
(宋)王應麟
紫藤花館
清道光九年(1829)
5 卷,3 卷

15317.c.6

6173
謝疊山先生文章軌範
(宋)謝枋得
清同治七年(1868)
7 卷

15312.d.11

6174
謝皋羽晞髮遺集
(宋)謝翱
國學保存會
清光緒三十二年(1906)
1 册,3 部分

15315.b.26

6175
趙子昂詩集
(元)趙孟頫
雕版印刷;日本

清順治七年(1650)？
7 卷

15324.a.6

6176
許文正公遺書
(元)許衡
傳經堂
清光緒十三年(1887)
4 册;28 厘米

15315.e.14

6177
剡源集
(元)戴表元
上海
清道光二十年(1840)
30 卷,增補 1 卷

15316.c.2/5

6178
清容居士集
(元)袁桷
上海
清道光二十年(1840)
50 卷,增補 1 卷

15316.c.2/6

6179
御製文集
(明)朱元璋
活字印刷;朝鮮
明嘉靖八年(1529)
20 卷

15315.d.5

集　部　　681

6180
朱楓林集
（明）朱升
明萬曆四十四年（1616）
10 卷
　　　　　　　　　Or. Micr. 1237

6181
楊文敏公集
（明）楊榮
明正德十年（1515）
26 卷
　　　　　　　　　Or. Micr. 1206

6182
金文靖公集
（明）金幼孜
明版
11 卷
　　　　　　　　　Or. Micr. 1214

6183
王端毅公文集
（明）王恕
約清嘉慶五年（1800）重編本，初版約刻
於明嘉靖三十一年（1552）
11 卷
　　　　　　　　　Or. Micr. 1197

6184
彭文思公文集
（明）彭華
明弘治十六年（1503）
10 卷
　　　　　　　　　Or. Micr. 1211

6185
西隱文稿
（明）宋訥
明萬曆六年（1578）
11 卷
　　　　　　　　　Or. Micr. 1212

6186
西涯擬古樂府
（明）李東陽
朝鮮刻本
明弘治十七年（1504）
2 卷
　　　　　　　　　15257. e. 16

6187
朱文懿公文集
（明）朱賡
明版，清代修刻本
12 卷
　　　　　　　　　Or. Micr. 1205

6188
袁文榮公文集
（明）袁煒
明萬曆元年（1573）
9 卷
　　　　　　　　　Or. Micr. 1207

6189
松籌堂遺集
（明）楊循吉
明寫本膠捲
5 卷
　　　　　　　　　Or. Micr. 1213

6190
李文節集
（明）李廷機
約明崇禎三年（1630）
28 卷
　　　　　　　　　Or. Micr. 1215 –6

6191
東越証學錄
（明）周汝登
明萬曆三十三年（1605）
16 卷
　　　　　　　　　Or. Micr. 1200

6192
鄭山齋先生文集
（明）鄭岳
明萬曆十九年（1591）
24 卷
　　　　　　　　　Or. Micr. 1228

6193
周恭肅公集
（明）周用
明嘉靖二十八年（1549）
16 卷
　　　　　　　　　Or. Micr. 1230

6194
袁永之集
（明）袁褧
明嘉靖二十六年（1547）
20 卷
　　　　　　　　　Or. Micr. 1236

6195
空同詩選
（明）李夢陽
明泰昌元年（1620）？
42 頁
　　　　　　　　　15326.b.4(3)

6196
邊華泉集
（明）邊貢
明嘉靖十七年（1538）
8 卷
　　　　　　　　　Or. Micr. 1240

6197
虛齋蔡先生文集
（明）蔡清
約明正德十五年（1520）
5 卷
　　　　　　　　　Or. Micr. 1227

6198
南齋先生魏文靖公摘稿
（明）魏驥
明弘治十一年（1498）
10 卷
　　　　　　　　　Or. Micr. 1239

6199
崔東洲集
（明）崔桐
明嘉靖二十九年（1550）
20 卷，11 卷
　　　　　　　　　Or. Micr. 1234

6200
黎陽王襄敏公集
（明）王越
明萬曆十三年（1585）

集　　部　　　　　　　683

4 卷
　　　　　　　Or. Micr. 1213

6201
徐文靖公謙齋文錄
（明）徐溥
約明嘉靖十九年（1540）
4 卷
　　　　　　　Or. Micr. 1219

6202
謝文莊公集
（明）謝一夔
明嘉靖三十九年（1560）
7 卷
　　　　　　　Or. Micr. 1220

6203
椒丘文集
（明）何喬新
明嘉靖元年（1522）
35 卷
　　　　　　　Or. Micr. 1223 –4

6204
槐野先生存笥稿
（明）王維楨
明萬曆三十四年（1606）
38 卷
　　　　　　　Or. Micr. 1225 –6

6205
梓溪文鈔內集、外集
（明）舒芬
明泰昌元年（1620）
8 卷，10 卷
　　　　　　　Or. Micr. 1232 –3

6206
弇州山人續稿
（明）王世貞
約明崇禎三年（1630）
207 卷
　　　　　　　Or. Micr. 1184 –1190

6207
念庵羅先生文集
（明）羅洪先
明萬曆四十四年（1616）
13 卷
　　　　　　　Or. Micr. 1235

6208
重鐫心齋王先生全集
（明）王艮
明崇禎四年（1631）
8 卷
　　　　　　　Or. Micr. 1231

6209
凌溪先生集
（明）朱應登
約明嘉靖十九年（1540）
18 卷
　　　　　　　Or. Micr. 1238

6210
緱山先生集
（明）王衡
太倉
約明萬曆二十八年（1600）
27 卷
　　　　　　　Or. Micr. 1198 –99

6211
北海集
（明）馮琦
明泰昌元年（1620）
46卷
　　　　　　　Or. Micr. 1192 –1193

6212
太保費文憲公摘稿
（明）費宏
明嘉靖三十四年（1555）
20卷
　　　　　　　Or. Micr. 1221 –2

6213
耿天臺先生文集
（明）耿定向
明萬曆二十六年（1598）
20卷
　　　　　　　Or. Micr. 1217 –8

6214
嬾真草堂集
（明）顧起元
明萬曆四十六年（1618）
50卷
　　　　　　　Or. Micr. 1201 –1204

6215
韓襄毅公家藏文集
（明）韓雍
明版
15卷
　　　　　　　Or. Micr. 1229

6216
升菴全集
（明）楊慎
養拙山房
清乾隆六十年（1795）
3冊,81卷
　　　　　　　15317.e.9

6217
楊升菴外集
（明）楊慎
清道光二十四年（1844）
81卷
　　　　　　　15319.e.9

6218
歸震川先生全集
（明）歸有光
清康熙十四年（1675）
30卷,又10卷
　　　　　　　15317.c.5

6219
區太史詩集
（明）區大相
清道光十年（1830）
27卷
　　　　　　　15323.c.4

6220
瞿忠宣公詩文集
（明）瞿式耜
清光緒十三年（1887）
4冊
　　　　　　　15316.e.118

6221
黃陶菴先生全集
（明）黃淳耀

集　部

清嘉慶二年(1797)?
6 册;25 厘米×16 厘米
15315.c.16

6222
扣鉢齋纂
(清)李之涉、(清)汪建封
清乾隆五十五年(1790)?
13 卷,僅存卷 2-3、13

6223
墨林金玉
清乾隆十五年(1750)?

6224
牧齋全集
(清)錢謙益
邃漢齋
清光緒二十六年(1900)
40 册;25 厘米
15316.e.151

6225
御製文(聖祖文集)
(清)聖祖玄燁
清康熙五十年(1711)
15316.e.193

6226
御製文集
(清)聖祖玄燁
清康熙五十年至五十三年(1711-1714)
11 册,3 集
15312.b.1-3

6227
御製避暑山莊詩
(清)聖祖玄燁
清康熙五十一年(1712)
2 卷
15321.e.7

6228
孫夏峯先生集
(清)孫奇逢
清道光二十五年(1845)
2 套,12 本
15326.a.9

6229
息齋集
(清)金之俊
清康熙五年(1666)
2 册,5 卷,10 卷,缺書名頁
15315.c.6

6230
天愚山人詩文集
(清)謝泰宗
清光緒六年(1880)
8 册;25 厘米×16 厘米
15316.e.133

6231
寒支初集
(清)李世熊
清同治十三年(1874)
14 册
15316.e.102

6232
吳詩談藪

(清)吳偉業著、(清)靳榮藩輯
清乾隆四十六年(1781)
20卷
15323.e.14

6233
吳詩集覽
(清)吳偉業著、(清)靳榮藩輯
清乾隆四十六年(1781)
16冊,合訂爲2本
15323.d.1

6234
吳梅村詩集箋注
(清)吳偉業著、(清)吳翌鳳注
湖北官書處
清光緒十年(1884)
12冊
15324.k.29

6235
梅村家藏稿
(清)吳偉業
清宣統三年(1911)
8冊;30厘米
15316.e.35

6236
黃梨洲先生南雷文約
(清)黃宗羲
18世紀
4卷
15317.c.10

6237
重訂楊園先生全集
(清)張履祥

江蘇書局
清同治八年(1869)
3冊,54卷
15315.c.1

6238
李笠翁一家言
(清)李漁
會文堂:上海
12冊
15316.e.124

6239
顧亭林先生詩箋注
(清)顧炎武著、(清)徐嘉箋注
清光緒二十三年(1897)
6冊;25厘米
15324.k.18

6240
靜惕堂詩集
(清)曹溶
清雍正三年(1725)？
8冊;27厘米×18厘米
15324.k.38

6241
安雅堂未刻稿
(清)宋琬
清乾隆三十一年(1766)？
10冊
15316.e.121

6242
尤悔庵全集
(清)尤侗
清康熙四年至二十三年(1665－1684)
15321.d.13

集　部　　　　　　　　687

6243
西堂全集
（清）尤侗
18世紀
2冊
　　　　　　　　15317.b.4

6244
西堂全集
（清）尤侗
善成堂
8冊；25厘米
　　　　　　　　15316.e.79

6245
施愚山先生詩鈔
（清）施閏章
清乾隆三十一年（1766）？
8卷，存5卷
　　　　　　　　15323.a.15

6246
歐陽氏遺書
（清）歐陽直
萃文堂
清道光二十年（1840）
57頁
　　　　　　　　15318.b.6

6247
白茅堂集
（清）顧景星
16冊；24厘米
　　　　　　　　15316.e.27

6248
薛氏五種
（清）薛時雨
清同治七年（1868）
1冊，5部分
　　　　　　　　15323.d.22

6249
中鋒集初編
（清）蔡鼎昌、（清）吳乃斌校編，（清）薛時雨鑒定
清同治八年（1869）
　　　　　　　　15320.c.10

6250
范忠貞公全集
（清）范承謨
清光緒二十年（1894）
4冊；27厘米
　　　　　　　　15316.e.67

6251
陳檢討四六
（清）陳維崧著、（清）程師恭注
漁古山房
清乾隆三十五年（1770）
20卷
　　　　　　　　15319.d.19

6252
湖海樓全集
（清）陳維崧
清光緒十七年（1891）
20冊；24厘米
　　　　　　　　15316.e.24

6253
湛園未定稿
（清）姜宸英

二老閣
12 冊
　　　　　　　　　　15316.e.108

6254
曝書亭集
（清）朱彝尊
18 世紀
80 卷及增補
　　　　　　　　　　15317.a.1

6255
朱竹垞先生詩鈔
（清）朱彝尊
約清嘉慶五年(1800)
6 卷
　　　　　　　　　　15323.a.14

6256
三魚堂集
（清）陸隴其
老掃葉山房：上海？
約清嘉慶二十五年(1820)
12 卷, 6 卷
　　　　　　　　　　15317.a.6

6257
道援堂詩集
（清）屈大均
18 世紀
1 冊, 13 卷
　　　　　　　　　　15324.b.3

6258
道援堂詩集
（清）屈大均
廣州？

約清光緒二十六年(1900)？
8 冊；27 厘米×16 厘米
　　　　　　　　　　15324.k.34

6259
在陸草堂文集
（清）儲欣
清光緒十七年(1891)？
6 冊；24 厘米×15 厘米
　　　　　　　　　　15316.e.129

6260
寄園寄所寄
（清）趙吉士
清康熙三十四年(1695)
12 卷
　　　　　　　　　　15320.a.21

6261
漁洋山人精華錄
（清）王士禛
清康熙三十九年(1700)
12 卷
　　　　　　　　　　15323.a.12

6262
精華錄
（清）王士禛
清康熙四十三年(1704)
卷 1 - 2、5、8 - 12
　　　　　　　　　　15323.a.12

6263
漁洋山人精華錄訓纂
（清）王士禛著、（清）惠棟訓纂
中華書局：上海
12 冊；21 厘米×13 厘米
　　　　　　　　　　15316.e.132

集　　部　　　　　　　　　　689

6264
漁洋山人古詩選
（清）王士禎
清同治七年（1868）
32 卷
　　　　　　　　　　15321.d.19

6265
詩鈔
（清）王士禎
清嘉慶五年（1800）？
8 卷

6266
古歡堂集
（清）田雯
12 冊
　　　　　　　　　　15316.e.110

6267
抱犢山房集
（清）嵇永仁
清同治元年（1862）
2 冊；27 厘米×15 厘米
　　　　　　　　　　15316.e.138

6268
簡學齋詩存
（清）陳沆
清咸豐四年（1854）

6269
邵子湘全集
（清）邵長蘅
青門草堂
18 世紀
2 冊，16 卷，6 卷，8 卷
　　　　　　　　　　15318.b.3

6270
邵子湘全集
（清）邵長蘅
約清光緒二十二年（1896）
12 冊，30 卷
　　　　　　　　　　15316.e.88

6271
午亭文編
（清）陳廷敬
16 冊，50 卷
　　　　　　　　　　15316.e.104

6272
李文貞公全集
（清）李光地
清乾隆元年（1736）、嘉慶六年（1801）
　　　　　　　　　　15210.c.12

6273
張文貞公集
（清）張玉書
清乾隆五十七年（1792）
6 冊
　　　　　　　　　　15316.e.86

6274
嶺南集
（清）羅含章
清嘉慶十九年（1814）
2 冊，7 卷
　　　　　　　　　　15317.b.14

6275
稻香閣遺稿　夢池草詩集
（清）柯鴻逵、（清）柯汝鍔
茗香舘叢鈔

约清嘉庆八年(1803)
22页,25页;26厘米
15324.k.63

6276
楼邨诗集
(清)王式丹
6册,33卷;27厘米
15324.k.15

6277
善卷堂四六
(清)陆繁弨
渔古山房
清光绪元年(1875)
10卷
15319.d.21

6278
敬业堂诗集
(清)查慎行
12册
15324.k.24

6279
海日堂集
(清)程可则
一经书室
清道光五年(1825)?
4册;28厘米×17厘米
15324.k.42

6280
怀清堂集
(清)汤右曾
4册
15324.k.22

6281
饴山诗集
(清)赵执信
清乾隆十七年(1752)?
4册;25厘米
15324.k.43

6282
迈堂文略
(清)李祖陶
清道光十五年(1835)
15317.d.12

6283
迈堂文略
(清)李祖陶
清同治七年(1868)
4卷
15317.d.13

6284
存研楼文集
(清)储大文
清光绪元年(1875)
8册;26厘米
15316.e.62

6285
望溪全集
(清)方苞
中华图书馆
8册;20厘米
15316.e.41

6286
唐堂集
(清)黄之隽

彙　　部　　　　　　　　　　691

清乾隆九年(1744)?
10 冊
　　　　　　　　15316.e.107

6287
香屑集
(清)黃之雋
掃葉山房:上海
清宣統二年(1910)
4 冊
　　　　　　　　15324.h.18

6288
白田草堂存稿
(清)王懋竑
6 冊
　　　　　　　　15316.e.117

6289
杕左堂集
(清)孫致彌
18 世紀
4 卷
　　　　　　　　15317.b.2

6290
歸愚詩文鈔
(清)沈德潛
約清乾隆三十二年(1767)
24 冊;26 厘米
　　　　　　　　15316.e.149

6291
玉堂才調集
(清)于朋舉
清康熙十四年(1675)
2 冊,23 首詩
　　　　　　　　15323.d.3

6292
鹿洲全集
(清)藍鼎元
清雍正十年(1732)
5 冊,43 卷
　　　　　　　　15313.f.5

6293
香草齋詩注
(清)黃任著、(清)陳應魁注
永陽戀窩
清嘉慶九年(1804)
6 卷
　　　　　　　　15321.d.5

6294
樂妙山居集
(清)錢沃臣
清嘉慶十年(1805)

6295
香樹齋詩文集
(清)錢陳群
清咸豐五年(1855)?
2 函,24 冊
　　　　　　　　15316.e.126

6296
道古堂全集
(清)杭世駿
8 冊
　　　　　　　　15316.e.156

6297
石笥山房全集
(清)胡天游
國學扶輪社:上海

清宣統二年(1910)
10 冊;20 厘米
15316.e.142

6298
劉海峰文集、詩集
(清)劉大櫆
清同治十三年(1874)
8 冊
15316.e.154

6299
岣嶁刪餘文草
(清)曠敏本
定性山房
清乾隆四十七年(1782)?
7 冊;24 厘米×15 厘米
15316.e.137

6300
紫竹山房文集
(清)陳兆崙
約清嘉慶五年(1800)
2 卷,非全本
15319.b.6-7

6301
紫竹山房詩集
(清)陳兆崙
清乾隆三十六年(1771)
12 卷,存卷 1-2、4-8

6302
管靜山全稿
(清)管英
清嘉慶二十二年(1817)、二十四年(1819)

6303
芝庭先生集
(清)彭啓豐
6 冊
15316.e.111

6304
注釋思綺堂四六文集
(清)章藻功
三餘堂
18 世紀
10 卷
15319.e.8

6305
鮚埼亭集　經史答問
(清)全祖望
清嘉慶九年(1804)
2 冊,38 卷,10 卷
15323.c.5

6306
鮚埼亭集外編
(清)全祖望
清嘉慶十六年(1811)
1 冊,50 卷
15323.c.7

6307
全謝山文鈔
(清)全祖望
國學扶輪社:上海
清宣統二年(1910)
8 冊;26 厘米
15316.e.65

集　部

6308
御製圓明園四十景詩
（清）世宗胤禛
18 世紀
2 卷
　　　　　　　　　15321.d.7

6309
御製盛京賦
（清）高宗弘曆
清乾隆八年（1743）
59 頁
　　　　　　　　　15321.e.3

6310
樂善堂全集定本
（清）高宗弘曆
清乾隆二十三年（1758）？
10 冊，30 卷
　　　　　　　　　15316.e.120

6311
御製詩初集、二集
（清）高宗弘曆
清乾隆二十五年（1760）？
44 卷，又 99 卷
　　　　　　　　　15324.c.1

6312
御製詩初集、二集
（清）高宗弘曆
清乾隆二十五年（1760）？
44 冊
　　　　　　　　　15324.k.21

6313
御製文
（清）高宗弘曆
清乾隆四十五年（1780）？
3 冊經折裝
　　　　　　　　　Or.7857

6314
御製玉斧珮詩
（清）高宗弘曆
內府寫本
約清乾隆四十八年（1783）
1 冊，13 頁
　　　　　　　　　Or.7604

6315
御製詩
寫本
約清康熙五十年至嘉慶四年（1711–1799）
1 冊，8 頁
　　　　　　　　　Or.7605

6316
四庫鴻文：乾隆御覽制寶（第 1 冊）
（清）高宗弘曆
寫本
約清乾隆六十年至嘉慶四年（1795–1799）
1 冊，38 頁
　　　　　　　　　Or.7857/1

6317
四庫鴻文：乾隆御覽制寶（第 2 冊）
（清）高宗弘曆
寫本
約清乾隆六十年至嘉慶四年（1795–1799）
1 冊，47 頁
　　　　　　　　　Or.7857/2

6318
御製全韻詩
(清)高宗弘曆
抄本
清道光二十六年(1846)前
2冊合訂
Add.16315

6319
御製擬白居易新樂府
(清)高宗弘曆
約清道光三十年(1850)
50號,存第1-20號
15257.e.14

6320
稽古齋全集
(清)弘晝
清乾隆十一年(1746)序
8卷
Or.Micr.704

6321
刪潤能與集
(清)沈業富
清乾隆三十七年(1772)

6322
梅崖居士全集
(清)朱仕琇
清乾隆四十七年(1782)
12冊
15316.e.85

6323
銅鼓書堂遺稿
(清)查禮

清乾隆五十三年(1788)?
4冊,32卷;29厘米×18厘米
15324.k.37

6324
四本簡要
(清)富明安譯
清抄本
18世紀
4卷
Or.13210

6325
綠香樓稿(作者自序又稱景文堂稿)
(清)戚學標
綠香樓
清乾隆五十六年(1791)
2冊
15317.b.7

6326
鶴泉集杜
(清)戚學標
約清嘉慶二十五年(1820)
僅存卷2
15323.d.12

6327
柚堂文存
(清)盛百二
清乾隆五十七年(1792)
4卷
15215.c.13

6328
柚堂全集
(清)盛百二

集　　部　　　　695

寶綸堂等
清乾隆三十四年至五十七年（1769－1792）
15215.c.13

6329
皆山樓吟稿
（清）盛百二
寶綸堂：福州
清乾隆五十七年（1792）
3頁,12頁,12頁,12頁,13頁
15323.d.25

6330
借樹山房詩鈔八卷、遺稿二卷
（清）陳慶槐
寫本
清乾隆五十三年至嘉慶十一年（1788－1806）
1冊,存《詩鈔》1－4卷、《遺稿》1－2卷
Add.16322

6331
借樹山房詩鈔
（清）陳慶槐
清嘉慶八年（1803）
8卷
15323.b.9

6332
借樹山房詩草
（清）陳慶槐
寫本
清嘉慶十二年（1807）
14卷
Add.16314

6333
北江全集
（清）洪亮吉
8種
15263.a.2

6334
卷施閣詩
（清）洪亮吉
清乾隆五十九年（1794）
20卷

6335
卷施閣文集
（清）洪亮吉
清乾隆六十年（1795）
2集,20卷

6336
附鮚軒詩
（清）洪亮吉
清乾隆六十年（1795）
8卷

6337
更生齋集
（清）洪亮吉
清嘉慶七年（1802）
8卷

6338
更生齋詩
（清）洪亮吉
清嘉慶七年（1802）
8卷

6339
小倉山房詩集
(清)袁枚
清嘉慶五年(1800)
31卷,存卷1-25
　　　　　　　　　15323.a.11

6340
小倉山房外集
(清)袁枚
清嘉慶八年(1803)
7卷

6341
隨園三十種
(清)袁枚
清同治九年(1870)?
12函,72冊
　　　　　　　　　15258.a

6342
劉文清公遺集
(清)劉墉
愛日軒:杭州
清道光六年(1826)
4冊
　　　　　　　　　15316.e.106

6343
南畇文稿
(清)彭定求
清光緒七年(1881)
6冊
　　　　　　　　　15316.e.96/1

6344
南畇詩稿
(清)彭定求
清光緒七年(1881)
6冊
　　　　　　　　　15316.e.96/2

6345
侯鯖集
(清)李友棠
2冊,10卷
　　　　　　　　　15324.k.31

6346
西藏賦
(清)和寧
清嘉慶二年(1797)
47頁
　　　　　　　　　15271.b.17

6347
鳴盛集
(清)張九鉞
約清嘉慶五年(1800)
存卷4-8
　　　　　　　　　15323.b.21

6348
紫峴山人全集
(清)張九鉞
清光緒十五年(1889)
16冊;26厘米
　　　　　　　　　15316.e.26

6349
注釋紀太史館課賦抄
(清)紀昀
三餘堂
清嘉慶二十五年(1820)

集　　部　　　　　　　　　　697

85 頁
15323.a.16

6350
紀文達公文集
（清）紀昀
保粹樓：上海
清宣統二年（1910）
8 冊
15316.e.91

6351
忠雅堂詩集
（清）蔣士銓
8 冊
15324.k.55

6352
甌北全集
（清）趙翼
湛貽堂
清乾隆五十五年至嘉慶十七年（1790－1812）
6 冊
15315.b.1

6353
甌北集
（清）趙翼
湛貽堂
約清嘉慶十七年（1812）
4 函,40 部分；24 厘米
15040.a.6

6354
測海集
（清）彭紹升
約清嘉慶五年（1800）
6 卷
15321.d.11

6355
魯賓之文鈔
（清）魯繽
約清嘉慶五年（1800）
57 頁
15317.d.3/1

6356
魯習之文鈔
（清）魯嗣光
約清嘉慶五年（1800）
23 頁
15317.d.3/2

6357
是亦軒詩稿
（清）魏繼相
約清嘉慶五年（1800）
6 卷
15323.e.8

6358
小書巢詩課偶存
（清）陸以莊
18 世紀
4 卷
15323.b.7

6359
東軒詩鈔
（清）胡漟
清嘉慶八年（1803）（據序）
30 頁
15323.b.10

6360
有正味齋駢體文箋
（清）吳錫麒著、（清）王廣業箋
青箱塾
清咸豐九年（1859）
24卷
15319.e.7

6361
潛研堂文集、詩集
（清）錢大昕
清嘉慶十一年（1806）
文集，2函50卷；詩集，僅1冊，卷1-4
15317.b.8

6362
嘉樂堂詩集
（清）和珅
清嘉慶十六年（1811）
35頁
Or. Micr. 705/1/1

6363
延禧堂詩鈔
（清）豐紳殷德
清嘉慶十六年（1811）
39頁
Or. Micr. 705/1/3

6364
芸香堂詩集
（清）和琳
清嘉慶十六年（1811）
2卷
Or. Micr. 705/1/2

6365
樗菴存稿
（清）蔣學鏞
清嘉慶十八年（1813）
5卷
15317.b.12

6366
存素堂詩初集
（清）法式善
6冊；25厘米
15324.k.19

6367
少有園二十四小照圖
（清）夏象庚
清嘉慶二十年（1815）
50頁，22頁
15323.b.15

6368
大雲山房文稿
（清）惲敬
南昌
清嘉慶二十年至二十一年（1815-1816）
1冊，2部分（初集和二集），各具獨立書名頁
15319.b.8

6369
大雲山房文稿
（清）惲敬
清光緒十四年（1888）
8冊；27厘米
15316.e.39

集　部　　　　　　　　　　　699

6370
印心石屋詩鈔
（清）陶澍
清嘉慶二十一年（1816）
4卷,3卷
　　　　　　　　15323.b.26

6371
莫江詩存
（清）陶必銓
清嘉慶二十一年（1816）

6372
莫江古文存
（清）陶必銓
愛吾廬
清嘉慶二十一年（1816）
4卷
　　　　　　　　15317.c.12

6373
平泉詩剰稿
寫本
清嘉慶二十二年（1817）
1卷
　　　　　　　　Add.16319

6374
槎上存稿
（清）趙文楷
清嘉慶二十三年（1818）
32頁,2頁
　　　　　　　　15320.d.15

6375
醉芸窻詩注釋
（清）楊昌光

步月樓
清嘉慶二十五年（1820）
卷1、3-4
　　　　　　　　15321.a.8

6376
繭齋詩賦稿
（清）林大鄂
百福堂
清嘉慶二十五年（1820）
3卷
　　　　　　　　15321.a.14

6377
芙蓉山館詩鈔
（清）楊芳燦
12冊
　　　　　　　　15316.e.109

6378
邃雅堂集
（清）姚文田
清道光元年至八年（1821-1828）
5冊
　　　　　　　　15316.e.84

6379
夢樓詩集
（清）王文治
6冊
　　　　　　　　15324.k.27

6380
知足齋詩集、文集、進呈文稿
（清）朱珪
12冊
　　　　　　　　15316.e.101

6381
揅經室集、續集
（清）阮元
文選樓：廣州
清道光三年（1823）
3 冊,54 卷
15318.b.1

6382
養正書屋全集定本
（清）宣宗旻寧
清道光四年（1824）
24 冊,40 卷;20 厘米
15316.e.145

6383
焦氏雕菰樓集
（清）焦循
廣州？
清道光四年（1824）？
8 冊
15316.e.123

6384
雕菰樓集
（清）焦循
文學山房：蘇州
2 函,16 冊
15316.e.93

6385
新疆賦
（清）徐松
清道光九年（1829）
1 頁,26 頁
15270.d.5/2

6386
駐颿閣文鈔
（清）馬沅
清道光十年（1830）？
36 頁
15317.b.15

6387
魯山木先生文集、外集
（清）魯九皋
清道光十一年（1831）
2 冊
15317.d.1–2

6388
一葉舟詩課
（清）陳寧彎
清道光十二年（1832）（據序）
59 頁
15323.b.13

6389
悼亡草
（清）陶定求
清道光十五年（1835）
3 頁,42 頁
15321.e.5

6390
二勿齋文集
（清）謝金鑾
清道光十六年（1836）
6 卷
15317.b.11

6391
揚芬集

集　部　　　　　　　　　701

（清）方士俊
清道光十六年（1836）
2卷
　　　　　　　15323.b.27

6392
香雪齋詩鈔
（清）王燮
清道光十八年（1838）
8頁
　　　　　　　15323.b.11

6393
花甲閒談
（清）張維屏
清道光二十年（1840）
16卷
　　　　　　　15319.d.23

6394
四明形勝賦
（清）張得中
寫本
清道光二十年（1840）？

6395
慶芝堂詩集
（清）戴亨
清道光二十一年（1841）？
4冊；25厘米×16厘米
　　　　　　　15234.k.35

6396
陳忠愍公殉難詩文錄
（清）陳化成
蘇州
清道光二十三年（1843）

4卷及增補
　　　　　　　15303.d.2

6397
澹靜齋文鈔
（清）龔景瀚
清道光二十五年（1845）
6冊
　　　　　　　15316.e.158

6398
鴻遠書屋詩賦稿
寫本
清道光二十六年（1846）前
1卷
　　　　　　　Add.16320

6399
如玉如蘭詩稿
寫本
清道光二十六年（1846）前
1卷
　　　　　　　Add.16321

6400
愧齋遺詩
（清）梁詩拔
清道光二十六年（1846）
16頁
　　　　　　　15321.c.13

6401
無近名齋文集
（清）彭翊
清道光二十七年（1847）？
4冊
　　　　　　　15316.e.97

6402
養一齋集
(清)潘德輿
清道光二十九年至約同治十三年(1849－約1874)
21冊
15316.e.103

6403
無悉懈齋詩稿
(清)梁藹如
清道光二十二年(1842)
32頁
15321.c.14

6404
無悉懈齋詩稿
(清)梁藹如
廣州?
清道光三十年(1850)
31頁,2頁
15323.c.13

6405
晚學齋文集
(清)姚椿
清咸豐二年(1852)?
3冊
15316.e.122

6406
柏梘山房集
(清)梅曾亮
清咸豐六年(1856)
8冊
15316.e.159

6407
羅忠節公遺集
(清)羅澤南
清咸豐六年至同治二年(1856－1863)
7部分
15319.b.21

6408
倚晴樓詩集
(清)黃燮清
清咸豐七年至同治六年(1857－1867)
4冊
15324.k.54

6409
⽉齋文集、詩集
(清)張穆
清咸豐八年(1858)
4冊;25厘米×15厘米
15316.e.136

6410
樂志堂文集
(清)譚瑩
清咸豐九年(1859)
18卷
15317.b.10

6411
樂志堂詩集
(清)譚瑩
清咸豐十年(1860)
12卷

6412
嘯古堂文集
(清)蔣敦復

集　部

清咸豐十年(1860)
8卷,存卷1-4
　　　　　　　15317.b.6

6413
福次咸詩草
(清)福次咸
稿本
清咸豐十年(1860)
1卷
　　　　　　　Or.11691

6414
悔餘庵尺牘
(清)何栻
清同治二年(1863)
3卷
　　　　　　　15319.d.17

6415
悔餘庵詩稿
(清)何栻
清同治四年(1865)
13卷
　　　　　　　15323.e.17

6416
悔餘庵文稿
(清)何栻
清同治四年(1865)
9卷
　　　　　　　15319.d.18

6417
悔餘庵樂府
(清)何栻
清同治四年(1865)

4卷
　　　　　　　15323.e.18

6418
儀顧堂集
(清)陸心源
清同治元年(1862)
8卷
　　　　　　　15317.b.5

6419
壹齋集
(清)黃鉞
清同治二年(1863)?
10冊
　　　　　　　15316.e.114

6420
玉井山館文略
(清)許宗衡
清同治四年至九年(1865-1870)
5冊
　　　　　　　15316.e.87

6421
惜抱軒全集
(清)姚鼐
省心閣
清同治五年(1866)
3冊,88卷
　　　　　　　15317.d.8

6422
惜抱軒全集
(清)姚鼐
上海
清光緒三十三年(1907)

16 册;24 厘米
15316.e.28

6423
二知軒詩鈔
(清)方濬頤
清同治五年(1866)
14 卷
15323.b.24

6424
二知軒文存
(清)方濬頤
清光緒四年(1878)
10 册;27 厘米
15316.e.29

6425
賓萌集
(清)俞樾
廣州、蘇州
清同治五年(1866)、九年(1870)
6 卷,2 卷
15317.a.5

6426
春在堂詩編
(清)俞樾
杭州
清同治七年(1868)
1 册,6 卷
15323.c.11

6427
彭文敬公全集
(清)彭蘊章
清同治六年(1867)?

14 册
15316.e.160

6428
胡文忠公遺集
(清)胡林翼
清同治六年(1867)
4 册,86 卷
15316.b.3

6429
存素堂集
(清)錢寶琛
清同治七年至光緒六年(1868-1880)
8 册
15316.e.116

6430
述學
(清)汪中
揚州書局:揚州
清同治八年(1869)
1 册,7 部分
15318.a.6

6431
沈文忠公集
(清)沈兆霖
清同治八年(1869)
4 册
15316.e.83

6432
拙修集
(清)吳廷棟
清同治十年(1871)
4 册
15316.e.125

集　部

6433
甘泉鄉人稿
（清）錢泰吉
清同治十一年（1872）？
5 冊；26 厘米
　　　　　　　15316.e.42

6434
西圃集
（清）潘遵祁
清同治十一年（1872）
2 冊；28 厘米
　　　　　　　15324.k.45

6435
曾文正公文鈔
（清）曾國藩
醉六堂：上洋
清同治十二年（1873）
14 卷
　　　　　　　15317.d.10

6436
曾文正公手書日記
（清）曾國藩
上海
清宣統元年（1909）
4 冊，40 本
　　　　　　　15360.e.1

6437
青草堂集
（清）趙國華
濟南
清同治十一年（1872）、光緒七年
（1881）
10 冊；26 厘米
　　　　　　　15316.e.61

6438
金臺書院課士錄
（清）張集馨
清同治十二年（1873）
3 頁，6 頁，192 頁
　　　　　　　15319.e.5

6439
船山詩草
（清）張問陶
清同治十三年（1874）
20 卷
　　　　　　　15324.b.4

6440
船山詩草
（清）張問陶
味經堂
清同治十三年（1874）
8 冊
　　　　　　　15324.k.26

6441
雪門詩草
（清）許瑤光
清同治十三年（1874）
6 冊
　　　　　　　15324.k.23

6442
補讀書齋遺稿
（清）沈維鐈
廣州
清光緒元年（1875）
5 冊；28 厘米
　　　　　　　15316.e.71

6443
韞山堂文集、詩集
（清）管世銘
清光緒二年（1876）？
5 冊；28 厘米
　　　　　　　　15316.e.43

6444
兩當軒全集
（清）黃景仁
清光緒二年（1876）
1 函，6 冊；24 厘米
　　　　　　　　15324.k.6

6445
養晦堂詩集
（清）劉蓉
清光緒三年（1877）
2 卷
　　　　　　　　15324.a.13

6446
養晦堂文集
（清）劉蓉
清光緒三年（1877）
10 卷
　　　　　　　　15318.c.2

6447
顯志堂集
（清）馮桂芬
清光緒三年（1877）
6 冊，12 卷
　　　　　　　　15316.e.157

6448
崇百藥齋文集

（清）陸繼輅
清光緒四年（1878）
12 冊；26 厘米
　　　　　　　　15316.e.50

6449
澹香閣詩鈔
（清）李星池
清光緒四年（1878）
1 冊，5 部分
　　　　　　　　15324.a.14

6450
抱沖齋詩集
（清）斌良
清光緒五年（1879）
2 冊，36 卷
　　　　　　　　15324.f.7

6451
萬善花室文稿
（清）方履籛
清光緒五年（1879）
4 冊；29 厘米
　　　　　　　　15316.e.72

6452
天岳山館文鈔
（清）李元度
清光緒六年（1880）
20 冊
　　　　　　　　15316.e.153

6453
紫琅玕院遺稿
（清）曾紀耀
清光緒七年（1881）

集　　部

18 頁
15324.a.15

6454
茗柯文
（清）張惠言
清光緒七年（1881）
2 册；27 厘米
15316.e.40

6455
高陶堂遺集
（清）高心夔
清光緒八年（1882）
4 册；27 厘米
15316.e.58

6456
青萍軒文錄、詩錄
（清）薛福保
清光緒八年（1882）
2 卷；15 頁
15323.a.21

6457
實事求是齋遺稿
（清）汪廷珍
清光緒八年（1882）？
5 册；26 厘米×15 厘米
15316.e.134

6458
白華山人詩集
（清）厲志
清光緒九年（1883）
4 册；26 厘米
15324.k.47

6459
蘇盦集
（清）楊葆光
杭州
清光緒九年（1883）
5 册；30 厘米
15316.e.57

6460
心白日齋集
（清）尹耕雲
清光緒十年（1884）
1 函，4 册；28 厘米
15316.e.64

6461
經韻樓集
（清）段玉裁
清光緒十年（1884）
6 册
15316.e.98

6462
犢山類稿
（清）周鎬
清光緒十年（1884）
8 册
15316.e.115

6463
復堂類集
（清）譚獻
清光緒十一年（1885）？
6 册；29 厘米
15316.e.30

6464
孫淵如先生全集
（清）孫星衍
清光緒十一年（1885）
8 冊；26 厘米
　　　　　　　　15316.e.31

6465
容齋千首詩
（清）李天馥
清光緒十二年（1886）？
5 冊
　　　　　　　　15324.k.30

6466
瓶水齋詩集
（清）舒位
清光緒十二年（1886）
8 冊；24 厘米
　　　　　　　　15324.k.9

6467
雲左山房詩鈔
（清）林則徐
清光緒十二年（1886）
8 卷
　　　　　　　　15321.e.8

6468
定盦文集
（清）龔自珍
清光緒十二年（1886）
6 冊；24 厘米
　　　　　　　　15316.e.74

6469
簪花閣集
（清）翁端恩
屏守山莊
清光緒十二年（1886）
37 頁，14 頁
　　　　　　　　15324.a.11

6470
尺雲軒全集
（清）朱實發
清光緒十三年（1887）
4 冊
　　　　　　　　15316.e.163

6471
蘇鄰遺詩
（清）李鴻裔
日本
清光緒十四年（1888）
1 冊，4 部分；26 厘米
　　　　　　　　15324.k.13

6472
小松石齋詩集
（清）趙允懷
清光緒十五年（1889）
2 冊
　　　　　　　　15324.k.46

6473
懷甯馬鍾山遺書
（清）馬徵麟
清光緒十五年（1889）、民國八年（1919）
3 冊，21 部分
　　　　　　　　15313.f.7

集　部

6474
師鄭堂集
（清）孫同康
文苑閣：無錫
清光緒十七年（1891）
4 冊；27 厘米
　　　　　　　15316.e.147

6475
養拙齋詩
（清）王必達
清光緒十八年（1892）？
4 冊；25 厘米
　　　　　　　15324.k.12

6476
袢湖文集
（清）吳敏樹
清光緒十九年（1893）
4 冊；27 厘米
　　　　　　　15316.e.45

6477
澤雅堂文集
（清）施補華
清光緒十九年（1893）
2 冊；25 厘米
　　　　　　　15316.e.152

6478
拙尊園叢稿
（清）黎庶昌
清光緒十九年（1893）
4 冊；27 厘米
　　　　　　　15316.e.69

6479
傳樸堂詩稿
（清）葛金烺
清光緒二十一年（1895）
2 冊；29 厘米
　　　　　　　15324.k.14

6480
通甫類稿
（清）魯一同
清光緒二十一年（1895）
4 冊
　　　　　　　15316.e.127/1

6481
通甫詩存
（清）魯一同
清光緒二十一年（1895）
2 冊
　　　　　　　15316.e.127/2

6482
錢南園遺集
（清）錢灃
清光緒二十一年（1895）
2 冊；24 厘米
　　　　　　　15316.e.56

6483
訒盦駢體文存
（清）李恩綬
清光緒二十四年（1898）
2 冊；27 厘米
　　　　　　　15316.e.33

6484
舉網得魚詩稿

寫本
19 世紀
1 冊
　　　　　　　Add. 16324

6485
篆江樓排律詩鈔
(清)鄭爾齡
19 世紀
存卷 3－4
　　　　　　　15323. b. 12

6486
畸園老人詩集
(清)陳遹聲
約清光緒二十八年(1902)
23 冊;26 厘米
　　　　　　　15316. e. 47

6487
易園集
(清)李林松
濟寧州
清光緒二十九年(1903)
4 冊
　　　　　　　15316. e. 155

6488
曾忠襄公全書
(清)曾國荃
清光緒二十九年(1903)
67 卷
　　　　　Or. Micr. 507－511

6489
范伯子詩集
(清)范當世

清光緒三十四年(1908)
4 冊;27 厘米
　　　　　　　15324. k. 10

6490
天真閣集
(清)孫原湘
12 冊;26 厘米
　　　　　　　15316. e. 82

6491
吳摯甫文集
(清)吳汝綸
國學扶輪社：上海
清宣統元年(1909)
5 冊;26 厘米
　　　　　　　15316. e. 54

6492
尚絅堂集
(清)劉嗣綰
清宣統二年(1910)
10 冊
　　　　　　　15324. k. 25

6493
居業堂文集
(清)王源
4 冊;27 厘米
　　　　　　　15316. e. 36

6494
有恒心齋集
(清)程鴻詔
10 冊
　　　　　　　15316. e. 105

集　部　　　　　　　　　　　　　　711

6495
沈四山人詩錄
（清）沈謹學
約清宣統二年（1910）
1 册,5 卷,2 個附錄
　　　　　　　　　15324.k.60

6496
仲實詩存
（清）魯貰
1 册,2 部分
　　　　　　　　　15316.e.127/3

6497
仲實類稿
（清）魯貰
2 頁,35 頁
　　　　　　　　　15316.e.127/6

6498
棣懷堂隨筆
（清）李象鵾
8 册
　　　　　　　　　15316.e.112

6499
小酉腴山館文鈔
（清）吳大廷
8 册
　　　　　　　　　15316.e.119

6500
見在龕雜作存稿
（清）濮文暹
清宣統三年（1911）
4 册;26 厘米
　　　　　　　　　15316.e.32

6501
程一夔文乙集
（清）程先甲
清宣統三年（1911）
2 册
　　　　　　　　　15316.c.161

6502
古風一首
1 葉
　　　　　　　　　Or.5896（Sheet 7）

6503
李忠武公全書
（朝鮮）李舜臣
首爾？
清乾隆六十年（1795）
14 卷
　　　　　　　　　15287.d.2

6504
一首刻在瓷器上的中文詩的翻譯（英文）
A Chinese Poem, Inscribed on Porcelain, in the Thirty-third Year of the Cycle, A. D. 1776（with a double translation and notes）
（英國）史蒂夫・威斯頓譯
STEPHEN WESTON（translator）
白爾德文印刷:倫敦
Printed by C. Baldwin; London
清嘉慶二十一年（1816）
14 頁;19 厘米×13 厘米
　　　　　　　　　11095.b.26

6505
經龠堂課孫草稿

(清)徐端
清雍正五年(1727)

6506
曹寅谷制義
(清)曹之升
清乾隆五十七年(1792)

6507
曹寅谷續刻稿
(清)曹之升
清乾隆六十年(1795)

6508
註釋向太史全稿(向蘭皋先生小題文)
(清)向日貞
務本堂
清乾隆三十六年(1771)
241 頁
      15319.c.13

6509
三山文小題
清嘉慶五年(1800)?

6510
塾課小題分編
(清)王步青
清嘉慶六年(1801)
3 冊,8 部分
      15319.a.6

6511
清獻堂稿
(清)趙佑
清乾隆三十年(1765)
2 冊
      15317.b

6512
晚翠樓課藝二卷
(清)莊綸渭
寫本
清乾隆三十七年(1772)
2 冊合訂
      Add.16339

6513
晚翠樓時藝
(清)莊綸渭
寫本
清道光十二年(1832)
129 頁

6514
天崇讀本百篇
(清)吳戀政
清乾隆五十五年(1790)?

6515
八銘塾課
(清)吳戀政
清嘉慶二十三年(1818)

6516
味閒堂課鈔
(清)陶然
清咸豐十年(1860)

6517
管緘若時文
(清)管世銘
清乾隆四十六年(1781)、五十一年(1786)、五十八年(1793)
4 冊,3 部分,合訂爲 1 本
      15319.d.10

集　　部　　　　　　　　　　713

6518
韞山堂時文
（清）管世銘
清光緒十五年（1889）
4 册；25 厘米
　　　　　　　　15200.f.7

6519
張太史塾課
（清）張百川
清乾隆四十九年（1784）？

6520
戩山課藝
清乾隆五十五年（1790）？
殘本

6521
戩山課藝
清嘉慶五年（1800）？
殘本

6522
增訂蔣季眉四書稿
（清）蔣拭之
清雍正三年（1725）
4 部分
　　　　　　　　15319.a.9

6523
浙江鄉試硃卷
（清）石天俊
清乾隆五十七年（1792）

6524
會試硃卷
（清）陸以莊
清嘉慶元年（1796）

6525
江南鄉試硃卷
（清）曹驊
清道光二十一年（1841）？
6 頁，7 頁
　　　　　　　　15319.d.24

6526
會試硃卷
（清）曹驊
南京？
清道光二十五年（1845）
6 頁，7 頁
　　　　　　　　15346.b.26

6527
鮑覺生時文
（清）鮑桂星
約清嘉慶五年（1800）
80 頁
　　　　　　　　15319.d.12

6528
湘帆試帖
（清）馬沅
約清嘉慶五年（1800）
20 頁
　　　　　　　　15323.e.1

6529
有正味齋試帖詳注
（清）吳錫麒著、（清）吳掄等注
一經堂
清嘉慶八年（1803）
4 卷
　　　　　　　　15323.a.3

6530
有正味齋試帖詩注
（清）吳錫麒著、（清）吳掄等注
清嘉慶二十三年（1818）
8卷
　　　　　　　　　15322.a.3

6531
養雲山館試帖注釋
（清）許球
立文堂
清同治七年（1868）
4卷
　　　　　　　　　15313.a.2

6532
陳星齋文稿
（清）陳兆崙
清嘉慶八年（1803）

6533
陳星齋課孫草
（清）陳兆崙
清嘉慶二十年（1815）

6534
簡學齋館課試律存
（清）陳沆
清咸豐七年（1857）

6535
葉次菴時文稿
（清）葉燕
清嘉慶十三年（1808）
論語部分
　　　　　　　　　15319.d.11

6536
王尤合刻注釋（此爲上册，又題"王農山稿"；下册當爲尤侗"尤西堂稿"）
（清）王廣心
友益齋
清嘉慶十五年（1810）
1册，91頁
　　　　　　　　　15319.c.12

6537
燕山制義
（清）宓如椿
取斯堂
清嘉慶十八年（1813）
6卷
　　　　　　　　　15319.c.5

6538
小農塾課二刻
（清）高應午
琳腴書屋
清嘉慶二十二年（1817）
199頁
　　　　　　　　　15319.b.11

6539
愛吾廬時文
（清）張姚成
樹諼堂
清嘉慶二十五年（1820）
3頁，4頁，114頁
　　　　　　　　　15320.d.20

6540
陳春園稿
（清）陳成芳
清道光十五年（1835）

集　　部　　　　　　　　　　715

3 卷

6541
積慶堂試藝
上海
清同治十年(1871)
　　　　　　　　　15346.a.25

6542
補過軒四書文
(清)魯一同
清咸豐五年(1855)？
57 頁
　　　　　　　　　15316.e.127/4

6543
寄邨居時文初集
(清)葛學禮
南京
清同治八年(1869)
　　　　　　　　　15319.e.2

6544
經文求是
清咸豐九年(1859)
第 1 部分(版權頁顯示有第 2 部分)
　　　　　　　　　15315.a 4

6545
新科三元文章
(清)陳繼昌
2 頁,6 頁,1 頁
　　　　　　　　　15320.a.13

6546
科名金鍼
(清)毛昶熙

清光緒元年(1875)
2 頁,3 頁,9 頁,5 頁,30 頁
　　　　　　　　　15239.a.47

6547
試策補要
(清)竹蔭主人
申報館:上海
清光緒二年(1876)
8 卷
　　　　　　　　　15319.a.14

6548
先進(科舉試文)
抄本
清雍正四年(1726)後
僅存 2 册,卷 8、22
　　　　　　　　　Or.11668

6549
滌非齋制藝僅存
(清)薛湘
清光緒五年(1879)
4 頁,2 頁,6 頁,2 頁,42 頁,3 頁
　　　　　　　　　15317.a.8

6550
戒俗吏矯飾論　勞農勸民疏　賦得柳邊人歇待船歸(科舉試文)
(清)陳鳴秋著、(清)廖壽恒閱
寫本
清光緒十五年(1889)？
9 頁
　　　　　　　　　Or.12243 A

6551
十事對九賦(賦得霈澤施蓬蒿)(科舉

試文)
(清)杜作航著、(清)廖壽恒閱
寫本
清光緒十五年(1889)?
18頁

Or.12243 B

6552
駱成驤殿試策(1895)
(清)駱成驤
北京
清光緒二十一年(1895)
6頁,8頁

15245.b.1

總 集 類

6553
六臣注文選
(南朝梁)蕭統編
活字印刷;日本(據朝鮮版本刊刻)
明萬曆三十五年(1607)
60卷

15320.e.39

6554
重刻昭明文選
(清)何焯評點
清乾隆三十七年(1772)
2函,60卷

15317.e.3

6555
玉臺新詠箋注
(南朝陳)徐陵編、(清)吳兆宜注、(清)

程際盛刪補
稻香樓
清乾隆三十九年(1774)
10卷

15323.c.12

6556
古詩源
(清)沈德潛
清康熙五十八年(1719)
2冊,14卷

15324.a.16

6557
唐人萬首絕句選
(宋)洪邁、(清)王士禎
退補齋
清雍正十年(1732)
7卷

15322.a.2

6558
唐詩鼓吹注解
(元)郝天挺
敬儀堂
18世紀
10卷

15321.c.7

6559
鼓吹續編
活字印刷;朝鮮
明萬曆三十八年(1610)?
3卷

15324.b.5

集　部　　　　　　　　　　　717

6560
箋注唐賢絕句三體詩法
元大德九年(1305)
　　　　　　　　Or.59.c.1

6561
全唐詩
(清)彭定求等
清康熙四十六年(1707)
62 册,合訂爲 13 本
　　　　　　　　15321.b.1

6562
重訂唐詩別裁集
(清)沈德潛
清乾隆二十八年(1763)？
2 册,20 卷
　　　　　　　　15324.a.1

6563
中晚唐詩叩彈集
(清)杜詔、(清)杜庭珠
采山亭(敦厚堂)
清康熙四十三年(1704)
15 卷
　　　　　　　　15321.c.5

6564
唐詩合解箋注
(清)王堯衢
務本堂
18 世紀
12 卷,4 卷
　　　　　　　　15321.c.3

6565
唐詩合解箋注
(清)王堯衢
文英堂
18 世紀
12 卷,4 卷
　　　　　　　　15324.b.9

6566
重鐫唐詩合解箋注
(清)王堯衢
書業堂:杭州？
清乾隆五十五年(1790)
2 册,合訂爲 1 本
　　　　　　　　15321.c.4

6567
重訂唐詩合解箋注
(清)王堯衢
碧梧齋
清嘉慶十年(1805)
12 卷,4 卷
　　　　　　　　15321.c.2

6568
唐詩直解
(清)王堯衢
清乾隆五十五年(1790)

6569
試體唐詩箋注
(清)毛張健
清乾隆二十二年(1757)(據序)
4 卷
　　　　　　　　15321.d.1

6570
唐詩合選詳解
(清)劉文蔚

味經堂
清道光十一年(1831)
12 卷
15321.a.15

6571
注疏三百首合編
(清)蘅塘退士編、(清)章燮注疏、(清)孫孝根校正
文盛堂
清道光十五年(1835)
16 卷,15 頁,73 頁,1 頁
15321.c.11

6572
唐詩三百首注疏
(清)蘅塘退士編、(清)章燮注疏、(清)孫孝根校正
清道光二十七年(1847)
16 卷
15324.a.9

6573
重訂唐詩三百首續選
(清)于慶元
清道光二十三年(1843)
6 卷
15324.a.10

6574
重訂宋詩別裁集
(清)張景星等
約清嘉慶五年(1800)
8 卷
15324.a.2

6575
重訂元詩別裁集
(清)張景星等
約清嘉慶五年(1800)
8 卷及補遺
15324.a.3

6576
宋元明詩約鈔三百首
(清)朱梓、(清)冷昌言
華峰書屋:京江
清道光二十一年(1841)
92 頁
15323.d.21

6577
皇明詩選
(明)陳子龍、(明)李雯、(明)宋徵輿
18 世紀
13 卷
15321.c.9

6578
邱、海二公合集
(明)丘濬、(明)海瑞著,(清)賈棠、(清)焦映漢等輯
清嘉慶二十年(1815)
3 冊,10 卷,6 卷
15317.d.13

6579
二老清風
(明)陶琰、(明)韓重著,(明)韓霖編
約明崇禎三年(1630)
5 卷
Or.Micr.1196

集　　部　　　　　　　　　　　　　719

6580
明詩別裁集
(清)沈德潛、(清)周準
清乾隆四年(1739)?
12 卷
　　　　　　　　　　15324.a.4

6581
欽定國朝詩別裁集
(清)沈德潛
清乾隆二十六年(1761)?
2 册,32 卷
　　　　　　　　　　15321.c.10

6582
回文類聚
(宋)桑世昌著、(清)朱象賢增補
裕文堂
18 世紀
4 卷,10 卷
　　　　　　　　　　15317.d.7

6583
新鍥注釋旁訓和韻千家詩選
明嘉靖三十一年(1552)
　　　　　　　　　　Or.74.b.12

6584
登龍千家詩選
18 世紀?
2 卷
　　　　　　　　　　15323.d.10

6585
千家詩注
清嘉慶五年(1800)?
2 卷
　　　　　　　　　　15321.a.17

6586
昭明選詩初學讀本
(清)孫人龍
五華書屋
約清嘉慶五年(1800)
4 卷
　　　　　　　　　　15321.d.6

6587
詠物詩選
(元)謝宗可
約清嘉慶五年(1800)
卷 2-3、5-8
　　　　　　　　　　15323.d.14

6588
御定佩文齋詠物詩選
(清)張玉書等
清康熙四十六年(1707)
64 部分
　　　　　　　　　　15316.b.2

6589
歷朝詠物詩選
(清)俞琰
寧儉堂
清雍正二年(1724)
8 卷
　　　　　　　　　　15321.d.16

6590
詠物詩選
(清)陳慶槐
稿本
清道光二十六年(1846)前
1 卷(與 Add.16317-1 合訂)
　　　　　　　　　　Add.16317-2

6591
詠物詩選注釋
(清)易開緒、(清)孫㴲鳴
清嘉慶五年(1800)?
8卷,缺卷1、4

6592
御製避暑山莊圓明園圖詠
(清)聖祖玄燁、(清)高宗弘曆著,(清)鄂爾泰等注
清光緒十六年(1890)?
2部分

15258.d.13

6593
百繪詩箋
(清)吳臺
清嘉慶二年(1797)
56頁,66頁

15323.b.4

6594
蓬島樵歌、續編
(清)錢沃臣
清嘉慶十年(1805)
2部分

15323.b.3

6595
本朝名家詩鈔小傳
(清)鄭方坤
清乾隆六年(1741)?
4卷

15323.b.30(4)

6596
國朝七排雲襄二集

(清)朱燾
清嘉慶十二年(1807)
1冊,2部分

15321.d.2

6597
國朝七排詩抄
(清)孫理
清嘉慶十二年(1807)
1冊,8卷

15323.a.18

6598
十家詩詳注
(清)毛履謙、(清)吳涵一
崇義堂
清嘉慶十八年(1813)
2冊,7卷

15323.a.7

6599
江左三大家詩鈔
(清)顧有孝、(清)趙澐輯
3部分,9卷

15323.e.9

6600
句餘土音
(清)全祖望
清嘉慶十九年(1814)
1冊,3卷

15323.b.2

6601
四明古蹟詩
(清)陳之綱
是亦樓

集　　部　　　　　　　　　　　　721

清道光二年(1822)
4卷
　　　　　　　　15321.a.6

6602
彭姥詩蒐
(清)倪勘
清道光七年(1827)
12卷
　　　　　　　　15323.b.1

6603
狀元幼學詩
五雲樓
清道光十年(1830)
14頁
　　　　　　　　15323.b.28

6604
國朝閨秀正始續集
(清)惲珠
紅香館
清道光十六年(1836)
10卷,附錄33頁,補遺81頁,年次13頁,跋2頁
　　　　　　　　15327.e.5

6605
宮閨百詠
(清)陳其泰
杭州
清道光二十五年(1845)
4卷
　　　　　　　　15327.e.4

6606
得得齋對聯不俗

清道光二十六年(1846)
2卷
　　　　　　　　15258.c.7

6607
清代楹聯叢鈔
抄本
清道光二十六年(1846)前
1冊
　　　　　　　Add.16351

6608
吐玉新聯
(清)鄒廷忠輯
近文堂:佛山
清道光三十年(1850)?
2卷
　　　　　　　　15327.d.12

6609
時聯選箋四集
吟香社
香港
清光緒二十四年(1898)
184頁
　　　　　　　　15320.c.18

6610
漢口竹枝詞
(清)葉調元
清道光三十年(1850)
6卷
　　　　　　　　15327.e.13

6611
硃批增注七家詩選
(清)張熙宇

朱墨雙色套印
清咸豐七年(1857)
7卷
15323.c.14

6612
七家詩輯注彙鈔
(清)張熙宇輯、(清)王植桂注
清同治九年(1870)
15324.a.12

6613
琉球詩錄
(清)林世功、(清)林世忠著,(清)徐榦編評
清同治十二年(1873)
2卷
15324.b.13

6614
歷朝二十五家詩錄
(清)鄒湘倜
清光緒二年(1876)?
30冊
15324.f.13

6615
述本堂詩集
(清)方登嶧、(清)方式濟、(清)方觀承
8冊
15324.k.28

6616
鄧林唱和集
(清)鄧廷楨、(清)林則徐
清宣統元年(1909)
15324.b.11

6617
歌集
19世紀
3冊
Add.16319-21

6618
民謠
抄本
19世紀
17冊
Or.4447-4463

6619
詩歌集
抄本
清道光二十年(1840)?

6620
詩歌66首
抄本
清道光二十年(1840)?

6621
北京歌謠(英譯本)
Chinese Folklore. Pekinese Rhymes, First Collected and Edited with Notes and Translation
(意大利)韋大列譯注
GUIDO AMEDEO VITALE (translator & annotator)
北堂印書館:北京
Pei-Táng Press: Peking
清光緒二十二年(1896)
17頁,220頁
11098.a.16

集　　部　　　　　　　　　　　　　723

6622
孺子歌圖（英譯本）
Chinese Mother Goose Rhymes
（美國）何德蘭譯
ISAAC TAYLOR HEADLAND (translator)
雷維爾公司：紐約
F. H. Revell Co. : New York
清光緒二十六年（1900）
157 頁
　　　　　　　　　　11095.a.2

6623
應試排律精選鯨鏗集
（清）周大樞
清乾隆二十三年（1758）
6 卷
　　　　　　　　　　15323.b.18

6624
應試五排精選
（清）周大樞
清乾隆二十三年（1758）？
5 卷，缺卷 1

6625
試草
約清乾隆五十五年（1790）
25 頁
　　　　　　　　　　15323.e.7

6626
欽命四書詩題
約清嘉慶五年（1800）
12 册
　　　　　　　　　　15320.b.1

6627
舉子詩
（清）王苑先
寫本
清嘉慶五年（1800）？

6628
試帖百篇最谿解
（清）王澤泩
18 世紀
63 頁
　　　　　　　　　　15323.e.4

6629
句東試帖
（清）周世緒
清嘉慶二十年（1815）
4 卷
　　　　　　　　　　15323.a.9

6630
注釋句東試帖
（清）周世緒
清道光四年（1824）
8 卷

6631
國朝重訂庚辰集
（清）紀昀
芸香堂
清道光二年（1822）
5 卷
　　　　　　　　　　15323.d.15

6632
帖體詩存注釋
（清）宓如椿

賦梅書屋
清嘉慶二十二年(1817)
6 卷
       15321.a.7

6633
增評寄嶽雲齋試帖詳注
(清)聶銑敏
清嘉慶九年(1804)
3 卷
       15323.d.17

6634
詳注分韻試帖青雲集
(清)楊逢春、(清)蕭應樞
連元閣
清咸豐六年(1856)
4 卷
       15323.a.6

6635
詩仙(日本文獻,36 首中國詩配彩色插圖)
寫本;日本
清康熙二十三年(1684)(據序)
1 冊
       Or.985

6636
續錦綉段
(日本)月舟壽桂
日本
明嘉靖十年(1531)
       15321.d.20

6637
古今詩選(英譯本)

Chinese Poetry in English Verse
(英國)翟理斯編譯
HERBERT ALLEN GILES (compiler & translator)
誇瑞奇古書店:倫敦;別發書局:上海
Bernard Quaritch: London; Kelly & Walsh: Shanghai
清光緒二十四年(1898)
212 頁;24 厘米
       11098.a.17

6638
漢魏六朝詩歌集錦(德譯本)
Blüüthen Chinesischer Dichtung aus der Zeit der Han-und Sechs-Dynastie
(德國)佛爾克譯
ALFRED FORKE (translator)
馬格德堡
Magdeburg
清光緒二十五年(1899)
16 頁,148 頁
       11098.a.23

6639
漢魏六朝詩歌集錦(德譯本)
Blüüthen Chinesischer Dichtung aus der Zeit der Han-und Sechs-Dynastie
(德國)佛爾克譯
ALFRED FORKE (translator)
馬格德堡
Magdeburg
清光緒二十五年(1899)
16 頁,148 頁
       11098.a.33

6640
中國詩集(葡萄牙文譯本)

集　　部

Cancioneiro Chinês
（葡萄牙）安東尼奧・費諾譯
ANTONIO FEIJOÓ（translator）
里斯本
Lisboa
清光緒二十九年（1903）
140 頁；23 厘米
　　　　　　　　　　11092.b.45

6641
粵謳（中英雙語）
（清）招子庸著、（英國）金文泰譯
CECIL CLEMENTI（translator）
克拉倫登出版社：牛津
Clarendon Press：Oxford
清光緒三十年（1904）
2 册；26 厘米×17 厘米
　　　　　　　　　　11098.d.33

6642
中國之笛（德譯本）
Die Chinesische Flöte
（德國）漢斯・貝特格譯
HANS BETHGE（translator）
島嶼出版社：萊比錫
In Inselverlag：Leipzig
清光緒三十三年（1907）
4 頁，117 頁
　　　　　　　　　　11095.a.23

6643
白玉詩書（法譯本）
Album de Poèmes Tirés du Livre de Jade
（法國）俞迪德・戈蒂耶譯
JUDITH GAUTIER（translator）
依拉格尼出版公司：倫敦
Eragny Press：London

清宣統三年（1911）
27 頁；20 厘米
　　　　　　　　　　11094.a.33

6644
西漢文選
（清）儲欣
清乾隆三十一年（1766）
4 卷

6645
唐文選本
（唐）王勃等
抄本
清光緒六年（1880）？
1 册，22 頁
　　　　　　　　　　Or.11177

6646
欽定全唐文
（清）董誥等
約清嘉慶二十五年（1820）
1000 卷，缺 63 卷
　　　　　　　　　　15311.a

6647
文苑英華
（宋）李昉等
19 世紀？
46 册，1000 卷，附手寫目錄
　　　　　　　　　　15411.b.1

6648
唐宋八大家文鈔
（明）茅坤
簀玉堂：吳縣
明崇禎四年（1631）？

8册,8部分
15317.a.2

6649
唐宋八大家類選
(清)儲欣
清乾隆三十一年(1766)
14卷,缺卷5-6

6650
策海
(元)馬端臨
10卷

6651
策海全書
(元)馬端臨
芸香閣
清道光七年(1827)
2册,6卷
15319.c.7

6652
諸儒注解古文真寶前集
(元)黃堅輯
雕版印刷;日本
明弘治十三年(1500)?
10卷
15324.a.7

6653
諸儒箋解古文真寶前集
(元)黃堅輯
活字印刷;日本
明泰昌元年(1620)?
10卷
15315.e.2

6654
諸儒箋解古文真寶後集
(元)黃堅輯
雕版印刷;日本
明天啓四年(1624)
10卷
15315.e.1

6655
笑雲和尚古文真寶之抄
(元)黃堅輯
活字印刷;日本
明萬曆三十八年(1610)?
9卷
15315.e.3

6656
詳說古文真寶大全
(元)黃堅輯
雕版印刷;朝鮮
清順治七年(1650)?
2部分,第1部分12卷,第2部分10卷
(缺卷6-7)
15315.e.4

6657
金元明八家文選
(清)李祖陶
清道光二十五年(1845)
2册
15318.e.1

6658
皇明文徵
(明)何喬遠
約清康熙三十九年(1700)
4册,卷1-16、20-28
15319.d.13

集　　部

6659
才子古文
(清)金聖歎評選
敦化堂
18世紀
15卷
15318.c.7

6660
古文淵鑑
(清)徐乾學等
清康熙二十四年(1685)
8册,64卷
15322.a.4

6661
古文淵鑑(御選)
(清)徐乾學等
清康熙二十四年(1685)
4册,64卷
15312.c.1

6662
御選古文
(清)徐乾學等
淵鑑齋
約清嘉慶二十五年(1820)
64卷,存卷1-22
15312.b.4

6663
國朝三家文鈔
(清)侯方域、(清)魏禧、(清)汪琬
10册
15316.e.92

6664
重訂古文析義合編
(清)林雲銘
餘經堂
清康熙五十五年(1716)
6卷,存卷1
15312.b.5

6665
古文析義二編
(清)林雲銘
餘經堂
清康熙二十六年(1687)
2册,8卷
15312.a.6

6666
增訂古文析義合編
(清)林雲銘
寶經堂
清康熙五十五年(1716)
2册,16卷
15312.e.1

6667
新訂古文快筆貫通解
(清)杭永年
聚錦堂
清康熙三十二年(1693)
8卷
15312.d.9

6668
古文精藻
(清)李光地
清康熙五十二年(1713)
2卷

6669
精選古文
抄本
清乾隆元年(1736)前
8 卷
Or.13212

6670
重訂古文雅正
(清)蔡世遠
芥子園:南京
清乾隆四十二年(1777)
14 卷
15312.e.2

6671
文章練要六宗
(清)王源
18 世紀
10 卷
15318.c.6

6672
憑山閣增輯留青新集
(清)陳枚
老會賢堂
清康熙四十六年(1707)?
2 冊,30 卷
15334.d.13

6673
詁經精舍文集
(清)阮元
杭州
清嘉慶四年(1799)
14 卷,存卷 1-4
15317.b.3

6674
詳訂古文評注全集
(清)過珙等
醉經樓
清嘉慶十二年(1807)
10 卷
15312.d.14

6675
詳訂古文評注全集
(清)過珙等
清道光二十七年(1847)
10 卷,缺卷 9
15312.d.3

6676
古文辭類纂
(清)姚鼐
康紹庸
約清嘉慶二十五年(1820)
2 冊,74 卷
15312.d.12

6677
古文釋義新編
(清)余自明
清乾隆十五年(1750)?
8 卷,缺卷 1
15312.b.6

6678
增訂古文釋義
(清)余自明
善成堂:北京
清嘉慶二十五年(1820)
8 卷
15318.c.4

集　　部　　　　　　　　　　　　729

6679
書業堂詳校古文觀止（丹山堂古文觀止）
（清）吳乘權、（清）吳大職
經國堂
清道光元年（1821）
12 卷
　　　　　　　　　　　15312.d.4

6680
增訂古文觀止善本
（清）吳乘權
聚星堂
18 世紀
6 卷
　　　　　　　　　　　15318.c.3

6681
金鈴集
（清）張綸
秀溪山房
清道光二年（1822）
1 冊,12 卷
　　　　　　　　　　　15323.b.20

6682
德壽集
（清）蔡載坤
清道光二年（1822）
卷 3-4
　　　　　　　　　　　15323.b.23

6683
文章遊戲
（清）繆艮
一厂山房（初編）、藕花館（二編、三編、四編）
初編：清道光四年（1824）；二編：清嘉慶二十一年（1816）；三編：清嘉慶二十三年（1818）；四編：清道光元年（1821）
4 編,32 卷
　　　　　　　　　　　15333.d.4

6684
皇朝經世文編
（清）賀長齡等
清道光六年（1826）
10 冊,120 卷
　　　　　　　　　　　15291.b.3

6685
皇朝經世文編
（清）賀長齡等
清道光六年（1826）
10 冊,120 卷
　　　　　　　　　　　15318.d.1

6686
皇朝經世文續編
（清）葛士濬
圖書集成局：上海
清光緒十四年（1888）
5 冊,120 卷
　　　　　　　　　　　15241.b.13

6687
皇朝經世文鈔
（清）陸燿
南京
清同治八年（1869）
30 卷
　　　　　　　　　　　15320.e.36

6688
國朝二十四家文鈔
(清)徐斐然
文光堂
清道光十年(1830)
24 卷
15320.e.37

6689
東隅錄
(清)張麐等
帶月山莊
清道光十年(1830)
57 頁
15323.b.5

6690
湖海文傳
(清)王昶
經訓堂、亦西齋
清道光十七年(1837)
4 册,75 卷
15320.e.38

6691
湖海詩傳
(清)王昶
清同治四年(1865)
46 卷
15323.e.20

6692
國朝文錄
(清)李祖陶
清道光十九年(1839)
85 卷
15318.e.2

6693
國朝文錄續編
(清)李祖陶
清同治七年(1868)
66 卷
15318.e.3

6694
補蕉叢訓
(清)王鴻春
義自樓
清道光十九年(1839)
8 卷
15229.b.4

6695
省心畜德編讀本
(清)楊光憲
成文堂:廣州
清道光二十年(1840)
1 册,4 卷
15113.c.2

6696
重鐫勸毀淫書徵信集
(清)汪福臣
清道光二十二年(1842)
46 頁,18 頁,1 頁,4 頁
15111.b.5/2

6697
時哉弗失
寫本
清道光二十六年(1846)前
1 册
Add.16345

集　部　　　　　　　　　　　731

6698
手抄古文讀本一卷
抄本
清道光二十六年（1846）前
1 冊
　　　　　　　　　　　Add. 16343

6699
詩文襍鈔
抄本
清道光二十六年（1846）前
1 卷
　　　　　　　　　　　Add. 16318

6700
摘藻揚芳
培元齋抄本
清道光二十六年（1846）前
1 卷（與 Add. 16317 – 2 合訂）
　　　　　　　　　　Add. 16317 – 1

6701
山陽丁氏兩先生遺稿
（清）丁壽祺、（清）丁壽恒
32 頁；19 厘米
　　　　　　　　　　　15315. e. 15

6702
梅花印月室簡定古文
（清）午峰氏
稿本
清同治四年（1865）
1 卷,59 頁
　　　　　　　　　　　　Or. 7770

6703
古文翼

（清）唐德宜
藝文堂：常熟
清同治十二年（1873）
8 卷
　　　　　　　　　　　15312. b. 7

6704
古今俗語
（清）陳光臣
瑞文堂
清同治十三年（1874）
存卷下
　　　　　　　　　　　15317. c. 14

6705
瑞芝山房文鈔
（清）戴燮元
廣陵
清光緒三年（1877）
10 冊；25 厘米
　　　　　　　　　　　15316. e. 77

6706
吳柳堂先生諫文正續合編
（清）傅巖霖輯
清光緒九年（1883）
1 函,4 冊
　　　　　　　　　　　15319. e. 11

6707
滿漢彙纂全文輯要十四卷
清完顏月峰抄本
清光緒十年（1884）
1 函,4 冊
　　　　　　　　　　　Or. 16416

6708
時諧新集
香港
清光緒三十年(1904)
180 頁
　　　　　　　　　15325.c.5

6709
古文輯注卷六
(清)朱良玉編
抄本
清宣統三年(1911)前
1 冊
　　　　　　　　　Or.11176

6710
中國俗語(法文)
(法國)童保祿
PAUL PERNY
福曼‧狄多兄弟父子公司：巴黎
Firmin Didot Frères, Fils et Cie：Paris
清同治八年(1869)
135 頁
　　　　　　　　　15235.a.218

6711
古文選珍(英譯本)
Gems of Chinese Literature
(英國)翟理斯譯
HERBERT ALLEN GILES (translator)
誇瑞奇古書店：倫敦
Bernard Quaritch：London
清光緒十年(1884)
15 頁,254 頁
　　　　　　　　　2346.e.9

6712
四六法海
(明)王志堅
載德堂
清乾隆二十三年(1758)
存卷 1-2、9、11-12
　　　　　　　　　15319.a.5

6713
八家四六
(清)吳鼒
清嘉慶十年(1805)
1 冊,第 1-3 號
　　　　　　　　　15317.a.4

6714
國朝麗體金膏
(清)馬俊良
清道光三十年(1850)?
4 卷
　　　　　　　　　15256.d.4

6715
御定歷代賦彙
(清)陳元龍
清康熙四十五年(1706)
8 冊,2 部分及增補
　　　　　　　　　15326.c.1

6716
歷朝賦楷
(清)王修玉
約清乾隆十五年(1750)
8 卷
　　　　　　　　　15321.d.17

集　　部　　　　　　　　　　733

6717
崇川賦鈔
（清）楊廷撰
清嘉慶二十四年（1819）
無頁碼
　　　　　　　　　　15321.d.18

6718
雜選
寫本
清道光五年（1825）
1 冊
　　　　　　　　　　Add.16323

6719
燧光室賦文叢鈔
寫本
清道光二十六年（1846）前
1 冊
　　　　　　　　　　Add.16326

6720
本朝試賦新硎
（清）陸貽穀等輯
三多齋：南京
清乾隆二十九年（1764）
1 冊，5 卷
　　　　　　　　　　15324.b.10

6721
本朝律賦集腋
（清）馬俊良
清乾隆五十四年（1789）
3 冊，8 部分
　　　　　　　　　　15321.a.10

6722
國朝舘閣律賦集腋
4 部分

6723
增訂律賦揀金錄
（清）朱一飛
博古堂
清乾隆五十七年（1792）
2 冊，初刻 12 卷，二刻 12 卷
　　　　　　　　　　15323.d.8

6724
新選試賦衡能
（清）蔡學鯤
三益堂藏板，梅石書院刊行：福建
清嘉慶元年（1796）
8 卷（有殘缺）
　　　　　　　　　　15321.a.11

6725
句東律賦
（清）周世緒
18 世紀
卷 2、4
　　　　　　　　　　15323.a.8

6726
同館賦鈔
（清）戚人鏡等
約清嘉慶五年（1800）
2 部分
　　　　　　　　　　15323.d.6

6727
閩海律賦同音
（清）黃漢章

帶草堂(文源齋)
清嘉慶六年(1801)、十五年(1810)
2册,4卷,4卷
15321.a.12

6728
雲樣集
(清)高陳謨
清嘉慶八年(1803)
8卷
15321.e.4

6729
國朝律賦新機
(清)孫理
清嘉慶十一年(1806)
2部分,初集,續集
15323.a.17

6730
同館律賦鴻裁
(清)曾耀巖
遜志堂
清嘉慶十二年(1807)
6卷
15321.a.13

6731
同館試律
(清)洪瑩、(清)法式善
清嘉慶十四年(1809)?
81頁
15323.d.7

6732
律賦蕤珠新編
(清)蕭應樾

清嘉慶二十年(1815)
49頁
15323.b.6

6733
律賦錦標初集箋注
(清)蕭應樾
清嘉慶二十一年(1816)

6734
館課賦注
(清)紀昀著,(清)許鑅、(清)李崇禮箋
清嘉慶七年(1802)

6735
館課賦槀
(清)吳廷鉁
墉影樓
清道光十一年(1831)
74頁,1頁
15324.b.8

6736
重鐫桂宮梯
(清)徐謙
清道光二十二年(1842)
6卷
15111.b.5/1

6737
桂宮梯
(清)徐謙
彩文堂:廣州?
清道光二十二年(1842)
6卷及增補
15111.b.6

集　　部　　　　　　　　　　735

6738
精選律賦
抄本
清道光二十六年(1846)前
1 卷
　　　　　　　　　　Add.16313

6739
精選律賦
石友山房主人抄本
清道光二十六年(1846)前
1 卷
　　　　　　　　　　Add.16316

6740
簡鍊揣摩
寫本
清道光二十六年(1846)前
1 冊
　　　　　　　　　　Add.16325

6741
新策菁穎
清嘉慶五年(1800)?
25 頁;18 厘米
　　　　　　　　　15263.f.32

6742
試策集珍
(清)諸開泉
二研齋
清嘉慶十八年(1813)
2 冊
　　　　　　　　　15225.a.4

6743
試策讀本

寫本
清道光二十年(1840)?

6744
策學新纂
(清)潘世恩
清嘉慶二十一年(1816)
8 卷

6745
策學新纂
(清)潘世恩
清嘉慶二十五年(1820)?
10 卷

6746
策學大全
(清)潘世恩
清嘉慶二十四年(1819)
2 部分,卷 1-8 和試藝
　　　　　　　15229.a.29-31

6747
策液備要
清嘉慶二十四年(1819)
12 卷
　　　　　　　　　15229.a.33

6748
策液備要
清嘉慶二十四年(1819)
存卷 1-3、7-12
　　　　　　　　　15229.a.32

6749
策學纂要
(清)戴朋、(清)黃卷

约清乾隆三十一年(1766)
16卷

6750
策學纂要
(清)戴朋、(清)黃卷
約清乾隆三十二年(1767)
16卷

6751
策學纂要
(清)戴朋、(清)黃卷
約清乾隆五十一年(1786)
16卷,缺卷12-16

6752
策學纂要
(清)戴朋、(清)黃卷
約清乾隆五十五年(1790)?
16卷,存卷10-12
15229.a.26

6753
廣策學纂要
廣州
清同治十二年(1873)
2冊,32卷
15026.a.6

6754
新刻小試策論格式
香港
清光緒二十四年(1898)
2卷
15320.a.23

6755
文選對策
(元)劉仁初
朝鮮刻本
明嘉靖二十七年(1548)
8卷
15315.e.8

6756
春秋文苞
約清康熙三十九年(1700)?
62頁
15225.a.7

6757
靜遠軒傳稿彙編
(清)邵基等
清康熙六十年至乾隆五十六年(1721-1791)
3冊
15319.c.9-11

6758
發蒙小品貳集注釋
(清)沈鏡涵、(清)唐惟懋
聚瀛堂
清乾隆八年(1743)(據序)
7部分(卷首、《大學》、《中庸》、《上論》、《下論》、《上孟》、《下孟》),469頁
15319.a.7

6759
時文集
(清)楊大灝等
清乾隆十五年(1750)?
2卷,僅存卷2

集　部　　737

6760
二三場逢元
(清)王奠安
清乾隆十七年(1752)

6761
入泮採芹集
清乾隆四十五年(1780)?
僅存卷2

6762
春秋擬題類典
清乾隆五十五年(1790)
15卷
　　　　　　　15228.a.8

6763
五經文集
清乾隆十五年(1750)?
75卷,缺卷45-60
　　　　　　　15319.c.21(3)

6764
五經題解集要
(清)范顯名等
清乾隆十五年(1750)?
　　　　　　　15319.c.21(4)

6765
五經擬題類典
清乾隆五十五年(1790)?
75卷,缺卷41-58
　　　　　　　15319.c.21(2)

6766
詩經
(清)勞之辨等
清嘉慶五年(1800)?
殘本

6767
書經文茂
約清嘉慶五年(1800)
80頁
　　　　　　　15225.a.13

6768
初學作文意路
(清)曹一士等
步彝書屋
約清嘉慶五年(1800)
存132-167頁(此冊標"貞"字,應至少有4冊)
　　　　　　　15319.d.4

6769
考卷清雅
清乾隆五十五年(1790)?

6770
注釋發蒙針度初集
(清)王惟梅
環翠書屋
清乾隆五十六年(1791)
1冊,4部分
　　　　　　　15319.a.11

6771
注釋典制文琳
(清)曹之升等
清嘉慶四年至十三年(1799-1808)
9冊,第5集、第2集及複本
　　　　　　　15319.b.1-5

6772
典制文琳注釋
（清）曹之升等
清嘉慶九年（1804）
5集,存第2-3集

6773
勸學初編
（清）紅豆齋
18世紀
不分頁（殘本）
15319.d.3

6774
重訂初學行文語類
（清）孫埏
清嘉慶五年（1800）
4卷,僅存卷1
15319.d.6

6775
增補初學破承開講入門全集
（清）伍奎府
約清嘉慶十五年（1810）
75頁
15319.d.8

6776
四書姓氏題文
（清）褚邦慶
約清嘉慶五年（1800）
第71-190號
15202.d.16

6777
可揣摩
（清）韓氏

清嘉慶十七年（1812）

6778
攀桂集
清嘉慶五年（1800）？

6779
初學玉玲瓏
（清）徐瑄
清道光三年（1823）
4部分
15319.d.7

6780
巧考搭逢年
清同治二年（1863）
5冊,30卷
15315.a.5

6781
詳注文範初編
（清）吳肖元
清乾隆二十二年（1757）
287頁
15319.c.20

6782
八銘塾鈔
（清）吳懋政
清乾隆四十七年（1782）、四十八年（1783）
2集

6783
八銘塾鈔
（清）吳懋政
清道光十二年（1832）

集　　部　　　　　739

6784
初學問津集
（清）吕元成
清道光十年（1830）？

6785
增補初學問津集
（清）吕元成
大經堂
清乾隆四十八年（1783）
1册，3部分
　　　　　　　　15319.d.1

6786
增訂採芹捷訣
（清）吳踰龍
積秀堂
清嘉慶二十三年（1818）
4卷
　　　　　　　　15319.d.9

6787
詳注初學指掌
（清）郝象周
務本堂
清嘉慶二十五年（1820）
4卷，缺卷2
　　　　　　　　15319.d.2

6788
聽雨軒讀本前集、今集
（清）陳鍾麟
寶仁堂
清道光二年（1822）
2册
　　　　　　　15201.c.1-2

6789
時藝襟鈔一卷
寫本
清道光二十六年（1846）前
1册
　　　　　　　Add.16341

6790
時文集鈔
寫本
清道光二十六年（1846）前
1册
　　　　　　　Add.16342

6791
時藝引階合編
（清）葉錫鳳等
約清道光三十年（1850）
1頁，6頁，147頁
　　　　　　　15320.c.22/1

6792
初學文範
約清道光三十年（1850）
僅存卷2
　　　　　　　15229.b.30

6793
臨文便覽
（清）張啓泰
北京
清同治十三年（1874）
2卷
　　　　　　　15320.e.34

6794
三江邁倫集

(清)杜聯等編選
清光緒二年(1876)
15320.a.22

6795
時文叢鈔
寫本
清光緒六年(1880)前
1冊
Or.2180

6796
科舉文叢抄
抄本
清宣統元年(1909)前
1冊
Or.7376

6797
論語時文備抄
抄本
清宣統三年(1911)前
1冊
Or.13997

6798
上論卷十六
抄本
清宣統三年(1911)前
僅1頁
Or.16899

6799
子史試帖彙鈔
(清)屈宗談
清嘉慶十八年(1813)
10卷及增補

6800
近科直省試策法程
(清)劉坦之
清乾隆五十一年(1786)

6801
近科考卷脫穎集
(清)李錫瓚
清嘉慶二十年(1815)

6802
近科房考清卓集
(清)徐祖鎏
清嘉慶八年(1803)、十一年(1806)、十五年(1810)

6803
增補三十科五經長篇
(清)吳興潘
清嘉慶二十三年(1818)
不全

6804
袖珍五經題旨(又題"春秋合左原本")
(清)范顯名等
怡古山房
清嘉慶二十五年(1820)
4部分(《易》《書》《禮記》《春秋》)
15225.a.9

6805
二論題備
(清)章香艇
清嘉慶二十五年(1820)

6806
制義約選

集　　部　　　　741

（清）李秬薌
清道光六年（1826）、九年（1829）
2 册

6807
應備試策一卷
寫本
清道光元年至二十六年（1821－1846）
1 册
　　　　　　　　　　　　Add.16340

6808
清末科舉雕版五塊
雕版
清宣統三年（1911）前
5 片
　　　　　　　　　　　　Or.14252

6809
先正小題文錄
約清康熙三十九年（1700）？
不全

6810
初學小題明文繡
（清）馮李驊等
清雍正八年（1730）
4 册，合訂爲 1 本
　　　　　　　　　　　　15319.d.3

6811
小題文津
（清）蔡源
清嘉慶二十五年（1820）？

6812
小題文綜

清同治五年（1866）
8 册，56 卷
　　　　　　　　　　　　15315.a.1

6813
小題拔幟
（清）吳仰賢
清同治八年（1869）
第一輯
　　　　　　　　　　　　15315.a.2

6814
小題靈秀集
清同治十一年（1872）
　　　　　　　　　　　　15315.a.3

6815
小題清新集
清同治十一年（1872）
110 頁
　　　　　　　　　　　　15319.a.12

6816
成均課藝（書脊題"成均正續彙選"）
（清）李錫勛、（清）任之全、（清）陳寶等編
二酉軒
清嘉慶七年（1802）
2 册
　　　　　　　　　　　　15319.a.10

6817
增訂成均課士錄初集
（清）汪廷珍
清嘉慶九年（1804）

6818
安定書院課藝
（清）吳穀人
清嘉慶八年（1803）

6819
紫陽書院課選
紫陽書院
清嘉慶十二年（1807）
4冊，合訂爲1本
　　　　　　　15319.b.15

6820
紫陽正誼兩書院課藝合選
紫陽書院
清道光二十八年（1848）
3部分
　　　　　　　15319.b.17

6821
德潤書院課藝
（清）尹方橋
清道光元年（1821）
不分頁，第1冊封面具手寫筆記
　　　　　　　15319.b.12

6822
敬勝堂試藝
（清）周載坤
上海
清道光二十年（1840）？
　　　　　　　15320.e.24

6823
敷文書院課藝
（清）高鵬年
清同治九年（1870）

320頁
　　　　　　　15319.e.1

6824
敬業榮珠書院課藝合編
（清）涂忠瀛
清同治九年至十二年（1870－1873）
2部分
　　　　　　　15319.e.4

6825
龍山書院課藝二集
（清）杜聯
清同治十二年（1873）
1冊，7部分
　　　　　　　15319.e.3

6826
鍾山課藝彙鈔
（清）李聯琇
南京
清同治十二年（1873）
　　　　　　　15320c.11

6827
時敏學堂課藝
（清）張百熙
香港
清光緒二十八年（1902）
2卷
　　　　　　　15241.b.15

6828
萬壽恩科墨卷雅正
（清）屈何煥
清乾隆五十五年（1790）

集　部　　743

6829
新墨鴻裁
（清）周薌巖
清嘉慶三年（1798）

6830
新墨正軌
（清）黃淦綺
清嘉慶二十一年（1816）

6831
墨卷鴻裁
清嘉慶二十五年（1820）？

6832
新科墨卷英華
（清）褚健卿
清道光元年（1821）

6833
墨卷脫穎、二續
（清）李秬薌
清道光元年（1821）、八年（1828）
2冊
　　　　　　15319.c.19

6834
帖式彙選
清嘉慶五年（1800）？

6835
浙江試帖攬勝
清嘉慶五年（1800）？
4卷,存卷3-4

6836
浙江試牘

清嘉慶十五年（1810）？
1張殘頁

6837
浙江試牘立誠編
（清）汪廷珍
清嘉慶十九年（1814）

6838
江蘇試牘存真
（清）莫晋
清嘉慶十一年（1806）

6839
江蘇試牘
（清）姚文田
清嘉慶二十五年（1820）

6840
江西試牘立誠編
（清）汪廷珍
清嘉慶十二年至十五年（1807-1810）

6841
江西試帖
清嘉慶十五年（1810）？

6842
試牘存真續編
（清）莫晋
清嘉慶十五年（1810）？

6843
安徽試牘存真約選
清嘉慶十七年（1812）

6844
立誠編試牘合鈔
清嘉慶二十二年(1817)

6845
會試硃卷
清雍正十一年(1733),乾隆五十五年(1790),嘉慶十三年(1808)、二十二年(1817)、二十四年(1819),道光二年(1822)、十七年(1837)、十八年(1838)
15320.c.3

6846
會墨
清嘉慶二十五年(1820)?
1張殘頁

6847
會墨鴻裁
清嘉慶八年(1803)
1張殘頁

6848
會試魁墨
清嘉慶十九年(1814)

6849
會墨金聲
清嘉慶二十年(1815)?
1張殘頁

6850
會試墨卷
清道光十六年(1836)

6851
鄉試硃卷
清乾隆五十九年(1794)、嘉慶二十四年(1819)、道光二年(1822)

6852
山西鄉試
清嘉慶二十四年(1819)

6853
廣東鄉試硃卷
清道光二年(1822)

6854
浙江鄉試硃卷
清乾隆三十六年至道光十五年(1771-1835)

6855
浙江鄉試硃卷
清乾隆五十四年(1789)

6856
浙江鄉試硃卷
(清)馬伯樂
清道光元年(1821)

6857
浙江鄉試硃卷
清道光十二年(1832)
15320.e.23

6858
浙江鄉試硃卷一卷　沈所安控高升吵詐案卷一卷
寫本
清道光二十一年(1841)
1冊
Add.16343

集　　部　　　　　　　　745

6859
山左闈墨
清嘉慶五年（1800）？
　　　　　　　　15320.e.4

6860
山東考卷
清嘉慶八年（1803）
2部分

6861
粵西闈墨
清乾隆四十五年（1780）？
殘本

6862
河南闈墨
清乾隆五十五年（1790）？
1張殘頁

6863
湖北闈墨
清嘉慶五年（1800）？
1張殘頁

6864
江南闈墨
清嘉慶十八年（1813）

6865
江南闈墨
清道光五年至十二年（1825－1832）

6866
雲南闈墨
清嘉慶二十年（1815）？
殘本

6867
浙江魁卷
清嘉慶二十一年（1816）
　　　　　　　　15320.e.11

6868
貴州闈墨
清嘉慶二十四年至道光元年（1819－1821）
1張殘頁

6869
湖南闈墨
清道光元年（1821）？

6870
江西闈墨
清道光元年（1821）

6871
廣東闈墨
（清）陳沆、（清）傅綬
清道光元年（1821）

6872
山西闈墨
清道光元年（1821）
1張殘頁

6873
山右闈墨
清道光二年（1822）
　　　　　　　　15320.e.5

6874
浙江闈墨
清道光十一年（1831）

6875
廣東全場闈墨
清道光十一年(1831)

6876
直省闈墨
(清)徐辛菴
清道光十二年(1832)

6877
直省鄉墨
(清)任階平
清道光十二年(1832)

6878
直省鄉墨珠林
(清)任階平
清道光十四年(1834)

6879
直省鄉墨
(清)陳栻
清光緒八年(1882)
　　　　　　　　　15320.a.3

6880
河南、山右、貴州、雲南、粵西、湖北、江南闈墨及會試魁卷等
(清)吳寶卿等
清嘉慶二十四年(1819)、道光二年(1822)
約10種,約200頁
　　　　　　　　　15320.c.21

6881
乙酉科
清道光五年(1825)

不全

6882
乙未鄉墨
清道光十五年(1835)

6883
癸酉鄉墨
約清光緒元年(1875)
98頁,9頁
　　　　　　　　　15320.c.22(3)

6884
闈墨
清嘉慶五年(1800)?

6885
直省考卷所見
清嘉慶五年(1800)?

6886
直省鄉墨文淳
(清)陳榕軒
清道光二年(1822)

6887
順天鄉試闈墨
清光緒二年(1876)
82頁,10頁
　　　　　　　　　15320.c.22(2)

6888
順天鄉試硃卷

6889
闈墨文縠珠囊
(清)謝溶

集　部　　　　　　　　　747

清道光二年(1822)

6890
光緒貳拾捌年補行庚子恩科並庚子正科四川鄉試題目(第一場 1 葉、第二場 1 葉、第三場 1 葉、成都駐防滿洲繙譯鄉試欽命題目 1 葉)(寫本)
清光緒二十八年(1902)
4 紅葉,附英文印記
15315.aa.1

6891
三場文選
(元)劉仁初
朝鮮刻本
明景泰五年(1454)
8 卷
15315.e.6

6892
五老集
(宋)蘇軾等
活字印刷;日本
明泰昌元年(1620)?
2 卷
15315.d.3

6893
簡劄彙存
(清)滋軒
寫本
清乾隆二十四年至二十五年(1759-1760)?
1 冊,13 頁
Or.8640

6894
增訂繡虎軒尺牘全集
(清)張西源
留耕堂
清嘉慶元年(1796)
4 部分
15348.a.7

6895
霏屑軒尺牘類選
(清)孫焜、(清)陳世熙
味經堂
清嘉慶元年(1796)
3 冊,16 卷
15348.a.4

6896
增補尺牘達衷
18 世紀
卷 1(殘本)
15348.a.9

6897
紅藕山莊尺牘
(清)冶垠散人
清嘉慶十八年(1813)
2 冊,12 卷
15348.a.13-15

6898
湘雲友朋信札
(清)孫宗樸輯
寫本
約清道光五年(1825)
4 冊經折裝
Or.11171

6899
新選珠江書劄
廣州
清道光十二年(1832)
41頁
　　　　　　　15348.a.8

6900
知味軒啓事
(清)陳毓靈
清道光十三年(1833)
4卷

6901
知味軒稟言
(清)陳毓靈
清道光十三年(1833)
4卷
　　　　　　　15348.a.17

6902
尺牘如面談
(清)呂子振
廈門印刷
清道光二十年(1840)?
2卷
　　　　　　　15322.d.28

6903
尺牘合解
(清)唐沁園
清光緒二十年(1894)
5頁,62頁;18厘米
　　　　　　　15349.b.37

6904
尺牘分類
(清)棲霞氏
中華印務總局:香港
清光緒二十二年(1896)
2卷
　　　　　　　15348.b.5

6905
尺牘分類補遺
(清)棲霞氏
中華印務總局:香港
清光緒二十三年(1897)
2卷
　　　　　　　15348.b.6

詩文評類

6906
文心雕龍輯注
(南朝梁)劉勰著、(清)黃叔琳注
養素堂:北京
清乾隆六年(1741)
1册,10卷
　　　　　　　15317.c.2

6907
文心雕龍
(南朝梁)劉勰著、(清)黃叔琳注、(清)紀昀評
清光緒十九年(1893)
1册,10卷
　　　　　　　15315.d.13

6908
詩品
(南朝梁)鍾嶸

集　部

6908 (continued)
清乾隆十五年(1750)?
3卷

6909
司空表聖詩品
(唐)司空圖
寫本
1冊
　　　　　　　　Or.8689

6910
滹南詩話
(金)王若虛
清乾隆六年(1741)?
3卷

6911
聯新事備詩學大成
(元)毛直方撰、(元)林楨編集
30卷
　　　　　　　　Or.59.a.4

6912
歸田詩話
(明)瞿佑
清乾隆六年(1741)?
3卷

6913
詩學圓機活法大成
(明)余象斗
永安堂
清道光八年(1828)
2冊,18卷
　　　　　　　　15321.a.4

6914
詩學圓機活法大成
(明)余象斗
清咸豐六年(1856)
18卷
　　　　　　　　15321.a.5

6915
重訂詩料詳注
(清)郭一經、(清)秦照
約清嘉慶五年(1800)
4卷
　　　　　　　　15346.a.20

6916
帶經堂詩話
(清)王士禛著、(清)張宗楠輯
藏修堂:廣州
清同治十二年(1873)
30卷
　　　　　　　　15323.e.10

6917
蓮坡詩話
(清)查為仁
清乾隆六年(1741)
3卷

6918
彙纂詩法度針
(清)徐文弼
青雲樓
清乾隆二十四年(1759)
10卷
　　　　　　　　15321.d.12

6919
隨園詩話
（清）袁枚
約清乾隆五十五年（1790）
卷3、7-15,增補卷1-4
　　　　　　　　　15323.a.1

6920
文法狐白
（清）王客周
清乾隆五十七年（1792）

6921
重訂詩學含英
（清）劉文蔚
青藜閣
清乾隆三十七年（1772）
14卷
　　　　　　　　　15346.a.17

6922
詩法入門
（清）游藝
約清嘉慶五年（1800）
卷1-2、4
　　　　　　　　　15321.a.9

6923
司空圖詩品詩一百首（卷首題"詩品詩課鈔"）
（清）鍾賓
小仙巢：揚州
清嘉慶二十一年（1816）
2頁,2頁,37頁
　　　　　　　　　15323.d.16

6924
耐冷譚
（清）宋咸熙
亦西齋：杭州
清道光九年（1829）
16卷
　　　　　　　　　15323.b.31

6925
青雲梯
（清）沈起潛
清道光十一年（1831）
另具書名頁
　　　　　　　　　15111.b.7

6926
楹聯叢話
（清）梁章鉅
清道光二十年（1840）
6冊
　　　　　　　　　15321.e.46

6927
《西洋文說》《洪武正韻序》等文章摘抄
抄本
清道光三十年（1850）？
51頁
　　　　　　　　　Or.8119

6928
詩比興箋
（清）陳沆
清咸豐四年（1854）
1册,2部分
　　　　　　　　　15323.d.4/1

6929
聲律啓蒙撮要
(清)車萬育
泗和堂
清咸豐七年(1857)
2卷
　　　　　　　　　15346.a.13

6930
漢文詩解(英文)
On the Poetry of the Chinese
(英國)德庇時
JOHN FRANCIS DAVIS
東印度公司出版社:澳門
The Honorable East India Company's Press: Macao
清道光十四年(1834)
198頁
　　　　　　　　　11099.d.5

6931
論中國戰國至漢代的詩歌等四篇(《北京東方學會雜志》第3卷,第4號)(英文)
On the Poets of China, during the Period of the Contending States and of the Han Dynasty, etc. (*Journal of the Peking Oriental Society*, Vol.3, No.4)
(英國)艾約瑟等
JOSEPH EDKINS, etc.
北堂印書館:北京
Pei-Táng Press: Peking
清光緒十五年(1889)
　　　　　　　　　15234.d.3

6932
李太白的詩及其代表作等兩篇(《北京東方學會雜志》第2卷,第5號)(英文)
On Li Tai-po, with Examples of His Poetry, etc. (*Journal of the Peking Oriental Society*, Vol.2, No.5)
(英國)艾約瑟等
JOSEPH EDKINS, etc.
北堂印書館:北京
Pei-Táng Press: Peking
清光緒十六年(1890)
　　　　　　　　15234.d.3(2/5)

6933
中國詩歌(法文)
La Poeésie Chinoise: Préceptes et Modèles
(比利時)何賴思
CHARLES DE HARLEZ
巴黎
Paris
清光緒十九年(1893)
　　　　　　　　　11095.d.33

6934
中國的傳說與詩歌(英文)
Chinese Legends and Other Poems
(美國)丁韙良
WILLIAM ALEXANDER PARSONS MARTIN
別發書局:上海
Kelly & Walsh: Shanghai
清光緒二十年(1894)
2頁,87頁;18厘米
　　　　　　　　　X.958/2680

6935
《西域記》序言所體現的中文對仗風格

(法文)
La Loi du Parallélisme en Style Chinois Démontrée par la Préface du Si-yü-ki
(荷蘭)施古德
GUSTAAF SCHLEGEL
萊頓
Leide
清光緒二十二年(1896)
203 頁

15323.c.11 11098.b.24

6936
論施古德教授《〈西域記〉序言所體現的中文對仗風格》(德文)
Einige Worte zu Prof. Gustav Schlegel's "La Loi du Parallélisme en Style Chinois Démontrée par la Préface du Si-yü-ki"
(奧地利)查赫
ERWIN VON ZACH
北京
Peking
清光緒二十八年(1902)
7 頁

11095.c.26

詞曲類

6937
新鐫古今大雅北宮詞紀
(明)陳所聞
約清嘉慶五年(1800)
2 冊,6 卷

15257.e.10

6938
詞綜
(清)朱彝尊、(清)汪森
清康熙十七年(1678)
30 卷

15323.c.11

6939
詞名集解、續編
(清)汪汲
清乾隆五十九年(1794)
6 卷,2 卷

15348.c.2

6940
詞律
(清)萬樹
堆絮園(保滋堂)
約清嘉慶五年(1800)
20 卷

15323.c.9

6941
安徽唐代各家詞
7 冊;19 厘米

15324.k.44

6942
繡像第六才子書西廂記
(元)王實甫
懷永堂(寧遠堂)
18 世紀
5 冊,8 卷

15333.d.2

6943
西廂記(法譯本)

Si-siang-ki, ou, l'Histoire du Pavillon d'Occident. Comédie en Seize Actes
（元）王實甫著、（法國）儒蓮譯
STANISLAS JULIEN（translator）
日内瓦
Genève
清同治十一年至光緒六年（1872－1880）
3 頁,333 頁
15235.a.191

6944
酬簡
抄本
清乾隆十五年（1750）？

6945
楚昭公疏者下船
（元）鄭廷玉
約清嘉慶五年（1800）
34 頁
15327.c.2

6946
老生兒（英譯本）
Laou-Seng-Urh, or, an Heir in His Old Age: A Chinese Drama
（元）武漢臣著、（英國）德庇時譯
JOHN FRANCIS DAVIS（translator）
約翰・穆萊出版社：倫敦
John Murray: London
清嘉慶二十二年（1817）
3 頁,49 頁,115 頁
11100.b.21

6947
漢宮秋（英譯本）
Han Koong Tsew, or, the Sorrows of Han: A Chinese Tragedy
（元）馬致遠著、（英國）德庇時譯
JOHN FRANCIS DAVIS（translator）
倫敦
London
清道光九年（1829）
14003.f.4

6948
漢宮秋（英譯本）
Han Koong Tsew, or, the Sorrows of Han: A Chinese Tragedy
（元）馬致遠著、（英國）德庇時譯
JOHN FRANCIS DAVIS（translator）
倫敦
London
清道光九年（1829）
14003.g.7（3）

6949
元本出相南琵琶記
（元）高明
約明萬曆三十八年（1610）
Or.75.b.8

6950
繡像第七才子書琵琶記
（元）高明
1 套,6 冊
15325.c.7

6951
新刻出像音注呂蒙正破窰記
明萬曆元年（1573）
Or.81.d.2

6952
元人雜劇百種
（明）臧懋循
明萬曆四十三年（1615）
4 函,40 冊
15242.a.1

6953
元人雜劇百種
（明）臧懋循
明萬曆四十三年（1615）
第 1－4 部分
15333.f.3

6954
元曲選
（明）臧懋循
明萬曆四十三年（1615）
15333.f.4

6955
元曲選
（明）臧懋循
18 世紀
4 冊,僅存 42 種戲劇
15327.d.1

6956
六十種曲
（明）毛晉
明刊本
12 冊
15327.c.1

6957
精刻繡像樂府紅珊
（明）秦淮墨客

積素堂
清嘉慶五年（1800）
16 卷
15257.e.15

6958
玉茗新詞四種
（明）湯顯祖
雕蟲館：吳興
明萬曆二十八年（1600）
1 冊,4 部分
15333.f.2

6959
繡像牡丹亭
（明）湯顯祖
芥子園
約清道光二十年（1840）
8 卷
15327.b.15

6960
巧團圓傳奇
（清）李漁
清乾隆十五年（1750）？
4 卷

6961
笠翁十種曲
（清）李漁
同仁堂
清嘉慶二十三年（1818）
2 冊,10 部分
15327.a.1

6962
十二種曲（收李漁戲曲 10 種、湯顯祖戲

集　　部

曲 2 種)
(清)李漁、(明)湯顯祖
大知堂
清乾隆五十年(1785)
3 冊,12 部分,缺第 5 部分第 1 齣及第 8 部分,第 9 部分在 15327.a.2
　　　　　　　　　　15327.a.3

6963
桃花扇
(清)孔尚任
約清康熙四十七年(1708)
　　　　　　　　　　15327.h.3

6964
桃花扇傳奇
(清)孔尚任
約清嘉慶五年(1800)
1 冊,卷 2-4
　　　　　　　　　　15327.b.9

6965
元寶媒
(清)周稚廉
清康熙三十九年(1700)?
2 卷

6966
雙忠廟
(清)周稚廉
清康熙三十九年(1700)?
2 卷

6967
珊瑚玦
(清)周稚廉
清康熙三十九年(1700)?
2 卷

6968
容居堂三種曲
(清)周稚廉
書帶草堂
清乾隆年間(1736-1795)?
3 冊
　　　　　　　　　　15327.d.6-8

6969
長生殿
(清)洪昇
18 世紀
1 冊,4 部分
　　　　　　　　　　15327.a.7

6970
重訂綴白裘新集合編
(清)玩花主人輯、(清)錢德蒼增輯
集古堂
清乾隆四十六年(1781)
4 冊,12 部分
　　　　　　　　　　15327.b.1

6971
重訂綴白裘新集合編
(清)玩花主人輯、(清)錢德蒼增輯
清乾隆四十六年(1781)
6 冊,48 卷
　　　　　　　　　　15325.a.5

6972
新刻韓湘子九度文公道情
三益堂
清乾隆五十六年(1791)
3 卷,存卷 1-2
　　　　　　　　　　15327.b.11

6973
黃鶴樓
（清）周瞪
蔭槐堂
清乾隆六十年（1795）
2卷
15327.d.9

6974
滕王閣
（清）程瀚
蔭槐堂
清嘉慶元年（1796）
4卷
15327.d.3

6975
寒香亭傳奇
（清）李凱
清乾隆四十二年（1777）
4卷
15327.b.13

6976
寒香亭傳奇
（清）李凱
友益齋
清嘉慶二年（1797）
1冊,4卷
15327.b.12

6977
石榴記
（清）黃振
擁書樓
清嘉慶四年（1799）
4卷
15327.d.2

6978
續琵琶
（清）高宗元
清嘉慶四年（1799）
1冊,2卷
15327.d.10

6979
砥石齋二種曲（僅《詩扇記》）
（清）汪柱
松月軒
18世紀
2卷
15327.b.5

6980
西江祝嘏
（清）蔣士銓
18世紀
4卷
15327.d.5

6981
一片石
（清）蔣士銓
一齋
約清嘉慶五年（1800）
1卷
15327.d.4

6982
藏園九種曲
（清）蔣士銓
立達堂
約清嘉慶五年（1800）
9部分
15327.a.4

集　　部

6983
鐵冠圖
(清)遺民外史
約清嘉慶五年(1800)
4卷
15327.a.6

6984
八仙全戲
約清嘉慶五年(1800)
2卷,18頁,31頁
15333.b.21

6985
綉像真八美圖
約清嘉慶五年(1800)
第381-580頁
15327.b.3

6986
醒石緣
(清)萬榮恩
青心書屋
清嘉慶五年(1800)
4集
15327.b.17

6987
母諫心田全本南音
富桂堂:廣州?
約清嘉慶五年(1800)
4頁
15229.c.37

6988
五郎救弟
清嘉慶五年(1800)?

6989
新本五諫妻
清嘉慶五年(1800)?
本書於1866年3月14日歸入英國國家博物館。本書與以下20種書合訂在一起,共一個索書號15327.d.11。
15327.d.11

6990
試卷南音金生挑盒
清嘉慶五年(1800)?
15327.d.11

6991
南音五諫才郎
清嘉慶五年(1800)?
15327.d.11

6992
什錦寒宮取笑
清嘉慶五年(1800)?
15327.d.11

6993
什錦大調審玉堂春
清嘉慶五年(1800)?
15327.d.11

6994
鳳蟬告狀
清嘉慶五年(1800)?
15327.d.11

6995
梆子轅門斬子
約清嘉慶五年(1800)
15327.d.11

6996
高平關取級
清嘉慶五年(1800)?
15327.d.11

6997
和番
清嘉慶五年(1800)?
15327.d.11

6998
斬楊波
清嘉慶五年(1800)?
15327.d.11

6999
龍虎鬥
清嘉慶五年(1800)?
15327.d.11

7000
酒樓戲鳳
清嘉慶五年(1800)?
15327.d.11

7001
夜探觀兵
清嘉慶五年(1800)?
15327.d.11

7002
望兒樓
清嘉慶五年(1800)?
15327.d.11

7003
羅成寫書
清嘉慶五年(1800)?
15327.d.11

7004
秦瓊表功
清嘉慶五年(1800)?
15327.d.11

7005
太君辭朝
清嘉慶五年(1800)?
15327.d.11

7006
仁貴回家
清嘉慶五年(1800)?
15327.d.11

7007
宮門挂帶
清嘉慶五年(1800)?
15327.d.11

7008
孔明借壽
清嘉慶五年(1800)?
15327.d.11

7009
洪洋洞盜骨
清嘉慶五年(1800)?
15327.d.11

7010
新本龍舟歌丁山射雁(附《仁貴歸家》)
富經堂
清道光三十年(1850)?

本書與以下 10 種書裝訂在一起,共一個索書號 15327.d.12。共用此索書號并裝訂在一起的還有 3 種書,即屬於小說類的《五鼠鬧東京 包公收妖傳》《半日閻王全傳》及屬於總集類的《吐玉新聯》。

15327.d.12

7011
玉蟬附薦全本
五桂堂:廣州
清道光三十年(1850)?
2 卷

15327.d.12

7012
盤龍寶扇
富桂堂:廣州
清咸豐五年(1855)?

15327.d.12

7013
八排走兵火母女失散
富桂堂:廣州
清咸豐二年(1852)
2 卷

15327.d.12

7014
謀夫害子
富桂堂:廣州
清道光三十年(1850)?
2 卷

15327.d.12

7015
生祭李彥貴全本
富桂堂:廣州
清道光二十年(1840)
2 卷

15327.d.12

7016
挑經救母目蓮全本
富桂堂:廣州
清道光三十年(1850)?
2 卷

15327.d.12

7017
新選玉葵寶扇全本
清道光二十年(1840)?
3 卷

15327.d.12

7018
節義奇緣金葉菊
富桂堂:廣州
清咸豐五年(1855)
4 卷

15327.d.12

7019
綉像車龍公子花燈記
五桂堂:廣州
清道光三十年(1850)?
2 卷

15327.d.12

7020
六姑回門新發財全本
富桂堂:廣州
清道光三十年(1850)?
3 卷

15327.d.12

7021
新賭仔賣女南音全本
富桂堂:廣州
清道光三十年(1850)?
2卷
本書與以下9種書裝訂在一起,共一個索書號15327.d.13。共用此索書號並裝訂在一起的還有1種書,即屬於雜史類的《南雄珠璣巷來歷故事》。
15327.d.13

7022
哪吒收妲己
(清)靜觀主人訂
富桂堂:廣州
清道光二十年(1840)?
15327.d.13

7023
三合明珠方倫餞別全本
(清)祁秀昌
五桂堂:廣州
清道光三十年(1850)?
4卷
15327.d.13

7024
瑞蘭分別搶傘全本
近文堂:佛山
清道光三十年(1850)?
4卷
15327.d.13

7025
陳姑追舟全本
五桂堂:廣州
清道光三十年(1850)?
15327.d.13

7026
桂枝寫狀全本(附《李奇嘆監南音》)
富桂堂:廣州
清道光三十年(1850)?
2卷
15327.d.13

7027
蔡狀元起造洛陽橋全本(附《夏得海投文》)
富桂堂:廣州
清道光二十九年(1849)
3卷
15327.d.13

7028
新刻拗碎靈芝記
五桂堂:廣州
清道光三十年(1850)?
4卷
15327.d.13

7029
大晋司馬氏全套
富桂堂:廣州
清道光三十年(1850)?
15327.d.13

7030
新本梨園雅韻
富桂堂:廣州
清道光二十年(1840)?
15327.d.13

7031
四美同心金鈚記
富桂堂:廣州

清道光二十二年(1842)
6卷
本書與以下5種書裝訂在一起，共一個索書號15327.d.14。
　　　　　　　　　　15327.d.14

7032
四季蓮花全本
丹桂堂：廣州
清道光三十年(1850)？
4卷
　　　　　　　　　　15327.d.14

7033
天賜花裙全本
(清)程梅莊
丹桂堂：廣州
清道光三十年(1850)？
4卷
　　　　　　　　　　15327.d.14

7034
新刻白羅衫全本
(清)閒情居士
五桂堂：廣州
約清道光二十年(1840)
3冊
　　　　　　　　　　15327.d.14

7035
新刻呼家後代全本南音(附《呼延慶祭綠幽墳》)
富桂堂：廣州
清道光三十年(1850)？
5卷
　　　　　　　　　　15327.d.14

7036
蒙正全本綉毯記
(清)閒情居士
丹柱堂：廣州
清道光三十年(1850)？
6卷
　　　　　　　　　　15327.d.14

7037
玉蟬附薦全本
富桂堂：廣州
清道光三十年(1850)？
2卷
　　　　　　　　　　15327.d.15

7038
新刻大棚碧容祭監
大業堂：龍江
約清嘉慶五年(1800)
6頁
1868年7月23日登記入冊。
　　　　　　　　　　15327.d.16

7039
太子下魚舟癡人乞食
富桂堂：廣州
清咸豐六年(1856)
5頁
1868年7月23日登記入冊。
　　　　　　　　　　15327.d.17

7040
奇緣鴈翎媒新選
(清)素閒軒主人
進盛堂
19世紀
4卷
　　　　　　　　　　15327.d.18

7041
反唐女媧鏡全集(附《鳳嬌投水》)
富桂堂:廣州
約清嘉慶五年(1800)
4卷
1875年8月登記入冊。
15327.d.19

7042
新鴈翎扇墜全本(附《借尸還魂》)
大業堂
19世紀
2卷
1875年8月登記入冊。
15327.d.20

7043
葵花記全本(附《孟日紅賣線尋夫中途被劫》)
璧經堂:廣州
清道光十年(1830)?
4卷
15327.d.21

7044
西番碧玉帶全本
約清道光三十年(1850)
2卷
1875年8月登記入冊。
15327.d.22

7045
雙釘記
富桂堂:廣州
約清道光二十年(1840)
13頁
15327.d.23

7046
新碧桃錦帕全本
(清)閒情居士
五桂堂:廣州
清道光三十年(1850)
4卷
15327.d.24

7047
新刻玉簫琴記全本(附《丁芳拜相》)
(清)程梅莊
英桂堂:廣州
約清道光三十年(1850)
2部分,初集4卷,二集4卷
15327.d.25

7048
六郎罪子十錦馬頭調南音
林興堂:廣州
本書與以下3種書裝訂在一起,共一個索書號15327.d.26。
15327.d.26

7049
轅門斬子
攀桂堂:廣州
約清嘉慶二十五年(1820)
3頁,3頁,3頁
15327.d.26

7050
趙匡胤打洞結拜梆子腔
丹桂堂:廣州
15327.d.26

7051
夜困曹府梆子腔

集　部　　　　763

榮德堂
15327.d.26

7052
新刻五諫夫
富桂堂：廣州
約清嘉慶五年(1800)
2 卷,6 頁
15327.d.27

7053
平貴別窰
文賢堂
約清道光二十年(1840)
第 1 部分,7 折頁
15327.d.28

7054
河下解心(含 3 種：《新出嫦娥月》《果子名解心》《新趕有彩回寮》)
清嘉慶五年(1800)?
15331.d.5

7055
戒牛圖牧童歌
廣州
清嘉慶五年(1800)?
1 頁

7056
説唱花園會(内題《新刊時調百花臺全傳》)
(清)鴛水主人
裕德坊
清嘉慶五年(1800)?
4 册,20 卷
15333.c.10

7057
天雨花
(清)陶貞懷
有遺音齋
清嘉慶九年(1804)
5 册,30 卷
15333.d.6

7058
繡像義妖傳
(清)陳遇乾
清嘉慶十四年(1809)
2 册,28 卷
1891 年 7 月入册。
15334.f.6

7059
風箏誤傳
環秀閣
清嘉慶十六年(1811)
1 册,8 卷
15327.a.8

7060
繪真記
(清)邀月樓主人
清嘉慶十七年(1812)
40 回
15325.a.2

7061
探河源傳
環秀閣
清嘉慶十八年(1813)
59 卷
15327.a.9

7062
說唱繡香囊全傳
(清)陸士珍
環春閣
清嘉慶十九年(1814)
2冊,7卷
　　　　　　　　15327.b.14

7063
一箭緣傳
(清)環秀主人
環秀閣
清嘉慶二十三年(1818)
4卷
　　　　　　　　15327.b.4

7064
繡像蘊香丸
蘭玉軒
清嘉慶二十三年(1818)
10卷,20回,圖11幅
　　　　　　　　15327.b.10

7065
吟風閣
(清)楊潮觀
屋外山房
清嘉慶二十五年(1820)
4卷
　　　　　　　　15331.f.6

7066
繡像碧玉獅
雙桂軒
清嘉慶二十五年(1820)
20卷
有清秋澄居士序。
　　　　　　　　15327.b.2

7067
繡像第八才子書花箋記
考文堂
約清嘉慶二十五年(1820)
6卷,具插圖
　　　　　　　　15334.a.3

7068
花箋記(中英對照)
Chinese Courtship
(英國)彼得・佩林・湯姆斯譯
PETER PERRING THOMS (translator)
帕伯里、艾倫和金斯伯里公司:倫敦;澳門印刷
Parbury, Allen & Kingsbury: London; Macao printed
清道光四年(1824)
16頁,339頁
　　　　　　　　11099.g.10

7069
繡像八仙緣
(清)梅庭氏
寓春居士藏板
清道光九年(1829)
1冊,4卷,12回
　　　　　　　　15325.a.6

7070
審音鑑古錄
清道光十四年(1834)
各部分分別標頁碼
　　　　　　　　15257.e.18

7071
來生福
(清)橘中逸叟

集　部

約清道光二十年(1840)
4 冊,36 卷
　　　　　　　15113.a.18

7072
玉龍太子走國陰陽扇全本
近文堂:佛山
約清道光二十年(1840)
4 冊,8 集,80 卷
1868 年 7 月 23 日登記入冊。
　　　　　　　15323.a.2

7073
玉釧緣
翰苑閣:北京
清道光二十二年(1842)
9 冊,32 卷,圖 20 幅
有清西湖居士序。1891 年 7 月入庫。
　　　　　　　15327.b.3

7074
繡像安邦定國全傳
福文堂:廣州
清道光三十年(1850)
8 冊,20 卷,又 20 卷
　　　　　　　15334.f.3

7075
鳳凰山
海陵軒
約清道光三十年(1850)
4 冊,72 卷
　　　　　　　15334.f.5

7076
賣胭脂
清咸豐十年(1860)?
4 頁
　　　　　　　15327.d.33(1)

7077
王大娘補缸
清咸豐十年(1860)?
7 頁
　　　　　　　15327.d.33(2)

7078
新馬頭
清咸豐十年(1860)?
8 頁
　　　　　　　15327.d.33(3)

7079
四季想思
清咸豐十年(1860)?
9 頁
　　　　　　　15327.d.33(4)

7080
名班抄出新演
清光緒元年(1875)?
38 頁
　　　　　　　Or.4466.39.B.f

7081
倚晴樓七種曲
(清)黃燮清
清同治四年至九年(1865-1870)
7 部分
　　　　　　　15325.a.1

7082
孟姜女萬里尋夫
登庸堂

清同治七年(1868)
23 頁

15323.b.33

7083
六觀樓北曲六種
(清)許鴻磐
清同治十三年(1874)
6 卷

15327.d.29

7084
百本張北京俗曲叢鈔
百本張抄本
清光緒六年(1880)?
3 冊

Or.4447-4449

7085
百本張子弟書叢鈔
百本張抄本
清光緒六年(1880)?
14 冊

Or.4450-4463

7086
百本張子弟書叢鈔二
百本張抄本
清光緒六年(1880)?
3 冊(26 種、22 種、34 種)

Or.4467-4469

7087
清代戲曲劇本叢鈔一
抄本
清光緒十七年(1891)前
2 冊

Or.4464-4465

7088
清代戲曲劇本叢鈔二
抄本
清光緒十七年(1891)前
7 冊合訂

Or.4466

7089
舞臺畫(關公與甘、糜二夫人被俘)
清光緒二十六年(1900)?
1 頁

15301.d.(8)

7090
老鼠告狀
桑普森、洛、馬斯頓出版公司:倫敦
Sampson, Low, Marston & Co.: London
清光緒四年(1878)

11100.a.16

7091
老鼠告狀
清光緒十七年(1891)

16100.a.28

7092
白蛇傳:雷峰塔的傳說(英譯本)
The Mystery of the White Snake: A Legend of Thunder Peak Tower
(美國)吳板橋譯
SAMUEL J. WOODBRIDGE (translator)
上海
清光緒二十二年(1896)
34 頁

11095.e.14

集　部

7093
貂蟬：一齣中國戲（五幕劇）（英文）
Teaou-Shin: A Drama from the Chinese
（英國）羅伯特·亞歷山大
ROBERT ALEXANDER
蘭肯公司：倫敦
Ranken & Co: London
清同治八年（1869）
57 頁
　　　　　　　　　　　11100. c. 27

7094
中國戲劇（英文）
The Chinese Drama
（英國）威廉·斯坦頓
WILLIAM STANTON
別發書局：香港
Kelly & Walsh: Hong Kong
清光緒二十五年（1899）
130 頁
　　　　　　　　　　　11099. c. 44

7095
重訂中原音韻
（元）周德清
九思堂
約清嘉慶五年（1800）
2 卷
　　　　　　　　　　　15346. b. 21

7096
長生殿曲譜
（清）馮起鳳
清乾隆五十四年（1789）
2 卷
　　　　　　　　　　　15257. e. 1

7097
納書楹曲譜（正集 4 卷、續集 4 卷、外集 2 卷、補遺集 4 卷、《西廂記》全譜 2 卷、《玉茗堂四夢》曲譜 8 卷）
（清）葉堂編
納書楹
清乾隆五十七年至五十九年（1792 – 1794）
15257. e. 3《南柯記》2 卷；15257. e. 4《牡丹亭》2 卷；15257. e. 5《邯鄲記》2 卷；15257. e. 6《續集》4 卷；15257. e. 7《補遺》4 卷；15257. e. 8《外集》2 卷
　　　　　　　　　　　15257. e. 3 –8

7098
九宮大成南北詞宮譜
（清）周祥鈺等
約清嘉慶五年（1800）
2 冊，卷 42 – 61
　　　　　　　　　　　15257. e. 9

7099
武鮮花調等
清同治七年（1868）等
1 冊，22 種
　　　　　　　　　　　15327. b. 18

7100
遏雲閣曲譜
（清）王錫純
著易堂：上海
清同治九年（1870）
2 函，12 冊；20 厘米
　　　　　　　　　　　15307. c. 20

7101
笛子曲譜

抄本
清朝(1644－1911)
1 册

Add.6653

小説類

歷史小説屬

7102
盤古志傳
題(明)鍾惺
南京
16 世紀
2 卷

Or. Micr. 364

7103
有夏志傳
題(明)鍾惺
南京
16 世紀?
4 卷

Or. Micr. 388

7104
夏商合傳
題(明)鍾惺
稽古堂
清嘉慶十九年(1814)
6 卷,4 卷

15296.b.8

7105
東周列國志全傳
(清)蔡元放評點
桐石山房
清乾隆十七年(1752)
2 函,24 册,23 卷

15325.c.2

7106
春秋列國志傳
(明)余邵魚
蘇州
明萬曆四十三年(1615)
12 卷

Or. Micr. 386

7107
新列國志
(明)馮夢龍
17 世紀
108 卷

Or. Micr. 334 A&B

7108
孫龐鬥智演義
(明)吳門嘯客
明崇禎九年(1636)
20 卷

Or. Micr. 379

7109
兩漢演義傳
(明)甄偉、(明)謝詔
16 世紀
8 卷,10 卷

Or. Micr. 325

集　部　　　　　　　　　769

7110
繡像東西漢全傳
(明)甄偉、(明)謝詔
五雲樓
約清道光十年(1830)
2 冊(西漢 8 卷、東漢 10 卷)
15334.c.1

7111
繡像東西漢演義(劍嘯閣評西漢演義傳)
(明)甄偉
聚文堂
約清道光十年(1830)
8 卷
15333.e.11

7112
三分事略(日本天理圖書館藏原書樣頁)
13 世紀
Or. Micr. 355

7113
三國志通俗演義
(明)羅貫中
明嘉靖元年(1522)
僅存卷 7 – 8
Or. Micr. 359

7114
三國志通俗演義
(明)羅貫中
明萬曆十九年(1591)
12 卷, 缺卷 12
Or. Micr. 360

7115
三國志傳
(明)羅貫中
雙峰堂
明萬曆二十年(1592)
存卷 19 – 20
15333.e.1

7116
三國全傳
(明)羅貫中
明萬曆二十四年(1596)
僅樣頁
Or. Micr. 361

7117
三國志傳評林
(明)羅貫中
福建
16 世紀
存卷 1 – 18
Or. Micr. 358

7118
三國志傳
(明)羅貫中
福建
明萬曆三十八年(1610)
20 卷
Or. Micr. 357

7119
全像三國志傳
(明)羅貫中
約明天啓三年(1623)
存卷 1 – 11、16 – 20
15333.e.6

7120
二刻英雄譜(《三國志演義》《水滸傳》)
(元)施耐庵、(明)羅貫中
約明崇禎三年(1630)
20 卷
      Or. Micr. 356

7121
三國志演義
(明)羅貫中
明崇禎十七年(1644)
      15333.e.3

7122
出像三國志傳
(明)羅貫中
喬山堂
約清康熙三十九年(1700)
2 冊,卷 8-13
      15333.e.4

7123
原本三國志傳
(明)羅貫中
王泗源
約清康熙三十九年(1700)
20 卷
      15333.e.7

7124
奇書第一種三國志演義
(明)羅貫中著、(清)毛宗崗評點
18 世紀
卷 7,第 61-79 回
      15333.e.5

7125
金批第一才子書三國志演義
(明)羅貫中著、(清)毛宗崗評點
皆雅樓
18 世紀
3 冊,19 卷,120 回,具插圖
      15333.e.2

7126
陳眉公先生批評三國志
(明)羅貫中
約清嘉慶五年(1800)
第 30-47、61-73 回
      15333.e.8

7127
第一才子書三國志演義
(明)羅貫中
清嘉慶十九年(1814)
60 卷
      15325.b.8

7128
繡像第一才子書三國志演義
(明)羅貫中著、(清)毛宗崗評點
永安堂
清嘉慶二十五年(1820)
3 冊,60 卷
      15333.e.9

7129
第一才子書三國志演義
(明)羅貫中
約清道光三十年(1850)
3 冊,60 卷
      15334.e.9

集　部

7130
繡像漢宋奇書(《三國志演義》《水滸傳》)
(元)施耐庵、(明)羅貫中
清道光三十年(1850)？
2 函,20 本
　　　　　　　　　　　　15325.e.3

7131
三國志全圖演義
(明)羅貫中著、(清)毛宗崗評點
築野書屋
清光緒九年(1883)
3 册,60 卷
　　　　　　　　　　　　15333.f.1

7132
增像三國全圖演義
(明)羅貫中
上海
清光緒三十年(1904)
1 函,10 本
　　　　　　　　　　　　15325.d.6

7133
三國志演義第四十三回"諸葛亮舌戰群儒"(英譯本)
(明)羅貫中著、(英國)約翰·斯悌爾譯
JOHN STEELE (translator)
美華書館:上海
American Presbyterian Mission Press: Shanghai
清光緒三十一年(1905)
6 頁,62 頁;24 厘米
　　　　　　　　　　　　11094.c.29

7134
三國志演義(法譯本)
Histoire des Trois Royaumes
(明)羅貫中著、(法國)帕維譯
THÉODORE PAVIE (translator)
邦雅曼·迪普拉書局:巴黎
Paris
清道光二十五年(1845)、咸豐元年(1851)
2 册
　　　　　　　　　　　　11099.d.6

7135
繡像東西兩晉全志
碧梧山房
約明萬曆四十年(1612)
2 册,12 卷
　　　　　　　　　　　　15334.e.8

7136
綉像東西晉演義
福文堂
清嘉慶二十五年(1820)？
2 册,12 卷,20 幅插圖
　　　　　　　　　　　　15334.d.9

7137
梁武帝西來演義
(清)天花藏主人
清康熙十二年(1673)
10 卷
　　　　　　　　　　　　Or.Micr.375

7138
繡像西來演義
抱青閣
清嘉慶二十四年(1819)

2 冊,40 回
　　　　　　　　　　15331.e.7

7139
隋史遺文
(明)袁于令
明崇禎六年(1633)
存第 1-10、31-33、51-52、55 回
　　　　　　　　　　Or. Micr. 389

7140
繡像隋唐演義
(清)褚人穫
自厚堂
清嘉慶十年(1805)
3 冊,20 卷
　　　　　　　　　　15333.c.9

7141
繡像瓦崗寨演義傳
(清)梁朗川
富經堂:廣州
清祺祥元年(1861)
5 卷
　　　　　　　　　　15334.b.6

7142
唐書志傳通俗演義
(明)熊大木
清江堂
明嘉靖三十二年(1553)
8 卷
　　　　　　　　　　Or. Micr. 346

7143
唐傳演義
(明)熊大木

藏珠館:武林
明萬曆四十七年(1619)
8 卷
　　　　　　　　　　Or. Micr. 345

7144
説唐全傳
禮文堂
清乾隆元年(1736)
存卷 2-6、10-12、13-15
　　　　　　　　　　15291.a.9

7145
大説唐全傳
(明)褚聖隣
福文堂
清乾隆四十八年(1783)
2 冊,8 卷,64 回
　　　　　　　　　　15333.c.2

7146
大唐全傳
清乾隆四十八年(1783)
8 卷

7147
説唐演義全傳
長慶堂
18 世紀
僅存卷 1 第 1-5 回
　　　　　　　　　　15333.c.3

7148
説唐後傳
福文堂
18 世紀
2 冊
　　　　　　　　　　15333.c.6

集　部

7149
說唐後傳
振賢堂
　　　　　　　　　15333.c.7

7150
說唐後傳
清道光二十年(1840)？
2冊,11卷
　　　　　　　　　15325.d.7

7151
說唐演傳
聖德堂
約清嘉慶五年(1800)
2冊,24卷
　　　　　　　　　15333.c.4

7152
仁貴征西　說唐三傳
福文堂
清嘉慶十二年(1807)
2冊,90回
　　　　　　　　　15333.b.3

7153
薛仁貴征東全傳
福文堂
清道光十八年(1838)
6卷,42回
　　　　　　　　　15333.b.10

7154
繡像反唐全傳
同文堂
清乾隆五十八年(1793)
10卷
　　　　　　　　　15333.c.5

7155
繡像殘唐五代全傳
(明)羅貫中
振賢堂
清乾隆四十六年(1781)
6卷
　　　　　　　　　15333.d.1

7156
繡像殘唐五代全傳
(明)羅貫中
清同治五年(1866)
6卷
　　　　　　　　　15333.d.8

7157
繡像粉粧樓全傳
(清)竹溪山人
會元藏板
清嘉慶十一年(1806)
2冊,12卷,80回
　　　　　　　　　15331.c.7

7158
繡像宋太祖三下南唐
(清)好古主人
英文堂:佛鎮
清同治十三年(1874)
8卷,53回
　　　　　　　　　15331.c.10

7159
飛龍全傳
(清)吳璿
世德堂
清乾隆三十三年(1768)
2冊,60回
　　　　　　　　　15325.c.6

7160
繡像飛龍全傳
(清)吳璿
經綸堂
清同治十三年(1874)
2冊,60回
       15331.b.14

7161
北宋志傳通俗演義(附《南宋志傳》)
(明)熊大木
世德堂:南京
16世紀
僅存卷1,附10卷
       Or. Micr. 343

7162
全本新鐫玉茗堂批點按鑑全部出像北宋志傳
(明)熊大木
約明崇禎十七年(1644)
卷3-10
       15333.b.2

7163
楊家將演義
(明)熊大木
小酉山房
明萬曆四十六年(1618)
10卷
       15331.d.20

7164
萬花樓楊包狄演義
(清)李雨堂
福文堂
清道光十六年(1836)

2冊,14卷
       15331.b.2

7165
繡像五虎平西前傳
敬業堂
清嘉慶十年(1805)
2冊,14卷
       15334.b.4

7166
繡像五虎平南後傳
會文堂
清道光二年(1822)
6卷
       15334.b.5

7167
新刊大宋中興通俗演義
(明)熊大木
清白堂
明嘉靖三十一年(1552)
8卷
       Or. Micr. 341

7168
繡像南北宋志傳(僅《南宋志傳》)
題(明)陳繼儒
英德堂
約清嘉慶五年(1800),舊版印刷
10卷
       15286.c.7

7169
南宋志傳
題(明)陳繼儒
18世紀

集　部　　　　　　　775

存卷 2、4
　　　　　　　　　15325.g.85

7170
繡像後宋慈雲走國全傳
福文堂
清嘉慶二十年(1815)
1 冊,8 卷
　　　　　　　　　15331.c.1

7171
大宋中興岳王傳
(明)熊大木
約明萬曆二十八年(1600)
8 卷
　　　　　　　　　Or. Micr. 344

7172
說岳全傳
(清)錢彩
福文堂
清嘉慶六年(1801)
2 冊,80 卷
　　　　　　　　　15334.b.2

7173
洪武全傳
題(明)徐渭
清嘉慶五年(1800)
10 卷
　　　　　　　　　15333.b.15

7174
皇明開運英武傳
南京
明萬曆十九年(1591)
8 卷
　　　　　　　　　Or. Micr. 347

7175
全像演義皇明英烈志傳
約明萬曆二十八年(1600)
57 頁(殘本)
　　　　　　　　　15305.a.12

7176
英烈傳
三台館
16 世紀
6 卷
　　　　　　　　　Or. Micr. 384

7177
繡像英烈全傳
題(明)徐渭
醉六堂
清道光十三年(1833)(據序)
10 卷,80 回
　　　　　　　　　15334.a.11

7178
新鍥國朝承運傳
明代
4 卷
　　　　　　　　　Or. Micr. 326

7179
于公太保演義傳
(明)孫高亮
務本堂
清道光二年(1822)
10 卷
　　　　　　　　　15305.b.13

7180
萃忠全傳

(明)孫高亮
會文堂
約清道光二十年(1840)
6卷
　　　　　　　　　15331.b.1

7181
皇明中興聖烈傳
(明)樂舜日
16世紀
5卷
　　　　　　　　　Or. Micr. 362

7182
古今列女傳演義
題(明)馮夢龍
三多齋:蘇州
約清嘉慶五年(1800)
5卷
　　　　　　　　　15303.c.3

7183
檮杌閒評
約清嘉慶五年(1800)
卷8-50
　　　　　　　　　15331.a.3

7184
樵史通俗演義
(清)江左樵子
40卷
　　　　　　　　　Or. Micr. 327

7185
遼海丹忠錄
(明)陸雲龍
約明崇禎三年(1630)
8卷
　　　　　　　　　Or. Micr. 363

7186
近報叢譚平虜傳
(明)吟嘯主人
約明崇禎三年(1630)
2卷
　　　　　　　　　Or. Micr. 383

7187
新編勦闖通俗小説
(清)西吳懶道人
10卷
　　　　　　　　　Or. Micr. 337

7188
吳三桂演義
(清)黃世仲
香港
清宣統三年(1911)
547頁
　　　　　　　　　15325.d.2

7189
順治皇過江全傳
(清)蓬蒿子
清道光二十九年(1849)
4卷
　　　　　　　　　15271.c.14

7190
新世鴻勛
清康熙三十九年(1700)？
4卷

集　部

7191
定鼎奇聞
（清）蓬蒿子
稼史軒：蘇州
18 世紀
4 卷, 22 回
　　　　　　　　　15333.c.1

7192
新史奇觀
（清）蓬蒿子
第 17 – 22 回
　　　　　　　　　15331.c.4

7193
新史奇觀全傳
（清）蓬蒿子
清同治九年（1870）？
4 卷, 22 回
　　　　　　　　　15325.b.1

7194
臺灣外記
（清）江日昇
清康熙四十三年（1704）
10 卷
　　　　　　　　　15291.a.12

7195
臺灣外記
（清）江日昇
求無不獲齋
約清嘉慶二十五年（1820）
10 卷
　　　　　　　　　15275.a.19

7196
說倭傳
（清）洪興全
香港
清光緒二十三年（1897）？
33 回？
　　　　　　　　　15296.b.16

7197
鏡中影
（清）黃世仲
《循環日報》：香港
清光緒三十三年（1907）
427 頁
　　　　　　　　　15325.b.5

傳奇小說屬

7198
忠義水滸傳
（元）施耐庵
容與堂
16 世紀
100 卷
　　　　　　　　　Or. Micr. 368

7199
忠義水滸傳
（元）施耐庵
芥子園
16 世紀
第 1 頁, 第 71 – 76、97 – 100 回
　　　　　　　　　Or. Micr. 369

7200
忠義水滸傳評林

(元)施耐庵
雙峰堂
16 世紀
卷 8－25
　　　　　　　　　Or. Micr. 370

7201
忠義水滸傳
(元)施耐庵
據明版重刻
清康熙五年(1666)
100 卷
　　　　　　　　　Or. Micr. 1132－3

7202
水滸傳
(元)施耐庵
萃經堂
17 世紀晚期
75 卷
　　　　　　　　　Or. Micr. 1129－31

7203
繡像第五才子書水滸傳
(元)施耐庵
清順治十四年(1657)
3 冊,20 卷
　　　　　　　　　15325. d. 3

7204
繡像第五才子書水滸傳
(元)施耐庵
18 世紀
4 冊,75 卷
　　　　　　　　　15334. c. 4

7205
征四寇傳
(元)施耐庵
中勝堂
清乾隆五十七年(1792)
10 卷(第 67－115 回),缺卷 7－8
　　　　　　　　　15334. b. 1

7206
水滸後傳
(清)陳忱
明萬曆三十六年(1608)
2 冊,8 卷
　　　　　　　　　15334. e. 3

7207
結水滸傳
(清)俞萬春
清咸豐七年(1857)
4 冊,70 卷,又 1 卷
　　　　　　　　　15327. e. 12

7208
金雲翹傳
(明)青心才人
18 世紀?
卷 1,僅第 1－4 回
　　　　　　　　　Or. Micr. 328

7209
希夷夢
(清)汪寄
清嘉慶十四年(1809)
4 冊,40 卷
　　　　　　　　　15333. a. 6

集　部　　　　779

7210
昭君傳
（清）雪樵主人
18 世紀
8 卷,缺卷 1
　　　　　　　　15333.a.8

7211
雙鳳奇緣傳
（清）雪樵主人
忠恕堂
清嘉慶十四年（1809）
80 回,存第 1－64 回
　　　　　　　　15331.b.4

7212
繡像雙鳳奇緣全傳
（清）雪樵主人
大文堂
清道光二年（1822）
2 冊;16 厘米
　　　　　　　　15325.g.37

7213
爭春園
三元堂
清道光元年（1821）
48 回,卷 19－24 合訂於後
　　　　　　　　15331.a.4

7214
太白詩話
富桂堂:廣州
約清道光十年（1830）
22 頁
　　　　　　　　15321.d.3

7215
綠牡丹全傳
約清道光二十年（1840）
第五部分第 51－64 回
　　　　　　　　15333.b.5

7216
繡像三合劍全傳
清道光二十四年（1844）
6 卷
　　　　　　　　15334.d.1

7217
西湖佳話
（清）古吳墨浪子
大文堂
約清道光三十年（1850）
10 卷
　　　　　　　　15276.b.4

7218
繪圖評點兒女英雄傳
（清）文康
清光緒十四年（1888）
2 冊,40 回
　　　　　　　　15325.e.6

公案小說屬

7219
繡像龍圖公案
一經堂
清嘉慶二十一年（1816）
10 卷
　　　　　　　　15333.b.3

7220
明鏡公案
(明)葛天民
約明萬曆十八年(1590)
卷1-4
　　　　　　　　　Or. Micr. 340

7221
皇明諸司公案傳
(明)余象斗
明萬曆年間(1573-1619)
6卷
　　　　　　　　　Or. Micr. 385

7222
諸司廉明奇判公案
(明)余象斗
萃英堂:建安
16世紀
2卷
　　　　　　　　　Or. Micr. 339

7223
新鐫國朝名公神斷詳情公案
　　　　　　　　　Or. Micr. 338

7224
海瑞大紅袍全傳
二經堂
清嘉慶十八年(1813)
60回
　　　　　　　　　15334. d. 3

7225
海瑞大紅袍全傳
清咸豐三年(1853)
60回
　　　　　　　　　15334. d. 4

7226
繡像梁天來警富新書
(清)安和
富桂堂:廣州
約清道光十年(1830)
40卷
　　　　　　　　　15334. c. 7

7227
施公案傳
清道光十年(1830)
8卷
　　　　　　　　　15325. b. 14

7228
五鼠鬧東京　包公收妖傳
清道光三十年(1850)?
2卷
　　　　　　　　　15327. d. 12

7229
忠烈俠義傳
(清)石玉崑
清光緒五年(1879)
3冊,120回
　　　　　　　　　15331. f. 7

7230
繡像小五義
公興書局
清光緒十六年(1890)
1函,6冊,6卷,124回
　　　　　　　　　15333. e. 15

7231
新刻小說載花船
(清)西泠狂者編次、(清)素星道人評

集　部

抄本
清光緒十七年(1891)前
4卷,81頁
Or. 4475

神魔小説屬

7232
全像西遊記
(明)吳承恩
明萬曆年間(1573–1619)
20卷
Or. Micr. 377

7233
西遊記
(明)吳承恩
16世紀?
100回
Or. Micr. 376

7234
批評西遊記
(明)吳承恩
18世紀
存卷3、5、8、13
15271. c. 13

7235
金聖歎加評西遊真詮
(明)吳承恩
聯墨堂
約清嘉慶二十五年(1820)
4冊,20卷
15331. b. 5

7236
西遊後傳
清乾隆十五年(1750)
40章

7237
西遊原旨
(清)劉一明
護國庵:常德府
清嘉慶二十四年(1819)
100卷
15331. f. 1

7238
西遊補
(清)董説
上海
清光緒元年(1875)
16卷
15291. a. 4

7239
三遂平妖傳
(明)羅貫中
約明萬曆十八年(1590)
4卷
Or. Micr. 354

7240
北宋三遂平妖傳
(明)羅貫中
明萬曆四十八年(1620)
40卷
Or. Micr. 353

7241
全本玉瀾堂刻北宋三遂平妖全傳

(明)羅貫中
玉蘭堂
約明崇禎十七年(1644)
存卷3-10,第9-40回

15333.b.1

7242
繡像平妖全傳
(明)羅貫中、(明)馮夢龍
敬書堂
約清道光二十年(1840)
18卷

15331.d.18

7243
西洋記
(明)羅懋登
明萬曆二十五年(1597)

15101.d.1

7244
西洋記
(明)羅懋登
明萬曆二十五年(1597)

15101.d.2

7245
西洋記
(明)羅懋登
明萬曆二十五年(1597)(據舊版)?
2冊,20卷

15331.f.2

7246
新刻八仙出處東游記(版心題"八仙出身傳")
(明)吳元泰

明萬曆二十八年(1600)?
2卷,缺第1-20頁

15334.e.6

7247
東遊八仙記出身傳
(明)吳元泰
丹柱堂
約清嘉慶五年(1800)
4卷,56回

15113.a.28

7248
全像北遊記玄帝出身傳
(明)余象斗
明萬曆三十年(1602)

15101.c.32

7249
全像北遊記玄帝出身傳
(明)余象斗
書林熊仰臺
清乾隆四十七年(1782)?
4卷

15101.c.32/2

7250
全像東遊記
(明)吳元泰
16世紀?
2卷

Or.Micr.378

7251
全像觀音出身南遊記傳
(明)朱鼎臣編輯
書林煥文堂

集　部

明隆慶五年(1571)
4 卷
　　　　　　　15101.c.32/1

7252
全像華光天王南遊志傳
(明)余象斗
昌遠堂
明隆慶五年(1571)
4 卷
　　　　　　　15101.c.33

7253
薩仙咒棗記
(明)鄧志謨
萃慶堂:福建
明萬曆三十一年(1603)
2 卷
　　　　　　　Or. Micr.373

7254
呂仙飛劍記
(明)鄧志謨
明萬曆年間(1573-1619)
2 卷
　　　　　　　Or. Micr.374

7255
錢塘湖隱濟顛小說
(明)沈孟柈
明隆慶三年(1569)
　　　　　　　Or. Micr.367

7256
鍾馗全傳
安正堂
16 世紀

4 卷
　　　　　　　Or. Micr.332

7257
韓湘子全傳
(明)楊爾曾
明天啓三年(1623)
30 回
　　　　　　　Or. Micr.381

7258
封神演義
(明)許仲琳
四雪草堂
清康熙三十四年(1695)
1 册,100 回
　　　　　　　15334.e.2

7259
繡像封神演義全傳
(明)許仲琳
萬卷樓
清嘉慶十八年(1813)
3 册,100 回
　　　　　　　15334.a.9

7260
雕像新刻女仙外史
(清)呂熊
釣璜軒
清康熙五十年(1711)
2 卷
　　　　　　　15301.b.3

7261
蟫史
(清)屠紳

約清嘉慶五年(1800)
2冊,20卷

15327.e.9

7262
雷峰塔
(清)玉花堂主人
清嘉慶十一年(1806)
5卷

15333.b.4

7263
繡像飛跎全傳
(清)鄒必顯
文盛堂:揚州
清嘉慶二十二年(1817)
1冊,4卷,32回

15327.f.2

7264
第九才子書平鬼傳
(清)樵雲山人
經綸堂
18世紀
4冊,3卷

15325.d.5

7265
第九才子書平鬼傳
(清)樵雲山人
莞爾堂
約清嘉慶二十五年(1820)
4卷

15334.d.11

7266
繡像第九才子書捉鬼傳
(清)樵雲山人
鑄記書局:上海
約清宣統二年(1910)
4卷,10回;16厘米

15325.g.95

7267
繡像綠野仙蹤全傳
(清)李百川
清道光十年(1830)
2冊,80卷

15331.f.4

7268
醉菩提全傳
(清)天花藏主人
大文堂
清道光二十七年(1847)
4卷

15327.f.5

7269
桃花女陰陽鬥傳
丹柱堂
清道光二十八年(1848)
4卷

15331.c.16

7270
鏡花緣
(清)李汝珍
清道光三十年(1850)?
107頁

15334.b.11

7271
鏡花緣繡像

集　　部　　　　　　　　785

（清）李汝珍
芥子園
清道光十二年（1832）
3冊,22卷
15334.b.10

7272
半日閻王全傳
五桂堂：廣州
清道光三十年（1850）？
15327.d.12

7273
繡像鬼神傳終須報
富經堂：廣州
清咸豐九年（1859）
1冊,4卷
15334.d.10

世情小說屬

7274
第一奇書金瓶梅
（明）蘭陵笑笑生
清康熙三十四年（1695）
4冊,100回
15325.c.3

7275
第一奇書金瓶梅
（明）蘭陵笑笑生著、（清）張道深（竹坡）批評
約清嘉慶二十五年（1820）
5冊,100回
15334.a.1

7276
金瓶梅（滿語譯本）
（清）和素譯
清康熙四十七年（1708）
15354.b.1

7277
繡像續金瓶梅
（清）丁耀亢
務本堂
約清嘉慶二十五年（1820）
12卷,64回
15334.a.2

7278
僧尼孽海
題（明）唐寅
清嘉慶十二年（1807）
Or.Micr.366

7279
古今小說（日本圖書館藏本樣頁）
（明）馮夢龍
Or.Micr.335

7280
醒世恒言
（明）馮夢龍
明天啟七年（1627）
40卷,缺卷1部分內容和卷2-3
15331.d.2

7281
二刻拍案驚奇
（明）凌濛初
尚友堂
明崇禎五年（1632）

39 卷
    Or. Micr. 352

7282
綉像拍案驚奇
（明）凌濛初
萬元樓
約清嘉慶五年（1800）
1 册，36 卷
    15331.d.19

7283
繡像今古奇觀
（明）抱甕老人
約明崇禎五年（1632）
40 卷
    15331.e.12

7284
繡像今古奇觀
（明）抱甕老人
筆花軒
約清嘉慶五年（1800）
10 册，40 卷，合訂爲 1 本
    15331.c.2

7285
宋金郎團圓破氈笠（《今古奇觀》本）（英譯本）
The Affectionate Pair
（明）抱甕老人編、（英國）彼得·佩林·湯姆斯譯
PETER PERRING THOMS（translator）
布萊克、金斯伯里、帕伯里和艾倫公司：倫敦
Black, Kingsbury, Parbury & Allen: London
清嘉慶二十五年（1820）
4 頁，104 頁；18 厘米
    11100.a.30

7286
王嬌鸞百年長恨（英譯本）
Wang-Keaou-lwan Pih Nëen Chang Hän, or, the Lasting Resentment of Miss Keaou-lwan-Wang: A Chinese Tale
（英國）羅伯聘譯
ROBERT THOM（translator）
廣州
Canton
清道光十九年（1839）
    11100.d.18

7287
賣油郎獨占花魁（《今古奇觀》本）（法譯本）
Le Vendeur-d'Huile qui Seul Possède la Reine-de-Beauté, ou, Splendeurs et Misères des Courtisanes Chinoises
（荷蘭）施古德譯
GUSTAAF SCHLEGEL（translator）
萊頓、巴黎
Leyde, Paris
清光緒三年（1877）
17 頁，140 頁，79 頁
    11100.b.6

7288
十三郎五歲朝天（《今古奇觀》本）（俄譯本）
（明）抱甕老人編、（俄國）伊鳳閣譯
ALEKSYEI IVANOVICH IVANOV（translator）
聖彼得堡

St. Petersburg
清光緒三十三年(1907)
66頁,13頁;29厘米
14005.f.24

7289
今古奇觀續編十二樓
(清)李漁
約清嘉慶二十五年(1820)
12卷
15331.c.3

7290
三與樓(英譯本)
San-Yu-Low, or, the Three Dedicated Rooms
(清)李漁著、(英國)德庇時譯
JOHN FRANCIS DAVIS (translator)
東印度公司出版社:廣州
The Honorable East India Company's Press: Canton
清嘉慶二十年(1815)
2頁,56頁;21厘米
11095.b.27(2)

7291
三與樓(英譯本)
San-Yu-Low, or, the Three Dedicated Rooms
(清)李漁著、(英國)德庇時譯
JOHN FRANCIS DAVIS (translator)
東印度公司出版社:廣州
The Honorable East India Company's Press: Canton
清嘉慶二十年(1815)
2頁,56頁;21厘米
11099.c.1(2)

7292
三與樓(英譯本)
San-Yu-Low, or, the Three Dedicated Rooms
(清)李漁著、(英國)德庇時譯
JOHN FRANCIS DAVIS (translator)
東印度公司出版社:廣州
The Honorable East India Company's Press: Canton
清嘉慶二十年(1815)
2頁,56頁;21厘米
11095.b.9

7293
西湖二集
(明)周楫
16世紀晚期
34卷
Or. Micr.330

7294
禪真逸史
(明)清溪道人
清道光三十年(1850)
2册,8卷
15334.f.7

7295
禪真後史
(明)清溪道人
杭州
明崇禎二年(1629)
2册,60回
15103.b.14

7296
鼓掌絕塵

（明）金木散人
明崇禎十二年(1639)
4部分,40回

Or. Micr. 349

7297
貪歡報
（明）西湖漁隱主人
賞心亭
明崇禎十三年(1640)？
24卷

15331. f. 5

7298
新鐫全像通俗演義隋煬帝艷史
（明）齊東野人
約明崇禎十七年(1644)
2冊,8卷

15331. d. 3

7299
石點頭
（明）天然癡叟
同仁堂
18世紀？
14卷

15103. d. 3

7300
燈草和尚傳
題（元）高明
抄本
清光緒十七年(1891)前
6卷,12回

Or. 4476

7301
昭陽趣史
（明）古杭艷艷生
抄本
清光緒十七年(1891)前
2冊,4卷

Or. 4478 –4479

7302
浪史奇觀
（明）風月軒又玄子
抄本
清光緒十七年(1891)前
4卷,12回

Or. 4480

7303
隔簾花影
湖南
約清康熙九年(1670)
48卷
有清四橋居士序。

15327. e. 2

7304
隔簾花影
湖南
約清康熙九年(1670)
48卷
有清四橋居士序。

15333. b. 12

7305
新鐫小說鬧花叢
（清）姑蘇癡情士
抄本
清光緒十七年(1891)前

集　　部　　　　　　　　　　789

4 卷,12 回
　　　　　　　　　　　Or. 4477

7306
重訂醒世姻緣傳
(清)西周生
同德堂
清道光二十一年(1841)
2 冊,100 回
　　　　　　　　　　15334. e. 7

7307
人中畫
尚志堂:泉州
清乾隆四十五年(1780)
　　　　　　　　　Or. Micr. 348

7308
繡像正德遊江南全傳
(清)何夢梅
聚經堂
清道光二十二年(1842)
7 卷,45 回
　　　　　　　　　　15331. c. 3

7309
遊江南傳
(清)何夢梅
僅樣頁
　　　　　　　　　Or. Micr. 387

7310
繡像正德遊江南全傳(英譯本)
The Rambles of the Emperor Ching Tǐh in Kĕang Nan: A Chinese Tale
(清)何夢梅著、(清)何進善譯
朗文出版社:倫敦

Longman & Co.: London
清道光二十三年(1843)
2 冊
　　　　　　　　　11099. c. 21

7311
梁太師江南訪主
(清)何夢梅
清道光二十九年(1849)
4 卷,24 回
　　　　　　　　　15331. c. 17

7312
再團圓
(清)步月主人
尚志堂
　　　　　　　　　Or. Micr. 365

7313
八洞天
(清)五色石主人
18 世紀
8 卷
　　　　　　　　　Or. Micr. 380

7314
幻中真
(清)烟霞散人
18 世紀
　　　　　　　　　Or. Micr. 382

7315
新鐫女才子傳
(清)烟水散人
鳳鳴堂
約清嘉慶五年(1800)
1 冊,10 卷
　　　　　　　　　15334. b. 7

7316
儒林外史
(清)吳敬梓
臥閑草堂
清嘉慶八年(1803)
2冊,56回
　　　　　　　　　15331.c.5

7317
新增批評繡像紅樓夢
(清)曹霑
東觀閣
清嘉慶十六年(1811)
6冊,120卷
　　　　　　　　　15333.a.1

7318
紅樓夢
(清)曹霑
清嘉慶二十五年(1820)?
存第46-51回

7319
繡像紅樓夢
(清)曹霑
清同治三年(1864)
4套,24本
　　　　　　　　　15325.d.4

7320
增評補圖石頭記
(清)曹霑
清光緒六年(1880)?
4冊,120回
　　　　　　　　　15326.d.5

7321
增評補像全圖金玉緣
(清)曹霑
上海
清光緒十五年(1889)
4冊,120回
　　　　　　　　　15326.d.4

7322
紅樓夢(英譯本)
Hung Lou Meng, or, the Dream of the Red Chamber
(清)曹霑著、(英國)本克拉夫特·喬利譯
H. BENCRAFT JOLY (translator)
別發書局:香港
Kelly & Walsh: Hong Kong
清光緒十八年(1892)
378頁
　　　　　　　　　11099.d.25

7323
紅樓夢圖詠
(清)改琦繪圖
清光緒五年(1879)
4卷
　　　　　　　　　15334.f.1

7324
紅樓夢圖繪
彩繪本
清宣統三年(1911)前
1冊
　　　　　　　　　Or.16548

7325
續紅樓夢

彙　部　　　　　　　　　791

(清)秦子忱
抱甕軒
清嘉慶四年(1799)
30卷,存卷4－12
　　　　　　　　15333.a.4

7326
續紅樓夢新編
(清)海圃主人
尚友堂
清嘉慶十年(1805)
40卷,存卷1－36
　　　　　　　　15333.a.5

7327
紅樓復夢
(清)陳少海
金谷園
清嘉慶十年(1805)
4册,100卷
　　　　　　　　15333.a.3

7328
綺樓重夢
(清)蘭皋主人
文會堂
清嘉慶二十一年(1816)
48回
　　　　　　　　15333.b.7

7329
癡人説夢
(清)王寶奫
清同治十年(1871)
4卷
　　　　　　　　15325.e.5

7330
療妬緣
18世紀
4卷
　　　　　　　　Or. Micr. 329

7331
常言道
(清)落魄道人
慎思堂
清嘉慶十四年(1809)
4册,16回,合訂爲1本
　　　　　　　　15333.a.10

7332
繡戈袍全傳
題(清)袁枚
福文堂
約清嘉慶二十五年(1820)
8卷,42回
　　　　　　　　15333.b.13

7333
笑林廣記
(清)遊戲主人
清道光九年(1829)
4卷
　　　　　　　　15334.c.9

7334
品花寶鑑
(清)陳森
清道光二十九年(1849)
4布函,20本
　　　　　　　　15325.a.3

7335
繡鞋記警貴新書
蝴蝶樓
約清道光三十年(1850)
1冊,4卷
　　　　　　　　　15331.b.16

7336
俗話傾談
(清)邵彬儒
華玉堂:廣州
清同治十年(1871)
4卷,又2卷
　　　　　　　　　15325.e.2

7337
俗話傾談
(清)邵彬儒
文裕堂:或在廣州
清光緒二十九年(1903)
1冊,2部分,4卷
　　　　　　　　　15323.c.1

7338
白門新柳記
(清)許豫
上海
清光緒元年(1875)
2頁,4頁,9頁,23頁,5頁,8頁,3頁,27頁,附《秦淮艷品》
　　　　　　　　　15334.d.14

7339
林蘭香
(清)隨緣下士
維新堂
清光緒四年(1878)

1冊,8卷
　　　　　　　　　15325.b.2

7340
繪圖野叟曝言
(清)夏敬渠
清光緒八年(1882)
20冊
　　　　　　　　　15325.d.11

7341
宦海潮
(清)黃世仲
香港
清光緒三十四年(1908)
364頁
　　　　　　　　　15325.b.11

7342
滑稽生
集成圖書公司:上海
清光緒三十四年(1908)
54頁
　　　　　　　　　15247.e.54

7343
名妓爭風
上海
清宣統元年(1909)
2冊,32回
　　　　　　　　　15247.e.5

7344
真杏花天(第2版)
改良小說社:上海
清宣統二年(1910)
2冊,4部分
　　　　　　　　　15247.e.80

集　部　　　793

7345
真肉蒲團（第 2 版）
（清）除一切苦齋
改良小説社：上海
清宣統二年（1910）
2 卷,8 回
　　　　　　　　　15247.e.30

7346
仙人跳美人奇計
正新書局：上海
清宣統三年（1911）
16 回,32 頁
　　　　　　　　　15247.e.34

7347
女嫖客
（清）陸士諤
大聲小説社：上海
清宣統三年（1911）
2 册,5 回
　　　　　　　　　15247.e.49

才子佳人小説屬

7348
情史
（明）馮夢龍
老會賢堂
清乾隆四十九年（1784）
10 册,24 回
　　　　　　　　　15333.b.19

7349
范希周（《情史》中的一則）（英譯本）
Fan-hy-cheu: A Tale

（英國）史蒂夫・威斯頓譯
STEPHEN WESTON（translator）
羅伯特・鮑德温出版：倫敦
Robert Baldwin: London
清嘉慶十九年（1814）
47 頁,1 頁,7 幅插圖;23 厘米
　　　　　　　　　11099.d.32

7350
蘇長公章臺柳傳
16 世紀
存卷 1-10
　　　　　　　　　Or. Micr. 371

7351
孔淑芳雙魚扇墜傳
17 世紀
僅存第 1-17 頁
　　　　　　　　　Or. Micr. 350

7352
引鳳簫
（清）楓江半雲友
僅存卷 1 第 1-4 回
　　　　　　　　　Or. Micr. 336

7353
天花藏合刻七才子書（《玉嬌梨》《平山冷燕》）
（清）荻岸散人
約清乾隆十五年（1750）
20 回,20 回
　　　　　　　　　15333.b.18

7354
繡像第三才子書玉嬌梨
（清）荻岸散人

老會賢堂
約清乾隆五十年(1785)
4卷
15333.b.16

7355
綉像第三才子玉嬌梨
(清)荻岸散人
鑄記書局:上海
約清宣統二年(1910)
4卷,20回;16厘米
15325.g.93

7356
玉嬌梨(法譯本)
Iu-kiao-li, ou, les Deux Cousines, Roman Chinois
(清)荻岸散人著、(法國)雷慕沙譯
M. ABEL RÉMUSAT (translator)
勒瓦瑟:巴黎
J. C. V. Levasseur: Paris
清道光九年(1829)
第1-2回
15333.b.17

7357
玉嬌梨(英譯本,據雷慕沙法譯本轉譯)
Iu-kiao-li, or, the Two Fair Cousins (from the French version of M. Abel Rémusat)
(清)荻岸散人著、(法國)雷慕沙(法文翻譯)、佚名(英文翻譯)
M. ABEL RÉMUSAT (French translator), ANONYM (English translator)
亨特和克萊克:倫敦
Hunt and Clarke: London
清道光七年(1827)
2冊
11099.b.26

7358
玉嬌梨(法譯本)
Les Deux Cousines. Roman Chinois
(清)荻岸散人著、(法國)儒蓮譯
STANISLAS JULIEN (translator)
迪迪埃公司:巴黎
Didier et Cie.: Paris
清同治三年(1864)
2冊
11100.b.15

7359
好逑傳
(清)名教中人
清乾隆五十二年(1787)
4卷,僅存卷1

7360
好逑傳
(清)名教中人
福文堂
清嘉慶十一年(1806)
4卷,18回
15334.a.5

7361
好逑傳
(清)名教中人
清嘉慶十九年(1814)
4卷

7362
合刻繡像九才子書(第二才子書好逑

集　部　　795

傳)
(清)天花居士批評
藝海堂(玉尺堂)
清道光二年(1822)
　　　　　　　　　　　15334.a.3

7363
好逑傳
(清)名教中人
獨處軒:北京
清同治二年(1863)
1冊,4卷
　　　　　　　　　　　15325.d.10

7364
好逑傳
(清)名教中人
獨處軒:北京
清同治二年(1863)
4卷,18回
　　　　　　　　　　　15334.e.1

7365
綉像第二才子書好逑傳(又題作"繪圖二才子俠義風月傳")
(清)名教中人
鑄記書局:上海
約清宣統二年(1910)
4卷,18回;16厘米
　　　　　　　　　　　15325.g.92

7366
好逑傳(英譯本)
Hau Kiou Choaan, or, the Pleasing History
(英國)魏金森譯、(英國)托馬斯・帕西編
JAMES　WILKINSON(translator)、THOMAS PERCY(editor)
多斯利公司:倫敦
R. & J. Dodsley:London
清乾隆二十六年(1761)
4冊
　　　　　　　　　　　243.i.30-31

7367
好逑傳(英譯本)
The Fortunate Union: A Romance
(清)名教中人著、(英國)德庇時譯
JOHN FRANCIS DAVIS(translator)
倫敦
London
清道光九年(1829)
2冊
　　　　　　　　　　　14003.d.1(1)

7368
水冰心(《好逑傳》德庇時英譯本的選譯本)
Shueypingsin: A Story Made from the Chinese Romance Haoukewchuen
(清)名教中人著、(英國)德庇時譯
JOHN FRANCIS DAVIS(translator)
基根・保羅出版公司:倫敦
Kegan Paul & Co.:London
清光緒二十五年(1899)
6頁,97頁
　　　　　　　　　　　012627.g.49

7369
好逑傳
(清)名教中人著、(英國)威妥瑪譯
THOMAS FRANCIS WADE(translator)
清同治二年(1863)

7370
好逑傳(節譯本,僅第1章)
The Fortunate Union
(清)名教中人著、(英國)道格拉斯譯
ROBERT KENNAWAY DOUGLAS(translator)
基根‧保羅出版公司:倫敦
Kegan Paul & Co.: London
清光緒二十六年(1900)
59頁
11095.c.1

7371
好逑傳(英譯本)
The Fortunate Union
(清)名教中人著、(英國)鮑康寧譯
FREDERICK WILLIAM BALLER (translator)
美華書館:上海
American Presbyterian Mission Press: Shanghai
清光緒三十年(1904)
2頁,260頁;24厘米
11094.c.12

7372
好逑傳(法譯本)
Hao-khieou-tchouan, ou, la Femme Accomplie: Roman Chinois
(清)名教中人著、(法國)吉拉德‧迪亞西譯
M. GUILLARD D'ARCY (translator)
巴黎
Paris
清道光二十二年(1842)
10頁,558頁
11100.e.10

7373
好逑傳(德譯本,據魏金森英譯本轉譯)
Haoh Kjöh Tschwen, d. i. die Angenehme Geschichte des Haoh Kjöh: Ein Chinesischer Roman
(清)名教中人著、(英國)魏金森(英文翻譯)、(德國)莫爾(德文翻譯)
JAMES WILKINSON (English translator), CHRISTOPH GOTTLIEB VON MURR (German translator)
萊比錫
Leipzig
清乾隆三十一年(1766)
11099.b.6

7374
好逑傳(德譯本)
Tieh und Pinsing: Ein Chinesischer Familien-Roman in Fünf Büchern von Haoh Kjoh
(清)名教中人著
J‧屈爾曼出版社:不來梅
J. Kühlmann: Bremen
清同治八年(1869)
11100.c.14

7375
駐春園小史
(清)吳航野客
懷經堂
清乾隆四十八年(1783)
原本6冊,合訂爲1本,6卷,24回
15333.a.7

7376
綉像第十才子書駐春園

集　　部　　　　　　　　797

(清)吳航野客
鑄記書局:上海
約清宣統二年(1910)
4卷,24回;16厘米
　　　　　　　　15325.g.98

7377
畫圖緣
(清)步月主人訂
會賢堂
約清乾隆五十年(1785)
4卷
　　　　　　　　15333.b.11

7378
水石緣
(清)李春榮
自得軒
清乾隆五十九年(1794)(據序)
6卷
　　　　　　　　15331.d.13

7379
繡像合錦廻文傳
(清)李漁
寶硯齋
清嘉慶三年(1798)
卷1-6、11-16
　　　　　　　　15333.b.14

7380
繡像鏡花仙史
(清)雲封山人
18世紀
8卷,26回
　　　　　　　　15333.d.7

7381
鴛鴦配
(清)烟水散人
18世紀?
4卷
　　　　　　　　Or. Micr. 390

7382
繡像二度梅傳
(清)惜陰堂主人
福文堂
清嘉慶五年(1800)
6卷
　　　　　　　　15331.b.3

7383
繡像二度梅傳
(清)惜陰堂主人
清道光十八年(1838)
1函,6册
　　　　　　　　15323.a.23

7384
二度梅(法譯本)
Erh-tou-Mei, ou, les Pruniers Merveilleux
(清)惜陰堂主人著、(法國)帛黎譯
ALPHONSE THÉOPHILE PIRY (translator)
巴黎
Paris
清光緒六年(1880)
2册
　　　　　　　　11099.b.2

7385
英雲夢傳
(清)松雲氏

二友堂
約清嘉慶五年(1800)
8卷
15334.d.5

7386
玉連環傳
(清)朱素仙
亦芸書屋
清嘉慶十年(1805)
1冊,8卷
15327.b.8

7387
聽月樓
忠恕堂
清嘉慶二十年(1815)
20卷
15327.f.6

7388
雪月梅傳
(清)陳朗
申報館:上海
清同治九年(1870)？
1冊,50卷
15327.e.10

7389
三分夢全傳
(清)張士登
清道光三年(1823)
1冊,16卷
15334.d.7

7390
五美緣

樓外樓
清道光四年(1824)
1冊,12卷,80回
15334.c.6

7391
第四才子書平山冷燕
(清)荻岸散人
大文堂
約清道光十年(1830)
4冊
15325.b.15

7392
綉像第四才子書平山冷燕
(清)荻岸散人
翰選樓:廣州
清道光二十二年(1842)
4卷,20回;18厘米
15325.g.97

7393
繡像四才子全傳平山冷燕
(清)荻岸散人
五雲樓
約清道光三十年(1850)
1冊,20卷
15333.f.6

7394
平山冷燕(法譯本)
Les Deux Jeunes Filles Lettrées. Roman Chinois
(清)荻岸散人著、(法國)儒蓮譯
STANISLAS JULIEN (translator)
巴黎
Paris

集　部

清咸豐十年(1860)
2 冊

11100.b.14

7395
大明全傳繡球緣
富桂堂：廣州
清咸豐元年(1851)
4 卷

15334.d.2

7396
繡像玉樓春
(清)白雲道人
醉月樓
清咸豐十年(1860)
4 卷

15334.c.8

7397
飛花詠小傳
16 卷

Or.Micr.333

7398
金石緣全傳
清同治四年(1865)
8 卷，具插圖

15331.d.12

7399
綉像第八才子白圭志
(清)崔象川
鑄記書局：上海
約清宣統二年(1910)
4 卷，16 回；16 厘米

15325.g.94

7400
九雲夢
(朝鮮)金萬重
朝鮮
清前期
6 卷

15201.c.15

外國人所作所譯小說屬

7401
張遠兩友相論
(英國)米憐
WILLIAM MILNE
約清道光十年(1830)
12 回

15116.e.31

7402
甲乙二友論述
(英國)米憐
WILLIAM MILNE
墨海書館：上海
清咸豐八年(1858)
23 頁

15116.e.38

7403
二友相論
(英國)米憐
WILLIAM MILNE
福音殿：寧波
清同治三年(1864)
30 頁

15200.c.6

7404
張遠兩友相論
(英國)米憐
WILLIAM MILNE
聖教書局:漢口
清光緒九年(1883)
23 頁
15200.c.5

7405
常活之道傳
(德國)郭實臘
CARL FRIEDRICH AUGUST GÜTZLAFF
清道光十四年(1834)
1 頁,1 頁,42 頁;26 厘米
15121.a.1

7406
誨謨訓道
(德國)郭實臘
CARL FRIEDRICH AUGUST GÜTZLAFF
堅夏書院:新加坡
清道光十八年(1838)
17 頁
15116.e.11

7407
贖罪之道傳
(德國)郭實臘
CARL FRIEDRICH AUGUST GÜTZLAFF
新加坡
清道光十六年(1836)?
3 卷,缺卷1
15118.b.46

7408
贖罪之道傳
(德國)郭實臘
CARL FRIEDRICH AUGUST GÜTZLAFF
新加坡?
清道光十六年(1836)
2 卷
15118.d.13

7409
浪子悔改(粵語)
(英國)理雅各
JAMES LEGGE
香港
清同治七年(1868)
6 頁
15118.b.11

7410
落爐不燒
(英國)理雅各
JAMES LEGGE
香港
清同治九年(1870)?

7411
引家當道
(英國)楊格非
GRIFFITH JOHN
聖教書局:漢口
清光緒八年(1882)
35 頁
15200.c.27

7412
南斐洲金礦華工信圖
(英國)柏理穩注
義合堂:天津
清光緒三十二年(1906)

79 頁

15275.a.23

7413
安樂家(中譯本)
Christie's Old Organ, or, Home Sweet Home
(英國)威爾通夫人著、(美國)博美瑞譯
AMY CATHERINE WALTON (author), MARY HARRIET PORTER (translator)
中國聖教書會:上海
清光緒八年(1882)
40 頁

15200.c.16

7414
天路歷程(中譯本)
The Pilgrim's Progress
(英國)約翰·班揚
JOHN BUNYAN
英華書院:香港
清咸豐五年(1855)
5 卷

15118.b.41

7415
天路歷程(中譯本)
The Pilgrim's Progress
(英國)約翰·班揚著、(英國)賓惠廉譯
JOHN BUNYAN (author), WILLIAM CHALMERS BURNS (translator)
美華書館:上海
清同治八年(1869)
5 卷

15118.c.29

7416
天路歷程(官話)
The Pilgrim's Progress
(英國)約翰·班揚
JOHN BUNYAN
清同治八年(1869)
5 卷

15118.d.25

7417
勝旅景程(中譯本)
The Pilgrim's Progress
(英國)約翰·班揚著、(英國)胡德邁譯
JOHN BUNYAN (author), THOMAS HALL HUDSON (translator)
福音殿:寧波
清同治九年(1870)
2 冊

15118.d.4

7418
續天路歷程土話(粵語譯本)
The Pilgrim's Progress
(英國)約翰·班揚著、(英國)俾士譯
JOHN BUNYAN (author), GEORGE PIERCY (translator)
惠師禮堂:廣州
清同治十年(1871)
6 卷

15200.e.29

7419
紅侏儒傳(中譯本)
The Terrible Red Dwarf
(英國)馬皆璧著,(英國)楊格非、(清)沈子星譯

MARK GUY PEARSE（author）, GRIFFITH JOHN（translator）
聖教書局：漢口
清光緒八年（1882）
15 頁
　　　　　　　　　　　15200.b.18

7420
日積月纍（中譯本）
Line upon Line
（英國）莫蒂母著、（英國）哥伯播義譯
MRS. FAVELL L. MORTIMER（author）, ROBERT HENRY COBBOLD（translator）
倫敦
清同治七年（1868）
2 冊，合訂爲 1 本
　　　　　　　　　　　15118.d.7

7421
路童指要（寧波方言譯本）
Peep of Day
（英國）莫蒂母著、（美國）倪維思夫人譯
FAVELL L. MORTIMER（author）, MRS. NEVIUS（translator）
清光緒七年（1881）
　　　　　　　　　　　15118.a.44

7422
訓兒真言（官話譯本）
Peep of Day
（英國）莫蒂母著、（美國）花撒敕口譯、（清）周文源筆述
FAVELL L. MORTIMER（author）, S. HOLMES（interpreter）
美華書館：上海

清同治六年（1867）
3 頁，59 頁
　　　　　　　　　　　15116.d.46

7423
訓兒真言（蘇州方言譯本）
Peep of Day
（英國）莫蒂母著、（美國）帥小姐譯
FAVELL L. MORTIMER（author）, ANNA CUNNINGHAM SAFFORD（translator）
美華書館：上海
清光緒五年（1879）
51 章
　　　　　　　　　　　15200.c.12

7424
意拾秘傳（中譯本）
（希臘）伊索著、（英國）羅伯聃譯
ROBERT THOM（translator）
廣州
清道光十七年至十九年（1837－1839）
4 卷
　　　　　　　　　　　15331.d.6

7425
伊索寓言
（希臘）伊索
AESOP
抄本
清光緒十四年（1888）
1 冊
　　　　　　　　　　　Or.7424

7426
伊娑菩喻言（中譯本）
（希臘）伊索著、（英國）羅伯聃譯

ROBERT THOM (translator)
文裕堂：香港
清光緒十六年（1890）
28 頁

15258.d.5

7427
亨利實錄（中譯本）
The History of Little Henry and His Bearer
（英國）舍伍德著、（美國）白漢理譯
MARY MARTHA SHERWOOD (author), HENRY BLODGET (translator)
美華書館：上海
清同治六年（1867）
55 頁

15200.c.17

7428
亨利實錄（中譯本）
The History of Little Henry and His Bearer
（英國）舍伍德著、（美國）白漢理譯
MARY MARTHA SHERWOOD (author), HENRY BLODGET (translator)
美華書館：上海
清同治八年（1869）
21 頁

15200.c.32

7429
孩童故事（中譯本）
The Swiss Boy, or the Story of Sah-pe
（美國）倪維思夫人譯
MRS. NEVIUS (translator)
上海
清光緒九年（1883）
22 頁

15118.a.33

7430
閨娜傳（中譯本）
The Cottage on the Shore, or, Little Gwen's Story
（美國）博美瑞譯
MARY HARRIET PORTER (translator)
中國聖教書會：上海
清光緒八年（1882）
40 頁

15200.c.2

7431
紅茶花（中譯本）
Le Camélia Rouge
（法國）朱保高比著、（清）陸善祥譯
FORTUNÉ DU BOISGOBEY (author)
聚珍書樓：香港
清光緒三十一年（1905）
264 頁

15333.e.13

7432
花富廬奇案（中譯本）
（法國）加博里奧著、（清）晴嵐山人譯
ÉMILE GABORIAU (author)
《華字日報》：香港
清光緒三十一年（1905）
114 頁

15325.b.13

7433
賣國奴（中譯本）
（德國）蘇德蒙著、（清）上海商務印書館編譯所譯

HERMANN SUDERMANN（author）
商務印書館：上海
清光緒三十二年（1906）
4頁,188頁

15670.c.3

7434
吉美棣女包探案（中譯本）
哈蘭·佩奇
HARLAN PAGE HALSEY
《循環日報》：香港
清光緒三十二年（1906）
69頁

15325.b.4

7435
意王包探案（中譯本）
哈蘭·佩奇
HARLAN PAGE HALSEY
香港
清光緒三十二年（1906）
50頁

15325.b.12

7436
馬利包探案（中譯本）
哈蘭·佩奇
HARLAN PAGE HALSEY
《循環日報》：香港
清光緒三十二年（1906）
78頁

15325.b.3

7437
愛奇出身傳（中譯本）
哈蘭·佩奇
HARLAN PAGE HALSEY

中國印刷出版公司：香港
清光緒三十三年（1907）
61頁

15325.b.6

7438
五命離奇案（中譯本）
（英國）霍士爹核士著,（清）易次乾、（清）何穎泉譯
A. C. FOX-DAVIS（author）
小説編譯社：香港
清光緒三十三年（1907）
162頁

15325.b.7

7439
滑稽外史（中譯本）
Nicholas Nickleby
（英國）查爾斯·狄更斯著,（清）林紓、（清）魏易譯
CHARLES DICKENS（author）
商務印書館：上海
清光緒三十三年（1907）
6部分

15411.a.23

7440
胡維德偵探案（中譯本）
（英國）阿瑟·毛利森
ARTHUR MORRISON
《循環日報》：香港
清光緒三十四年（1908）
1冊,13部分

15325.b.10

7441
賊史（中譯本）

Oliver Twist
（英國）查爾斯·狄更斯著，（清）林紓、（清）魏易譯
CHARLES DICKENS（author）
商務印書館：上海
清光緒三十四年（1908）
2 部分

15411.a.26

7442
塊肉餘生述（中譯本）
David Copperfield
（英國）查爾斯·狄更斯著，（清）林紓、（清）魏易譯
CHARLES DICKENS（author）
商務印書館：上海
清光緒三十四年（1908）
4 部分

15411.a.21

7443
虎耳蜂針（中譯本）
（加拿大）格蘭特·艾倫
GRANT ALLEN
吉隆坡
清宣統二年（1910）
1 冊，2 卷

15325.d 1

7444
偷小鞋（法譯本）
（清）丁敦齡著、（法國）查爾斯·奧伯特譯
CHARLES AUBERT（translator）
巴黎
Paris
清光緒元年（1875）

11100.f.3

7445
中國近代民間傳說（法譯本）
Folk-lore Chinois Moderne
（法國）戴遂良譯
LÉON WIEGER（translator）
天主教會印刷所：河間府
Imprimerie de la Mission Catholique：Ho-kien-fou
清宣統元年（1909）
422 頁

15234.d.6

7446
中國故事集（英文）
Chinese Stories
（英國）羅伯特·肯納韋·道格拉斯
ROBERT KENNAWAY DOUGLAS
布萊克伍德父子公司：愛丁堡和倫敦
Blackwood & Sons：Edinburgh & London
清光緒十九年（1893）
37 頁，348 頁

11100.c.30

7447
中國沿海故事集（英文）
China Coast Tales
（英國）莉薩·博姆
LISE BOEHM
別發書局：上海
Kelly & Walsh：Shanghai
清光緒二十九年至三十年（1903 – 1904）
2 冊，10 章

15235.a.404

7448
中國寓言和民間故事（英文）

Chinese Fables and Folk Stories
（美國）瑪麗・海斯・戴維斯、（清）周龍
MARY HAYES DAVIS
美國圖書公司：紐約
American Book Co. ; New York
清光緒三十四年（1908）
214 頁;18 厘米
11094.a.13

7449
中國仙話（英文）
Chinese Fairy Tales
（英國）翟理斯
HERBERT ALLEN GILES
清宣統三年（1911）
42 頁
012201.de.8/38

書名筆畫字頭索引

1	827	大	830
口	827	才	833
		上	833
一畫		巾	834
		山	834
一	827	千	834
乙	827	川	834
		尸	834
二畫		弓	834
		己	834
二	827	女	834
十	828	小	834
丁	828	子	835
七	828		
卜	828	**四畫**	
八	828		
人	829	王	835
入	829	井	835
九	829	天	835
刀	829	元	837
		廿	837
三畫		木	837
		五	837
三	829	不	838
干	830	太	838
于	830	尤	839
士	830	友	839
土	830	戈	839

比	839		弔	845
切	839		引	845
瓦	839		巴	845
止	839		以	845
少	839		孔	845
曰	839		毋	846
中	839		水	846
內	843		幻	846
牛	843			
午	843		**五畫**	
毛	843			
手	843		玉	846
壬	843		示	847
升	843		巧	847
仁	843		正	847
什	843		功	847
仇	843		甘	847
化	843		艾	847
反	843		古	847
今	843		本	848
分	843		札	848
公	843		可	848
月	844		丙	848
戶	844		左	848
氏	844		石	848
勿	844		平	849
丹	844		打	849
勾	844		北	849
卞	844		且	849
六	844		甲	850
文	844		申	850
亢	845		史	850
方	845		叻	850
火	845		四	850
斗	845		生	851
心	845		乍	851
尺	845		仕	851

書名筆畫字頭索引

代 ……… 851	吏 ……… 854
仙 ……… 851	再 ……… 854
白 ……… 851	西 ……… 854
瓜 ……… 852	在 ……… 855
印 ……… 852	百 ……… 855
句 ……… 852	有 ……… 855
册 ……… 852	存 ……… 855
外 ……… 852	列 ……… 855
包 ……… 852	成 ……… 855
主 ……… 852	扣 ……… 855
立 ……… 852	夷 ……… 855
玄 ……… 852	至 ……… 855
半 ……… 852	光 ……… 856
永 ……… 852	早 ……… 856
司 ……… 852	吐 ……… 856
民 ……… 852	曲 ……… 856
弘 ……… 852	同 ……… 856
出 ……… 852	因 ……… 856
加 ……… 852	吸 ……… 856
弁 ……… 852	回 ……… 856
台 ……… 852	年 ……… 856
母 ……… 852	朱 ……… 857
幼 ……… 853	先 ……… 857
	竹 ……… 857
六畫	休 ……… 857
	伏 ……… 857
匡 ……… 853	延 ……… 857
邦 ……… 853	仲 ……… 857
刑 ……… 853	任 ……… 857
戎 ……… 853	仿 ……… 857
吉 ……… 853	自 ……… 857
考 ……… 853	伊 ……… 857
老 ……… 853	行 ……… 857
地 ……… 854	全 ……… 857
耳 ……… 854	合 ……… 857
芝 ……… 854	肎 ……… 857
	各 ……… 857

名	858	車	861
多	858	更	861
交	858	吾	861
衣	858	酉	861
羊	858	批	861
米	858	抄	861
冲	858	折	861
江	858	求	861
汕	858	盱	861
汲	858	呈	861
氾	858	貝	861
池	858	見	861
汝	858	虬	861
守	858	困	861
安	858	呂	861
字	859	吟	861
艮	859	妝	861
防	859	吳	861
如	859	刪	862
好	859	岑	862

七畫

		利	862
		私	862
		我	862
戒	859	兵	862
攻	859	邱	862
赤	859	何	862
孝	859	但	862
志	859	作	862
芙	859	身	862
芸	859	佛	862
花	859	近	863
芥	860	希	863
克	860	坐	863
杜	860	谷	863
杕	860	含	863
杏	860	邸	863
李	860	角	863

亨	863
忘	863
快	863
判	863
弟	863
冷	863
汪	863
沙	863
汽	863
沃	863
沂	863
泛	863
汶	863
沈	863
宋	863
冶	864
良	864
初	864
即	864
改	864
阿	864
附	864
妙	864
邵	864
甬	864

八畫

奉	864
武	865
青	865
玫	865
孟	865
長	865
坤	865
幸	865
亞	865
耶	865
昔	866
若	866
苗	866
英	866
茌	867
范	867
直	867
苕	867
茅	867
林	867
析	867
來	867
松	867
杭	868
述	868
枕	868
東	868
事	868
兩	868
郁	868
奇	868
拆	868
抱	868
拉	868
拙	868
招	868
非	869
叔	869
卓	869
虎	869
尚	869
具	869
果	869
味	869
昌	869
門	869

明	869	净	874
易	869	法	874
典	870	河	874
忠	870	泗	874
咒	870	沿	874
狀	870	注	874
帖	870	波	874
岣	870	治	874
制	870	宗	874
知	870	定	874
牧	870	宜	875
物	870	官	875
和	870	空	875
季	870	宛	875
岳	870	郎	875
使	870	祈	875
岱	871	建	875
佩	871	居	875
依	871	屈	875
阜	871	弧	875
征	871	弦	875
往	871	陔	875
彼	871	姓	875
金	871	迦	875
采	872	孟	875
受	872	孤	875
爭	872	糾	875
念	872		
肥	872	**九畫**	
周	872		
京	873	奏	875
夜	873	春	875
庚	873	珊	876
放	873	封	876
盲	873	城	876
性	873	政	876
卷	874	郝	876

書名筆畫字頭索引

字	頁	字	頁
荊	876	思	878
革	876	韋	878
草	876	品	878
苣	877	咽	879
茶	877	咱	879
荀	877	咬	879
茗	877	哪	879
故	877	峒	879
胡	877	幽	879
荔	877	拜	879
南	877	牲	879
柘	877	香	879
查	877	秋	879
相	877	科	879
柚	877	重	879
柏	877	段	880
柳	877	便	880
桦	878	修	880
要	878	保	880
咸	878	促	880
威	878	俄	880
研	878	俗	880
砭	878	信	880
耐	878	皇	880
奎	878	鬼	881
持	878	泉	881
拾	878	禹	881
挑	878	侯	881
指	878	律	881
皆	878	後	881
貞	878	俞	881
省	878	拿	881
是	878	食	881
則	878	胎	881
映	873	風	881
星	873	庭	881
昨	873	兗	881
昭	873		

施	881
奕	881
音	881
帝	881
恒	881
美	881
送	881
前	882
首	882
咨	882
洪	882
洞	882
洗	882
活	882
洛	882
洋	882
宣	882
宦	882
客	882
衲	882
神	882
郡	882
陣	883
眉	883
陝	883
陞	883
姝	883
姚	883
飛	883
癸	883
孩	883
紅	883
約	883
紀	883

十畫

秦	883
泰	883
珠	883
班	883
素	883
馬	884
埋	884
袁	884
都	884
耿	884
華	884
恭	884
莊	884
荷	885
晋	885
真	885
栭	885
桂	885
桐	885
栴	885
桃	885
格	885
校	885
連	885
哥	885
酌	885
夏	886
砥	886
破	886
原	886
逐	886
殊	886
捕	886
捐	886

書名筆畫字頭索引 815

挨	886
致	886
時	886
哺	886
晃	886
剔	886
晏	886
蚍	886
蚊	886
恩	886
峨	886
峰	886
郵	886
特	886
造	886
秝	886
租	886
秘	886
透	885
笑	885
借	885
倚	885
條	885
倪	886
倫	886
息	886
師	886
徐	886
殷	886
般	886
航	887
倉	887
翁	887
脈	887
烏	887
留	887
芻	887
訓	887
記	887
訬	887
高	887
郭	887
唐	887
唐	887
剖	888
旁	888
悟	888
悔	888
瓶	888
拳	888
益	888
朔	888
烟	888
剡	888
凌	888
酒	888
浙	888
娑	889
消	889
海	889
浪	889
宸	889
家	889
宮	889
容	889
宰	889
朗	889
袖	889
書	889
陸	890
陵	890
陳	890
陰	890
陶	890

通	891	區	892
能	891	票	892
桑	891	戚	892
孫	891	帶	892
納	891	硃	892
紛	891	盛	893
		雪	893
		推	893
		頂	893

十一畫

理	891	掖	893
現	891	探	893
琉	891	掃	893
琅	891	救	893
域	891	處	893
埤	891	堂	893
赦	891	常	893
教	891	野	893
基	892	貶	893
聊	892	眼	893
萊	892	問	893
菽	892	晚	893
萸	892	異	893
菜	892	鄂	893
菊	892	唱	893
萃	892	婁	893
菩	892	國	893
菏	892	啵	894
乾	892	崑	894
菉	892	崔	894
菰	892	崇	894
梵	892	過	894
梅	892	動	894
梓	892	笛	894
斬	892	符	894
鄄	892	笠	894
曹	892	第	894
敕	892	敏	894

側	894
偉	894
偷	894
進	894
假	894
貨	894
得	894
從	894
船	895
敘	895
彩	895
貪	895
翎	895
貧	895
鳥	895
魚	895
象	895
逸	895
訥	895
許	895
設	895
庾	895
產	895
庸	895
康	895
鹿	895
章	895
商	895
望	895
情	895
惜	895
悼	895
粗	895
剪	895
清	895
涿	897
淮	897
淨	897
深	897
梁	897
涵	897
淄	897
寄	897
寂	897
扈	897
啓	897
張	897
隋	897
陽	897
隆	897
婚	897
婦	897
習	897
參	897
貫	897
鄉	897
紹	898

十二畫

貳	898
絜	898
琴	898
琳	898
堪	898
越	898
超	898
博	898
彭	898
塊	898
達	898
壹	898
斯	898
黃	898

葉	898
萬	898
董	899
葆	899
葡	899
敬	899
落	899
朝	899
葵	899
植	899
椒	899
棲	899
棣	899
惠	899
惑	899
甾	899
硝	899
裂	899
雲	899
揀	900
揚	900
揭	900
揣	900
插	900
搜	900
雅	900
紫	900
虛	900
棠	900
最	900
量	900
鼎	900
戟	900
開	900
閑	900
遏	900
景	900
貴	900
鄆	900
單	900
崴	900
黑	900
無	900
犂	901
智	901
稅	901
程	901
策	901
答	901
筆	901
傣	901
備	901
傅	901
順	901
集	901
焦	901
御	901
復	902
循	902
須	902
鉅	902
欽	902
番	903
禽	903
貂	903
創	903
飲	903
勝	903
猶	903
鄒	903
詰	904
評	904
診	904
詠	904

詞	904	尋	906
詔	904	畫	906
詒	904	遐	906
敦	904	費	906
痘	904	隔	906
痧	904	登	906
遊	904	發	906
童	904	糸	906
棄	904	結	906
愧	904	絳	906
善	904	幾	906

十三畫

普	904	瑟	906
道	904	瑞	906
遂	905	瑜	906
曾	905	肆	907
馮	905	填	907
湛	905	鼓	907
港	905	聖	907
湖	905	鄞	908
湘	906	蓮	908
湯	906	墓	908
測	906	幕	908
渭	906	夢	908
滑	906	蒼	908
淵	906	蓬	908
渡	906	蒿	908
游	906	蒲	908
滋	906	蒙	908
溈	906	禁	909
溉	906	楚	909
滁	906	楊	909
寒	906	楞	909
富	906	槐	909
寓	906	槎	909
運	906		
遍	906		
補	906		

楹	909	微	911
賈	909	鉄	911
酬	909	鉛	911
感	909	會	911
孳	909	愛	911
電	909	飴	911
雷	909	頒	911
損	909	頌	911
摘	909	肄	911
督	909	解	911
虞	909	試	911
當	909	詩	911
睦	909	詰	912
賊	909	誠	912
盟	909	話	912
照	909	詳	912
畸	909	稟	912
路	910	廈	912
遣	910	靖	912
農	910	新	912
署	910	意	914
蜀	910	雍	914
嵊	910	慎	914
嵩	910	義	914
圓	910	慈	914
稗	910	煬	915
筠	910	資	915
節	910	溝	915
與	910	滇	915
傳	910	溫	915
鼠	910	滌	915
催	910	塗	915
傷	910	溪	915
魁	910	滂	915
粵	910	塞	915
奧	911	禊	915
衙	911	福	915

書名筆畫字頭索引

群 … 915	睽 … 917
羣 … 915	閨 … 917
彙 … 915	聞 … 917
辟 … 915	閩 … 917
預 … 915	疎 … 917
經 … 915	鳴 … 917
綉 … 916	圖 … 917
綏 … 916	舞 … 918

十四畫

	製 … 918
	種 … 918
	稱 … 918
碧 … 916	箋 … 918
瑤 … 916	算 … 918
趙 … 916	管 … 918
嘉 … 916	僝 … 918
臺 … 916	僞 … 918
壽 … 917	僧 … 918
聚 … 917	銅 … 918
摹 … 917	銘 … 918
蔣 … 917	銀 … 918
蔡 … 917	鄱 … 918
熙 … 917	領 … 918
蓼 … 917	遜 … 918
輔 … 917	鳳 … 918
輕 … 917	疑 … 918
歌 … 917	誠 … 918
監 … 917	語 … 918
緊 … 917	誨 … 918
碩 … 917	說 … 918
爾 … 917	説 … 919
摭 … 917	認 … 919
摘 … 917	墊 … 919
裴 … 917	廣 … 919
駁 … 917	瘍 … 920
對 … 917	辣 … 920
幣 … 917	竭 … 920
嘗 … 917	韶 … 920

端	920		蕉	924
適	920		標	924
齊	920		樗	924
精	920		樓	924
鄭	920		樊	924
熒	920		敷	924
熒	920		輪	924
漢	920		輟	924
滿	921		甌	924
漕	922		歐	924
漙	922		賢	924
漁	922		醉	924
漳	922		遼	924
賓	922		震	924
察	922		撫	924
寧	922		鴉	924
實	922		駐	924
肇	922		劇	924
隨	922		戲	924
熊	922		鄴	924
鄧	922		賞	924
翟	922		賦	924
翠	922		賭	924
緒	922		閱	924
綺	922		暹	924
綱	922		遺	924
維	922		數	924
綠	922		墨	924
綠	922		稽	924
緇	922		稻	925
			黎	925
十五畫			箴	925
			篆	925
賣	922		儀	925
增	922		質	925
穀	924		德	925
邁	924		衛	925

磐	925	畿	927
盤	925		
劍	925	**十六畫**	
餘	925		
滕	925	靜	927
膠	925	駱	927
魯	925	駢	927
劉	925	撼	927
穎	925	磬	927
請	925	燕	927
諸	925	薛	927
諏	926	翰	927
諾	926	薜	927
論	926	薩	927
調	926	橫	927
談	926	樵	928
熟	926	橘	928
廟	926	機	928
摩	926	輶	928
慶	926	醒	928
羯	926	歷	928
養	926	曆	928
遵	927	霏	928
潮	927	霍	928
潛	927	霑	928
澳	927	瞥	928
審	927	曉	928
憨	927	曇	928
履	927	器	928
選	927	戰	928
豫	927	嘯	928
樂	927	還	928
練	927	嶧	928
緬	927	嶰	928
緯	927	圜	928
緵	927	默	928
總	927	黔	928

積	928
穆	928
舉	928
興	928
學	929
儒	929
錢	929
錦	929
錄	929
劒	929
館	929
雕	929
鮑	929
獨	929
鴛	929
謀	929
諧	929
諭	929
諺	929
憑	929
凝	929
親	929
龍	929
燧	929
螢	929
營	930
燈	930
潞	930
澤	930
澹	930
窺	930
禪	930
閹	930
避	930
隱	930

十七畫

環	930
趨	930
聲	930
聯	930
藏	930
舊	930
韓	930
隸	931
檀	931
轅	931
臨	931
霞	931
擬	931
戲	931
闈	931
嶺	931
點	931
魏	931
輿	931
龜	931
徽	931
禦	931
鍼	931
鍾	931
爵	931
謄	931
鮚	931
謝	931
謙	931
襄	931
應	931
療	931
鴻	931
濮	931

書名筆畫字頭索引

濟	932	雜	933
濱	932	離	933
濰	932	顏	933
邃	932	瀏	933
禮	932	禱	933
甓	932	織	933
彌	932		
翼	932	## 十九畫	
孺	932		
縹	932	蘆	933
總	932	勸	933
		蘇	934
## 十八畫		警	934
		攀	934
瓊	932	礦	934
叢	932	鵲	934
職	932	擴	934
藝	932	曝	934
繭	932	關	934
藥	932	疇	935
檮	932	蹶	935
檳	932	嚴	935
醫	932	韜	935
叢	933	羅	935
題	933	犢	935
瞿	933	簽	935
闖	933	鏡	935
蟬	933	譚	935
蟠	933	證	935
轀	933	廬	935
簪	933	癡	935
簡	933	韻	935
雙	933	懷	935
邊	933	類	935
歸	933	爆	935
鎮	933	瀟	935
翻	933	瀕	935

瀛	935	續	937
寶	935		
嬾	935	**二十二畫**	
繪	935		
繡	936	聽	938
		驚	938
二十畫		贖	938
		體	938
蘭	936	鑄	938
耀	936	鑑	938
懸	936	鑛	938
		讚	938
二十一畫		讀	938
		竊	938
闢	936	鷥	938
鷗	936		
籌	937	**二十三畫**	
覺	937		
鐵	937	驗	938
鐘	937	顯	938
釋	937	籤	938
饒	937		
臙	937	**二十四畫**	
護	937		
譯	937	觀	938
夔	937	鹽	939
寶	937	靈	939
寶	937	鼉	939
鰲	937		
賽	937	**二十六畫**	
鐵	937		
鷄	937	讚	939
臟	937	灤	939
辯	937		
顧	937	**二十八畫**	
鶴	937		
襄	937	鸚	939

書名筆畫索引

1736年天主聖教瞻禮齋期表	5816
1812年3月14日英國總領事給兩廣總督的稟	2883
1813年3月2日維新日報	4279
1841年2月26日戰鬥中虎門地形及英軍位置圖	2399
1848年3月關於請求閩縣釋放陳建的稟	1121
1849年中華帝國札記(英文)	1124
1890年5月上海傳教士大會會議報告(英文)	5759
1900年7月山西大屠殺敘述(英文)	1181
□□約翰傳福音書(杭州方言)	5501

一畫

一切經音義	4393、5023、5024
一片石	6981
一目了然	5951、5952
一見咲開心	4644
一首刻在瓷器上的中文詩的翻譯(英文)	6504
一葉舟詩課	6388
一統志	1653、1654
一種以倫理為基礎的國家學說或中國哲學家孟子的思想(《孟子》德譯本)	0430
一箭緣傳	7063
乙未鄉墨	6882
乙酉科	6881

二畫

二十一史精義	1448
二十一史緯	1447
二十二子	4354
二十二史感應錄	4199、4393
二十四山秘訣	3784
二十四史	0972
二十四孝	4156
二十四孝詩選	4155
二十四孝圖注	4157
二十四孝圖解	4158
二十四詩品	4379
二三場逢元	6760
二友相論	7403
二勿齋文集	6390
二申野錄	1077
二老清風	6579
二辰丸	1156
二妙(《竹譜》《官子譜》)	4270
二峽字典西譯比較(英文)	0694
二知軒文存	6424
二知軒詩鈔	6423
二刻英雄譜(《三國志演義》《水	

滸傳》)	7120	十萬卷樓叢書	4417
二刻拍案驚奇	7281	十誡問答	5956
二度梅(法譯本)	7384	十誡詮釋	5955
二約釋義叢書	5589、5590	十駕齋養新錄	4349
二倫行實圖(附朝鮮篇章)	3260	丁日昌致戈登札兩封(戈登文書)	1591
二程先生傳道粹言	3195	丁文誠公奏稿	1309
二程全書	3194	丁松生先生遺像	1339、1340
二論題備	6805	七日鏡覽	4294
十二種曲(收李漁戲曲10種、湯顯祖戲曲2種)	6962	七巧圖合璧	4021
		七巧圖合璧圖解	4022
十七史附宋遼金元	0970	七克	6010
十七史商榷	3163	七克真訓	6011、6012
十七史蒙求	1451	七言絕詩十六首	4945
十八家詩鈔	4409	七政臺曆	3629 – 3631
十八羅漢圖	3857	七省沿海全圖	2450
十九史略通考	1452、1453	七修類藁	4583
十九史略諺解(漢語、韓語)	1454	七修類藁　七修續藁	4582
十三郎五歲朝天(《今古奇觀》本)(俄譯本)	7288	七家詩輯注彙鈔	6612
		七幅菴	4345
十三經注疏	0301	卜卦之論	3809
十三經音略十三卷、附錄一卷	4395	卜筮正宗	3804
十三經策案	0303	八千卷樓書目	3027
十三經集字摹本	3959	八仙全戲	6984
十子全書	4355	八旬萬壽盛典	2596
十六國春秋	1473、4365	八卦圖	3810
十六國疆域志	2124	八洞天	7313
十竹齋書畫册	3836	八師經	4879
十全記	1086	八家四六	6713
十事對九賦(賦得霈澤施蓬蒿)(科舉試文)	6551	八排走兵火母女失散	7013
		八銘塾鈔	6782、6783
十法界循業發現圖	5058	八銘塾課	6515
十房薦卷同門錄	2628	八旗通志初集	2792
十洲記	4365、4548	八旗會議章程修改例文	2795
十條聖誡	5921	八線對數簡表	3738
十家詩詳注	6598	八線對數類編	3712
十處士傳	4345	八線簡表	3737
十國春秋	1474	八線類編	3713

書名	頁碼
八識規矩略説	4935
人子須知資孝地理心學統宗	3771
人天眼目增集	4937
人中畫	7307
人虎傳	4338
人物志	1359、4365
人命	3368
人當自省以食晚餐論	5983
人譜	4167
人靈戰紀	6006
入泮採芹集	6761
入學圖說	4278
入藥鏡	4375
九十二法	3982
九天應元雷聲普化天尊玉樞寶經	5224
九成宮醴泉銘	3909、3910
九思堂重訂證治準繩（内封題"雜症證治準繩"）	3468
九品蓮臺經咒	4902
九品觀音經	4774
九皇新經注解	5176
九家易解	4351
九宮大成南北詞宮譜	7093
九國志	4393、4395
九雲夢	7400
九發	4345
九經古義	4349
九經補注	0299
九經補韻一卷、附錄一卷	4395
九經圖	0300
九穀考	4349
九數外錄	3718
九鐘精舍金石跋尾	3131
刀劍錄	4365

三畫

書名	頁碼
三十三章指南	4213
三才一貫圖	2483
三才彙編	4530
三才圖會	4478
三山文小題	6509
三山論學	5899
三千字文合訂	4241
三元消愆寶懺	5310
三元堂校刊詩韻集成	4541
三分事略（日本天理圖書館藏原書樣頁）	7112
三分夢全傳	7389
三水小牘	4338
三古圖	4050
三年服制考	4358
三份致海軍上將度路利的申請書三份（嘉慶十三年十月二十九日）（英文）	2717
三合明珠方倫餞別全本	7023
三合便覽（滿語、蒙古語、漢語）	0663、0664
三州府文件修集（英文）	2939
三江邁倫集	6794
三江戰事錄	1075
三字經	3219、5977–5979
三字經（英譯本）	3225、3226
三字經（意大利文譯本）	3227
三字經（漢英對照）	3224
三字經（漢法對照）	3221、3222
《三字經》和《千字文》（英譯本）	3223
三字經訓詁	4408
三字經新撰白話注解（閩南方言）	3220
三字鑑勘本	1079
三車一覽	3813
三角數理（中譯本）	3754
三味堂新鐫易經正文	0007
三命通會	3816
三注悟真篇	5147

三官大帝賜福真經	5239	三壇傳戒正範	4972
三官經	5230	三燈叢話合刻	4578
三官寶經	5229	三禮通釋	0220
三要錄	5958	三禮圖	0219
三省邊防備覽	1302	三寶仁會論	5992
三界萬靈聖燈	5233	干王洪仁玕、忠王李秀成諠諭一件	
三般若波羅蜜多經	4711	干王洪仁玕諠諭兩件　幼天王詔	
三家醫案合刻	3517	書七件	1556
三書院正外付課	2622	干王洪仁玕諭	1557
三書寶鑑	3314	干巷志	1863
三教平心論	3228	干祿字書	4415
三教問答	5854	于公太保演義傳	7179
三教源流搜神大全	5290	于廷益稿	4361
三教源流聖帝佛帥搜神記	5291、5292	士民通用語錄（中英對照）	0856
三國全傳	7116	士農工商	2748
三國志全圖演義	7131	土地福神靈籤	3794
三國志通俗演義	7113、7114	大七克	6013
三國志傳	7115、7118	大中國與大亞美利駕合眾國和	
三國志傳評林	7117	約章程	2861
三國志演義	7121	大六壬大全	3808
三國志演義（法譯本）	7134	大方廣佛華嚴經	4744－4751
三國志演義第四十三回"諸葛		大方廣佛華嚴經普賢行願品	4398
亮舌戰群儒"（英譯本）	7133	大方廣圓覺修多羅了義經	4398、
三魚堂集	6256		4802、4803
三場文選	6891	大方廣圓覺經直解	4806
三朝野史	4338	大方廣圓覺經略疏	4805
三遂平妖傳	7239	大田縣志	1962
三夢記	4379	大市票錢印版	2668
三楚新錄	4338	大地全球一覽之圖	2482
三與樓（英譯本）	7290－7292	大成通志	1321
三輔黃圖	4365	大行皇帝遺詔	1290、1291
三語詞彙（中文、馬來文、英文）	0798	大全通書	3661
三綱行實	3262、3263	大字明心寶鑑	4162
三綱行實孝子圖	3264	大佛頂如來密因修證了義諸菩	
三墳	4378	薩萬行首楞嚴經	4398
三墳書	4365	大佛頂首楞嚴經	4792、4794
三遷志	3256	大佛頂首楞嚴經合轍	4798

大佛頂首楞嚴經彙解	4795	大洞經詮注	5219
大宋中興岳王傳	7171	大秦國全錄(英文)	1192
大宋重修廣韻	0526、0527	大秦景教流行中國碑	6063、6064
大阿彌陀經	4777、4778	大秦景教流行中國碑(英文譯文)	6066、6067
大英俗語抄本	0769		
大英國人事略説(中譯本)	2223	大秦景教流行中國碑(拉丁文譯文)	6065
大英國志(中譯本)	2226、2227		
大英國略論	2225	大莊嚴論經(法譯本)	5072
大英國統志	2224	大晋司馬氏全套	7029
大英緬甸錢糧道通商告示	2724	大峨山永明華藏寺新建銅殿記	3096
大東紀年(朝鮮李朝 1392–1910)	1489	大乘本生心地觀經	4860
		大乘本生心地觀經淺注	4886
大東輿地圖	2468	大乘法寶十種	4398–4400
大明一統志	1651、1652	大乘起信論直解	4808
大明仁孝皇后夢感佛説第一稀有大功德經	4851	大乘起信論校注(英譯本)	4811
		大乘起信論疏筆削記會閲	4810
大明永曆二十五年歲次辛亥大統曆	3639	大乘起信論纂注	4809
		大乘無量壽經	4821
大明全傳繡球緣	7395	大乘無盡藏法	4818
大明通行寶鈔	2649	大倫圖説	5859
大明敕藏宋理宗頂骨之碑	3095	大般若波羅蜜多經	4706–4710
大明會典	2566–2568	大般涅槃經	4833
大明會典節錄	2569	大唐三藏法師取經記	4566
大明廣輿考	1662、1663	大唐三藏聖教之序	3907、3908
大易象數鈎深圖	3763	大唐三藏聖教序	3905、3906
大典會通	2509	大唐大慈恩寺三藏法師傳(法譯本)	1324
大周刊定衆經目錄	5022		
大荊營水陸輿圖	2459	大唐中興頌刻石拓片	3922
大南皇朝悲儒郡公芳績錄	1493	大唐西京千福寺多寶佛塔感應碑文	3916
大南國史演歌	1490		
大南國音字彙合解大法國音(越南語–法語字典)	0748	大唐西域求法高僧傳(法譯本)	5007
		大唐西域記	2173
大昭寺喇嘛益希覲見北京:乾隆皇帝題銘(英譯本)	5067	大唐西域記(英譯本)	2175、2176
		大唐西域記(法譯本)	2174
大禹碑	3152	大唐全傳	7146
大美聯邦志略	2230	大唐新語	4380
大洞經注疏	5213	大清一統天下全圖	2290

大清一統地輿圖集	2280、2281	大清高宗純皇帝聖訓	1289
大清一統志	1671	大清袖珍縉紳全書	2531
大清一統志表	1672	大清通禮	2582－2584
大清一統海道總圖	2447	大清通禮續纂	2585
大清一統輿地全圖	2282	大清乾隆四十七年時憲書	3632
大清十八省全圖	2297	大清祭禮（法文）	2646
大清大英和約章程	2862	大清康熙四十一年便民通書	3625
大清太宗文皇帝本紀	0969	大清康熙四十二年時憲曆	3626
大清太宗文皇帝實錄	1002	大清萬年一統地理全圖	2289
大清中樞備覽	2504	大清欽命總理各國事務和碩恭親王致戈登札兩件（戈登文書）	1572
大清世宗憲皇帝聖訓	1279、1280		
大清仕籍全編	2532	大清道光二十一年時憲書	3645－3647
大清同治六年時憲書	3674	大清道光二十二年時憲書	3648
大清全書	0641、0642	大清道光二十三年癸卯便民通書	3650
大清咸豐二年時憲書	3657		
大清咸豐十年時憲書	3660	大清道光二十三年時憲書	3649
大清咸豐七年時憲書	3658	大清道光二十五年時憲書	3654、3655
大清咸豐八年戊午便民通書	3659	大清道光二十六年丙午便民通書	3656
大清咸豐便民通書	3671		
大清重刻龍藏彙記	5037	大清道光二十四年甲辰便民通書	3653
大清律	2904		
大清律例	2906、2907	大清道光二十四年時憲書	3651、3652
大清律例（英文選譯本）	2919	大清道光二十年時憲書	3644
大清律例（法譯本，轉譯自斯當東英文選譯本）	2920	大清道光十一年時憲書	3643
		大清道光八年時憲書	3642
大清律例刑案新纂集要	2915	大清道光六年時憲書	3641
大清律例重訂統纂集成	2910	大清道光年時憲書	3666、3667
大清律例重訂會通新纂	2914	大清聖祖仁皇帝聖訓	1275
大清律例統纂集成	2909	大清會典	2573
大清律例會通新編	2918	大清會典・文武相見儀制	2578
大清律例新增統纂集成	2911	大清會典節錄	2575
大清律例彙輯便覽	2916	大清會典圖	2576
大清律例增修統纂集成	2912	大清嘉慶二十五年時憲書	3640
大清律箋釋	2917	大清穆宗毅皇帝聖訓	1294
大清律纂修條例	2913	大清穆宗毅皇帝實錄	1004
大清宣宗成皇帝聖訓	1292	大清縉紳	2530
大清宣宗成皇帝實錄	1003	大清縉紳書	2528

書名筆畫索引   833

大清縉紳書索引	2529
大清輿地全圖	2295
(同治)大婚禮節	2600
大達塔碑	3078
大萬寶全書	4505
大雲山房文稿	6368、6369
大雲輪請雨經	4868
大悲咒	4901
大悲神咒心經	4974
大悲懺	4941
大悲懺法	4942
大悲懺法規則	4943
大悲懺儀合節	4964
大智度論	4817
大道	4344
大聖文殊師利菩薩供養像	5040－5044
大會年錄(廈門基督牧師會議記載)	6062
大慈大悲陀羅尼神咒一卷	4977
大慈恩寺三藏法師傳	5006
大説唐全傳	7145
大廣益會玉篇	0477、0478
大德國學校論略	2642
大興徐氏三種	4406
大學	0433、0440
大學古本説	0441
大學衍解	0436
大學衍義	0434
大學衍義補	0435
大學通旨	0439
大學章句	0432
大學綱目決疑章	0437
大學諺解	0438
大戴禮正誤	4349
大戴禮記	0184、4365
大戴禮記補注	4349
大藏目錄	3032
大藏經	4891
大藏經中文著作字序條目(英文)	3035
大韓全地圖	2469
大闢王聖蹟圖説	5603
大闢詩第二十三篇	5563
大闢詩第三十二篇	5564
大觀本草	3422
才子古文	6659
才鬼記	4345、4379、4380
上帝曰吾終日伸手招頑逆辨駁之民也	5647
上帝生日之論	5648
上帝有形為有無形乃是論	5653
上帝有形為喻無形乃實論	1544
上帝垂愛世人	5649
上帝所設之十條誡	5628
上帝造創天地來歷論	5646
上帝萬物之大主	5643
上帝創造等	5644
上帝聖教公會門	5652
上帝辨證	5650
上帝總論	5651
上都東市大刁家大印具注曆日	3621
上海土音字寫法	0900
上海大關則例	2740、2741
上海口語語法(第2版)(英文)	0819
上海方言習慣用語集(英文)	0775
上海方言詞彙	0776
上海方言發音(英文)	0591
上海同仁堂義學條規	2635
上海同仁堂徵信錄	2761
上海育嬰堂徵信錄	2765、2766
上海格致書院第一次記錄	2640
上海話字音表(英文)	0589
上海話字音表(第2版)(英文)	0590
上海輔元堂施醫局徵信錄	2762
上海縣水道圖	2333

上海縣志	1878、1879	千字文注釋	4244
上海縣城廂租界全圖	2334、2335	千字文草法	3947
上海徽寧思恭堂徵信錄	2763、2764	千字文隸法	3949
上海醫院述略	3576	千字文篆書	3948
上宰相書	6032、6033	千字文釋句	4243
上清靈寶濟度大成金書	5248	千字文釋義	4242、4408
上論卷十六	6798	千字字表	0754
上諭	1272、1274、1282	千里馬集注	3790
上諭内閣	1283、1284	千家詩注	6585
巾箱小品	3840	千甓亭古塼圖釋	3125
山上宣道	5657	川沙撫民廳志	1865
山左闈墨	6859	川沙營繪呈營汛輿圖	2457
山右石刻叢編	3107	尸子集本	4118
山右闈墨	6873	弓弩劍牌圖説	3303
山西通志	1831	己巳進表裏進饌儀軌	2599
山西鄉試	6852	女四書箋注	0227
山西闈墨	6872	女孝經圖	0282
山谷集	4382	女科	4393
山谷詩集注	6160、6161	女科要旨	3476
山東考卷	6860	女科祕方	3475
山東全河備考	2054	女科證治準繩	3472
山東通志	1703、1704	女真文拓本	5362
山東運河備覽	2057	女嫖客	7347
山東聖蹟志	1320	女論語	0226
山法全書	3781	小子初讀易識之書課	5976
山房隨筆	4338	小方壺試律詩	4388
山莊夜怪錄	4338	小方壺齋輿地叢鈔	4426
山海經	4378	小石山房叢書	4414
山海經新校正	4547	小石帆亭五言詩續鈔	4395
山海關全圖	2317	小四書	4359、4360
山陽丁氏兩先生遺稿	6701	小名錄	4380
千手千眼大悲心咒懺法	4878	小酉腴山館文鈔	6499
千手千眼觀世音菩薩廣大圓滿無礙大悲心陀羅尼經	4876	小松石齋詩集	6472
		小兒推拿廣意	3480
千字文	3951、4240	小兒論(滿語、朝鮮語)	0633
千字文(英譯本)	4247	小金傳	4338
千字文(德譯本)	4248	小倉山房外集	6340

小倉山房詩集	6339	王文治字册(春遊獨佔先)	3976
小家語	4641	王方麓稿	4361
小書巢詩課偶存	6358	王本史記	0949
小琅嬛叢記	4194	王石谷全黃圖	2439
小腆紀年附考	0998	王半山稿	4361
小腆紀傳	1372	王守溪稿	4361
小農塾課二刻	6533	王長次兄親目親耳共証福音書	1543
小爾雅	0601、4337、4365、4373	王叔和圖注難經脈訣	3464
小爾雅疏	0602	王狀元集百家注分類東坡先生詩	6153
小說林	4323	王宗貫稿	4361
小學(法譯本)	3215	王房仲稿	4361
小學大全	3203	王荊石稿	4361
小學注解	3207	王啓曾楷書《大學》條屏	3973
小學紺珠	4442	王陽明先生文集	3235
小學集注	3211	王陽明先生全集	3234
小學集解	3213	王陽明稿	4361
小學集說	3204-3206	王雲將八旬壽誕26家賀帖字册	3961
小學韻語	3214	王端毅公文集	6183
小學體注大成	3208	王邁人稿	4361
小檀欒室彙刻閨秀詞	4427	王摩詰文集	6114
小題文津	6811	王嬌鸞百年長恨(英譯本)	7286
小題文綜	6812	王羲之書(褚遂良審定排類	
小題拔幟	6813	《樂毅論》、趙孟頫書《閑邪	
小題清新集	6815	公家傳》書法拓本	3902
小題靈秀集	6814	王羲之筆陣圖	3987
子史試帖彙鈔	6799	王獻之楷書刻石拓片	3901
子史精華	4374	井研志	2019
子史輯要詩賦題解	4524-4526	井礦工程(中譯本)	2972
子華子	4344	天一閣藏書總目	3019
		天人異同	6001
四畫		天工開物	2947
		天下一統志	1650
王大娘補缸	7077	天下九邊分野 人跡路程全圖	2481
王尤合刻注釋(此爲上册,又		天下山河兩戒考	4348
題"王農山稿";下册當爲		天下山海圖	2263
尤侗"尤西堂稿")	6536	天下水陸路程	2421
王文中子中說	3187	天下水陸路程新編	2422

天下有山堂墨竹蘭石譜	3858	天后娘娘現聖靈簽注解	5345
天下沿海形勢圖錄	4401	天后聖母聖蹟圖志全集	5371、5372
天下郡國利病書	1665	天后傳	4613
天下路程途	2420	天花藏合刻七才子書(《玉嬌梨》《平山冷燕》)	7353
天王御照	1554		
天王詔旨 5 件	1507	天雨花	7057
天王詔書	1505	天岳山館文鈔	6452
天中北斗古佛消災延壽妙經	5244	天命詔旨書	1500、1501
天父下凡詔書	1498、1499	天官賜福	3675
天父上帝言題皇詔	1522	天香閣隨筆二卷、集一卷	4395
天父詩	1538	天津大屠殺:1870 年 6 月 16 日至 9 月 10 日上海差報的報道(第 2 版)	1144
天文大成輯要	3591		
天文略論	3615		
天文須知(中譯本)	3616、3617	天津縣志	1693
天文圖	3089	天神會課	5762
天方三字經注解	6082	天真閣集	6490
天方至聖實錄年譜	6083	天條書	1515－1517
天方典禮擇要解	6078、6079	天師敕令等道士符咒 23 件	5343
天方性理	6080、6081	天師靈符奇驗	5342
天玉經內傳心印	3768	天堂直路	5872－5874
天目中峰禪師垂示法語	4907	天崇讀本百篇	6514
天兄聖旨	1509	天象列次分野之圖	3589
天主十誡勸諭聖蹟	5957	天情道理書	1542
天主考(《漢學雜纂》第 19 號)(法文)	6074	天朝田畝制度	1512
		天然和尚同住訓略	4959
天主降生出像經解	5642	天童弘法禪寺募裝佛像鐘樓引	5060
天主降生言行紀像	5641	天道正統	6041
天主降生聖經直解	5591	天道溯原直解	5959、5960
天主教要	5720	天聖明道本國語	1054
天主聖教日課	5770－5774	天愚山人詩文集	6230
天主聖教約言	5719	天路指明	5877
天主聖教實錄	5718	天路指南	5869、5870
天主聖教總牘滙要	5739	天路歷程(中譯本)	7414、7415
天主經	5954	天路歷程(官話)	7416
天主實義	5948、5949	天經或問	3590
天地人論	5984	天儔正理	5267
天后本傳	5370	天寧寺石刻五百大阿羅漢	3853、3854

書名筆畫索引　　837

天賜花裙全本	7033
天儒並論	6003
天隱子	4344
天鏡明鑑	5906
天鏡衡人	5907
天釋明辨	6053
元人雜劇百種	6952、6953
元本出相南琵琶記	6949
元史	0966
元史藝文志、氏族表	0967
元史類編	1457
元曲選	6954、6955
元亨療馬集	3375
元亨療馬集（附《駝經》《牛經》）	3377
元朝名臣事略	1366
元號正大道光拾九年正月貨流水	2690
元經	3188、3189、4365
元領諸路道教事張留孫碑銘並序	3092
元遺山先生年譜三卷、附錄一卷	4395
元豐九域志	1649
元寶媒	6965
廿一史	0971
廿一史約編	1449、1450
廿二子全書	4352
廿二子全書（《尹文子》至《素書》）	4353
廿捌都塘汛界址圖	2458
木刻三清圖（道經首頁）	5361
木刻硃捺千佛像	5048、5049
木刻墨捺千佛像	5050
木刻墨捺觀音像	5051
五口（廣州、福州、廈門、寧波、上海）條約（内含耆英等人發佈的一份公告及璞鼎查的一份公文）	1120
五子近思錄	3249
五方元音	0554
五代地理考	1669
五代會要	2564
五代詩話	4395
五老集	6892
五百家注音辯韓昌黎先生全集	6138
五車韻府	0534、0689
五車韻瑞	4487–4489
五命離奇案（中譯本）	7438
五郎救弟	6988
五美緣	7390
五倫行實圖	3261
五款投降條款	1110
五雅全書	4337
五鼠鬧東京　包公收妖傳	7228
五福全圖	5273
五經今文古文考	4358
五經文集	6763
五經正文	0284
五經古人典林	1349
五經句解	0292
五經典林	0294
五經旁訓辨體合訂	0288
五經異義疏証	4349
五經揭要	0291
五經擬題類典	6765
五經鴻裁	0293
五經題解集要	6764
五經類編	0289
五經類編節要	0290
五經體注大全——易經體注大全（又題"范紫登先生鑒定崇道堂易經大全會解"）	0287
五經讀	0286
五經讀本	0285
五種遺規	3257
五燈會元	5013、5014
五嶽臥游	4345

五嶽真形圖(道教石刻拓本)	5363	太平天國《三字經》	1534、1535
五禮通考	0222	太平天國甲子十四年三月來文底簿——玄字第一號(戈登文書)	1602
五雜俎	1073		
不可不可錄	4944		
不可錄	4971	太平天國幼主詔令(太平天國拾年九月至十二月、拾一年正月)	1555
不列顛市議會	2516		
太上元始天尊説寶月光皇后聖母天尊孔雀明王經	5231		
		太平天國辛酉拾壹年新曆	1548
太上玄靈北斗延生妙經	5245	太平天國辛開元年新刻幼學詩	1532
太上老子道德經集解	5083	太平天國東王楊秀清、西王蕭朝貴誥諭一張	1508
太上洞玄靈寶高上玉皇本行集經	5220		
		太平天國首領致英法書信	1553
太上洞玄靈寶無量度人上品妙經(道藏)	5226	太平天國洪仁玕致大進黃第信札	1549
太上混元道德真經	5076		
太上焚燈捲簾科儀	5319	太平天國宣傳圖錄等(附英文介紹)	1537
太上感應篇	5150、5151		
太上感應篇(英譯本)	5169	太平天國癸好三年新曆	1546、1547
太上感應篇(法譯本)	5168	太平天國癸開十三年軍兵名冊十餘件(戈登文書)	1606、1607
太上感應篇直講	5155		
太上感應篇注	4395	太平天國癸開十三年軍兵名冊三十餘件(戈登文書)	1605
太上感應篇詩	5165		
太上感應篇圖説	5154	太平天國條規	1520
太上感應篇箋注	5159	太平天國海關照會	1559
太上感應篇緒言	5167	太平天國發文登記簿	1604
太上説三官經	5228	太平天國發行的宣傳小冊子(英文)	1545
太上靈寶朝天謝罪大懺	5270		
太上靈寶朝天謝罪懺	5271	太平天國發放物品清單	1603
太上靈寶發奏科儀	5313	太平天國詩、歌謠等	1539、1540
太子下魚舟癡人乞食	7039	太平天國殿前誠對天日頂天扶朝綱揚王李某諄諭一件(戈登文書)	1601
太平天國十一年十月初三忠王李秀成致侄李容椿、子李容發作戰手諭一則	1552		
		太平天國慕王譚(紹光)書覆戈登信一件(戈登文書)	1586
太平天國十一年干王洪仁玕、忠王李秀成等致英國翻譯官福某等信札十件、告示一件、路引一件	1558		
		太平天國賬冊	1611
		太平天國護王寶批一件(戈登文書)	1613
		太平軍目	1525

書名筆畫索引　　839

太平條規	1518、1519
太平救世歌	1536
太平御覽	4438
太平詔書	1514
太平詔書二種　太平條規　天條書　太平天國准頒行詔書　太平禮制　天父下凡詔書　天命詔旨書　三字經　太平天國癸好三年新曆　太平救世歌　幼學詩等	1521
太平廣記	4439
太平寰宇記	1647、1648
太平禮制	1510、1511
太白全圖	2436
太白詩話	7214
太玄集注	4388
太玄經	3171
太君辭朝	7005
太始傳	5936
太保費文憲公摘稿	6212
太倉州繪呈沿江水勢港口營汛分界圖	2460
太極圖（德譯本）	3190–3192
太湖圖說	2457
太湖營地圖	2337
太醫院校注婦人良方	3466
尤射	4136、4365
尤悔菴全集	6242
尤溪縣志	1950
友益齋書經瑯環體注	0087
戈登、李恒嵩稟李鴻章函及李鴻章批答一件（戈登文書）	1579
比丘戒本疏義	4857
比紅兒詩	4380
切字釋疑	4358
瓦城學堂告成祝文	2639
止齋文集	6170
止齋詩鈔	4382
少有園二十四小照圖	6367
少年問老	4736
少林寺志殘葉	3971
少室仙姝傳	4338
日下尊聞錄	2125
日本文獻	5063
日本神字考（中譯本）	0515
日用儀節要宗	0223
日知薈說	4183
日知錄	4349
日知錄集釋	4179、4180
日記故事（二十四孝及其他故事）	4587
日書	3637
日常口頭話	0870
日常生活中的中國經典（英文）	3273
日報約選	4311
日斯巴尼亞國條款和約章程	2864
日湖漁唱一卷、補遺一卷、續補遺一卷	4395
日照縣志	1717
日新報	4319
日課撮要	5775–5777
日積月纍（中譯本）	7420
日講易經解義	0050
日講書經解義	0082
中山狼傳	4338
中天大聖北斗九皇九真延生賜福寶懺	5177
中日北京專約草稿	2854
中日交通史（德文）	1153
中日商埠志（英文）	2152
中日戰輯	1149
中文地球儀	2485
中文成語竅門	0761
中文使用"天主"稱謂上帝	5654

中文書及手稿目錄(法文)	3065	物(法文)	1040
中文常用四千字錄	0752	中華帝國六經(《大學》《中庸》	
中文圖書館目錄	3029	《論語》《孟子》《孝經》《小學》)	
中印邊境——雲南和廣西(1901年10月-1903年7月旅行日記)(法文)	2172	(拉丁文譯本)	0391
		中華帝國全志(法文)	1688
		中華帝國的歲入與稅制(英文)	2775
中外日報	4324	中華儀注(《漢學雜纂》第25號)	
中外條約集(第1版)(英文)	2868	(法文)	0228
中外條約集(第4版)(英文)	2869	中華諸兄慶賀新禧文	5975
中外條約集(第5版)(英文)	2870	中荷貿易契約	2876
中外通書	3687	中晚唐詩叩彈集	6563
中外理辨(上海方言)	5886	中國:現狀與未來(英文)	1206
中外新報	4290	中國人:他們的教育、哲學和	
中西四書(英譯本)	0388	文字(英文)	1211、1212
中西合厤	3689	中國人口遷移(《北京東方學會雜志》第2卷,第3號)(英文)	
中西通書	3688		
中西聞見錄	4296		2779
中西曆日合璧(英文)	3690	中國人的服飾與風俗圖鑑(英文)	
中西曆日合璧(《漢學雜纂》第29號)(法文)			1224、1225
	3693	中國人的家法(英文)	1229
中吳紀聞	4395	中國人的歷史、哲學和宗教論文集(英文)	
中祀合編	2612		1213
中英修訂藏印通商章程	2863	中國人宗教狀況(英文)	1200
中英商工機器時報	4314、4315	中國人關於上帝與神的觀念	
中英商業往來札記(英文)	1227	(英文)	6072
中英新增條議	2855	中國大地震目錄:公元前1767年至公元1895年(《漢學雜纂》第28號)(法文)	
中東戰紀本末	1152		
中俄條約(滿語)	2853		2246
中都志	1922	中國大觀(英文)	1205
中華文科試實則(《漢學雜纂》第5號)(法文)		中國之光:老子的《道德經》(英譯本)	
	2633		5106
中華古今注	4145、4378	中國之財政及賦稅制度(德文)	2780
中華武科試實則(《漢學雜纂》第9號)(法文)		中國之笛(德譯本)	6642
	2634	中國內陸掠影(英文)	1207、1208
中華帝國(法文)	1041	中國文件雜彙一	2835
中華帝國及其所屬轄䩤地區的地理、歷史、編年紀政治及博		中國文件雜彙二	2836
		中國文明小史(中學歷史教科書)	1184

中國文選	0832	中國東南沿海地圖集	2457、2458
中國文學中的暗喻(《漢學雜纂》第8號、13號)(法文)	4544	中國事物問答(英粵)	0891
中國文獻紀略(英文)	3062	中國知識(英文)	1217
中國方言的分類(法文)	0945	中國和中國人(英文)	1219
中國巴色會禮拜儀式(客家話)	5814	中國和印支茶葉(法文)	4095
中國古今音樂篇(法文)	4054	中國和韃靼局部地圖集(英文、滿語、漢語)	2479
中國古代人物肖像素描	3885	中國的十字架和十字記號(《漢學雜纂》第3號)(法文)	6073
中國古代名人圖	3886		
中國札記(英文)	1218	中國的佛教(修訂版)(英文)	1198
中國仙話(英文)	7449	中國的金融與價格(英文)	2776
中國寺廟中的十八羅漢(摘自《皇家亞洲學會雜志》)(英文)	5069	中國的宗教(法譯本)	1199
		中國的建築(英文)	1223
中國地名手冊(英文)	1684	中國的政府機構	2539
中國地理志(法譯本)	1689	中國的風俗習慣(英文)	1226
中國地圖全集(英文)	2307	中國的通貨(英文)	2676
中國地圖集	2462	中國的教派與宗教迫害(荷蘭語)	6075
中國地圖集(英文)	2306		
中國在語言學的位置(英文)	0943	中國的傳說與詩歌(英文)	6934
中國百工圖繪	2952	中國的義和團(英文)	1183
中國早期的宗教信仰(法文)	1196	中國的語言文字(德文)	0946
中國各省及大都市權力機構名錄(附《皇室宗譜表》,修正至1905年5月31日)(英文)	2536	中國沿海全圖	2449
		中國沿海沿江地圖集	2460
		中國沿海故事集(英文)	7447
中國各省及大都市權力機構名錄(修正至1888年12月31日)(英文)	2535	中國宗教:論雷維爾最新著作(摘自《文學與科學雜志》)(法文)	1203
中國佛教(法文)	5073	中國宗教:歷史觀和批評觀(法文)	1202
中國佛教文獻手寫筆記(英文)	3033		
中國近代史料集	1170	中國宗教導論(英文)	1201
中國近代民間傳說(法譯本)	7445	中國官員徐廣縉、葉名琛、伍崇曜等給英國領事包某的送禮名刺	2524
中國近代哲學流派(法文)	1210		
中國言法(附《大學》英文翻譯)(英文)	0806		
		中國官員與英國駐廣州和上海領事來往文書	1114
中國坤輿略誌(法文)	1686		
中國坤輿詳誌(英譯本)	1687	中國官話口語研究(法文)	0871
中國坤輿詳誌(法文)	1685	中國官話口語實用筆記(法文)	0872

中國政府名目手册（英文）	2533	中國寓言和民間故事（英文）	7448
中國政府名目手册（第3版）（英文）	2534	中國絲綢商戶及產品名錄	2707
		中國聖賢要道類編	4272
中國政治道德學説（《中庸》）（中文、拉丁文對照）	0449	中國骰子和骨牌遊戲（英文）	4031
		中國與伊斯蘭教（《通報》補遺系列第5種）（德文）	6092
中國故事集（英文）	7446		
中國研究錄（英文）	1228	中國傳記：慈安皇太后、李鴻章、曾國藩、彭玉麟（法譯本）	1430
中國俗語（法文）	6710		
中國音樂（法文）	4038	中國詩集（葡萄牙文譯本）	6640
中國音樂（摘自《中法學會會報》）（法文）	4039	中國詩歌（法文）	6933
		中國新圖志（荷蘭語）	2305
中國前朝瓷器（摘自《北京東方學會雜志》）（英文）	4070	中國經典（第2版）（中文、英文）	0315
		中國漢、滿、藏等五種語言書目（590種）（俄文）	3059
中國飛球（法文）	4032		
中國哲學史概要（英文）	1209	中國漁業歷史	2755
中國哲學家孔子（《大學》《中庸》《論語》）（拉丁文譯本）	0390	中國綱鑑撮要	1017
		中國摩爾斯電碼電報（第1稿）（英文）	3001
中國哲學家孟子（俄譯本）	0429		
中國秘密會社（摘自《人種志雜志》）（法文）	1240	中國樂器和其他發音器物名錄（英文）	4073
		中國歷史（英文）	1189
中國瓷器花瓶之研究（德文）	4072	中國歷史研究（英文）	3164
中國通史（《通鑑綱目》法譯本）	0981	中國歷史研究摘要（法文）	1188
中國紙幣（英文）	2675	中國歷史紀年表（西文）	1024
中國教會新報	4292	中國歷史編年手册（英文）	1025
中國動植物圖繪	4101	中國歷代紀年表（從周王朝至清王朝）（英文）	1023
中國魚類圖繪	4099、4100		
中國產權研究（《漢學雜纂》第11號）（法文）	2777	中國學書目（法文）	3063、3064
		中國錢幣學（英文）	2670
中國康熙皇帝的一份簡短聲明	6070	中國戲劇（英文）	7094
中國、朝鮮、日本等圖書目錄（法文）	3067	中國藝術史（德文）	3897
		中國轉錄外來語音方法的奧秘（英文）*	0944
中國智慧（《大學》、《論語》1－6章）（中文、拉丁文對照）	0389		
		中國叢報（英文期刊）	4331
中國弑嬰史考（法文）	1230、1231	中國鏤空花錢（英文）	2674
中國詔令、奏議公文選譯（法文、拉丁文兩種譯文，附中文原文）	1299	中國辭彙（英文）	0771
		中國繪畫史導論（英文）	3896

中國覺醒(英文)	1214	手寫書法 8 張	3991
中國、韓靼、日本等地刻本和寫本圖書目錄(法文)	3066	壬癸志稿	1859
		升菴全集	6216
中庸	0445	升馨承敬卷五	2592
中庸直指	0444	仁王護國般若波羅蜜多經	4712
中庸指南	0443	仁貴回家	7006
中庸章句	0442	仁貴征西 説唐三傳	7152
中庸章句本義彙條	0445	什錦大調審玉堂春	6993
中庸章段	0446	什錦寒宮取笑	6992
中庸餘論	0447	仇十洲璇璣圖	3830
中詮(附《密齋病語》)	3241	化生儀軌	4912
中説	3185、3186、4355、4365	化書	4344
中鋒集初編	6249	化學分原(中譯本)	2985、2986
中論	4365	化學初階(中譯本)	2984
中興別記	1039	化學表	2995
中興禦侮録	4395	化學易知(中譯本)	2993
内府輿地圖(中文、法文、德文)	2304	化學指南(中譯本)	2990、2991
内河則例	2818	化學衛生論(中譯本)	2992
内河則例(廣東省)	2059	化學闡原(中譯本)	2994
内科新説	3575	化學鑑原(中譯本)	2987、2988
内家拳法	4358	化學鑑原續編(中譯本)	2989
内經知要	3450	反唐女媧鏡全集(附《鳳嬌投水》)	7041
牛經大全	3373	今世説	4395
牛應貞傳	4379	今古地理述	1676
午亭文編	6271	今古奇觀書目(重印自《通報》)	3048
毛詩名物圖説	0150	今古奇觀續編十二樓	7289
毛詩注疏	0117	分巡蘇松太道應某照會戈登一件(戈登文書)	1594
毛詩草木鳥獸蟲魚疏	4097		
毛詩故訓傳	4349	分野奇書	3779
毛詩品物圖攷	0151	分幅中國全圖	2273
毛詩校勘記	4349	分韻撮要	0569
毛詩紬義	4349	分類字錦	4495
毛詩補疏	4349	公文集彙	2833
毛詩稽古編	4349	公羊何氏解詁箋	4349
毛詩讀本	0136、0137	公羊何氏釋例	4349
毛鄭詩考正	4349	公羊禮説	4349
手抄古文讀本一卷	6698	公私畫史	4380

公法便覽	2887	六部成語	4267
公法會通	2885、2886	六書分類	0476
公孫龍子	4343、4344	六書正譌	0471
公歌(上海方言)	5544	六書故	0470
公穀選	0260	六書音均表	4349
公餘瑣談	0831	六書通	0473、0474
公禱文	5806	六書會原	0475
公禱全文	5805	六書精蘊	0472
月中每日念聖道二卷	5638	六書韻徵	0552
月月小說	4322	六道集	4952
月令	1645	六經圖	0296
月令廣義	1643	六經圖定本	0297
月令粹編	1644	六觀樓北曲六種	7083
月泉吟社一卷(附《回送詩賞劄》一卷、《送詩賞小劄》一卷)	4395	文子纘義	5181
		文公先生資治通鑑綱目	0977
月報	4306	文文山稿	4361
月鏡	4345	文心雕龍	4365、6907
戶部則例	2839	文心雕龍輯注	6906
氏族大全	4481	文史通義	4395
氏族大全綱目	4482	文件小字典(漢英)	0793
勿效此世之俗乃以心改化成新	5636	文件字句入門(英文)	0859
丹桂籍	5266	文武帝君勸善文	5197
丹徒縣志	1866	文苑四史	4345
丹陽縣新志	1871	文苑英華	6647
勾股六術	3724	文苑異稱	4358
勾股義	4393	文苑聯珠	4515
卞潤甫山水真蹟	3838	文昌化書	5185–5187
六十三默想	5820	文昌孝經	5193
六十種曲	6956	文昌帝君戒淫文	5195
六子全書	4341	文昌帝君孝經	5191、5192
六壬視斯	3807	文昌帝君救劫勸善文	5196
六臣注文選	6553	文昌帝君惜字文	5194
六合叢談	4291	文昌帝君經	5182
六典條例	2895	文昌帝君勸孝文	5198
六郎罪子十錦馬頭調南音	7048	文昌帝君繪像寶訓	5183、5184
六姑回門新發財全本	7020	文昌陰騭文詩帖	5201
六科證治準繩	3469、3470	文昌梓潼帝君陰騭文	5203

文昌聖典内函	5190	方輿紀要簡覽	1668
文法初階(第2版)	0817	方輿新鈔	1673
文法狐白	6920	火攻挈要	4393
文房肆考(《古玉圖考》《燕几圖》		火蓮經	4375
《文房圖讚》《文房圖讚續》)	4045	火龍神器	3299
文房肆考圖説	4045	火龍神器二卷　兵禽捷要一卷	
文帝全書	5188、5189	大六壬畢法賦一卷	3300
文殊志	5038	斗母經闡微	5237
文書字數附合約	0749	斗姥戒殺延生經	5234
文書封	1115	心白日齋集	6460
文章遊戲	6683	心印經	4375
文章練要六宗	6671	心要經	4888
文湛持稿	4361	心書	3288、4365
文登縣志	1778、1779	心略	3291、4401
文舞圖譜	2613	心經附注	4701
文徵明草書詩册	3931	心經直指	4704
文廟丁祭譜	2603	心經論	4913
文廟祀位	2604	心算初學(中譯本)	3760
文廟祀典考	2605	心覺論	5935
文廟彙考	1315	尺雲軒全集	6470
文選集腋	4521	尺牘分類	6904
文選對策	6755	尺牘分類補遺	6905
文選編珠	4520	尺牘合解	6903
文學書官話	0860	尺牘如面談	6902
文館詞林	4395	尺牘尋源書劄要覽	4538
文職武職	2507	尺牘新鈔	4393
文獻通考	2556－2559	弔奠登記	1090
文獻通考詳節	2561	引家當道	7411
文獻徵存錄	1380	引道三章	5875
亢倉子	4344	引鳳簫	7352
方氏墨譜	4000	巴西侯傳	4338
方田通法補例	3706	以戈登名義寫給李鴻章、程學啓	
方言	0607、0608、4365	信札二十六封及告示數道	1580
方言注	0609	以利亞言行傳	5692
方孟旋稿	4361	以臺南方言刊印傳教書籍備忘	
方星全圖	3611	錄(英文)	3038
方壺外史	5256	孔子的學説(德文)	3274

孔子家語	3181、3183
孔子家語（法譯本）	3184
孔子家語原注	3179、3180
孔子通紀	3242
孔子集語	3165
孔子廟堂之碑	3075
孔氏家語	3182
孔氏雜說	4338
孔明借壽	7008
孔淑芳雙魚扇墜傳	7351
孔聖考	1314
孔聖闕里纂要	2107
孔叢	3168
孔叢子	4344、4365
孔叢子（《漢魏叢書》本）	3167
毋不敬齋全書	4423
水心文集	6168
水石緣	7378
水地小記	4349
水冰心（《好逑傳》德庇時英譯本的選譯本）	7368
水師章程（中譯本）	2826
水師操練（中譯本）	2827、2828
水陸攻守戰略秘書七種	4401
水道提綱	2049
水經	2046、4365
水經注	2047
水經注釋　水經注箋刊誤	2048
水滸後傳	7206
水滸傳	7202
水墨蘭芝	3869
幻中真	7314
幻異志	4379、4380
幻戲志	4379、4380

五畫

玉山草堂續集	4395
玉井山館文略	6420
玉芝堂談薈	4586
玉匣記廣集	3822
玉函山房輯佚書	4418
玉茗新詞四種	6958
玉虹鑑真帖	3940
玉華子	4344
玉連環傳	7386
玉振	4345
玉海	4441
玉堂才調集	6291
玉堂字彙	0484、0485
玉堂芽	4535
玉堂楷則	3960
玉堂雜字	0628
玉笥集	4395
玉釧緣	7073
玉清金笥寶籙	4375
玉清靈寶瓊文百禮朝真懺	5309
玉壺記	4338
玉臺畫史	3864
玉臺新詠箋注	6555
玉説	4055
玉樞寶經	5250
玉嬌梨（英譯本，據雷慕沙法譯本轉譯）	7357
玉嬌梨（法譯本）	7356、7358
玉歷鈔傳警世	4955–4957
玉龍太子走國陰陽扇全本	7072
玉環志	1893
玉環廳地輿圖	2458
玉谿生詩詳注	6145
玉谿生詩箋注	6144

玉蟬附薦全本	7011、7037	古今注	4137、4365、4378
示我周行	2417-2419	古今姓氏族譜(英文)	1431
示諭抄本	2890	古今俗語	6704
巧考搭逢年	6780	古今秘苑、續錄	4225
巧團圓傳奇	6960	古今聖史紀集	5993
正人明堂圖	3452	古今詩選(英譯本)	6637
正月分敦利棧呈報運到茶葉件 數清冊	2701	古今算法記	3741
		古今說海	4338、4339
正心格言	4218	古今歷代標題注釋十九史略通考	1455
正平本論語札解	0408	古今錢略	2662
正名要論	5909	古今醫鑑	3504
正字通	0492-0495	古今韻略	0549
正法華經(在字函音釋)	4752	古文孝經	0274、0275
正音咀華	0564	古文孝經孔氏傳	0276
正音撮要	0563	古文析義二編	6665
正教安慰	5893	古文奇字	0501、0502
正教奉傳	6057	古文尚書考	0088、4349
正教真詮	6076、6077	古文尚書撰異	4349
正誼堂全書	4410	古文淵鑑	6660
正韻通	0532	古文淵鑑(御選)	6661
正續廣治平略	4210	古文精藻	6668
功過格輯要	4219	古文選珍(英譯本)	6711
功順堂叢書	4420	古文輯注卷六	6709
甘泉鄉人稿	6433	古文翼	6703
甘肅地理考	1845	古文辭類纂	6676
艾千子稿	4361	古文釋義新編	6677
古人說略	4604	古巴雜記	2208
古今刀劍錄	4040	古玉圖譜	4046、4047
古今小說(日本圖書館藏本樣頁)	7279	古本官板書經大全	0079
古今列女傳演義	7182	古史輯要	4393
古今金陵談:江寧府城圖(《漢 學雜纂》第16號)	2154	古代中國汎神論和感覺論自然 主義或哲學家列子著作譯釋 (《列子》德譯本)	5124
古今金陵談:開放的南京口岸 (《漢學雜纂》第18號)(法文)	2155	古代中國社會主義的基本思想或 哲學家墨子的學說(德譯本)	3280
古今金陵談:歷史地理概況(《漢 學雜纂》第23號)(法文)	2156	古代中國的貝幣(英文)	2671
		古代中國的宗教(英文)	1197

古代中國的宗教信仰（德文）	1194	本事詩	4379、4380
古代和闐（英文）	2116	本草述鉤元	3438
古代瓷器：中國中世紀工商業研究（英文）	4071	本草原始	3434
		本草從新	3435–3437
古列女傳	1351、1352	本草綱目	3426、3427、3429
古杭雜記	4338	本草綱目全書	3423
古易彙編	0029	本草綱目拾遺	3431
古品節錄	1412	本草綱目植物名錄	3432
古香齋朱子全書	3198	本草綱目藥名表	3433
古香齋淵鑑類函	4502	本朝名家詩鈔小傳	6595
古香齋蘇詩	6159	本朝律賦集腋	6721
古香齋鑑賞袖珍春明夢餘錄	2120	本朝試賦新硎	6720
古泉彙	2661	本經逢原	3512
古風一首	6502	札樸	4231
古時如氏亞國歷代略傳	1494	可揣摩	6777
古書疑義舉例	4202	可儀堂百二十名家制義	4361
古教彙參	6042	丙辰粵事公牘要略	2884
古國都今郡縣合考	4358	左氏春秋考證	4349
古逸叢書	4419	左海文集	4349
古棠書屋叢書	4388	左海經辨	4349
古聖任罪	6007	左傳杜林合注	0241
古聖賢像傳略	1347	左傳杜解補正	4349
古愚老人消夏錄	4188	左傳故事：武姜和她的兩個兒子——莊公、共叔段（德文）	0270
古詩源	6556		
古經解彙函	4413	《左傳》索引	0265
古魯詩	4378	左傳選	0259
古魯詩（《秘書二十八種》本）	0115	左傳選（英文選譯本）	0269
古潤四山勝境全圖	2438	左繡	0243
古窯器考（《陶事圖說》《文房肆考圖說》）	4056	左蘿石稿	4361
		石季常稿	4361
古鏡記	4379	石函記	4375
古韻溯原	0550	石柱記箋釋	4395
古韻標準	0547	石洲詩話	4395
古韻標準四卷	4395	石室秘寶	4433
古歡堂集	6266	石桃丙舍草	4345
本分規條	5746	石笥山房全集	6297
本立堂重訂本草綱目	3425	石渠隨筆	4395

書名筆畫索引　849

石鼓文定本	3127
石鼓文音訓	3091
石榴記	6977
石墨鎸華	3093
石橋五百尊羅漢像	3855
石橋歌	4375
石龍宮五朝賽願祈安保境植福意悃	5311
石點頭	7299
石譜	3879
平山冷燕(法譯本)	7394
平江圖	2260
平定教匪紀事	1089
平定粵匪紀略	1635–1637
平定準噶爾方略	2783
平定臺灣告成熱河文廟碑文	3098
平泉詩剩稿	6373
平津館叢書	4384、4385
平夏錄	4338
平原縣志	1750
平浙紀略	1642
平陰縣志	1829
平陽營沿海界址圖	2457
平陽營輿圖	2461
平貴別窰	7053
平遠縣志	1999
平閩記	1094
平壤志	2182
打馬圖經	4395
北戶錄	4380
北方大聖沙門天王供養像	5047
北方官話:法英漢會話指南	0937
北斗九皇真經	5242
北斗真經	5240
北斗消災散禍真經	5243
北斗經	5241
北江全集	6333
北江詩話	4395
北里誌	4338、4380
北宋三遂平妖傳	7240
北宋志傳通俗演義(附《南宋志傳》)	7161
北征錄	4338
北京之困:中國對抗世界(英文)	1179
北京之圍日記(英文)	1178
北京天壇照片	2117
北京內城圖	2308
北京方言初級手冊	0774
北京方言語音字彙(英文)	0587
北京地里全圖	2311
北京至全國水陸道里十五卷(中英文對照)	2423
北京使館:國內起義與國際事件(英文)	1180
北京店鋪招幌叢繪	2708
北京城市規劃圖	2316
北京規劃圖(法文)	2315
北京傳教士關於中國歷史、科學、藝術、風俗、習慣見聞錄(法文)	1187
北京歌謠(英譯本)	6621
北京圖書館藏罕見書目	3042
北洋海軍全軍操陣圖	3323
北洋海軍魚雷六大艇操陣圖	3326
北海集	6211
北海雜錄	2754
北臺灣回憶	2160
北徼彙編	4405
北轅錄	4338
北嶽歷祀考	4358
北魏營州刺史高貞碑	3903
北邊備對	4338
且懇籲主之名以滌去爾罪也	5612

甲乙二友論述	7402	四史聖經譯注	5470
甲骨文484片	0450	四生譜	4098
甲骨文轉錄	0451	四州日報	4325
甲寅年大英欽命管理通商事務署廣州管事官告示	2719	四字文箋注(英譯本,據法譯本轉譯)(中文、法文、英文對照)	0760
申報	4297	四字經文	4276、4277
申鑑	3176、4365	四言格物	0759
史姓韻編	1010	四述奇	2169、2170
史要聚選	1469	四明山圖	2437
史記	0947、0948	四明古蹟詩	6601
史記(法譯本)	0951	四明形勝賦	6394
史記奇鈔	1434	四季條例(乾隆十八年至四十六年)	2921
史記菁華錄	1432、1433	四季蓮花全本	7032
史記短長說	4393	四季想思	7079
史記論文	3160	四則聖經寓言(《浪子之喻》《無花果樹之喻》《播種之喻》《麥酵之喻》)	5924
史記選	0950		
史通削繁	1435		
史筌	1468		
史遺	4345	四美同心金鈚記	7031
史論五種	3161	四秘全書十二種	4346
史學提要	1462、4360	四庫鴻文:乾隆御覽制寶(第1冊)	6316
史學提要補	1463、4360		
叻報	4309	四庫鴻文:乾隆御覽制寶(第2冊)	6317
四川八省交界輿圖	2394		
四川省洪雅縣到西昌縣軍事地圖	2397	四書(英譯本)	0385
四川省會城池全圖	2396	四書(法文、拉丁文兩種譯文,附中文原文)	0386
四川省疆域圖	2395		
四川嘉定府太平堡形勢圖	2460	四書(法譯本)	0387
四川鹽法志	2682	四書人物左國群玉類纂	0377
四子書	0323	四書人物備考	0374、0375
四天王經	4869	四書不二字音義撮要	0369
四分比丘尼戒本	4824、4825	四書正文	0319–0322
四分戒本(律經節本)	4826	四書古人典林	0370、0371
四六法海	6712	四書考異	4349
四本簡要	6324	四書考輯要	0348
四史攽編耶穌基利斯督福音之會編	5469	四書朱子本義彙參	0339

四書朱子異同條辨	0338	四經薈刊	4866
四書全注	0340–0344	四種遺規摘鈔(《養正遺規》	
四書合講	0347	《訓俗遺規》《從政遺規》	
四書串珠類聯合編利集	0368	《教女遺規》)	4274
四書味根錄	0354	四篇論文(《北京東方學會雜	
四書典林	0372	誌》第2卷,第3號)	1237
四書典林毅	0373	四聲切韻表	0548、4395
四書典制辨正	0365	四聲纂句	0584
四書典制類聯音注	0366、0367	生地獄圖說	4635
四書典腋	0353	生草藥性	4091
四書姓氏題文	6775	生祭李彥貴全本	7015
四書便抄	0350	生意公平聚益法	5994
四書便蒙	0351	乍浦九山補志	2084
四書偶談	0355	乍浦備志	1909
四書偶談、續編	0356	仕女畫集	3881
四書逸箋	4393、4395	代張方平諫用兵書	2781
四書章句集注	0325	代微積拾級(中譯本)	3743
四書集注	0326	代疑編	6051、6052
四書集注衷義	0337	代數術(中譯本)	3758、3759
四書蒙引	0328	代數學(中譯本)	3755
四書摭餘說	0352	代數難題(中譯本)	3757
四書講義續困勉錄	0358	仙人跳美人奇計	7346
四書題管見	0352	仙吏傳	4379
四書題鏡	0359–0361	仙佛宗指	4881
四書離句集注	0349	白氏文集	6140
四書類典賦	0364	白玉詩書(法譯本)	6643
四書釋地	0381、4349	白田草堂存稿	4349、6288
四書釋地辨證	4349	白芙堂算學叢書	3728
四書賸言	4349	白茅堂集	6247
四書襯	0336	白虎通	4126、4127、4344、4365
四書讀本辨義	0357	白虎通德論	4128
四雪草堂堅瓠集	4356	白虎開口食四方符	5344
四終略意	6009	白門新柳記	7338
四診抉微	3540	白香山詩集	6141
四聖心源	3519	白華山人詩集	6458
四裔編年表(中譯本)	1020、1021	白蛇記	4338
四溟詩話	4393	白蛇傳:雷峰塔的傳說(英譯本)	7092

白鹿書院志	3250	永樂大典(卷8089－8090)	4460
白雲居米帖	3926	永樂大典(卷8268－8269)	4461
白雲梯	4345	永樂大典(卷8275)	4462
白猿傳	4379	永樂大典(卷11887－11888)	4463
瓜飈縣長	1426	永樂大典(卷11903－11904)	4464
印心石屋詩鈔	6370	永樂大典(卷13201－13203)	4465
印籠譜	4005	永樂大典(卷13340－13341)	4466
句東律賦	6725	永樂大典(卷13496－13497)	4467
句東試帖	6629	永樂大典(卷13498－13499)	4468
句餘土音	6600	永樂大典(卷13876－13878)	4469
册府元龜	4440	永樂大典(卷13992－13993)	4470
外史	1060、4365	永樂大典(卷14219－14220)	4471
外省咨查書目	3018	永樂大典(卷15955－15956)	4472
外國地理備考	4393	永樂大典(卷18244－18245)	4473
外國傳	2184	永樂大典(卷19740－19741)	4474
包宜塈稿	4361	永樂大典(卷19789－19790)	4475
主神十條誡	5934	永樂大典(卷20181－20182)	4476
主神論	5933	永樂大典(卷20850－20851)	4477
立誠編試牘合鈔	6844	永樂大典目錄	4452
玄怪記	4379	司空表聖詩品	6909
玄真子	4344	司空圖詩品詩一百首(卷首題	
玄秘塔碑	3076	"詩品詩課鈔")	6923
半日閻王全傳	7272	司馬溫公文集	6149
永宇溪莊識略	4597	司馬溫公詩集	4388
永安縣誌	1963	司梳淺譯(中英對照)	0924
永字八法筆陣圖	3986	司梳淺譯(第2版)(中英對照)	0925
永供聖胎	5920	民謠	6618
永春州志	1948	弘簡錄	1035
永福縣志	1964	出埃及記(建寧方言)	5407
永嘉集	4895	出埃及記(福州土腔羅馬册)	5408
永樂大典	4453	出像三國志傳	7122
永樂大典(卷913－914)	4454	加拉太書注釋	5516
永樂大典(卷3002)	4455	弁服釋例	4349
永樂大典(卷6850－6851)	4456	台州土話初學	0899
永樂大典(卷6933－6934)	4457	台州府志	1892
永樂大典(卷7389－7390)	4458	台州府海洋全圖	2460
永樂大典(卷8022－8024)	4459	母諫心田全本南音	6987

幼主詔書	1504
幼科證治準繩	3471
幼科鐵鏡	3481
幼童習字法	3990
幼學句解	4259
幼學故事尋源直解	4253
幼學須知句解	4260、4261
幼學詩	1533
幼學操身(中譯本)	3581
幼學雜字	0629

六畫

匡廬紀游	4362
邦交提要	2877
刑名條例	2901
刑部比照加減成案	2899
刑部平反節要	2900
刑部奏定通行新章程	2840
戎政芻言	3315
吉林外記	2026
吉金志存	2659
吉金所見錄	2658
吉美博物舘藏中國書畫(吉美博物館系列)(法文)	3895
吉美棣女包探案(中譯本)	7434
考工記圖	4349
考工創物小記	4349
考古質疑	4393
考卷清雅	6769
老子	5030
老子(法譯本)	5115
老子的《道德經》(英譯本)	5103
老子參注	5097
老子集解	5092
老子道德真經	5075
老子道德經	5078、5079
老子道德經(法譯本)	5114
老子道德經(德譯本)	5117
老子道德經解	5093
老子語錄(英文選譯本)	5110
老子廬齋口義	5085、5086
老生兒(英譯本)	6946
老莊郭注會解	5091
老莊翼合刻	5090
"老哲學家"老子關於玄學、政體及道德的思考(《道德經》英譯本)	5101
老鼠告狀	7090、7091
地元真訣	5180
地志須知	2237
地球全圖	2490
地球説略	2217–2219
地理山法全書	4376
地理平陽全書	3775
地理全志	1681
地理志略	1682
地理青囊經解	3778
地理便童略傳	2234
地理書(寧波方言)	1680
地理問答	2235
地理問答(寧波方言)	2236
地理琢玉斧	3776
地理須知	2238、2239
地理鉛彈子	3780
地理輯要	2233
地理辨正	3773
地理點穴撼龍經	3770
地圖全(朝鮮八道地圖)	2467
地圖綜要	2267
地學指略(中譯本)	2241
地學淺釋(中譯本)	2242、2243
地學須知	2240
地藏菩薩本願經(滿語、漢語)	4843

耳目記	4380	西陵(吉美博物館系列)(法文)	3894
耳食錄	4598	西陲要略	2033
芝庭先生集	6303	西域水道記	2064
吏治輯要	2510	西域考古錄	2150
吏部兵部選補班次清單	2844	西域紀要	2034
吏部修改則例	2496	西域記　西域聞見錄	2037
再團圓	7312	《西域記》序言所體現的中文對仗風格(法文)	6935
西士來意略論	5882	西域瑣談	2039
西士酬中國人書	5883	西堂全集	6243、6244
西天真實名經	0670	西國近事彙編(中譯本)	2231
西天真實名經(梵文)	0669	西國樂法啓蒙	4035、4036
西比利亞鐵路考(中譯本)	1185	西崑詶唱集	4395
西方公據	4947	西清古鑑	4051
西方游牧民族在中國古代歷史中的影響(1911年柏林東方語言研討會報告)(德文)	1193	西清續鑑甲編	4054
		西涯擬古樂府	6186
西江志	1927	西番碧玉帶全本	7044
西江祝嘏	6980	西番譯語(藏語、漢語)	0671、0672
西安:歷史與現狀(英文)	2157	西廂記(法譯本)	6943
西安府景教碑考(《漢學雜纂》第7號、第12號、第20號)(法文)	6068	西遊地球聞見略傳	2214
		西遊後傳	7236
		西遊原旨	7237
西招圖略	2323	西遊記	7233
西使記	4338	西遊補	7238
西京雜記	4365、4550	西湖二集	7293
西河詩話	4358	西湖志	2111
西南少數民族風俗畫	2146	西湖佳話	7217
西南圖	2474	西湖拾遺	2112
《西洋文說》《洪武正韻序》等文章摘抄	6927	西湖圖	2444
		西塘集	4382
西洋記	7243－7245	西蜀方言	0901
西洋朝貢典錄	4395	西蜀劉善堂楷書對聯上聯"春風意氣和順"	3968
西突厥史料(法文)	1495		
西夏紀事本末	1027	西溪集鈔	4382
西原蠻(《文獻通考·四裔考七》)(法譯本)	2151	西銘講義	3252
		西漢文選	6644
西圃集	6434	西漢會要	2562

書名筆畫索引

西曆、陰曆、回曆對照表(1855 – 1914)(中英對照)	3692
西學考略	2643、2644
西隱文稿	6185
西藏志	2045
西藏見聞錄	2162
西藏圖考	2324
西藏賦	6345
西嶽華山廟碑	3138
西藝知新(中譯本)	2958
西藥大成(中譯本)	3584
西藥表	3585
西藥略釋(中譯本)	3583
西醫略論	3572、3573
在官法戒錄摘鈔	2541
在華基督徒被迫害備忘錄(英文)	5758
在陸草堂文集	6259
百子金丹	4176
百中經	3797
百本張子弟書叢鈔	7085
百本張子弟書叢鈔二	7086
百本張北京俗曲叢鈔	7084
百孝圖	3259
百花彈詞	4358
百科全書	4437
百美新詠圖傳	1414
百家姓本源	4197
百家姓考略	4196、4408
百家姓法	4195
百家類纂	4344
百鳥圖説	4112
百戰奇略	4401
百獸圖説	4111
百繪詩箋	6593
百體千文	3950
有正味齋試帖詩注	6530
有正味齋試帖詳注	6529
有正味齋駢體文箋	6360
有恒心齋集	6494
有夏志傳	7103
有漢東方先生畫贊碑陰之記	3081
有關處決太平天國諸王的公告(戈登文書)	1614
存研樓文集	6284
存素堂集	6429
存素堂詩初集	6366
存論	4345
列女傳	1355
列子	5121
列子(德譯本)	5125
列子　鬼谷子(《石研齋四種》本)	5126
列子盧重元注	5122
列仙傳	5365、5366
列國政要	2209
列國歲計政要(中譯本)	1176
成方切用	3539
成均課藝(書脊題"成均正續彙選")	6816
成都府志	2014
成都縣志	2015、2016
成童畫報	4310
成語考	4250、4251
成語考(英譯本)	4252、4253
扣交英法國各二成銀兩數目清冊	2867
扣除添補説	4215
扣鉢齋纂	6222
夷堅志	4573
至順鎮江志	1872
至寶錄	4222
光明藏	4345
光緒二十九年買買提里阿洪路票(發給日本官員及其隨從	

的通行証)	2721	同音字彙	0565
光緒二十五年五月礦路商務總局公告	2711	同館律賦鴻裁	6730
		同館試律	6731
光緒二十五年發信件簿	1154	同館賦鈔	6726
光緒十五年通商各關華洋貿易總册	2716	因果實錄	4951
		吸食鴉片圖彙	1127
光緒九年通商各關警船鐙浮樁總册	2713	回文類聚	6582
		回回始入中國敘	6087
光緒政要	1005	回回原來序	6088
光緒皇帝改革詔令(1898)(英文)	1298	回語千字文(漢語－維吾爾族語字典)	0674
光緒皇帝和慈禧太后1898年的上諭(法譯本)	1297	回憶錄:英國及海外聖經公會中國代理人偉烈亞力的生平與工作(摘自《大不列顛及愛爾蘭皇家亞洲學會會刊》第19卷)(英文)	1341
光緒皇帝為慈禧太后六十大壽所頒詔令(滿語)	1295		
光緒貳拾捌年補行庚子恩科並庚子正科四川鄉試題目(第一場1葉、第二場1葉、第三場1葉、成都駐防滿洲繙譯鄉試欽命題目1葉)(寫本)	6890	回疆通志	2029、2030
		年中每日早晚祈禱敘式	5796
		年老不識字者進教之要理	6019
		年華錄	1413
早晚課	5778-5782	朱子大全	3199
早期中國文字考(《卡内基博物館館刊》第4卷第1號)(英文)	0521	朱子小學集解	3212
		朱子年譜	1326
		朱子年譜四卷、考異四卷(附《朱子論學切要語》二卷)	4395
吐玉新聯	6608	朱子全書	3196
曲江集	6110	朱子家禮	3200
曲阜縣志	1780、1781	朱子遺書	3197
曲洧舊聞	4336	朱夫子治家格言	3972
同文千字文	3945	朱夫子家訓印譜	4003
同文玉海	4490	朱文公校昌黎先生集	6137
同文算指	4393	朱文懿公文集	6187
同文舘名錄	3041	朱竹垞先生詩鈔	6255
同安縣志	1967	朱楓林集	6180
同門錄	2632		
同治十一年十二月二十五日張維楨父母誥命	1258	朱熹的哲學:學說及影響(《漢學雜纂》第6號)(法文)	3216
同治上海縣志	1880	朱熹的學說及影響(英文)	3217

書名筆畫索引　　　857

先正小題文錄	6809
先知但依理書	5415
先進(科舉試文)	6548
竹坡軒楪册	3871
竹書紀年	0973、4365
竹書紀年集注	0974
竹書紀年統箋	0975
竹雲題跋	4393
竹窗合筆	4345
竹譜	4365
休寧流塘詹氏家傳	1424
伏人明堂圖	3454
延年要訣	5304
延禧堂詩鈔	6363
仲氏易	4349
仲實詩存	6495
仲實類稿	6497
任氏傳	4379
仿北宋小字本説文解字	0455
仿宋槧重刊古本玉篇	0480
自杭州行宮游西湖道里圖説	2414
自遠堂琴譜摘要	4018
自歷明證	5904
伊里布致英國水師副將胞祖照	
會六通	1111
伊壯潜公事實	1332
伊索寓言	7425
伊娑菩喻言(中譯本)	7426
伊犁總統事略	2032
伊犁類編	2031
行文札諭	2808、2809
行水金鑑	2050
行用鈔法一卷　改鑄錢法一卷	2667
行名錄(英文)	2768
行政雜記(《漢學雜纂》第21號)	
(法文)	2538
行軍要語	3317
行軍紀律	2804
行軍測繪(中譯本)	3348、3349
行軍總要	1524
行善	5634
行道信主以免後日之刑論	5982
行營雜錄	4338
全人矩矱	5287、5894
全文禮記疏意體注	0198
全本玉瀾堂刻北宋三遂平妖全傳	7241
全本新鐫玉茗堂批點按鑑全部	
出像北宋志傳	7162
全本禮記體注	0199、0200
全唐詩	6561
全椒縣志	1917
全像三國志傳	7119
全像北遊記玄帝出身傳	7248、7249
全像西遊記	7232
全像東遊記	7250
全像華光天王南遊志傳	7252
全像演義皇明英烈志傳	7175
全像觀音出身南遊記傳	7251
全謝山文鈔	6307
全謝山先生經史問答	4182
全韻玉篇(漢語、朝鮮語)	0481
全體新論	3571、4393
全體闡微(中譯本)	3582
合肥相國七十賜壽圖	1337
合刻繡像九才子書(第二才子	
書好逑傳)	7362
合璧小學	3209
月齋文集、詩集	6409
各式聖歌	5561、5562
各府州清册	1103
各省外海戰船總略	2817
各省地名	1683
各省諮議局章程箋釋	2521
各省輿圖便覽	2285－2288

各國消息	4283	江南海關則例	2738
各號出口查驗各貨	2694	江南通志	1848、1849
各號驗貨	2695	江南鄉試硃卷	6525
各旗將士名冊	2803	江南鄉試題名錄	2627
各體書法	3957	江南報恩寺琉璃寶塔全圖	5057
名犬說	4115	江南闈墨	6864、6865
名妓爭風	7343	江都志	1851
名物蒙求	4249、4360	江原常氏士女志	1419
名法指掌	2925	江浙沿海地圖集	2459、2461
名班抄出新演	7080	江陰全圖（戈登文書）	2339
名賢遺像	1348	江陰縣志	1854
名醫類案	3509	江陰縣繪呈沿江水勢港口情形圖	
多人致合信先生信（內夾奶媽			2459
王亞蓮契約、盧玉麟家信）	1140	江湖尺牘分韻撮要合集	0566–0568
交友觀	4345	江湖長翁詩鈔	4382
交代例冊	2782	江楚會奏變法	1162
交食	3604	江寧省城圖	2331
交食細草	3595	江蘇	4321
衣冠盛事	4336	江蘇全省輿圖	2330
羊城古鈔	1985	江蘇軍事地圖	1599
羊城勸戒社回覆（英譯本）	1134、1135	江蘇海運全案	2060
米海岳年譜	4395	江蘇現任官名	2523
冲虛至德真經	4341、4355	江蘇試牘	6839
冲虛至德真經解	5123	江蘇試牘存真	6838
冲虛真經	4343、4344、5120	江蘇鹽河圖	2458
江左三大家詩鈔	6599	汕頭白話英華對照詞典	0785
江西十三府地圖	2391	汲冢周書	1029、4365、4378
江西十三府道里圖	2392	汜水縣志	1697
江西通志	1926	池北偶談	4595、4596
江西試帖	6841	汝寧府三師廟呂祖仙跡石碑拓片	
江西試牘立誠編	6840		3141
江西闈墨	6870	守邊輯要	3356
江邨銷夏錄	3848、3849	安丘縣志	1740
江行雜錄	4338	安州誌	1695
江安縣志	2018	安宅聯五方符誥在內	5321
江南安徽府州縣各官賢否清冊	2545	安定書院課藝	6818
江南別錄	4338	安南志略	1492

書名筆畫索引 859

安船醮科	5334
安雅堂未刻稿	6241
安溪縣志	1955
安樂家(中譯本)	7413
安樂集	4895
安徽省志(《漢學雜纂》第2號)(法文)	1925
安徽唐代各家詞	6941
安徽試牘存真約選	6843
安懷宮五朝祈安金章	5335
安籙科儀	5336
字典	0683
字典攷證	0617
字典彙選集成	0682
字典標目(英文)	0513
字典標目(第2版)(英文)	0519
字音辯異(漢語－拉丁語字典)	0735
字部新法(中英對照)	0516
字部緝解(英文)	0517
字意類集	4543
字彙	0482、0483
字學三種	4415
字學舉隅	0512、0513
字類標韻	0557、0558
字觸	4395
艮嶽記	4338
防海備覽	2098
防海新論(中譯本)	3354、3355
如玉如蘭詩稿	6399
如何説粵語(英文)	0887
如何寫中文(英文)	0854
如皋縣沿海口岸水勢程途圖説	2459
如夢錄	1429
好逑傳	7359－7361、7363、7364、7369
好逑傳(英譯本)	7366、7367、7371
好逑傳(法譯本)	7372
好逑傳(節譯本,僅第1章)	7370
好逑傳(德譯本)	7374
好逑傳(德譯本,據魏金森英譯本轉譯)	7373

七畫

戒牛圖牧童歌	7055
戒俗吏矯飾論　勞農勸民疏　賦得柳邊人歇待船歸(科舉試文)	6550
戒律文本	4815
戒殺放生文	5232
戒烟醒世圖	1131
戒酒論	1126
戒淫錄	4358
攻守礮法(中譯本)	3343
赤十字會初級急救要法	3563
赤道南北兩總星圖(附説明文字)	3588
孝敬父母	5880
孝傳	4138、4139、4365
孝經	0273、0277
孝經(滿語、漢語)	0280
孝經注	0279
孝經注疏	0271
孝經注解	0272
孝經衍義	0278
孝經校勘記	4349
孝經義疏	4349
志異新編	2203
志雅堂雜鈔	3828、4395
芙蓉山館詩鈔	6377
芸香堂詩集	6364
花甲記憶:一位美國傳教士眼中的晚清帝國(英文)	1215
花甲記憶:一位美國傳教士眼中的晚清帝國(第3版)(英文)	1216
花甲閒談	6393
花乳齋閲茶品　蘭液齋品茶略	4076

花案	4345	李太白的詩及其代表作等兩篇（《北京東方學會雜志》第2卷，第5號）（英文）	6932
花富廬奇案(中譯本)	7432		
花箋記(中英對照)	7068		
花影集	4580	李氏易傳	0012
花鏡	4083、4084	李氏音鑑	0545
芥子園重訂監本易經	0020	李文忠公奏議	1312
芥子園重訂監本書經	0070	李文貞公全集	6272
芥子園畫傳	3865、3866	李文節集	6190
克虜伯船礮操法(中譯本)	3337、3338	李石台稿	4361
克虜伯腰箍礮說(中譯本)	3344、3345	李西涯稿	4361
克虜伯礮架說(中譯本)	3346	李竹嬾說部全書	4585
克虜伯礮準心法(中譯本)	3339、3340	李州侯家訓	4205
克虜伯礮說(中譯本)	3336	李安堂致戈登札慰問其父去世（戈登文書）	1583
克虜伯礮說　克虜伯礮表(中譯本)	3335	李長吉歌詩	6142
克虜伯礮彈造法(中譯本)	3341、3342	李林甫外傳	4338
杜工部文集	6115	李忠武公全書	6503
杜工部古詩近體詩(新定)	6116	李泌傳	4379、4380
杜工部草堂詩箋	6118、6119	李厚庵稿	4361
杜工部集	6117	李恒嵩致戈登札一封(戈登文書)	1608
杜工部詩集箋注	6124		
杜子春傳	4338、4379	李恒嵩致同僚札兩封、致戈登札六封(戈登文書)	1574
杜少陵全集詳注	6125		
杜主開明後志	4388	李娃傳	4379、4380
杜主開明前志	4388	李泰國所藏信札史料	1122
杜律詳解大全集	6128	李崆峒稿	4361
杜陽雜編	4380	李笠翁一家言	6238
杜詩七言律	6129	李章武傳	4338
杜詩會粹	6126	李清傳	4338
杜詩鏡銓	6127	李義山詩集輯評	6147
杜審言集	6108	李衛公別傳	4338
杕左堂集	6289	李鴻章七十壽宴相關資料(英文)	1161
杏壇聖蹟	1316		
李元賓集六卷、文編三卷、外編二卷、續編一卷	4395	李鴻章奏稿兩件、李恒嵩稟李鴻章稿十九件及李鴻章批覆四件(戈登文書)	1597
李太白文集	6111		
李太白文集輯注	6112	李鴻章訃告(致英國欽差大臣	

書名筆畫索引

薩大人）	1338
李鴻章為蘇州殺降事針對戈登之不滿所發告示（戈登文書）	1623
李鴻章致戈登札、照會共四十餘件（戈登文書）	1578
李鴻章致戈登信札（戈登文書）	1577
李鴻章致戈登信札兩件（戈登文書）	1575
李鴻章致戈登信件（戈登文書）	1625、1626、1630
李鴻章等致戈登信件	1633
李躍門百蝶圖	3842、3843
李鶴章致戈登札一封（戈登文書）	1581
李鶴章致戈登札十封（戈登文書）	1576
車制圖解	4349
更生齋集	6337
更生齋詩	6338
更換各旗兵丁之名位部	2802
吾亦廬稿	4349
吾學錄（初編）	2929
酉陽雜俎	4379
酉陽雜俎正續（重刊）	4567
批評西遊記	7234
批點春秋左傳綱目句解	0247
抄本字彙	0490、0491
抄各詔	1503
抄錄官軍克復吳江震澤縣城、蘇州、嘉興、常州等府州縣摺片及諭旨共十件（戈登文書）	1596
抄錄偽書兩件：真忠軍師忠王李秀成書致護王殿下、真忠軍師忠王李書致潮王黃第（戈登文書）	1570
折獄龜鑑	2888
求心錄	4338
求古精舍金石圖	3114
求雨經	3767
求嗣指源	3484
求福免禍要論	5991
求福真經	4994
求闕齋日記類鈔	4409
求闕齋讀書錄	4409
盱江集鈔	4382
呈送浙江太平營輿圖	2457
貝特霍爾德·勞費爾博士於1908－1910年間為紐貝里圖書館收藏的東亞宗教、歷史、文學和藝術書目（1216種，21403冊）	3057
見在龕雜作存稿	6500
見聞隨筆	4227
見聞續筆	4228
虬髯客傳	4379、4565
困學紀聞	4148、4149
困學紀聞三箋	4151
困學紀聞集證合注	4150
呂子	4343
呂子節錄補遺卷上	3244
呂氏春秋	4119、4344
呂仙飛劍記	7254
呂宋紀略	4391
呂祖三一真詮	5179
呂祖全書	5178
呂衡州集十卷（附《考證》一卷）	4395
吟風閣	7065
妝樓記	4379、4380
吳又可先生溫疫方論	3557
吳三桂列傳	1328
吳三桂演義	7188
吳中平寇記	1634
吳氏重訂本草綱目	3428
吳地記	4380

吳因之易說	0028	身易	4358
吳因之稿	4361	佛山街略	2131
吳門出難記	4643	佛門定制	4980
吳柳堂先生諫文正續合編	6706	佛典雜載	5039
吳柳堂先生遺蹟石刻	3977	佛法金湯	4921
吳郡名賢圖傳贊	1420	佛祖三經指南	5036
吳郡圖經續記	1860	佛祖傳燈	5018
吳梅村詩集箋注	6234	佛祖歷代通載	5016
吳匏庵稿	4361	佛教筆記	4993
吳國史(《漢學雜纂》第10號)（法文）	1042	佛教詞彙：梵文、中文（摘自《通報》）	0803
吳越春秋	1472、4365	佛頂心大陀羅尼經	4835
吳詩集覽	6233	佛頂尊勝陀羅尼	4836
吳詩談藪	6232	佛國記	4365、4995
吳摯甫文集	6491	佛國記(英譯本)	4999－5001
吳蕈譜	4358	佛國記(英譯本，據雷慕沙法譯本轉譯)	4998
刪潤能與集	6321	佛國記(法譯本)	4997
岑嘉州集	6131	佛經中的迦毗羅衛(摘自《皇家亞洲學會雜志》)(英文)	5068
岑襄勤公勛德介福圖	3852		
利津縣志	1790	佛經節本	4819
私充牙行埠頭	2705	佛說阿彌陀經	4398、4776
我等救世主耶穌新遺詔書	5428	佛說救拔焰口餓鬼陀羅尼經	4813
兵法心要	4401	佛說無量壽經	4822
兵法心略	3292	佛說觀無量壽經	4823
兵略錄存	2825	佛說七俱胝佛母心大准提陀羅尼經	4812
兵船礟法(中譯本)	3333、3334		
兵器譜	3347	佛說了義般若波羅蜜多經	4713
兵錄	3293	佛說大方廣未曾有經善巧方便品	4804
邱仲深稿	4361	佛說大報父母恩經	4834
邱、海二公合集	6578	佛說大集法門經	4847
何義門先生讀書記	4198	佛說五王經	4864
何義門臨董其昌書白居易《琵琶行》	3936	佛說四十二章經	4870
但以理書(建寧方言)	5416	佛說四十二章經(法譯本)	4871、4872
但以理聖蹟圖說	5602	佛說生經	4855
但耶利言行全傳	5694	佛說白衣金幢二婆羅門緣起經	4861
作印集字	0638	佛說如幻三摩地無量印法門經	4845

書名筆畫索引　863

佛說阿彌陀經	4781	忘筌書	4147
佛說阿彌陀經疏鈔	4779、4780	快書	4345
佛說盂蘭盆經疏	4775	快雪堂法書	3941
佛說長者女菴提遮師子吼了義經	4858	判惑歌	4375
		弟子規	4220
佛說無量清淨平等覺經	4790	冷廬雜識	4232
佛說無量壽宗要經	4820	汪氏輯列女傳	1353、1354
佛說勝軍王所問經	4848	汪六安稿	4361
佛說普賢曼拏羅經	4832	汪青湖稿	4361
佛說業報差別經	4874	沙門日用錄	4961
佛說園生樹經	4850	沙河逸老小稿六卷	4395
佛說解冤劫神咒	4973	沙畹信札（英文）	1246
佛說輪王七寶經	4849	沙彌律儀要略	4978
佛說賢者五福德經	4927	沙彌律儀要略增注	4979
佛說賢首經	4859	汽機	2967
佛說摩利支天陀羅尼經	4873	汽機中西名目表	0790
佛說護國尊者所問大乘經	4846	汽機必以（中譯本）	2966
佛說護諸童子經	4816	汽機發軔（中譯本）	2964、2965
佛說魔逆經	4862	汽機新制（中譯本）	2968、2969
佛說辯意長者子所問經	4865	沃洲古蹟	2115
佛說觀世音經	4770	沂水縣志	1705
佛遺教經	4782	沂州志	1757
近文堂明心寶鑑	4163	沂州府志	1758
近思錄	3201、3202	泛槎圖	2163、2164
近科考卷脫穎集	6801	汶上縣志	1762
近科考卷湖南校士錄	2620	汶上縣志、續志	1763
近科直省試策法程	6800	沈文忠公集	6431
近科房考清卓集	6802	沈文肅公政書	1308
近報叢譚平虜傳	7186	沈四山人詩錄	6495
希夷夢	7209	沈憲吉稿	4361
希伯來書注釋	5518	宋王復齋鐘鼎款識	3085
坐花誌果	4633	宋元以來畫人姓氏錄	3851
谷音	4395	宋元本行格表	4271
含少論略	4345	宋元明詩約鈔三百首	6576
邸報英譯	4285	宋元通鑑	0997
角虎集	4925	宋元舊本書經眼錄	3023
亨利實錄（中譯本）	7427、7428	宋本玉篇	0479

宋本校刊韓晏合編	3364
宋史	0960
宋四六話	4393
宋先祖文正公遺蹟	3923
宋范文正公言行錄	1325
宋板書目一卷	4395
宋季三朝政要五卷、附錄一卷	4395
宋金郎團圓破氈笠（《今古奇觀》本）（英譯本）	7285
宋治平監本揚子法言	3172
宋稗類鈔	4601
宋詩鈔二集	4382
宋遼金元四史朔閏攷	4395
宋遼金元別史	1037
宋鑑節要	0996
冶金錄（中譯本）	2977、2978
良朋會集畫册	3883
良馬圖説	4113
初參要訣	4938
初會問答	5828–5830
初學小題明文繡	6810
初學文範	6792
初學玉玲瓏	6779
初學作文意路	6768
初學記	4436
初學問津集	6784
初學粵音切要（粵語）	0888
初學編	5881
初學檢韻	0585
即墨縣志	1766、1767
改良陽宅十書	3772
改良婦孺三字書	4268
改良婦孺淺史	1174
改良繪圖四五字書	4269
改訂增廣五車韻府	0535
阿字無禪師光宣臺集	4948
阿拉伯文獻（戈登文書）	1616
阿拉救主耶穌基督的新約書（寧波方言）	5452–5454
阿毗達磨發智論	4830
阿毗達磨藏顯宗論	4831
阿毗曇論	4829
阿彌陀佛供養像	5045
附刻行川必要	2052
附鮎軒詩	6336
妙女傳	4379
妙法玄讚（明決要述4）	4731
妙法蓮華經	4398、4721–4726、4753–4756、4758、4759
妙法蓮華經十七品詩	4733
妙法蓮華經目錄	4730
妙法蓮華經玄讚	4732
妙法蓮華經序	4729
妙法蓮華經講經文	4727、4728
妙法蓮華經觀世音菩薩普門品	4760–4766
妙法蓮華經觀世音菩薩普門品（法華經第25品）	4767
妙法蓮經	4757
妙海心珠　廣妙海心珠　續妙海心珠	4221
邵子湘全集	6269、6270
甬上族望表	1418
甬報	4305

八畫

奉天錄	4395
奉化縣申報各憲散給過道光二十年四季分孤貧口糧銀兩年貌住址四柱文册稿	2693
奉化縣洋汛界址圖	2376、2377
奉化縣陸洋汛址圖	2458
奉化縣船舶航行執照	2689

書名筆畫索引

奉使俄羅斯行程錄	4405
奉使朝鮮驛程日記	2185
武夷山九曲溪全圖	2434
武夷山九曲圖 廣州至澳門航綫平面圖 廣州至澳門航綫平面草圖	2435
武夷山志	2091
武夷山圖	2433
武夷志略	2090
武林往哲遺著	4428
武林往哲遺著後編	4429
武林掌故叢編	2113
武定府志	1738、1739
武帝寶訓像注	5299
武略	1523
武略帷籌 六丁六甲神書 黃帝陰符經奇門製解	3319
武備地利	2097
武備志	3304－3307
武備秘書	3308
武備輯要、續編	3309
武義縣志	1913、1914
武經七書	3281
武鮮花調等	7099
青田縉雲景寧龍泉雲和五汛兵力清册	2824
青玄淨供左序	5303
青州府志	1732
青城縣志	1733
青草堂集	6437
青浦縣志	1874
青浦縣境輿圖（戈登文書）	2350
青萍軒文錄、詩錄	6456
青雲梯	6925
青藤書屋集	4393
玫瑰經小問答	5789
盂鼎	3102
長山縣志	1777
長生殿	6969
長生殿曲譜	7096
長白山錄	2076
長江全圖	2441
長江圖説	2440
長江總共章程	2051
長安志	1842、1843
長安獲古編	3123
長沙志備考	1937
長沙府志	1935、1936
長恨歌傳	4379
長清縣志	1791
長樂縣志	1955
坤寧妙經	5247
坤輿外記	4362
坤輿全圖	2486、2487
坤輿圖説	2488
幸魯盛典	2598
亞伯拉罕紀略	5688
亞洲論集：東方諸民族歷史、地理和語言學研究（法文）	2232
亞聖孟子讚	3097
耶穌山上垂訓	5655
耶穌之寶訓	5663
耶穌比喻注説	5677
耶穌合稿	5678
耶穌巡徒養心日課	5763
耶穌言行述訓	5670
耶穌言行紀略	5671
耶穌言行綱目	5669
耶穌言行總論	5667
耶穌事跡考	5679
耶穌門徒金針	5683
耶穌門徒信經	5682
耶穌受苦尋源	5680
耶穌降世之傳	5660

耶穌降世傳	5659	英吉利每月雜記傳的通報	4329
耶穌降生一千八百八十九年主日瞻禮齋期日表	5817	英吉利國人品國事略說	2718
耶穌信徒受苦總論	5684、5685	英吉利國神會祈禱文大概翻譯漢字	5800
耶穌神蹟之傳	5665	英吉利國神會祈禱文大概翻譯漢字(附《聖經閱讀日曆》)	5799
耶穌真教四牌	5710	英夷作亂	1108
耶穌教或問	5706	英法聯軍統帥進入廣州城告示	2882
耶穌教例言	5703、5704	英咭唎國新出種痘奇書(中譯本)	3494
耶穌教官話問答	5709	英華分韻撮要	0711
耶穌教要旨	5702	英華仙尼華四雜字文(寧波方言)	0784
耶穌教要理大問答	5707	英華成語合璧字集	0704
耶穌教要理問答	5708	英華合璧(英文)	0878
耶穌教消罪集福真言	5705	英華字典	0692
耶穌教略	5700、5701	英華袖珍北京口語詞典	0709
耶穌基利士督我主救者新遺詔書	5419、5420	英華韻府歷階	0765
耶穌基督降世傳	5658	英華譯字則列類	0768
耶穌復生傳	5662	英烈傳	7176
耶穌登山教眾體注	5656	英國工程師康斯特布爾有關籌建津沽鐵路的信札(英文)	3002
耶穌聖教禱告文	5801	英國文語凡例傳(英文)	0820
耶穌實蹟注釋	5681	英國水師考 美國水師考(中譯本)	2829
耶穌論	5676	英國國家博物館圖書館藏中文刻本、寫本、繪本目錄(英文)	3046
昔時賢文	0758		
若百書	5409		
若瑟聖月	5606–5608	英國國家博物館藏中文刻本、寫本目錄續編(英文)	3047
若翰傳福音之書	5491		
苗人圖說	2137	英國國家博物館藏中文寫本目錄	3045
苗氏說文四種	0465		
苗部落(英文)	1232	英國國教公禱書	5803
苗圖	2140、2141	英國駐日本大使靜山書唐代王勃詩《春園》	3999
苗蠻合志	2142		
英中日曆	3684	英雄記	4365
英文文法譯述(第2版)	0822	英雄記鈔	1061
英文文法譯述(第3版)	0823	英雲夢傳	7385
英文文法譯述(第8版)	0824		
英文音韻考(英文)	0916		
英文舉隅(中譯本)	0821		

書名筆畫索引　867

書名	編號
英粵字典(第1版)	0712
英粵字典(第3版)	0713
英粵字典(第6版)	0714
英粵字典(第7版,增訂本)	0715
英粵對話	0890
英語-馬來語-漢語詞彙手冊	0796
英語分類(第1版)	0929
英語分類(第2版)	0930
英語分類(第3版)	0931
英語分類(第4版)	0932
英語必讀	0927
英語自學(英文)	0917
英語自學(第2版)(英文)	0918
英語自學(第4版)(英文)	0919
英語自學(第5版)(英文)	0920
英語自學(第6版)(英文)	0921
英語自學(第7版)(英文)	0922
英語自學(第8版)(英文)	0923
英語指南(中英對照)	0928
英語啞聲字母歌訣(英文)	0933
英語進階(英文)	0926
英語集全(粵英對照)	0783
英漢口語詞典	0708
英漢字典	0691
英漢造船業術語詞典(附圖解)	0789
英漢疾病詞彙	0788
英漢常用語手冊和詞彙(雲南方言)	0786
英漢術語詞典	0791
英漢雙語學生學習助手(英文、中文)	0873
英諺	0935
茌平縣志	1810
范伯子詩集	6489
范希周(《情史》中的一則)(英譯本)	7349
范忠貞公全集	6250
范縣志	1794
范縣鄉土志	1795
直省考卷所見	6885
直省鄉墨	6877、6879
直省鄉墨文淳	6886
直省鄉墨珠林	6878
直省闈墨	6876
直省釋奠禮樂記	2608、2609
直隸通州志	1873
直隸運售各省官刻書籍總目	3022
直隸義倉圖	2327、2328
直齋書錄解題	3005
苕溪漁隱叢話	4393
茅亭客話	4336
茅鹿門稿	4361
林氏家規摘要　林氏祭典議約(銅版)	0225
林亨大稿	4361
林和靖集	6148
林則徐行草一幅	3965
林屋唱酬錄	4395
林蘭香	7339
析疑辨謬	6004
來生福	7071
來華新教傳教士列傳及著作目錄(英文)	3037
松江府上海縣版圖圩號册	2336
松江府志	1858
松江府志(有關製陶業部分)	1857
松江府建求忠書院記	3938
松江城守營輿圖	2458
松江捍海石塘錄	2062
松江、嘉定、瀏河、太倉地圖(戈登文書)	2348
松泉真帖	3996
松風閣琴譜	4015
松亭行紀	4358

松雪齋法書墨刻	3929	東莞縣志	2002
松陽縣要塞地圖	2388	東軒詩鈔	6359
松籌堂遺集	6189	東原集	4349
杭氏七種	4397	東萊先生東漢詳節	1032
杭州土音讚美詩(杭州方言)	5535	東萊博議	3159
杭州土話字語	0896	東陽夜怪錄	4380
杭州土話初學	0897	東隅錄	6689
杭州西湖江干湖墅圖	2361	東越証學錄	6191
杭州府志	1886、1887	東遊八仙記出身傳	7247
杭州府志省城、海塘、府學圖	2360	東園雜字大全	0627
杭州府附近地區海岸地圖	2362	東閣散錄(朝鮮文獻)	1485
杭州府圖	2359	東甌金石志	3111
述古堂藏書目四卷	4395	東潘林氏闔族遵	4203
述古叢鈔	4230	東興圖志	2466
述本堂詩集	6615	事物原會	4189
述史淺譯	5594	事物異名錄	4517
述異記	4365、4563	兩西圖	2472
述學	4349、6430	兩京新記	4395
枕中記	4379、4380	兩般秋雨庵隨筆	4612
枕中書	4365、4561	兩淮鹽法志	2680
枕餘	4345	兩幅蘭石繪畫和書法	3970
東平州志	1797、1798	兩當軒全集	6444
東史會綱	1486	兩廣方言學堂同學錄	2638
東史綱目	1487	兩漢演義傳	7109
東史綱要	1488	郁離子	4344
東西史記和合	1016	奇書第一種三國志演義	7124
東西洋考	2201、2202	奇經八脈考	3460
東西洋考每月統記傳	4282	奇緣鴈翎媒新選	7040
東安縣志	2004	拆字意(書脊題"測字理義")	3824
東阿縣志	1760	抱朴子	4344、5148、5149
東坡先生詩	6151	抱沖齋詩集	6450
東坡遺意	3942	抱犢山房集	6267
東昌府志	1793	拉漢小詞典	0745
東周列國志全傳	7105	拉漢字典	0744
東城雜記	4395	拙修集	6432
東華錄	0999、1000	拙尊園叢稿	6478
東晉疆域志	2123	招人獲救	5891

招子庸竹蘭圖拓片	3880	門類增廣十注杜工部詩	6120
招遠縣志、續志	1706	明史	0968
非烟傳	4379	明史稿	1038
叔苴子內編六卷、外編二卷	4395	明代法律文書襍抄	2830
卓異記	4380	明刑管見錄	2924
虎耳蜂針（中譯本）	7443	明夷待訪錄	4393
虎門報單（戈登文書）	1613	明州阿育王山志	2083
虎鈐經	4395	明季稗史彙編	4387
尚友錄	4479	明皇雜錄	4380
尚史	1036	明清貿易文獻集彙	2749
尚書	0061	明聖桃園經	5249
尚書　論語	3145	明聖經旁訓	5305
尚書七篇解義	0084	明詩別裁集	6580
尚書小疏	4349	明鏡公案	7220
尚書今古文注疏	4349	易大義	4393
尚書地理今釋	4349	易林	4365
尚書注考	4393	易或	0045
尚書注疏	0064	易音	4349
尚書故事	4380	易原	0044
尚書後按	4349	易通釋	4349
尚書後案	0086	易略例	4365
尚書校勘記	4349	易章句	4349
尚書集注音疏	4349	易園集	6487
尚書補疏	4349	易傳	4351、4365、4369
尚書離句	0089	易義別錄	4349
尚書釋天	3605、4349	易義析解	0038
尚書讀本	0094、0095	易經	0008
尚絅堂集	6492	易經（英譯本）	0060
尚節儉以惜財用聖諭	1276	易經：復原、翻譯與注釋（法譯本）	
尚論篇	3547		0058
具注曆日	3622	易經大全會解	0015
具茨集	4382	易經來注	0025
果堂集	4349	易經來注圖解	0026
味閒堂課鈔	6516	易經兒說	0027
昌邑黃先生醫書八種	3518	易經恒解	0052
昌邑縣志	1728	易經真詮	0057
昌樂縣志	1818	易經蒙引	0024

易經講意去疑	0031
易經闡釋(摘自《比利時皇家學院公報》)(法譯本)	0059
易經讀本	0046
易圖明辨	4395
易圖略	4349
易圖解	3765
易說	4349
易盨	0041
典林瑯環	4265
典制文琳注釋	6772
典故	4264
典故古列女傳	1358
典故列女傳	1357
忠王自傳(英譯本)	1560
忠王自傳(李秀成自述)(英譯本)	1561
忠王李秀成復英國傳教士艾約瑟、楊篤信書	1551
忠王李秀成、慕王譚紹光回復戈登信一封(戈登文書)	1587
忠孝經讀本	0281
忠武祠墓志	1322
忠烈俠義傳	7229
忠雅堂詩集	6351
忠義水滸傳	7198、7199、7201
忠義水滸傳評林	7200
忠經	4365
咒西人語	1109
狀元幼學詩	6603
狀元圖考	1409
帖式彙選	6834
帖體詩存注釋	6632
岣嶁刪餘文草	6299
制義約選	6806
知不足齋叢書	4363
知古錄	3313

知足齋詩集、文集、進呈文稿	6380
知我錄	4358
知味軒啓事	6900
知味軒稟言	6901
知命術漢學	3766
知命錄	4338
知服齋叢書	4424
知過論	3952
知新報	4316
牧牛圖	4990、4991
牧齋全集	6224
物怪錄	4380
和合通書	3686
和約書(法國與西班牙)	2871
和約章程	2859
和番	6997
季彭山稿	4361
岳忠武王文集	6164、6165
岳飛廟碑拓片25件,另有唐高士廉碑拓本1件、鈐"明萬曆慈聖宣文明肅貞壽端獻皇太后之寶"的大悲咒拓本1件、鈐"慈聖宣文明肅貞壽端獻皇太后之寶"的普陀山立石刻像拓本1件、石鼓文拓本1件	3147
岳飛廟碑拓片數十件	3148
岳容齋詩集	4388
岳雪樓鑑真法帖	3992
岳蒙泉稿	4361
岳廟志略	2114
使徒行傳	5510
使徒保羅寄以弗所聖會書注	5527
使徒保羅寄羅馬聖會書注	5526
使徒雅各暨彼得前後書注釋	5519
使琉球記	2199
使喀爾喀紀程草	2148

書名筆畫索引

岱史	2069
岱覽	2071
佩文耕織圖	3386
佩文詩韻	0571
佩文詩韻釋要	0572
佩文齋書畫譜	3862
佩文韻府	4492
佩文韻府約編	4494
佩文韻篆	0570
依樣葫蘆	4273
阜寧縣呈送卑境射、黃等口洋面會勘水勢洋綫情形圖	2458
征四寇傳	7205
往生拾因	4983
往來帖式	4266
往金山要訣	2769
彼得前書(廈門方言)	5522
彼得羅言行全傳	5695
金七十論	4837
金山縣會勘海塘圖	2459
金山營地輿圖	2460
金元明八家文選	6657
金丹正理大要道書全集	5257
金丹四百字	4375
金丹真傳	5258、5259
金丹就正篇一卷　玄膚論一卷	5260
金丹歌	4375
金文靖公集	6182
金玉經	5175
金正希稿	4361
金石文章	4008
金石表(中譯本)	2976
金石契	3108
金石索	3105
金石萃編	3129
金石摘	3113
金石圖	3117
金石圖說	3115、3116
金石緣全傳	7398
金石識別(中譯本)	2974、2975
金史	0964
金史(法譯本)	0965
金仙証論	5294
金光斗臨經	3796
金字藏經	4737
金志	4338
金批第一才子書三國志演義	7125
金門島到梅州島海岸港口鳥瞰圖	2410
金屋型儀	5905
金華子雜編	4570
金華府七縣汛境輿圖	2460
金華晷漏中星表	3596
金華縣地輿圖	2458
金索	3106
金剛如義	4690、4691
金剛決疑解	4668
金剛直說	4675、4676
金剛卷	4655
金剛持驗紀	4692
金剛般若波羅蜜經	4398、4645–4648、4650、4651、4653、4656–4659、4661–4663
金剛般若波羅蜜經一卷　心經一卷	4649
金剛般若波羅蜜經如是	4696
金剛般若波羅蜜經注	4685
金剛般若波羅蜜經宗通	4666
金剛般若波羅蜜經破空論	4697
金剛般若經六譯本	4683
金剛般若經注解	4664
金剛能斷般若波羅蜜經	4660
金剛略義	4693
金剛解貫	4665
金剛經	4652、4654

金剛經川老注	4667	金籙中普科儀	5324
金剛經石注	4669	金籙中普賑濟科儀	5323
金剛經句解	4684	金籙午朝科儀	5331
金剛經直解	4671－4673	金籙玉壇發奏科儀	5332
金剛經直解儭	4674	金籙正醮朝真謄奏	5322
金剛經注解	4686	金籙早朝關奏科儀	5326
金剛經注講	4681	金籙拜表文科儀	5328
金剛經集注	4678、4679	金籙晚朝科儀	5330
金剛經集解	4677	金籙宿啓道場科儀	5325
金剛經解義	4682	金籙道場陞壇科儀	5329
金剛經溯源	4695	金籙禳螢火部科儀	5327
金剛經彙纂輯要	4680	金鑑外科	3489
金剛經演説	4688	采硫日記	4395
金剛經纂注	4670	受災學義論說	5901
金剛論	4689	爭春園	7213
金瓶梅（滿語譯本）	7276	爭座位帖（顏真卿致郭英乂函刻石拓本）	3080
金陵四十景圖考	2109		
金陵述略	1640	念庵羅先生文集	6207
金陵救生局報告（1838－1840）	2760	肥城縣志	1785、1786
金堂何竹有詩集	4388	周末列國有今郡縣考	4358
金鄉縣志略	1800	周史（《漢學雜纂》第22號）（法文）	1043
金壺七墨	4632		
金雲翹傳	7208	周年早晨（夜裏）禱告式（上海方言）	5797
金道隱稿	4361		
金湯十二籌	3302	周易	0001－0005、0009、0019
金湯借箸十二籌	3301、4401	周易口義	0013
金聖歎加評西遊真詮	7235	周易正解	0030
金鈴集	6681	周易本義	0017、0018
金臺華嚴禪寺講經沙門萬空大師重修記	5008	周易折中	0039
		周易述	4349、4351
金臺書院課士錄	6438	周易述補	4349
金匱方歌括	3542	周易注	4351
金匱要略（《醫宗金鑑》本）	3402	周易荀氏九家義	4349
金監督誌略	5918	周易校勘記	4349
金穀似稿	4361	周易略例	0010
金藥秘訣	4375	周易象義集成	0056
金籙五朝啓白聖班	5333	周易章句	4351

周易參同契	5145	周禮注疏刪翼	0160、0161
周易揭要	0049	周禮軍賦說	4349
周易集解	4351	周禮校勘記	4349
周易補疏	4349	周禮旁訓精華	0170
周易虞氏消息	4349	周禮貫珠	0172
周易虞氏義	4349	周禮節訓	0163
周易傳義大全	0023	周禮疑義舉要	0166
周易傳義附錄卷一(《四庫全書》本)	0037	周禮精華	0171
周易義	4351	周禮漢讀考	4349
周易義疏	4351	周禮輯義	0164
周易義傳合訂	0036	京口協水師左營江汛輿圖	2460
周易圖說述	0034	京口副都統海齡上道光皇帝書一件　致英國全權代表璞鼎查信四封(漢語、滿語、英語)	1112
周易疑義舉要	4349	京板天文地輿全圖	2484
周易廣義	0035	京板天文全圖	2279
周易鄭氏義	4349	京板天文輿地全圖	2277
周易增訂旁訓	0047	京板天地全圖	2278
周易遵述	0053	京杭運河全圖	2442
周易審義	0055	京城全圖	2314
周易輯說存正	0042	京報(1872－1899)翻譯	4286
周易讀本	0051	京報(道光二十年十二月十八日)	4284
周官祿田考	0173、4349		
周官新義十六卷、附二卷	4395	夜困曹府梆子腔	7051
周官說約	0169	夜探觀兵	7001
周官精義	0167	夜譚隨錄	4605
周秦十一子(《周秦十一子評選》)	4343	庚子殉難錄(英文)	1182
周恭肅公集	6193	庚申外史	4393
周培春中國民俗畫	3887－3890	放生會約	4358
周萊峰稿	4361	盲文初級讀本(廈門方言)	0902
周朝末年以前的中國古代史(英文)	1191	盲文讀本(第2版)(廈門方言)	0903
周詩天機釋解婚姻圖	2611	性天真境	5272
周興隆致戈登札(戈登文書)	1569	性命圭旨	5262－5264
周髀算經	3694、3695	性命雙修萬神圭旨	5261
周禮	0157	性理大全	3230、3231
周禮(節錄)	0163	性理大全彙要	3232
周禮注疏	0158、0159	性理字訓	3210、4360

性理真詮	3238	河工器具圖説	2950
性理真詮提綱	3239	河下解心（含3種：《新出嫦娥月》《果子名解心》《新趕有彩回寮》）	7054
性理略論	6036		
性理綜要	3233		
性理體注大全旁訓要解	3236	河內縣志	1699
卷施閣文集	6335	河汾諸老詩集	4395
卷施閣詩	6334	河南下南廳祥下汛浸口情形圖	2460
净土或問	4785	河南、山右、貴州、雲南、粵西、湖北、江南闈墨及會試魁卷等	6880
净土供	4786		
法中友好協會簡報	4335		
法句經	4880	河南闈墨	6862
法言	4355、4365	河洛精蘊	3593
法苑珠林	4380、5025–5027	泗水縣志	1712
法界安立圖	4911	沿海全圖	2448
法華經女人品讚	4716	注疏三百首合編	6571
法華經玄讚	4717	注疏考證	4349
法華經問答	4719	注釋句柬試帖	6630
法華經義記	4718	注釋向太史全稿（向蘭皋先生小題文）	6508
法海觀瀾	4918		
法家驚天雷	3366	注釋典制文琳	6771
法國人在遠東最初的兩處居留地：上海、寧波（法文）	1241	注釋思綺堂四六文集	6304
		注釋紀太史館課賦抄	6349
法國律例	2945	注釋發蒙針度初集	6770
法國國王查理五世時代卡塔盧尼亞文地圖集中的遠東（摘自1895年《歷史和描述地理學報》）（法文）	2480	注觀世音經	4734
		波羅外紀	2204
		治河方略	2053
		治浙成規	2930–2932
		宗主詩章	5552
法國話規（中譯本）	0825	宗主詩章（福州方言）	5560
法越兩次西貢條約	2866	宗主新歌	5558
法楹	4345	宗忠簡公文集	6162
法粵字典	0727、0728	宗法小記	4349
法語讀音　法語入門（法文）	0938	宗室王公世職章京爵秩襲次全表	2513
法漢小詞典	0724		
法漢常談	0725	宗規	4358
法漢對話手册（法粵）	0939	宗鏡錄	5029–5031
法寶勘同總錄	5034	定海港地圖（中英標注）	2364
法顯傳	4996	定海縣及舟山群島圖	2365

定海縣志	1902
定海縣輿圖	2379、2459
定鼎奇聞	7191
定慧基本	4969
定盦文集	6468
宜稼堂叢書	4389
官話指南(英譯本)	0866
官話指南(法譯本)	0865
官話約翰福音書	5493
官話萃珍	0867
官話新約全書	5443
官話彙解	0619
官話學習實用指南(德文)	0862
官話學習實用指南(第2版)(德文)	0863
官話學習實用指南(第3版)(德文)	0864
官話類編(英文)	0861
官語詳編	0562
官樣文章	4190
空同詩選	6195
空際格致	2954
宛丘集	4382
宛陵郡志備要	1918
郎川答問	4345
郎處當養塔	5059
祈禱	5633
祈禱真法注解	5813
祈禱真思	5908
祈禳五斗天曹奏錢科儀	5318
建天京於金陵論	1564
建平縣志	1924
居官日省錄	2543
居官刑戒	2544
居官福惠全書	2542
居庸關多語種佛經石刻拓本(梵語、藏語、蒙古語、維吾爾文、西夏文、漢語)	4887
居業堂文集	6493
屈臣氏大藥房藥品廣告附日曆	3691
屈宋古音義	6100
弧三角舉隅	3739
弧角設如	3711
弦切對數表	3736
陔餘叢考	4185
姓名總册	2697
迦南地圖	2478
孟子	0423、0425
孟子(《中國經典》第2卷)(中英對照)	0427
孟子(英譯本)	0428
孟子大題萃	3254
孟子正義	4349
孟子生卒年月考	4349
孟子的思想:基於道德哲學的政治經濟學(《孟子》英譯本,據花之安德譯本《一種以倫理為基礎的國家學說或中國哲學家孟子的思想》轉譯)	0431
孟子要略	0424
孟子校勘記	4349
孟子集注	0421、0422
孟河營繪呈營汛輿圖	2457
孟姜女萬里尋夫	7082
孤嶼志	2130
糾幻首集	5910

九畫

奏定通商章程稅則	2873
奏准天津新議通商條款	2874
奏鴉片條例	2942
春在堂詩編	6426
春雨樓叢書	4404

春明夢餘錄	2119	春秋穀梁注疏	0234
春秋	0229、0231	春秋穀梁傳校勘記	4349
春秋　左傳(《中國經典》第5卷)		春秋穀梁傳時月日書法釋例	4395
（中英對照）	0268	春秋穀梁經傳補注	0235
春秋三傳通經合纂	0261	春秋擬題類典	6762
春秋三傳揭要	0262	春秋繁露	3170、4344、4365
春秋大全	0248	春秋輿圖	2264
春秋日食質疑	4358	春秋簡書刊誤	4349
春秋毛氏傳	4349	春秋屬比事記	4349
春秋分國左傳	0257	春秋體注大全合參	0264
春秋公羊通義	4349	春秋讀本	0254
春秋公羊傳	0232	春秋讀本　春秋增訂旁訓	0255
春秋公羊傳注疏	0233	春蚓秋蛇	3956
春秋公羊傳校勘記	4349	春宮圖	3565－3567
春秋文苞	6756	春渚紀聞	4336
春秋正文	0256	春暉堂叢書	4390
春秋正辭	4349	春臺靈杖	3554
春秋左氏傳校勘記	4349	珊瑚玦	6967
春秋左傳	0238、0239	封神演義	7258
春秋左傳小疏	4349	封禪書等(《北京東方學會雜志》	
春秋左傳杜林全解	0242	第3卷,第1、2、3號)(法文)	0952
春秋左傳杜林合注	0240	城鎮鄉地方自治事宜詳解	2934
春秋左傳補注	4349	城鎮鄉地方自治章程	2935
春秋左傳補疏	4349	城鎮鄉地方自治章程要義	2936
春秋左傳解要	0250	城鎮鄉地方自治章程通釋	2937
春秋地理考實	0266、4349	政教善章合選	6016
春秋地理考實圖	2265	郝楚望稿	4361
春秋列國志傳	7106	荊南萃古編	3104
春秋注	0267	荊楚歲時記	4365
春秋胡氏傳	0244	荊園小語	4358
春秋指掌	0249	荊園進語	4358
春秋異文箋	4349	荊駝逸史	4396
春秋傳說彙纂	0252	革除遺事節本	1074
春秋詳解	0245	草木子	4345
春秋經傳集解	0236、0237	草字彙	0503
春秋說	4349	草字彙(法文)	0504
春秋綱目左傳句解	0246	草書習慎	3975

草訣百韻歌	3989	南華真經内七篇	5127
草廬經畧	4395	南華真經副墨	5132
草韻彙編	3997	南華得大羅漢像讚合璧	3856
莒州志	1741	南華經(英譯本)	5141
茶董補	4395	南華經箋注	5135
茶經	4380	南軒先生文集	6167
茶總	2703	南唐書	1475
茶籤	4077	南部新書	4395
荀子	3166、4341、4343、4344、4355	南海勝境普陀山志	5021
茗柯文	6454	南海普陀山志	2081
茗壺圖錄	4068	南海縣志	2000
故圓鑒大師二十四孝押座文	4899	南清日俄戰日記	1491
胡二溪稿	4361	南雄珠璣巷來歷故事(附《蘇妃新文》)	1080
胡子知言六卷、疑義一卷、附錄一卷	4395	南雅堂醫書全集	3521
胡文忠公遺集	6428	南斐洲金礦華工信圖	7412
胡思泉稿	4361	南詔野史	1477、1478
胡維德偵探案(中譯本)	7440	南楚新聞	4380
荔牆叢刻	4416	南雷文定前集十一卷、後集四卷、三集三卷、詩歷四卷、世譜一卷、附錄一卷	4395
南方草木狀	4079、4365		
南北史捃華	1456		
南巡盛典	2597	南澳志	1986
南圻六省地輿志	2475	南嶽志	2078
南宋志傳	7169	南齋先生魏文靖公摘稿	6198
南京土白字音表	0588	南齋集六卷、詞二卷	4395
南京之行記述(英文)	1221	柘林營造呈營汛圖説	2458
南京官話(英文)	0884	查造海門關境各港分界地圖	2353
南京官話(德文)	0885	相造居室扼要論(中譯本)	2963
南京城圖	2332	相臺書塾刊正九經三傳沿革例	4395
南京聖詠紀念碑(英文)	6069	相輪陀羅尼	4814
南柯記	4379、4380	柚堂文存	6327
南昀文稿	6343	柚堂全集	6328
南昀詩稿	6344	柚堂筆談	4187
南音五諫才郎	6991	柏林皇家圖書館藏漢語、滿語圖書及抄本書目(德文)	3058
南洋海軍六船水操陣圖	3322		
南洋視學報告	2641	柏梘山房集	6406
南華真經	4341、4344、4355、5123	柳公權書《魏文貞公先廟碑》、	

顏真卿書《扶風郡王馬璘碑》		貞觀政要	1062－1064
石刻拓片	3912	省心畜德編讀本	6695
柳先生年譜一卷	4395	省吾堂四種	4364
柳參軍傳	4338	省例	2933
柳毅傳	4379、4380	省軒考古類編	4496
柳歸舜傳	4338	省察規式	6018
桙湖文集	6476	省察規矩要理	6017
要求容忍羅馬天主教的榜文	6056	是亦軒詩稿	6357
要理六端	5865	則古昔齋算學	3729
要理講論	5867	則克錄	3351
要理辯正邪自證	5866	映雪齋乙巳分類官商便覽七百種	
咸淳遺事	4395		3681
咸淳臨安志	1884	星平要訣	3817
咸豐十年九月十五日和碩恭親		星平要訣　百中經　百年經	3820
王奕訢致大英欽命陸路大將		星平會海	3814
軍克當酒席清單	1139	星宗大全	3594
咸豐十年九月初六和碩恭親王		星真寶懺	5317
奕訢為尋找失散英兵事致大		星宿名錄	3613、3614
英欽命陸路大將軍克當照會	1138	星報	4312
咸豐八年原定稅則核與同治五		星軺指掌（中譯本）	2878、2879
年進出貨物貿易並抽值成數		星槎勝覽	4338
及徵稅來源合開清冊	2712	星經	3586、4365
威海衛志	1811	星圖	3612
研六室雜著	4349	星鳳樓帖	3900
砭羣叢報	4328	昨夢錄	4338
耐冷譚	6924	昭代名人尺牘小傳	1391
奎壁書經	0068	昭代經濟言	1301
持世經	4926	昭代叢書	4358
持誦法華經靈驗記	4720	昭君傳	7210
拾雅	0605	昭明選詩初學讀本	6586
拾遺記	4365、4378	昭忠錄	4395
挑經救母目蓮全本	7016	昭陽趣史	7301
指月錄	4915	思痛記	1639
指明算法	3721、3722	思辨錄疑義	3253
指南針	5932	思舊錄	4358
指迷編	5946	韋蘇州集	6132、6133
皆山樓吟稿	6329	品花寶鑑	7334

咽喉脈證通論	3498	重刻夢溪筆談	4146
咱的救主耶穌基督的新約（廈門方言）	5460	重刻館陶縣志	1711
		重刻歸元直指	4910
咬嚼吧總論	2215	重修上海縣志	1881
哪吒收妲己	7022	重修六安州志	1920
峒溪纖志	4362	重修古田縣志	1965
峒溪纖志志餘	4358	重修平度州志	1782
幽怪錄	4379、4380	重修四川總志	2012
拜經日記	4349	重修江陰縣志	1853
拜經文集	4349	重修沙縣誌	1971
牲畜檔案（具封印）和病馬死亡證明	3369	重修建陽縣志	1970
		重修南海普陀山志	2080
香山縣志	1988、1989	重修南嶽志	2079
香草齋詩注	6293	重修烏程縣志	1891
香屑集	6287	重修淇縣志	1701
香雪齋詩鈔	6392	重修將樂縣志	1969
香港島及周邊海岸鉛筆草圖	2409	重修揚州府志	1852
香港衛生教科書	3562	重修蓬萊縣志	1814、1815
香樹齋詩文集	6295	重修新會縣志	2005
香譜	4152	重修廣德州志	1921
秋坪新語	4603	重修寧洋縣誌	1951
秋笳集	4395	重修慶陽府志	1846
秋槎雜記	4349	重修潼川州志	2013
秋園雜佩	4395	重修興寧縣志	1939
秋濤	4345	重修歸化誌	1952
科名金鍼	6546	重訂元詩別裁集	6575
科場事疑	2617	重訂中原音韻	7095
科舉文叢抄	6796	重訂古文析義合編	6664
重刊方廣巖志	2087	重訂古文雅正	6670
重刊改併五音集韻	0523	重訂字類標韻	0559
重刊改併五音類聚四聲篇	0529	重訂宋詩別裁集	6574
重刊潞安府志	1832	重訂初學行文語類	6774
重刊證類本草	3424	重訂事類賦	4444、4445
重刻水月齋指月錄	4916	重訂唐詩三百首續選	6573
重刻玉曆至寶鈔	5305	重訂唐詩合解箋注	6567
重刻長洲縣志	1877	重訂唐詩別裁集	6562
重刻昭明文選	6554	重訂教乘法數	4917

重訂國語國策合注	1056	俄羅斯事補輯	4405
重訂商賈便覽	2752	俄羅斯事輯	4405
重訂棘闈勸戒錄	5293	俄羅斯國志略	4405
重訂楊園先生全集	6237	俄羅斯國總記	4405
重訂詩料詳注	6915	俗言警教	5922、5923
重訂詩學含英	6921	俗書證誤	4415
重訂監本春秋	0230	俗話傾談	7336、7337
重訂監本禮記	0194	信心應驗錄	5285
重訂算法統宗大全	3701	信式	5629
重訂廣事類賦	4447	信徒格言	5858
重訂廣輿記	1657、1659、1660	信從相約文	5926
重訂齊家寶要	0224	信道揭要書	5925
重訂綴白裘新集合編	6970、6971	信驗方	3541
重訂醒世姻緣傳	7306	皇甫碑刻石拓片	3911
重訂韻府群玉原本	4451	皇宋事實類苑	1461
重栞宋本十三經注疏附校勘記	0302	皇明中興聖烈傳	7181
重校元典章、新集	2565	皇明文徵	6658
重整行規	2750	皇明四夷考	2178
重學(附《曲線説》)(中譯本)	3748	皇明名臣琬琰錄	1371
重鐫心齋王先生全集	6208	皇明直文淵閣諸臣表	2492
重鐫二如亭群芳譜	4080	皇明開運英武傳	7174
重鐫食物本草會纂	4087	皇明詩選	6577
重鐫桂宮梯	6736	皇明經濟錄	2650
重鐫唐詩合解箋注	6566	皇明諸司公案傳	7221
重鐫禮記體注集説	0192	皇明獻實(抄本)	1367
重鐫勸毀淫書徵信集	6696	皇城信式	5903
段氏説文注訂	0463	皇家亞洲學會中文圖書館藏書目(英文)	3043
便元集	5288		
修心訣	5064	皇家亞洲學會北中國分會圖書館藏書目錄(英文)	3044
修設瑜伽集要施食壇儀	4988		
保免攔除	3569	皇清地理圖	2298
保羅垂訓	5961	皇清開國方略	1001
保羅寄羅馬人書第五章	5627	皇清經解	4349、4350
保羅與厄拉氏亞與者米士及彼多羅之書	5525	皇清誥授中憲大夫晉授中議大夫顯考聽颿府君(馮汝霖)行述	1334
促織經	4104		
俄國志略	2220	皇清職貢圖	1479、1480

皇越地輿志	2475	律例圖說	2927
皇朝一統輿地全圖	2291–2294	律例圖說正編	2928
皇朝中外一統輿圖	2295	律賦蕤珠新編	6732
皇朝文典	2585	律賦錦標初集箋注	6733
皇朝武功紀盛	1083	後山集	4382
皇朝直省地輿全圖	2299–2303	後漢書	0957
皇朝祭器樂舞錄	2591	後漢書補表	4395
皇朝經世文鈔	6687	後漢書補注	4395
皇朝經世文編	6684、6685	俞以除稿	4361
皇朝經世文續編	6686	弇州山人續稿	6206
皇朝輿地略	1678、1679	食物本草	4085
皇朝禮器圖式	2588–2590	《食物會纂》索引	4088
皇朝藩部要略	2027	食燠堂飯四句	4531
皇壇秘密諸佛菩薩燈圖	5056	食齋指迷	5945
鬼谷子	4344	胎息經	4375
鬼谷子陶弘景注	3286	胎產秘書	3478
泉布統志	2660	風后握奇經	4365
泉州府志	1963	風俗通	4134、4135、4344、4365、4378
泉志	2647	風流得意圖	3564
泉寶所見錄	2665	風箏誤傳	7059
禹城縣志	1801	庭聞錄	4624
禹貢九州今地攷	0104	兗州府志	1715、1716
禹貢三江考	4349	施公案傳	7227
禹貢川澤攷	0103	施愚山先生詩鈔	6245
禹貢指南	0101	奕妙	4024
禹貢會箋	4343	奕律	4345
禹貢圖說	2261	音注法語捷徑（法漢）	0936
禹貢論	0100	音漢清文鑑	0644、0645
禹貢錐指	4349	音論	4349
禹貢譜	0102	帝京景物略	2118
禹碑（德文）	3155	帝輿合覽	1677
禹碑（附中文禹碑全文）（英文）	3154	帝鑑圖說	4165、4166
禹跡圖	2253	恒星表	3600
侯官林文忠公親筆析產書	1336	恒軒所見所藏吉金錄	3133
侯鯖集	6343	美味求真	4074
律例七言	2832	送師讚	4735
律例便覽	2926	送彩科儀等	5338

前山陸路内河全圖	2407	洛陽伽藍記	2103、4365
前定數　四字金	3793	洛陽獵記	4338
前定錄	4380	洋錢新鷹全法	2666
前漢書	0953–0955	宣化府志	1696
首善全圖	2309、2310	宣政雜錄	4338
首楞嚴義疏注經	4791	宣室志	4380
咨送違礙書目	3017	宣道指歸	5871
咨議局章程及選舉章程	2517	宣聖遺像	3827
咨議局章程表解	2519	宦海潮	7341
咨議局職務須知	2520	客民原出漢族論	1166
咨議局（職務須知）章程	2518	客英詞典	0719
洪仁玕致黃第信札封套	1550	客法詞典	0729
洪氏泉志校誤	2648	客家俗話破學（客家話）	0893
洪武正韻	0531	客家話字典	0718
洪武全傳	7173	客家話字音表（英文）	0594
洪門暗語叢抄	5350、5351	客窗閒話	4638
洪門詩文	5352	客齋使令	4345
洪門詩文抄	5354	衲蘇集	6158
洪門詩文儀制叢抄	5353	"神"之真義（英文）	1204
洪門詩抄	5355	神女傳	4379
洪門襟鈔	5356	神天十條聖誡	5852
洪洋洞盜骨	7009	神天道碎集傳	5851
洪範說	0083	神天聖書	5381
洪辯告身敕牒碑文（附複本兩件）	3918	神仙書（法文）	5378
		神仙傳	4365、4562
洞天清祿	4393	神武正規	5749
洞庭湖志	2063	神禹碑正義（德文）	3153
洞冥記	4365、4554	神峰闢謬命理正宗	3791、3792
洗冤錄（德譯本）	3406	神理總論	5973、5974
洗冤錄集證	3404	神異經	4365、4549
洗冤錄集證彙纂	3405	神道論贖救世總說	5919
活幼心法麻痘全書	3491	神道總論	5853
活字12個	0508	神經撮節	5570
洛克哈特圖書館和倫敦傳道會總圖書館藏中文書目（英文）	3053	神僧傳	5012
		神機制敵太白陰經	3289、3290
洛神傳	4338	神機營威遠槍礮馬步各隊陣圖	3318
洛陽名園記	4393	郡齋讀書志	3004

陣式圖説	3325	約翰一二三書(廈門方言)	5523
眉山詩鈔	4382	約翰一二三書注釋	5524
陝西通志	1836	約翰上書第一章注解	5626
陞官圖	2511	約翰真經釋解	5504、5505
陞官圖説	2512	約翰聖經釋解	5506
姝聯	4345	約翰傳福音書	5492、5495
姚氏殘語	4336	約翰傳福音書(粵語)	5498、5499
姚布政傳	1329	約翰傳福音書(廈門方言)	5500
姚有寬草書刻石拓片	3983	約翰傳福音書(福州方言)	5502、5503
飛花詠小傳	7397	約翰福音	5494
飛雲閣名箋貢扇	3873	約翰福音(官話)	5496
飛燕外傳	4365、4552	約翰福音書(上海方言)	5497
飛燕遺事	4379、4553	紀元編三卷、末一卷	4395
飛龍全傳	7159	紀太山銘	3073
飛龍報篇(英文)	4332	紀文達公文集	6350
飛鴻堂印譜	4013	紀泰山銘(東嶽封禪碑)	3074
癸西鄉墨	6883	紀效新書	3295、3296
孩子受洗論	5917		
孩童故事(中譯本)	7429	**十畫**	
紅十字會救傷第一法	3570		
紅毛通用番話(粵英)	0782	秦史(《漢學雜纂》第27號)(法文)	
紅毛番英吉利考略	4391		1044
紅字頭諏吉	3798	秦漢封泥考(德文)	1233
紅侏儒傳(中譯本)	7419	秦漢圖章	4009
紅茶花(中譯本)	7431	秦瓊表功	7004
紅樓復夢	7327	泰山:中國祭禮專論(法文)	2074
紅樓夢	7318	泰山小史	2070
紅樓夢(英譯本)	7322	泰山志	2073
紅樓夢圖詠	7323	泰山志(德文)	2075
紅樓夢圖繪	7324	泰山紀勝	4362
紅線傳	4379	泰山道里記	2072
紅藕山莊尺牘	6897	泰安府志	1823、1824
約色弗言行錄	5511	泰安縣志	1746
約拿書(汕頭方言)	5417	珠江下游水系航路圖	2431
約瑟言行全傳	5693	珠江地圖	2445
約瑟紀略	5689	班馬字類	0496
約瑟聖蹟圖説	5605	素書	3287、4344、4365

素問玄機原病式	3399
素問靈樞類纂	3401
馬太傳福音書（漢語、蒙古語）	5471
馬太傳福音書　馬可傳福音書　路加傳福音書　約翰傳福音書　使徒行傳（福州方言）	5477
馬太福音（臺灣新港話）	5474
馬太福音注釋	5478
馬太福音書問答	5479
馬太福音傳（粵語）	5472
馬太福音傳（廈門方言）	5473
馬氏文通	0805
馬氏繹史	1078
馬可傳福音書（粵語）	5484
馬可傳福音書（官話）	5480
馬可福音	5481、5482
馬可福音　路加福音　約翰福音　使徒行傳	5476
馬可福音注釋	5485
馬可福音傳（粵語）	5483
馬自然傳	4338
馬利包探案（中譯本）	7436
馬經（書脊題"元亨療馬集　元亨療牛集"）	3376
埋憂集	4637
袁太冲稿	4361
袁氏傳	4379
袁文榮公文集	6188
袁世凱、岑春煊、巴厘大牌名帖	2527
袁永之集	6194
都門紀略	2126
耿天臺先生文集	6213
華夷通語（馬來文）	0676
華夷圖	2259
華夷譯語（中文、6種外文）	0673
華陀靈籤	3825
華英文義津逮（英文）	0876
華英文義津逮（第2版）（英文）	0877
華英字典	0681、0699
華英字典匯集（第3版）	0683
華英字錄	0750
華英通用雜話	0764
華英通用雜話卷上	0763
華英通語問答	0881
華英進階（英文）	0874
華英商務問答捷訣	2722
華英萬字典	0696、0698
華英萬字典（增訂本）	0697
華英貿易字典（第3版）	0686
華英會通（英文期刊）	4334
華英應酬撮要	0882、0883
華英類語	0772、0773
華南紀勝（英文）	1190
華音啓蒙	0830
華差報與廣東鈔報	4330
華洋通聞	4300
華陰縣志	1844
華商買用洋商火輪等	2720
華陽國志	1034、4365
華番和合通書（又題"日月刻度通書"）	3685
華語易學（英文）	0855
華學進境（中文、意大利文）	0827
華嶽志	2077
華嚴一乘教分記	4897
恭祀仙王打醮科儀	5320
恭祝慕會督大人八秩壽慶	6061
莊子	4343
莊子（英文選譯本）	5142
莊子因	5138
莊子別解	5136
莊子注釋評林	5134
莊子南華本義箋注	5133
莊子南華經	5129

書名筆畫索引　　　　885

莊子南華經解	5127	南音》)	7026
莊子集解	5129	桂海虞衡志	4338
莊子鬳齋口義	5130、5131	桂宮梯	6737
荷蘭人在中國(荷蘭語)	1242	桐陰清話	4636
晋史乘	4378	桐陰論畫	3845
晋省地輿全圖	2329	桐廬縣輿圖	2457
晋度施食之論	5935	栴檀佛像紀	4960
晋祠之銘	3072	桃花女陰陽鬥傳	7269
晋書詳節	1033	桃花泉棋譜	4028
晋國史(《漢學雜纂》第 30 號)		桃花扇	6963
(法文)	1045	桃花扇傳奇	6964
晋塵	4345	桃花源記	3146
真心直說	5065	格古要論	4159
真肉蒲團(第 2 版)	7345	格言僅錄	4358
真杏花天(第 2 版)	7344	格言聯璧	4536
真言集(梵語、漢語、朝鮮語)	4922	格物入門	2955
真神總論	6025	格物探原	2956、2957
真理	5836	格致啓蒙(化學、格物學、天文、	
真理八篇	5843	地理各 1 卷)(中譯本)	2961
真理易知	5839	格致彙編	4303
真理便讀三字經	5847	格致叢書	4340、4435
真理通道	5837	格致鏡原	4499、4500
真理尋繹	5842	格致釋器	4066、4067
真理摘要	5838	校正重刻慈悲道場懺法	4840
真理課選	5844	校正算法卷下	3719
真道入門	5999	校補詩韻合璧	0576
真道入門問答	5845	校補蘇氏硃批孟子	0420
真道自證	5835、5848 – 5850	校禮堂文集	4349
真道問答	5841	校讐通義	4395
真道略論	5846	連元閣紅字頭新通書	3680
真道衡平	5840	連筠簃叢書	4394
真福和德理傳	5885	哥林多後書注釋	5515
真臘風土記	4338	哥林多書注解	5514
梆子轅門斬子	6995	哥羅西書注釋	5517
桂苑筆耕集	4393	酌中志	4393
桂苑叢談	4380	酌修條例	2894
桂枝寫狀全本(附《李奇嘆監		酌雅齋四書合講	0331

酌增常例	2845	恩縣志	1808
夏小正疏義	4349	峨山圖説	2095
夏津縣志	1734	峨眉山普賢金殿碑	3094
夏商合傳	7104	峰抱樓琴譜	4017
砥石齋二種曲(僅《詩扇記》)	6979	郵政成語輯要(中英對照)	0792
破迷正道歌	4375	特選撮要每月紀傳	4281
破煞神訣	5289	造洋飯書	4078
原本三國志傳	7123	造像量度經	5066
原板二論啓幼引端	0407	秣陵集	2129
逐日駿貨	2696	租界章程	2860
殊域周咨錄	1656	秘書廿一種	4377
捕蝗考	4358	秘書廿八種	4378
捐輸例	2847	透膽寒	3367
挨星秘竅	3818	笑林廣記	7333
致戈登信件(戈登文書)	1629	笑雲和尚古文真寶之抄	6655
致黃埔大黃旗買辦胡津官函		借樹山房詩草	6332
(英國與西方各國交戰之例)		借樹山房詩鈔	6331
(戈登文書)	1620	借樹山房詩鈔八卷、遺稿二卷	6330
致曾亞財函(戈登文書)	1615	倚晴樓七種曲	7081
時文集	6759	倚晴樓詩集	6408
時文集鈔	6790	條例	2897、2898
時文叢鈔	6795	倪文正公年譜	4395
時哉弗失	6697	倫迂岡稿	4361
時敏學堂課藝	6827	倫敦聖教書會中文出版物目錄	
時習新知六卷　養氣餘言二卷	3243	(英文)	3051
時諧新集	6708	息影軒畫譜	3839
時聯選箋四集	6609	息齋集	6229
時藝引階合編	6791	師鄭堂集	6474
時藝禚鈔一卷	6789	徐氏三種	4407、4408
哺乳須知(企公牛奶公司廣告)	3395	徐氏醫書六種	3522
晁具茨詩集	4393	徐文靖公謙齋文錄	6201
剔弊元音新編	0556	徐位山六種	4347、4348
晏子春秋	4117、4344	徐思曠稿	4361
蚍蜉傳	4338	徐園秋花譜	4358
蚊船六艘演陣圖	3320	殷商貞卜文字攷	0452
蚊船六艘演陣圖　鉄艦快船八		般若波羅蜜多心經	4699、4700、4714
艘演陣圖	3327	般若波羅蜜多心經一卷　金剛	

書名筆畫索引 887

般若波羅蜜經一卷	4698
般若波羅蜜多心經注解	4705
航海金針(中譯本)	2253、2254
航海通書(中譯本)	2257
航海簡法(中譯本)	2255、2256
倉田通法	3708
倉田通法續編	3709
翁源縣新志	1993
脈訣考證	3462
脈經	3456
脈學	3457
脈學奇經八脈	3458、3459
烏石山志	2089
留珍集新品	4627
翄蕘奧論	4395
訓女三字經	6008
訓兵要言	3315
訓兒真言(官話譯本)	7422
訓兒真言(蘇州方言譯本)	7423
訓蒙指南(英文)	0911
訓蒙指南(第1版)(英文)	0910
訓蒙指南(第6版)(英文)	0912
訓蒙指南(第9版)(英文)	0913
訓蒙指南(第11版)(英文)	0914
訓蒙指南(第12版)(英文)	0915
訓蒙聖經公歌	5543
記英俄二夷搆兵	4405
訒菴集古印存	4004
高力士傳	4379、4380
高士傳	1362、4365
高上玉皇本行集經	5221、5222
高上神霄玉樞雷霆寶經符篆	5225
高王觀世音經	4771－4773
高平關取級	6996
高臣圖(144位中國歷史人物畫像)(朝鮮文獻)	1402
高苑縣志	1709
高昌館來文	1476
高弧細草	3710
高要縣志	1992
高厚蒙求	3592
高厚蒙求摘略	4391
高峰和尚禪要	4906
高唐州志	1744、1745
高陵縣志	1841
高陶堂遺集	6455
高密縣志	1772
高鼓峰先生己任編	3502
高僧傳	4393
郭氏傳家易說	0014
郭丹宣道記	6015
郭水容稿	4361
郭松林致戈登札四封(戈登文書)	1573
唐堂集	6286
唐人萬首絕句選	6557
唐人說薈	4626
唐六如畫譜	3831
唐文選本	6645
唐史論斷	4395
唐代書法拓片四件(唐玄宗撰並書《孝經序》、薛稷撰並書《杳冥君之銘》、歐陽詢書《九成宮醴泉銘》、裴漼撰並書《少林寺碑》)	3913
唐代叢書	4379－4381
唐字音英語	0934
唐伯虎稿	4361
唐宋八大家文鈔	6648
唐宋八大家類選	6649
唐宋石經考	4358
唐兩京城坊考	2108
唐采臣稿	4361
唐荊川稿	4361

唐故左街僧錄大達法師碑銘	3921	剡溪野語	4336
唐故圭峰定慧禪師碑	3920	凌茗柯稿	4361
唐晅手記	4338	凌烟閣功臣圖像	1365
唐書志傳通俗演義	7142	凌溪先生集	6209
唐景教碑頌正詮	6048	酒樓戲鳳	7000
唐虞佐稿	4361	酒顛補	4393
唐傳演義	7143	浙西水利備考	2056
唐會要	2563	浙江台協營沿海口岸圖	2457
唐詩三百首注疏	6572	浙江台協營沿海各汛口岸洋圖	2384
唐詩合解箋注	6564、6565	浙江全省輿圖並水陸道里記	2358
唐詩合選詳解	6570	浙江金華武義縣呈送輿圖	2460
唐詩直解	6568	浙江金華府城及其周邊要塞地圖	2386
唐詩鼓吹注解	6558	浙江省垣水利全圖	2356
唐蕃會盟碑	3150	浙江省垣坊巷全圖	2357
唐蕃會盟碑人名	3151	浙江省城水利全圖	2355
唐鑑	0995	浙江海塘全圖	2451
剖惑至言	5861、5862	浙江通志	1882
旁訓詩經體注衍義	0119	浙江處州府中左營地圖	2387
悟真篇	4375	浙江處州鎮標右營松陽汛全圖	2460
悟真篇三注	5146	浙江鄉試同年齒錄	2623–2625
悔改信耶穌說略	5972	浙江鄉試恩科同榜齒錄	2626
悔罪之大略	5890	浙江鄉試硃卷	6523、6854–6857
悔罪之理	5632	浙江鄉試硃卷一卷　沈所安控	
悔餘庵文稿	6416	高升吵詐案卷一卷	6858
悔餘庵尺牘	6414	浙江魁卷	6867
悔餘庵詩稿	6415	浙江試帖攬勝	6835
悔餘庵樂府	6417	浙江試牘	6836
瓶水齋詩集	6466	浙江試牘立誠編	6837
拳匪紀略	1169	浙江溫州府瑞安縣海圖	2383
益都縣志	1718	浙江溫州鎮標右營陸汛輿圖	2385
益智書彙	2616	浙江溫標中營海汛輿圖	2460
益智新錄	4302	浙江嘉興城守營兵馬清册　嘉	
益智圖	4023	協左營公文	2823
朔方備乘	2205	浙江圖考	2354
烟波釣叟歌	3789	浙江寧波府城守營呈送兼轄鄞、	
剡川姚氏本戰國策	1049	慈、奉三縣汛界址輿圖	2461
剡源集	6177	浙江寧波府儒學造送奉化縣節	

婦生平歷行事實清册	2610	海意菩薩所問淨印法門經	4844
浙江潮	4320	海寧州繪呈沿江營汛處所圖説	2460、2462
浙江闈墨	6874		
浙江嚴州府遂安縣呈送山川地輿之圖	2459	海幢阿字無禪師語錄	4949
		海澄縣志	1946、1947
浙東籌防錄	2102	海錄	4391、4393
浙海鈔關刊刻詳單則例	2742	海豐縣志	1747
浙海鈔關現行收税則例	2744	浪子回頭	6044
浙海鈔關徵收税銀則例	2743	浪子悔改(粵語)	7409
浙海關大關口日徵環簿	2725	浪史奇觀	7302
娑羅館清言	4920	浪跡叢談	4618
消閒述異	4615	浪跡續談	4619
海山仙館叢書	4393	宸垣識略	2121
海山記	4380	家訓	4365
海日堂集	6279	家訓世範類編	4154
海防纂要	2096	家畜玩物	4114
海東逸史	1081	家語	4344
海門廳繪呈查勘卑境各港測量水勢深淺全圖	2453	家塾楷模	3978
		家學淺論	4206、4207
海門廳繪呈管轄各港營汛分界全圖	2458	家寶	4513、4514
		家寶全書	4512
海峽詞彙:英語、馬來語、福建話、漢語和泰米爾語	0797	宮門挂帶	7007
		宮闈百詠	6605
海剛峰稿	4361	容居堂三種曲	6968
海島逸志	2210、2211	容齋千首詩	6465
海島逸志(英譯本)	2212、2213	宰相真心	3451
海島逸志摘略	4391	朗吟閣法帖	3993
海島算經	3696	袖珍五經題旨(又題"春秋合左原本")	6804
海陵三仙傳	4338		
海國聞見錄	2194	袖珍日課	5760、5761
海國圖志	2188、2189	袖珍字典	0700
海陽縣續志	1807	袖珍字典(第4版)	0701
海道圖説(中譯本)	2463、2464	袖珍字典索引	0702
海運要略	2061	袖珍書經	0062
海瑞大紅袍全傳	7224、7225	袖珍漢英詞典	0679
海瑞圖繪	1327	書目總	3013
海塘輯要(中譯本)	2065、2066	書史紀原	4345

書法正宗	3988	陵陽詩鈔	4382
書法卷軸（嘉靖二十五年秋八月既望）	3932	陵縣志	1788
		陳大士稿	4361
書品	3904、4365	陳大樽稿	4361
書畫同珍二刻	3974	陳子性藏書（卷首題"新鐫陳氏廿四山向造葬修方日用事宜藏書"）	3774
書畫鑑影	3850		
書業堂詳校古文觀止（丹山堂古文觀止）	6679		
		陳文恭公風俗條約一卷　江蘇錢漕節略一卷	2686
書傳大全	0078		
書經	0066、0076、0091	陳文節公全集	6169
書經（中英對照）	0105	陳白沙稿	4361
書經（《中國經典》第3卷）（中英對照）	0106	陳君舉稿	4361
		陳忠愍公殉難詩文錄	6396
書經（法文、拉丁文兩種譯文，附中文原文）	0107	陳姑追舟全本	7025
		陳春園稿	6540
書經大全	0077、0080	陳星齋文稿	6532
書經文茂	6767	陳星齋課孫草	6533
《書經》以前時代及中國神話之研究（法文）	0108	陳修園公餘醫錄十五種合刻	3520
		陳眉公先生批評三國志	7126
書經正文	0063	陳素庵稿	4361
書經恒解	0099	陳國陞信札	1113
書經旁訓讀本	0096	陳檢討四六	6251
書經揭要	0090	陰符經	4344、4365、4375、5171、5172
書經集傳	0067、0071	陰騭文（英譯本）	5208
書經詳解	0065、0081	陰騭文（法譯本）	5207
書經精義	0092	陰騭文注釋	5204
書經體注	0072-0075	陰騭文詩箋	5200
書經讀本	0093、0097	陰騭文圖説	5199
書憲	4345	陰騭文廣義節錄	5205
書譜	3919、3927	陰隲文勸戒編	5202
陸地戰例新選（中譯本）	3329	陰騭金鑑雕版	5206
陸冶齋稿	4361	陶石簣稿	4361
陸宣公全集	6134、6135	陶朴庵稿	4361
陸象山稿	4361	陶庵夢憶	4395
陸園沙稿	4361	陶雅	4057
陸稼書先生手訂禮經會元讀本	0162	陶淵明詩集	6106
陸顗傳	4338	陶説	4058

陶說（英譯本）	4059	孫氏周易集解	4395
通介堂經說	0311	孫石亭家訓	4204
通文舘志	1243	孫百川稿	4361
通用漢言之法（英文）	0807	孫春皋外集	4388
通州江海輿圖	2457	孫夏峯先生集	6228
通志	2551、2552	孫淇澳稿	4361
通志六書七音略	2554	孫淵如先生全集	6464
通志堂經解目錄	4395	孫瘦石文鈔	4388
通志略	2553	孫龐鬥智演義	7108
通甫詩存	6481	納西文文獻 93 件	2147
通甫類稿	6480	納書楹曲譜（正集 4 卷、續集 4 卷、外集 2 卷、補遺集 4 卷、《西廂記》全譜 2 卷、《玉茗堂四夢》曲譜 8 卷）	7097
通典	2547 – 2549		
通書	3662 – 3665		
通書（德譯本）	3193		
通商各關沿海沿江建置鐙塔鐙船鐙杆警船浮椿總册	2714	紛欣閣叢書	4386
通商各關華洋貿易總册	2715		
通商章程	2872	**十一畫**	
通商須知（英文）	0880		
通報（外文）	4333	理財節略	2770
通雅	4178	現世報應圖	4992
通藝錄	0306	現代中國銅錢（英文）	2673
通鑑直解	0983	現行常例	2846
通鑑紀事本末	1026	琉球入學見聞錄	2200
通鑑綱目	0979、0980	琉球國志略	2197
通鑑綱目（附《續資治通鑑綱目》《續資治通鑑綱目發明》）	0978	琉球詩錄	6613
		琅邪普照寺碑	3917
通鑑綱目擥要	1437	域外叢書	4391
通鑑擥要	1435	埤雅	4337
通鑑纂要	0981	赦罪之道	5897
能深念基督之恩者其罪可得贖矣	5620	教外別傳	4923
		教坊記	4380
桑蠶圖繪	3394	教要序論	6038 – 6040
孫子	4343	教條	5896
孫子十家注	3282	教款捷要	6084、6085
孫子兵法（英譯本）	3284、3285	教會政治	5740
孫月峰稿	4361	教會問答	5716
		教會新報	4293

基督教手冊	5713、5714	乾道本韓非子	3360
聊城縣志	1736	菉竹堂書目	4395
聊齋志異	4588–4590	菉竹堂碑目	4395
聊齋志異新評	4591	菰中隨筆	4393
聊齋志異圖詠	4592	梵文金剛般若經諸譯互證（日本文獻，漢語書寫）	4687
聊齋志異選（英文譯注本）	4593		
聊齋志異選（第2版）（英文譯注本）	4594	梵網經	4807
		梅妃傳	4379
萊州府志	1826	梅花印月室簡定古文	6702
萊陽縣志	1803	梅村家藏稿	6235
萊頓大學圖書館中文書目（234種書目）（法文）	3055	梅莫氏行略	5884
		梅莊考訂四書真本	0327
萊頓大學圖書館中文書目補編（法文）	3056	梅崖居士全集	6322
		梓溪文鈔內集、外集	6205
萊蕪縣志	1714	斬楊波	6998
菽園著書三種	4238	鄆城縣志	1700
萸江古文存	6372	曹州府志	1729、1730
萸江詩存	6371	曹東安圖書府印篆	4011
菜根譚	4169	曹洞宗	5011
菊部羣英	1417	曹峨雪稿	4361
萃忠全傳	7180	曹寅谷制義	6506
萃經樓重定本草綱目	3430	曹寅谷續刻稿	6507
菩提葉彩繪佛像集	5052、5053	曹縣志	1719
菩提葉彩繪佛像贊	5054	敕封爕元贊運純陽演正警化孚佑帝君	5374
菩薩戒疏義	4936		
菏澤縣志	1769	敕修陝西通志	1837
乾坤法竅	4191	敕修浙江通志	1883
乾清門奏對記	4358	敕撰奉使錄	2196
乾隆十六年十一月二十五日尤起盛父母誥命	1252	區太史詩集	6219
		票據會券	2691
乾隆十六年十一月二十五日德冷厄夫妻誥命	1251	戚林八音合訂（《戚參將八音字義便覽》4卷、《太史林碧山先生珠玉同聲》4卷）	0538
乾隆上諭	1288		
乾隆內府輿圖	2275、2276	戚價人稿	4361
乾隆今古輿地圖	2274	帶經堂詩話	6916
乾隆府廳州縣圖志	1674	硃批增注七家詩選	6611
乾隆南巡駐蹕地景致圖	2415	硃批諭旨（法敏至毛文銓）	1287

書名筆畫索引　　893

書名	編號
硃批諭旨（高其倬）	1286
盛世芻蕘	5912、5913
盛京典制備考	2587
盛京通志	2024、2025
雪山集	6171
雪月楳傳	7388
雪門詩草	6441
推背圖	3761
推背圖（英譯本）	3762
頂門針	4345
掖垣人鑒	1405
掖縣全志	1817
探究"上帝"一詞合理的中文譯法（英文）	6072
探河源傳	7062
掃葉山房木板藏本書目	3024
救世主言行全傳	5666
救世主耶穌之聖訓	5664
救世主耶穌言行略傳	5668
救世主耶穌新遺詔書	5422–5425
救世者言行真史紀	5639
救世耶穌受死全傳	5661
救世真聖幼主詔書	1506
救主耶穌切勸庶人相愛	5635
救主耶穌開口教曰虛心者有福矣因得天国也	5672
救劫金鑑	5255
救急篇	3551
救溺死烟毒編	3577、3578
救嬰錄	2767
救贖何義	5889
救靈先路	6000
處分則例圖要	2791
處州府志	1911
處州府呈送十縣汛境輿圖	2460
堂邑縣志	1775
常山縣志	1895
常州府城及武進、陽湖兩邑地理全圖（戈登文書）	2351
常州營繪呈卑營汛境駐兵數目地界全圖	2459
常言道	7331
常活之道傳	7405
常清靜經	5236
野客問難記	5986
野記	4581
貶妖穴為罪隸論	1565
眼科大全（書脊題"審識瑤函"）	3496
眼科證治（中譯本）	3497
問字堂集	4349
問奇典注	0511
問答俗話	5833
問答淺注耶穌教法	5717
晚笑堂竹莊畫傳	3861
晚清廣東百行人物畫	1165
晚翠樓時藝	6513
晚翠樓課藝二卷	6512
晚學齋文集	6405
異域錄	4405
異域錄（英譯本）	1186
異端總論	5938
異談可信錄	4602
鄂羅斯傳	4405
唱道真言	5295
婁縣志	1864
婁縣境輿圖（戈登文書）	2349
國史補	4380
國史經籍志五卷、附錄一卷	4395
國朝二十四家文鈔	6688
國朝七排雲襄二集	6596
國朝七排詩抄	6597
國朝三家文鈔	6663
國朝文錄	6692
國朝文錄續編	6693

國朝古文選	4388
國朝列卿記	1368
國朝先正事略	1384
國朝宋學淵源記二卷、附記一卷	4395
國朝京省分郡人物考	1369
國朝重訂庚辰集	6631
國朝律賦新機	6729
國朝柔遠記	2195
國朝畫徵錄	3841
國朝畫識	3874
國朝詩人徵略	1381
國朝閨秀正始續集	6604
國朝漢學師承記八卷	4395
國朝曆象考（朝鮮文）	3682
國朝舘閣律賦集腋	6722
國朝謚法考	2607
國朝麗體金膏	6714
國策地名考二十卷、首一卷	4395
國語	1052、4344
國語（法譯本）	1058、1059
國語注解	1053
國語國策詳注	1057
國語選	1055
國學叢刊	4327
啵呢官的問答話	0747
崑新兩縣志	1850
崔東洲集	6199
崔東洲稿	4361
崇川賦鈔	6717
崇文總目五卷、補遺一卷	4395
崇百藥齋文集	6448
崇明島：位於長江口的一個島嶼（《漢學雜纂》第1號）（法文）	2153
崇明縣志	1855
崇厚致戈登信件（戈登文書）	1627、1628
崇修精蘊	5819
崇真實棄假謊略說	5902
過去莊嚴劫千佛名經	4875
過去現在因果經	4827、4828
動物類編	4110
笛子曲譜	7101
符頭隨辨	5286
符騰堡地區漢語客家話口語小册子（客家話）	0894
笠翁十種曲	6961
第一才子書三國志演義	7127、7129
第一奇書金瓶梅	7274、7275
第九才子書平鬼傳	7264、7265
第四才子書平山冷燕	7391
敏求軒述記	1428
側人明堂圖	3453
偉大的思想家老子（《道德經》英文選譯本）	5102
偷小鞋（法譯本）	7444
進小門走窄路解論	5998
進呈書像	6026
進教要理問答	5730
假名引節用集	0799
貨則條例	2739
得一錄	4236
得救要法	5898
得得齋對聯不俗	6606
從化縣新志	2003
從北京到長安、洛陽（德文）	1220
從汕頭到廣州（英文）	1222
從法律觀點看中國婚姻（又譯作：大清律摘譯婚姻門律例注譯）（《漢學雜纂》第14號）（法文）	2880
從美索不達米亞傳到古代中國的小麥（英文）	3396
從漢語的演變看人類語言的起源和發展（英文）	0942

船山詩草	6439、6440	康熙字典	0612、0614、0615
船行執照（戈登文書）	1619	康熙字典（修訂版）	0613
敍古千文	4395	康熙字典撮要	0616
彩繪神像集	5055	康熙皇輿全覽圖	2268–2270
彩繪觀世音菩薩供養像	5046	康說書後	1160
貪歡報	7297	鹿公行述（鹿丕宗行述）	1331
翎毛花卉譜	3867	鹿門書院藏書總目	3020
貧人約瑟	6014	鹿洲全集	6292
鳥類名錄（突厥語、滿語、漢語）	4116	章大力稿	4361
魚服記	4338	章邱縣志	1819
魚臺縣志	1713	章雲李稿	4361
象山縣地輿圖	2458	章程大備	2570
象山縣志	1903	章臺柳傳	4379
象山縣志（附《象山文類》）	1904	商子	4343
象山縣洋圖	2458	商邱史記	4388
象山縣輿圖	2381、2382	商周彝器釋銘	3126
象山營汛輿圖	2457	商河縣志	1756
象吉大通書	3627	商素庵稿	4361
象吉備要通書	3628	商務官報	4326
逸雅（即《釋名》，郎氏改題）	4337	商務書館華英音韻字典集成	0693
訥盦駢體文存	6483	商賈便覽	2751
許氏世譜	1427	望江縣志	1923
許氏說文	0454	望兒樓	7002
許文正公遺書	6176	望堂金石文字	3149
許水南徵君詩集	4385	望溪全集	6285
許敬庵稿	4361	情史	7348
許鍾斗稿	4361	惜抱軒全集	6421、6422
設水鏢辨	2953	悼亡草	6389
庾開府全集箋注	6107	粗定各口章程	2856
產後編	4393	剪燈餘話	4579
庸閒齋筆記	4634	清內府文一件	1155
康熙二十九年庚午日用集福延書	3624	清文典要	0643
康熙十年二月十五日丁酉夜塗月食圖（漢語、滿語）	3606、3607	清文指要	0654、0655
		清文啓蒙	0904–0907
		清文補彙	0656、0657
康熙五十九年十一月辛巳康熙上諭	1273	清文彙書	0652、0653
		清文鑑	0646、0647

清末科舉雕版五塊	6808
清末涉外奏議等	1313
清平縣志	1802
清代名帖集	2526
清代法禁文書襍抄	2831
清代浙江定海鎮水師公文集	2938
清代宮廷印譜（交泰殿寶譜）	4002
清代畫家雜記（英文）	3891
清代楹聯叢鈔	6607
清代誥命稿	1260
清代戲曲劇本叢鈔一	7087
清代戲曲劇本叢鈔二	7088
清地契叢彙	2710
清光緒二十五年（1889）李厚祐之父訃告	1335
清光緒十五年年曆	3679
清光緒十四年年曆	3678
清光緒五年敕命浙江巡撫譚鍾麟兼管兩浙鹽課	1259
清初耶穌會士所建議之祖先牌位樣板	6045
清拓片五件（浙江省城水利全圖碑、唐寅為馬守庵壽碑、乾隆御題般若波羅多心經碑、西湖聖因寺第五拔諾迦尊者像碑、西湖聖因寺菩薩像碑）	3100
清明掃墓之論	6046
清明掃墓論	6047
清河書畫舫	3834、3835
清咸豐五年拾月貳拾日山西寧武府學教授王會極夫婦敕命稿	1257
清真指南	6086
清秘藏	4174
清容居士集	6178
清乾隆五十三年至六十年寧波府奉化縣貢監生四柱清冊	2619
清乾隆五十年奏折等	2805
清乾隆嘉慶道光間定盛楊記鋪內存本張	2687
清乾隆寧陽伊用貞圓形墓誌瓷盤一對	4065
清異錄	4571
清異錄　表異錄	4572
清國北京皇城寫真帖	2158
清康熙二十三年九月二十四日王定國夫婦誥命	1249
清康熙十四年十二月十四日常在夫妻敕命	1248
清康熙六十一年十一月二十日江南江北亳州營守備仇連會夫婦誥命	1250
清涼山志	2086
清朝官員名帖	2525
清欽差大臣耆英為馬禮遜之死向英國全權代表璞鼎查（Sir Henry Pottinger）表示哀悼的信	1116
清欽差大臣耆英為確認收到七張地圖致英國全權代表璞鼎查（Sir Henry Pottinger）的信	1117
清欽差大臣耆英致英國駐香港總督璞鼎查（Sir Henry Pottinger）的信（附耆英夫人畫像一幅）	1119
清欽差大臣耆英致英國駐香港總督璞鼎查（Sir Henry Pottinger）確認收到其畫像的信	1118
清道光二十一年鄞縣具副稟	2834
清道光年間公文信封3件	2807
清道光間廣東水師軍官花名及兵力清冊	2822
清雍正七年六月初六關於禁止賭博的上諭	1281
清嘉慶十三年曾讀書、魏懷德、楊德觀三人致英國海軍上將度路利請求發還被扣貨銀的稟	1104

清嘉慶十四年熱河佐領海昇父母誥命	1255	張氏醫書七種（張氏醫通）	3513
清嘉慶案卷叢鈔	2833	張氏類經	3511
清漢文海	0658、0659	張文貞公集	6273
清靜經一卷	5223	張君一稿	4361
清獻堂稿	6511	張果星宗命格大全	3811
涿州志	1692	張保仔投降新書	1100
淮北票鹽志略	2681	張素存稿	4361
淮安至泰州運河兩岸地圖	2352	張探花楷書	3958
淮南子	4344、4355、4365	張遇春致戈登札（戈登文書）	1566
淮南子箋釋	4124	張無頗傳	4338
淮南鴻烈解	4123	張遠兩友相論	7401、7404
淮軍平撚記	1145	張爾成稿	4361
淮軍親慶六營陣圖	3324	張閣老四書直解原本	0329
淮海集	4382	張閣老原本四書直解	0330
淮陽水道圖（江南省黃河故道至長江下游水系全圖）	2443	張魯叟稿	4361
		張遵言傳	4338
淨土十要	4789	隋史遺文	7139
淨土三經	4788	隋唐嘉話	4380
淨土傳燈歸元鏡	4962	陽春白雪八卷、外集一卷	4395
深衣考誤	4349	陽信縣志	1816
深密解脫經	4841	陽羨名陶錄	4064
深寧先生文鈔	6172	陽穀縣志	1812
梁山舟行書册	3963	隆中圖	3118
梁太師江南訪主	7311	婚喪公禮	5815
梁武帝西來演義	7137	婦人集	4393
涵三鏡	4975	婦科指歸	3477
淄川縣志	1809	婦科保嬰三生合編	3479
寄邨居時文初集	6543	婦嬰新説	3574
寄園寄所寄	6260	婦孺淺史	1175
寂照堂谷響續集	5062	習是編	4214
扈從西巡日錄	4358	參同契	4365、4375、5144
啓蒙篇（中文、朝鮮文）	4275	參訂大三篇通書	3670
張小越稿	4361	參訂洋錢鬼字全法各疑例後	2669
張子正蒙注	3246	參學知津	2168
張太史塾課	6519	貫虱心傳	4358
張氏重刊宋本廣韻	0525	鄉訓五十二則	5995–5997
		鄉試硃卷	6851

鄉黨圖考	3247、4349	博興縣志	1727
紹興先正遺書	4425	彭文思公文集	6184
紹興府城衢路圖	2363	彭文敬公全集	6427
紹興校定本草圖	3444	彭姥詩蒐	6602
		彭剛直公奏稿	1304
		彭剛直公奏稿、詩稿	1305
		塊肉餘生述（中譯本）	7442

十二畫

貳臣傳（逆臣傳）	1387	達生編	3483
絜齋毛詩經筵講義	0135	達邦阿為屬員請功折	2821
琴操校本	4014	達道大全	3568
琴譜大成（五知齋琴譜）	4016	達辭字典	0684
琳琅秘室叢書	4421	壹齋集	6419
堪輿一貫	3783	斯隆藏中文文獻三紙	1244
堪輿理氣青天白日	3777	黃山史概	4358
堪輿問答	5857	黃石齋稿	4361
越中金石記	3128	黃芳致戈登札一封（戈登文書）	1571
越南地輿圖	2477	黃貞父稿	4361
越南遊記	2183	黃庭經注　陰符經注	5173
越絕書	1470、1471、4365	黃帝內經注證	3397
超性學要	6031	黃帝內經靈樞注證發微	3400
博山縣志	1735	黃帝素問宣明論方	3398
博古圖	4042－4045	黃眉故事	4491
博平縣志	1821	黃陶菴先生全集	6221
博物志	4365、4556	黃陶庵稿	4361
博物要覽	4175	黃梨洲先生南雷文約	6236
博物新編	4106	黃葵陽稿	4361
博物新編（博物新編初集，又名博物新編一集）	4107	黃頭志	4105
		黃縣志	1827、1828
博物新編二集	4108	黃辭	4345
博物新編三集	4109	黃鶴樓	6973
博異志	4379、4380	葉氏醫效秘傳	3516
博雅	0603、4365	葉永溪稿	4361
博寧拓片之中亞的十種漢文碑銘（法文）	3158	葉次菴時文稿	6535
		萬二愚稿	4361
博德利圖書館中文書目（英文）	3049	萬人復生	5631
博德利圖書館近年所獲日本、中國圖書及寫本目錄（英文）	3050	萬方鍼線	3412
		萬安橋記	3086－3088

萬花樓楊包狄演義	7164	敬信錄集帖	3964
萬物真原	5878	敬勝堂試藝	6822
萬法歸心錄	4970	敬業堂詩集	6278
萬姓統譜	4436	敬業榮珠書院課藝合編	6824
萬泉縣志	1834	敬齋古今注	4393
萬國公法	2946	敬禮耶穌聖心月	5795
萬國公報	4301	落爐不燒	7410
萬國史傳	2228	朝廷准行正教錄	6055
萬國地理全集	2216	朝野僉載	4338、4380
萬國通鑑	1018、1019	朝野遺記	4338
萬善同歸	4903	朝鮮地圖集	2470
萬善花室文稿	6451	朝鮮板類合	0800
萬福攸同（通書）	3672	朝鮮圖	2465
萬壽仙書	5258	葵花記全本（附《孟日紅賣線尋	
萬壽恩科墨卷雅正	6828	夫中途被劫》）	7043
（康熙）萬壽盛典	2595	植物名實圖考	4090
萬曆杭州府志	1855	植物學	4092
萬曆野獲編	1072	《植物學雜志》1—18卷中的中	
萬濟國神父的《華語官話語法》		國植物索引（英文）	4094
（法文）	0813	椒丘文集	6203
萬寶全書	4506	棲霞縣志	1751
董中峰稿	4361	棣懷堂隨筆	6498
董方立算書	3720	惠民縣志	1789
董其昌書法刻石拓片六種（董		惠州府志	1996、1997
其昌書陸機《文賦》、白居易		惠安縣志	1945
《琵琶行》、《純陽呂祖師寶		惠安縣續志	1959
誥》，董其昌臨米芾《千字		惠獻貝子功績錄	1085
文》、鍾繇書法拓片、王羲		惑溺供	4345
之《官奴帖》）	3937	皕宋樓藏書志	3021
董思白稿	4361	硝磺條例	2951
董香光墨蹟	3939	裂教原委問答	5757
董逌周家藏廣博物志	4557	雲左山房詩鈔	6467
葆靈魂以升天國論	5967	雲谷雜記	4393
葡漢字典	0730	雲谷雜記（《海山僊舘叢書》本）	4575
敬修堂藥說	3537	雲和縣輿圖	2458
敬信洗心篇	5937	雲南迤夷類圖說	2144
敬信錄	5274、5275	雲南通志	2022

雲南闈墨	6866	鼎錄	4041、4365
雲烟過眼錄	3829	戢山課藝	6520、6521
雲巢詩鈔	4382	開天傳信記	4380
雲棲大師遺稿	4914	開元天寶遺事	4380
雲間孝悌錄	4217	開化縣志	1912
雲溪友議	4379、4380、4568	開方表	3732
雲臺獻瑞	5360	開封府志	1698
雲樣集	6728	開封府猶太人碑題(《漢學雜纂》第 17 號)(法文)	3156
揀選勸世要言	5989		
揚子法言纂	3173	開發總登	2698
揚州水道記	2055	開煤要法(中譯本)	2970、2971
揚州休園志	2110	閑邪公家傳	3930
揚州夢記	4379	閑情十二憮	4345
揚芬集	6391	遏雲閣曲譜	7100
揭文安公文粹	4395	景行維賢	3863
揭曼碩詩	4393	景岳全書	3503
揣籥小錄、續錄	3705	景岳新方歌括	3543
插圖雜錄	3673	景德傳燈錄	5015
搜神後記	4559、4560	景德鎮陶錄	4061－4063
搜神記	4365、4558	貴州全黔苗圖一卷	2138
雅述	4345	貴州與雲南(英文)	2135
雅俗辨	4345	貴州闈墨	6868
紫光閣功臣小像並湘軍平定粵匪戰圖	1638	鄖陽府志	1931
		鄖臺志	1933
紫竹山房文集	6300	單縣志	1783
紫竹山房詩集	6301	崴時記	4142
紫峴山人全集	6348	崴時廣記	4153
紫琅玕院遺稿	6453	黑心符	4379
紫陽正誼兩書院課藝合選	6820	黑猩羅	2132
紫陽書院課選	6819	無文字注記海防圖	2370
虛谷閑鈔	4338	無名淨光經	4783、4784
虛齋蔡先生文集	6197	無近名齋文集	6401
棠陰比事	3365	無垢子心經解諸經摘要	4703
最近彙水捷法新書	2756	無息懈齋詩稿	6403、6404
最新中國歷史教科書	1164	無師初學英文字	0852、0853
量法代算	3733	無能子	4344
量倉通法	3707	無量義經	4863

無量壽經	4398	集千家注批點杜工部文詩集	6130
無錫、金匱二縣同城四址地輿全圖(戈登文書)	2347	集千家注批點杜工部詩(附年譜)	6122
無雙譜	1392–1395	集古印譜	4001
掣鯨堂詩選	4388	集古偽錄	3137
智燈難字	0621	焦山志	1875、1876
智環啓蒙塾課初步(中英對照)	0840–0843	焦山紀遊集	4395
		焦氏易林	3786–3788、4369
稊川南稿	4361	焦氏筆乘六卷、續八卷	4395
程一夔文乙集	6501	焦氏雕菰樓集	6383
程侍郎遺集初編十卷、附錄一卷	4395	御批歷代通鑑輯覽	1445、1446
程學啓致戈登札(戈登文書)	1567、1568、1609、1610	御制人臣儆心錄	4181
		御制大雲輪請雨經	4867
策海	6650	御制大藏瑜伽施食儀	4989
策海全書	6651	御制五體清文鑑	0651
策液備要	6747、6748	御制五體清文鑑(滿語、藏語、蒙古語、東土耳其語、漢語)	0650
策學大全	6746		
策學新纂	6744、6745	御制四體清文鑑(滿語、藏語、蒙古語、漢語)	0649
策學纂要	6749–6752		
答客芻言	6059、6060	御制律呂正義	4033
答客問	5863、5864	御制律曆淵源	3731
答論神丹書	4375	御制滿漢蒙古西番合璧大藏全咒	4890
筆記叢鈔	4620	御制增訂清文鑑	0648
筆嘯軒書畫錄	3846	御制數理精蘊	3725、3726
筆算數學(中譯本)	3744	御制曆象考成	3601
傣漢雙語竹簡	0666	御定三元甲子萬年書	1014
傣漢雙語貝葉簡	0667	御定佩文齋詠物詩選	6588
備遺錄	4338	御定奎章全韻	0543
傅聖澤所獲中文書籍目錄(英文、法文)	3061	御定陸奏約選	6136
		御定歷代紀事年表	1006
順天鄉試硃卷	6888	御定歷代賦彙	6715
順天鄉試闈墨	6887	御案春秋四傳讀本	0263
順治皇過江全傳	7189	御案詩經備旨	0141
順宗實錄	4393	御筆千手千眼觀世音菩薩大悲心陀羅尼	4877
順德方言與粵語發音比較字音表(英文)	0593		
		御筆小行楷書墨刻	3954
集千家注分類杜工部詩	6121	御筆讀洪範	3955

御製十全記一卷　御製十全老人		件、咨文一件（戈登文書）	1588
之實記一卷	1087	欽命四書詩題	6626
御製千字詔	1502	欽命署理江南分巡蘇松太兵備	
御製文	6313	道丁日昌致戈登札一封、照	
御製文（聖祖文集）	6225	會一件（戈登文書）	1589
御製文集	6179、6226	欽定七政四餘萬年書	3634－3636
御製玉斧珮詩	6314	欽定八旗則例	2793、2794
御製全史詩	1467	欽定工部軍器則例	2797
御製全韻詩	6318	欽定士階條例	1513
御製耕織圖	3380－3383	欽定大清律例	2905、2908
御製盛京賦	6309	欽定大清會典	2571、2572、2574
御製圓明園四十景詩	6308	欽定大清會典事例	2579
御製詩	6315	欽定大清會典事例、圖	2580
御製詩初集、二集	6311、6312	欽定大清會典則例	2577
御製實心行政説	2540	欽定天祿琳琅書目、後編	3011
御製避暑山莊圓明園圖詠	6592	欽定日下舊聞考	1690
御製避暑山莊詩	6227	欽定中樞政考	2498－2503
御製擬白居易新樂府	6319	欽定六部（兵部、工部）軍需	
御製織圖	3384	則例	2786
御撰周易折中（《欽定七經》本）	0040	欽定古今圖書集成	4498
御撰資治通鑑明紀綱目	0989	《欽定古今圖書集成》索引	3010
御撰資治通鑑綱目三編	0990	欽定古今圖書集成簡明目錄	3009
御選古文	6662	欽定平定回疆剿捦逆裔方略	1097
御題棉華圖	3378	欽定四庫全書總目提要	3008
御纂周易述義	0043	欽定四庫全書簡明目錄	3006、3007
御纂性理精義	3237	欽定吏部則例	2495
御纂詩義折中	0148	欽定吏部處分則例	2843
御纂醫宗金鑑	3488	欽定西域同文志	0668
御覽經史講義	3266	欽定西清古鑑	4052
復堂類集	6463	欽定西清硯譜	4053
復辟錄	4338	欽定同文韻統	0574
復齋易説	0021	欽定回疆則例	2902
循環日報	4298	欽定全唐文	6646
《須摩提女經》研究集（德文）	5070	欽定名臣傳	1373
鉅野縣志	1753	欽定兵部處分則例	2788、2789
欽加鹽運使銜署理江南分巡蘇		欽定兵部續纂處分則例	2790
松太兵備道黃某移文戈登兩		欽定協紀辨方書日月表合鈔	3633

欽定周官義疏	0165
欽定春秋傳說彙纂	0253
欽定重修兩浙鹽法志	2678、2679
欽定皇輿西域圖志	2320、2321
欽定前遺詔聖書	1529
欽定軍需則例	2784、2785
欽定軍器則例	2796
欽定浙江省外海戰船則例	2815
欽定書經傳說彙纂	0085
欽定理藩院則例	2842
欽定梵音大悲咒	4967
欽定授衣廣訓	3379
欽定授時通考	1646
欽定國子監志	2615
欽定國史大臣列傳	1378
欽定國史大臣列傳(滿語)	1374
欽定國史忠義傳(滿語)	1376
欽定國史忠義傳卷二十五	1377
欽定國朝詩別裁集	6581
欽定清漢對音字式	0585
欽定萬年書	3677
欽定勝朝殉節諸臣錄	1375
欽定淵鑑類函	4503
欽定蒙古源流	1482
欽定較增處分則例	2787
欽定詩經傳說彙纂	0140
欽定廓爾喀紀略	1095
欽定新疆識略	2040、2041
欽定剿平三省邪匪方略正編	1095
欽定滿洲源流考	1481
欽定篆文六經四書	0293
欽定儀禮義疏	0177
欽定選擇詳注便覽吉用憲書	3669
欽定選擇曆書	3633
欽定歷代職官表	2505
欽定學政全書	2614
欽定錢錄	2652
欽定舊遺詔聖書(僅《創世記》《出埃及記》《利未記》《申命記》《約書亞記》)	1528
欽定禮記義疏	0186
欽定禮部則例	2497
欽定嚴禁鴉片章程	2940
欽定續通志	2555
欽定續通典	2550
欽定續纂外藩蒙古回部王公表	1389
欽定續纂外藩蒙古回部王公傳	1388
番社采風圖考摘略	4391
番禺陳氏東塾叢書(初函)	4403
番禺縣志	1994
禽經	4096、4365
貂蟬:一齣中國戲(五幕劇)(英文)	7093
創世記	5398、5399
創世記(汕頭方言)	5401
創世記(建寧方言)	5403
創世記(海南方言)	5402
創世記(福州土腔羅馬册)	5404
創世記 出埃及記(寧波方言)	5400
創世記問答	5406
創世傳	1527
創世傳注釋	1526
創世歷代書	5405
飲水詩集一卷、詞集一卷	4395
飲流齋說瓷	4060
勝旅景程(中譯本)	7417
勝朝遺事	4392
勝飲編	4395
猶太地理誌	2221
猶太地理擇要	2222
鄒平縣志	1773
鄒泗山稿	4361
鄒縣志	1774
鄒謙之稿	4361

詁經精舍文集	6673	愧齋遺詩	6400
評注淵海子平大全	3819	善本書室藏書志	3026
評皇券牒	2709	善生福終	6030
診宗三昧	3514	善卷堂四六	6277
詠物詩選	6587、6590	善後條約	2857、2858
詠物詩選注釋	6591	善終已亡經	6029
詞名集解、續編	6939	善終誌傳	6028
詞苑叢談	4393	普天心修	4966
詞林韻釋	4395	普陀山志	2082
詞典學（德文）	0804	普林尼《自然史》中與中國有關的典故等（《北京東方學會雜誌》第1卷，第1、2、3、4號）	1235
詞律	6940		
詞話	4358		
詞源	4395		
詞綜	6938	普明石關禪師語錄	4925
詞學全書	4383	普明香嚴禪師語錄	4894
詞韻	4383	普法戰紀	2206、2207
詔書蓋璽頒行論	1563	普洱府輿地夷人圖說	2145
詒晉齋巾箱帖	3994	普曜經	4842
詒晉齋法帖	3995	普勸念佛	4981
敦利棧茶葉絲綢收發賬册	2702	道古堂全集	6296
敦煌文獻：唐代文書	1066	道光二十四年日用便覽	3668
敦煌文獻：唐代文書殘片4片	1068	道光二十年捌月拾貳日廣東水師馬辰等關於白石角一帶禁烟的稟	2814
敦煌文獻：唐代文書殘片5片	1069		
敦煌文獻：唐代府縣文書	1065		
敦煌文獻：唐代官方文書	1067	道光三十年正月十六穆精阿夫妻誥命	1256
敦煌石室記	3028		
敦煌石室遺書	4430	道言内外秘訣全書	4375
敦煌雲氣、星象、電經圖	3587	道門定制	5254
痘症會通	3492	道原精萃圖	5879
痘疹全集	3493	道書十二種	5246
痧證全生	3499	道書雕版兩塊	5358
遊江南傳	7309	道書雜抄	5357
童山詩選集	4388	道教（附《道德經》譯文）（英文）	5379
童子範圍	4208	道教文本（英譯本）	5376
童貞修規	6034、6035	道教文本：翻譯及評注（法文）	5377
童蒙先習	0634	道教石刻拓本	5364
棄假歸真論	6021	道教咒符抄	5341

道教研究文獻書目(法文)	3036	曾五等人信札	1123
道教科儀	5312	曾文正公手書日記	6436
道教科儀(禮斗科、青玄煉度、女褐、脫男褐)	5339	曾文正公文集	4409
		曾文正公文鈔	6435
道教符咒	5340	曾文正公年譜	1330、4409
道鄉集	4382	曾文正公全集	4409
道援堂詩集	6257、6258	曾文正公批牘	4409
道園全集	4388	曾文正公奏稿	4409
道與德的經典(第2版)	5105	曾文正公奏議	1310
道與德的經典(《老子的〈道德經〉》英譯本摘錄)	5104	曾文正公奏議補編	1311
		曾文正公書札	4409
道德性命前後集	5100	曾文正公詩集	4409
道德真經注	5099	曾文正公雜著	4409
道德眞經注	4395	曾忠襄公全書	6488
道德堂秘傳正體洪範陰陽二宅要訣	3785	曾侯日記	1146
		曾國藩、李鴻章、鮑超、潘曾瑋、吳建瀛、蔡元隆諸人傳記、李鴻章等人職銜名目(戈登文書)	1612
道德經	4341、4343、4344、5074		
道德經(英譯本)	5107、5109、5111、5112		
道德經(法文-拉丁文-中文對照本)	5113	馮氏錦囊秘錄	3527
		馮母陸太淑人傳	1333
道德經(法譯本)	5116	馮具區稿	4361
道德經(普及版)(英譯本)	5108	馮燕傳	4379
道德經(德譯本)	5118、5119	湛園未定稿	6253
道德經考正	5096	湛園札記	4349
道德經攷異	5095	湛園劄記	4192
道德經注	5087、5098	港英政府各色官方檔案(英文)	1177
道德經評注	4355、5089	湖北巡撫奏稿	1303
道德經解	5077、5082	湖北闈墨	6863
道德經轉語	5088	湖州府水道圖	2390
道德經釋略	5094	湖南全省掌故備攷	1934
道德經釋義	5082	湖南苗防屯政考	2134
道德寶章	5084	湖南財政說明書	2757
遂安縣志	1910	湖南闈墨	6869
遂初堂書目	4393	湖南輿圖説	2393
遂昌山樵雜錄	4338	湖海文傳	6690
曾子注釋	4349	湖海詩傳	6691

湖海樓全集	6252	補蕉叢訓	6694
湖廣總志	1930	補讀書齋遺稿	6442
湘帆試帖	6528	尋津錄（英文）	0845
湘雲友朋信札	6898	畫史彙傳	3877、3878
湘學報	4317	畫眉譜	4102
湯若士稿	4361	畫圖新報	4307
測地繪圖（中譯本）	2247、2248	畫圖緣	7377
測莊	4345	畫學心印	3844
測候叢談（中譯本）	2251、2252	畫塵	4345
測海集	6354	畫禪室隨筆	3832
測量法義	4393	畫譜	3847
測量異同	4393	遐域瑣談	2038
測圓海鏡	3700	遐邇貫珍	4288、4289
渭南縣志	1839	費縣志	1721
滑稽生	7342	隔簾花影	7303、7304
滑稽外史（中譯本）	7439	登州府志	1722、1723
淵海子平	3815	登龍千家詩選	6584
淵鑑類函	4501	登瀛篇（英文）	0846
渡江書	0540	發蒙小品貳集注釋	6758
游雁蕩山記	4362	發蒙益慧錄	0829
滋陽縣志	1752	發墨守評	4349
溈山警策	4954	糸證銀論　捷法算書	2664
溉亭述古錄	4349	結水滸傳	7207
滁陽志	1919	絳雲樓書目	4395
寒山堂金石林時地攷	4395	絳囊撮要	3555
寒支初集	6231	幾何原本	4393
寒香亭傳奇	6975、6976	幾何原本（中譯本）	3746、3747
富民策（中譯本）	2773		
富國真理（中譯本）	2774	**十三畫**	
富國策（中譯本）	2771、2772		
寓意草	3549	瑟譜	4395
運河帝國（《漢學雜纂》第4號）		瑞芝山房文鈔	6705
（法文）	2068	瑞芝閣天崇名文枕中秘	0380
運規約指（中譯本）	3750、3751	瑞安縣志	1894
遍照發揮性靈集	6143	瑞蘭分別搶傘全本	7024
補三國疆域志	2122	瑜伽集要施食儀	4985
補過軒四書文	6542	瑜伽集要施食壇儀應門	4987

瑜伽燄口施食起止規範	4986
肆原要理	5863
填詞名解	4383
填詞圖譜	4383
鼓山志	2083
鼓吹續編	6559
鼓掌絕塵	7296
聖人言行	5696－5693
聖山詩歌	5542
聖女羅灑行實（中譯本）	5691
聖公會大綱	5744
聖心月新編	5793、5794
聖主躬耕耤田頌	3383
聖母七苦籍規略	5750
聖母小日課	5783
聖母行實	5687
聖母玫瑰經十五端	5786－5788
聖母善導會公規	5753
聖母善導會直指	5751、5752
聖母發現於露德實傳	5685
聖母聖月	5790－5792
聖年廣益	5914
聖安多尼行實	5690
聖武記	1092
聖門禮樂統	2601
聖帝寶訓像注	5298
聖差言行	5512
聖神降臨	6005
聖馬太福音　馬可福音　路加福音	5475
聖家會規	5748
聖書日課初學便用	5764
聖書曰止一上帝為萬物之父超萬有通萬有又在爾眾者也	5622
聖書曰由之以信德進所立之恩地且望上帝之榮而喜矣	5623
聖書曰有義人耶穌基督偕天父為我保主	5611
聖書曰行善勿倦倘若不廢屆期可獲也	5614
聖書曰但行真理者就光以彰明所行者即仰上帝而行之也	5610
聖書曰是以任肉欲者不能悅上帝矣	5613
聖書曰信服耶穌者無見定罪	5615
聖書曰為義見害迫者有福矣因天國為其所得也	5609
聖書曰造萬物者是上帝也	5616
聖書曰眾敬神子如敬父焉	5617
聖書曰設若我交通與上帝而自覆暗地則說謊並不真行	5619
聖書曰蓋全律例以一言成也即是愛他如己焉	5621
聖書曰爾勿勞為可壞之口糧乃所存及永生之口糧	5618
聖書地理	5592
聖書典論	5586
聖書要說析義	5574
聖書衍義	5583
聖書個事實（客家話）	5593
聖書教問答	5715
聖書問答	5588
聖書節注十二訓	5571
聖書綱目	5587
聖書勸言	5568
聖教切要	5731、5732
聖教日課	5765－5769
聖教主日法	5754－5756
聖教明徵	6037
聖教要理	5721－5723
聖教要理問答	5726－5729
聖教要理國語	5724、5725
聖教理證	5733－5735
聖教經課	5784、5785

聖教禮規	5736、5737	聖諭廣訓直解（中英對照）	1271
聖教鑑略	5738	聖諭廣訓衍	1267
聖詠注解	5530	聖諭廣訓衍（英譯本）	1268
聖路善工	6023、6024	聖諭樂本解說	4358
聖節會約	4358	聖蹟之圖	1317
聖會之史	5742	聖蹟全圖一卷	1318
聖會史記	5743	聖蹟圖	1319
聖會準繩	5741	聖願問答	5834
聖會禱文	5804	聖羅閣九日敬禮	5818
聖會禱詞	5798	聖體要理	5827
聖會勸懲條例	5745	鄞、慈、鎮三縣水陸地圖	2366
聖經	5380	鄞縣地輿圖	2458
聖經之史	5567	鄞縣志	1896、1897
聖經史記	5575	[鄞縣]續修王氏宗譜	1425
聖經史記撮要	5576	蓮社高賢傳	1361、4365
聖經紀略	5573	蓮坡詩話	6917
聖經問答	5579	蓮宗輯要	4946
聖經許諭	5580	蓮華經普門品	4769
聖經新約節要（僅《福音書》《使徒行傳》）（粵語）	5466	墓誌	3134
		幕學舉要	2506
聖經圖記	5569	夢游錄	4338、4379、4380
聖經廣益	5584	夢樓詩集	6379
聖經擇要	5582	蒼梧縣志	2011
聖經證據	5581	蓬島樵歌、續編	6594
聖經類書	5572	蒿庵閒話	4395
聖綱鑑小略	5585	蒲臺縣志	1825
聖賢像贊	1342	蒙文晰義	0665
聖賢讚像圖	1343	蒙正全本綉毬記	7036
聖廟志輯要	2106	蒙古地名考略	2044
聖廟祀典圖考（附《聖蹟圖》）	2602	蒙古各部提綱略抄	1483
聖餐備文	5809	蒙古字韻	0530
聖學十圖	3267	蒙古律例	2944
聖錄名人問答	5855	蒙古遊牧記	1484
聖諭像解	1277	蒙古語語法與詞匯（柯爾克孜族方言）	0816
聖諭像解讚	1278		
聖諭廣訓	1261–1266	蒙學珠算教科書	3715
聖諭廣訓（法譯本）	1269、1270	蒙齋筆談	4338

蒙韃備錄	4338	酬簡	6944
禁種罌粟示	2943	感應金鑑	5166
禁鴉片條例	2941	感應篇功過格	5152
楚史檮杌	4378	感應篇直講	5160–5164
楚昭公疏者下船	6945	感應篇注	5157
楚黔防苗	2133	感應篇注證	5156
楚辭	6094–6096	感應篇善過格	5153
楚辭集注	6098	感應靈經圖說	5158
楚辭疏注（陳章侯繡像）	6101	揅經室文集	4349
楚辭燈	6102	揅經室集、續集	6381
楊太真外傳	4379、4380	揅經室詩錄	4395
楊升菴外集	6217	電白港口圖	2453、2454
楊升庵稿	4361	電氣鍍金略法（中譯本）	2979
楊文敏公集	6181	電報新書	3000
楊文憲公升庵先生全集	4383	電學（中譯本）	2996
楊貞復稿	4361	電學綱目（中譯本）	2997
楊家將演義	7163	雷民傳	4379
楊娼傳	4379、4569	雷峰塔	7262
楊椒山先生家訓	4173	雷霆解關科儀	5316
楊鼎勛致戈登札一封（戈登文書）	1593	雷霆解懺科	5315
楊誠齋稿	4361	損齋備忘錄	4338
楊維斗稿	4361	摘藻揚芳	6700
楊維節稿	4361	督捕則例	2798–2800
楞伽阿跋多羅寶經	4398、4883	督捕則例附纂	2801
楞伽阿跋多羅寶經心印	4882	督帶常勝軍二品頂戴前蘇松太道吳某照會戈登三件（戈登文書）	1590
楞嚴正脈	4800		
楞嚴經	4793		
楞嚴經正脈疏	4799	虞氏易禮	4349
楞嚴經合轍注解	4797	當代基督教文獻新編分類叙錄（英文）	3039、3040
楞嚴經集注	4801		
楞嚴經會解	4796	睦仁蒨傳	4338
槐野先生存笥稿	6204	賊史（中譯本）	7441
槎上存稿	6374	盟聘記	4405
楹聯叢話	6926	照萬民光	5953
賈子	3169	照像略法（中譯本）	2962
賈氏談錄	4335	畸人十篇	5950
酬世錦囊全書	4515	畸園老人詩集	6486

路史	1047	（戈登文書）	1600
路加傳好新聞（上海方言）	5490	傳家寶	3501、4511
路加傳福音書（汕頭方言）	5489	傳教讚美詩一首	5531－5533
路加傳福音書（福州方言）	5488	傳道集	4375
路加福音（廈門方言）	5486	傳樸堂詩稿	6479
路加福音傳（粵語）	5487	鼠疫彙編	3558
路票	2171	催官解	4177
路得事蹟圖説	5604	傷寒大成	3417
路程一卷	2424	傷寒世驗精法	3416
路程第一書	2416	傷寒舌鑑	3418
路童指要（寧波方言譯本）	7421	傷寒直格論方	3414
遣愁集	4611	傷寒兼證析義	3420
農政全書	3370、3371	傷寒緒論	3419
農政全書（英文選譯本）	3372	傷寒證治準繩	3415
農桑雅化（貴州）	3391	魁本詩經	0132
署浙江寧波府慈溪縣呈送輿圖	2459	粵中見聞	1982
署理浙江提督鮑超致戈登緊急軍情公文（戈登文書）	1624	粵西闈墨	6861
		粵英字典	0716
署寧波府慈溪縣呈送洋圖	2371	粵東成案初編	2922
蜀才周易注	4351	粵音指南	0892
蜀破鏡	4388	粵匪起手根由	1632
蜀詩	4388	粵海關比例	2731
嵊縣志	1898	粵海關外洋船牌	2737
嵩厓尊生書	3485	粵海關外洋船牌（戈登文書）	1617
嵩洛訪碑日記	4395	粵海關估計外洋船出口貨物價值册	2726
圓悟碧岩集	5010		
圓錐曲綫（中譯本）	3749	粵海關規例	2727、2728
稗海	4584	粵海關稅例	2732
筠清舘金石	3122	粵海關稅則	2733、2734
節孝事實圖	3265	粵海關稅務文	2735
節孝集	4382	粵海關稅務文給商牌照	2736
節規禮	2699	粵海關額定款項	2730
節義奇緣金葉菊	7018	粵海關額定款項全局	2729
節錄成章幼學問答	5831	粵雅堂叢書	4395
與日本使人筆譚瑣記	4224	粵語字表（法文）	0755
傳旨嘉獎戈登章服四襲及隨同各件清單一份、抄複本一份		粵語速成（第3版）（英文）	0886
		粵語短語選（第5版）（中英）	0778

粵語詞彙速成	0779	試卷南音金生挑盒	6990
粵語諺語	0782	試草	6625
粵謳(中英雙語)	6642	試策集珍	6742
奧斯馬加國條款稅則章程	2865	試策補要	6547
衙門與邸報(德文)	1239	試策讀本	6743
微積溯源(中譯本)	3752、3753	試牘存真續編	6842
鉄艦快船八艘演陣圖	3321	試體唐詩箋注	6569
鉛字拚法集全	0637	詩人李白詩歌(俄譯本)	6113
會元千字文	3946	詩比興箋	6928
會文堂四書集注	0334	詩文襍鈔	6699
會心齋印譜	4006	詩本音	4349
會同四教名師	6027	詩仙(日本文獻,36 首中國詩	
會帶常勝軍李恒嵩致戈登移文		配彩色插圖)	6635
三件(戈登文書)	1582	詩序廣義	0149
會試硃卷	6524、6526、6845	詩所	0142
會試魁墨	6843	詩法入門	6922
會試墨卷	6850	詩草木蟲魚疏	4365
會墨	6846	詩品	4365、6908
會墨金聲	6849	詩書古訓	4395
會墨鴻裁	6847	詩鈔	6265
愛吾廬時文	6539	詩傳	0113、4365
愛奇出身傳(中譯本)	7437	詩傳大全	0118
飴山詩集	6281	詩經	0109、0122 – 0124、6766
頒行詔書	1496、1497	詩經(《中國經典》第 4 卷)(中	
頌主聖詩	5559	英對照)	0153
頌主聖篇	5555	詩經(英譯本)	0154
頌主詩章	5557	詩經(法文、拉丁文兩種譯文,	
頌揚真神歌	5554	附中文原文)	0156
肄業要覽(斯賓塞《教育論》第		詩經(滿語譯本)	0152
一篇《什麼知識最有價值》)		詩經(德譯本)	0155
(中譯本)	2645	詩經大全	0138
解元三字經	5980	詩經小學	4349
解字小記	4349	詩經正文	0110 – 0112
解春集	4349	詩經衍義體注大全合參	0125
解惑編	4953	詩經恒解	0146
試行蠶桑說	3393	詩經揭要	0131
試帖百篇最豁解	6628	詩經補注	4349

詩經說約集解	0121	靖逆記	1084
詩經增訂旁訓	0120	靖海氛記	1101、1102
詩經體注	0126	靖康傳信錄	4393
詩經讀本	0127－0130	靖節先生集	6105
詩歌66首	6620	靖難功臣錄	1370、4338
詩歌集	6619	新刊大宋中興通俗演義	7167
詩說	0114、4349、4365	新刊名臣碑傳琬琰之集	1364
詩賦全集	4348	新刊批點呂覽	4120
詩賦駢字類珠	4528	新世鴻勛	7190
詩篇(廈門方言)	5411	新本五諫妻	6989
詩篇(寧波方言)	5412	新本梨園雅韻	7030
詩學圓機活法大成	6913、6914	新本龍舟歌丁山射雁(附《仁貴歸家》)	7010
詩韻合璧	0575	新史奇觀	7192
詩韻含英題解	4523	新史奇觀全傳	7193
詩韻含英題解辨同合訂	4522	新加坡政體	2537
詩韻珠璣	4519	新加坡萊佛士圖書館藏中國文獻目錄(英文)	3054
詩韻舉例一卷	4395		
詩韻類錦	0573	新列國志	7107
詰墨	3279	新安縣水陸塘汛輿圖	2408
誠心痛悔前過	6043	新序	3174、4344、4365
誠崇拜類函	5892	新昌縣志	1900
誠敬集	3546	新刻八仙出處東游記(版心題"八仙出身傳")	7246
誠齋雜記	4336		
話脾	4338	新刻大棚碧容祭監	7038
詳注分韻試帖青雲集	6634	新刻山東鐵路濰縣火車站房	3003
詳注文範初編	6781	新刻小試策論格式	6754
詳注初學指掌	6787	新刻小說載花船	7231
詳訂古文評注全集	6674、6675	新刻天如張先生精選石渠彙要萬寶全書	4508
詳解九章算法	3730		
詳說古文真寶大全	6656	新刻五諫夫	7052
稟批簿	1105	新刻太醫院參訂徐銅人鍼灸大全	3410
稟帖	1107		
稟復勘河情形(英文)	2067	新刻玉簫琴記全本(附《丁芳拜相》)	7047
廈門志	1953		
廈門輿圖	2400		
廈腔養心神詩	5550	新刻白羅衫全本	7034
靖江營繪呈汛境輿圖	2460	新刻出像音注呂蒙正破窯記	6951

新刻拗碎靈芝記	7028
新刻呼家後代全本南音(附《呼延慶祭綠幽墳》)	7035
新刻通用尺素見心集	4537
新刻韓湘子九度文公道情	6972
新城縣志	1799
新政安行	1157
新政始基	1159
新政真詮	1158
新科三元文章	6545
新科墨卷英華	6832
新修江寧府志	1870
新訂古文快筆貫通解	6667
新訂明心寶鑑	4161
新約	5448
新約(上海方言)	5450
新約(戊午年五月簽訂)	2875
新約(客家話)	5461
新約(僅《馬太福音》)(客家話)	5462
新約(僅《哥林多書》《啓示錄》)	5429
新約史記條問	5640
新約四字經	5566
新約全書	5427、5430、5432、5434、5437–5439、5444–5446
新約全書(建寧方言)	5456
新約全書(《馬太福音》《路加福音》《約翰福音》《使徒行傳》)	5433
新約全書(僅《馬太福音》《馬可福音》《約翰福音》)	5441
新約全書(僅《馬太福音》《馬可福音》《路加福音》)	5442
新約全書(僅《福音書》《使徒行傳》)	5440
新約全書(福州方言)	5457
新約全書(蘇州方言)	5459
新約全書注解(僅《羅馬書》《哥林多前書》)	5464
新約全書注釋(僅《馬太福音》《馬可福音》《羅馬書》《哥林多前書》)	5465
新約串珠	5467
新約書(台州方言)	5458
新約書(寧波方言)	5451、5455
新約書九問:答福音傳遞(台州方言)	5595
新約雅各書信(汕頭方言)	5520、5521
新約聖書(僅《路加福音》《使徒行傳》)	5436
新約聖書	5431、5435
新約聖書(溫州方言)	5463
新約聖經	5447
新約傳彙統	5468
新馬頭	7078
新泰縣志	1724
新書	4121、4122、4344、4365
新教手册	5711、5712
新報	4304
新策苕穎	6741
新測中星圖表	3597
新測更漏中星表	3599
新測恒星圖表	3598
新會縣志	1998
新會縣志續	2001
新碧桃錦帕全本	7046
新爾雅	0606
新製靈臺儀象志	3609、3610
新語	4344、4365
新齊諧	4610
新增五方元音全書	0553
新增尺牘稱呼合解	4542
新增四書補注附考備旨	0335
新增加批全本禮記省度合纂	0206
新增幼學故事瓊林	4254–4256

新增批評繡像紅樓夢	7317	新關文件錄(第2版)(英文)	0858
新增都門雜記(含四書:《新增都門雜記》《新增都門雜詠》《新增都門會館》《天下路程》)	2127	新疆外藩紀略	2035、2036
		新疆則例便覽	2841
		新疆探險示意圖	2319
		新疆賦	6385
新增華英尺牘(第3版)(英文)	0879	新疆輿圖風土攷	2042
新增華英字典	0685	新疆驛路圖	2318
新增華英通語	0909	新纂門目五臣音注揚子法言	4341
新增萬寶元龍通考	0623	新纂聖道備全	5911
新增智囊補	1398–1400	新纂聖經釋義	5394
新增聖書節解	5393	新纂節錄聖經釋義	5395
新增資治新書全集	2494	新纂靈魂篇大全	5969
新增廣玉匣記	5251	新鐫大字女兒經	3229
新增養心神詩	5546	新鐫女才子傳	7315
新鴈翎扇墜全本(附《借尸還魂》)	7042	新鐫小説鬧花叢	7305
新賭仔賣女南音全本	7021	新鐫正韻訓蒙增廣	0533
新遺詔書	5421、5426	新鐫古今大雅北宮詞紀	6937
新遺詔書(僅《馬太福音》《馬可福音》)(滿語、漢語)	5449	新鐫快心編全傳	4600
		新鐫武經標題正義	3283
新遺詔聖書	1531	新鐫國朝名公神斷詳情公案	7223
新墨正軌	6830	新鐫增補詳注本草備要	3439
新墨鴻裁	6829	新譯大方廣佛華嚴經音義	4395
新鍥(槧)星平會海臺曆正訛命學全書	3812	意王包探案(中譯本)	7435
		意拾秘傳(中譯本)	7424
新論	4140、4365	雍正上諭	1285
新選玉葵寶扇全本	7017	雍州金石記	3099
新選珠江書劄	6899	慎守要錄	4393
新選試賦衡能	6724	慎思指南	6020
新編古今事文類聚	4443	慎終錄	0181
新編勸閫通俗小説	7187	義山雜纂	4380
新輯易經集解	0016	義學新法	5887
新鍥注釋旁訓和韻千家詩選	6583	慈心寶鑑	4223
新鍥國朝承運傳	7178	慈恩玉歷	4963
新鐫全像通俗演義隋煬帝艷史	7298	慈悲水懺	4919
新鐫真草篆隸四體千家詩(石城諸名家筆法)	4012	慈悲金剛寶懺法	4694
		慈悲懺	4940
新關文件錄(英文)	0857	慈溪縣洋圖	2372、2374

慈谿縣志	1908	抗擊英軍申明曉諭	2812
煬帝迷樓記	4338	福建通志	1941、1942
煬帝海山記	4338	福建話詞彙和語法	0777
煬帝開河記	4338	福建興化左右營輿圖	2398
資生集	3552	福建續志	1943
資治通鑑(附《釋文辨誤》)	0976	福音大旨	5597
資治通鑑補正	0985	福音之箴規	5888
資治通鑑綱目三編	0991	福音排偶便覽	5598
資達合編	3544	福音道理□經問答	5599
溝洫疆理小記	4349	福音道問答合講	5600
滇南礦廠輿程圖略	2432	福音聖詩	5529
滇寇紀略	1098	福音廣訓	5508
滇黔土司婚禮記	4358	福音調和	5507
滇繫	2023	福音總論	5596
溫熱贅言	3553	福音講臺	5509
滌非齋制藝僅存	6549	福音讚美歌	5528
滌罪正規	5900	福清縣誌續略	1949
塗說	4233	福緣善慶	4965
溪蠻叢笑	4338	福緣善慶集	3538
滂喜齋叢書	4411	群芳一卷　毒草一卷	4089
塞北小鈔	4358	群書治要	2546
塞外行軍指掌	4401	群經平議	0312
塞繆爾‧鮑恩(Samuel Bowen)		群經補義	4349
物品清單(與澳門有關)	1245	群經識小	4349
禊帖類聯	4533	群輔錄	1360、4365
福山縣志	1737	羣經音辨	4395
福山營汛總圖	2460	彙刻書目	3014
福文堂明心寶鑑	4164	彙刻書目合編	3015、3016
福世津梁	5947	彙集雅俗通十五音	0579、0580
福州府志	1957	彙纂詩法度針	6918
福州閩江入海口地圖	2456	辟邪紀實	5915
福次咸詩草	6413	辟邪實錄	5916
福字	3144	辟雍碑(大晉龍興皇帝三臨辟	
福建方言(英文)	0895	雍碑)	3119
福建方言字典	0717	預備晚餐□□□□	5808
福建浦城至浙江江山汛防圖	2389	經文求是	6544
福建陸路提標中軍參府雙某為		經文彙抄	5235

經史百家簡編	4409
經史百家雜鈔	4409
經史問答	4349
經史證類大觀本草	3421
經言拾遺	0048
經典釋文	0304
經典釋文考證	0305
經師經義目錄一卷	4395
經書算學天文考	4349
經問	4349
經集	0307
經畲堂課孫草稿	6505
經絡歌訣	3465
經傳考證	4349
經傳釋詞	0309、4349
經義考	3012
經義攷補正	4395
經義含孳	0308
經義述聞	4349
經義知新錄	4349
經義圖說	0310
經義叢鈔	4349
經義雜記	4349
經餘必讀、續編	3258
經學不厭精	0314
經學考一卷　史學考一卷　文體考一卷　理學考一卷	3240
經學卮言	4349
經錄問答	5930
經濟類編	2745
經藝權	0313
經韻集字析解（十三經附錄）	0581
經韻樓集	4349、6461
經籍纂詁並補遺	0618
經懺直音增補切釋	4939
經讀考異	4349
繡像車龍公子花燈記	7019
繡像東西晉演義	7136
繡像拍案驚奇	7282
繡像真八美圖	6985
繡像第二才子書好逑傳（又題作"繪圖二才子俠義風月傳"）	7365
繡像第十才子書駐春園	7376
繡像第八才子白圭志	7399
繡像第九才子書捉鬼傳	7266
繡像第三才子玉嬌梨	7355
繡像第四才子書平山冷燕	7392
綏服紀略	4405
綏寇紀略、補遺	1076

十四畫

碧血錄	1410
碧湖雜記	4338
瑤天列宿童子法懺	5314
瑤頭坯歌	4375
趙子昂詩集	6175
趙匡胤打洞結拜梆子腔	7050
趙明遠稿	4361
趙孟頫草書册《哀江頭》	3928
趙儕鶴稿	4361
嘉定府志	2020
嘉定鎮江志	1869
嘉祥縣志	1755
嘉善縣志	1890
嘉善縣災賑徵信錄	2758
嘉靖仁和縣志	1888
嘉慶十一年十二月十二日候選員外郎李立德父母誥命（漢語、滿語）	1254
嘉慶聖駕再詣盛京祇謁	2594
嘉樂堂詩集	6362
嘉興府志	1889
臺南府恒春縣莊吉向請神帖	5346

書名筆畫索引

臺灣本地人契約	1141、1142
臺灣外記	7194、7195
臺灣西海岸地圖	2413、2462
臺灣局部圖	2412
臺灣府志	1973、1974
臺灣府縣教會報(1885－1886)	4308
臺灣奏摺上諭	1293
臺灣紀略	4362
臺灣隨筆	4358
臺灣輿圖	2411
壽(百壽圖)	3143
壽世編	3550
壽光縣志	1770
壽字拓片	3142
壽張縣志	1731
壽寧待誌	1954
聚石齋印譜	4007
摹刻宋版六經圖	0295
摹繪康熙皇輿全覽圖	2271、2272
蔣子文傳	4338、4379
蔣氏日錄	4336
蔡狀元起造洛陽橋全本(附《夏得海投文》)	7027
熙朝宰輔錄	1386
熙朝新語	1099
蓼花洲閒錄	4338
輔彌撒經	5812
輕世金書	5939、5940
輕世金書便覽	5941
歌者葉記	4380
歌集	6617
歌頌詩章	5553
監本四書	0318
監本周易	0006
監本書經(《書集傳》)	0069
監本詩經	0133
監本詩經便蒙正文	0134
監本禮記	0193、0195、0196
緊要問答	5832
碩輔寶鑑	1397
爾雅	0595、0596、4337
爾雅正義	4349
爾雅注疏	0597、0598
爾雅音圖	0599
爾雅校勘記	4349
爾雅蒙求	0600
爾雅新義二十卷、叙錄一卷、附錄一卷	4395
爾雅義疏	4349
摭言	4380
摭異記	4380
摘錄訓兵輯要	3312
裴伷先別傳	4338
駁呂留良四書講義	0363
駁案新編、續編	2923
對山書屋墨餘錄	4628、4629
對施古德教授的評價(德文)	1238
對數表	3734
幣制問答	2672
嘗考新舊遺詔	5625
睽車志	4338
閨娜傳(中譯本)	7430
聞奇錄	4380
閩都記	1944
閩海律賦同音	6727
閩產錄異	2753
踉失餉鞘	2852
鳴沙石室古籍叢殘	4431
鳴沙石室佚書續編	4432
鳴原堂論文	4409
鳴盛集	6347
圖注王叔和脈訣大全	3463
圖注本草醫方合編	3442、3443
圖注難經	3474

圖書編一百二十七卷	4485	管靜山全稿	6302
圖畫四書白話解	0383、0384	管韓合纂	3363
圖像山海經詳注	4546	僊授兵鈐方略	3311
圖像合璧君臣故事句解	1172	僊遊縣志	1958
圖繪宗彝	3837	偽忠王親筆口供	1562
圖繪寶鑑	1401	僧尼孽海	7278
舞臺畫(關公與甘、糜二夫人被俘)	7089	銅人徐氏針灸合刻	3408
		銅人腧穴針灸圖經	3407
舞劍集(千字文,草書、篆書等字體)	3933	銅板四書發注	0316
		銅板四書監本	0317
製火藥法(中譯本)	2980、2981	銅板四書遵注合講	0345、0346
製茶景全圖	2704	銅板四書闡注	0332
製絲圖	3390	銅板書經補注備旨	0098
種福堂公續選臨證指南	3536	銅符鐵券	4375
種福堂精選良方	3534	銅鼓書堂遺稿	6323
種稻全圖	3389	銘文拓片	3103
稱贊净土經	4787	銀海精微	3495
箋注唐賢絕句三體詩法	6560	銀經發秘	2655
算式集要(中譯本)	3742	鄱陽縣志	1928
算法全書	3745	領聖體要經	5823－5826
算法指掌統宗大全	3723	遯窟讕言	4640
算學	3735	鳳山縣志	1977
算學啟蒙	3698、3699	鳳凰山	7075
算學課藝	3727	鳳臺縣志	1833
管子	4343、4344、4355	鳳蟬告狀	6994
管子(摘自《亞細亞學報》)(法譯本)	3358	疑年錄	4395
		誠妄行錄	6022
管子評注	3357	語言自邇集(英文)	0847
管子纂	3359	語言自邇集(第 2 版)(英文)	0848
管城碩記	4348	語珍切要錄	3251
管帶撫標親軍炮隊兩江即補協鎮都督府羅某致戈登札一件、江南分巡蘇松太兵備道致戈登公文信一封、欽命署理浙江提督鮑超致戈登信一封、周興隆等致戈登信封五件(戈登文書)	1595	語學舉隅:官話習語口語辭典	0707
		語錄彙集	4968
		誨謨訓道	7406
		說文聲系	4395
		說苑	4125、4344、4365
		說林	4344
管緘若時文	6517	說緯	4349

說文	0453	廣州至澳門水路里程及沿途炮臺分佈圖	2429
說文五翼	0459	廣州至澳門航綫沿岸風光	2430
說文古籀補	0468	廣州府屬歷案鼇宮題名錄	2629
說文字原韻表	0460	廣州城珠江灘景圖	2406
說文真本	0456	廣州城被災圖	2457
說文校議	0466	廣州灣編年摘要（法文）	2159
說文通訓定聲	0462	廣東地方自治	1984
說文逸字辯證	0469	廣東地理圖	2401
說文提要	0467	廣東全省及省城圖	2405
說文解字注	4349	廣東全省經緯地輿圖	2402
說文解字徐氏繫傳	0457	廣東全省輿圖	2404
說文新附攷	0464	廣東全場闈墨	6875
說文廣義	0458	廣東名人故事	1423
說文韻譜校	0461	廣東沿海地圖	2452
說帖類編	2903	廣東宗教筆記	1171
說岳全傳	7172	廣東省土話字彙	0780
說郛	4336	廣東省外海戰船做法	2816
說倭傳	7196	廣東省往江西河口鎮水陸路程	2426
說唐全傳	7144	廣東通志	1978－1980
說唐後傳	7148－7150	廣東通省水道圖	2425
說唐演傳	7151	廣東現任官名	2522
說唐演義全傳	7147	廣東探報	4287
說部叢書	4434	廣東鄉試硃卷	6853
說唱花園會（內題《新刊時調百花臺全傳》）	7056	廣東新語	1983
說唱繡香囊全傳	7062	廣東歷科拔貢題名錄	2631
說鈴	4362	廣東龍門協副將陳朝良造報本年貳月分本協兩營現在洋巡緝捕弁兵配駕米艇等船冊	2811
認字新法常字雙千	0751		
塾課小題分編	6510		
廣西至福建沿海圖	2455	廣東闈墨	6871
廣西通志	2008、2009	廣東輿地總圖　廣東省城圖	2403
廣名將傳	4393	廣東鹽運司出入文書偶錄	2683、2684
廣州人物傳	1422	廣事類賦	4446
廣州方言撮要（英文）	0889	廣金石韻府	0561
廣州至澳門水途即景	2427	廣府十四縣正案題名錄	2630
廣州至澳門水程	2462	廣治平略	4211、4212
廣州至澳門水道圖	2428	廣陵妖亂志	4380

廣陵集	4382	榮成縣志	1764
廣雅	4337	榮河縣志	1835
廣雅疏証	4349	熒陽鄭文公之碑	3071
廣策學纂要	6753	漢口竹枝詞	6610
廣群芳譜	4081	漢文大藏經中的500個寓言故事（法文）	5071
《廣群芳譜》字序索引	4082		
廣漢魏叢書易書二種	4369	漢文大藏經目錄	3034
廣錢譜	4358	漢文詩解（英文）	6930
廣輿古今鈔	1661	漢文總書（英文）	0839
廣輿吟稿附編	1664	漢西域圖考	2322
廣輿記	1658	漢字文法（葡萄牙語）	0812
廣輿圖（清重刊增補本）	2266	漢字目錄（荷蘭語）	0756
廣韻	0523、0524	漢字西譯	0733、0734
瘍科臨證心得集	3500	漢字的演化（英文）	0522
辣丁中華合字典	0746	漢字書法簡介（法文）	0520
辣丁字文	0826	漢字練習冊	0514
竭力事主	6002	漢字學習入門（英文）	0849
韶州府志	1990、1991	漢字識字課本	0636
端木詩	4378	漢武內傳	4365
適情雅趣	4020	漢武故事	4338
齊東縣志	1830	漢武帝內傳	4551
齊物論	5140	漢武梁石室	3069、3070
齊河縣志	1784	漢英上海方言字典	0710
齊乘	1702	漢英分解字典	0703
齊家寶要	4184	漢英合璧相連字彙	0766
齊推女傳	4338	漢英合璧相連字彙（第3版）	0767
精刻懷素自敘帖	3915	漢英字典	0690
精刻繡像樂府紅珊	6957	漢英字典（僅A–D）	0677
精華錄	6262	漢英字典草稿	0687
精禋展恪上冊	2593	漢英專用名詞詞典	0787
精選古文	6669	漢英詞典	0678、0680
精選名儒草堂詩餘	4395	漢英詞彙和短句	0770
精選律賦	6738、6739	漢英道家詞彙	5359
精繪北京舊地圖	2313	漢英對話、問答與例句	0875
鄭山齋先生文集	6192	漢英韻府	0695
鄭氏易譜	0032	漢兩大儒書	3255
鄭志三卷、附錄一卷	4395	漢法字典	0723

漢法字彙簡編	0722
漢法詞典	0721
漢法詞彙手冊	0794
漢官舊儀	2581
漢唐三傳	1363
漢唐事箋前後集	2491
漢宮秋（英譯本）	5947、6948
漢書地理志稽疑	4395
漢書西域傳補注（《大興徐氏三種》本）	0956
漢著英譯	1247
漢張遷碑	3058
漢葡字典	0731
漢葡詞彙	0795
漢話初階	0828
漢語－拉丁語字典	0737－0739
漢語－拉丁語－荷蘭語詞典	0736
漢語－拉丁語－葡萄牙語－法語字典	0741
漢語－滿語－拉丁語－俄語－德語詞典	0740
漢語入門（第1－6、9－12卷）（漢法）	0850
漢語入門（第10－11卷）（漢法）	0851
漢語口語手冊	0868
漢語口語漸進教程（英文）	0869
漢語中的諺語和俗語	0762
漢語文法（英文）	0808、0809
漢語古文詞典（法文）	0726
漢語札記（英譯本）	0838
漢語札記（拉丁文）	0834－0837
漢語字表（兩份）	0753
漢語字典	0620
漢語的演化（《北京東方學會雜志》第2卷，第1號）	0941
漢語官話口語語法（第2版）（英文）	0813
漢語教程：用於授課或自學（德文）	0844
漢語詞彙集	0757
漢語語法基礎知識及練習（德文）	0811
漢儒易義鍼度	0054
漢隸字源	0497
漢隸源流統略歌　篆法偏旁點畫辯	0510
漢魏二十一家易注	4351
漢魏六朝詩歌集錦（德譯本）	6638、6639
漢魏石經考	4358
漢魏音	0544
漢魏叢書	4365－4367
漢關侯事蹟彙編	1323
滿洲地名索引	2043
滿洲名臣傳　漢名臣傳	1379
滿族（德文）	1195
滿蒙漢合璧總綱	0662
滿語－拉丁語詞典	0743
滿語－俄語詞典	0742
滿語文法（英文）	0814
滿語文獻一件（戈登文書）	1621、1622
滿語字幅	3998
滿語版欽定續纂外藩蒙古回部王公表	1390
滿語書法兩挂軸（大意：勿漫議他人之非，且靜坐三省吾身）	3981
滿語書法兩挂軸（配漢語翻譯：謝安石山澤間度，蘇子瞻神仙中人）	3980
滿語教程：語法、文選、詞彙（法文）	0908
滿語語法（拉丁文、滿語）	0815
滿漢千字文	4245、4246
滿漢分類詞典	0660

滿漢吏治輯要	2508
滿漢回疆傳（滿語、漢語）	2028
滿漢合璧三字經注解	3218
滿漢俄會話手冊	0940
滿漢彙纂全文輯要十四卷	6707
滿漢禮記	0207
滿漢繙譯一百話條（後本）	0661
滿漢類書全集	4504
漕運則例纂	2058
淳南詩話	6910
漁古山房詩經體注	0143
漁洋山人古詩選	6264
漁洋山人精華錄	6261
漁洋山人精華錄訓纂	6263
漁磯漫鈔	4631
漳州府志	1960、1961
賔告	4358
賔萌集	6425
察世俗每月統記傳	4280
寧古塔志	4358
寧波土話初學	0898
寧波府六邑內外洋輿圖	2373
寧波府志	1905、1906
寧波府呈送六邑海島洋圖	2378
寧波府奉化縣洋圖	2375
寧波府鎮海縣田地分佈圖	2369
寧波府鎮海縣造送道光十九年靖字船戶姓名樑頭清册	2692
寧波府鎮海縣繪送所轄海口汛守圖	2380
寧波會館規條	1082
寧海州志	1792
寧國府志	1916
寧陽縣志	1720
實事求是齋遺稿	6457
肇慶府志	1995
隨軒金石文字	3110
隨園三十種	6341
隨園食單	4075
隨園詩話	6919
熊鍾陵稿	4361
鄧子	4344
鄧林唱和集	6616
鄧定宇稿	4361
翟理斯《華英字典》和衛三畏《漢英韻府》客家話索引	0720
翠微山房數學	3714
緒言	4395
綺樓重夢	7328
綱鑑正史約	0986
綱鑑甲子圖	0987
綱鑑易知錄	0992－0994
綱鑑寧要	1438
維摩詰所説經	4398、4738、4739
維摩詰所説經折衷疏	4743
維摩詰所説經注	4740、4741
維摩詰所説經無我疏	4742
維摩詰經十四品詩	4715
綠牡丹全傳	7215
綠香樓稿（作者自序又稱景文堂稿）	6325
綠雪亭雜言	4345
綠窓人物花譜	3870
緇門崇行錄	4934

十五畫

賣油郎獨占花魁（《今古奇觀》本）（法譯本）	7287
賣胭脂	7076
賣國奴（中譯本）	7433
增刊日文商務類鈔	2723
增刊校正王狀元集注分類東坡先生詩	6154

書名筆畫索引　　923

增删卜易初集	3805、3806
增删算法統宗	3704
增注雅俗通十五音	0577
增訂大生要旨	3486
增訂大版萬寶全書	4510
增訂世事元龍通考雜字	0622
增訂古文析義合編	6666
增訂古文釋義	6678
增訂古文觀止善本	6680
增訂四書釋地補注	0382
增訂成均課士錄初集	6817
增訂律賦揀金錄	6723
增訂格古要論	4160
增訂教稼書	3387
增訂採芹捷訣	6786
增訂敬信錄	5276－5284
增訂畫徵錄	1415
增訂解人頤廣集	4607
增訂蔣季眉四書稿	6522
增訂圖注本草俗要	3440、3441
增訂漢魏叢書	4363
增訂蟫蛣雜記	4599
增訂繡虎軒尺牘全集	6894
增訂驗方新編縮本	3526
增評寄嶽雲齋試帖詳注	6633
增評補像全圖金玉緣	7321
增評補圖石頭記	7320
增補一夕話	4625
增補三十科五經長篇	6803
增補山海經廣注	4545
增補五方元音	0555
增補尺牘達衷	6896
增補四書人物備考	0375
增補四書左國輯要	0378、0379
增補幼學故事尋源直解	4257
增補字彙	0489
增補初學破承開講入門全集	6775
增補初學問津集	6785
增補事類賦統編	4449
增補尚友錄	4480
增補易經備旨真本	0033
增補指明算法	3716
增補便覽日用雜字	0632
增補貢舉考略	2618
增補都門紀略	2128
增補原本瘡瘍經驗全書	3403
增補致富全書	2746
增補記事珠	4532
增補啓蒙天機斷易大全	3803
增補萬法歸宗	5253
增補萬病回春	3448、3449
增補萬寶全書	4507
增補萬寶全書(萬斛明珠)	4509
增補雅俗通十五音	0578
增補痘疹玉髓金鏡錄	3490
增補詩經體注衍義合參	0144、0145
增補詳注批點春秋左傳	0251
增補圖像食物本草會纂	4086
增補算法統宗	3703
增補算法統宗全書	3702
增補輿圖備攷	1655
增補藥性雷公炮製	3446
增補藥性賦醫方捷徑合編	3445
增補醫宗必讀全書	3506
增補懸金字彙	0488
增補鑑略	1444
增像三國全圖演義	7132
增福財神告白	1167、1168
增福添慶(通書)	3676
增廣玉匣記通書	5252
增廣經驗良方	3523
增廣驗方新編	3525
增輯書法彀	3967
增釋麻衣相法全編	3821

增續會通韻府群玉	4450	撫吳公牘	1091
穀梁廢疾申何	4349	撫掌錄	4338
邁堂文略	6282、6283	撫憲批一件(戈登文書)	1598
蕉軒摭錄	4614	鴉片史，或中國的罌粟(英文)	1136、1137
標下八營合摻金銷陣圖　標下八營合摻雲梯攻城陣圖	3328	鴉片速改文	1125
標下青村營呈送汛境輿圖	2460	駐防荊州滿營事宜	2819、2820
標題句解孔子家語	3177、3178	駐春園小史	7375
標題徐狀元補注蒙求	1459	駐颿閣文鈔	6386
樗菴存稿	6365	劇談錄	4380
樓山堂集	4395	戲鴻堂法書	3934
樓邨詩集	6276	鄞侯外傳	4338
樊南文集詳注	6146	賞奇軒四種合編	3872
敷文書院課藝	6823	賦役全書	2747
輪船布陣(中譯本)	3332	賭博明論略講	4030
輟畊錄	4168	閱史約書	1466
甌北全集	6352	閱微草堂筆記五種	4609
甌北集	6353	閱經十二種	4856
歐亞紀元合表(法文)	1022	暹羅譯語(泰文)	0675
歐洲東方交涉記(中譯本)	1151	遺德堂詳訂易經集注	0022
歐陽氏遺書	6246	數書九章	3697
歐陽保極、廖祝齡、許顯華、賀運隆等祝壽書畫冊	3876	數學理(中譯本)	3756
		墨子	4344
賢劫千佛號(藏語、蒙古語、滿語)	4929	墨子批選	3278
		墨苑緇黃	4982
賢劫經	4852	墨林今話	1416
醉芸窻詩注釋	6375	墨林金玉	6223
醉思仙歌	4375	墨卷脫穎、二續	6833
醉菩提全傳	7268	墨卷鴻裁	6831
醉鄉約法	4358	墨香居畫識	3875
遼史(附《遼金元三史語解》)	0961	墨客揮犀	4338
遼史拾遺	0962、0963	墨客揮犀(《欽定文瀾閣四庫全書》本)	4574
遼志	4338	稽古錄	1460
遼海丹忠錄	7185	稽古齋全集	6320
遼陽海神傳	4338	稽明四終	5931
震澤龍女傳	4338	稽神錄	4380
撫本禮記鄭注考異	4349		

稻香閣遺稿　夢池草詩集	6275	衛生指南	3560
黎陽王襄敏公集	6200	衛藏圖識	2325
黎博庵稿	4361	衛藏圖識(法譯本,轉譯自比丘林的俄譯本)	2326
箴言摘錄	5414		
箴膏肓評	4349	衛濟餘編(通天曉)	4226
篆江樓排律詩鈔	6485	磐石營城汛四至交界圖	2460
篆字彙	0505–0507	盤古志傳	7102
篆書千字文	3944	盤珠算法	3717
篆書唐詩選	3943	盤龍寶扇	7012
儀徵縣志	1867	劍南四川成都府樊賞家具注曆日	3623
儀徵縣續志	1868		
儀禮	0175	劍南詩鈔	4382
儀禮(法譯本)	0182	劍俠傳	4379、4380
儀禮小疏	4349	劍橋大學圖書館所藏韋德收藏漢語及滿語書目(英文)	3052
儀禮石經校勘記	4395		
儀禮注疏	0176	餘墨偶談	4237
儀禮校勘記	4349	滕王閣	6974
儀禮章句	0178、4349	滕縣志	1805
儀禮章句易讀	0179	膠州志	1708
儀禮喪服足徵記	4349	魯山木先生文集、外集	6387
儀禮圖	0180	魯氏遺著	4402
儀禮漢讀考	4349	魯習之文鈔	6356
儀禮釋官	4349	魯賓之文鈔	6355
儀顧堂集	6418	劉大將軍平倭百戰百勝圖說	1147
質疑	4349	劉大將軍平倭戰記初集	1148
德山暑譚	4345	劉子	4344
德平縣志	1768	劉氏遺書	4349
德行譜	5699	劉文清公遺集	6342
德州志	1813	劉克猷稿	4361
德清俞蔭甫所著書	4412	劉河間傷寒三書	3413
德壽集	6682	劉海峰文集、詩集	6298
德慧入門	5876	劉無雙傳	4379
德潤書院課藝	6821	劉覺岸稿	4361
德寶齋集拓印譜(廉生、清卿、伯英太史藏印)	4010	潁州陳公蜜多心經碑	3101
		請神帖	5347、5349
衛生至寶圖說	3561	請神簿	5348
衛生要術	3559	諸子平議	4201

諸子尃淑	4345	第 1 卷)(中英對照)	0411
諸子彙函	4342	論語　孟子　學　庸	0324
諸子摘要(諸子纂要)	4170	論語述何	4349
諸史品節	1464	論語注疏大全合纂	0405
諸司廉明奇判公案	7222	論語校勘記	4349
諸城縣續志	1771	論語時文備抄	6797
諸理齋稿	4361	論語偶記	4349
諸葛忠武侯文集	6104	論語集注	0402、0403
諸經日誦集要	4933	論語集注本義彙參	0404
諸經品節	5227	論語補疏	4349
諸蕃志(英譯本)	2177	論語稽求篇	4349
諸儒注解古文真寶前集	6652	論衛匡國等三篇(《北京東方	
諸儒箋解古文真寶後集	6654	學會雜志》第 2 卷,第 2 號)	
諸儒箋解古文真寶前集	6653	(英文)	1236
諏吉便覽	3799	論衡	4129、4130、4344、4365
諾皋記	4379	論衡(英文選譯本)	4131
論上帝造萬物之全能	5645	調燮類編	4393
論中國古籍中的天文記載(英文)	3620	談天(中譯本)	3618、3619
論中國音樂(英文)	4037	談徵	4234
論中國戰國至漢代的詩歌等四		談藪	4338
篇(《北京東方學會雜志》第		熟學聖理略論	5990
3 卷,第 4 號)(英文)	6931	廟祝問答	5856
論中國藝術(德文)	3892	摩西五經	5396、5397
論中國藝術的外來影響(德文)	3893	摩西首書第三章論	5624
論佛妄自稱尊不肯敬忍神天上		摩西聖蹟圖説	5601
帝之大逆	5927	摩訶般若波羅蜜多心經	4702
論耶穌	5673	慶芝堂詩集	6395
論耶穌之榮等	5674	羯鼓錄	4380
論施古德教授《〈西域記〉序言所		養一齋集	6402
體現的中文對仗風格》(德文)	6936	養心神詩	5545、5548、5549
論善惡人死	5981	養心詩調	5551
論畫絕句	3859	養正書屋全集定本	6382
論語	0392、0394 – 0401	養正義塾章程	2636
論語(英譯本)	0409 – 0417	養正圖解	4171
論語(俄譯本)	0418	養生錄	5302
論語・八佾第五	0393	養拙齋詩	6475
論語　大學　中庸(《中國經典》		養晦堂文集	6446

書名筆畫索引

養晦堂詩集	6445
養雲山館試帖注釋	6531
養痾漫筆	4338
養蒙針度	0635
遵生八牋	4172
遵主聖範	5942
遵主聖範新編	5943
潮州府志	1987
潛夫論	3175、4365
潛邱劄記	4349
潛研堂文集	4349
潛研堂文集、詩集	6361
潛確居類書	4483、4484
澳大利亞維多利亞政府火烟車路規例告示	1163
澳門方言與粵語發音比較字音表（英文）	0592
澳門記略	2007
澳門輿圖	2458
審音鑑古錄	7070
審瘟圖一幅　脫瘟圖一幅	3984
憨山大師觀老莊影響論	5269
履園叢話	4630
選擇本願念佛集	4984
豫工事例	2851
豫軍紀略	2813
豫章十代文獻略	1421
樂安縣志	1776
樂志堂文集	6410
樂志堂詩集	6411
樂妙山居集	6294
樂府雅詞六卷、拾遺二卷	4395
樂府雜錄	4380
樂陵縣志	1806
樂清縣志	1899
樂清縣輿圖	2459
樂善堂全集定本	6310

樂縣考	4395
練兵實紀	3297、3298
練閱火器陣記	4358
緬甸譯語上（緬甸語、中文）	0802
緯書	3764
緱山先生集	6210
總會記錄成章摘譯	5747
總讚元辰星燈	5308
畿湖圖	2473
畿輔通志	1691

十六畫

靜惕堂詩集	6240
靜遠軒傳稿彙編	6757
駱成驤殿試策（1895）	6552
駱賓王文集	6109
駢字類編	4497
撼龍疑龍二經定本	3769
磬折古義	4349
燕山制義	6537
燕寢考	4349
燕樂考原	4395
薛仁貴征東全傳	7153
薛氏五種	6248
薛氏鐘鼎款識	3083、3084
薛方山稿	4361
薛昭傳	4338
薛院判醫書二十四種	3510
薛敬軒稿	4361
翰林院檢討加三級德生本身妻室敕命	1253
翰林記	2493
翰墨園畫譜彙新	3860
薜蘿吟館鈔存	2186
薩仙咒棗記	7253
橫材玉尺圖	3868

樵史通俗演義	7184	歷朝二十五家詩錄	6614
橘中秘	4025、4026	歷朝紀事本末	1028
橘中秘歌括	4027	歷朝詠物詩選	6589
機器算法	2949	歷朝賦楷	6716
輶軒語	4642	歷覽記略	2229
醒世文	1541	曆法問答	3683
醒世要言	5944	霏屑軒尺牘類選	6895
醒世恒言	7280	霏雪錄	4338
醒石緣	6986	霍小玉傳	4379、4380
醒迷論	5860	霑化縣志	1765
歷史資治綱鑑	0984	瞥記	4349
歷代二十四史統紀全表	1011	曉諭告示賞格則列	2891
歷代三寶紀	5028	曇無德部四分律刪補隨機羯磨	4893
歷代地理志韻編今釋	1675	器象顯真(中譯本)	2959、2960
歷代名人畫譜附讚	1403	戰國策	1048、4344
歷代名臣奏議	1300	戰國策札記	1050
歷代名瓷圖譜(英譯本)	4069	戰國策選	1051
歷代名賢列女氏姓譜	1345	嘯古堂文集	6412
歷代名賢像傳	1344	嘯堂集古錄考異	3135、3136
歷代序略	1071	還金術	4375
歷代沿革表	1012	還冤記	4143、4365
歷代帝王年表	1007、4395	嶧縣志	1804
歷代帝王紀要	1008	嶰谷詞一卷	4395
歷代帝王統紀之圖	1009	圜天圖說、續編	3602
歷代帝王像	1013	圜容較義	4393
歷代神仙通鑑	5368、5369	默想指掌	5822
歷代陵寢備攷	2606	默想神功	5821
歷代無雙譜	1396	黔省各種苗圖	2139
歷代畫家姓氏便覽六卷首一卷	1404	黔省諸苗說	2136
歷代蒙求	1458、4360	黔書	2021
歷代賢儒景行錄	1346	積古齋鐘鼎彝器款識	3121
歷代輿地沿革險要圖	2262	積慶堂試藝	6541
歷代疆域表	1670	穆王與薩巴王后(德文)	1234
歷代鐘官圖經	2656	穆天子傳	4365、4555
歷代鐘鼎彝器款識法帖二十卷	3082	舉子詩	6627
歷年錢穀條例總目	2688、2896	舉網得魚詩稿	6484
歷城縣志	1749	興寧縣重建學宮記	2637

書名筆畫索引　929

學生四千字袖珍字典(第4版)	0705
學生四千字袖珍字典(第6版)	0706
學春秋隨筆	4349
學院大人考取全省遺才題名錄	2621
學宮圖考	0174
學宮禮器圖	4388
學統	1350
學源堂銅板四書發注	0333
學語雜篇	4358
學禮質疑	4349
儒林外史	7316
儒門醫學(中譯本)	3579、3580
儒家倫理學	3272
儒教彙纂(英譯本)	3276、3277
錢氏私志	4338
錢吉士稿	4361
錢志新編	2653、2654
錢季梁稿	4361
錢南園遺集	6482
錢神志	2663
錢敏肅公奏疏	1306
錢罾	4345
錢塘湖隱濟顛小說	7255
錢塘縣繪呈沿江營汛處所圖說	2459
錢德承致戈登札一封(戈登文書)	1592
錢錄	2651
錢鶴灘稿	4361
錦字箋	4529
錄呈續出示文册	2837
錄異記	4379
劍南詩鈔	6166
館課賦注	6734
館課賦槀	6735
雕菰樓集	6384
雕像新刻女仙外史	7260
鮑覺生時文	6527
獨孤穆傳	4338
獨斷	4132、4133、4365
鴛鴦配	7381
鴛鴦譜	4345
謀夫害子	7014
諧史	4338
諧聲品字箋	0560
諧聲品字箋(漢語－西班牙語字典)	0732
諧鐸	4606
諭示抄錄	2889
諭札牌詳示約抄錄	1106
諭旨(光緒二十年秋、冬,7月－12月)	1296
諺說	4358
憑山閣增輯留青新集	6672
凝禪寺三級浮圖之碑頌	3120
親征平定朔漠方略(滿語)	1083
龍山書院課藝二集	6825
龍女傳	4379、4380
龍文鞭影	4262、4263
龍虎上經	4375
龍虎門	6999
龍門子	4344
龍門縣志	2006
龍城札記	4349
龍城錄	4380
龍威祕書	4372、4373
龍威秘書	4370、4371
龍筋鳳髓判	4393
龍舒淨土文	4853、4854
龍遊縣誌	1901
龍游縣輿圖	2460
龍溪縣志	1966
龍巖縣志	1972
燧光室賦文叢鈔	6719
螢燈	4345

營城揭要（中譯本）	3352、3353
營壘圖說（中譯本）	3330、3331
燈草和尚傳	7300
潞水客談	4395
澤雅堂文集	6477
澹香閣詩鈔	6449
澹靜齋文鈔	6397
窺豹雜存	1173
禪林類聚	4908
禪林寶訓筆說	4909
禪門日誦	4931、4932
禪門佛事全部	4930
禪真後史	7295
禪真逸史	7294
禪源諸詮集	4898
閻潛邱先生年譜	4395
避難竹枝詞	1641
隱居通議	4393

十七畫

環字簿	2700
環遊地球新錄	2193
環碧齋小言	4345
趨避通書	3800、3801
聲律小記	4349
聲律啟蒙撮要	6929
聲學（中譯本）	2998、2999
聲韻攷	0546
聲類	4395
聯新事備詩學大成	6911
藏書世紀列傳	1408
藏園九種曲	6982
舊五代史	0959
舊拓絳帖二種：飛龍篇碑一卷、上尊號碑一卷（曹植、鍾繇書法石刻拓片）	3898
舊金山唐人新聞紙	4299
舊約（僅《以賽亞書》《以西結書》《何西阿書》《瑪拉基書》）（福州方言）	5389
舊約史記條問	5578
舊約史記問答	5577
舊約四字經	5565
舊約全書　新約全書	5382－5385
舊約的聖經（《以賽亞》）（廈門方言）	5390
舊約的聖經（廈門方言）	5391
舊約的聖經　咱的救主耶穌基督的新約（廈門方言）	5392
舊約節錄啟蒙	5418
舊約詩篇	5410
舊約箴言傳道	5413
舊唐書	0958
舊遺詔書	5386
舊遺詔聖書	5387、5388
舊遺詔聖書（僅《創世記》《出埃及記》）（中譯本）	1530
韓大中丞奏議	1307
韓子	4343
韓文類譜七卷［卷一（宋）呂大防撰《韓吏部文公集年譜》、卷二（宋）程俱撰《韓文公歷官記》、卷三至七（宋）洪興祖撰《韓子年譜》］	4395
韓非子	4344、4355
韓非子識誤	3362
韓非子纂	3361
韓國史（《漢學雜纂》第31號）（法文）	1046
韓湘子全傳	7257
韓詩外傳	0116、4344、4365
韓詩增注証訛	6139
韓慕廬稿	4361

書名筆畫索引　931

韓語常用詞手册	0801	輿地圖(天下総圖,中國地圖,	
韓襄毅公家藏文集	6215	日本、朝鮮地圖)	2489
隸法彙纂	0500	輿載撮要	2181
隸經文	4395	輿圖要覽	2283
隸辨	0499	輿圖便覽	2284
隸韻	0498	龜溪集鈔	4382
隸釋	3090	《徽州高大人》版畫雕版	3884
檀几叢書	4357	禦風要術(中譯本)	2249、2250
檀弓	0215	鍼灸大成	3411
檀弓訂誤	4358	鍼灸大全	3409
轅門斬子	7049	鍾山課藝彙鈔	6826
臨文便覽	6793	鍾馗全傳	7256
臨邑縣志	1787	爵秩全覽	2515
臨朐縣志	1822	爵秩新本	2514
臨洮府志	1847	謄黃敕命告示賞格	2892
臨陣管見(中譯本)	3350	鮚埼亭集　經史答問	6305
臨桂縣志	2010	鮚埼亭集外編	6306
臨清直隸州志	1707	謝小娥傳	4379
臨淄縣志	1796	謝木齋稿	4361
臨榆縣志	1694	謝文莊公集	6202
臨蕭衍、虞世南、張旭等書法	3985	謝皋羽晞髮遺集	6174
臨證指南醫案	3535	謝疊山先生文章軌範	6173
霞客遊記	2161	謙齋畫帖	3833
擬山園帖	3969	襄陽守城錄	4395
擬易	4345	襄陽集	4382
擬勸洗英咭唎策	2810	應備試策一卷	6807
戲法圖説	4029	應酬帖式	4540
闈墨	6884	應酬彙選新集	4539
闈墨文穀珠囊	6889	應試五排精選	6624
嶺表錄異	4380	應試排律精選鯨鏗集	6623
嶺南集	6274	療妬緣	7330
嶺南叢述	1981	療馬集	3374
嶺南雜記	4362	鴻雪因緣(英文節譯本)	2167
點石齋畫報	3882	鴻雪因緣圖記	2166
魏三體石經遺字考	0283	鴻遠書屋詩賦稿	6398
魏公先廟碑　馬璘碑	3077	鴻慶集	4382
魏石經考	3109	濮州志	1754

濟世良方	3545
濟南府志	1725、1726
濟陽縣志	1748
濟寧州金石志	3112
濟寧直隸州志	1742
濟寧直隸州志、續志	1743
濱州志	1759
濰縣志	1710
邃雅堂集	6378
禮拜必讀	6091
禮拜模範	5810
禮拜觀想偈略釋	4924
禮記	0183
禮記（法文、拉丁文兩種譯文，附中文原文）	0218
禮記心典傳本	0203
禮記正文	0197
禮記抄	0216
禮記注疏	0185
禮記省度	0205
禮記恒解	0214
禮記校勘記	4349
禮記索引	0217
禮記揭要	0208
禮記備旨全文	0204
禮記集說大全	0189
禮記集說	0188、0190、0191
禮記補疏	4349
禮記義疏	0187
禮記增訂旁訓	0213
禮記體注大全	0202
禮記體注大全合參	0201
禮記讀本	0209－0212
禮書	0221
禮書綱目	3248
禮塔龕考古偶編	4193
禮經釋例	4349
禮箋	4349
禮說	4349
禮學卮言	4349
禮懺文等	4900
氈齋遺稿	4349
彌撒規程	5811
翼梅	4393
翼駉稗編	4621、4622
孺子歌圖（英譯本）	6622
縹緗對類大全	0539
總統兵馬大元帥新訂紀律拾條	1143
總督鄧廷楨、巡撫怡良禁烟告示	2881
總論耶穌之榮	5675

十八畫

瓊花志	4358
瓊宮五帝内思上法	3914、5174
聶隱娘傳	4338
職貢圖聯句	3953
藝文備覽	0509
藝苑捃華	4229
繭齋詩賦稿	6376
藥師七佛供養儀軌	4958
藥師琉璃光如來本願功德經	4838
藥師瑠璃光如來本願功德經	4839
檮杌閒評	7183
檳城新報	4313
醫方考	3508
醫方備要	4401
醫方集解	3528
醫方集解卷下	3529
醫方湯頭歌括	3530
醫林改錯	3531
醫林撮要	3532
醫門法律	3548
醫宗必讀	3505

醫宗備要	3507	歸愚詩文鈔	6290
醫院知識禱文	5807	歸震川先生全集	6218
醫書目錄	3030	歸震川稿	4361
醫書彙參輯成	3515	鎮州臨濟慧照禪師語錄	5009
醫學心悟	3533	鎮宅全書	5301
醫學正傳	3447	鎮海縣志	1907
醫學報	4318	鎮海營水陸圖冊	2367、2368
叢書輯要	3603	鎮撫事宜	2099
題二河白道喻	4976	翻譯名義	5032
瞿昆湖稿	4361	翻譯名義集選	5033
瞿忠宣公詩文集	6220	雜字	0631
闕里志	2104	雜事祕辛	4365
闕里廣志	2105	雜事秘辛	4141
蟫史	7261	雜選	6718
蟠桃八仙會	5375	雜纂	4338
韞山堂文集、詩集	6443	離魂記	4379
韞山堂時文	6518	離騷	6097
簪花閣集	6469	離騷（法文）	6103
簡易中文：實用中文語法（英文）	0810	離騷草木疏	6099
簡劄彙存	6893	離騷經	6093
簡學齋詩存	6268	離騷經　太玄經　揚子法言纂	
簡學齋館課試律存	6534	陰符經	5170
簡鍊揣摩	6740	顏氏家訓	4144
簡齋詩集	6163	顏氏家藏尺牘	4393
簡齋詩鈔	4382	顏修來稿	4361
簡牘精要	2187	顏真卿之父顏惟貞廟碑銘	3079
雙千字文	0639、0640	瀏河營輿圖	2461
雙門調	4345	禱告文全書	5802
雙忠廟	6966	織圖（《耕織圖》第2部分）	3385
雙釘記	7045		
雙溪集十五卷、遺言一卷	4395	**十九畫**	
雙溪詩鈔	4382		
雙鳳奇緣傳	7211	蘆川歸來集	4382
邊華泉集	6196	勸世良言	5987、5988
歸田詩話	6912	勸民息訟示諭	2893
歸田瑣記	4617	勸戒社彙選	1133
歸極總圖	2312	勸戒洋烟	1130

勸戒洋烟文	1129
勸戒圖説	3245
勸善文等	5296
勸善新編	5307
勸善錄	4216
勸解鴉片論	1128
勸誡王頌(英譯本,轉譯自唐代僧人義净譯本)	5061
勸學初編	6773
勸學篇(英譯本)	3270、3271
勸學篇(法譯本)	3269
勸學篇書後	3268
勸讀聖錄熟知文	5637
蘇文忠公詩合注	6155、6156
蘇文忠公詩集	6157
蘇老泉先生全集	6150
蘇老泉批評孟子真本	0419
蘇米齋蘭亭攷	4395
蘇州府志	1861、1862
蘇州府河道圖(戈登文書)	2345
蘇州府境輿圖(戈登文書)	2340
蘇州府輿圖(戈登文書)	2341
蘇州城北河道圖(戈登文書)	2344
蘇州城郊河道圖(戈登文書)	2343
蘇州、無錫河道圖(戈登文書)	2346
蘇長公合作	6152
蘇長公章臺柳傳	7350
蘇松浮糧核議	2706
蘇省四府輿地圖	2338
蘇省閶、胥二門外附郭地輿圖(戈登文書)	2342
蘇軾書歐陽永叔醉翁亭記石刻拓片	3924
蘇軾楷書《行香子·清夜無塵》《臨江仙·九十日春都過了》石刻拓片	3925
蘇詩補注八卷(附《志道集》一卷)	4395
蘇鄰遺詩	6471
蘇潁濱稿	4361
蘇盦集	6459
警世新文	5212
攀桂集	6778
礦石圖説(中譯本)	2973
礦業公司公告	2983
鵪鶉論	4103
鵪鶉譜	4358
攈古錄金文	3132
曝書亭集	6254
關公(有説明文字)	5217
關氏易傳	0011
關尹子	4344、5143
關西字彙	0486
關東關北圖	2471
關於苗族等的蒙古語文獻	2143
關於兩則見於日本的銘文(英文)	3157
關於浙江慈溪縣交通及兵力部署的密信	2101
關於鴉片戰爭的六份原始文件説明(道光二十年九月總督林則徐發給廣東水師提督的咨文、道光二十年九月廣東水師提督關天培的咨文、道光二十年十二月關天培的咨文、道光二十年六月署廣東水師提標中軍守府李某公札、道光二十年八月鄉勇戰死請卹稟文、英國人繪製的虎門口岸及英軍駐扎地圖)	2806
關帝日省編	5211
關帝伏魔寶卷注解	5215
關帝全書	5214
關帝明聖真經	5216
關帝忠義經文	5213

關聖帝君靈籤	3826	證道經	5238
關繫重大略說	5895	廬山小志	2085
疇人傳	1411、4349	癡人說夢	7329
蹶張心法	3294	韻目表	0551
嚴氏詩緝補義	0147	韻字鑑	0582
嚴州府志	1915	韻府拾遺	4493
嚴州府治圖	2457	韻府萃音	0583
韜略元機	4019	韻法橫圖直圖	0536、0537
羅一峰稿	4361	懷清堂集	6280
羅文止稿	4361	懷甯馬鍾山遺書	6473
羅成寫書	7003	類方證治準繩	3467
羅甸遺風	2149	類腋	4518
羅忠節公遺集	6407	類聯集古	4527
羅念庵稿	4361	爆藥記要（中譯本）	2982
羅厚德堂敬堪（刊）（禁吸鴉片宣傳廣告）	1132	瀟湘錄	4338、4380
羅馬書注解	5513	瀕湖脈學	3461
羅浮山志	2092	瀛海論	2192
羅浮山志會編	2093、2094	瀛涯勝覽	2179
羅浮山品物索引	4093	瀛寰瑣紀	4295
羅浮翠虛吟	4375	瀛環志略	2190、2191
羅鄂州小集六卷（附《羅鄂州遺文》一卷）	4395	寶命真經（《古蘭經》節錄）	6089、6090
羅傳烈選	3802	寶訓合編	5300
羅榮光致戈登信一件（戈登文書）	1585	寶善編	5265
		寶賢堂新刻校正日用雜字	0630
		寶慶府志	1940
羅榮光致戈登移文一件（戈登文書）	1584	寶應錄	4338
		寶甓齋文集	4349
犢山類稿	6462	寶甓齋札記	4349
簪曝雜記	4185	孅真草堂集	6214
鏡中影	7197	繪地法原（中譯本）	2244、2245
鏡花水月	4623	繪真記	7060
鏡花緣	7270	繪像大聖末劫真經	4889
鏡花緣繡像	7271	繪圖掃蕩倭寇紀要初集	1150
譚輅	4345	繪圖野叟曝言	7340
證治準繩	3473	繪圖陽宅愛眾篇	3782
證治彙補	3487	繪圖評點兒女英雄傳	7218
		繪圖聖武記	1093

繪圖歷代神仙傳	5373	繡像第七才子書琵琶記	6950
繡戈袍全傳	7332	繡像第八才子書花箋記	7067
繡刻圖像雜字全書	0624、0625	繡像第三才子書玉嬌梨	7354
繡像二度梅傳	7382、7383	繡像第五才子書水滸傳	7203、7204
繡像八仙緣	7069	繡像第六才子書西廂記	6942
繡像三合劍全傳	7216	繡像梁天來警富新書	7226
繡像小五義	7230	繡像隋唐演義	7140
繡像五虎平西前傳	7165	繡像殘唐五代全傳	7155、7156
繡像五虎平南後傳	7166	繡像義妖傳	7058
繡像瓦崗寨演義傳	7141	繡像碧玉獅	7066
繡像反唐全傳	7154	繡像鏡花仙史	7380
繡像今古奇觀	7283、7284	繡像漢宋奇書(《三國志演義》《水滸傳》)	7130
繡像玉樓春	7396	繡像綠野仙蹤全傳	7267
繡像正德遊江南全傳	7308	繡像龍圖公案	7219
繡像正德遊江南全傳(英譯本)	7310	繡像蘊香丸	7064
繡像平妖全傳	7242	繡像雙鳳奇緣全傳	7212
繡像四才子全傳平山冷燕	7393	繡像續金瓶梅	7277
繡像西來演義	7138	繡鞋記警貴新書	7335
繡像合錦廻文傳	7379		
繡像安邦定國全傳	7074		
繡像牡丹亭	6959		

二十畫

繡像宋太祖三下南唐	7158
繡像英烈全傳	7177
繡像東西兩晋全志	7135
繡像東西漢全傳	7110
繡像東西漢演義(劍嘯閣評西漢演義傳)	7111
繡像封神演義全傳	7259
繡像南北宋志傳(僅《南宋志傳》)	7168
繡像鬼神傳終須報	7273
繡像後宋慈雲走國全傳	7170
繡像飛跎全傳	7263
繡像飛龍全傳	7160
繡像紅樓夢	7319
繡像粉粧樓全傳	7157
繡像第一才子書三國志演義	7128

蘭玉堂(寶森)書楊繼盛語"做人必須正直忠厚隨處報國"石刻拓片	3979
蘭亭八柱帖(其七)	3935
蘭亭序摹本石刻拓片	3140
蘭亭帖	3139
蘭亭詩序	3899
耀州志	1840
懸金字彙	0487

二十一畫

闢妄	6049、6050
闢輪廻非理之正	6054
鶡冠子	4343、4344、4355

籌海初集	2100	簪喜廬叢書	4422
籌海圖編	2446	鐵冠圖	6983
籌備經費事例	2848–2850	鐵琴銅劍樓藏書目錄	3025
覺世經	5209	鷄肋集	4382
覺世經詩鈔	5210	臟腑明堂圖（側人、伏人、正人	
鐵雲藏龜	3124	明堂圖）	3455
鐘山札記	4349	辯惑卮言	6058
鐘鼎字源	3130	顧氏音學五書	0541、0542
鐘鼎彝器欵識	4349	顧未齋稿	4361
釋氏源流	5017	顧東江稿	4361
釋氏稽古略	5035	顧虎頭畫列女傳	1356
釋名	0610、0611、4355	顧亭林先生詩箋注	6239
釋迦方志三卷	5035	顧亭林先生譜	4395
釋迦如來成道記	5002–5004	顧涇陽稿	4361
釋迦如來應化事蹟	5019、5020	顧開雍稿	4361
釋草小記	4349	顧瑞屏稿	4361
釋宮小記	4349	顧學潮字册（丁亥立秋等）	3962
釋教正謠	5928	鶴林玉露	4576、4577
釋道書目	3051	鶴泉集杜	6326
釋橢	3740	鶴徵後錄	1383
釋蟲小記	4349	鶴徵錄	1382
釋繒	4349	禳災截蟲保卉科儀	5337
饒州府志	1929	續三十五舉	4393
臙脂牡丹	4534	續天路歷程土話（粵語譯本）	7418
護法論	4904、4905	續中國文選	0833
譯書事略（《格致彙編》第5–8卷）		續文獻通考	2560
	3060	續仙傳	5367
夔州府志	2017	續先正事略	1385
寶山縣志	1856	續汎槎圖三集　艤槎圖四集	2165
寶山縣海塘工程圖	2461	續武城縣志	1761
寶鋆、景廉、沈桂芬、李鴻藻等		續幽怪錄	4379
送戈登平銀一千兩的禮單和		續修郯城縣志	1820
各人名刺（戈登文書）	1631	續修湘陰縣志	1938
寶藏論	4892	續修臺灣府志	1975
寶玉傳	4338	續修臺灣縣志	1976
寶存	4616	續後漢書	1030
鰲頭大雜字	0626	續後漢書附劄記	1031

續客窗閒話	4639
續紅樓夢	7325
續紅樓夢新編	7326
續琉球國志略	2198
續郿志	1838
續琵琶	6978
續搜後記	4365
續資治通鑑綱目	0988
續疑年錄	4395
續廣事類賦	4448
續齊諧記	4365、4564
續輯漢陽縣志	1932
續錦綉段	6636
續藏書	1406、1407
續蟹譜	4358
續瀛涯勝覽	2180
續纂省身神詩	5547
續纂淮關統志	2685

二十二畫

聽月樓	7387
聽雨軒讀本前集、今集	6788
驚世新文	5297
驚筵辨	4345
贖罪之道傳	7407、7408
贖罪文	5929
體仁局颲實錄	2759
鑄史駢言	3162
鑑止水齋集	4349
鑑古瑣譚	4345
鑑史輯要	1439
鑑略妥注	1443
鑑撮	1440－1442
鑑撮蒙求	1015
鑛業條例通釋	2948
讚本	4950

讚神聖詩	5556
讀左補義	0258
讀史方輿紀要	1666、1667
讀史兵略	3310
讀史快編	1465
讀史管見	4358
讀杜詩愚得	6123
讀孟子札記	0426
讀風臆評	0139
讀書通	4345
讀書敏求記	4393
讀書脞錄	4349
讀書樂	4235
讀書雜志	4349
讀書雜志　讀書雜志餘編	4200
讀雅筆記	0604
讀畫錄	4393
讀詩拙言	4393
讀論語札記	0406
竊以未有天地以前	5630
竊憤錄一卷、續錄一卷　阿計替傳一卷	1070
鷥子	4344
鷥嬰提要說	3482

二十三畫

驗方新編	3524
顯志堂集	6447
籤書簿	3795

二十四畫

觀世音菩薩普門品經	4768
觀古閣叢稿	2657
觀老莊影響論	4345
觀物篇	4358

觀音濟度本願真經	4885	靈臺儀象圖	3608
觀音籤	3823	靈應傳	4338、4379
觀象授時	4349	靈寶畢法	4375
觀無量壽佛經	4398	蠶桑輯要（法譯本，譯自《欽定授時通考》的"桑蠶篇"及《天工開物・乃服》的論桑蠶部分）	3392
觀楞伽阿跋多羅寶經記	4884		
觀濤雜錄	3556		
鹽之公賣研究（又譯作《官鹽論》）（《漢學雜纂》第15號）（法文）	2778		

二十六畫

鹽城營繪呈河海輿圖	2457、2460		
鹽鉄論	2677、4365	讚本	5540
鹽鐵論	4344	讚美詩	5534
靈言蠡勺	4239	讚美詩（台州方言）	5539
靈怪錄	4380	讚美詩（寧波方言）	5536－5538
靈鬼志	4379、4380	讚神樂章	5541
靈飛經	3966	灤陽消夏錄	4608
靈魂之糧	5966		
靈魂略論	5965	## 二十八畫	
靈魂貴於身體論	5962－5964		
靈魂篇八章	5968	鸚鵡行孝	4209
靈魂總論	5970、5971		

作者(譯者)筆畫字頭索引

F ………… 951	天 ………… 954
S ………… 951	元 ………… 954
T ………… 951	五 ………… 954
W ………… 951	支 ………… 954

二畫

丁 ………… 951	太 ………… 954
七 ………… 951	尤 ………… 954
卜 ………… 951	戈 ………… 954
八 ………… 951	比 ………… 954

三畫

三 ………… 951	瓦 ………… 954
干 ………… 951	中 ………… 954
于 ………… 951	牛 ………… 954
工 ………… 951	午 ………… 954
士 ………… 951	毛 ………… 954
上 ………… 951	仁 ………… 954
山 ………… 951	仇 ………… 954
尸 ………… 952	公 ………… 954
小 ………… 952	月 ………… 954
子 ………… 952	戶 ………… 954
	丹 ………… 955
	卞 ………… 955
	六 ………… 955
	文 ………… 955

四畫

	方 ………… 955
	尹 ………… 955
	巴 ………… 955
	允 ………… 955
	孔 ………… 955
王 ………… 952	水 ………… 955

五畫

玉	955
甘	955
世	956
艾	956
古	956
本	956
左	956
石	956
布	956
打	956
卡	956
北	956
甲	956
申	956
田	956
史	956
四	956
丘	956
代	956
仙	956
白	957
瓜	957
印	957
外	957
包	957
玄	957
永	957
司	957
弗	957
弘	957
加	957

六畫

刑	957
邢	957
吉	957
考	957
芒	957
吏	957
西	957
百	957
存	957
列	957
成	957
托	957
同	957
回	957
朱	957
竹	958
伍	958
仲	958
任	958
伊	958
向	959
全	959
合	959
名	959
多	959
羊	959
米	959
江	959
宇	959
安	959
祁	959
那	959
阮	959
好	959

牟 959

七畫

花 959
克 959
杜 960
李 960
車 962
吾 962
求 962
步 962
里 962
貝 962
呂 962
吟 962
吳 962
岑 964
利 964
兵 964
邱 964
何 964
但 964
佚 964
伯 964
伶 964
佟 964
佛 965
伽 965
余 965
希 965
谷 965
狄 965
亨 965
辛 965
冷 965

汪 965
沙 965
沈 966
完 966
宋 966
宏 966
冶 966
初 967
改 967
阿 967
邵 967

八畫

奉 967
玩 967
武 967
青 967
亞 967
耶 967
苗 967
英 967
范 967
茅 967
林 968
來 968
松 968
杭 968
東 968
郁 968
抱 968
拉 968
招 968
叔 968
卓 968
虎 968
尚 968

味	968	哑	970
昌	968		
昇	968	**九畫**	
明	968		
易	968	郝	970
旻	968	荊	970
咄	968	荀	971
帕	968	胡	971
岡	968	南	971
知	968	柯	971
和	968	查	971
季	968	柏	971
岳	968	柳	972
佩	969	威	972
帛	969	按	972
彼	969	韋	972
舍	969	哈	972
金	969	秋	972
周	969	段	972
京	970	保	972
庚	970	皇	972
育	970	鬼	972
怡	970	侯	972
法	970	帥	972
河	970	律	972
波	970	俞	972
宗	970	風	972
定	970	胤	972
宜	970	施	972
官	970	奕	973
宓	970	恒	973
郎	970	美	973
房	970	姜	973
屈	970	涂	973
姑	970	洪	973
迦	970	派	973
孟	970	宣	973

祝	973	柴	976
胥	973	畢	976
除	973	晁	976
姚	973	晏	976
柔	973	恩	976
紅	973	峭	976
約	973	特	976
紀	974	倭	976
		倪	976
		俾	976
		倫	976

十畫

秦	974	射	976
敖	974	師	976
班	974	徐	976
素	974	殷	977
馬	974	倉	977
貢	975	翁	977
袁	975	烏	977
耆	975	留	977
埃	975	高	977
耿	975	郭	978
華	975	席	978
莫	975	庫	978
莉	975	唐	978
荷	975	悟	979
荻	975	益	979
莎	975	烟	979
真	975	凌	979
莊	975	浦	979
桂	975	浙	979
桓	975	海	979
格	975	浮	979
索	975	朗	979
連	975	陸	979
哥	975	陳	979
栗	975	陰	981
夏	975	陶	981

通	982	清	985
桑	982	梁	985
孫	982	涵	985
納	982	寇	985
		寄	985
		尉	985
		屠	985
		張	985
		陽	987
		紹	987

十一畫

理	982
勒	982
萊	982
菲	983
梅	983
麥	983
曹	983
區	983
戚	983
盛	983
雪	983
常	983
野	983
鄂	983
婁	983
國	984
崑	984
崔	984
崇	984
過	984
符	984
偉	984
脫	984
許	984
庾	984
康	984
鹿	984
章	984
商	985
惜	985

十二畫

塔	987
項	987
越	987
博	987
彭	987
達	987
斯	987
黃	987
葉	988
萬	989
葛	989
董	989
敬	989
落	989
辜	989
森	989
棲	989
惠	989
雲	989
揚	989
揭	990
雅	990
虛	990
晴	990

閒	990
閔	990
景	990
貴	990
單	990
喻	990
喀	990
無	990
稌	990
程	990
喬	990
傅	990
焦	991
舒	991
欽	991
鈕	991
鄒	991
斌	991
遊	991
童	991
惲	991
普	991
道	991
曾	991
勞	991
馮	991
湛	992
港	992
湯	992
游	992
滋	992
富	992
補	992
費	992
賀	992

十三畫

瑙	992
載	992
鼓	992
靳	992
蓬	992
蒲	992
蒙	992
楊	992
楓	993
甄	993
賈	993
雷	994
裘	994
虞	994
路	994
園	994
嵩	994
粵	994
奧	994
鈴	994
愛	994
詹	994
鳩	994
義	994
慈	994
溫	994
塞	994
褚	994
裨	994
福	994

十四畫

瑪	994

趙 …… 994	歐 …… 997
嘉 …… 995	憂 …… 997
赫 …… 995	遺 …… 997
臺 …… 995	墨 …… 997
綦 …… 995	稻 …… 997
慕 …… 995	黎 …… 997
蔣 …… 995	德 …… 998
蔡 …… 995	衛 …… 998
厲 …… 996	魯 …… 998
碩 …… 996	劉 …… 998
臧 …… 996	諸 …… 999
裴 …… 996	諾 …… 999
聞 …… 996	談 …… 999
圖 …… 996	慶 …… 999
舞 …… 996	憐 …… 999
管 …… 996	潛 …… 999
毓 …… 996	潘 …… 999
僑 …… 996	樂 …… 999
鳳 …… 996	練 …… 999
廣 …… 996	畿 …… 999
廖 …… 996	
端 …… 996	**十六畫**
齊 …… 996	
鄭 …… 996	璞 …… 1000
漢 …… 997	靜 …… 1000
漳 …… 997	駱 …… 1000
賓 …… 997	薛 …… 1000
褌 …… 997	蕭 …… 1000
隨 …… 997	薩 …… 1000
熊 …… 997	樹 …… 1000
鄧 …… 997	樵 …… 1000
瞿 …… 997	橘 …… 1000
	賴 …… 1000
十五畫	霍 …… 1000
	盧 …… 1000
駐 …… 997	穆 …… 1000
樊 …… 997	儒 …… 1001
	邀 …… 1001

錢	1001	曠	1003
錫	1001	雙	1003
鮑	1001	邊	1003
鴛	1001	歸	1003
鄺	1001	鎦	1003
龍	1001	顏	1003
澤	1001		
澹	1001	**十九畫**	
澼	1001		
憲	1001	蘅	1003
禧	1001	蘇	1003
閻	1001	關	1004
		嚴	1004
十七畫		羅	1004
		譚	1005
環	1001	龐	1005
戴	1001	寶	1005
聯	1002		
藍	1002	**二十畫**	
韓	1002		
魏	1002	蘭	1005
儲	1002	鶪	1005
鍾	1002	釋	1005
謝	1002	饒	1006
應	1003	竇	1006
濮	1003	竇	1006
賽	1003		
禮	1003	**二十一畫**	
繆	1003		
		權	1006
十八畫		酈	1006
		顧	1006
瓊	1003	鶴	1007
轟	1003		
豐	1003	**二十二畫**	
瞿	1003		
顓	1003	龔	1007

鼉 ……………………………… 1007

二十三畫

麟 ……………………………… 1007

二十四畫

讓 ……………………………… 1007

作者(譯者)筆畫索引

F・T・D	0938
SHAOU TIH	0873
Tchang Yi-Tchou	3895
W・約翰斯頓	2973

二畫

丁日昌	1091、1589、1591
丁仁	3027
丁丙	2113、3026、4428
丁立中	4429
丁立鈞	1028
丁取忠	3728
丁保祿	6032、6033
丁敦齡	7444
丁壽恒	6701
丁壽祺	6701
丁樹棠	2980、2981
丁韙良	0639、0640、0751、1179、1211–1217、1680、2643、2644、2771、2772、2877、2885–2887、2946、2955、3157、3164、3329、3689、4296、5958–5961、6934
丁耀亢	7277
丁寶楨	1309、2632
七十一	2035–2039、2042、4405
卜士禮	4059、4069、4070
卜子夏	4351
八百舘	0669、0670、0673

三畫

三泰	2914
干寶	4351、4365、4558、5291、5292
于志寧	3911
于朋舉	6291
于奕正	2118
于逖	4380
于敏中	1318、1690、3011、4053
于欽	1702
于義方	4379
于鄴	4379
于慶元	6573
于謙	4361
工部	2797
工藤鐵三郎	3272
士密德	2970、2971
上元鋒鏑餘生	1640
上官有儀	1784
上官周	3861
上海方言會	0591
上海同仁堂	2635
上海徐家滙天主堂	2265
上海商務印書館編譯所	7433
山雅谷	2774

尸佼	4118	王弘撰	0034
小川一真	2158	王式丹	6276
子華子	4344	王地學舘主人	2444
		王在晉	2096
		王存	1649
		王光魯	1466

四畫

王暛	0297	王先謙	1934、5139
王十朋	6153、6154	王廷相	4345
王九疇	1844	王充	4129-4131、4344、4365
王又樸	1267、1268	王汝礪	2840
王士森	2936	王守仁	3234、3235、4361
王士禎	2076、4395、4595、4596、	王安石	4361、4395
	6261-6265、6557、6916	王艮	6208
王士驥	4361	王圻	1874、2560、4478
王大同	1879	王志長	0160、0161
王大海	2210-2213、4391	王志堅	4572、6712
王大煇	1008	王步青	0339、6510
王之春	2195	王佐	4160
王之樞	1006	王佐廷	1023
王小鉄	1417	王君榮	3772
王子音	1676	王者輔	1696
王子興	4355	王若虛	6910
王夫之	0458、3246	王苑先	6627
王元深	5856、5857、5860	王叔和	3456
王日休	4777、4778、4853、4854	王肯堂	3415、3467-3473
王仁裕	4380	王岱輿	6076、6077
王文治	3976、6379	王命璿	2005
王文誥	4380、4381	王念孫	4200、4349
王文燾	1814、1815	王炎	4382
王引之	0309、0617、2625、4349	王宗臣	3768、3778
王允深	1816	王定柱	4695
王世臣	1810	王定保	4380
王世貞	6206	王建極	1185
王仕雲	4358	王政	1805
王令	1451、4382	王南珍	1448
王必達	6475	王相	0227、0281、0622、3218、3721、
王永祺	0163		3722、4196、4408、4540

王勃	5002－5004、6645	王惲	4379、4380
王厚之	3085	王奠安	6760
王思任	4345	王道亨	1813
王修玉	6716	王弼	0001、0003－0005、0010、
王禹錫	4338		4365、5078－5080
王度	4379	王聖俞	4345
王庭	4351	王夢弼	1907
王炳垫	5844	王槐敬	1424
王炳耀	1149	王概	3865－3867
王洙	4380	王粲	1061、4365
王客周	6920	王煦	0459、0602
王昶	3129、6690、6691	王筠	0461
王泰雲	2015	王鈉紳	2011
王振錄	1804	王詡	3286、3793、5126
王時來	1812	王溥	2563、2564
王恕	4361、6183	王源	6493、6671
王通	3185－3189、4355、4365	王肅	3179－3183、4344、4351
王埮	0252、0253	王嘉	4365、4378
王崧	4349	王鳴盛	0086、3163、4349
王符	3175、4365	王毓宗	3096
王象晉	4080－4082	王鳳生	2056
王康	1809	王鳳喈	4448
王惟一	3407	王廣心	6536
王惟梅	6770	王廣業	6360
王清任	3531	王廙	4351
王啓曾	3973	王寶甫	6942、6943
王瑛曾	1977	王維	6114
王琦	6112、6142	王維楨	6204
王堯臣	4395	王維德	3804
王堯衢	6564－6568	王質	6171
王越	6200	王德均	2244、2245、2255、2256、
王敬勳	1807		2463、2464、2970、2971
王朝佐	1695	王澍	0102、4393
王植桂	6612	王肇	2439
王晫	4357、4358、4395	王樵	4361
王傑	4054	王衡	6210
王欽若	4440	王錫純	7100

王錫祺	4426	五色石主人	7313
王錫爵	4361	支立	4345
王羲之	3900、3902	支華平	4345
王澤泩	4684、6628	太上隱者	4379
王轂	4358	尤侗	2184、6242－6244
王懋竑	1326、4349、4395、6288	尤袤	4393
王鍾祥	2994	尤淑孝	1766
王謨	0303、1421、4365－4368	戈登	1579、1580、2399
王謙益	1806	比丘林	5762
王應山	1944	瓦・米・阿列克謝耶夫	6113
王應麟	3218、3219、3221－3226、4148－4151、4408、4441、4442、6172	瓦特斯	2176、3033、5068、5069
		中國聖公會信徒	6061
		牛運震	3115、3116
王燮	6392	牛肅	4338
王鴻春	6694	牛僧孺	4338、4379
王鴻緒	0140、1038	牛嶠	4380
王鏊	4361	午峰氏	6702
王蘊香	4391	毛先舒	4358、4383
王黼	4042－4045	毛直方	6911
王贈芳	1726	毛奇齡	0365、4349、4358
王韜	2206、2207、4298、4640	毛宗崗	7124、7125、7128、7131
王獻之	3901	毛昶熙	6546
王寶畬	7329	毛晉	6956
王繼祀	1965	毛晃	0101
王繼祖	1873	毛祥麟	4628、4629
王鐸	3969	毛萇	0109
王懿榮	4010、4415	毛張健	6569
王鑒	0584	毛德琦	3250
王纘堂	4226、4352、4353	毛履謙	6598
天下第一傷心人	5915	仁愛會	5944
天台野人	4345	仇兆鰲	6125
天花才子	4600	仇池石	1985
天花居士	7362	仇英	0282、1355、3830
天花藏主人	7137、7268	公孫宏	4365
天然癡叟	7299	公孫龍	4343、4344
天隱子	4344	月舟壽桂	6636
元結	3922	戶部	2839、2845－2848、2851

丹尼爾·羅斯	2453、2454	方觀旭	4349
丹拿	0428	方觀承	2327、2328、3378、6615
卞文瑜	3838	尹文	4344
六十七	4391	尹方橋	6821
六承如	1678、1679、2292－2294、2482、4395	尹耕雲	2813、6460
		尹真人弟子	5261－5264
文天祥	4361	尹端模	4318
文安禮	4395	尹繼美	1828
文孚	2497	尹繼善	1848、1849
文教治	2241	巴多明	5699
文康	7218	巴色會傳教士	5461、5462
文惠廉	5730、5797	巴那比	2829
文震孟	4361、5089	巴雷特	5908
文徵明	3931、3932	巴爾福	5141、5376
文慶	2615	允祿	0574、2588－2590
文璧	6041	允禮	2045
方于魯	4000	孔平仲	4338
方士俊	6391	孔尚任	6963、6964
方中履	4358	孔貞瑄	4362
方以智	4178	孔衍梅	2107
方式濟	6615	孔胤植	2104
方回	4338	孔晁	1029、4365
方苞	6285	孔毓圻	2598
方法斂	0521	孔廣陶	3992
方拱乾	4358	孔廣森	4349
方逢辰	4249、4360	孔鮒	0601、0602、3167、3168、3279、4337、4344、4365
方略館	1095		
方登嶧	6615	孔穎達	0064、0185
方殿華	2154－2156、6073	水中龍	3790
方鳳	1733		
方潛	4423	**五畫**	
方履籛	6451		
方學成	1734	玉花堂主人	7262
方謙之	3813	玉玲瓏主人	3723
方應祥	4361、5135	玉真公主	3914、5174
方濬頤	4643、6423、6424	甘弟德	2235
方鯤	0041	甘沛樹	1687

甘為霖	3038	石岩逸叟	2746
甘紱	0364	石梁	0503
甘德	3586、4365	石達開	1546、1547
甘蘭友	4522、4523	石間居士	6128
世昌	6043	石鳳臺	5058
艾南英	4361	石龐	4358
艾約瑟	0776、0818、0819、0849、0869、0941-0943、1136、1137、1198-1200、1221、1223、1232、1235、1544、2490、2676、2775、2776、3049、3688、3748、3749、5928、6931、6932	石鐸琭	5821、5828-5830
		布列地	0696
		布舍	0865
		布萊坦斯坦因	3406
		打馬字	2478、5486、5523
		卡爾斯羅普	3284
		北京耶穌會教士	6070
艾晟	3421、3422	北京會	5481、5494
艾倫・厄普沃德	0414	北京寧波會館	1082
艾薩克・W. 海星格	5106	甲柏連孜	0811、3190-3192
艾儒略	4276、4277、5641、5642、5878、5879、5899、5900	申光順	1615
		申時行	0079
古吳墨浪子	7217	申培	0114、0115、4365
古伯察	1041	申涵光	4358
古杭艷艷生	7301	申雅客	4332
古爾丁	0871	田大里	2997-2999
古德維・馬布士	3053	田口卯吉	1184
古燕蘭巖氏	3475	田雯	2021、6266
本克拉夫特・喬利	7322	田類思	5738
本特利	0786	史文光	0674
左丘明	1058、1059、4344	史本守(斯賓塞)	2645
左宜似	1797、1798	史華	3916
左輝春	1463、4360	史陶思	0155
左學呂	2393	史蒂夫・威斯頓	6504、7349
左戀第	4361	史蒂文斯	0781
石人隱士	4345	史鳴皋	1903
石天俊	6523	四夷館	0671、0672、0675、1476
石玉昆	7229	丘兆麟	4345
石申	3586、4365	丘濬	0435、4250-4260、4361、6578
石有恒	4361	代那	2974-2976
石成金	4511-4514、4669	仙尼華四	0784

白力蓋	2959、2960		3952－3955、4183、6309－
白玉蟾	5084、5180		6314、6316－6319、6592
白行簡	4379、4380	加略利	0839
白多瑪	5731、5732、6009	加博里奧	7432
白居易	6140、6141		
白起德	3750、3751		

六畫

白恩佑	3910		
白雲道人	7396	刑部	2894、2913
白勞那	2964、2965	邢居實	4338
白爾格	2968、2969	邢昺	0597、0598
白爾特	2249、2250	邢德厚	4003
白爾捺	2972	吉佛瑞	5807
白漢理	5654、7427、7428	吉拉德·迪亞西	7372
白潢	1927	考狄	0813、1188、1240、1241、
瓜爾佳巴尼琿	0658、0659		1341、2480、3044、3048、
印光任	2007		3063、3064、4333
外方山人	4234	芒塞爾	5872
包爾庚	4361	吏部	2496、2843、2844
玄燁	1261－1270、1272、1274－1276、	西吳懶道人	7187
	3380－3386、4033、6225－6227、	西周生	7306
	6592	西泠狂者	7231
永珵	3985、3994、3995	西湖漁隱主人	7297
永福氏	3484	百夷舘	0669、0670、0673
司空圖	4379、6909	存古學會	4433
司馬光	0976、1460、4341、4388、6149	列禦寇	4341、4343、4344、4355、
司馬遷	0947－0949、0951、		5120－5126
	0952、0970－0972	成周惠	3682
司都藿	2961	托克托(脫脫)	0961、0964
司登得	0708、0766、0767	托津	2579、2580、2902
司默靈	0825	托馬斯·布朗	2445
弗里德里希·利普曼	4072	托馬斯·米爾納	2226、2227
弗朗索瓦·約瑟夫·米歇爾·		托馬斯·阿奎那	6031
諾爾	0825	托馬斯·帕西	7366
弗蘭茨·哈特曼	5118、5119	同文舘	3041
弘晝	6320	回回舘	0669、0670、0673
弘曆	0043、0148、1086、1087、1288、	朱一飛	6723
	1289、2782、3097、3098、	朱士端	4404

朱之蕃	2109	朱輔	4338
朱元璋	6179	朱實發	6470
朱升	6180	朱德潤	4048
朱孔陽	2606	朱虞	6187
朱孔彰	1385	朱養純	3357
朱世傑	3698、3699	朱熹	0015-0018、0020、0118-0133、0316、0317、0323-0326、0401-0404、0421-0425、0432、0433、0442、0977-0980、3196-3209、3215、6098、6137
朱申	0246、0247		
朱仕琇	6322		
朱弁	4336		
朱良玉	6709		
朱君復	4345	朱橒	2922
朱長文	1860	朱錫齡	2290
朱奇生	0333	朱謀㙔	0501、0502
朱昌壽	0054	朱駿聲	0462
朱宗元	5863、5864	朱應登	6209
朱奎揚	1693	朱禮	2491
朱保高比	7431	朱燾	6596
朱珪	6380	朱謹	2081、2082
朱素仙	7386	朱彝尊	3012、6254、6255、6938
朱晉楨	4025、4026	朱鶴齡	6147
朱恩錫	3333、3334	朱顯祖	4358
朱彬	4349	竹林寺僧	3475
朱梓	6576	竹蔭主人	6547
朱象賢	6582	竹溪山人	7157
朱翊清	4637	伍守陽	5267
朱深陽	2832	伍奎府	6775
朱淥	1333	伍崇曜	4395
朱紹本	2267	伍爾西	2887
朱琰	4058、4059	仲汝尚	3917
朱棟	1863	仲恒	4383
朱鼎臣	7251	任大椿	4349
朱傅	4177	任之全	6816
朱楓	3099	任昉	4365、4563
朱軾	0181、0363	任階平	6877、6878
朱當㴐	1370	任蕃	4379、4380
朱煜	2303	伊索	7424-7426
朱煌	1185	伊鳳閣	7288

向日貞	6508	江蘅	3742
向秀	4351	江蘇同鄉會	4321
全士潮	2923	江耀亭	4542
全祖望	1413、1418、4151、4182、4349、4395、6305-6307、6600	江瓘	3509
		宇文懋昭	4338
合信	1140、3571-3575、3615、4106-4109、4393、5504-5506、5650、5658	安吉	0552
		安東尼奧·迪亞茲	0732
		安東尼奧·費諾	6640
名教中人	7359-7361、7363-7365、7367-7374	安和	7226
		安念祖	0550
多米尼克·蓋達	2068	安保羅	0752、1025
羊城勸戒社	1133-1135	安納斯脫·美查	4297
米芾	3926、3927	安鼎福	1487
米約	0504、2159	祁秀昌	7023
米勒	6065	祁覲	2961
米憐	1268、4030、4280、5381、5393、5546、5652、5813、5968、5969、5989-5999、7401-7404	祁韻士	2027、2032、2033
		那爾敦	5579、5580
		那爾敦夫人	5543
米黻	4382	那麗	2255、2256
江少虞	1461	阮元	0302、0618、1411、1980、2022、2354、2678、2679、3121、4349、4350、4395、6381、6673
江日昇	7194、7195		
江左樵子	7184		
江永	0166、0266、0370-0373、0547、0548、3247、3248、3593、4349、4393、4395	阮咸	4365、4378
		阮福	1007、4194、4349、4395
		阮嘉吉	1493
江沙維	0730、0731、0745、0746、0812、0826	好古主人	7158
		牟目源	5236
江英華	3560	牟其汶	2513
江南機器製造總局	0790、2995		
江乾達	1724		
江萬里	4338		

七畫

江標	4271、4317
江遹	5123
江戴德	1682
江聲	4349
江臨泰	3739
江藩	4349、4395

花之安	0314、0430、0431、1025、1201、2642、3274-3277、3280、5124
花撒敉	7422
克拉克	2135
克陛存	5429、5692、5693
克理	2829

杜大珪	1364	李文耀	1878
杜本	4395	李方膺	1776
杜布西	5509、5854	李玉宣	2016
杜光庭	4379、4565	李玉書	2773
杜安	1430	李世民	3072、3905－3908
杜甫	6115－6117	李世熊	2663、6231
杜佑	2547－2549	李本固	0029
杜作航	6551	李白	6111－6113
杜阿爾德·胡貝爾	5072	李用粹	3487
杜亞泉	2521	李式圃	1898
杜春生	3128	李圭	1639、2193
杜庭珠	6563	李耳	4341、4343、4344
杜琳	2685	李百川	7267
杜詔	6563	李有	4338
杜道堅	5181	李光地	0039、0040、0083、0084、0142、0279、0406、0426、0441、0445－0447、3237、4361、6272、6668
杜預	0236－0238、0240－0243		
杜嘉德	5551		
杜赫德	1040、1688		
杜德美	2268－2270	李光廷	2322
杜審言	6108	李光昭	4533
杜聯	6794、6825	李光庭	2659
杜應芳	2012	李光海	3141
李士達	4219	李廷機	1443、1444、6190
李之茂	1919	李廷龍	1938
李之泩	6222	李廷寶	1840
李之藻	4393	李延基	0652、0653
李子潛	4220	李兆洛	1675、2291、2586、4395
李天馥	6465	李汝珍	0545、7270、7271
李天鷺	1764	李安堂	1583
李元度	1384、2079、6452	李玘	1996
李友棠	6345	李杕	6058
李日華	4585	李秀成	1551、1552、1556、1558、1560－1562、1570、1587
李中立	3434		
李中梓	3450、3505、3506	李秀芳	5608
李介	4395	李何事	4345
李公佐	4379、4380	李佐賢	2661、3850
李文輝	3805、3806	李希賢	1758

李沛霖	0338	李商隱	4338、4380、6144－6147
李冶	3700、4393	李惇	4349
李玫	4338	李清照	4395
李若望	5757	李淳風	3761、3762、5253
李林松	6487	李隆基	0271－0273、3073、
李來泰	4361		3074、3913
李東陽	0982、4361、6186	李朝威	4379、4380
李雨堂	7164	李雯	6577
李拔式	0600	李雱	0604
李昌祺	4578、4579	李提摩太	4811、5758、6015、6016
李明徹	2402、3602、5173	李提摩太夫人	4037
李昉	4438、4439、6647	李鼎元	2199
李受彤	4205	李鼎祚	0012
李泌	4379、4380	李景亮	4338
李官	1874	李凱	6975、6976
李承祖	4515	李筌	3289、3290
李春榮	7378	李集	1382、1383
李軌	4341	李復言	4338、4379
李省愆	4222	李舜臣	6503
李星池	6449	李善蘭	3618、3619、3729、
李思孝	1836		3747－3749、3755
李柅薌	6806、6833	李賀	6142
李修善	1131	李夢陽	4361、6195
李恒嵩	1574、1579、1582、1597、	李福泰	1994
	1598、1608	李經方	1338
李祖陶	3161、6282、6283、6657、	李壽朋	2260
	6692、6693	李熙齡	1739、1759
李華達	1560、1561	李榕	2077
李格非	4393	李鳳苞	3330、3331、3335－3346
李振聲	1700	李滿	0852、0853
李時珍	3423－3430、3457－3462	李漁	2494、6238、6960－6962、
李恩綬	6483		7289－7292、7379
李國龍	3842、3843	李肇	4380
李崇禮	6734	李綽	4380
李得中	1921	李綱	4393
李得陽	1921	李維楨	1831
李象鵾	6498	李維鈺	1961

李賢	1650-1654	里斯	2456
李賢書	1760	貝迪榮	4544
李確	2084	貝特霍爾德·勞費爾	3057
李衛	2111	呂子振	6902
李盤	3301、3302、4401	呂元成	6784、6785
李調元	4388	呂元素	5254
李慶軒	2241	呂不韋	4119、4120、4343、4344
李潤之	6015	呂秀嵓	6063、6064
李靜山	2128	呂坤	2544、3244
李樗	1699	呂若翰	5760、5941
李錫勛	6816	呂柟	1841
李錫瓚	6801	呂祖謙	1032、1033、3159、3201、3202
李隱	4338、4380	呂喦	4375、5081、5082、
李覯	4382		5175、5176、5178
李聯琇	6826	呂溫	4395
李懋檜	1920	呂肅高	1936
李鍇	1036	呂熊	7260
李應憲	0830	呂維祺	0532
李鴻章	1161、1312、1575、1577-1579、	呂撫	2483
	1596、1597、1614、1623、1625、	呂調陽	3126
	1626、1630、1633	呂燕昭	1870
李鴻裔	6471	呂應奎	1997
李濬	4380	吟香社	6609
李濱	1039	吟嘯主人	7186
李贄	1406-1408、3278	吳乃斌	6249
李翱	4380	吳士鑒	3131
李黼平	4349	吳大廷	6499
李瀚	1459	吳大澂	0468、3133
李瀚章	1330、4409	吳大職	6679
李寶甫	2329	吳之桓	3977
李蘩	4379、4380	吳之振	4382
李鶴章	1576、1581	吳之皞	2012
李覿	4395	吳元泰	7246、7247、7250
車萬育	6929	吳少雲	1641
吾衍	4378	吳中孚	2751、2752
求放心齋	2417	吳仁傑	6099
步月主人	7312、7377	吳文標	3134

吳平	1470、1471、4365	吳秘	4341
吳式芬	3132	吳師道	1048
吳芝瑛	4794	吳航野客	7375、7376
吳有性	3557	吳容寬	1563、1564
吳廷華	0178、4349	吳陳琰	4358
吳廷棟	6432	吳掄	6529、6530
吳廷鉁	6735	吳趼人	4322
吳任臣	1474	吳崐	3508
吳仰賢	6813	吳敏樹	6476
吳兆宜	6555	吳偉業	1076、6232-6235
吳兆騫	4395	吳從先	4345
吳汝綸	6491	吳淑	4444、4445
吳守一	4358	吳涵一	6598
吳均	4365、4564	吳啟太	0865、0866
吳孝銘	2625	吳翌鳳	6234
吳志伊	4545、4545	吳琯	3510
吳克榮	3860	吳楷	1820
吳辰燦	3543	吳敬梓	7316
吳肖元	6781	吳雲	1876、4270
吳見思	3160	吳鼎雯	4392
吳炷	4018	吳舒鳧	4358
吳長元	2121	吳道子	3827
吳其濬	2432、4090	吳渭	4395
吳林	4353	吳嘉猷	3881、3882
吳板橋	3270、3271、7092	吳嘉謨	2019
吳門嘯客	7108	吳臺	6593
吳季子	4345	吳爾堯	4382
吳金壽	3517	吳榮光	2929、3122
吳金標	2368	吳寬	4361
吳宜燮	1965	吳璋	1819
吳承恩	7232-7235	吳穀人	6818
吳某	1590	吳震方	4362
吳修	1391、3859、4395	吳蕭	3364、6713
吳恒	2608、2609	吳儀洛	3435-3437、3539
吳郡張氏	0047、0254、0255	吳澄	4395、5087
吳峻	4024	吳擇賢	3948
吳乘權	0992-0994、6679、6680	吳踰龍	6786

吳默	0028、4361	何炳	1677
吳興潘	6803	何冠英	3964
吳錫五	3978	何栻	6414－6417
吳錫麒	6360、6529、6530	何晏	0394－0399、0408
吳熾昌	4638、4639	何高俊	3563
吳韓起	0065、0245	何國宗	2321、3601、3725、3726、3731
吳懋政	6514、6515、6782、6783	何進善	5478、5581、7310
吳謙	3488、3489	何啓	1157－1160、3268
吳應箕	4395	何景哲	3933
吳績	3556	何喬遠	6658
吳璿	7159、7160	何喬新	6203
吳鏞	1967	何遊	4951
吳寶卿	6880	何焯	3936、4198、4495、6554
吳闡思	4362	何夢梅	7308－7311
吳競	1062－1064	何臺山	3717
吳寶謨	0310	何震川	1565
吳寶彝	1323	何德蘭	6622
吳騫	4064	何樂善	1737
岑參	6131	何蓮	4336
岑勳	3916	何賴思	0058－0060、0182、0803、0908、
利瑪竇	3746、3747、4393、5948－5950		0965、1058、1059、1196、1202、
利稼孫	2980、2981		1203、1210、1230、1231、2646、
利類思	5765、6031		3184、3215、3217、3358、4872、
兵部	2804、2817		5115、5377、5378、6933
邱桐	1342	何穎泉	7438
邱煒蔆	4238	何瞭然	2984
何一傑	1736	何類思	0727、0728、0755
何士祁	1865	但明倫	4591
何仙郎	4345	但湘良	2134
何廷光	4316	佚名	4338、4345、4351、4365、
何休	0232、0233		4379、4395、4401、7357
何汝賓	3293	伯里牙芒	3330、3331
何其言	4085	伯倫知理	2885、2886
何松	0294、1349	伯康	3970
何金堂	4388	伯麟	2788、2789
何承錕	0559	伶玄	4365、4552
何秋濤	2205、4405	佟世男	0505－0507

佛爾克	1220、1233、1234、1239、2780、4131、6638、6639	汪立信	4361
佛薩格里弗	3894	汪廷珍	6457、6817、6837、6840
伽茲特魯	0724、0794	汪兆柯	2004
余文儀	1975	汪汲	4188、4189、6939
余自明	6677、6678	汪佑	3249
余步雲	3316、3317	汪昂	3401、3439-3443、3465、3528-3530
余邵魚	7106	汪昉	0091
余金	1099	汪建封	6222
余治	4236	汪柱	6979
余常吉	4345	汪康年	4324
余象斗	6913、6914、7221、7222、7248、7249、7252	汪寄	7209
		汪啓淑	4004、4013
余爲霖	1830	汪琬	6663
余照	4519、4541	汪森	6938
余饒理	3220	汪鈞	0098、4190
希理哈	3354、3355	汪道昆	1353-1355
谷泰	4175	汪道鼎	4633
狄子奇	4395	汪遠孫	1054
狄考文	0791、0861、3744、5406、5556、5916、5917	汪楫	2196
		汪福臣	6696
狄烈	0715	汪鳳藻	0821、2771、2772
狄就烈	0637、4035、4036	汪榮寶	0606
亨利·法思德	2771、2772	汪穀詒	3975
亨利·喬治	2773	汪輝祖	1010
亨利·愛德華·約翰·斯坦利	0750	汪慶百	1912
辛棄疾	1070	汪縫預	1662、1663
冷昌言	6576	汪應軫	4361
汪士漢	4377、4378	汪應蛟	3241
汪之元	3858	汪鴻孫	1808
汪之顯	3803	汪鯉翔	0359-0361
汪曰楨	4416	汪繡瑩	4631
汪中	4349、6430	汪灝	4081
汪文芳	4537	沙木	0509
汪文泰	4391	沙守信	5848-5850
汪以成	3945	沙修道	5875、5924
汪立名	3130、6141	沙畹	0951、0952、1246、1495、2074、3158、5007、5071

沈子星	7419	沈維鐈	6442
沈文熒	0515	沈遼	4382
沈世銓	1789	沈德符	1072
沈同芳	2755	沈德潛	6290、6556、6562、6580、6581
沈廷芳	1943	沈謹學	6495
沈兆霖	6431	沈鏡	3463、3464
沈志祖	3972	沈鏡涵	6758
沈李龍	0144、0145、4086、4087	沈魏皆	2665
沈彤	0173、4349	沈顥	4345
沈辛田	2925	完顏麟慶	2166、2167
沈汾	4338、5367	宋大樽	4395
沈亞之	4379、4380	宋之章	1845
沈受祺	4361	宋光廷	4170
沈孟枠	7255	宋如林	1858
沈厚塽	6147	宋若昭	4379
沈括	4146	宋若莘	0226
沈思倫	4358	宋咸	4341
沈津	4344	宋咸熙	6924
沈既濟	4379	宋思仁	1664、5364
沈起鳳	4606	宋庠	1052、1053
沈起潛	6925	宋衷	4351
沈桐生	1005	宋敏求	1842、1843
沈俶	4338	宋訥	6185
沈浩	4017	宋琬	6241
沈容齋	6059、6060	宋翔鳳	4349
沈培本	4223	宋筠	2025
沈梧	3127	宋慈	3404、3405
沈清塵	4947	宋際	2105
沈淮	1787、1788	宋鳴琦	2020
沈啓亮	0641、0642	宋廣業	2093、2094
沈葆楨	1308	宋綱	1835
沈朝宣	1888	宋徵輿	6577
沈鼎新	3357	宋濂	0966、4344
沈催	4982	宋應星	2947
沈遘	4382	宏富禮	5937
沈業富	6321	冶垠散人	6897
沈與求	4382	冶基善	5402

初尚齡	2658	亞歷山大・基思	2973
改琦	7323	耶士摩	5398
阿列克謝・列昂蒂夫	0740	苗夔	0465
阿旺扎什	4958	英俊	3142
阿桂	1001、1481、2596、2784－2736	英軍統帥西（西焉縻各厘）	2882
阿連壁	0154	范文程	1002
阿發滿	2977、2978	范方	3171、3173、5170、5171、6093
阿瑟・毛利森	7440	范世勳	4028
阿爾布雷希特・格拉夫・馮・德・舒倫堡	0270	范立本	4161－4164
		范邦甸	3019
阿爾弗雷德・J・梅	0910－0915、0933	范成大	4338
邵士	1757	范仲淹	3923
邵長蘅	0549、6159、6269、6270	范長生	4351
邵建初	3078	范宜賓	4191
邵建和	3078	范承謨	6250
邵承照	1785、1786	范祖禹	0995
邵晉涵	4349	范約翰	4307
邵基	6757	范紫登	0199－0202
邵彬儒	4627、7336、7337	范鄗鼎	3961
邵瑛	3982	范當世	6489
邵景詹	4578	范曄	0957
邵遠平	1457	范端昂	1982
邵經邦	1035	范甯	0234
		范攄	4379、4380、4568
八畫		范顯名	6764、6804
		茅元儀	3303－3307
奉化縣衙	2689	茅坤	4361、6648
玩花主人	6970、6971	林大諤	6376
武氏	3069、3070	林之翰	3540
武當山月金山人	3814	林子元	4345
武漢臣	6946	林文英	0538
武億	4349	林文慶	4319
青心才人	7208	林世功	6613
亞歷山大	5102	林世忠	6613
亞歷山大・艾倫	0517	林廷鈞	3957
亞歷山大・皮爾遜	3494	林兆恩	5094
亞歷山大・肯穆爾	3051	林花鑽	4313

林伯祥	4587	郁松年	4389
林希逸	5085、5086、5130、5131	抱甕老人	7283－7285、7288
林坤	4336	拉克伯里	2671、3396
林述訓	1991	拉姆斯登	2673－2675
林尚葵	0561	拉薩爾合	5380、5396
林昌彝	0220	招子庸	6641
林荔	1833	招為功	3880
林則徐	2806、3965、4405、6467、6616	叔未士	6025
林星章	1998	卓有見	4375
林逋	6148	卓威廉	0785
林紓	7439、7441、7442	卓鳳翔	0686、0773、0881－0883、3561
林清標	5371	虎門屯防袁某	1619
林堯叟	0240－0243	尚寶臣	3497
林雲銘	5138、6102、6664－6666	味德子	6054
林湘東	3583	昌巖	4345
林富	2008	昇寅	2148
林楨	6911	明安圖	2321
林溥	1767	明恩溥	0762
林潤材	2722	易次乾	7438
林樂知	1020、1021、1151、1152、	易開繙	6591
	1176、2826、2961、4292、	旻寧	1292、6382
	4293、4301、4302、5904	咄咄夫	4625
林衡南	0676、4312	帕克	0789
林謙光	4362	帕維	7134
林瀚	4361	岡元鳳	0151
來拉	3584	知訥	5064、5065
來知德	0025、0026	和邦額	4605
來保	2582－2584	和珅	6362
來爾繩	0287	和素	7276
松軒主人	0353	和琳	6364
松雲氏	7385	和寧	2029、2030、6346
松筠	1412、2040、2041、2099、	季本	4361
	2323、3863、4405	季理斐	0704、0767、3039、3040
杭世駿	4349、4397、6296	岳正	4361
杭永年	6667	岳托	4006
東方朔	4365、4548、4549	岳珂	4395
郁永河	4395	岳飛	6164、6165

岳鍾琪	4388	周世樟	0289
岳濬	1704	周世澄	1145
佩羅特	4095	周旦林	0201、0264
帛黎	1269、1270、7384	周用	6193
彼得・佩林・湯姆斯	7068、7285	周兆基	0572
舍伍德	7427、7428	周兆蘭	3250
金之俊	6229	周汝登	6191
金木散人	7296	周守忠	4345
金文泰	6641	周羽翀	4338
金文錦	4098	周克復	4692
金古良	1392、1394、1395	周伯琦	0471
金幼孜	4338、6182	周來郇	1728
金邠居	2648	周尚文	4482
金居敬	4361	周尚質	1729、1730
金約瑟	0535	周郇	2979、2997
金約翰	2463、2464	周春	4395
金基	1951	周思兼	4361
金埰	3147	周亮工	4393、4395
金萬重	7400	周桂山	5150
金堡	4361	周家齊	1745
金湘儒	0856	周祥鈺	7098
金榮	2073	周培春	2311、3887－3890
金聖歎	6659	周清原	4362
金楷理	2231、2244、2245、2249－2252、	周密	3828、3829、4395
	2255、2256、2463、2464、3330、	周紹稷	1931
	3331、3333－3346、3350	周達觀	4338
金榜	4349	周萬青	2477
金璋	0866	周鼎臣	5274－5284
金慶門	1243	周凱	1953
金聲	4361	周敦頤	3190－3193
金纓	4536	周統	0261
周一梧	1832	周馳	3930
周大樞	6623、6624	周載坤	6822
周壬福	1727	周遠振	4947
周文源	7422	周夢顔	5205
周心如	4386	周楫	7293
周世緒	6629、6630、6725	周愚峯	4604

周稚廉	6965－6968	官文	1635－1637
周煌	2197	官擢午	1755
周煇	4338	宓如椿	6537、6632
周準	6580	郎廷極	4395
周嘉猷	1456	郎奎金	4337
周薌巖	6829	郎瑛	4582、4583
周碩勳	1987	郎遂鋒	3254
周蕙田	0090	房千里	4379、4569
周瞫	6973	房玄齡	3357
周德清	7095	房祺	4395
周魯封	4016	屈大均	1983、6257、6258
周興隆	1569	屈成霖	4214
周興嗣	3223、4240－4248	屈何煥	6828
周龍	7448	屈宗談	6799
周憲章	1952	屈原	6093－6097
周懋琦	3104	姑蘇癡情士	7305
周禮	0978	迦耳斯	5103－5105、5169、5208、6067
周鎬	6462		
京房	4351、4365	孟衍泰	3256
庚桑楚	4344	孟珙	4338
育吾山人	3816	孟啓	4379、4380
怡良	2881	孟喜	4351
法式善	6366、6731	孟森	2521、2934
法思遠	1181、1182	孟軻	0428－0431
法軍統帥理	2882	孟經國	3538
法救	4880	孟麟	2660
河上公	4341、4355、5077	亟齋居士	3550
波乃耶	0592、0593、0779、0854、0886、0887、3273、3685		

九畫

波里特（波列地）	0696－0698、0750		
宗能	2363	郝天挺	6558
宗源瀚	2358	郝玉麟	1941、1942
宗稷辰	1800	郝象周	6787
宗懍	4142、4365	郝敬	0030、3243、4361
宗澤	6162	郝經	1031
定盛楊記	2687	郝懿行	4349
宜興	0656、0657	荊州俊	1847

荀況	3166、4341、4343、4344、4355	胡瀅	6359
荀悅	3176、4365	胡德琳	1742、1748、1749
荀爽	4351	胡德邁	5468、5929－5936、6047、7417
荀勗	4555	胡積堂	3846
胡三省	0976	胡澹菴	4607
胡天游	6297	胡禮垣	1157－1160、3268
胡元質	4244	胡瀾	4217
胡友信	4361	南卓	4380
胡公著	1747	南條文雄	3034、3050
胡文煥	4340	南懷仁	2486－2488、3606－3610、
胡正言	3836		4362、6038－6040
胡本淵	4524－4526	柯士賓	3570
胡仔	4393	柯大衛	0385、0873、5394、5395、
胡必相	0172		5667、5906、5911
胡匡衷	4349	柯汝鍔	6275
胡式鈺	4616	柯林	4031
胡先容	2133	柯恒儒	2232、2304、2326、2479、
胡安國	0065、0244、0245		3058、3066、3153
胡伯薊	2298	柯為良	3582
胡宏	4395	柯鴻逵	6275
胡邵瑛	0534	柯蘭	3067
胡林翼	2296、3310、6428	查志隆	2069
胡金生	0431、5598、5804	查為仁	6917
胡定	4361	查培繼	4383
胡威立	3748	查慎行	6278
胡重	0460	查赫	0804、1238、6936
胡珽	4421	查爾斯·A·奧利弗	3497
胡培翬	4349	查爾斯·皮埃爾·查普薩爾	0825
胡寅	4395	查爾斯·貝克	0840－0843
胡啓植	1958	查爾斯·狄更斯	7439、7441、7442
胡斯	2244、2245	查爾斯·金	2152
胡欽伯	4076	查爾斯·梅雷韋瑟·杜卡特	0774
胡渭	4349、4395	查爾斯·奧伯特	7444
胡瑗	0013	查禮	6323
胡聘之	3107	柏永年	0228
胡瑤光	0203	柏百福	0418、0429、0832、0833、
胡廣	0023、0077－0080、0138、		2539、2779
	0248、3230、3231		

柏理穩	7412	段公路	4380
柏葰	2185、2186	段玉裁	4349、6461
柏應理	0390	段成式	4379、4380、4567
柳公權	3076–3078、3912、3917、3921、3935	段安節	4380
		段長基	1011、1012、1670
柳宗元	4341、4380	保忠	1782
柳華陽	5294	皇甫枚	4338、4379
柳瑛	1922	皇甫謐	1362、4365
威妥瑪	0412、0845–0848、1124、7369	鬼谷子	4344
威基傑	3000	侯方域	6663
威廉·F·諾里斯	3497	侯失勒	2251、2252、3618、3619
威廉·布萊基	3581	侯傑初	3691
威廉·亞歷山大	1224、1225	帥小姐	5586、5846、5965、7423
威廉·彼得·格倫維爾	1242	律例館	2903
威廉·斯坦頓	7094	俞之琰	4361
威爾通夫人	7413	俞正燮	4405
按察使司	2930–2932	俞長城	4361
韋大列	0816、6621	俞迪德·戈蒂耶	6643
韋而司	2984、2987、2988	俞浩	2150
韋更斯	2065、2066	俞琰	6589
韋述	4395	俞萬春	7207
韋昌輝	1546、1547	俞葆真	3259
韋門道	4111–4115、5414、5601–5603、6044	俞夢蕉	4614
		俞僧蜜	4345
韋明珠	4110	俞樾	0312、1880、1881、4201、4202、4412、4685、6425、6426
韋昭	1052–1054、1056		
韋腓立	5680	俞瞻白	4345
韋廉臣	2956、2957、4092、5589、5590、5883、6042	風月主人	3564
		風月軒又玄子	7302
韋應物	6132、6133	胤禛	1263–1270、1274、1279–1287、3993、5033、6308
哈巴安德	5479、5583		
哈巴禮理	0829	施大闢	0902
哈司韋	3742	施元之	6159
哈邦夫人	3760	施古德	0944、3055、3056、4333、6935、7287
哈哈岱	3980		
哈蘭·佩奇	7434–7437	施永圖	2061、2097、3291、3308、4401
秋芳堂主人	0643	施阿慄	5675

施耐庵	7120、7130、7198-7205	洪瑩	6731
施禹泉	5302	洪興全	7196
施約瑟	5359	洪應明	4169、5366
施約翰	6028	派柳	3332
施閏章	1722、6245	宣穎	5137
施補華	6477	祝允明	4581
施維善	0787、1130、2963、3569	祝世祿	4345
施維翰	1882	祝淮	1989
奕訢	1138、1139、1572、2600	祝穆	4443
恒裪	3313	胥斌	4521
美以納	2964、2965	除一切苦齋	7345
美部會福州傳道站	5560	姚文田	0466、4395、6378、6839
美國水師學院	3333、3334	姚文登	0585
姜兆錫	0164	姚有寬	3983
姜別利	0753	姚廷傑	4358
姜垚	3773	姚延福	1822
姜炳璋	0149、0258	姚合	4338
姜宸英	4192、4349、6253	姚宏	1049
涂忠瀛	6824	姚信	4351
洪天貴福	1555、1556	姚祖恩	1432、1433
洪仁玕	1513、1549、1550、1556-1558	姚祖義	1164
洪仁達	1543	姚培謙	0163、1436-1438、4518
洪仁發	1543	姚椿	6405
洪正治	4167	姚廣孝	4452-4477
洪秀全	1500-1503、1507、1511、1516、1517、1521、1523、1532-1535、1538、1544、1554	姚寬	4336
		姚鼐	6421、6422、6676
洪英	1539、1540	姚瑩	4405
洪昇	6959	柔克義	2177
洪适	3090	紅杏主人	4074
洪亮吉	0544、1674、2122-2124、4395、6333-6338	紅豆齋	6773
		約瑟夫·哈金	3895
洪芻	4152	約翰·W·霍奇	0801
洪邁	4573、6557	約翰·里夫斯	1684、3433、3613、3614、4093
洪震煊	4349		
洪德元	5202	約翰·威廉姆斯	2670
洪遵	2647	約翰·哈登·新德利	0743、0815
		約翰·施敦力	5411、5500

約翰・班揚	7414-7418	馬辰	2814
約翰・海因里希・普拉特	1194、1195	馬伯良	6084、6085
約翰・斯悌爾	7133	馬伯樂	6856
約翰・鮑曼	2985、2986	馬豸	1871
紀多納	0594、0719、0720	馬沅	6386、6528
紀好弼	2221、2222、5670	馬若瑟	0108、0834-0838
紀昀	0170、1435、2505、2555、3006-	馬林	0856、2773
	3008、4608、4609、6157、6349、	馬典娘娘	6008
	6350、6631、6734、6907	馬注	6086
紀鑑	4358	馬治平	2223
		馬宗璉	4349
		馬建忠	0805
		馬某	2724

十畫

秦九韶	3697	馬皆璧	7419
秦子忱	7325	馬信道	5304
秦祖永	3844、3845	馬俊良	2261、2277、2484、4370-
秦恩復	4395		4373、6714、6721
秦淮墨客	6957	馬致遠	6947、6948
秦照	6915	馬國翰	4418
秦嘉謨	1644	馬揭	2325、2326
秦蕙田	0222、4349	馬雅各	5391、5392
秦駿生	4343	馬喬伊	5116
秦繼宗	0198	馬蒔	3400
秦觀	4382	馬頓斯	2878、2879
敖英	4345	馬塞倫	3036
班固	0953-0955、4126-4128、4338、	馬端臨	2151、2556-2559、6650、6651
	4344、4365、4551	馬駧	0179
素星道人	7231	馬徵麟	2440、6473
素閑軒主人	7040	馬融	4351、4365
馬士曼	0410、0806、5380、5396、5482	馬儒翰	5547
馬大猷	0098	馬縞	4145、4378
馬曰琯	4395	馬禮遜	0687-0689、0780、0807、0820、
馬曰璐	4395		1205、1494、2214、2223、2362、
馬文煒	1740		2410、4285、5381、5419-5421、
馬令	1475		5427、5428、5491、5525、5545、
馬先登	4224		5637、5717、5796、5799、5800、
馬志	3853		5851

馬歡	2179	莫晉	6838、6842
馬驪	1078	莫蒂母	7420－7423
貢三	2034	莫爾	7373
袁一州	0552	莫劍光	4631
袁于令	7139	莫禮智	0916
袁天罡	3761、3762	莉薩・博姆	7447
袁中立	1827	荷笠者	2192
袁世凱	2825	荻岸散人	7353－7358、7391－7394
袁永綸	1100－1102	莎彝尊	0564
袁宏道	4345	真司騰	2992
袁枚	4075、4610、6339－6341、6919、7332	真德秀	0434、4701
袁采	4154	莊元臣	4395
袁桷	6178	莊存與	4349
袁裒	1367、6194	莊廷敷	2484
袁康	1470、1471、4365	莊廷齡	1226、5379
袁黃	0984	莊仲方	1410
袁煒	6188	莊周	4341、4343、4344、4355、5127－5142
袁福徵	4361	莊逵吉	4124
袁樞	1026	莊綸渭	6512、6513
袁燮	0135	莊鴻烈	1731
耆英	1116－1120、6055、6056、6135	桂文燦	0103
埃米利奧・滕扎	3227	桂良	2613
埃爾溫	0896	桂萬榮	3365
耿定向	6213	桂馥	4231、4393
華里司	3752、3753、3758、3759	桓寬	2677、4344、4365
華希閔	4446、4447	格林尼治天文臺	2257
華特	2979	格蘭特・艾倫	7443
華得斯	2980、2981	索額圖	2798、2799
華湛恩	0550	連斗山	0167
華爾特・戈恩・歐德	5107－5109	連提	3348、3349
華綱	0557－0559	哥伯播義	5838、5946、7420
華蘅芳	2242、2243、2249－2252、2974－2976、3354、3355、3752－3754、3757－3759	栗可仕	1762、1763
		夏之時	1685－1687
		夏文彥	1401
莫友芝	3023	夏守謙	3526
莫文暢	0684、0934	夏味堂	0605

夏浸之	4345	倪璠	6107
夏象庚	6367	倪鴻	4636
夏敬渠	7340	俾士	5475、5487、6014、7418
夏鼎	3481	俾攞拿	0855
夏鳴雷	1925、2153、6068、6074	倫文敘	4361
夏德	0587、0793、0857–0859、	倫德	3757
	0946、1191、1192、2177、	射堂	1403
	3891、3893、4071、6092	師多	5679
夏獻綸	2411	師範	2023
柴紹炳	4496	師曠	4096、4365
畢方濟	4239	徐一鳴	1935
畢利幹	2945、2990、2991、2994	徐乃昌	4427
畢沅	4547、5095	徐三省	0623
畢宿燾	1834	徐士芬	2637
畢腓力	1017	徐士業	4407、4408
畢爾	2175、4999、5061	徐大椿	3522、5098
晁公武	3004	徐之鏌	3776
晁冲之	4382、4393	徐天麟	2562
晁補之	4382	徐友蘭	4425
晏嬰	4117、4344	徐午	1672
恩士	5715	徐升	3815
恩成	2017	徐文弼	6918
恩理格	0390	徐文靖	0048、0975、4347、4348
峭闌氏	0352	徐方廣	4361
特里	0810	徐心魯	4506
特納	6036	徐以清	4345
倭什琿布	2604	徐立綱	0288
倪天隱	0013	徐弘祖	2161
倪元坦	5097	徐吉	1839
倪允昌	4345	徐在漢	0044、0045
倪企望	1777	徐光啓	3370–3372、3588、3746、3747、
倪輅	1477、1478		4239、4393、6049、6050
倪會鼎	4395	徐廷旭	2477
倪勳	6602	徐兆熊	1185
倪模	2662	徐汝廉	4345
倪維思	5554、5556、5853、5869–5871	徐守綱	1891
倪維思夫人	5709、5884、7421、7429	徐辛菴	6876

徐汧	0080	徐勘	2633、2634
徐松	0956、2064、2108、4406、6385	徐榦	6613
徐昂發	4273	徐鳳	3408–3410
徐金生	2432	徐廣縉	2524
徐卷石	4345	徐端	6505
徐宗幹	1743、1746、3112	徐漪園	4305
徐建寅	2827、2828、2959、2960、2966–2969、2985、2986、2996、2998、2999、3332、3619、3750、3751	徐蕭	0998、1372
		徐積	4382
		徐學謨	1930、1931
		徐衢	5018、5368、5369
徐居仁	6121	徐澤醇	5166
徐貞明	4395	徐嶷	4380
徐彥	0253	徐鍇	0457
徐炫	4379	徐謙	6736、6737
徐祖鎏	6802	徐應秋	4586
徐釚	4358、4393	徐懷祖	4358
徐浩修	3682	徐繼畬	2190、2191、4405
徐陵	6555	徐鑒	1368
徐紘	1371	徐灝	0311
徐乾學	6660–6662	殷敬順	4341
徐堅	4436	殷鐸澤	0389、0390、0449
徐朝俊	3592、4391	倉洞	1488
徐斐然	6638	翁方綱	0498、4395
徐鼎	0150	翁仲仁	3490
徐景熙	1957	翁洲老民	1081
徐善述	3771	翁復	0331、0345、0346
徐善繼	3771	翁端恩	6469
徐渭	4393、7173、7177	烏爾通阿	2543
徐渭仁	3110、4390	留雲居士	4387
徐瑄	0199、0200、6779	高一志	2954
徐幹	4365	高士英	1754
徐槐廷	4682	高士奇	3848、3849、4358
徐鉉	0454、4380	高文虎	4338
徐溥	2566–2569、6201	高斗魁	3502
徐嘉	6239	高心夔	6455
徐壽	2247、2248、2958、2962、2964、2965、2987–2989	高延	6075
		高自位	2078

高其名	0378、0379	郭雍	0014
高昌舘	0669、0670、0673	郭溶	4361
高明	6949、6950、7300	郭實臘	2216、2224、2228、4282、5387、5388、5422、5511、5643、5660－5666、5677、5694、5695、5742、5832、5835、5836、5888－5896、7405－7408
高秉鈞	3500		
高宗元	6978		
高承瀛	2019		
高拱乾	1974		
高晋	2597	郭璞	0595－0599、0609、4365、4555
高陳謨	6728	郭憲	4365、4554
高第丕	0860、0900、5573	郭贊生	0817、0879、0880
高第丕夫人	4078	郭顯德	5743、5880、5956
高象先	4375	席世臣	1037
高朝瓔	0143	席世勳	3988
高鳳謙	2519	席淦	3727
高靜亭	0563	庫勒納	0082
高樹勛	3909	唐千頃	3486
高學瀛	2018	唐再豐	4029
高濂	4172	唐廷樞	0783
高應午	6538	唐仲冕	2071
高鵬年	6823	唐沁園	6903
高鶚	2510	唐英	0511、4056
郭一經	6915	唐秉鈞	4049、4056
郭子章	2083	唐庚	4382
郭化霖	0573	唐昍	4338
郭文大	1811	唐晟	1794
郭存會	4358	唐執玉	1691
郭松林	1573	唐彪	4358
郭居敬	4155－4157	唐惟懋	6758
郭居靜	5761	唐寅	3831、4361、7278
郭柏蒼	2089、2753	唐紹祖	2799
郭彖	4338	唐順之	4361
郭納爵	0389	唐慎微	3421、3422
郭偉	4176	唐榮祚	4055
郭象	4341、5128	唐德宜	6703
郭棟臣	0827、5885	唐德亮	4361
郭善鄰	4388	唐學仁	1964
郭湜	4379、4380	唐錦池	3819

唐龍	4361	陸次雲	4358、4362
唐臨	4338	陸羽	4380
悟清子	4881	陸佃	4337、4395
益泰	3847	陸位	3811
烟水散人	7315、7381	陸位崇	3821
烟霞散人	7314	陸希聲	4395
凌廷堪	4349、4395	陸金	3783
凌迪知	4486	陸柬	1940
凌稚隆	4393、4487-4489	陸師	1867
凌義渠	4361	陸釴	1703、4361
凌壽柏	1769	陸敬科	0822-0824
凌錫祺	1768	陸雲龍	7185
凌濛初	7281、7282	陸貽穀	6720
凌曙	4349	陸喬木	4955
浦泰	0332	陸善祥	7431
浦悝廛	0347	陸游	4382、6166
浙江布政使司	2930-2932	陸楫	4338、4339
浙江同鄉會	4320	陸賈	4344、4365
浙江書局	4354	陸廣微	4380
海尼士	3155	陸德明	0240-0243、0304、0305、
海門廳	2353		0596、4341、5128
海軍部水雷局	2982	陸璣	4097、4365
海圃主人	7326	陸錫熊	1482
海得蘭	3579、3580、3584	陸繁詔	6277
海麻士	3754	陸龜蒙	4380
海瑞	4361、6578	陸應陽	1657-1660
海齡	1112	陸燦	4361
浮槎散人	4603	陸績	4351
朗德雷斯	3066	陸鏊	1995
陸九如	4539	陸贄	6134-6136
陸九淵	4361	陸燿	2057、6687
陸士珍	7062	陸隴其	0162、0358、4359、4360、6256
陸士諤	7347	陸繼輅	6448
陸心源	3021、3125、4417、6418	陳之綱	6601
陸以莊	6358、6524	陳之遴	4361
陸以湉	4232	陳子壯	1301
陸西星	5132、5256、5260	陳子龍	4361、6577

陳元靚	4153	陳治安	5133
陳元龍	4499、4500、6715	陳建侯	0467
陳少海	7327	陳春笙	2570
陳仁錫	1057、1434、4483、4484	陳珪	1895
陳化成	6396	陳威	1857
陳文述	2129	陳貞慧	4395
陳文顯	1720	陳修堂	4109
陳允平	4395	陳俊	1916
陳允錫	1447	陳食花	1718
陳甘雨	1714	陳洪冠	0056
陳世熙	4626、6895	陳洙	3796
陳世箴	1428	陳紀	0510
陳玄祐	4379	陳泰交	4393
陳成芳	6540	陳恭三	2183
陳光臣	6704	陳栻	6879
陳光瑩	5861、5862	陳振孫	3005
陳廷敬	0612-0615、6271	陳致虛	4375
陳延恩	1854	陳造	4382
陳自明	3466	陳倫炯	2194、4401
陳兆崙	6300、6301、6532、6533	陳師道	4382
陳芳生	4358	陳海曙	4971
陳希夷	4019、4020	陳朗	7388
陳忱	7206	陳祥道	0221
陳沆	6268、6534、6871、6928	陳萊孝	2656
陳宏謀	0348、2541、2686、3257、4215、4274	陳國陞	1113
		陳國器	1706
陳君舉	4382	陳第	4393、6100
陳劭	4338	陳淏子	4083、4084
陳坤書	1613	陳深	1464
陳其元	4634	陳啓源	4349
陳其泰	6605	陳階平	3315
陳枚	6672	陳超祚	1838
陳郁	4338	陳彭年	0523-0527、4338
陳所聞	6937	陳朝良	2811
陳念祖	3476、3520、3521、3542	陳森	7334
陳京	2330	陳雲五	5679
陳郊	0198	陳鼎	4358

陳遇乾	7058	陳懋	1717
陳景雲	4395	陳懋齡	4349
陳傅良	4361、6169、6170	陳鍾麟	6788
陳傑臣	3523	陳應魁	6293
陳舜咨	2130	陳應選	3774
陳善	0308、1885、1886	陳鴻	4379
陳善墀	3113	陳璸	2081、2082
陳湖逸士	4396	陳鎬	2104
陳瑗	1721	陳鎣	2425
陳夢雷	3009、4498	陳瀏	4057
陳楠	4375	陳彝	4007
陳嗣良	1719	陳櫟	1458、4360
陳與義	4382、6163	陳寶	6816
陳詩	0974	陳繩	1085
陳廓寰	0320	陳蘭彬	4635
陳際泰	0286、4361	陳獻章	3947、4361
陳經	3114	陳繼昌	6545
陳壽祺	4349	陳繼儒	2746、4393、7168、7169
陳勰	3960	陳繼聰	0313
陳榦	3956	陳顧澥	1715、1716
陳榕軒	6886	陳觀吾	5088
陳鳴秋	6550	陳驤	1928
陳毓靈	6900、6901	陰時夫	4450、4451
陳榮袞	4268、4269	陶元藻	4520
陳寧巒	2115、6388	陶中洋	3777
陳維崧	4393、6251、6252	陶必銓	6371、6372
陳慶偕	3393	陶弘景	3286、4040、4365
陳慶槐	6330－6332、6590	陶宗儀	4168、4336
陳澔	0188－0196	陶定求	6389
陳選	3211	陶南望	3997
陳遹聲	6486	陶貞懷	7057
陳翰	4338	陶格	3218
陳樹基	2112	陶堉	4375
陳鋑	1947	陶望齡	4361
陳龍標	0170、0171	陶琰	6579
陳澧	4403	陶然	6516
陳蓋謨	0534	陶輔	4580

陶毂	4571、4572	孫原湘	6490
陶澍	2063、6370	孫致彌	6289
陶潛	1360、3146、4138、4139、4365、4559、4560、6105、6106	孫高亮	7179、7180
		孫理	6597、6729
陶錫祈	5515、5518、5519、5524	孫堂	4351
陶澤	4361	孫過庭	3919
通安閣道人閒庵	3479	孫焜	6895
通瑞	2508	孫馮	4388
桑世昌	6582	孫榮	4338、4380
桑欽	4365	孫慎行	4361
孫人龍	6586	孫璋	3238、3239
孫之騄	1077	孫樓	4361
孫中山	3570	孫頠	4379、4380
孫玉田	3162	孫澍	4388
孫石亭	4204	孫檯	4237
孫有志	2591	孫興	3068
孫同康	6474	孫錤	4388
孫汝忠	5258、5259	孫謙益	4242
孫宅揆	3387	孫顏	4535
孫孝根	6571、6572	孫覿	4382
孫志祖	4349	孫鑛	4361
孫甫	4395	納達爾	5879
孫伯觀	4345	納蘭性德	4395
孫武	3281、3282、3284、3285、4343		

十一畫

孫枝秀	3950	理雅各	0106、0153、0268、0315、0411、0427、0840–0843、2769、5001、5548、5574、5688、5689、5741、6066、6072、7409、7410
孫松泉	3996		
孫奇逢	6228		
孫岳頒	3862		
孫念劬	4680、5287		
孫宗樸	6898		
孫承澤	2119、2120	理藩院	2842
孫埏	6774	勒芬邏	1185
孫星衍	0283、3109、3165、4014、4349、4384、4385、4395、5023、6464	勒保	1089
		萊佛士	2537
		萊佛士圖書館、博物館	3054
		萊昂·費爾	4871
孫思邈	3495	萊德利	4998
孫洤鳴	6591		

菲奇夫人	5528	曹昭	4159、4160
菲爾德女士	5398	曹庭棟	4597
梅文鼎	3603、3604	曹振鏞	1097
梅庚	4358	曹掄彬	1911
梅庭氏	7069	曹植	3898
梅純	4338	曹溶	6240
梅曾亮	6406	曹維藩	1015
梅殿華	5111、5112	曹鄰	4379
梅輝立	0771、2152、2533、2534、2868－2870	曹勳	4361
		曹樹翹	2142
梅膺祚	0482－0491、0536、0537	曹霑	7317－7322
麥丁富得力	1176	曹驊	6525、6526
麥士尼	4334	區大相	6219
麥克拉戶	5886	戚人鏡	6726
麥都思	0105、0690、0691、0717、0875、1016、1204、1206－1208、1545、2212、2213、2215、2234、3372、4281、4283、4288、4289、5405、5424、5427、5433、5434、5437、5442、5464、5492、5507、5513、5514、5552、5575、5648、5700、5701、5715、5802、5837、5967、5973－5986、6046	戚學標	0355、0356、6325、6326
		戚藩	4361
		戚繼光	0538、3295－3298
		盛大士	1084
		盛百二	3387、3605、4187、4349、6327－6329
		盛冠寶	3218
		盛福	1332
		盛端明	4344
		盛贊熙	1790
		盛繩祖	2325、2326
麥高溫	0775、1189、1190	雪樵主人	7210－7212
麥高爾	1151	常沂	4379、4380
麥嘉締	1128、5572、5702－5704、5839、5881、5882、5962－5964、5970－5972	常茂徠	1429
		常盤井鶴松	5070
		常璩	1034、4365
曹一士	6768	常謙尊	4615
曹之升	0362、6506、6507、6771、6772	野鶴老人	3805、3806
		鄂爾泰	1646、2498、2499、2792、2793、6592
曹安國	4011		
曹君義	2481	婁一均	1774
曹若水	5268	婁東羽衣客	4623
曹秉仁	1905、1906	婁機	0496、0497

作者（譯者）筆畫索引 983

國史館	0969、1374-1378、1387-1390	許桂林	4395
國會圖書館東方部	3042	許球	6531
崑岡	2574	許旌陽	4375
崔子忠	3839	許紹錦	1741
崔比科夫	5066	許琰	2080
崔令欽	4380	許堯佐	4379
崔廷璋	1325	許敬宗	4395
崔希範	4375	許慎	0453-0457
崔桐	4361、6199	許遜	5251、5252
崔致遠	4393	許瑤光	6441
崔豹	4137、4365、4378	許模	2363
崔理時	1125	許槤	2899、3498
崔象川	7399	許豫	7338
崔弼	2204	許儒龍	4388
崔懋	1799	許衡	6176
崔應榴	4349	許獬	4361
崔鴻	1473、4365	許鴻磐	7083
崇厚	1627、1628、2587	許寶善	0291
崇恩	1732	許籛	6734
過庭訓	1369	庾肩吾	3904、4365
過珙	6674、6675	庾信	6107
符錫	1990	康斯特布爾	3002
偉烈亞力	1228、2964、2965、3037、3062、3618、3619、3743、3747、3755、4291	康與之	4338
		康廣仁	4316
		康駢	4380
脫因	1872	鹿嗣宗	2106
脫脫	0960、0965	鹿傳霖	1331
許乃釗	3309	鹿樵	1098
許之衡	4060	章士雅	1890
許立升	3251	章世純	4361
許仲琳	7258、7259	章金牧	4361
許孚遠	4361	章宗祥	4326
許雨蒼	2334、2335	章香艇	6805
許宗彥	4349	章潢	4485
許宗衡	6420	章學誠	4395
許勉燉	1697	章燮	6571、6572
許洞	4395	章藻功	6304

商務印書館	0874、4434	張士登	7389
商輅	0978、0988、4361	張士範	5153
商鞅	4343	張之洞	1162、3013、3269-3271、4642
商濬	4584	張元	4361
惜陰堂主人	7382-7384	張元幹	4382
清溪道人	7294、7295	張介賓	3503、3511
梁玉繩	4349	張文嘉	0224、4184
梁同書	3963	張方平	4395
梁延年	1277	張丑	3834、3835
梁兆陽	1946	張以誠	4361
梁安德	5795	張以謙	4532
梁明翰	1846	張玉書	0612-0615、4361、
梁和	2949		4492、6273、6588
梁柱臣	2297	張玉衡	2367
梁思澤	2655	張世浣	1852
梁朗川	7141	張世雍	2013
梁教之	3824	張世賢	3463、3464、3474
梁國治	4053	張永祺	4361
梁章鉅	4617-4619、6926	張耒	4382
梁清標	3839	張西源	6894
梁紹壬	4612	張百川	6519
梁紹琦	2422	張百熙	6827
梁詩正	2651、2652、3916、4051、4052	張成基	0674
梁詩拔	6400	張光斗	3446
梁鴻勳	2754	張光啓	0996
梁藹如	6403、6404	張光贊	2451
涵蟾子	5257	張同聲	1708
寇宗	0174	張朱梅	1673
寄瓢子	3553	張廷玉	0085、0968、0989-0991、
尉遲樞	4330		2495、4374、4493、4497
屠根	4657	張延世	4358
屠隆	0539、4920、4921	張自烈	0492-0495
屠紳	4599、7251	張行言	2601
張九鉞	6347、6348	張志和	4344
張九齡	6110	張芹	4338
張于喬	3416	張吾仁	3416
張士敏	3095	張作楠	3595-3599、3705-3714

張作礪	1706	張衮	1853
張伯行	3212、3213、4410	張商英	4904、4905
張伯英	4010	張淏	4338、4393、4575
張伯琮	4480	張啓泰	6793
張伯端	4375、5146、5147	張萬選	3544
張武略	4345	張惠言	0055、0180、4349、6454
張坦熊	1893	張揖	0603、4337、4365
張英	4501－4503	張鼎年	5204
張英楷	2318	張遇春	1566
張果	3594	張景星	1436－1438、6574、6575
張佳允	1419	張貴勝	4611
張岳	1945	張集馨	6438
張岳崧	3958	張敦仁	4349
張岱	4395	張道升	3236
張金鑒	4193	張道深（竹坡）	7275
張庚	1415、3841	張道緒	0036
張炎	4395	張湛	4341、5120、5121
張泌	4379、4380	張登	3418
張宗良	2206、2207	張遠	6126
張宗楠	6916	張蓉鏡	3135、3136
張居正	0329、0330、0983、4165、4166	張楠	3791、3792
張度	1707	張虞侯	4345
張洎	4336	張溥	0405、1300、4505
張姚成	6539	張福謙	2980、2981
張華	4096、4365、4556	張壽朋	4361
張栻	3195、6167	張熙宇	6611、6612
張振鋆	3482	張榜	3173、3359、3361、3363
張時徹	4344	張爾岐	4395
張倬	3420	張鳳翼	0380、4345
張師誠	1467	張鳳藻	3780
張唐英	4395	張說	4338、4379
張家慶	0570	張寧	1851
張理	3763	張維屏	1381、6393
張問陶	6439、6440	張綸	6681
張冕	3769	張璜	1022
張崇懿	2653、2654	張德夫	1877
張得中	6394	張德標	1894

張德彝	2169、2170	越中錢氏	3478
張潮	4358	博那	1020、1021
張溎生	2953	博美瑞	7413、7430
張履祥	6237	彭人傑	2002
張璠	4351	彭元瑞	4393
張燕昌	3108	彭玉麟	1304、1305
張機	3402	彭好古	4375
張穆	1484、4395、4405、6409	彭希涑	4199、4393
張儒珍	0850	彭良馭	0581
張營堠	1914	彭君穀	2001
張憲	4395	彭亞伯	1042－1046、1153、
張璐	3417、3419、3512－3514		1193、1320、2075
張聯元	1892	彭定求	6343、6344、6561
張應文	4174	彭華	6184
張燮	1705、2201、2202	彭乘	4338、4574
張鴻	1850	彭翊	6401
張濬萬	1339	彭清瑋	2393
張廖	6639	彭啓豐	6303
張鵬翂	3514	彭紹升	6354
張鵬翮	4405	彭頤	0205、0206
張耀璧	1709、1710	彭鴻年	1638
張覺正	3732	彭蘊章	6427
張寶	2163－2165	彭蘊璨	3877、3878
張鑒	1027	達邦阿	2821
張讀	4338、4380	達洪阿	1293
張鷟	4338、4380、4393	斯米德	5898
陽思謙	1968	斯坦因	2116
陽瑪諾	2485、5591、5739、5760、	斯拉弗司	3350
	5939－5941、6048	斯當東	1186、1227、2919、2920、
紹袁氏	4945		3494、6071
		黃人	4323
十二畫		黃士紳	1959
		黃千人	2289
塔朗迪耶	0939	黃之雋	6286、6287
項元汴	4069	黃元御	3518、3519
項名達	3724	黃少瓊	0682
項懷述	0500	黃六鴻	2542

黃正元	5183、5184、5199、5272	黃晟	4050
黃世仲	7188、7197、7341	黃師閻	1752
黃本驥	0512、0513	黃堅	6652-6656
黃可垂	4391	黃崇蘭	2618
黃丕烈	1049、1050、1054	黃淦	0092
黃石公	3287、4344、4365	黃淦綺	6830
黃仕禎	1969	黃淳耀	4361、6221
黃用端	1174、1175	黃啓曙	5214
黃式度	1932	黃葆真	4449
黃百家	4358	黃鼎	3591
黃休復	4336	黃景仁	6444
黃任	1085、2088、6293	黃鈞宰	4632
黃自元	4235	黃道周	4361、4393、4490
黃汝成	4179、4180	黃鉞	6139、6419
黃汝亨	4361	黃溥	1071、2650
黃芳	1571	黃裳	3089
黃佐	1074、1422、1978、1979、1988、2008、2493	黃漢章	6727
		黃維同	2692
黃伯祿	2246、2538、2777、2778、2880、3690、3693、6057	黃維翰	1753
		黃標	4338
黃沐三	4641	黃魯曾	1363
黃沛翹	2324	黃澍	0376
黃叔琳	0163、6906、6907	黃澐	4529
黃易	4395	黃履卿	0927、0928
黃卷	6749-6752	黃錫禧	4123
黃泌秀	3568	黃憲	1060、4365
黃宗羲	4393、4395、6236	黃爵滋	2942
黃孟威	4345	黃燮清	6408、7081
黃春	1913	黃麗中	1751
黃某	1588	黃懷祖	1750
黃省曾	2046、4395	黃繼善	1462、4360
黃星巖	5307	黃鶴	6122
黃俞言	4345	黃鶴齡	3499
黃庭堅	4382、6160、6161	黃灝	4395
黃帝	4344、4375	葉大慶	4393
黃洪憲	4361	葉子奇	4345
黃振	6977	葉方恒	2054

葉圭綬	2482	葛金烺	6479
葉廷眷	1880、1881	葛洪	4344、4365、4561、
葉季允	4309		4562、5148、5149
葉香谷	2759	葛學禮	6543
葉修	4361	董天工	2091
葉奕苞	4358	董中和	5710
葉泰	3775、3781、4376	董方立	2291
葉桂	3516、3534－3536	董仲舒	3170、4344、4365
葉納清	5565、5566、5576、5840	董玘	4361
葉盛	4395	董其昌	3832、3934－3940、4361
葉堂	7097	董秉忠	2024
葉隆禮	4338	董思靖	5083
葉尊孝	0733、0734	董祐誠	3720
葉道勝	0716	董斯張	4557
葉適	6158	董遇	4351
葉調元	6610	董景安	4272
葉燕	6535	董瑞椿	3715
葉錫鳳	6791	董誥	2796、3379、6646
葉聯芳	1971	董説	7238
葉蹇良	5592	董熜	3552
葉瀾	0606	董鵬翱	1801
萬之蘅	1323	敬齋	0663、0664
萬邦維	1803	落魄道人	7331
萬廷蘭	1672	辜鴻銘	0413
萬希槐	4150	森玄黃齋	4005
萬青銓	1079、3959	棲霞氏	6904、6905
萬承紹	1802	惠士奇	4349
萬國欽	4120、4361	惠周惕	4349
萬斯大	4349	惠師禮會	5557
萬斯同	4358、4364	惠棟	4349、4364、4393、
萬榮恩	6986		4395、5159、6263
萬維翰	2506、2927、2928	惠頓	2946
萬樹	6940	雲川道人	3555
萬濟國	6037	雲中子	4091
葛士濬	6686	雲封山人	7380
葛天民	7220	揚雄	0607、0608、3171－3173、4341、
葛見堯	4345		4355、4365、4388

揭傒斯	4393、4395	程石麟	4358
雅爾哈善	1862	程先甲	6501
虛白道人	1322	程若庸	3210、4360
晴嵐山人	7432	程宗猷	3294
閒情居士	7034、7036、7046	程恩澤	4395
閔明我	3611	程師恭	6251
閔斯特博格	3897	程梅莊	7033、7047
閔景賢	4345	程國彭	3533
閔聖裔	4076	程雄	4015
閔齊伋	0473、0474	程晴川	1661
閔麟嗣	4358	程際盛	6555
景日昣	3485	程瑤田	0306、4349
景淨	6063、6064	程頤	3194
貴中孚	1866	程學啟	1567、1568、1609、1610
貴榮	3727	程燮	3981
單渠	2680	程鴻詔	6494
單復	6123	程瀚	6974
單維廉	1236	程顥	3194
喻本元	3373－3377	程鶴樵	5200、5201
喻本亨	3373－3377	喬治·沃夫代·派斯	2160
喻昌	3547－3549	喬治·歐文	0522
喻春林	1829	傅山	4393
喀爾氏	0821	傅仁宇	3496
無如子	4345	傅世垚	0476
無垢子	4702、4703	傅光宅	3094
無能子	4344	傅恒	0668、1445、1446、1479、1480、2320、2783
嵇世臣	4361		
嵇永仁	6267	傅雲龍	4422
嵇含	4079、4365	傅遠度	4345
嵇曾筠	1883	傅聖澤	1024、3061、3683
嵇璜	2550	傅綏	6871
程大中	4393、4395	傅學禮	1846
程大位	3701－3704	傅澤洪	2050
程大昌	0100、4338	傅蘭雅	2065、2066、2220、2229、2237－2240、2247、2248、2463、2464、2827－2829、2958－2960、2962、2966－2973、2977－
程允升	4261		
程正敏	4336		
程可則	6279		

	2981、2985－2989、2992、	鄒錫疇	1910
	2993、2996－2999、3060、	斌良	6450
	3332、3348、3349、3352－	遊戲主人	7333
	3355、3579、3580、3584、	童立成	1904
	3616、3617、3742、3750－	童保祿	6710
	3754、3756－3759、4066、	童葉庚	4023
	4067、4303、4435	童濂	2681
傅巖霖	6706	惲珠	6604
焦玉	3299	惲敬	6368、6369
焦延壽	3786－3788、4365	普雷沃斯特	3045
焦秉貞	3380－3386	普爾	1178
焦映漢	6578	普爾泰	1783
焦竑	4171、4395、5090	普魯士軍政局	3335－3346
焦勖	3351、4393	普蘭特內爾	5117
焦循	3740、4349、6383、6384	道格拉斯	3046、3047、7370
舒化民	1791	曾五	1123
舒孔安	1792	曾先之	1452－1455
舒弘諤	0031	曾紀澤	1146
舒芬	6205	曾紀耀	6453
舒位	6465	曾國荃	6488
舒高第	2982	曾國藩	1310、1311、1926、4409、
欽天監	3634－3635		6435、6436
鈕樹玉	0463、0464	曾鼎	3477、3492、3507
鄒世詒	2296	曾廉	0104
鄒立文	3744、3760	曾愷	4395
鄒必顯	7263	曾鳳儀	4666
鄒廷忠	6608	曾耀巖	6730
鄒守益	4361	曾讀書	1104
鄒迪光	3245	勞之辨	6766
鄒炳泰	2623	馮可鏞	1334
鄒浩	4382	馮任	2014
鄒景揚	4516	馮兆張	3493、3527
鄒湘倜	6614	馮李驊	0243、6810
鄒聖脈	0141、0204、3974	馮秉正	0981、5912－5914
鄒德溥	4361	馮金伯	3874、3875
鄒潘	2180	馮炯初	2756
鄒璟	1909	馮津	1404

馮起鳳	7096	富明安	6324
馮桂芬	6447	富俊	0663、0664
馮時可	5265	富善	0700－0702、0867
馮悅茂	0855	富路瑪	2247、2248
馮浩	6144－6146	補相子	3367
馮培	2114	費克森	0792
馮翊	4380	費利克斯·勒努阿爾	2920
馮琦	2745、6211	費宏	6212
馮雲山	1516、1517、1525、1546、1547	費拉爾	2441
馮雲鵬	3105、3106	費信	4338
馮登忠	2062	費經虞	4388
馮登府	1904	費錫章	2198
馮夢禎	0079、4361	費錫璜	4388
馮夢龍	1398－1400、1954、7107、7182、7242、7279、7280、7348	賀世駿	1955
		賀長齡	2060、6684、6685
馮經景	4349	賀爾	0895、2939
馮銓	3941	賀縉紳	2052
馮漢	0935	賀璧理	2672
馮應京	1643		
馮應榴	6155、6156	**十三畫**	
馮鏡如	0685		
湛約翰	0616、0712－0715、1134、1135、5101、5558、5909、5910	瑙埃德	2996
		載淳	1294
港英政府	1177	載湉	1295－1298
湯文潞	0575、0576	鼓山如林	5291、5292
湯右曾	6280	靳治荊	4358
湯用中	4621、4622	靳輔	2053
湯若望	3351、6026	靳榮藩	6232、6233
湯姆遜	0788	靳賢	3411
湯相	1972	蓬蒿子	7189、7191－7193
湯斌	4358	蒲松齡	4588－4594
湯漱玉	3864	蒲陸山	2985、2986、2989
湯顯祖	4361、6958、6959、6962	蒲爾捺	2966、2967
游藝	3590、6922	蒲德立	5537、5538、5747
滋軒	6893	蒙克利	3745
富申	1735	蒙突奇	0694
富里西尼烏斯	2994	楊士勛	0234

楊大鶴	6166	楊衒之	2103、4365
楊大灝	6759	楊萬里	4361
楊巨源	4379	楊葆光	6459
楊方達	0042	楊鼎勛	1593
楊以任	4361	楊喬岳	3764
楊正笱	1908	楊循吉	6189
楊甲	0295、0296	楊道臣	1917
楊立先	0349	楊瑄	4338
楊光憲	6695	楊魁植	0300
楊廷棟	2520、2937	楊慎	4361、4388、6216、6217
楊廷筠	6051-6053	楊爾曾	3837、7257
楊廷樞	4361	楊銘柱	1468
楊廷撰	6717	楊榮	6181
楊廷鑒	3501	楊維藩	2394
楊守仁	1915	楊輝	3730
楊守敬	2262、3149	楊億	4395
楊芳燦	6377	楊德成	0377
楊秀清	1496-1499、1508、1524、1536、1546、1547	楊德政	1970
		楊德觀	1104
楊伯喦	4395	楊慶	1321
楊沂	1795	楊潮觀	7065
楊尚文	4394	楊靜亭	2126-2128
楊昌光	6375	楊錫紱	2058
楊昌濬	1642	楊禮壽	3532
楊明智	3663-3665	楊繼洲	3411
楊炳南	4391、4393	楊繼盛	4173
楊祖憲	1821	楓江半雲友	7352
楊起元	4361、5227	甄偉	7109-7111
楊格非	5441、5444、5445、5559、5843、5845、5847、5875-5877、7411、7419	賈公彥	0158、0159、0176
		賈步緯	2257、3732-3738
		賈昌朝	4395
楊時泰	3438	賈密倫	3332
楊倫	6127	賈斯達	3216
楊倞	4341	賈棠	6578
楊逢春	6634	賈瑚	1723
楊益	3768-3770	賈鉉	2436
楊捷	1094	賈誼	3169、4121、4122、4344、4365

雷孝思	2268－2270	褚人穫	4356、4358、7140
雷俠兒	2242、2243	褚民誼	4032
雷琳	3258、4631	褚邦慶	6776
雷慕沙	4997、4998、5168、7356、7357	褚峻	3115－3117
雷應百	2236、5516、5537、5538	褚健卿	6832
雷溁	1368	褚聖隣	7145
雷禮	1368	裨治文	0889、2230、4331、5425、5429
裘曾蔭	2395	裨雅各	0838
虞世南	3075	福州會	5389、5457
虞荔	4041、4365	福次咸	6413
虞集	4388	福建布政使司	2933
虞搏	3447	福音會	0893
虞德升	0560	福勒	2962
虞翻	4351	福漢會傳教士	5609－5631
路思義	5681	福慶	2203
路振	4393、4395	福臨	4181

路惠理	0899、5458、5539、5588、5595
路德維希	5067
園田弘	0515

十四畫

嵩山	1793	瑪吉士	4393
粵海關部恒某	1617	瑪高溫	2242、2243、2253、2254、
奧古斯特・萊蘇埃夫	3065		2974－2976、3577、
奧玄寶	4068		3578、4290
鈴木大拙	5169、5208	瑪麗・海斯・戴維斯	7448
愛德華・丹尼森・羅斯	4116	趙一清	2048
愛德華・斯坦福	2307	趙大浣	0420
詹姆斯・康韋爾	0817	趙元一	4395
詹姆斯・薩德勒	0761	趙元益	2065、2066、2972、2977、
詹納	0518、0519、6069		2978、2982、3350、3579、
詹淮	3232、3233		3580、3584、3756
鳩摩羅什	4398、4756、4757、4761－	趙文楷	3986、6374
	4763、4767、4776	趙斗淳	2509
義和團	1167、1168	趙允懷	6472
慈禧太后	1297	趙吉士	6260
溫庭筠	4338	趙光	3146
溫儀鳳	0566－0569	趙光裕	3283
塞繆爾・基德	3043	趙廷健	1855

趙次公	6120	嘉約翰	0778、2984、3583
趙汝适	2177	赫達色	1738
趙均	4395	赫墨齡	0708、0884、0885
趙酉	1856	臺約爾	0638、5596
趙佑	6511	綦策鰲	2877
趙伯駒	5360	慕阿德	4073
趙希鵠	4393	慕雅德	5544、5744、5858、5859
趙坦	4349	慕維廉	1681、2226、2227、5517、
趙英祚	1712、1713		5555、5587、5659、5669、
趙昂	4395		5678、5842、6000-6007
趙知希	1711	慕稼谷	5501、5534、5803、5805
趙孟頫	3092、3902、3928-3930、6175	蔣乙經	1315
趙南星	4361	蔣士銓	6351、6980-6982
趙貞清	2767	蔣大鴻	3818
趙彥肅	0021	蔣子正	4338
趙庠	2340-2346、2350	蔣本	0053
趙炳	4361	蔣平階	3773、4346
趙振芳	0044	蔣光弼	4364
趙執信	6281	蔣先庚	0031
趙梯霞	3991	蔣廷錫	3009、4349、4498
趙爽	3694、3695	蔣防	4379、4380
趙國華	6437	蔣良騏	0999、1000
趙崡	3093	蔣若椰	4345
趙萬年	4395	蔣拭之	6522
趙葵	4338	蔣景祁	0249
趙普	3789	蔣敦復	6412
趙鉽	2607	蔣焜	1725
趙滑	4338	蔣溥	2588-2590、3266
趙曄	1472、4365	蔣榮地	2443
趙聞禮	4395	蔣學鏞	6365
趙維寰	1465	蔣穎叔	4336
趙澐	6599	蔣寶齡	1416
趙學敏	3431	蔡元放	7105
趙錦	1853	蔡方炳	1657、1659、1660、4210-4212
趙翼	1088、4185、4186、6352、6353	蔡世遠	6670
趙藩	3852	蔡廷鑣	2003
嘉托瑪	2774	蔡羽	4338

蔡呈韶	2010	管宜穆	1297、3156、3269
蔡沈	0066－0076	管斯駿	1147
蔡尚質	2302	管竭忠	1698
蔡宗玉	3515	毓雯	2006
蔡烈先	3412	僑析生	1169
蔡逢年	2791、2926	鳳林書院	4395
蔡邕	4014、4132、4133、4365	廣成子	4375
蔡清	0024、0328、6197	廣寒子	3819
蔡鼎昌	6249	廖用賢	4479、4480
蔡載坤	6682	廖武子	5179
蔡夢弼	6118、6119	廖壽恒	6550、6551
蔡源	6811	廖瑩中	4338
蔡爾康	1152、2774	端木賜	0113、4365
蔡奭	0619	端方	2209
蔡學鯤	6724	齊召南	1007、2049、4349、4395
蔡錫齡	2231	齊東野人	7298
蔡襄	3086－3088	齊翀	1986
蔡瀛	2085	齊學裘	4227、4228
厲志	6458	齊鯤	2198
厲秀芳	1761	鄭一崧	1948
厲荃	4517	鄭小同	4395
厲鶚	0962、0963、4395	鄭元夫	4345
碩特	0844、3892	鄭元美	3716
臧才琳	4349	鄭元祐	4338
臧志仁	4674	鄭元慶	1449、1450、4395
臧庸	4349	鄭方坤	4395、6595
臧懋循	6952－6955	鄭以寧	5152
裴休	3078、3920、3921	鄭玄	0117、0157－0159、0175、0176、
裴孝源	4380		0183、0185－0187、4351
裴鉶	4338	鄭永邦	0865、0866
裴應章	1933	鄭廷玉	6945
聞元炅	1763	鄭克	2888
圖理琛	1186、4405	鄭若曾	2446
舞格	0904－0907	鄭昌棪	1176、2826、2961
管世銘	6443、6517、6518	鄭岳	6192
管仲	3357、3358、4343、4344、4355	鄭珍	0469
管英	6302	鄭俠	4382

鄭恢	1692	鄧昍	4602
鄭師成	0378、0379	鄧淳	1981
鄭處誨	4380	鄧啓賢	2332
鄭淳	3871	鄧愷	4494
鄭敬先	3532	鄧遷	1988
鄭景望	4338	鄧羅	0858、2117
鄭道昭	3071	翟元	4351
鄭榮	4380	翟汝舟	3581
鄭旒	0032	翟林奈	0415、3010、3285、5110、5142
鄭爾齡	6455	翟理斯	0699、0707、1197、1218、1219、
鄭賫	4345、4379、4380		1222、1431、3052、3223、3224、
鄭慶祐	2110		3896、4593、4594、5000、6637、
鄭澐	1887		6711、7449
鄭樵	2551-2554	翟雲升	0582
鄭曉	2178、2492	翟灝	4349
鄭還古	4338、4379、4380		
鄭聰甫	0772	\multicolumn{2}{c}{**十五畫**}	
鄭蘭芳	2403		
漢斯·貝特格	6642	駐華公使館中文秘書	2536
漳州培蘭社	3546	樊廷枚	0382
賓惠廉	5550、7415	樊騰鳳	0553-0556
褘理哲	2217-2219	歐文	1778、1779
隨緣下士	7339	歐陽直	6246
熊大木	7142、7143、7161-7163、	歐陽修	3924
	7167、7171	歐陽保極	3876
熊元	1740	歐陽詢	3909-3911
熊伯龍	4361	歐陽瀚存	2948
熊朋來	4395	歐幾里得	3746、3747
熊賜履	1350	歐德理	0716、0718、1209、3226、4247
熊應雄	3480	憂時居士	1173
鄧一肅	1950	遺民外史	6983
鄧以讚	4361	墨累	4310
鄧廷楨	2881、6616	墨翟	3280、4344
鄧次權	0929-0932	墨磨主人	4225
鄧志謨	4491、7253、7254	稻惟德	5966
鄧析	4344	黎力基	5582
鄧性	1796	黎元寬	4361

黎庶昌	1330、4409、4419、6478	劉玉麐	4349
黎崱	1492	劉世珩	3115、3116
黎靄亭	4538	劉永松	2089
德尼克	2152	劉台拱	4349
德米盧	1199	劉光斗	1771
德庇時	6930、6946-6948、	劉光照	0759
	7290-7292、7367、7368	劉向	1048、1049、1351-1356、3174、
德沛	3765		4125、4344、4365、5365
德拜思	0722	劉安	4123、4124、4344、4355、
德託美	2172		4365、4375
德理文	2151、6103	劉作樑	1900
德·瑟西	0816	劉伯璋	1701
德摩根	3755、3756	劉沅	0052、0099、0146、0214
衛三畏	0695、0711、0765	劉完素	3398、3399、3413、3414
衛方濟	0391	劉良璧	1973
衛匡國	1689、2305	劉劭	1359、4365
衛廷璞	1924	劉表	4351
衛宏	2581	劉坦	1692
衛泳	4345	劉坦之	6800
衛禮賢	5125	劉坤一	1162
魯一同	4402、6480、6481、6542	劉若愚	4393
魯九皋	6387	劉郁	4338
魯之裕	3967	劉知幾	1435
魯日滿	0390	劉侗	2118
魯嗣光	6356	劉於義	1837
魯賁	4402、6496、6497	劉宗周	4167
魯駿	3851	劉昫	0958
魯繽	6355	劉思敬	4361
劉一明	5246、7237	劉恂	4380
劉士驥	2641	劉健	4624
劉大櫆	6298	劉師峻	4358
劉山英	5285	劉逢祿	4349
劉子壯	4361	劉陶	1184
劉仁初	6755、6891	劉球	0498
劉文淇	2055	劉基	4344、4401
劉文蔚	6570、6921	劉晚榮	4230
劉方璿	0169	劉崇遠	4570

劉堃	2285-2288
劉畫	4344
劉喜海	3123
劉智	6078-6083
劉鉅	1701
劉善堂	3968
劉夢鵬	6096
劉蓉	3253、6445、6446
劉嗣綰	6492
劉歆	4365、4550
劉源	1365
劉肅	4380
劉墉	6342
劉熙	0610、0611、4337、4365
劉熙祚	1939
劉維棟	1962
劉餗	4380
劉慶觀	0357、4527
劉履徇	4349
劉鯤	4140、4365、6906、6907
劉翰周	1770
劉翰清	4398-4400
劉樵	5178、5188、5189
劉壁山	1641
劉壎	4393
劉蓋侯	0407
劉徽	3696
劉謐	3228
劉應鈳	1889
劉燦	0147
劉鴻甫	3265
劉瀚	3104
劉鶚	3124
劉瓛	4351
諸可寶	2330
諸葛汝楫	1439
諸葛亮	3288、4365、6104
諸開泉	6742
諸燮	4361
諾斯	0796
談允厚	0985
慶丕	3581
慶桂	1096、2576
慶常	2878、2879
慶源	2790
憐為仁	1526、5485、5512、5763
潛說友	1884
潘子聲	0635
潘元懋	0035
潘正業	2664
潘世恩	1386、4393、6744-6746
潘仕成	4393
潘永因	4601
潘光祖	1655
潘尚楫	2000
潘迪	3091
潘府	3242
潘相	1780、1781、2200
潘祖蔭	4411、4420
潘基慶	5091
潘國光	5762、5957
潘殖	4147
潘肇豐	0475
潘德輿	6402
潘遵祁	6434
潘霨	3559
潘鐸	1668
樂史	1647、1648、4379、4380
樂鈞	4598
樂舜日	7181
樂韶鳳	0531
練恕	1669
畿輔通志局	3022

十六畫

璞鼎查	1120
靜山	3999
靜觀主人	7022
駱三畏	3620
駱成驤	6552
駱任廷	4252、4253
駱克優	2961
駱秉章	4216
駱培	0336
駱賓王	6109
薛大烈	3312
薛己	3466、3510
薛用弱	4338
薛志亮	1976
薛尚功	3082–3084
薛居正	0959
薛思培	0589、0590、0710
薛時雨	0293、6248、6249
薛道光	5146、5147
薛湘	6549
薛瑄	4361
薛傳源	2098
薛詮	0038
薛福成	2102
薛福保	6456
薛熙	4358
薛蕙	5092
薛調	4379
薛瑩	4379、4380
薛應旂	0374、0375、0997、4361
蕭良有	4262、4263
蕭協中	2070
蕭定世	0223
蕭彥	1405
蕭奕璋	2422
蕭常	1030
蕭朝貴	1496、1497、1508、1546、1547
蕭智漢	1345
蕭統	6553
蕭綺	4378
蕭熯	4528
蕭應植	3826
蕭應樾	6634、6732、6733
蕭騰麟	2162
薩英額	2026
樹德堂	5235
樵雲山人	7264–7266
橘中逸叟	7071
賴以邠	4383
賴盛遠	2418
賴發洛	0416
賴嘉祿	0729
賴魯阿	4032、4038
霍士爹核士	7438
霍夫曼	0756、4248
霍格	2157
盧元昌	0257
盧文弨	0305、3255、4349
盧兆鰲	1999
盧坤	3541
盧法爾	2067
盧承琰	1775
盧重元	5122
盧崇俊	3311
盧朝安	1743
盧肇	4338
盧賢拔	1534、1535
盧憲	1869
盧燦	1901
盧騰龍	1861
穆克登額	2585

穆勒夫人	5808	錢濤	4358
穆意索	0831	錢繹	4395
穆彰阿	1003、1671	錢寶琛	1859、6429
穆翰	2924	錢澧	6482
穆麟德	0814、0828、0862－0864、0945、1229、3276、3277	錫德	1929
儒蓮	0870、1324、2174、3221、3392、5114、6943、7358、7394	鮑廷博	4363
		鮑作雨	1899
邀月樓主人	7050	鮑相璈	3524、3525
錢士鰲	4361	鮑桂星	6527
錢大昕	0967、4349、4395、6361	鮑梯	3222、5113
錢大昭	4395	鮑彪	1056
錢在培	0089	鮑康	2657
錢沃臣	6294、6594	鮑康寧	0703、0878、1271、7371
錢林	1380、4395	鮑超	1595、1624
錢東垣	4395	鮑爾	5905
錢易	4395	鴛水主人	7056
錢侗	4395	鄺其照	0681
錢泳	4630	龍大淵	4046、4047
錢恂	0551	龍柏	0583
錢泰吉	6433	龍華民	2485
錢陳群	6295	龍啓瑞	0512、0513
錢勗	1634	龍圖躍	1744
錢彩	7172	龍鳳鑣	4424
錢鼎銘	1306	龍樹	5061
錢恬	4338	龍巖增肅	4922
錢曾	4393、4395	澤口一之	3741
錢塘	4349	澹漪子	2421
錢福	4361	澼絖道人	4401
錢維城	2415	憲政編查館	2517
錢維喬	1896、1897	禧在明	0709、0754、0876、0877、2535
錢德明	1187、4034	閻其淵	0366、0367
錢德承	1592	閻若璩	0381、0382、4349
錢德蒼	4607、6970、6971		
錢澍田	3537、3554	**十七畫**	
錢禧	4361	環秀主人	7063
錢謙益	4395、6124、6224	戴亨	6395

戴君恩	0139	韓嬰	0116、4344、4365
戴表元	6177	魏仲舉	4395、6138
戴侗	0470	魏伯陽	4365、4375、5144、5145
戴朋	6749–6752	魏若虛	2900
戴咸弼	3111	魏易	7439、7441、7442
戴斯克雷斯	3001	魏金森	7366、7373
戴凱之	4365	魏荔彤	1960
戴遂良	0850、0851、5073、7445	魏起鵬	1817
戴維斯	0710	魏晉錫	2614
戴震	0546、4349、4395	魏校	0472
戴德	4365	魏景文	3546
戴德生	5453	魏源	1092、1093、2188、2189、4405
戴樂爾	2770	魏徵	2546、3909、3910
戴燮元	6705	魏禧	6663
戴鴻慈	2209	魏禮焞	1818
聯印	1765	魏懷德	1104
聯芳	2878、2879	魏繼相	6357
藍亨利	0898	魏鑒	3627、3628
藍浦	4061–4063	魏驥	6198
藍鼎元	6292	儲大文	6284
韓山文	5684、5685	儲欣	0249、0259、0260、0950、1051、1055、6259、6644、6649
韓氏	6777	儲意比	3352、3353
韓文綺	1307	鍾于序	4358
韓非	3360、4343、4344、4355	鍾天緯	2829
韓重	6579	鍾文烝	0235
韓菼	0246、0247、0250、0251、4361	鍾秀芝	0901
韓鄂不	4534	鍾和梅	1694
韓國英	1187	鍾泰華	4345
韓偓	4380	鍾惺	0376、1057、7102–7104
韓雲	2954	鍾輅	4380
韓雅各	3576	鍾嶸	4365、6908
韓道昭	0528、0529	鍾繇	3898
韓愈	4393、6137–6139	鍾謙鈞	4413
韓雍	6215	鍾離權	4375
韓際飛	1992	鍾寶	6923
韓駒	4382	謝一夔	6202
韓霖	4393、6579		

謝秀嵐	0577–0580	聶欽	2072
謝枋得	4338、6173	聶會東	3497
謝金鑾	6390	聶銑敏	6633
謝宗可	6587	豐紳殷德	6363
謝庭氏	1918	瞿乃德	0588
謝庭薰	1864	瞿式耜	6220
謝泰宗	6230	瞿汝稷	4915、4916
謝恩焜	3546	瞿佑	4578、6912
謝宸荃	1956	瞿昂來	1151
謝崇俊	1993	瞿景淳	4361
謝清高	4391	瞿鏞	3025
謝啟昆	2009	顓琰	1290、1291、1467、
謝詔	7109、7110		2540、2592、2593
謝聖安	1491	曠敏本	1440–1442、6299
謝詮	3951	雙某	2812
謝溶	6839	雙清	4345
謝榛	4393	邊貢	6196
謝肇淛	1073、2037	歸有光	4342、4361、6218
謝遷	4361	鎦績	4338
謝衛樓	1018、1019	顏之推	4143、4144、4365
謝翱	6174	顏元孫	4415
應在	0510	顏正	5183、5184、5266
應劭	4134、4135、4344、4365、4378	顏永京	2645
應思理	5542	顏光敏	4361、4393
應寶時	1594	顏希深	1823、1824
濮文暹	6500	顏希源	1414、1868
賽尚阿	0665	顏茂猷	0318、0320
禮齋	2144	顏真卿	3077、3079–3081、
繆艮	4233、6683		3912、3916、3922
繆燧	1902	顏愍楚	4415
繆襲	4136、4365		

十八畫

		## 十九畫	
瓊斯	4543、5887	蘅塘退士	6571、6572
聶尚恒	3491	蘇士琨	4345
聶崇義	0219	蘇天爵	1366
		蘇民望	1963

蘇州會	5459	羅孝全	0517、5833
蘇如望	5719	羅虬	4380
蘇洵	0419、0420、6150	羅伯特·亞歷山大	7093
蘇格蘭長老會	5740	羅伯特·肯納韋·道格拉斯	7446
蘇特	4336	羅伯特·赫德	1180
蘇理耶	4039	羅伯聃	0763、0764、7286、7424、7426
蘇軾	2781、3924、3925、6151－6159、6892	羅希益	1923
		羅含章	6274
蘇慧廉	0417、0705、0706	羅耶	2364
蘇德蒙	7433	羅拉斯圖列夫	0267
蘇謀斯	5497	羅明堅	5718
蘇濬	0027	羅泌	1047
蘇轍	4361	羅宗瀛	1773
蘇籀	4395	羅星樓	0917－0925
蘇鶚	4338、4380	羅洪先	4361、5268、6207
關天培	2100	羅約翰	1183
關尹喜	4344、5143	羅振玉	0452、3028、4327、4430－4432
關羽	5209、5210、5212	羅倫	4361
關朗	0011、4365	羅密士	3743
關壽崧	4218	羅貫中	7113－7134、7155、7156、7239－7242
嚴文典	1825		
嚴允肇	1329	羅斯	3035
嚴可均	0466	羅斯古	2961
嚴有禧	1826	羅斯奈	0520、5207
嚴如煜	1302	羅萬藻	4361
嚴良勳	1020、1021	羅森鐸	5691
嚴衍	0985	羅瘖	5500
嚴從簡	1656	羅傳炳	3662
嚴傑	4349	羅頌	4395
嚴虞惇	2561	羅爾梯	5412、5454、5526、5527、5841
嚴樹森	2296	羅榮光	1584、1585
羅大經	4576、4577	羅鄴	4338、4379
羅布存德	0692、0693、0808、0809、5947、6021、6022	羅澤南	3214、3252、6407
		羅隱	4380
羅必煒	3445	羅懋登	7243－7245
羅邦彥	1772	羅豐祿	1337
羅汝蘭	3558	羅願	4395

譚峭	4344	釋行敏	4681
譚培森	0936、2723	釋如一	1949
譚乾初	2208	釋芳桂	4925
譚紹光	1586、1587	釋來舟	4886
譚達軒	0683	釋明佺	5022
譚富園	4311	釋明耀	4894
譚瑩	6410、6411	釋念常	5016
譚鍾嶽	2095	釋性涵	4965、5060
譚獻	6463	釋性通	5135
龐元英	4338	釋法雲	5033
龐迪我	6010－6013	釋法藏	4897
龐鍾璐	2605	釋法顯	4365、4995－5001
寶森	3979	釋宗密	4775、4805、4898
		釋函昰	4882、4959
		釋相柱	4950
		釋俍亭	4856

二十畫

蘭陵笑笑生	7274、7275	釋彥悰	1324、5006
蘭皋主人	7328	釋祖源	4970
鶡冠子	4343、4344、4355	釋真可	4913
釋一元	4910	釋真界	4809
釋一鷲	4939	釋真亮	4968
釋大喦	4938	釋真諦	4837
釋子璿	4791	釋真濟	6143
釋中峰	4907	釋真鑒	4799、4800
釋仁岠	4937	釋原妙	4906
釋仁潮	4911	釋通潤	4798
釋今無	4948、4949	釋惟則	4785、4796
釋正誨	4935	釋袾宏	4345、4779、4780、4914、4933、
釋古雲	4961		4934、4978、4979、5232
釋玄奘	2173－2176	釋達淨	4946
釋玄應	4393、5023、5024	釋達緣	4960
釋玄覺	4895	釋智旭	4918、4919、4924
釋永珊	5019、5020	釋智祥	4909
釋弘贊	4952－4954	釋智達	4962
釋地婆訶羅	4812	釋智境	4908
釋成鷲	4675、5136	釋普明	4991
釋延壽	4903、5029－5031	釋普濟	5013、5014

釋道世	4380、5025－5027	寶鋆	1631
釋道宣	4893、5005	竇漢卿	3403
釋道泰	4908		
釋道原	5015		

二十一畫

釋道誠	5002－5004		
釋道綽	4896	權以生	1469
釋道霈	5036	權衡	4393
釋湛然	4924	酈道元	2046、2047
釋運敞	5062	顧之逵	4229
釋夢英	3944	顧天埈	4361
釋圓悟	5010	顧有孝	6599
釋圓瀞	4917	顧沅	1347、1420、1875、2602
釋傳晟	4704、4801	顧苓	1075
釋傳燈	4742	顧非熊	4379
釋傳嚴	4857	顧杲	3942
釋義淨	5007	顧炎武	0541、0542、1665、4179、4180、
釋僧肇	4740、4741、4892		4349、4364、4393、6239
釋慧立	1324、5006	顧春	4341
釋慧苑	4395	顧修	3014－3016
釋慧皎	4393	顧祖禹	1666－1668、2283、2284
釋慧然	5009	顧起元	6214
釋慧照	5009	顧珵美	4530
釋蕅益	4789	顧野王	0477－0480
釋德清	0437、0444、4345、4668、	顧清	4361
	4806、4808、4912、4931、	顧棟高	2264
	4932、5093、5269	顧鼎臣	1409、4361
釋慶吉祥	5034	顧景星	6247
釋濟能	4928	顧湘	4414
釋鎮澄	2086	顧路柏	3193
釋懷素	3915、4825	顧嗣立	6139
釋覺岸	5035	顧愷之	1356
釋寶成	5017	顧夏	4379
釋續法	4810	顧廣圻	3362、4395
釋讀體	4972	顧學潮	3962
釋顯承	2168	顧錫疇	0986、4361
釋靈操	4987	顧憲成	4361
饒敦秩	2262	顧禧	4395

顧賽芬	0107、0156、0218、0386、0723、0725、0726、0937、1299	龔柴	0228
		龔景瀚	6397
顧觀光	3718	龔煦春	2019
顧靄吉	0499	龔繩正	1315
鶴和堂	2419	鷙熊	4344
鶴洞子	4221		
鶴臞子	5295		

二十二畫

二十三畫

麟慶　2950

二十四畫

龔在升	4530
龔廷煌	1756
龔廷賢	3448、3449
龔自珍	6468
龔明之	4395

讓·克魯瓦澤	5914
讓·博內特	0748